Matthias Gehrke

Angewandte empirische Methoden in Finance & Accounting

Matthias Gehrke

Angewandte empirische Methoden in Finance & Accounting

Umsetzung mit R

2., aktualisierte und erweiterte Auflage

DE GRUYTER
OLDENBOURG

ISBN 978-3-11-076722-3
e-ISBN (PDF) 978-3-11-076726-1
e-ISBN (EPUB) 978-3-11-076728-5

Library of Congress Control Number: 2022940323

Bibliografische Information der Deutschen Nationalbibliothek
Die Deutsche Nationalbibliothek verzeichnet diese Publikation in der Deutschen
Nationalbibliografie; detaillierte bibliografische Daten sind im Internet über
http://dnb.dnb.de abrufbar.

© 2022 Walter de Gruyter GmbH, Berlin/Boston
Einbandabbildung: Matthias Gehrke
Druck und Bindung: CPI books GmbH, Leck

www.degruyter.com

Für Eva, Konrad, Paula, Alex und Daniel

Vorwort zur zweiten Auflage

Mich als Autor freut es, wenn das Buch auf Interesse bei den Leserinnen und Lesern stößt und somit auch für den Verlag interessant ist. So scheint es zu sein, da der DeGruyter-Verlag angeregt hat, dass ich eine zweite Auflage verfassen sollte. Mein Dank gilt daher auch dieses Mal wieder dem Verlag und den Personen, mit denen ich die Freude hatte zusammenzuarbeiten: Gabriela Rus, Maximilian Geßl und Stefan Giesen, auf den der Vorschlag zur zweiten Auflage zurückgeht.

Ideen für weitere Kapitel gab es und einige davon habe ich umgesetzt. Es gibt neue Kapitel zur logistischen Panelregression, zur kausalen Modellierung und zur Instrumentvariablenregression. An einigen Kapiteln wurden Ergänzungen vorgenommen, insbesondere an den Regressionskapiteln. Ich hoffe, so einige Aspekte noch besser verdeutlicht zu haben. Ein wichtiger Aspekt, die Endogenität von Variablen, wurde in das Kapitel Lineare Regression aufgenommen. Das Kapitel Panelregression wurde um die Abschnitte Ausreißer und einflussreiche Beobachtungen sowie Modellselektion erweitert. Für die Ereignisstudie wurde die Anwendung mit einem Unternehmen ergänzt, eine Fragestellung, die in der bisherigen Umsetzung nicht bearbeitet werden konnte. Die Gliederung wurde aufgrund der neuen Kapitel etwas angepasst. Auch wurde ein Anhang für die Entwicklung eigener Funktionen in R ergänzt. Diese Funktionen und die verwendeten Datensätze stehen als Paket AeMFA auf GitHub zur Verfügung.

Sofern notwendig, wurde der im Buch verwendete R-Code an die aktuellen Versionen von R und von den Paketen angepasst. Die Datensätze liegen jetzt als csv- oder xlxs-Dateien vor, eine ggf. notwendige Vorverarbeitung innterhalb von R wurde ergänzt.

Großer Dank gebührt meinen Kollegen Karsten Lübke und Joachim Rojahn. Der intensive Austausch mit ihnen hat auch in der zweiten Auflage zu einer Verbesserung der Inhalte geführt. Emile Hövel danke ich für die Unterstützung bei der Literaturrecherche und Matthias Hensche für seine hilfreichen Korrekturanmerkungen. In diesem Zusammenhang möchte ich auch den Leserinnen und Lesern danken für Ihre Hinweise, die ich hoffe, alle umgesetzt zu haben. Ich danke abermals ganz besonders meiner Frau, die auch dieses Mal wieder akzeptiert hat, mich so oft vertieft in mein Buch zu sehen.

Auch in der zweiten Auflage bin ich für alle Fehler verantwortlich. Wenn Sie einen entdecken, schreiben Sie mir: AeMFA@matthias-gehrke.de. Und wie Sie an der Ihnen vorliegenden zweiten Auflage erkennen können, freue ich mich auch über weitere Anregungen.

Frankfurt am Main, im September 2022   *Matthias Gehrke*

https://doi.org/10.1515/9783110767261-201

Vorwort zur ersten Auflage

Seit einigen Jahren gebe ich den Kurs „Empirisches Finance & Accounting" an unserer Hochschule und habe immer ein Buch für diese Veranstaltung vermisst. Es sollte anwendungsorientierter sein als die meisten klassischen Ökonometrie-Bücher und den Lesern direkt umsetzbare Hinweise geben. An die Idee, es selbst zu schreiben, habe ich mich allerdings nicht herangewagt. Dazu brauchte es die Nachfrage durch den DeGruyter-Verlag, ob ich nicht ein solches Buch schreiben wolle. So gilt an dieser Stelle mein Dank dem Verlag und insbesondere auch den Personen, die mich seitens des Verlages unterstützt haben: Simone Herbst, Kathleen Herfurth und Stefan Giesen.

Ich habe versucht, in dem Buch die aus meiner Sicht wesentlichen Methoden darzustellen, die für eine empirische Untersuchung im Bereich Finance oder Accounting notwendig sein können. Sicherlich werden Sie die eine oder andere Methode vermissen, aber irgendwann war „Redaktionsschluss".

Die praktische Anwendung steht im Vordergrund, aber die theoretischen Aspekte werden ebenfalls erläutert, so dass ein Gesamtbild vermittelt wird. Für die Leserinnen oder Leser, die sich intensiver mit einer Thematik auseinandersetzen möchten, werden weiterführende Literaturhinweise gegeben. Das Buch richtet sich an Studierende aus inhaltlich passenden Masterstudiengängen, an Absolventen, die eine empirische Abschlussarbeit in diesem Gebiet verfassen wollen, aber auch an Praktiker und Praktikerinnen, die bestimmte Inhalte in kompakter Form nachlesen möchten.

Die einzelnen Kapitel sind in sich abgeschlossen. Falls dennoch ein bestimmter Aspekt aus einem anderen Kapitel hilfreich ist, gibt es einen entsprechenden Querverweis. Die verwendeten Datensätze und der R-Code stehen auf der Webseite des Buches zum Herunterladen bereit, so dass Sie die Anwendung direkt ausprobieren können. An dieser Stelle geht mein Dank an den Finanzinformationsdienst Refinitiv, der mir ermöglichte, auch eine Datei mit DAX-Einzelwerten bereitstellen zu können. Zusätzlich werden auf der Webseite ausführliche und dokumentierte Fallbeispiele ergänzt, in denen die verschiedenen Methoden verwendet werden.

Mein Dank gilt insbesondere meinem Kollegen Karsten Lübke für seine zahlreichen wertvollen Hinweise und seine unermüdliche Bereitschaft, auch kleinste Details mit mir zu diskutieren. Weiter danken möchte ich: Joachim Schwarz und Joachim Rojahn, aus deren Vorlesungsunterlagen sich einige Teile des Buches entwickelt haben, letzterem auch für seine wichtigen inhaltlichen Anregungen (und seine Ideen für die zweite Auflage), Jörg Horst für seine andere Sichtweise auf das Buch, Gero Szepannek und Daniel Ziggel für die Anmerkungen, die das Buch weiter vorangebracht haben, Norman Markgraf für seine Unterstützung bei LaTeX sowie Paula Hillmann, Emile Hövel und Matthias Hensche für ihre zahlreichen und hilfreichen Hinweise. Ganz besonders danke ich auch meiner Frau, die mich während des Entstehens dieses Buches noch öfter und länger als sonst am Schreibtisch vorgefunden hat.

https://doi.org/10.1515/9783110767261-202

Ich vermute, der Traum eines jeden Autors ist, ein fehlerfreies Buch abzuliefern, aber auch mir wird dies nicht gelungen sein. Alle Fehler gehen auf mein Konto. Ich freue mich, wenn Sie mir diese berichten (E-Mail: AeMFA@matthias-gehrke.de), auch Anregungen oder Ideen sind immer willkommen.

Frankfurt am Main, im September 2019 *Matthias Gehrke*

Inhalt

Abbildungsverzeichnis

https://doi.org/10.1515/9783110767261-203

Tabellenverzeichnis

https://doi.org/10.1515/9783110767261-204

Verzeichnis der R-Codes

https://doi.org/10.1515/9783110767261-205

Verzeichnis der R-Grafiken

https://doi.org/10.1515/9783110767261-206

1 Einführung

1.1 Über dieses Buch

Was sind angewandte empirische Methoden in Finance & Accounting? Sie können das Thema als Teilgebiet der Ökonometrie betrachten. Letztere beschäftigt sich allgemein mit ökonomischen Daten und Fragestellungen, während in diesem Buch der Fokus auf Unternehmensdaten und den sich daraus ergebenden Fragestellungen liegt.

1.2 Durchführung eines empirischen Projekts

1.2.1 Vorbereitung und Datenerhebung

Hier sind verschiedene Schritte notwendig (Details siehe z. B. Wooldridge, 2019, Kapitel 19). Zunächst müssen Sie Ihre konkrete Fragestellung formulieren. Danach ist, insbesondere im wissenschaftlichen Umfeld, eine umfangreiche Literaturrecherche notwendig. Ihre Fragestellung muss immer theoriegestützt formuliert werden. Auch sollten Sie den Stand der Forschung und die verwendeten Methoden kennen.

Daran schließt sich die Erhebung der Daten an. Können Sie auf vorhandene Daten zurückgreifen oder müssen Sie eine eigene Erhebung durchführen? In der Regel werden Sie die Daten dann mit Hilfe einer Tabellenkalkulation abspeichern und verwalten oder direkt über eine Datenschnittstelle nach R importieren.

1.2.2 Explorative Datenanalyse

Jetzt folgt ein sehr wichtiger Schritt: Lernen Sie Ihre Daten kennen. Ihre Analyse kann nie besser sein als Ihre Daten! Sie müssen eine umfangreiche *explorative Datenanalyse* durchführen, erstellen Sie Grafiken, erfassen Sie die wichtigen Kennzahlen, untersuchen Sie Ihre Daten auf Ausreißer und fehlende Werte. Der Fokus dieses Buches liegt nicht auf der explorativen Datenanalyse, hierzu kann z. B. Sauer (2018) empfohlen werden. Einen Aspekt greift aber auch dieses Buch auf: Ausreißer und einflussreiche Beobachtungen (siehe Abschnitt 2.7.2 im Kapitel lineare Regression und Abschnitt 4.7.2 im Kapitel logistische Regression).

1.2.3 Modellierung und Ergebnisdarstellung

Im Anschluss erfolgen statistische Modellierung und Analyse, die Schwerpunkte dieses Buches. In der Regel reicht nicht ein Verfahren aus, um Ihre Fragestellung zu beantworten. So kann es notwendig sein, eine logistische Regression durchzuführen, die

https://doi.org/10.1515/9783110767261-001

Wichtigkeit der Variablen dann aber über einen Random Forest zu ermitteln. Oder Sie bearbeiten Ihre Fragestellung mit Hilfe einer Ereignisstudie (hat das Ereignis überhaupt Auswirkungen gehabt?) und schließen daran eine lineare Regression an, um die Determinanten, die im Zusammenhang mit den Auswirkungen stehen, zu erfassen. Das Buch ist entlang der Kapitel zwar nach den einzelnen Verfahren geordnet, versucht aber immer wieder, die möglichen Kombinationen der Verfahren aufzuzeigen und mit Hilfe von Beispielen zu verdeutlichen.

Als Letztes erfolgt die Darstellung der Ergebnisse und die (vorläufige) Beantwortung Ihrer Frage. Wenn möglich, werden in diesem Buch in den einzelnen Kapiteln Hinweise gegeben, welche Informationen berichtet werden sollten.

> **i** | *Empirisches* | 1. Fragestellung
> | *Projekt* | 2. Datenerhebung
> | | 3. Explorative Datenanalyse
> | *Wichtige* | 4. Modellierung und Inferenz
> | *Schritte* | 5. Ergebnisdarstellung
> | | 6. (Vorläufige) Beantwortung der Fragestellung

1.3 Grundlagen statistischer Modellierung

Häufig betrachten wir in der statistischen Modellierung den Zusammenhang zwischen einer abhängigen Variablen oder Zielgröße Y und einer oder mehreren unabhängigen Variablen oder Prädiktoren X.[1]

$$Y = f(X) + \epsilon. \tag{1.1}$$

Laut Breiman (2001) gibt es zwei verschiedene *Kulturen*, um diesen zu schätzen:
1. *Data Modeling*: Annahme über die Funktion f, Schätzung von unbekannten Modellparametern mit Hilfe einer Stichprobe: z. B. lineare oder logistische Regression.
2. *Algorithmic Modeling*: f unbekannt, algorithmische Bestimmung des Zusammenhangs von X und Y anhand der vorliegenden Daten: z. B. baumbasierte Verfahren.

Dabei sollten wir laut Hand (2014) Folgendes nicht vergessen:

> [...] In general, when building statistical models, we must not forget that the aim is to understand something about the real world. Or predict, choose an action, make a decision, summarize evidence, and so on, but always about the real world, not an abstract mathematical world: our models are not the reality – a point well made by George Box in his oft-cited remark that „all models are wrong, but some are useful" [...]

---

[1] Die Symbole in den Gleichungen werden in der Einführung noch nicht erläutert, sondern erst an passender Stelle in den folgenden Kapiteln.

Daraus ergeben sich natürlich Fragen:

- Wie kann ein *gutes* Modell f gefunden werden, d. h., wie kann f beurteilt werden?
- Es existieren viele Gütemaße für ein (statistisches) Modell: z. B. Bestimmtheitsmaß R^2, AIC, BIC, AUC. Keines garantiert, dass das beste oder gar das *richtige* Modell gefunden wird.
- Vorhersagen sind (auch) wichtig. Wie schon Søren Kierkegaard (1923) sagte:

> Es ist ganz wahr, was die Philosophie sagt, daß das Leben rückwärts verstanden werden muß. Aber darüber vergißt man den andern Satz, daß vorwärts gelebt werden muß.

Ein Kriterium zur Beurteilung eines Modells ist beispielsweise der *Mean Squared Error* (*MSE*):

$$MSE = E\left(y_0 - \hat{y}_0\right)^2 = var\left(\hat{y}_0\right) + bias^2\left(\hat{y}_0\right) + var\left(\epsilon\right). \tag{1.2}$$

Darin ist die Varianz die Streuung in der Prognose bedingt durch die modellierte Varianz der Daten: Je flexibler/komplexer ein Modell ist, desto größer ist die Varianz. Das Bias ist die Abweichung zwischen dem wahren Wert und dem Schätzwert, z. B. bedingt durch den Modellfehler: Je flexibler/komplexer ein Modell ist, desto kleiner ist das Bias.

Dabei ist aber nicht bekannt, bei welcher Komplexität der Mean Squared Error minimal ist. Auch unterscheidet sich die Anpassungsgüte in den Trainings- und in den Testdaten. Eine *zu gute* Anpassung in den Trainingsdaten kann zu einem *Overfitting* für die Testdaten führen, wie Abbildung 1.1 exemplarisch zeigt.

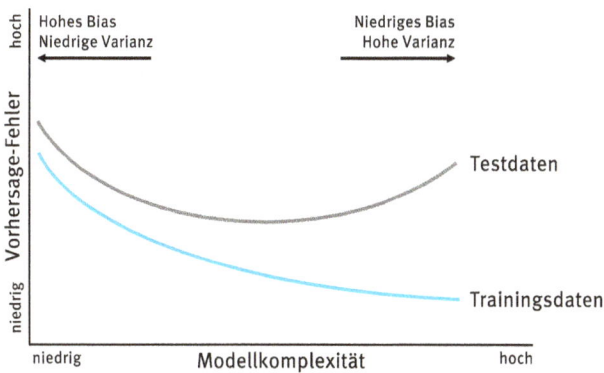

Abb. 1.1: Vorhersagefehler als Funktion der Modellkomplexität. Blau: Trainingsdaten, grau: Testdaten. Wie zu erkennen ist, kann der Fehler bei den Trainingsdaten mit zunehmender Komplexität des Modells weiter verringert werden, bei den Testdaten hingegen nimmt der Fehler aber ab einer bestimmten Komplexität wieder zu.

In den folgenden Kapiteln werden Sie einige Handreichungen bekommen, um Modelle zu schätzen und zu entscheiden, welche Methoden und Komplexität für Ihre Fragestellung geeignet sind.

1.4 Inferenz

In empirischen Untersuchungen sollen Aussagen über eine Population getroffen werden, untersuchen können wir in der Regel aber nur eine Stichprobe, also eine Teilmenge oder Realisierung der Population. Häufig wollen wir Aussagen über den Parameter δ der Population treffen, können aber nur die Statistik der Stichprobe δ^* untersuchen.

Hypothesen beziehen sich auf den Parameter δ der Population. Mit Hilfe der Inferenzstatistik sollen sie überprüft werden. Eine häufig eingesetzte Überprüfung ist die mittels des p-Werts bzw. mittels der Signifikanz des in der Strichprobe beobachteten Wertes δ^*.

In den vergangenen Jahren wurde viel über die Grenzen des p-Werts diskutiert, insbesondere im Zusammenhang mit nicht reproduzierbaren Forschungsergebnissen (siehe z. B. Hirschauer *et al.*, 2016; Mayo, 2018; Ioannidis, 2019 oder die in Hirschauer *et al.*, 2019 gegebene Literaturübersicht). Der p-Wert ist per se die Wahrscheinlichkeit dafür, die in *einer* Stichprobe beobachtete Statistik oder extremere Werte (im Sinne der Alternativhypothese) zu beobachten unter der Annahme, dass die Nullhypothese samt ihren Annahmen zutrifft. Es ist aber nur das Ergebnis einer einzelnen Stichprobe. Auch sagt der p-Wert nichts über die Wichtigkeit eines Ergebnisses oder die Effektgröße aus.

Die American Statistical Association hat sich in einem Sonderheft *Statistical Inference in the 21st Century: A World Beyond p < 0.05* ausführlich mit dem Thema auseinandergesetzt (Amstat, 2019). Hirschauer *et al.* (2019) geben mit einem 20-Punkte-Plan eine gute Übersicht, was zu tun ist. Folgende Aspekte werden darin angesprochen:
- Worauf sollten Sie im Vorfeld achten?
- Wie sollten Sie die Ergebnisse berichten?
- Was sollten Sie explizit diskutieren?
- Was sollten Sie bei der Durchführung beachten?

Auch in diesem Buch wird versucht, diese Hinweise umzusetzen: So werden Konfidenzintervalle, Standardfehler oder, wenn sinnvoll, marginale Effekte diskutiert. Der p-Wert soll nur ein Argument unter vielen sein. Oder wie Wasserstein *et al.* (2019) schreiben: ATOM.

A	Accept uncertainty, and be	Akzeptiere Unsicherheit und sei
T	thoughtful,	sorgfältig,
O	open, and	offen und
M	modest	zurückhaltend

1.5 Reversion to the Mean

Wie Mesquita und Fowler (2021, S. 147 ff.) ausführen, setzt sich der in der Stichprobe berechnete Punktschätzer δ^* aus dem wahren Wert des Parameters δ, dem Bias (Verzerrung) und dem Rauschen zusammen:

$$\delta^* = \delta + \text{Bias} + \text{Rauschen} \tag{1.3}$$

Falls sich in einer perfekt durchgeführten Studie (Bias = 0) nun ein wertemäßig großer Schätzer ergibt, kann vermutet werden, dass der wahre Zusammenhang δ (stark) positiv ist, aber auch das Rauschen einen großen positiven Wert aufweist.

Wird diese Studie nun wiederholt (Replikation), wird der wahre Wert des Parameters unverändert sein, das Rauschen aber möglicherweise einen nicht mehr so stark positiven Effekt oder gar einen negativen Effekt haben. Die geschätzte Statistik δ^* wird daher kleiner sein: *Reversion to the Mean* (Rückkehr zum Mittelwert).

In Verbindung mit dem sogenannten *Publikationsbias* verstärkt sich dieser Effekt. Publiziert werden häufig Ergebnisse mit deutlichen Ergebnissen (kleine p-Werte). Nachfolgende Studien finden möglicherweise kleinere Effekte, finden weniger Beachtung oder werden gar nicht mehr publiziert. Daher sind die im vorherigen Abschnitt gegebenen Hinweise so wichtig: Der p-Wert ist nur ein Argument unter vielen – ATOM.

Reversion to the Mean findet sich auch in vielen Finanzkennzahlen, wie Umsätzen, Gewinnen o. ä. Der Aktienmarkt ist allerdings ein Gegenbeispiel. Wenn z. B. bei Kursen erwartet werden kann, dass sie zum Mittelwert zurückkehren, würden viele Investoren in diese Aktien investieren. Genau dann steigen aber die Preise aufgrund der erhöhten Nachfrage und der Effekt tritt nicht ein.

1.6 Hinweise zu R

Im Buch werden verschiedene *moderne* Hilfsmittel für R eingesetzt. Die Grafiken werden überwiegend unter Nutzung der *Grammar of Graphics* (Wickham, 2016) gestaltet, die sehr flexibel ist und erlaubt, ansprechende Grafiken zu erstellen. Funktionen werden unter Nutzung des *Pipe*-Operators (|>) miteinander verknüpft.[2] Dies erlaubt eine im Vergleich zur klassischen Eingabe übersichtlichere Darstellung, wie folgender Pseudocode zeigt:

```
# Klassische verschachtelte Darstellung
function3(function2(function1(x, option = option1, data = data),
                 option = option2), option = option3)
```

---

2 Mit Erscheinen dieser Auflage wird der R-interne Pipe-Operator |> verwendet, der seit R-Version 4.1 verfügbar ist. Es kann aber genauso gut der klassische Pipe-Operator %>% aus der tidyverse-Umgebung eingesetzt werden.

```
# Pipelining mit |>
function1(x, option = option1, data = data) |>
  function2(option = option2) |> function3(option = option3)
```

Daher wird auch bei der Grafikerstellung, sofern möglich, Pipelining und Modellierungssprache (y ~ x) verwendet.

Im Buch kommen verschiedene R-Pakete zur Anwendung, u. a. AER, bife, broom, car, caret, corrplot, cragg, DataCombine dplyr, estimatr, estudy2, fGarch, forcats, forecast, ggdag, ggformula, ggfortify, ggplot2, gridExtra, Hmsic, interplot, lme4, lmtest, margins, MASS, merDeriv, mgcv, ModelMetrics, moments, mosaic, OptimalCutpoints, party, pglm, plm, psych, qqplotr, quantmod, randomForest, readr, readxl, REdaS, rms, ROCR, rpart, rpart.plot, sandwich, splines, survival, texreg, tidyr, TSA, tseries.

Diese müssen einmalig mit install.package("paket") installiert werden. Für die Nutzung müssen sie nach jedem Neustart von R mit library(paket) geladen werden. In den Code-Beispielen im Buch wird auf diese Angabe verzichtet, allerdings wird in den Kapiteln vor erstmaliger Umsetzung mit R jeweils eine Übersicht gegeben, welche Pakete in dem jeweiligen Kapitel Verwendung finden. Im Text wird (zumindest bei der ersten Verwendung) angegeben, wenn eine Funktion aus einem Paket genutzt wird, das nicht zum Standardumfang gehört. Das Verzeichnis der R-Funktionen verweist i. d. R. auf das Ende des R-Code-Blocks, in dem die Funktion zur Anwendung kommt. Viele Funktionen werden bei ihrer ersten Verwendung im davor oder dahinter stehenden Text erläutert. Eine Übersicht über alle verwendeten Pakete und die daraus genutzten Funktionen finden Sie im Anhang A.1.

Ausführliche Beschreibungen der Pakete finden Sie in den sogenannten *Vignetten*. Die in einem Paket vorhandenen Vignetten werden mit vignette(package = "paket") angezeigt. Eine der gelisteten Vignetten können Sie dann mit vignette("vignette", package = "paket") aufrufen. PDF-Vignetten werden dabei in Ihrem Standard-PDF-Betrachter angezeigt, HTML-Vignetten im Hilfefenster. Möchten Sie die HTML-Vignetten im Browser anzeigen, können Sie statt vignette() den Aufruf RShowDoc() verwenden.

Aus Gründen der Vergleichbarkeit von R-Ausgabe und Text wird als Dezimaltrennzeichen auch im Text der Punkt gewählt. Verweise auf R-Code, Variablen oder Datensätze werden im Text mit Schreibmaschinenschrift dargestellt. Blöcke von R-Code sind farbig hinterlegt. Kurze Zusammenfassungen (Infoblöcke) sind durch ein **i** gekennzeichnet.

In den Beispielen werden verschiedene Datensätze verwendet (eine Übersicht finden Sie im Anhang A.2). Diese können alle von der Webseite des Buches heruntergeladen werden, so dass Sie die Beispiele selbst durchführen können.

Die Auswahl der Datensätze erfolgte unter didaktischen Gesichtspunkten: Mit welchem Datensatz können die verschiedenen Verfahren und Tests gut vorgestellt werden? Manchmal sind daher die resultierenden Modelle unter dem Aspekt der eigentlich fachlich zugrunde liegenden Fragestellung nicht die optimalen.

In dieser Auflage wurden einige selbstentwickelte Funktionen in R ergänzt, wenn diese nicht in den verfügbaren Paketen für R vorhanden waren. Daher habe ich auf GitHub ein Paket AeMFA bereitgestellt, dass diese Funktionen beinhaltet. Sie können die Funktionen aber auch wie jeweils im Text beschrieben über den bereitgestellten Code selbst erzeugen.

Das Paket können Sie über `devtools::install_github("MGehrke/AeMFA")` installieren. In dem Paket werden auch die im Buch verwendeten Datensätze bereitgestellt, die Sie dann mit `data(...)` laden können, nachdem Sie das Paket mit `library()` aktiviert haben. Dieser Schritt ersetzt aber immer nur das jeweilige externe Laden mit `read.csv()` oder anderen Aufrufen. Mögliche weitere Vorverarbeitungsschritte müssen, wie im jeweiligen R-Code angegeben, dennoch durchgeführt werden.

1.7 Literatur

Exemplarisch sei auf folgende weiterführende Literatur verwiesen:
- James, Witten, Hastie und Tibshirani (2021), *An introduction to statistical learning – with applications in R* – sehr gute Einführung in die Modellierung und das Verständnis von Daten;
- Mayo (2018), *Statistical inference as severe testing – How to get beyond the statistics wars* – eine sehr gelungene Auseinandersetzung zu vielen Fragen im Zusammenhang mit Inferenz;
- Sauer (2018), *Moderne Datenanalyse mit R – Daten einlesen, aufbereiten, visualisieren, modellieren und kommunizieren* – viele Informationen, Tipps und Tricks zum Datenhandling und zur explorativen Datenanalyse;
- Wooldridge (2019), *Introductory econometrics – A modern approach*, Kapitel 19 – ausführliche Darstellung der Planung und Durchführung eines empirischen Projekts.

2 Lineare Regression

2.1 Grundlagen der linearen Regression

Die lineare Regression ist ein statistisches Verfahren, das zur Modellierung des Zusammenhangs mehrerer Variablen verwendet werden kann. Dabei kommt eine lineare Regression immer dann zum Einsatz, wenn gilt:

- Eine Variable Y (abhängige Variable, Zielgröße) hängt von einer oder mehreren Variablen X (unabhängigen Variablen, Einflussgrößen, Determinanten) ab. Es existiert also eine vorab bekannte Abhängigkeitsstruktur.
- Der Zusammenhang zwischen unabhängiger und abhängiger Variablen ist linear oder zumindest linearisiert.
- Die abhängige Variable ist metrisch skaliert und i. d. R. stetig, die unabhängigen Variablen können metrisch oder kategorial skaliert sein.

---

i   *Abhängige Variable*   Zielgröße, Regressand, endogene Variable, erklärte Variable, Outcome
       Unabhängige Variable   Einflussgröße, Determinante, Regressor, exogene Variable, erklärende Variable, Prädiktor, Treatment

---

Die unabhängigen Variablen X gehen in Form von Linearkombinationen mit Koeffizienten β (Gleichung 2.1), die bestimmt werden müssen, in das Modell ein. Es soll somit eine Punktwolke (siehe Abbildung 2.1), d. h. die Datenpunkte in einem zwei- (eine unabhängige Variable) oder höherdimensionalen (mehrere unabhängige Variablen) Koordinatensystem, über eine lineare Funktion möglichst gut beschrieben werden.

$$Y = \beta_0 + \beta_1 \cdot X_1 + \beta_2 \cdot X_2 + \cdots + \beta_K \cdot X_K + \epsilon. \tag{2.1}$$

Ein gängiges Verfahren, um die Koeffizienten zu bestimmen, ist die Methode der kleinsten Quadrate (*Ordinary Least Squares*, OLS). Dieses Verfahren passt eine Gerade (im Fall einer unabhängigen Variablen X) so in die Punktwolke ein, dass die Summe der quadrierten Abstände auf der y-Achse von jedem einzelnen Punkt i zur Gerade minimal wird (siehe Abbildung 2.1 links – eine abhängige und eine unabhängige Variable). Der Abstand zwischen dem in der Stichprobe beobachteten y-Wert und dem durch das geschätzte Modell angepassten Wert auf der Geraden ($\hat{y}$) wird als Residuum e_i bezeichnet. Das Residuum ist also eine aus den Beobachtungen abgeleitete Größe. Im Modell allgemein ist dies eine nicht beobachtbare Zufallsvariable und wird als Störgröße oder Fehlerterm bezeichnet und trägt das Symbol ϵ_i.

https://doi.org/10.1515/9783110767261-002

Störgröße nicht beobachtbare Abweichungen zur Geraden bzw. Hyperebene im Modell
auch Fehlerterm oder Störterm, Symbol ϵ

Residuum Differenz zwischen dem beobachteten y-Wert und dem angepassten $\hat{y}$-Wert
im Modell der Stichprobe, Schätzer $\hat{\epsilon} = e$ für die unbeobachtete Störgröße ϵ

Die Methode der kleinsten Quadrate bestimmt die Regressionsgerade, welche die empirischen Werte am besten repräsentiert, d. h. die, von der die Punkte im Streudiagramm minimal abweichen bzw. um die sie am wenigsten streuen. Anschaulich bedeutet dies: Die beste Gerade ist diejenige, bei der die geringsten Fehler in der Vorhersage der Y-Werte auf Basis der X-Werte entstehen, gemessen in $\sum_{i=1}^{N}(y_i - \hat{y}_i)^2$.

Hinweis: Eine Gerade ist es nur im zweidimensionalen Fall, also $Y \sim X$. Bei zwei (oder mehr) unabhängigen Variablen handelt es sich um eine (Hyper-)Ebene. Abbildung 2.1 rechts zeigt ein Beispiel.

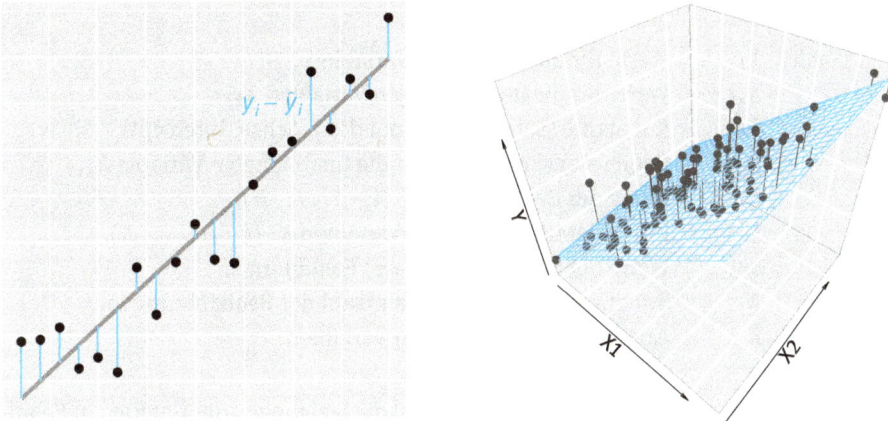

Abb. 2.1: Einfache und multiple lineare Regression. Links: Die Summe der quadrierten Residuen $y_i - \hat{y}_i$ (blau) wird minimiert, um die Gerade optimal einzupassen. Rechts: In der multiplen (hier zwei unabhängige Variablen) linearen Regression wird die Regressionsebene (dargestellt als Gitter) optimal in die Punktewolke eingepasst.

Eine weitere Methode, die Regressionskoeffizienten zu schätzen, ist die Maximum-Likelihood-Methode. Hier werden, häufig in einem numerischen Verfahren, die Koeffizienten so geschätzt, dass die beobachteten Werte am wahrscheinlichsten werden. Details siehe Abschnitt 4.1.4 im Kapitel zur logistischen Regression.

Methode der kleinsten Quadrate Berechnung der Koeffizienten über die Minimierung der
Summe der Residuenquadrate

Maximum-Likelihood-Methode Maximierung der Likelihood-Funktion

---

Bedeutung des Residuums

- Die Varianz der y_i-Werte (Gesamtvarianz) setzt sich additiv aus der Varianz der Residuen $y_i - \hat{y}_i$ (nicht erklärte Varianz) und der Varianz der vorhergesagten (geschätzten) $\hat{y}_i$-Werte (erklärte Varianz) zusammen (Herleitung siehe Abschnitt 2.6.1).
- Die Residuen enthalten damit die Anteile der abhängigen Variablen Y, die durch die unabhängigen Variablen X nicht erfasst werden.
- In diesen Anteilen sind Messfehler von Y, zufällige Variation und vor allem auch Bestandteile enthalten, die durch andere, mit den unabhängigen Variablen nicht direkt zusammenhängende Merkmale erklärt werden können.

Lineare Regression – Modellgleichung

Allgemein lautet die Modellgleichung für die Beobachtungen $i = 1, \ldots, N$:

$$Y_i = \beta_0 + \beta_1 \cdot X_{1i} + \beta_2 \cdot X_{2i} + \cdots + \beta_K \cdot X_{Ki} + \epsilon_i \qquad (2.2)$$

$$
\begin{array}{lll}
\text{mit} & Y_i & \text{Werte für die abhängige Variable } Y, \\
& X_{ki} & \text{Werte für die unabhängigen Variablen } X_k, \\
& \beta_0 & \text{Konstante (Schnittpunkt mit der } y\text{-Achse, Intercept),} \\
& \beta_k & \text{Regressionskoeffizient für die unabhängige Variable } X_k, \\
& i & \text{Index der Beobachtungen } (i = 1, \ldots, N), \\
& k & \text{Index der unabhängigen Variablen } X_k \ (k = 1, \ldots, K), \\
& \epsilon_i & \text{Werte der Störgröße bzw. des Fehlerterms,} \\
& N & \text{Stichprobenumfang, Gesamtzahl der Beobachtungen,} \\
& K & \text{Anzahl der unabhängigen Variablen.}
\end{array}
$$

Die Regressionskoeffizienten $\beta_1, \beta_2, \ldots, \beta_K$ sind die Steigungen der Geraden in Relation zu den Achsen, die z. B. die Ebene in Abbildung 2.1 rechts aufspannen.

Wenn wir ein konkretes Modell aus der Stichprobe bestimmen, erhalten wir Schätzer für die Koeffizienten, die mit $\hat{\beta}$ bezeichnet werden. Die modellierten Werte auf der Regressionsgeraden bzw. -ebene sind somit Schätzer für die beobachteten y-Werte und werden mit $\hat{y}$ bezeichnet.

$$\hat{y}_i = \hat{\beta}_0 + \hat{\beta}_1 \cdot x_{1i} + \hat{\beta}_2 \cdot x_{2i} + \cdots + \hat{\beta}_K \cdot x_{Ki}. \qquad (2.3)$$

Die Residuen e (Schätzer für die unbekannten Störgrößen ϵ des Modells) ergeben sich in der Stichprobe aus der Differenz der beobachteten Werte y und der modellierten Werte $\hat{y}$:

$$e_i = y_i - \hat{y}_i. \qquad (2.4)$$

2.2 Verwendete R-Pakete

In diesem Kapitel verwenden wir die in R-Code 2.1 aufgeführten Pakete, die mit
`library(package)` geladen bzw. aktiviert werden müssen. Zusätzlich werden die Pakete `car`, `forecast`, `interplot` und `rms` verwendet, die aber nicht geladen werden müssen,
sondern mit `::` direkt beim Funktionsaufruf ergänzt werden (`package::function()`).
Falls die unten aufgeführten Pakete bzw. die weiteren genannten Pakete noch nicht
installiert wurden, müssen sie einmalig mit `install.package("package")` installiert
werden.

R-Code 2.1: Laden der im Kapitel benötigten Pakete

```
library(mosaic)       # Formelinterface für die Datenanalyse
library(dplyr)        # Datenhandling
library(tidyr)        # "tidy" Datenformat
library(readr)        # csv- und Textdateien einlesen
library(readxl)       # Excel-Dateien einlesen
library(ggplot2)      # Grammar of Graphics
library(ggformula)    # Pipelining und Formelinterface für ggplot2
library(ggfortify)    # automatische Übertragung verschiedener Formate in ggplot2
library(gridExtra)    # Anordnung mehrerer ggplot2-Objekte
library(qqplotr)      # QQ-Plots mit ggplot2
library(lmtest)       # Tests für (generalisierte) lineare Modelle
library(sandwich)     # robuste Varianz-Kovarianz-Schätzer
library(quantmod)     # Modellierung quantitativer Finance-Modelle
library(moments)      # Berechnung höherer Momente
library(margins)      # Ausgabe marginaler Effekte
library(splines)      # Anpassung von Polynomen

# Weitere Pakete, die benötigt, aber nicht dauerhaft geladen werden:
# car                 # ergänzende Funktionen für die Regression
# forecast            # Forecast von Zeitreihen
# interplot           # Grafische Darstellung von Interaktionseffekten
# olsrr               # verschiedene Modelldiagnostiken
# rms                 # Unterstützung bei der linearen Modellierung
```

2.3 Einführungsbeispiel

In einem einfachen Beispiel betrachten wir Anleiherenditen. Als wichtige Einflussgröße für die Determinierung dieser gilt der sogenannte Marktzins. In seinem Werk zur
Zinstheorie postulierte Irving Fisher bereits im Jahr 1930, dass (Anleihe-)Investoren
eine Entschädigung für Inflation verlangen. Folglich verlangt der Investor einen Rendi-

teausgleich für den durch die Inflation induzierten Kaufkraftverlust. Die Inflationsrate sollte daher einen Erklärungsbeitrag für Anleiherenditen leisten.

Der Datensatz (Variablen siehe Tabelle 2.1) enthält die monatlichen Umlaufrenditen und die Inflationsraten der Jahre 1970 bis 2018. Der Datensatz liegt als csv-Datei[1] vor, die mit Hilfe der read_csv()-Funktion aus dem Paket readr eingelesen wird. Dies ermöglicht die gleichzeitige Konvertierung in bestimmte Variablentypen, hier z. B. wird die Variable Datum in ein Datumsformat umgewandelt. UR <- weist den Inhalt einem R-Datenobjekt namens UR zu, um damit in R arbeiten zu können. Die Standardvarianten für das Einlesen von csv-Dateien ohne besondere Konvertierung sind read.csv() und für *deutsche* csv-Dateien read.csv2().

str(data) zeigt uns die Struktur des Datensatzes, head(data) gibt die ersten 6 Beobachtungen aus (R-Code 2.2). Mit n = kann auch eine andere Anzahl für die Ausgabe gewählt werden. Eine Alternative dazu ist inspect(data) aus dem Paket mosaic. Hier werden weitere Kennzahlen zu den Variablen ausgegeben.

Tab. 2.1: Variablen des Datensatzes Umlaufrenditen

Variable	Bedeutung
Datum	Tagesdatum (jeweils erster Tag des Monats)
UmlR	Umlaufrendite in %
InflR	Inflationsrate in %

R-Code 2.2: Einlesen des Datensatzes Umlaufrenditen.csv und Ausgabe von Informationen dazu

```
# Daten einlesen
UR <- read_csv("data/Umlaufrenditen.csv",
              col_types = cols(Datum = col_date(format = "%Y-%m")))
# Struktur des Datensatzes

str(UR)

## spec_tbl_df [585 x 3] (S3: spec_tbl_df/tbl_df/tbl/data.frame)
##  $ Datum: Date[1:585], format: "1970-01-01" "1970-02-01" ...
##  $ UmlR : num [1:585] 7.5 7.6 7.9 8 8.2 8.6 8.6 8.4 8.4 8.5 ...
##  $ InflR: num [1:585] 2.89 2.88 3.21 3.19 2.87 ...

# Die ersten Beobachtungen ausgeben
head(UR)
```

---

1 csv – Comma Separated Values, ein Textformat, in dem die einzelnen Werte durch Kommata getrennt sind (Dezimaltrennzeichen Punkt). Im deutschen Sprachraum ist die Trennung durch Semikolons gebräuchlicher, da das Komma das Dezimaltrennzeichen ist.

```
## # A tibble: 6 x 3
##    Datum       UmlR InflR
##    <date>      <dbl> <dbl>
## 1 1970-01-01   7.5  2.89
## 2 1970-02-01   7.6  2.88
## 3 1970-03-01   7.9  3.21
## 4 1970-04-01   8    3.19
## 5 1970-05-01   8.2  2.87
## 6 1970-06-01   8.6  3.18


# Datensatz inspizieren
inspect(UR)


##
## Date variables:
##     name class      first       last min_diff max_diff   n missing
## 1 Datum  Date 1970-01-01 2018-09-01  28 days  31 days 585       0
##
## quantitative variables:
##     name    class       min       Q1   median       Q3       max     mean
## 1   UmlR  numeric -0.100000 3.700000 5.800000 8.000000 11.500000 5.604274
## 2  InflR  numeric -1.080247 1.331719 2.086677 3.614458  7.795699 2.634890
##          sd  n missing
## 1 2.826253 585       0
## 2 1.876036 585       0
```

inspect() gibt die Anzahl der Beobachtungen (n) und die Anzahl fehlender Werte (missing) für die einzelnen Variablen aus. Für die Datumsvariable wird das Start- und Enddatum angezeigt. Zu den metrischen Variablen werden wichtige Kennzahlen wie u. a. Mittelwert (mean), Median, Standardabweichung (sd) ausgegeben. Bei kategorialen Variablen (hier nicht vorhanden) werden die Häufigkeiten der ersten Kategorien angezeigt.

Erste Informationen zu Datensätzen   `i`

str()   Gibt die Struktur des Datensatzes aus
head()   Zeigt die ersten n = 6 Beobachtungen
tail()   Zeigt die letzten n = 6 Beobachtungen
inspect() Zeigt die Variablen, gibt die ersten Werte und verschiedene Kennzahlen
          zu den einzelnen Variablen aus

Ein Liniendiagramm[2] der beiden Raten zeigt über weite Strecken einen sehr ähnlichen Verlauf (R-Code 2.3 und Grafik 2.1), die Umlaufrendite liegt bis auf die Jahre ab

---

2 Hinweis: Sofern möglich, werden die Grafiken alle mit Funktionen aus ggformula ausgeführt, das auf ggplot2 aufbaut und die Formelsyntax y ~ x nutzt.

2015 immer über der Inflationsrate. Zusätzlich wird ein Streudiagramm der beiden Variablen ausgegeben. Die beiden Grafiken werden zunächst zwischengespeichert und dann mit der Funktion grid.arrange() aus dem Paket gridExtra nebeneinander in einer Zeile (nrow = 1) ausgegeben. Hierbei kann angegeben werden, wie viele Zeilen (nrow =) und Spalten (ncol =) die Anordnung haben soll. Es sind auch deutlich komplexere Anordnungen möglich, hierzu sei auf die Hilfe (?grid.arrange) bzw. die Vignette(vignette("arrangeGrob")) verwiesen.

R-Code 2.3: Ausgabe des Datensatzes UR

```
# Daten mit Gruppierungsvariablen zusammenfassen
data <- UR |> gather(Variable, Rate, -Datum)
# Liniendiagramme der beiden Variablen
g1 <- gf_line(Rate ~ Datum, color = ~ Variable, data = data)
# Streudiagramm UmlR ~ InflR
g2 <- gf_point(UmlR ~ InflR, data = UR)
# Grafiken nebeneinander ausgeben
grid.arrange(g1, g2, nrow = 1)
```

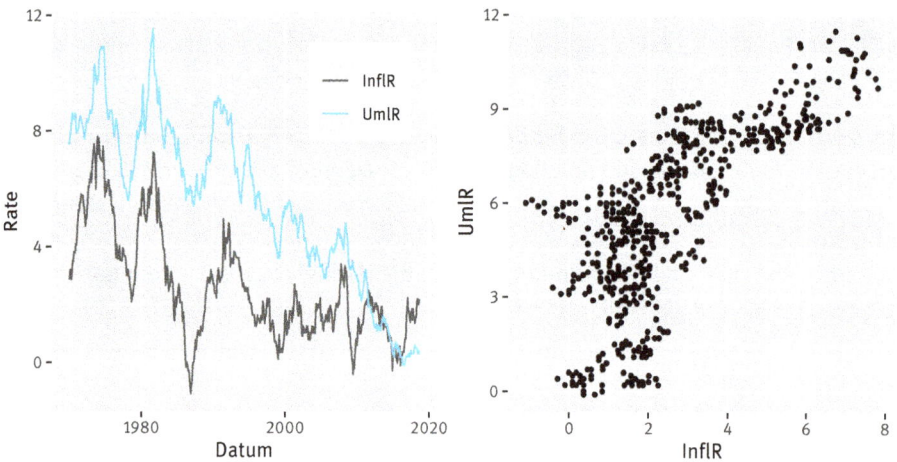

R-Grafik 2.1: Ausgabe der beiden Variablen UmlR und InflR aus dem Datensatz UR. Links: Liniendiagramm, rechts: Streudiagramm.

Der Pipe-Operator |> verknüpft Funktionen miteinander (siehe auch die Hinweise zu R in Abschnitt 1.6 der Einleitung). Die Funktion gather() aus dem Paket tidyr überführt den Datensatz in ein sogenanntes *Long*-Format, d. h., es gibt jetzt einen

Schlüssel (hier `Variable`), die Werte (`Rate`) stehen untereinander.[3] Durch Verwendung von `-Datum` werden alle Variablen aus dem ursprünglichen Datensatz genommen mit Ausnahme der Variablen `Datum`. Alternativ hätten auch die zusammenzufassenden Variablen (`UmlR`, `InflR`) angegeben werden können. Das Long-Format erkennen Sie mit `head()` und `tail()` (R-Code 2.4), es werden die ersten n bzw. letzten n Werte ausgegeben (Standardwert für n ist 6).

R-Code 2.4: Datensatz im Long-Format, Ausgabe der ersten und letzten Zeilen

```
head(data, n = 3)

## # A tibble: 3 x 3
##    Datum       Variable  Rate
##    <date>      <chr>     <dbl>
## 1 1970-01-01 UmlR         7.5
## 2 1970-02-01 UmlR         7.6
## 3 1970-03-01 UmlR         7.9


tail(data, n = 3)

## # A tibble: 3 x 3
##    Datum       Variable  Rate
##    <date>      <chr>     <dbl>
## 1 2018-07-01 InflR       2.01
## 2 2018-08-01 InflR       2.01
## 3 2018-09-01 InflR       2.19
```

Wie Sie im Streudiagramm (R-Grafik 2.1 rechts) erkennen können, ist der lineare Zusammenhang nur in Phasen mit einer Umlaufrendite über 3 % deutlich ausgeprägt, was ungefähr dem Zeitraum vor dem Jahr 2000 entspricht. Daher wird für das Einführungsbeispiel der Zeitraum auf die Jahre vor 2000 eingeschränkt und mit `|> filter(...)` aus dem Paket `dplyr` ein entsprechender Filter gesetzt. Die lineare Regression wird in R mit `lm(Y ~ X1 + X2 + ..., data = Daten)` durchgeführt (R-Code 2.5). Wir schätzen folgendes Modell:

$$\text{UmlR} = \beta_0 + \beta_1 \cdot \text{InflR} + \epsilon. \tag{2.5}$$

---

3 Eine einfache Variante, ein Liniendiagramm auszugeben, ohne den Datensatz umzuwandeln, ist auch (allerdings auch ohne Ausgabe einer Legende): `gf_line(InflR ~ Datum, data = UR) |> gf_line(UmlR ~ Datum)`.

R-Code 2.5: Regression Umlaufrendite auf Inflationsrate

```
UR2 <- UR |> filter(Datum < "2000-01-01")
UR2.lm1 <- lm(UmlR ~ InflR, data = UR2)
summary(UR2.lm1)

##
## Call:
## lm(formula = UmlR ~ InflR, data = UR2)
##
## Residuals:
##      Min       1Q   Median       3Q      Max
## -2.16405 -0.68433 -0.02187  0.65669  2.26090
##
## Coefficients:
##             Estimate Std. Error t value Pr(>|t|)
## (Intercept)  5.11175    0.09620   53.14   <2e-16 ***
## InflR        0.68247    0.02458   27.77   <2e-16 ***
## ---
## Signif. codes:  0 '***' 0.001 '**' 0.01 '*' 0.05 '.' 0.1 ' ' 1
##
## Residual standard error: 0.9303 on 358 degrees of freedom
## Multiple R-squared:  0.683,Adjusted R-squared:  0.6821
## F-statistic: 771.2 on 1 and 358 DF,  p-value: < 2.2e-16
```

summary() gibt eine Zusammenfassung der Ergebnisse der Modellierung aus. Auf die für uns wichtigen Aspekte wird in den folgenden Abschnitten eingegangen.

2.4 Interpretation und Inferenz der Koeffizienten

2.4.1 Interpretation der Koeffizienten – metrisch

Sei $Y = \beta_0 + \sum_{k=1}^{K} \beta_k X_k + \epsilon$ die Regressionsgleichung. Dann gilt:

-   $\beta_k > 0$: Wird bei x_k eine Steigerung (Senkung) um eine Einheit beobachtet, wird ceteris paribus (c. p. – d. h., alle anderen Koeffizienten bleiben konstant) ein um β_k Einheiten höherer (niedrigerer) Mittelwert von y beobachtet.
-   $\beta_k < 0$: Wird bei x_k eine Steigerung (Senkung) um eine Einheit beobachtet, wird c. p. ein um β_k Einheiten niedrigerer (höherer) Mittelwert von y beobachtet.

Im Einführungsbeispiel bedeutet dies im Modell der Stichprobe:

-   $\hat{\beta}_0 = 5.1118$,
    siehe Zeile Intercept, Spalte Coefficients, Intercept – y-Achsenabschnitt der Geradengleichung.

- $\hat{\beta}_1 = \hat{\beta}_{InflR} = 0.6825$,

    siehe Zeile `InflR`, Spalte `Coefficients`. Eine um ein Prozentpunkt beobachtete höhere Inflationsrate bedeutet, die Umlaufrendite ist im Mittel ebenfalls um etwa 0.68 Prozentpunkte höher. Die Inflationsrate wird demnach in die Umlaufrendite eingepreist.

Insgesamt ergibt sich aus der Stichprobe folgende Modellgleichung:

$$\widehat{UmlR} = 5.1118 + 0.6825 \cdot InflR. \tag{2.6}$$

Diese kann jetzt genutzt werden, um die Umlaufrendite für eine bestimmte Inflationsrate zu ermitteln. In der Anwendung von **R** wird dies mit `predict()` durchgeführt (siehe R-Code 2.6).

R-Code 2.6: Ermittlung der Umlaufrendite zu einer gegebenen Inflationsrate

```
# Neue Daten in einem data.frame festlegen
newdata <- data.frame(InflR = 2)
# Prognose
predict(UR2.lm1, newdata = newdata)


##        1
## 6.476687
```

Bei einer Inflationsrate von 2 % wird im Mittel eine Umlaufrendite von 6.48 % erwartet.

In einem etwas komplexeren Beispiel arbeiten wir mit einem Datensatz, der mögliche Determinanten für die Kapitalstruktur von deutschen börsennotierten Unternehmen als Jahreswerte der Jahre 2005 bis 2015 enthält. Tabelle 2.2 zeigt die im Datensatz enthaltenen Variablen. Der Datensatz liegt als Excel-Datei vor, die mit `read_excel()` aus dem Paket `readxl` eingelesen werden kann (R-Code 2.7). Falls die Daten nicht im ersten Arbeitsblatt liegen, kann das Arbeitsblatt mit `sheet = "..."` angeben werden.

R-Code 2.7: Einlesen des Datensatzes `Kapitalstruktur.xlsx`

```
# Datensatz einlesen
KS <- read_excel("data/Kapitalstruktur.xlsx")
```

Bei diesem Datensatz handelt es sich um Paneldaten (siehe Kapitel 3 zur Panelregression), da Daten von verschiedenen Unternehmen zu verschiedenen Zeitpunkten vorliegen. In der Anwendung für dieses Kapitel wird daher eine Querschnittsregression für ein Jahr, hier als Beispiel für das Jahr 2015, durchgeführt. Querschnittsregression bedeutet, dass Daten zu einem Zeitpunkt zu mehreren Unternehmen (oder anderen Untersuchungssubjekten) erfasst und ausgewertet werden. Dazu werden in R-Code 2.8 mit `filter(Jahr == 2015)` die Beobachtungen des Jahres 2015 selektiert.

Tab. 2.2: Variablen des Datensatzes Kapitalstruktur

Variable	Bedeutung
Name	Name des Unternehmens
Sektor	Industriesektor
Jahr	Jahr der Beobachtung
Index	Indexzugehörigkeit (DAX, MDAX, SDAX, TecDAX)
fkq	Fremdkapitalquote
lfk	langfristiges Fremdkapital (Anteil an der Bilanzsumme)
kfk	kurzfristiges Fremdkapital (Anteil an der Bilanzsumme)
uw	Umsatzwachstum
lngroesse	Umsatz (natürlicher Logarithmus)
sach	Sachanlagevermögen (Anteil an der Bilanzsumme)
ebit	Ebit als Maß für die Profitabilität (Anteil an der Bilanzsumme)
ndts	Non Debt Tax Shield (Abschreibungen durch Bilanzsumme)
steuer	Steuern (Anteil am Ebit)
beta	Beta-Faktor (Unternehmensrisiko)
BIP	jährliche Wachstumsrate des Bruttoinlandsprodukts
ZS	Zinsspread zwischen Dreimonatsgeldmarktzins und 10-jährigen Bundesanleihen
INFL	Inflation (jährliche Änderungsrate des Verbraucherpreisindex)
MP	Marktperformance (jährliche Rendite des DAX)

Hinweis: In der Querschnittsregression können die makroökonomischen Variablen BIP, ZS, INFL und MP nicht genutzt werden, da diese als Jahreswerte für alle Unternehmen gleich sind.

R-Code 2.8: Auswahl der Beobachtungen für die Querschnittsregression im Datensatz KS

```
# Querschnittsdaten
KSQ <- KS |> filter(Jahr == 2015)
```

Wir führen eine Regression der Fremdkapitalquote auf das Umsatzwachstum, das Sachanlagevermögen sowie den Ebit durch (R-Code 2.9, hier nur Ausgabe der Koeffizienten).

R-Code 2.9: Regression Fremdkapitalquote auf Umsatzwachstum, Sachanlagevermögen und Ebit

```
KSQ.lm1 <- lm(fkq ~ uw + sach + ebit, data = KSQ)
summary(KSQ.lm1)
## ...
## Coefficients:
##              Estimate Std. Error t value Pr(>|t|)
## (Intercept)  0.16351    0.02620   6.240 6.69e-09 ***
## uw           0.17160    0.05597   3.066  0.00268 **
## sach         0.32970    0.05952   5.539 1.80e-07 ***
## ebit        -0.53140    0.18683  -2.844  0.00523 **
```

Nach Schätzung ergibt sich folgende Modellgleichung:

$$\widehat{fkq} = 0.1635 + 0.1716 \cdot uw + 0.3297 \cdot sach + (-0.5314) \cdot ebit. \tag{2.7}$$

Im Modell und in der Stichprobe wird ein positiver Zusammenhang von Umsatzwachstum und Fremdkapitalquote beobachtet, je Prozentpunkt Wachstum erhöht sich die Fremdkapitalquote c. p. im Mittel um 0.1716 Prozentpunkte. Für den Anteil des Sachanlagevermögens gilt dies ebenso, je Prozentpunkt Erhöhung des Anteils erhöht sich die Fremdkapitalquote c. p. im Mittel um 0.3297 Prozentpunkte. In einer vorläufigen Interpretation bedeutet dies, dass bei einer Erhöhung des Sachanlagevermögens, das als Sicherheit dienen kann, Investoren eher bereit sind, Fremdkapital zur Verfügung zu stellen. Aus der Signaling-Theorie (Spence, 1973) kann abgeleitet werden, dass eine Erhöhung der Fremdkapitalquote als Signal für die Zukunftsfähigkeit des Unternehmens gesehen werden kann, was die durch das Umsatzwachstum gezeigte Wachstumsstrategie stützt.

Für die Änderung des Ebit wird ein negativer Zusammenhang beobachtet, je Prozentpunkt Erhöhung vermindert sich die Fremdkapitalquote c. p. im Mittel um 0.5314 Prozentpunkte. Das Ergebnis bestätigt die Pecking-Order-Theorie (Donaldson, 1961, modifiziert durch Myers und Majluf, 1984). Hiernach nutzen Unternehmen zunächst die Innenfinanzierung (der Spielraum erhöht sich bei einem höheren Gewinn), bevor Fremdkapital aufgenommen wird.

Ein direkter Vergleich der Koeffizienten ist nicht möglich (unterschiedliche Einheiten und Streuungen). Um Regressionskoeffizienten zu vergleichen, kann die Regression mit standardisierten Variablen durchgeführt werden (sogenannte Z-Transformation):

$$z = \frac{x - \bar{x}}{s_x}. \tag{2.8}$$

Einzelne Variablen können mit der Funktion scale() umgerechnet werden. Statt die Variablen zu standardisieren, kann auch der ursprünglich geschätzte Regressionskoeffizient $\hat{\beta}_k$ in einen standardisierten Regressionskoeffizienten $\hat{b}_k$ umgerechnet werden:

$$\hat{b}_k = \hat{\beta}_k \cdot \frac{s_x}{s_y} \quad \text{mit } s = \hat{\sigma}. \tag{2.9}$$

Im Beispiel der Regression oben ergeben sich folgende in R-Code 2.10 gezeigten Koeffizienten. Bei skalierten Variablen kann in der Regression auf den Intercept verzichtet werden (-1 in der Formel). Ergänzt wird exemplarisch die manuelle Umrechnung für die Variable uw anhand Gleichung 2.9.[4]

---

4 *Hinweis:* Hier wird auf einen einzelnen Wert des Koeffizienten-Vektors mit [...] zurückgegriffen. Darin können zur Auswahl u. a. Ziffern für die Position im Vektor oder Bezeichnungen in "..." angegeben werden. Die einzelnen Variablen des Datensatzes KSQ werden hier mit dem $-Operator aufgerufen.

R-Code 2.10: Regression mit skalierten Variablen

```
# Koeffizienten der skalierten Regression
lm(scale(fkq) ~ scale(uw) + scale(sach) + scale(ebit) - 1, data = KSQ) |> coef()

##    scale(uw) scale(sach) scale(ebit)
##    0.2341055   0.4256283  -0.2205903

# manuelle Umrechnung für uw
coef(KSQ.lm1)["uw"] * sd(KSQ$uw) / sd(KSQ$fkq)

##         uw
## 0.2341055
```

Die unabhängige Variable mit dem höchsten Betragswert für den standardisierten Regressionskoeffizienten ist dann die *wichtigste* unabhängige Variable, d. h., die unabhängige Variable mit dem stärksten Zusammenhang zu der abhängigen Variablen Y (siehe z. B. Backhaus *et al.*, 2021, S. 83 f.). Die Interpretation bezieht sich dann auf Einheiten in Standardabweichungen: Ändert sich im Modell der Stichprobe x_k um eine Standardabweichung, ändert sich y um $\hat{\beta}_k$ Standardabweichungen.

Eine Alternative zur Bestimmung der Wichtigkeit der Variablen stellen sogenannte *Random-Forest*-Modelle dar. Details dazu siehe in Abschnitt 9.4.7 im Kapitel Klassifikation und Regression mit Bäumen und Random Forest.

2.4.2 Interpretation der Koeffizienten – kategorial

Eine kategoriale Variable wird in einer Regression üblicherweise in sogenannte *Indikatorvariablen* oder *Dummy*-Variablen mit den Ausprägungen 0 und 1 zerlegt, wobei es eine Indikatorvariable weniger als Kategorien gibt. Der Grund dafür ist die sogenannte *Dummy-Variablen-Falle* (*dummy variable trap*, Stock und Watson, 2019, S. 230): Wenn es N binäre Dummy-Variablen gäbe und jede Beobachtung genau in eine Kategorie fiele, könnte das Modell mit einem Intercept nicht bestimmt werden, da dann perfekte Multikollinearität vorläge. Um das zu verhindern, wird eine Dummy-Variable weniger definiert und die Koeffizienten relativ zum Intercept bestimmt.

Als Beispiel zeigt Tabelle 2.3 die Zugehörigkeit zu einem Börsenindex mit den Kategorien DAX – MDAX – SDAX – TecDAX, davon wird eine Kategorie als *Referenzkategorie* festgelegt (hier DAX).[5]

---

5 *Hinweis:* Hier folgt die Aufteilung der Indikatorvariablen noch den alten Regelungen, dass ein Unternehmen entweder im TecDax oder in einem der anderen Indices gelistet sein kann. Seit September 2018 ist es möglich, dass Unternehmen gleichzeitig im TecDAX und einem der anderen Indices gelistet sein können. In der praktischen Umsetzung gäbe es dann mehr Kategorien der kategorialen Variablen und damit auch mehr Indikatorvariablen, die die gemeinsamen Listings berücksichtigen.

Tab. 2.3: Kategoriale Variablen

Ausprägung	Dummy MDAX	Dummy SDAX	Dummy TecDAX
DAX	0	0	0
MDAX	1	0	0
SDAX	0	1	0
TecDAX	0	0	1

In R wird automatisch die alphanumerisch niedrigste Kategorie als Referenzkategorie festgelegt. Mit relevel() können Sie eine andere Kategorie als Referenzkategorie festlegen[6] und mit levels() erhalten Sie die Liste der Level mit der Referenzkategorie als erstem Wert.

Die Koeffizienten für kategoriale Variablen werden immer als Änderung der Konstante β_0 interpretiert:
- $\beta_k > 0$: Die Konstante ist bei Vorliegen der entsprechenden Kategorie c. p. im Mittel im Modell größer als für die Referenzkategorie (nur β_0).
- $\beta_k < 0$: Die Konstante ist bei Vorliegen der entsprechenden Kategorie c. p. im Mittel im Modell kleiner als für die Referenzkategorie (nur β_0).
- Je größer der Betragswert eines Regressionskoeffizienten ist, desto stärker ist die Verschiebung der Konstanten.

Nehmen wir für die Beispielregression KSQ.lm1 die Indexzugehörigkeit hinzu, zeigen sich die in R-Code 2.11 dargestellten Ergebnisse (nur Ausgabe der Koeffizienten).

R-Code 2.11: Regression Fremdkapitalquote auf Umsatzwachstum, Sachanlagevermögen, Ebit sowie Index

```
KSQ.lm2 <- lm(fkq ~ uw + sach + ebit + Index, data = KSQ)
summary(KSQ.lm2)
## ...
## Coefficients:
##             Estimate Std. Error t value Pr(>|t|)
## (Intercept)  0.17646    0.03650   4.834 4.21e-06 ***
## uw           0.18044    0.06056   2.980  0.00353 **
## sach         0.29598    0.06557   4.514 1.56e-05 ***
## ebit        -0.50088    0.19688  -2.544  0.01230 *
## IndexMDAX   -0.02950    0.03806  -0.775  0.43981
## IndexSDAX    0.03511    0.03828   0.917  0.36094
## IndexTecDAX -0.03966    0.04358  -0.910  0.36469
```

---

6 Um den Pipe-Operator (|>) einsetzen zu können, müssen Sie stattdessen fct_relevel() aus dem Paket forecats nutzen.

Insgesamt ergibt sich aus der Stichprobe folgende Modellgleichung:

$$\widehat{\text{fkq}} = 0.17646 + 0.18044 \cdot \text{uw} + 0.29598 \cdot \text{sach} + (-0.50088) \cdot \text{ebit}$$
$$+ (-0.02950) \cdot \text{IndexMDAX} + 0.03511 \cdot \text{IndexSDAX}$$
$$+ (-0.03966) \cdot \text{IndexTecDAX} \tag{2.10}$$

Wie in Tabelle 2.3 gezeigt, sind für Unternehmen des DAX alle drei Indikatorvariablen für den Index (IndexMDAX, IndexSDAX, IndexTecDAX) gleich 0. Daher gilt als Intercept nur der Wert von $\hat{\beta}_0 = 0.17646$. Bei einem Unternehmen des MDAX beispielsweise ist die Indikatorvariable IndexMDAX = 1 und es gilt für den Intercept $\hat{\beta}_0 + \hat{\beta}_{IndexMDAX} = 0.17646 + (-0.02950) = 0.14696$.

So liegt bei Unternehmen des MDAX c. p. die Fremdkapitalquote im Mittel um 2.95 Prozentpunkte niedriger als bei den Unternehmen des DAX und bei Unternehmen des TecDAX um 3.97 Prozentpunkte niedriger. Bei Unternehmen des SDAX liegt sie im betrachteten Jahr um 3.51 Prozentpunkte höher.

---

i **Kategoriale Variable in der Regression**

Indikatorvariable	Aufteilung in Indikatorvariablen (Dummy-Variablen mit 0/1), eine je Kategorie mit Ausnahme der Referenzkategorie
levels()	Ausgabe der Kategorien
relevel()	Änderung der Referenzkategorie und/oder der Kategorien
fct_relevel()	Änderungen der Kategorien unter Nutzung des Pipe-Operators (|>)

2.4.3 Inferenz der Koeffizienten

Wenn die unabhängigen Variablen $X_1, X_2, \ldots, X_K$ in keinem linearen Zusammenhang mit der abhängigen Variablen Y stehen, sind die Koeffizienten $\beta_1, \beta_2, \ldots, \beta_K$ gleich 0. Daher kann der jeweilige Koeffizient mit einem zweiseitigen t-Test überprüft werden (Voraussetzung: $\epsilon \sim$ u. i. v. $N(0, \sigma_\epsilon)$).[7] Für $k = 1, \ldots, K$ ist

$$H_0: \beta_k = 0 \qquad H_A: \beta_k \neq 0. \tag{2.11}$$

Bei einem p-Wert kleiner als die gewählte Irrtumswahrscheinlichkeit α kann die H_0 verworfen werden. Der in der Stichprobe beobachtete Wert $\hat{\beta}_k$ (Schätzer für den Koeffizienten β_k) ist unter der Bedingung, dass es keinen Zusammenhang zwischen der Variablen X_k und der abhängigen Variablen Y gibt, unwahrscheinlich.

Die Teststatistik berechnet sich wie folgt:

$$T = \frac{\hat{\beta}_k}{se_{\hat{\beta}_k}} \tag{2.12}$$

---

[7] U. i. v. – unabhängig, identisch verteilt, englisch iid - independent identically distributed: Die Variablen sind unabhängig voneinander, d. h., sie korrelierten nicht miteinander, und folgen einer identischen Verteilung, z. B. der Normalverteilung.

und ist t-verteilt mit $N - K - 1$ Freiheitsgraden. $se_{\hat{\beta}_k}$ ist der Standardfehler des Schätzers $\hat{\beta}_k$, d. h. die Streuung der Stichprobenstatistik.

Der gleiche Test wird auch für die Konstante (Koeffizient β_0) durchgeführt. Bei einem p-Wert unterhalb der Irrtumswahrscheinlichkeit α wird die H_0 verworfen. Der beobachtete Schätzer $\hat{\beta}_0$ ist unter der Annahme $\beta_0 = 0$ unwahrscheinlich.

In der summary des Regressionsmodells findet sich der Standardfehler ($se_{\hat{\beta}_k}$) in der Spalte Std. Error und die sich ergebende Teststatistik in der Spalte t value. Die Spalte Pr(>|t|) gibt den resultierenden p-Wert aus. Zur schnelleren Übersicht finden sich hinter den p-Werten „Sternchen" und „Punkte", die die entsprechenden Signifikanzniveaus symbolisieren: *** bedeutet eine Irrtumswahrscheinlichkeit von unter 0.001, d. h. unter 0.1%, ** entsprechend 1%, * 5% und . 10%. Dies darf aber nicht als Kategorisierung der p-Werte verstanden werden. Der p-Wert ist die Wahrscheinlichkeit dafür, dass der im Modell der Stichprobe beobachtete Schätzer $\hat{\beta}$ oder extremere Werte auftreten unter der Annahme, dass die Nullhypothese, $\beta = 0$, zutrifft.

In einem in R-Code 2.12 gezeigten Beispiel KSQ.lm3, in dem das Modell fkq ~ uw + lngroesse + sach + ebit berechnet wird (hier nur die Ausgabe der Koeffizienten), kann die Nullhypothese, dass es keinen Zusammenhang zwischen der Fremdkapitalquote und der jeweiligen unabhängigen Variablen gibt, nur für die Koeffizienten für das Umsatzwachstum, das Sachanlagevermögen sowie das Ebit verworfen werden.

R-Code 2.12: Regression Fremdkapitalquote auf Umsatzwachstum, Unternehmensgröße, Sachanlagevermögen und Ebit

```
KSQ.lm3 <- lm(fkq ~ uw + lngroesse + sach + ebit, data = KSQ)
summary(KSQ.lm3)
## ...
## Coefficients:
##               Estimate Std. Error t value Pr(>|t|)
## (Intercept)   0.144757   0.111178   1.302  0.19540
## uw            0.172541   0.056458   3.056  0.00276 **
## lngroesse     0.001214   0.006993   0.174  0.86244
## sach          0.330820   0.060111   5.503 2.15e-07 ***
## ebit         -0.525243   0.190909  -2.751  0.00686 **
```

In der jüngeren Vergangenheit (siehe auch Abschnitt 1.4 im Kapitel Einführung) wurde seitens der statistischen Gemeinschaft viel über den Sinn und Zweck des p-Werts diskutiert. Eine Möglichkeit, um sich von der alleinigen Fixierung auf den p-Wert zu lösen, ist die Darstellung der Konfidenzintervalle[8] für die Schätzer der Koeffizienten. Diese erhalten Sie mit confint(model), wie in R-Code 2.13 gezeigt.

---

[8] Ein $1 - \alpha$-Konfidenzintervall (z. B. 95 %) beinhaltet mit 95 %iger Sicherheit den unbekannten Wert der Population. Eine weitere Stichprobe wird mit 95 %iger Sicherheit einen Schätzer ergeben, der in diesem Intervall liegt.

R-Code 2.13: Ausgabe der Konfidenzintervalle für die Koeffizienten des Modells KSQ.lm3

```
confint(KSQ.lm3)

##                      2.5 %        97.5 %
## (Intercept)  -0.07536711   0.36488043
## uw            0.06075708   0.28432439
## lngroesse    -0.01263058   0.01505899
## sach          0.21180434   0.44983550
## ebit         -0.90322883  -0.14725696
```

Standardmäßig wird das 95%-Konfidenzintervall ausgegeben. Einen anderen Konfidenzlevel können Sie mit der Option `level = ...` wählen. Im Ergebnis zeigt sich auch hier dasselbe Bild, das sich schon über die p-Werte ergeben hat. Die Konfidenzintervalle von `lngroesse` und Intercept überdecken die 0 (der unter der H_0 angenommene Wert für den Koeffizienten), während die anderen die 0 nicht beinhalten.

Eine weitere Möglichkeit ist es, in der Ergebnisdokumentation zumindest die Standardfehler *se* (Spalte `Std. Error` der `summary`) zusätzlich anzugeben. Daraus lassen sich die 95%-Konfidenzintervalle grob abschätzen: $\hat{\beta}_k \pm 2 \cdot se_{\hat{\beta}_k}$.

Was berichten Sie hinsichtlich der Inferenz?

Geschätzter Koeffizient $\hat{\beta}_k$	Richtung und Stärke des Einflusses
Standardfehler oder *Konfidenzintervall*	Bereich der Schätzung im Hinblick auf die Population
p-Wert (evtl.)	Wahrscheinlichkeit des beobachteten Schätzers oder im Sinne der Alternativhypothese extremerer Werte unter der Annahme, dass die H_0: $\beta_k = 0$ zutrifft. Der p-Wert sollte nicht (mehr) als einzige Ergänzung zum geschätzten Koeffizienten berichtet werden.

2.5 Erweiterung der Modellgleichung

Die Formelnotation in **R** bietet verschiedene Möglichkeiten, Modellgleichungen zu erweitern und zu modifizieren.

2.5.1 Interaktion

Neben dem Einfluss der unabhängigen Variablen einzeln und direkt kann es manchmal auch notwendig sein, Verknüpfungen der Variablen hinzuzufügen. Dies sind sogenannte Interaktions- oder Wechselwirkungsterme. Interaktion kann über ein Doppelpunkt ergänzt werden: `lm(y ~ x1 + x2 + x1:x2)`. Verkürzt kann dies über `lm(y ~ x1*x2)` eingegeben werden. Das Multiplikationszeichen fügt alle Variablen einzeln und alle Interaktionsterme zwischen diesen Variablen hinzu.

In diesem einfachen Beispiel mit zwei Variablen ergibt sich somit als Modellgleichung:

$$Y_i = \beta_0 + \beta_1 \cdot X_{1i} + \beta_2 \cdot X_{2i} + \beta_{1:2} \cdot (X_{1i} \cdot X_{2i}) + \epsilon_i. \tag{2.13}$$

D. h., die beiden Variablen werden je Beobachtung i paarweise multipliziert und mit
dem Koeffizienten $\beta_{1:2}$ im Modell berücksichtigt.

Häufig ist es so, dass unabhängige Variablen mit starkem Effekt auch Interaktionen
mit anderen unabhängigen Variablen zeigen (Gelman und Hill, 2007, S. 36). Was umgekehrt aber nicht heißen soll, dass eine Variable mit primärem schwachem Einfluss keine
Interaktionsterme zeigen kann. Auch hier können deutliche Interaktionen auftreten.
Eine gelungene Diskussion von Interaktionseffekten in linearen Regressionsmodellen
und deren Auswirkungen findet sich in Brambor *et al.* (2006).

Interaktion mit kategorialen Variablen

Im Beispiel KSQ können wir vermuten, dass der Einfluss des Umsatzwachstums z. B.
mit der Zugehörigkeit zu einem Index interagiert (R-Code 2.14, hier nur Ausgabe der
Koeffizienten). Die Modellgleichung ergibt sich wie folgt:

$$\begin{aligned}
\mathrm{fkq} = \beta_0 &+ \beta_1 \cdot \mathrm{uw} + \beta_2 \cdot \mathrm{sach} + \beta_3 \cdot \mathrm{ebit} \\
&+ \beta_4 \cdot \mathrm{IndexMDAX} + \beta_5 \cdot \mathrm{IndexSDAX} + \beta_6 \cdot \mathrm{IndexTecDAX} \\
&+ \beta_{1:4} \cdot \mathrm{uw} \cdot \mathrm{IndexMDAX} + \beta_{1:5} \cdot \mathrm{uw} \cdot \mathrm{IndexSDAX} \\
&+ \beta_{1:6} \cdot \mathrm{uw} \cdot \mathrm{IndexTecDAX} + \epsilon.
\end{aligned} \tag{2.14}$$

Index als kategoriale Variable ist wieder in die zugehörigen Indikatorvariablen zerlegt
worden. Die letzten drei Terme sind die Interaktionsterme.

R-Code 2.14: Regression mit Interaktionseffekt

```
KSQ.lm4 <- lm(fkq ~ uw + sach + ebit + Index + uw:Index, data = KSQ)
summary(KSQ.lm4)
## ...
## Coefficients:
##                 Estimate Std. Error t value Pr(>|t|)
## (Intercept)      0.14199    0.04987   2.847  0.00526 **
## uw               0.58765    0.34342   1.711  0.08984 .
## sach             0.28037    0.06573   4.265 4.21e-05 ***
## ebit            -0.53604    0.19828  -2.703  0.00794 **
## IndexMDAX        0.01248    0.05180   0.241  0.81003
## IndexSDAX        0.06887    0.05155   1.336  0.18427
## IndexTecDAX      0.05339    0.06171   0.865  0.38876
## uw:IndexMDAX    -0.40878    0.38472  -1.063  0.29030
## uw:IndexSDAX    -0.32887    0.35306  -0.931  0.35362
## uw:IndexTecDAX  -0.62923    0.36289  -1.734  0.08570 .
```

Nach Schätzung ergibt sich folgende Modellgleichung:

$$\widehat{\text{fkq}} = 0.14199 + 0.58765 \cdot \text{uw} + 0.28037 \cdot \text{sach} + (-0.53604) \cdot \text{ebit}$$
$$+ 0.01248 \cdot \text{IndexMDAX} + 0.06887 \cdot \text{IndexSDAX}$$
$$+ 0.05339 \cdot \text{IndexTecDAX} + (-0.40878) \cdot \text{uw} \cdot \text{IndexMDAX}$$
$$+ (-0.32887) \cdot \text{uw} \cdot \text{IndexSDAX} + (-0.62923) \cdot \text{uw} \cdot \text{IndexTecDAX} \qquad (2.15)$$

Gleichung 2.16 zeigt als Beispiel die zusammengefasste Modellgleichung für ein Unternehmen des MDAX.

$$\widehat{\text{fkq}} = (0.14199 + 0.01248) + (0.58765 + (-0.40878)) \cdot \text{uw}$$
$$+ 0.28037 \cdot \text{sach} + (-0.53604) \cdot \text{ebit}$$
$$= 0.15447 + 0.17887 \cdot \text{uw} + 0.28037 \cdot \text{sach} + (-0.53604) \cdot \text{ebit} \qquad (2.16)$$

In einer vorläufigen Interpretation bedeutet das, dass im Modell der Stichprobe die Fremdkapitalquote der Konstituenten der Nicht-DAX-Indices im Mittel c. p. mit jeder Einheit Umsatzwachstum um die jeweilige Einheit (MDAX: (−0.40878), SDAX: (−0.32887), TecDAX (−0.62923)) im Vergleich zu Konstituenten des DAX weniger stark ansteigt. Oder auch die umgekehrte Interpretation: Mit sinkendem Umsatzwachstum sinkt die Fremdkapitalquote der Unternehmen der Nicht-DAX-Indices jeweils weniger stark als die der DAX-Unternehmen. Bei TecDAX-Unternehmen ändert sich sogar das Vorzeichen, da der Interaktionskoeffizient im Betrag größer als der Koeffizient von uw ist.

Hinweis: Häufig ergibt sich durch die Interaktion Multikollinearität zwischen den ursprünglichen Variablen und den Interaktionstermen. Der Effekt ist dann nicht mehr eindeutig zuzuordnen. Hier im Beispiel (R-Code 2.15) zeigt sich dies insbesondere zwischen uw, uw:IndexSDAX und uw:IndexTecDAX. Ausgegeben werden die sogenannten *Variance Inflation Factors*, vif, wobei Werte ab 10 (oder auch schon 4) als kritisch betrachtet werden. Details zur Multikollinearität und den Variance Inflation Factors finden Sie in Abschnitt 2.7.8.

R-Code 2.15: Variance Inflation Factors bei Interaktion am Beispiel des Modells KSQ.lm4

```
rms::vif(KSQ.lm4)

##               uw           sach           ebit      IndexMDAX      IndexSDAX
##        36.617408       1.256430       1.118860       3.327188       3.240128
##      IndexTecDAX   uw:IndexMDAX   uw:IndexSDAX  uw:IndexTecDAX
##         3.702399       5.582157      23.174277      17.008575
```

Interaktion mit metrischen Variablen

Hier ist die Bedeutung im Prinzip dieselbe, allerdings nicht so leicht zu interpretieren. Die Steigung ändert sich jetzt nicht um den konstanten Wert $\beta_{1:2}$, sondern um $\beta_{1:2}$

Einheiten der jeweils anderen Variablen. D. h., den Einfluss einer Variablen X_1 über β_1 erhalten wir nur, wenn die andere Variable X_2 gleich null ist und umgekehrt. Dies ist in der Regel nicht realistisch (z. B. Sachanlagevermögen = 0).

Ein Interaktionsterm kann aber auch als marginaler Effekt ausgedrückt werden. Zur Verdeutlichung zeigt Gleichung 2.17 noch einmal das Modell mit zwei Variablen:

$$Y = \beta_0 + \beta_1 \cdot X_1 + \beta_2 \cdot X_2 + \beta_{1:2} \cdot (X_1 \cdot X_2) + \epsilon. \tag{2.17}$$

Der Anteil der Wirkung von X_1 auf Y ist dann der marginale Effekt:

$$\frac{\partial Y}{\partial X_1} = \beta_1 + \beta_{1:2} X_2. \tag{2.18}$$

Folgende Gleichung zeigt den Standardfehler, der sich aus dem geschätzten Modell für den marginalen Effekt ergibt:

$$\hat{\sigma}_{\frac{\partial Y}{\partial X_1}} = \sqrt{var(\hat{\beta}_1) + X_2^2 var(\hat{\beta}_{1:2}) + 2X_2 cov(\hat{\beta}_1 \hat{\beta}_{1:2})}. \tag{2.19}$$

Aus Gleichung 2.19 wird deutlich, dass der beobachtete marginale Effekt (2.18) für bestimmte Werte von x_2 vorhanden sein kann, selbst wenn für alle Koeffizienten die H_0, dass sie 0 seien, nicht verworfen werden kann. Dies wird insbesondere dann der Fall sein, wenn die Kovarianz zwischen $\hat{\beta}_1$ und $\hat{\beta}_{1:2}$ negativ ist.

In der Literatur finden sich des Öfteren Hinweise, im Fall von Interaktion die Variablen vorher zu zentrieren (von jeder Beobachtung x_i jeweils den Mittelwert $\bar{x}$ abzuziehen, scale(V1, scale = FALSE)). Null ist dann gleich dem Mittelwert der jeweiligen Variablen. Der Koeffizient $\hat{\beta}_1$ entspricht dann der marginalen Änderung von y, wenn sich x_1 um eine Einheit ändert und x_2 ihrem Mittelwert entspricht. Im nicht-zentrierten Modell ist dies die Stelle, an der x_2 gleich null ist. Da beide Modelle algebraisch äquivalent sind und ineinander umgerechnet werden können, können auch aus dem nicht-zentrierten Modell die marginale Änderung und die dazugehörigen Standardfehler an der Stelle des Mittelwerts von x_2 berechnet werden (Brambor *et al.*, 2006). Die Zentrierung hilft insofern nur bei der direkten Interpretation der ausgegebenen Schätzer für die Koeffizienten.

Das Paket interplot ermöglicht die grafische Darstellung von Interaktionseffekten. Als Beispiel wird in R-Code 2.16 ein Modell gerechnet, das nur zwei unabhängige Variablen (uw und sach) enthält sowie die Interaktion zwischen den beiden. Für dieses Modell wird die summary dazu ausgegeben (hier nur Ausgabe der Koeffizienten).

R-Code 2.16: Regression mit Interaktion zwischen metrischen Variablen am Beispiel des Modells fkq ~ uw + sach + uw:sach

```
KSQ.lm5 <- lm(fkq ~ uw*sach, data = KSQ)
summary(KSQ.lm5)
```

```
## ...
## Coefficients:
##              Estimate Std. Error t value Pr(>|t|)
## (Intercept)  0.12771    0.02326   5.492 2.24e-07 ***
## uw           0.07509    0.08701   0.863    0.390
## sach         0.32583    0.06811   4.784 4.91e-06 ***
## uw:sach      0.19032    0.17239   1.104    0.272
```

Der Interaktionsterm uw:sach zeigt einen p-Wert von 0.272, scheint somit unter der H_0: $\beta_{\text{uw:sach}} = 0$ nicht unwahrscheinlich zu sein. Der Interaktionsplot in R-Grafik 2.2 zeigt ein anderes Bild. Dieser wird mit interplot() aufgerufen (R-Code 2.17). Das erste Argument ist das Modell, dessen Effekte ausgegeben werden sollen. var1 ist die Variable, deren marginaler Effekt auf der y-Achse gezeigt werden soll, und var2 die Variable, deren Auswirkung auf den marginalen Effekt dargestellt werden soll (x-Achse).

R-Code 2.17: Interaktionsplot des Modells KSQ.lm5

```
interplot::interplot(KSQ.lm5, var1 = "uw", var2 ="sach") |>
  gf_labs(x = "sach", y = "Marginaler Effekt uw")
```

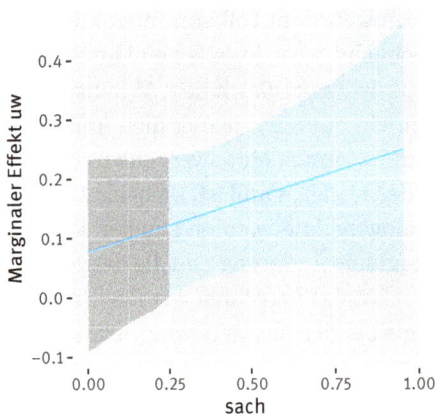

R-Grafik 2.2: Interaktionsplot des Modells KSQ.lm5 mit Konfidenzintervall. Der Bereich, in dem das Konfidenzintervall 0 nicht beinhaltet, ist blau markiert.

In R-Grafik 2.2 wird das 95%-Konfidenzintervall für den marginalen Effekt ausgegeben. Es zeigt sich deutlich, dass das Konfidenzintervall für den marginalen Effekt von uw im Bereich ab 0.25 im Sachanlagevermögen die 0 nicht beinhaltet (in der Grafik blau hinterlegt[9]), somit „kein Effekt" bei den gegebenen Daten in diesem Bereich

---

9 *Hinweis:* Die farbige Markierung wird nur zur Verdeutlichung angezeigt und wird bei direktem Aufruf von interplot() nicht ausgegeben.

unplausibel ist. Bei sach = 0 entspricht der Effekt genau dem geschätzten Koeffizienten von uw. Mit ci = ... kann auch ein anderer Konfidenzlevel gewählt werden. Weitere Details zu den Möglichkeiten von interplot() finden Sie in der zugehörigen Vignette (vignette("interplot-vignette")).

Der konkrete Wert für den marginalen Effekt kann mit der Funktion margins() aus dem gleichnamigen Paket ausgegeben werden. R-Code 2.18 zeigt z. B. den marginalen Effekt für uw an der Stelle sach = 0.5.

R-Code 2.18: Ausgabe des marginalen Effekts für uw an der Stelle sach = 0.5

```
margins(KSQ.lm5, variables = "uw", at = list(sach = 0.5))

## at(sach)      uw
##      0.5 0.1703
```

Sofern Interaktionsterme höherer Ordnung (also zwischen drei und mehr Variablen) im Modell berücksichtigt werden, kann mit at = list(V1 = ..., V2 = ...) usw. der marginale Effekt wiederum für eine bestimmte Stelle der jeweils anderen Variablen ausgegeben werden. Mit V1 = c(Wert1, Wert2) können die Effekte für mehrere Stellen ausgegeben werden.

Wie R-Code 2.19 zeigt, werden mit margins(...) |> summary() unter anderem der Standardfehler, der z-Wert, der p-Wert und die Grenzen des Konfidenzintervalls an der angegebenen Stelle ausgegeben.

R-Code 2.19: Ausgabe des marginalen Effekts für uw sowie des dazugehörigen Standardfehlers, z-Werts, p-Werts und der Grenzen des Konfidenzintervalls an der Stelle sach = 0.5

```
margins(KSQ.lm5, variables = "uw", at = list(sach = 0.5)) |> summary()

## factor    sach    AME     SE      z      p  lower  upper
##     uw  0.5000 0.1703 0.0604 2.8183 0.0048 0.0519 0.2887
```

Hinweis: Da durch die Interaktion zwischen metrischen Variablen das Modell nicht mehr additiv-linear ist (Einführung multiplikativer Terme) müssen unbedingt die marginalen Effekte angegeben werden. Die Angabe nur des Koeffizienten $\hat{\beta}_{1:2}$ oder nur die Beurteilung der Signifikanz über den damit ausgegebenen p-Wert sind nicht sinnvoll.

---

i **Interaktion von x_1 mit ...**

kategorialer Variable x_2 konstanter Effekt $\hat{\beta}_{1:2}$, Inferenz wie bei Nicht-Interaktionstermen

metrischer Variable x_2 Effekt abhängig von x_2, Ausgabe des marginalen Effekts notwendig

Inferenz abhängig von der Varianz von $\hat{\beta}_1$ und $\hat{\beta}_{1:2}$ sowie der
Kovarianz zwischen $\hat{\beta}_1$ und $\hat{\beta}_{1:2}$ und dem Wert von x_2

Wichtige Funktionen `margins()` und `interplot()`

2.5.2 Verschachtelte Modelle

Um in Abhängigkeit von einer Gruppierungsvariablen mehrere vollständige Modelle (sogenannte *verschachtelte Modelle* oder *nested models*) gleichzeitig zu berechnen, bietet sich der Operator / an. Ein Intercept wird nicht mehr benötigt, da separate Konstanten für die einzelnen Kategorien der Gruppierungsvariablen berechnet werden (Kleiber und Zeileis, 2008, S. 74). R-Code 2.20 zeigt dies am Modell `fkq ~ uw + sach + ebit`, zusätzlich gruppiert nach der Indexzugehörigkeit.

R-Code 2.20: Verschachteltes Modell am Beispiel `fkq ~ uw + sach + ebit + Index` gruppiert nach
`Index`

```
KSQ.lm6 <- lm(fkq ~ Index / (uw + sach + ebit) - 1, data = KSQ)
summary(KSQ.lm6)
## ...
## Coefficients:
##                      Estimate Std. Error t value Pr(>|t|)
## IndexDAX              0.15335    0.08040   1.907  0.05919 .
## IndexMDAX             0.14092    0.04602   3.062  0.00279 **
## IndexSDAX             0.22777    0.05302   4.296 3.89e-05 ***
## IndexTecDAX           0.17856    0.10440   1.710  0.09014 .
## IndexDAX:uw           0.60575    0.37189   1.629  0.10634
## IndexMDAX:uw          0.15010    0.18938   0.793  0.42979
## IndexSDAX:uw          0.26140    0.08237   3.174  0.00198 **
## IndexTecDAX:uw       -0.05205    0.12575  -0.414  0.67980
## IndexDAX:sach         0.26712    0.20659   1.293  0.19885
## IndexMDAX:sach        0.28805    0.09900   2.910  0.00442 **
## IndexSDAX:sach        0.26673    0.11027   2.419  0.01729 *
## IndexTecDAX:sach      0.05873    0.41970   0.140  0.88898
## IndexDAX:ebit        -0.69134    0.69445  -0.996  0.32177
## IndexMDAX:ebit       -0.37137    0.36596  -1.015  0.31254
## IndexSDAX:ebit       -0.70714    0.29910  -2.364  0.01991 *
## IndexTecDAX:ebit     -0.14106    0.66069  -0.214  0.83135
```

Die Bestandteile eines verschachtelten Modells könnten auch einzeln berechnet werden, indem einzelne Regressionen mit Daten gerechnet werden, die nach den jeweiligen

Ausprägungen der Gruppierungsvariablen gefiltert wurden. Die Koeffizienten entsprechen sich, allerdings sind die Standardfehler und damit die t- und p-Werte anders.

Da die Ausgabe der Koeffizienten in der summary etwas unübersichtlich ist, zeigt Tabelle 2.4 diese gruppiert nach den verschiedenen Index-Ausprägungen. Zu der vollständigen summary noch folgender Hinweis: R^2 wird ohne Intercept anders berechnet (siehe Gleichung 2.25), ist also nicht direkt mit dem R^2 aus dem anderen Modell zu vergleichen.

Tab. 2.4: Koeffizienten des verschachtelten Modells KSQ.1m6 gruppiert nach Indexzugehörigkeit

Index	Intercept	uw	sach	ebit
DAX	0.153355	0.605750	0.267118	-0.691344
MDAX	0.140921	0.150101	0.288048	-0.371373
SDAX	0.227773	0.261398	0.266730	-0.707140
TecDAX	0.178563	-0.052048	0.058730	-0.141061

In den einzelnen Modellen unterscheiden sich die Koeffizienten insbesondere für das Umsatzwachstum (uw) deutlich, während die anderen Variablen Werte aufweisen, die näher beieinander liegen. Insgesamt ist das verschachtelte Modell gegenüber dem Modell KSQ.1m4 mit dem einzelnen Interaktionsterm nicht zu bevorzugen, wie R-Code 2.21 mit einem Vergleich der Modelle über anova(model1, model2) oder AIC zeigt.

R-Code 2.21: Vergleich des Modells mit einem Interaktionsterm (KSQ.1m4) und dem verschachtelten Modell (KSQ.1m6)

```
# ANOVA
anova(KSQ.1m4, KSQ.1m6)

## Analysis of Variance Table
##
## Model 1: fkq ~ uw + sach + ebit + Index + uw:Index
## Model 2: fkq ~ Index/(uw + sach + ebit) - 1
##   Res.Df    RSS Df Sum of Sq      F Pr(>F)
## 1    111 2.2642
## 2    105 2.2339  6   0.03031 0.2374 0.9633

# AIC der beiden Modelle
AIC(KSQ.1m4)

## [1] -116.0216

AIC(KSQ.1m6)

## [1] -105.6523
```

Die ANOVA gibt einen sehr hohen p-Wert (Pr(>F)) aus, so dass die Nullhypothese, die Modelle unterscheiden sich nicht, nicht verworfen wird. Das AIC (Gütemaß, je kleiner, desto besser, siehe Abschnitt 2.6.1) des verschachtelten Modells KSQ.1m6 ist etwas höher (= weniger negativ), so dass auch dies gegen die Nutzung des verschachtelten Modells spricht.

Die Darstellung der Verschachtelung ermöglicht aber herauszufinden, welche Variablen möglicherweise für eine Interaktion sinnvoll sein können. Auch reduziert sich über die komplette Trennung der Modelle die Multikollinearität, wie R-Code 2.22 zeigt.

R-Code 2.22: Variance Inflation Factors des verschachtelten Modells KSQ.1m6

```
rms::vif(KSQ.1m6)

##         IndexDAX        IndexMDAX        IndexSDAX       IndexTecDAX
##         7.594972         3.583931         4.624100         12.806727
##      IndexDAX:uw      IndexMDAX:uw      IndexSDAX:uw      IndexTecDAX:uw
##         2.753186         1.369123         1.246294         2.180189
##    IndexDAX:sach    IndexMDAX:sach   IndexSDAX:sach   IndexTecDAX:sach
##         4.224392         2.454135         3.373029         3.144428
##    IndexDAX:ebit    IndexMDAX:ebit   IndexSDAX:ebit   IndexTecDAX:ebit
##         3.361801         2.563683         1.995369         6.638801
```

2.5.3 Formelsyntax

Neben * und : für Interaktion[10] haben noch die in Tabelle 2.5 aufgeführten Symbole und Funktionen in Formeln eine besondere Bedeutung.

Tab. 2.5: Formelsyntax in linearen Modellen

Operator	Bedeutung
~	Trennt abhängige und unabhängige Variablen.
.	Nutze alle Variablen außer der abhängigen als unabhängige Variablen.
-V1	Entferne die Variable V1 (häufig in Verbindung mit dem .-Operator).
-1	Regression ohne Konstante (Intercept)
V1:V2	Interaktion: auf Beobachtungsebene paarweise Multiplikation der Variablen
V1*V2	Einzelne Variablen und Interaktion: V1 + V2 + V1:V2
/	Berechne ein verschachteltes (*nested*) Modell.
I(...)	Führe die Operation in Klammern mathematisch aus (also z. B. * als Multiplikation oder ˆ als Potenzierung und nicht als Interaktion).

---

10 Hinweis: Auch der Operator ˆ (Exponent) wird durch eine Multiplikation ersetzt und erzeugt somit eine Interaktion.

2.6 Globale Modellgüte und Inferenz

2.6.1 Globale Modellgüte

Ausgangspunkt zur Beurteilung der globalen Modellgüte ist der Mittelwert $\bar{y}$ für die Zielgröße y. Für jeden Wert y_i lässt sich der Abstand zum Mittelwert $\bar{y}$ bestimmen. Wie Abbildung 2.2 zeigt, kann die Abweichung eines jeden Punktes y_i vom Mittelwert $\bar{y}$ in eine durch das Modell (d. h. die Regressionsgerade) erklärte Abweichung und in eine nicht durch das Modell erklärte Abweichung zerlegt werden:

$$\underbrace{(y_i - \bar{y})}_{\text{gesamte Abweichung}} = \underbrace{(\hat{y}_i - \bar{y})}_{\text{erklärte Abweichung}} + \underbrace{(y_i - \hat{y}_i)}_{\text{nicht erklärte Abweichung}} \tag{2.20}$$

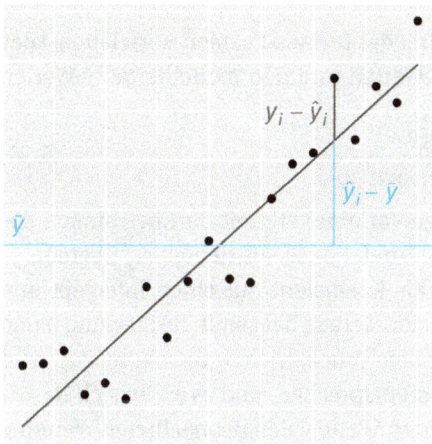

Abb. 2.2: Zusammensetzung der Abweichungen am Beispiel einer Einfachregression: Die beobachtete Abweichung vom Mittelwert setzt sich aus dem Residuum $y_i - \hat{y}_i$ (grau) und der durch das Modell erklärten Abweichung $\hat{y}_i - \bar{y}$ (blau) zusammen. Dies kann für die multiple Regression genauso auf die Abweichungen von der Hyperebene übertragen werden.

Es kann gezeigt werden, dass diese Beziehung erhalten bleibt, wenn die Abweichungen zunächst quadriert und dann aufsummiert werden:

$$\begin{aligned} \sum_{i=1}^{N}(y_i - \bar{y})^2 &= \sum_{i=1}^{N}\left((\hat{y}_i - \bar{y}) + (y_i - \hat{y}_i)\right)^2 \\ &= \sum_{i=1}^{N}(\hat{y}_i - \bar{y})^2 + 2\sum_{i=1}^{N}\left((\hat{y}_i - \bar{y})\cdot(y_i - \hat{y}_i)\right) + \sum_{i=1}^{N}(y_i - \hat{y}_i)^2. \end{aligned} \tag{2.21}$$

Der Term $2\sum(\dots)$ in der Mitte wird nach Umformungen 0, da in der linearen Regression die Summe der Residuen 0 ist: $\sum e_i = \sum(y_i - \hat{y}_i) = 0$ und daher die Summe der mit den x multiplizierten Residuen ebenfalls 0 ist: $\sum e_i \cdot x_i = 0$ (detaillierte Herleitung siehe z. B. Bleymüller *et al.*, 2020, S. 182).

Daher gilt die Varianzzerlegung:

$$\underbrace{\sum_{i=1}^{N}(y_i - \bar{y})^2}_{SST} = \underbrace{\sum_{i=1}^{N}(\hat{y}_i - \bar{y})^2}_{SSR} + \underbrace{\sum_{i=1}^{N}(y_i - \hat{y}_i)^2}_{SSE} \tag{2.22}$$

mit SST – Total Sum of Squares (gesamte Streuung), SSR – Regression Sum of Squares (erklärte Streuung), SSE – Error Sum of Squares (nicht erklärte Streuung).[11]

Die Modellgüte ist gut, wenn der Anteil der von der Regressionsgeraden erklärten Streuung SSR an der gesamten Streuung SST möglichst groß bzw. wenn der Anteil der nicht erklärten Streuung SSE möglichst klein ist.

Daraus wird das (multiple) Bestimmtheitsmaß R^2 abgeleitet:

$$R^2 = \frac{SSR}{SST} = \frac{\sum(\hat{y}_i - \bar{y})^2}{\sum(y_i - \bar{y})^2} = 1 - \frac{SSE}{SST} = 1 - \frac{\sum(y_i - \hat{y}_i)^2}{\sum(y_i - \bar{y})^2}. \tag{2.23}$$

Das Bestimmtheitsmaß entspricht dem Quadrat des Bravais-Pearson-Korrelationskoeffizienten $r_{y\hat{y}}$ zwischen den beobachteten y-Werten und den modellierten $\hat{y}$-Werten (Greene, 2020, S. 83).

$$r_{y\hat{y}} = \frac{cov(y, \hat{y})}{\sqrt{var(y) \cdot var(\hat{y})}}. \tag{2.24}$$

In der Einfachregression (eine unabhängige Variable) stimmt darüber hinaus das Bestimmtheitsmaß R^2 mit dem Quadrat des Korrelationskoeffizienten r_{xy} überein.

Das einfachste Regressionsmodell hat als Koeffizient nur einen Intercept und dieser ist gleich dem Mittelwert $\bar{y}$. Die Regressionsgerade hat somit die Steigung 0 und verläuft parallel zur x-Achse. Der Term über dem Bruchstrich in Gleichung 2.23 wird 0, da alle geschätzten $\hat{y}$-Werte dem Mittelwert entsprechen, und es ergibt sich $R^2 = 0$. Im *besten* Modell entsprächen die modellierten Werte $\hat{y}$ den beobachteten Werten y. Damit werden Zähler und Nenner in Gleichung 2.23 gleich und $R^2 = 1$. Es gilt somit $0 \leq R^2 \leq 1$. Je näher R^2 an 1 ist, desto höher ist die Modellgüte im Sinne erklärter Variation. Das Bestimmtheitsmaß R^2 (wie auch andere Gütemaße) erlaubt aber keine Aussage darüber, ob das Modell stimmt.

Ein Hinweis zur Berechnung des Bestimmtheitsmaßes in einem Modell ohne Intercept: Hier kann das Basismodell nur mit Intercept nicht bestimmt werden. Stattdessen wird folgende Berechnung angewandt, das Bestimmtheitsmaß wird hier zur Unterscheidung mit R_0^2 bezeichnet:

$$R_0^2 = \frac{\sum \hat{y}_i^2}{\sum y_i^2} = 1 - \frac{\sum(y_i - \hat{y}_i)^2}{\sum y_i^2}. \tag{2.25}$$

---

11 *SSE* und *SSR* werden in der Literatur auch umgekehrt verwendet, z. B. Wooldridge (2019, S. 34): *SSE* bedeutet dann *explained sum of squares* und *SSR residual sum of squares*.

Sofern eine kategoriale unabhängige Variable vorliegt, sind die Modelle mit und ohne Intercept im Prinzip identisch (außer, dass bei Vorliegen eines Intercepts die Koeffizienten als Differenz zum Intercept ausgegeben werden). Da aber bei Fehlen des Intercepts die Berechnung gemäß Gleichung 2.25 vorgenommen wird, unterscheiden sich in diesem Fall die in R berechneten Bestimmtheitsmaße.

Bei der Modellauswahl mit Hilfe von R^2 gibt es allerdings ein Problem: Jede weitere hinzugefügte unabhängige Variable erklärt ein „bisschen" was und erhöht damit R^2.[12] Eine Lösung bietet das korrigierte (*adjusted*) Bestimmtheitsmaß $\overline{R}^2$:

$$\overline{R}^2 = 1 - \frac{SSE/N-K-1}{SST/N-1} \qquad (2.26)$$

mit N – Anzahl der Beobachtungen und K – Anzahl der unabhängigen Variablen. Der Zähler in Formel 2.26 entspricht dem Quadrat des Standardfehlers der Residuen (*SER*, auch Standardfehler der Regression, siehe z. B. Stock und Watson, 2019, S. 222 f.):

$$SER = \sqrt{\frac{SSE}{N-K-1}} = \sqrt{\frac{\sum(y_i - \hat{y}_i)^2}{N-K-1}} \qquad (2.27)$$

Es gibt somit einen Strafterm (*penalty term*) für jede zusätzliche Variable, der *SER* vergrößert und damit $\overline{R}^2$ verringert, wenn die Variable keinen ausreichenden Erklärungsbeitrag liefert.

Es zeigt sich allerdings, dass die *Bestrafung* beim korrigierten Bestimmtheitsmaß zu gering ist und zu viele Variablen im Modell belassen werden (Hyndman und Athanasopoulos, 2018, S. 130). Besser geeignet ist z. B. das *Akaike Information Criterion* (AIC), das sich in der multiplen linearen Regression wie folgt berechnen lässt:

$$AIC = N \cdot \ln\left(\frac{SSE}{N}\right) + 2 \cdot (K+1). \qquad (2.28)$$

Je *besser* das Modell ist, desto *kleiner* wird das AIC. Die Minimierung des AIC entspricht einer Minimierung des mittleren quadratischen Fehlers (siehe auch Kreuzvalidierung in Abschnitt 2.8.5). Das AIC können Sie z. B. mit `extractAIC()` oder mit `AIC()`[13] erhalten.

Für kleine Stichproben sind das korrigierte AIC (AIC_c) oder das Bayessche Informationskriterium BIC besser geeignet, da das AIC bei kleinen Stichproben zu viele Parameter im Modell belässt:

$$AIC_c = AIC + \frac{2(K+2)(K+3)}{N-K-3}, \qquad (2.29)$$

---

12 Selbst, wenn die partielle Korrelation zwischen der neu hinzugefügten Variablen und y gleich 0 ist und diese Variable somit keinen Erklärungsbeitrag liefert, tritt zumindest keine Verringerung des R^2 ein (Greene, 2020, S. 85 f.).
13 Hier werden noch zwei modellunabhängige Terme hinzuaddiert:
$AIC = N + N \cdot \ln(2\pi) + N \cdot \ln\left(\frac{SSE}{N}\right) + 2 \cdot (K+2)$.

$$\text{BIC} = N \cdot \ln\left(\frac{SSE}{N}\right) + \ln(N) \cdot (K+1). \tag{2.30}$$

Bis zu einer Grenze von $\frac{N}{K+1} \leq 40$ sollte das AIC_c in jedem Fall genutzt werden, aber auch darüber hinaus zeigen sich keine Nachteile gegenüber dem AIC, so dass bei Modellselektion auch grundsätzlich das AIC_c eingesetzt werden kann (Burnham und Anderson, 2004).

AIC_c und BIC erhalten Sie z. B. über die Funktion CV(model) aus dem Paket forecast, dort mit verschiedenen anderen Gütemaßen kombiniert.[14] Auch die Funktion BIC(model) liefert das BIC.

Eine Abwandlung einer Regel von Burnham und Anderson (2004) kann hier als Faustregel genutzt werden: Die Modelle unterscheiden sich, wenn sie sich um mehr als 2 Einheiten im AIC bzw. den abgeleiteten Kriterien unterscheiden.

Hinweis: Die Gütemaße treffen keine Aussage darüber, ob das Modell stimmt. Sie erlauben nur aus den möglichen und davon in Betracht gezogenen Modellen das nach einem Zielkriterium relativ beste Modell auszuwählen.

ℹ Gütekriterien in der linearen Regression

R^2	Bestimmtheitsmaß: Anteil der durch das Modell erklärten Variation der abhängigen Variablen y nicht für die Modellselektion geeignet, da es mit jeder zusätzlichen Variablen wächst
$\overline{R}^2$	korrigiertes Bestimmtheitsmaß, berücksichtigt die Anzahl unabhängiger Variablen im Modell
SER	Standardfehler der Regression, Standardfehler der Residuen
AIC	entspricht Minimierung des mittleren quadratischen Fehlers in der Kreuzvalidierung gegenüber dem $\overline{R}^2$ zu bevorzugen, da weniger Variablen im Modell belassen werden
AIC_c	für kleine Stichproben geeignet
BIC	für kleine Stichproben geeignet Für die letzten vier Gütekriterien gilt: je kleiner, desto besser.
Wichtig	Keines der Gütemaße trifft eine Aussage darüber, ob das Modell stimmt!

Globale Modellgüte im Beispiel

Im Beispiel des ersten Modells mit dem Kapitalstrukturdatensatz (KSQ.lm1, fkq ~ uw + sach + ebit, R-Code 2.9) ergeben sich *SER*, R^2 und korrigiertes $\overline{R}^2$ wie folgt:

```
## Residual standard error: 0.1436 on 121 degrees of freedom
## Multiple R-squared:  0.3112,Adjusted R-squared:  0.2942
```

Die anderen Gütemaße werden in R-Code 2.23 gezeigt.

---

14 In forecast wird statt $2 \cdot (K+1)$ der Term $2 \cdot (K+2)$ addiert.

R-Code 2.23: AIC, BIC und andere Gütemaße am Beispiel KSQ.lm1

```
extractAIC(KSQ.lm1)

## [1]    4.0000 -481.3264

forecast::CV(KSQ.lm1)

##          CV          AIC         AICc          BIC         AdjR2
##  0.02100557 -479.32642689 -478.82222521 -465.18485820    0.29415647
```

Im Beispiel ergibt sich der Standardfehler der Residuen zu 0.1436, das Bestimmtheitsmaß liegt bei 0.3112 und das korrigierte Bestimmtheitsmaß bei 0.2942. Es werden also 31.12% der Streuung durch das Modell erklärt.[15] Die Werte von AIC (-481.33) und AIC$_c$ (-478.82) lassen sich nicht direkt bewerten, sondern nur im Vergleich von Modellen. Z. B. zeigt das zweite Modell KSQ.lm2 (fkq ~ uw + sach + ebit + Index) folgendes AIC: -461.04, das höher ist (= weniger negativ). Damit ist das im Sinne der Anzahl der Prädiktoren einfachere Modell KSQ.lm1 (fkq ~ uw + sach + ebit) zu bevorzugen.

2.6.2 Inferenz für das Modell als Ganzes

Zusätzlich wird in der Regression noch überprüft, ob das Modell als Ganzes einen Erklärungsbeitrag liefert. Der F-Test (vgl. Varianzanalyse, ANOVA) testet die Nullhypothese H_0: $\beta_1 = \beta_2 = \cdots = \beta_K = 0$ gegen die Alternative H_A: Es gibt mindestens ein $\beta_k \neq 0$ mit $k = 1, \ldots, K$. Der F-Test überprüft somit, ob die unabhängigen Variablen gemeinsam einen Effekt haben.

Das Verhältnis von *SSR* und *SSE* folgt einer F-Verteilung (siehe z. B. Poddig *et al.*, 2008, S. 302 ff.). Die Teststatistik *F* berechnet sich wie folgt:

$$F = \frac{SSR/K}{SSE/N-K-1} \tag{2.31}$$

F hat *K* und *N* − *K* − 1 Freiheitsgrade. Der Zähler in Gleichung 2.31 ist der quadrierte Standardfehler der Residuen *SER*. Je besser das Regressionsmodell die Variabilität der abhängigen Variablen erklärt, desto größer wird die durch das Modell erklärte Streuung *SSR*, umgekehrt wird *SER* kleiner. Damit wird wird die F-Statistik größer und die Nullhypothese wird ggf. verworfen.

Hinweis: Bei Vorliegen von Multikollinearität (siehe Abschnitt 2.7.8) kann die F-Statistik groß werden, ohne dass für die Koeffizienten der einzelnen unabhängigen Variablen die H_0: $\beta_k = 0$ verworfen werden könnte.

---

15 Hinweis: Nur das *nicht* korrigierte Bestimmtheitsmaß gibt den Anteil der erklärten Streuung an.

Inferenz für das Modell als Ganzes im Beispiel
Das Ergebnis des F-Tests wird wiederum am Beispiel des Modells KSQ.lm1 gezeigt (hier nur Ausgabe der betreffenden Zeile aus der summary(KSQ.lm1), R-Code 2.9):

```
## F-statistic: 18.23 on 3 and 121 DF,  p-value: 8.008e-10
```

Der p-Wert der F-statistic ist sehr klein, somit stehen die unabhängigen Variablen in dem Modell der Stichprobe gemeinsam in einem Zusammenhang mit der abhängigen Variablen. Die Teststatistik beträgt 18.23 mit 3 (= Anzahl K der unabhängigen Variablen) Freiheitsgraden für SSR und 121 (= $N - K - 1$) Freiheitsgraden für SSE.

2.7 Anwendungsvoraussetzungen und Regressionsdiagnostik

Die lineare Regression unterliegt einer Reihe von Anwendungsvoraussetzungen, die in Tabelle 2.6 aufgeführt sind. Nur wenn diese erfüllt sind, sind die Ergebnisse der linearen Regression wie in den Abschnitten 2.4.1 und 2.4.2 dargestellt im Sinne eines linearen Einflusses der unabhängigen Variablen auf die abhängige Variable interpretierbar. Auch ist die lineare Regression, wie ebenfalls in Tabelle 2.6 aufgeführt, nicht robust gegenüber Ausreißern. Ausreißer können die Schätzer für die Regressionskoeffizienten und damit auch die Ergebnisse für die t-Tests zu diesen Koeffizienten verzerren.

Die Überprüfung der Anwendungsvoraussetzungen wird allgemein als Regressionsdiagnostik bezeichnet. Ein Großteil der verwendeten Methoden basiert auf der Analyse der Residuen und wird deshalb auch Residuenanalyse genannt.

Tab. 2.6: Anwendungsvoraussetzungen für die lineare Regression und Robustheit[a]

A1:	Der Zusammenhang zwischen der abhängigen und den unabhängigen Variablen ist linear und die bedeutsamen unabhängigen Variablen sind im Modell enthalten (keine *Fehlspezifikation*).
A2:	Der Erwartungswert der Residuen ist null.
A3:	Zwischen den Residuen und der bzw. den unabhängigen Variablen besteht keine Korrelation, d. h., erklärende Variablen dürfen nicht endogen sein.
A4:	Die Varianz der Residuen ist konstant und endlich (Homoskedastizität).
A5:	Die Residuen dürfen nicht untereinander korrelieren (keine Autokorrelation).
A6:	Es darf kein sehr starker linearer Zusammenhang zwischen den einzelnen erklärenden Variablen bestehen (keine bzw. höchstens geringe Multikollinearität).
A7:	Die Residuen sind normalverteilt.
R1:	Es liegen keine Ausreißer in der abhängigen Variablen oder der bzw. den unabhängigen oder in beiden vor.

a Für die Nummerierung gibt es in der Literatur kein einheitliches Schema, siehe z. B. Backhaus *et al.* (2021, S. 102 ff.), Auer (2016, S. 160 ff.) oder Greene (2020, S. 57 ff.).

Sind die Annahmen A1 bis A6 (siehe Tabelle 2.6) erfüllt, so ist die kleinste-Quadrate-Schätzung der Regressionskoeffizienten unverzerrt (unbiased), effizient (best) und erfüllt damit die BLUE-Eigenschaft (BLUE – Best Linear Unbiased Estimator). Sie folgt damit dem Theorem von Gauss-Markov (siehe z. B. Auer, 2016, S. 84 und S. 240 f.).

Zur Erinnerung: Ein Schätzwert wird in der Regel nicht mit dem wahren Wert der Population (Grundgesamtheit) übereinstimmen (außer die Grundgesamtheit wird erhoben). Aussagen über die Qualität einer einzelnen Schätzung sind nicht möglich. Die Verfahren sollen so konstruiert sein, dass sich die Schätzung asymptotisch dem wahren Wert annähert.

Was sind die Gütekriterien für Schätzer? Bei erwartungstreuen (*unverzerrten*), konsistenten und effizienten Schätzungen gilt, dass der Schätzwert im Mittel mit dem unbekannten Parameter übereinstimmt (*Erwartungstreue*), dass er mit zunehmendem Stichprobenumfang immer weniger vom unbekannten Parameter abweichen wird (*Konsistenz*) und dass seine Varianz klein ist (*Effizienz*).

Ist Annahme A6 erfüllt, so sind die t-Tests für die Regressionskoeffizienten zuverlässig (jeweils mit der H_0: $\beta_k = 0$). Damit können Aussagen über den Zusammenhang einzelner unabhängiger Variablen mit der abhängigen Variablen getroffen werden und auf die Population geschlossen werden.

Die Erfüllung der Annahme A7 wird i. d. R. nicht besonders streng gesehen, da für größere Stichprobenumfänge der zentrale Grenzwertsatz greift. Der zentrale Grenzwertsatz besagt, dass unter wenigen allgemeinen Annahmen die Summe von Zufallsvariablen gegen die Normalverteilung tendiert. Demzufolge werden in der Praxis die verschiedenen Tests für lineare Regressionen wie etwa die t-Tests für die Regressionskoeffizienten, der F-Test für das Bestimmtheitsmaß sowie Tests der Regressionsdiagnostik auch ohne eine vorherige Prüfung der Residuen auf Normalverteilung durchgeführt.

BLUE – Best Linear Unbiased Estimator   `i`
Best   effizient: kleinste Varianz / Kovarianz
Linear   linear: Zusammenhang ist linear
Unbiased unverzerrt: Schätzer stimmt im Mittel mit dem wahren Wert überein

---

2.7.1 Variablentransformation

Auch wenn die Normalverteilung der Variablen selbst keine Voraussetzung für die lineare Regression ist, so kann es doch hilfreich sein, auf ungefähre Symmetrie in der Verteilung der Variablen zu achten. Ziel dabei ist, dass die Residuen des Modells normalverteilt oder zumindest symmetrisch verteilt ohne besonderes Muster sind. Daher kann auch immer erst ein Modell geschätzt und darin die Residuen überprüft werden. Wenn diese unauffällig sind, kann eine Variablentransformation unterlassen werden.

Transformation der unabhängigen Variablen

Als Beispiel sei hier die Variable lngroesse aus dem Kapitalstrukturdatensatz gewählt. Diese ist im Datensatz logarithmiert. Im Histogramm (R-Code 2.24, Grafik 2.3) zeigt sich, dass die ursprünglichen nicht-transformierten Daten stark rechtsschief sind.

R-Code 2.24: Histogramm der Variable groesse aus dem Datensatz KSQ vor Transformation

```
gf_histogram(~ groesse, data = KSQ)
```

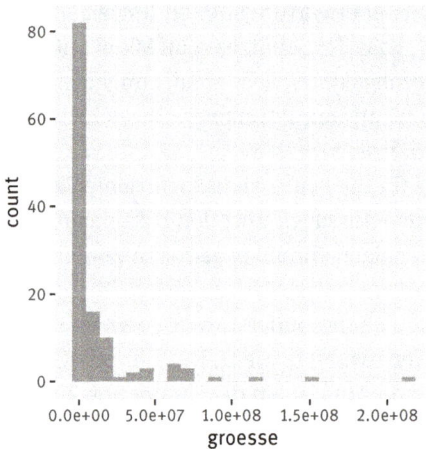

R-Grafik 2.3: Histogramm der Variable groesse aus dem Datensatz KSQ vor Transformation

Da die Rechtsschiefe ausgeprägt ist, empfiehlt sich eine Transformation mit dem natürlichen Logarithmus log(V1)[16]. Falls null oder negative Werte vorliegen, muss vor der Logarithmustransformation ein Betrag addiert werden, der etwas über dem Betrag des Minimums liegt, da der Logarithmus nur für positive Werte definiert ist. R-Code 2.25 zeigt die Transformation. Mit mutate(name = funktion(variable)) aus dem Paket dplyr wird eine neue Variable angelegt[17] und die ursprüngliche gelöscht (Zuweisung <- NULL). Grundsätzlich kann auch direkt die ursprüngliche Variable überschrieben werden. mutate() erlaubt in einem Funktionsaufruf, neue Variable anzulegen und/oder verschiedene Transformationen in einem Datensatz vorzunehmen. Dabei können mehrere Schritte auch mit dem Pipe-Operator |> verknüpft werden. Den Plot der transformierten Variablen zeigt R-Grafik 2.4.

---

16 *Hinweis:* In R bedeutet log() die Transformation mit dem natürlichen Logarithmus. Der dekadische Logarithmus kann mit log10(x) oder log(x, base = 10) berechnet werden.

17 Alternativ kann auch der $-Operator genutzt werden: KSQ$lngroesse <- log(KSQ$groesse).

R-Code 2.25: Transformation mit dem natürlichen Logarithmus und Histogramm der transformierten Variablen lngroesse aus dem Datensatz KSQ

```
# Logarithmierung
## KSQ <- KSQ |> mutate(lngroesse = log(groesse),
##                        # Variable groesse löschen
##                   groesse <- NULL)
## gf_histogram(~ lngroesse, data = KSQ)
```

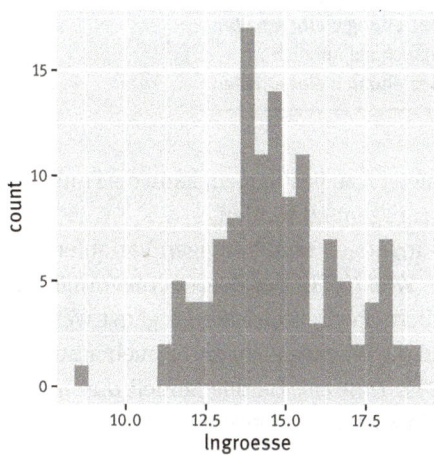

R-Grafik 2.4: Histogramm der mit dem natürlichen Logarithmus transformierten Variable lngroesse aus dem Datensatz KSQ

Bei nicht so ausgeprägter Rechtsschiefe ist die Wurzeltransformation (sqrt(V1)), ggf. auch wiederholt geeigneter. Bei Vorliegen von negativen Werten muss vor der Wurzeltransformation der Betrag des Minimums hinzuaddiert werden. Bei Linksschiefe ist die reziproke Transformation eine Möglichkeit.

Eine Übersicht über mögliche Transformationen gibt Tabelle 2.7. Anregungen zu diesen und weiteren Transformationen finden Sie in Kutner *et al.* (2005, S. 129 ff.) oder Sharpe *et al.* (2020, S. 610 ff.).

Eine sehr allgemein nutzbare Transformation stellt die Box-Cox-Transformation bzw. Power-Transformation dar (Box und Cox, 1964). Bei gegebenem Parameter λ ist sie wie folgt definiert:

$$f(x) = \begin{cases} \frac{x^{\lambda}-1}{\lambda} & \text{für } \lambda \neq 0 \\ \ln x & \text{für } \lambda = 0 \end{cases}. \tag{2.32}$$

Diese kann, wie auch der Logarithmus, nur auf positive Werte angewandt werden, so dass ggf. ein etwas höherer Wert als der Betrag des Minimums hinzuaddiert werden muss. Eine Erweiterung stellt die Yeo-Johnson-Transformation (Yeo und Johnson, 2000) dar, die auch mit negativen Werten umgehen kann. Das Paket car stellt diese und andere Varianten der Power-Transformation über die Funktion bcnPower() zur Ver-

Tab. 2.7: Übersicht über verschiedene Variablentransformationen

Transformation	Anwendung
Quadrat x^2	bei Linksschiefe
Quadratwurzel $\sqrt{x}$	bei wenig ausgeprägter Rechtsschiefe
	Häufigkeiten profitieren oft von dieser Transformation
Logarithmus $\log(x)$	bei Rechtsschiefe – trifft auf viele Variablen,
	wie Umsatz, Gehalt, Unternehmensgröße, zu
(negativ) reziprok $(-)\frac{1}{x}$	bei Linksschiefe, häufig auch für Quotienten geeignet
	negativ: die Richtung der Beziehung bleibt erhalten
(negativ) reziproke	eher selten genutzt, aber manchmal nützlich
Quadratwurzel $(-)\frac{1}{\sqrt{x}}$	negativ: die Richtung der Beziehung bleibt erhalten

fügung. Um den optimalen Wert für den Parameter λ zu bestimmen, kann die Funktion `powerTransform()`, ebenfalls aus dem Paket car, genutzt werden.

Im Regressionsmodell können die ursprünglichen unabhängigen Variablen mit ihren Transformationen kombiniert werden. *Wichtig*: In der Regressionsformel für `lm` muss meist ein `I()` (as *Is*) um die eigentliche Rechenoperation ergänzt werden, damit tatsächlich eine Berechnung erfolgt und die Eingabe nicht als Formelparameter interpretiert wird, z. B. `lm(y ~ x + I(x^2))`. *Hinweis:* Da das Modell durch den quadratischen Term nicht mehr additiv-linear in X ist, ist es notwendig, die marginalen Effekte auszuweisen.

Auch die anderen Transformationen führen dazu, dass die Effekte nicht mehr direkt durch die geschätzten Koeffizienten beschrieben werden können. Hier ist ebenfalls die Ausgabe marginaler Effekte sinnvoll. Marginale Effekte ergeben sich aus den (partiellen) Ableitungen $\frac{\partial Y}{\partial X}$ von Y nach der jeweiligen unabhängigen Variablen X. Tabelle 2.8 zeigt eine Übersicht. Eine ausführliche Darstellung finden Sie z. B. in Auer (2016, S. 335 ff.). Weitere Details zur Berechnung und Ausgabe marginaler Effekte finden Sie in Abschnitt 2.5.1.

Tab. 2.8: Verschiedene Transformationen der unabhängigen Variablen und die sich daraus ergebenden marginalen Effekte

Modellgleichung	Marginaler Effekt
$Y = \beta_0 + \beta_1 \cdot X + \epsilon$	β_1
$Y = \beta_0 + \beta_1 \cdot \ln(X) + \epsilon$	$\beta_1 \cdot \frac{1}{X}$
$Y = \beta_0 + \beta_1 \cdot \sqrt{X} + \epsilon$	$\beta_1 \cdot \frac{1}{2 \cdot \sqrt{X}}$
$Y = \beta_0 + \beta_1 \cdot \frac{1}{X} + \epsilon$	$\beta_1 \cdot \frac{1}{X^2}$
$Y = \beta_0 + \beta_1 \cdot X^2 + \epsilon$	$2 \cdot \beta_1 \cdot X$

Es ist zu erkennen, dass nach Transformation die Effekte nicht konstant sind, sondern von dem jeweiligen Wert der unabhängigen Variablen X abhängen.

Dient die Modellierung durch die lineare Regression der Erklärung und soll der Effekt numerisch beschrieben werden, muss die Transformation für die unabhängigen Variablen entsprechend berücksichtigt werden. Geht es in der Erklärung nur darum, ob überhaupt ein Einfluss vorliegt und ggf. in welcher Richtung, braucht die Transformation nicht berücksichtigt zu werden. Ausnahme: Das Vorzeichen wird geändert – dies muss bei der Interpretation der Einflussrichtung berücksichtigt werden.

Transformation	zur Symmetrisierung der Verteilung der Variablen oder zur Linearisierung des Zusammenhangs
Marginale Effekte	müssen ausgewiesen werden, da das Modell i. d. R. nicht mehr additiv-linear ist

---

Transformation der abhängigen Variablen

Grundsätzlich sind dieselben Transformationen auch für die abhängige Variable möglich. Eine im Bereich Finance & Accounting häufig angewandte Transformation ist die Logarithmierung mit dem natürlichen Logarithmus. Für die Prognose muss der ermittelte Schätzwert durch die Umkehrfunktion wieder rücktransformiert werden, im Falle des natürlichen Logarithmus entsprechend die *e*-Funktion. Dabei ist jedoch eine Korrektur vorzunehmen (siehe z. B. Lattin *et al.*, 2003, S. 70 oder ausführlicher Wooldridge, 2019, S. 205 ff.).

Ausgehend von folgendem Modell

$$\log Y = \beta_0 + \beta_1 X_1 + \cdots + \beta_K X_K + \epsilon \tag{2.33}$$

kann nach Schätzung der Logarithmus der abhängigen Variablen *y* für gegebene *x*-Werte berechnet werden:

$$\widehat{\log y} = \hat{\beta}_0 + \hat{\beta}_1 x_1 + \cdots + \hat{\beta}_K x_K. \tag{2.34}$$

Folgt das Modell 2.33 den Annahmen der linearen Regression, kann gezeigt werden, dass der Erwartungswert von Y gegeben $\mathbf{X}$ folgende Form hat:

$$E(Y \mid \mathbf{X}) = e^{\frac{\sigma_\epsilon^2}{2}} \cdot e^{\left(\beta_0 + \beta_1 X_1 + \cdots + \beta_K X_K\right)}. \tag{2.35}$$

Daher kann $\hat{y}$ nicht einfach durch $e^{\widehat{\log y}}$ ermittelt werden, sondern muss um den Schätzer für $\frac{\sigma_\epsilon^2}{2}$ korrigiert werden:

$$\hat{y} = e^{\frac{\hat{\sigma}_\epsilon^2}{2}} \cdot e^{\widehat{\log y}}. \tag{2.36}$$

Der Standardfehler der Regression $\hat{\sigma}_e$ (*Residual standard error*) wird in der summary ausgegeben, so dass die Korrektur einfach ist. Da der Standardfehler immer größer 0 ist, ist $e^{\hat{\sigma}_e^2/2}$ größer 1 und kann zu deutlichen Korrekturen führen. *Hinweis:* Diese einfache Korrektur setzt eine Normalverteilung der Residuen voraus (siehe Abschnitt 2.7.9). Im Falle fehlender Normalverteilung sei auf Wooldridge (2019, S. 206 ff.) verwiesen.

Bei Anwendung des Logarithmus auf die abhängige und/oder unabhängige Variable ergeben sich drei Kombinationsmöglichkeiten (Stock und Watson, 2019, S. 295). Die aufgeführten Änderungen gelten jeweils im Mittel im Modell der Stichprobe.

1. Linear-Log-Modell (Y wird nicht transformiert, X logarithmiert): Eine einprozentige Änderung in X ist assoziiert mit einer Änderung von Y in Höhe von $0.01 \cdot \hat{\beta}_1$ Einheiten.
2. Log-Linear-Modell: Eine Änderung von X um 0.01 Einheiten ist mit einer $\hat{\beta}_1$-prozentigen Änderung in Y assoziiert.
3. Log-Log-Modell: Eine einprozentige Änderung in X ist assoziiert mit einer $\hat{\beta}_1$-prozentigen Änderung in Y. Daher entspricht $\hat{\beta}_1$ der Elastizität von Y in Bezug auf X.

Dadurch ergibt sich auch die Möglichkeit, eine Logarithmus-transformierte abhängige Variable nicht zurückzutransformieren und somit auf die Korrektur verzichten zu können. Die Interpretation erfolgt dann in den angegebenen prozentualen Änderungen.

Wichtig: Das R^2 und andere Gütemaße, die auf der Streuung der Residuen basieren, können nicht mit Modellen verglichen werden, in denen die abhängige Variable nicht transformiert wurde. Durch die Transformation hat die abhängige Variable einen anderen Wertebereich und bei Rücktransformation muss oben erläuterte Korrektur vorgenommen werden.

ℹ **Transformation der ...**

unabhängigen Variable	meist Ausweis der marginalen Effekte notwendig
	bei Prognose Transformation berücksichtigen
	Rücktransformation mit Umkehrfunktion
abhängigen Variable	Korrektur bei Rücktransformation notwendig
	Alternative: bei Logarithmus Interpretation als prozentuale Änderungen

---

2.7.2 Robustheit und einflussreiche Beobachtungen

Einzelne Beobachtungen, die nicht dem Trend der großen Mehrheit der Beobachtungen folgen, werden als Ausreißer bezeichnet. Ausreißer zeichnen sich durch einen großen Wert für ihr Residuum aus. Eine Veränderung oder gar Weglassen dieser Ausreißer hat einen wesentlichen Einfluss auf den Verlauf der Regressionsgeraden bzw. die Positionierung der Hyperebene. Beobachtungen, die in einzelnen Variablen Ausreißer enthalten, können *einflussreiche* Beobachtungen sein.

Der in Abbildung 2.3 blau hinterlegte Punkt ist eine einflussreiche Beobachtung und führt zu einer deutlich steileren Regressionsgeraden (blau). Würde dieser Punkt bei der Anpassung weggelassen werden, verliefe die Gerade genau durch die übrigen Punkte (graue Linie). Das Weglassen anderer Punkte hätte keine derart gravierende Auswirkung auf den Verlauf der Regressionsgeraden. Dies ist ein Beispiel der Anscombe (1973)-Datensätze (siehe z. B. auch Weisberg, 2014, S. 218 ff.).

Das Beispiel zeigt deutlich, dass Ausreißer die Regressionsgerade (bzw. in der multiplen Regression die Position der Hyperebene) beeinflussen. Die Schätzer für die Regressionskoeffizienten werden verzerrt und damit auch die Ergebnisse für die t-Tests zu diesen Koeffizienten. Es kann sinnvoll und ggf. unkritisch sein (siehe Abschnitt 2.8.1), Ausreißer zu entfernen. Dies hat auch auf die Regressionsdiagnostik Einfluss, so dass eine Entfernung von Ausreißern, sofern sie sinnvoll ist, vorher durchgeführt, bzw. die Regressionsdiagnostik anschließend wiederholt werden sollte.

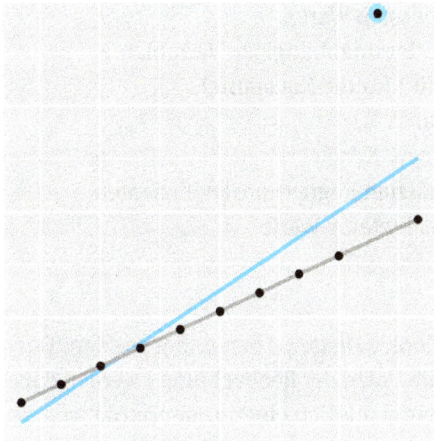

Abb. 2.3: Wirkung von Ausreißern. Der blau hinterlegte Punkt hat eine deutliche Auswirkung auf die Steigung der Regressionsgeraden.

Wie können Ausreißer erkannt werden? Gängig sind neben den paarweisen Streudiagrammen und der damit durchgeführten visuellen Inspektion folgende Methoden zur Ausreißeranalyse (siehe z. B. Faraway, 2014, S. 83 ff.; Weisberg, 2014, S. 218 ff.):
– Leverage-Werte,
– Cook's Distance.

Leverage-Werte

Die Leverage-Werte (*Hat Values*) h_{ii} sind ein Maß für die Abweichung der Werte der unabhängigen Variablen für die Beobachtung i von den Durchschnittswerten der unabhängigen Variablen $x_1, \ldots x_K$ (siehe z. B. Kutner *et al.*, 2005, S. 398 ff.).

Je größer h_{ii} ist, desto weiter ist die Beobachtung i vom Durchschnitt der unabhängigen Variablen entfernt. Große Leverage-Werte deuten demnach auf einflussreiche Beobachtungen oder Ausreißer hin. Leverage-Werte haben einen Wertebereich von 0 bis 1 und werden nach einer der folgenden Regeln als groß angesehen:
– wenn sie doppelt so groß sind wie der Quotient aus der Anzahl der Parameter in der Regression (Anzahl K unabhängiger Variablen plus 1) und dem Stichprobenumfang N (da die Summe der Leverage-Werte $K + 1$ ergibt, ist der Leverage-Wert im Mittel $\frac{K+1}{N}$),

- wenn sie größer als 0.5 sind oder
- wenn einzelne Werte einen deutlichen Abstand zu den übrigen Leverage-Werten aufweisen.

Die Leverage-Werte sind die Diagonalelemente der sogenannten Hat-Matrix[18]:

$$\hat{\mathbf{y}} = \mathbf{X}\hat{\boldsymbol{\beta}} = \underbrace{\mathbf{X}(\mathbf{X}'\mathbf{X})^{-1}\mathbf{X}'}_{\text{Hat-Matrix}}\,\mathbf{y} \tag{2.37}$$

mit $\hat{\mathbf{y}}$ Vektor der angepassten Werte,
    $\mathbf{X}$ Matrix der Werte der unabhängigen Variablen
        (+ erste Spalte mit 1 für die Konstante),
    $\mathbf{X}'$ transponierte Matrix $\mathbf{X}$,
    $(\mathbf{X}'\mathbf{X})^{-1}$ Inverse zur Matrix $\mathbf{X}'\mathbf{X}$,
    $\hat{\boldsymbol{\beta}}$ Vektor der geschätzten Regressionskoeffizienten,
    $\mathbf{y}$ Vektor der beobachteten y-Werte.

Cook's Distance

Für jede einzelne Beobachtung i kann die Cook's Distance berechnet werden. Dazu wird eine erneute Regression durchgeführt, die Daten der Beobachtung i werden dabei weggelassen. Die erneute Regression verwendet folglich einen Datenpunkt weniger. Die so neu bestimmten Regressionskoeffizienten unterscheiden sich von den ursprünglichen Regressionskoeffizienten $\hat{\beta}_k$. Die Cook's Distance fasst diesen Unterschied der neuen Regressionskoeffizienten zu den ursprünglichen in einer Kennzahl zusammen.

Bei der Regression ohne den Datenpunkt i werden erneut die Schätzwerte für die abhängige Variable berechnet. Die Cook's Distance D_i für den Datenpunkt i ergibt sich aus der Summe aller quadrierten Differenzen zwischen den ursprünglichen $\hat{y}_j$ Werten und den $\hat{y}_{j(i)}$ Werten, bei denen die Beobachtung i entfernt wurde:

$$D_i = \frac{\sum\limits_{j=1}^{N}\left(\hat{y}_j - \hat{y}_{j(i)}\right)^2}{(K+1)\cdot\sigma_e^2}. \tag{2.38}$$

Vereinfacht kann die Cook's Distance auch aus den Leverage-Werten abgeleitet werden:

$$D_i = \frac{e_i^2}{(K+1)\cdot\sigma_e^2}\cdot\frac{h_{ii}}{(1-h_{ii})^2}. \tag{2.39}$$

Wie in Gleichung 2.39 zu erkennen ist, kann eine große Cook's Distance aus einem großen Residuum e_i und/oder einem großen Hat-Value h_{ii} herrühren.

---

18 Der Name *Hat*-Matrix kommt daher, dass diese Matrix den y-Werten den Hut aufsetzt: $\hat{y}$.

Große Werte (*groß* meint hier: Der Wert weicht stark von den übrigen Werten ab) für die Cook's Distance bedeuten einen großen Unterschied in den Regressionskoeffizienten und damit einen starken Einfluss der zugehörigen einzelnen Beobachtung und weisen so auf potenziell einflussreiche Beobachtungen hin (siehe z. B. Kutner *et al.*, 2005, S. 402 ff.; Weisberg, 2014, S. 220 ff.).

Wenn nur die Cook's Distance groß ist, der Leverage-Wert für diese Beobachtung jedoch unauffällig ist, wird vermutlich ein Ausreißer in den Werten der abhängigen Variablen vorliegen. Eine auffällig große Cook's Distance bei gleichzeitigem Vorliegen eines auffälligen Leverage-Werts deutet auf eine einflussreiche Beobachtung hin, deren Ursache in den Werten der unabhängigen Variablen liegt.

Belsley *et al.* (1980) zeigen eine Möglichkeit auf, den Einfluss auf die einzelnen Variablen herunterzubrechen: DFBETAS – die standardisierten Änderungen der Koeffizienten beim Weglassen einer Beobachtung.

$$\text{DFBETAS}_{ik} = \frac{\hat{\beta}_k - \hat{\beta}_{k(i)}}{se_{\hat{\beta}_{k(i)}}}. \tag{2.40}$$

mit $\hat{\beta}_{k(i)}$ geschätzter Koeffizient für X_k ohne Beobachtung i,

 $se_{\hat{\beta}_{k(i)}}$ der dazugehörige Standardfehler.

Als Schwellenwert für den Betrag der DFBETAS$_{ik}$, ab dem eine Beobachtung als einflussreich deklariert werden kann, geben die Autoren die Grenze $\frac{2}{\sqrt{N}}$ an.

Einflussreiche Beobachtungen – Beispiel

Es ist i. d. R. hilfreich, die Leverage-Werte und die Cook's Distance nicht nur zu berechnen, sondern auch grafisch auszugeben (R-Code 2.26 und Grafik 2.5). Neben den einfachen Plots bieten auch die sogenannten *Halb-Normal-Plots*[19] (siehe Faraway, 2014, S. 84 ff.) eine gute Möglichkeit, Auffälligkeiten zu erkennen. Da die Leverage-Werte und Cook's Distance nur positiv sind, wird ein Quantil-Quantil-Plot erzeugt, der aber für die Standard-Normalverteilung nur die positive Hälfte zeigt (erzeugt mit |> gf_lims(x = c(0, NA))).

R-Code 2.26: Berechnung und Plot der Leverage-Werte und der Cook's Distance für das Modell KSQ.lm1

```
# Leverage-Werte
hats <- hatvalues(KSQ.lm1)
# Cook's Distance
cooks <- cooks.distance(KSQ.lm1)
```

---

[19] Ein Halb-Normal-Plot kann auch mit der Funktion halfnormal() aus dem Paket faraway erzeugt werden. Dort werden mögliche kritische Punkte direkt gekennzeichnet.

```
# Index der Beobachtungen
index <- 1:length(cooks)
# Streudiagramme
g1 <- gf_point(hats ~ index)
g2 <- gf_point(cooks ~ index)
# Halb-Normal-Plots
g3 <- gf_qq(~ hats, ylab = "hats") |> gf_lims(x = c(0, NA))
g4 <- gf_qq(~ cooks, ylab = "cooks") |> gf_lims(x = c(0, NA))
# Ausgabe als 2x2 Plots
grid.arrange(g1, g2, g3, g4, ncol = 2)
```

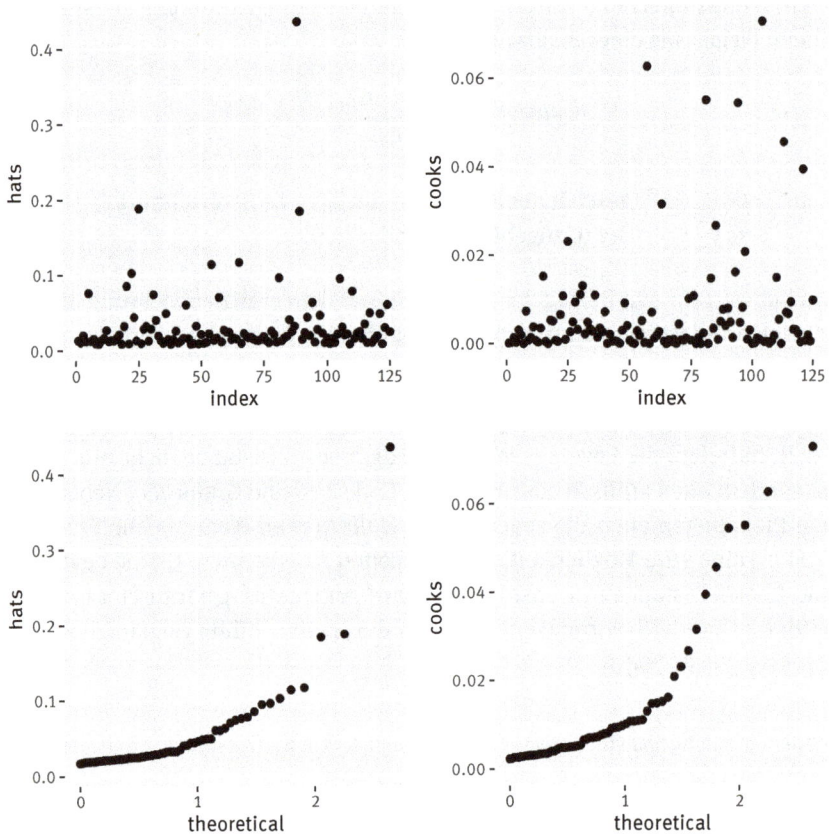

R-Grafik 2.5: Streudiagramme und Halb-Normal-Plots der Leverage-Werte und der Cook's Distance für das Modell KSQ.lm1

Anhand der Grafiken lassen sich jetzt mögliche Grenzen erkennen, z. B. bei den Leverage-Werten 0.2 und bei der Cook's Distance 0.05. Mit der which()-Funktion lassen sich die entsprechenden Beobachtungen identifizieren. Alternativ kann statt einem festen Wert auch ein bestimmtes Quantil vorgegeben werden. (R-Code 2.27) zeigt beide Varianten.

R-Code 2.27: Ausgabe von Beobachtungen, die bestimmten Vergleichskriterien genügen

```
which(hats > 0.2)

## 88
## 88

which(cooks > quantile(cooks, p = 0.99))

##   57 104
##   57 104
```

Hinweis: Falls sich die beiden Zeilen der Ausgabe in den Nummern unterscheiden, liegt das an fehlenden Werten, die in der Regression entfernt wurden. Die erste Zeile gibt die *Namen* der Beobachtungen aus, dies sind die ursprünglichen Beobachtungsnummern im Datensatz. Die zweite Zeile sind die Beobachtungsnummern im Modell. Wenn zur Berechnung der Regression Beobachtungen aufgrund von fehlenden Werten entfernt wurden, sind diese niedriger. Anhand der oberen Zeile (Namen) können Sie die jeweiligen Beobachtungen im Datensatz identifizieren.

Ein auffälliger Leverage-Wert kann identifiziert werden und vier auffällige Werte zeigen sich bei der Cook's Distance. Falls nach beiden Kriterien gleiche Beobachtungen identifiziert werden, weichen die unabhängigen Variablen dieser Beobachtung in den Durchschnittswerten deutlich ab und sind in der Regression einflussreich.

Die DFBETAS lassen sich mit der gleichnamigen Funktion dfbetas() ausgeben. Auch kann dabei, wie in R-Code 2.28 gezeigt, eine bestimmte Beobachtung ausgewählt werden, die mit which() identifiziert wurde.

R-Code 2.28: Ausgabe der DFBETAS zu einer Beobachtung

```
dfbetas(KSQ.lm1)[which(hats > 0.2), ]

## (Intercept)          uw        sach        ebit
## -0.04007203  0.16517590  0.04155840 -0.02279753
```

Die größte standardisierte Änderung wird durch die Variable uw hervorgerufen. Es ist allerdings anzumerken, dass auch diese Änderung noch unter dem Schwellenwert $\frac{2}{\sqrt{N}} = 0.1789$ liegt.

Sie können auch die Grafiken um die Bezeichnungen der Punkte ergänzen, die eine bestimmte Schwelle überschreiten, hier am Beispiel der Streudiagramme gezeigt (R-Code 2.29, Grafik 2.6).

R-Code 2.29: Streudiagramme der Leverage-Werte und Cook's Distance mit Angabe der Nummern auffälliger Beobachtungen

```
g1 <- gf_point(hats ~ index) |>
  gf_text(label = ifelse(hats > 0.2, as.character(index), ""), vjust = 1.5)
g2 <- gf_point(cooks ~ index) |>
  gf_text(label = ifelse(cooks > 0.05, as.character(index), ""), vjust = 1.5)
grid.arrange(g1, g2, nrow = 1)
```

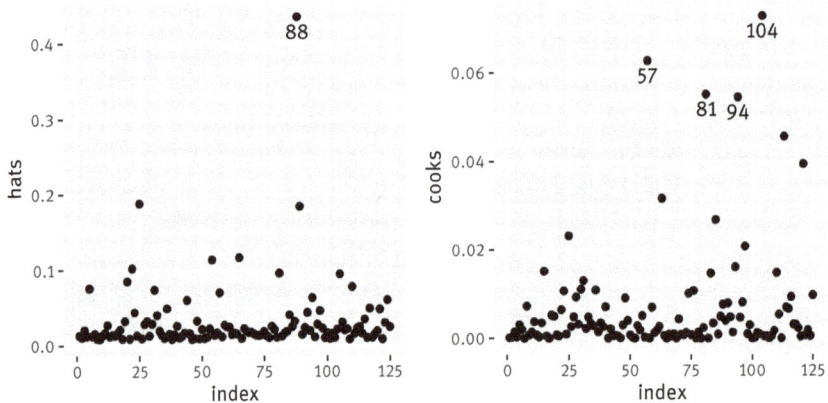

R-Grafik 2.6: Streudiagramme von Leverage-Werten und Cook's Distance mit Bezeichnungen

---

ℹ️ **Identifikation von Ausreißern und einflussreichen Beobachtungen**

Leverage-Wert, Hat-Value	Indikator für Ausreißer in der abhängigen Variablen
Cook's Distance	Indikator für einflussreiche Beobachtungen (Ausreißer in den unabhängigen Variablen), insbesondere, wenn gleichzeitig der Leverage-Wert klein ist
DFBETAS	Identifikation der einflussreichen Variablen innerhalb einer Beobachtung

---

Maßnahmen bei Ausreißern oder einflussreichen Beobachtungen

Ausreißer oder einflussreiche Beobachtungen enthalten immer auch Informationen. Bei der Untersuchung der Kreditkartennutzung beispielsweise können Ausreißer auf mögliche betrügerische Anwendung hindeuten, da ist die Detektion von Ausreißern Ziel der Modellierung. In großen Datensätzen können einzelne Ausreißer auch unkritisch sein, zumindest solange sie nicht gruppiert auftreten.

Für die anderen Fälle ein paar Hinweise zum Umgang mit Ausreißern und einflussreichen Beobachtungen:

- Überprüfen Sie, ob es sich um einen Dateneingabe-Fehler handelt. Diese kommen relativ häufig vor. Wenn Sie sicher sein können, dass es sich um einen Eingabefehler handelt, der auch nicht korrigiert werden kann, sollte der Wert gelöscht (NA) bzw. die Beobachtung von der Untersuchung ausgeschlossen werden.
- Überprüfen Sie, wie der Ausreißer entstanden sein kann. Manchmal ist diese Information von besonderem Interesse (siehe Beispiel Kreditkartennutzung).
- Schließen Sie die betreffende Beobachtung von der Modellierung aus. Falls Sie das Modell aber ändern, nehmen Sie sie zunächst wieder hinzu. Eine einflussreiche Beobachtung in dem einen Modell muss dies nicht in einem anderen Modell sein. Falls Sie Beobachtungen im finalen Modell ausschließen, dokumentieren und berichten Sie dies – das ist gute wissenschaftliche Praxis.
- Wenn Ausreißer und einflussreiche Beobachtung häufiger und durch den datengenerierenden Prozess begründet vorkommen, kann eine robuste Regression geeigneter sein (siehe z. B. Faraway, 2014, S. 123 ff.).

Für eine weiterführende Diskussion von Ausreißern und einflussreichen Beobachtungen in der praktischen Anwendung siehe Faraway (2014, S. 83 ff.).

2.7.3 Nichtlinearer Zusammenhang und Fehlspezifikation

Sofern ein nichtlinearer Zusammenhang besteht, ist in der Konsequenz eine Regressionsgerade bzw. eine Regressionshyperebene nicht mehr die beste Schätzung. Eine nichtlineare Anpassung wäre besser geeignet. Die Schätzer der Koeffizienten $\hat{\beta}_k$ sind somit verzerrt (siehe z. B. Kutner *et al.*, 2005, S. 104 ff.).

Für eine einfache lineare Regression (eine unabhängige Variable) kann die Prüfung über ein Streudiagramm der abhängigen (y-Achse) gegen die unabhängige Variable (x-Achse) erfolgen. Sind in der Punktewolke nichtlineare Muster zu beobachten, so spricht dies gegen einen linearen Zusammenhang von unabhängiger und abhängiger Variablen. Abbildung 2.4 oben verdeutlicht dies.

Bei einer multiplen linearen Regression ist ein Streudiagramm der Residuen (resid(model)) gegen die durch das lineare Modell geschätzten Werte (fitted (model)) geeigneter (siehe Abbildung 2.4 unten). Die Residuen müssen gleichmäßig und ohne erkennbare Muster um 0 streuen. Ist dies nicht der Fall, so spricht dies gegen einen linearen Zusammenhang zwischen der abhängigen und den unabhängigen Variablen.

Linearer Zusammenhang   Nichtlinearer Zusammenhang

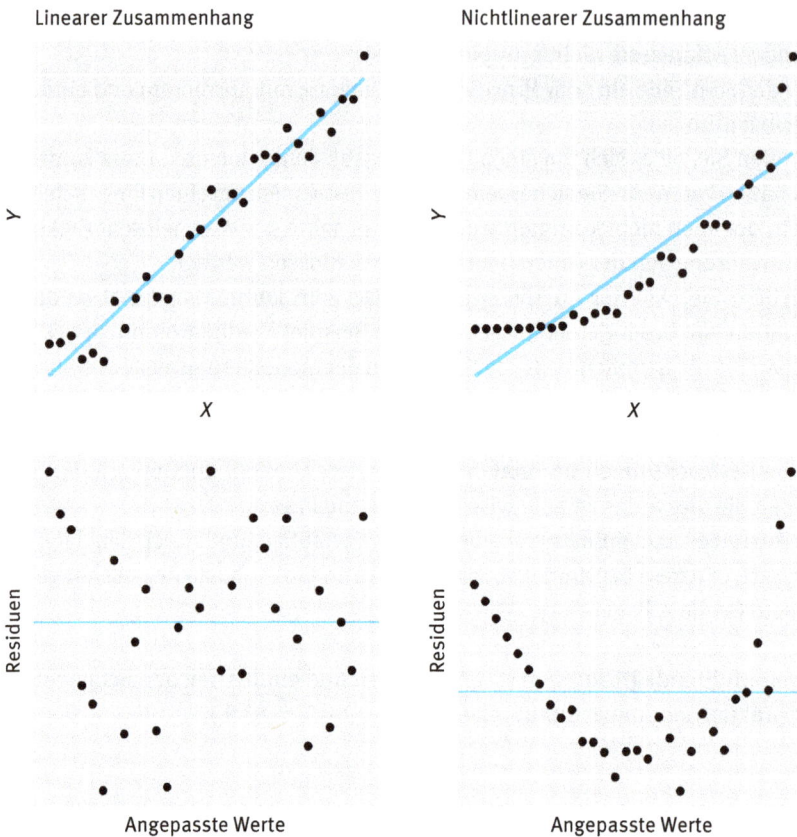

Abb. 2.4: Linearer vs. nichtlinearer Zusammenhang in der einfachen (oben) und in der multiplen (unten) linearen Regression. Oben: Streudiagramm abhängige vs. unabhängige Variable mit Regressionsgerade (blau), unten: Streudiagramm Residuen vs. angepasste Werte mit Nulllinie (blau).

Maßnahmen bei einem nichtlinearen Zusammenhang

Nichtlineare Zusammenhänge zwischen den unabhängigen und der abhängigen Variablen lassen sich unter Umständen durch Transformation der Variablen beheben (siehe z. B. Kutner *et al.*, 2005, S. 129 ff.). Abbildung 2.5 zeigt schematische Streudiagramme zwischen der abhängigen und der unabhängigen Variablen und mögliche Transformationen der unabhängigen bzw. abhängigen Variablen, um die Beziehung zwischen den beiden zu linearisieren. Weitere Hinweise zur Variablentransformation siehe in Abschnitt 2.7.1 zuvor.

Eine weitere Möglichkeit besteht darin, eine polynomiale Regression vorzunehmen (siehe z. B. James *et al.*, 2021, S. 290 ff.). Hier werden Polynome zweiten oder höheren Grades der unabhängigen Variablen in die Regressionsgleichung aufgenommen, wie

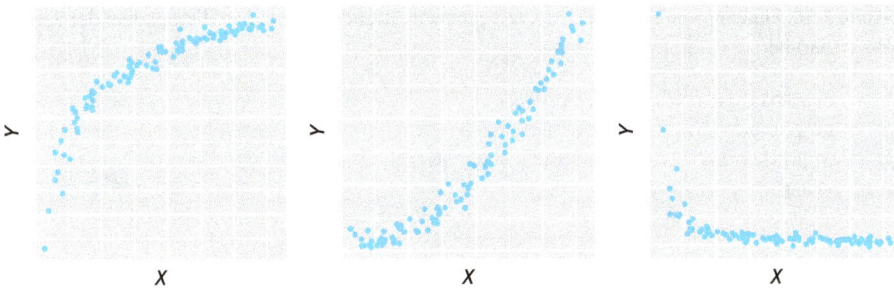

Mögliche Transformationen der unabhängigen Variablen X		
Logarithmusfunktion	Exponentialfunktion mit +x	Exponentialfunktion mit −x
Wurzelfunktion	Quadratische Funktion oder höhere Exponenten	Kehrwert

Mögliche Transformationen der abhängigen Variablen Y		
Exponentialfunktion mit +x	Logarithmusfunktion	Exponentialfunktion mit −x
Quadratische Funktion oder höhere Exponenten	Wurzelfunktion	Kehrwert

Abb. 2.5: Mögliche nichtlineare Zusammenhänge zwischen Y und X und daraus resultierende Transformationen

folgende Modellgleichung exemplarisch zeigt:

$$Y = \beta_0 + \beta_1 \cdot X + \beta_2 \cdot X^2 + \epsilon. \tag{2.41}$$

Hinweis: Die Regression ist dann nicht mehr additiv linear, so dass die marginalen Effekte nicht mehr konstant sind (siehe auch Abschnitt 2.7.1 zur Variablentransformation). Daher ist eine Angabe der marginalen Effekte notwendig.

Beispiel

An einem fiktiven Beispiel für das Sparen unterschiedlicher Beträge über die Zeit wird die Thematik vorgestellt. Der Datensatz liegt als einzelnes R-Objekt vor, das mit readRDS() eingelesen werden kann.[20] Es werden ein Streudiagramm der Ersparnis gegen die Zeit und ein Histogramm der Variablen Ersparnis dargestellt (R-Code 2.30). Um die Grafiken wie in R-Grafik 2.7 gezeigt, nebeneinander darzustellen, wird die Funktion grid.arrange() aus dem Paket gridExtra benötigt.

---

20 Sie können solche Objekte, die einen R-Datensatz enthalten, mit saveRDS() abspeichern. Dies kann z. B. für ein Zwischenspeichern von vorverarbeiteten Daten eingesetzt werden.

R-Code 2.30: Einlesen von Sparplan.rds, Ausgabe von Streudiagramm und Histogramm der Variablen Ersparnis

```
SP <- readRDS("data/Sparplan.rds")
g1 <- gf_point(Ersparnis ~ Zeit, data = SP)
g2 <- gf_histogram(~ Ersparnis, bins = 10, data = SP)
grid.arrange(g1, g2, nrow = 1)
```

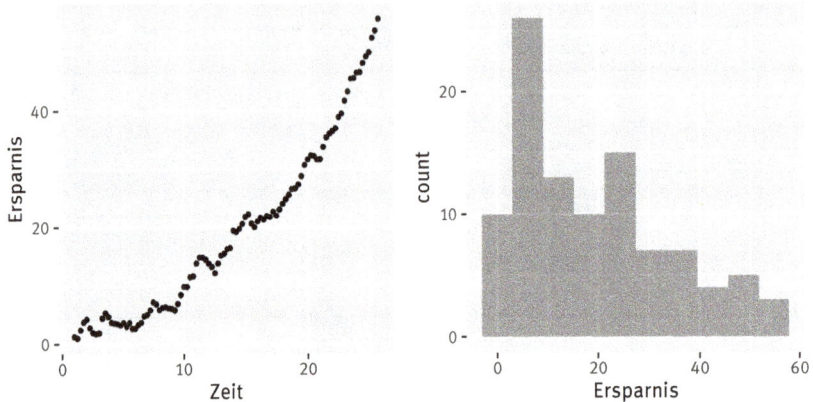

R-Grafik 2.7: Streudiagramm Ersparnis gegen Zeit (links) und Histogramm der Variablen Ersparnis (rechts)

Im Streudiagramm (R-Grafik 2.7 links) ist ein eher exponentieller Verlauf zu erkennen[21], das Histogramm (R-Grafik 2.7 rechts) zeigt, dass die Daten rechtsschief sind. Für eine Regression der Ersparnis (R-Code 2.31) auf die Zeit kann die Nullhypothese, dass der entsprechende Koeffizient 0 sei, verworfen werden (hier nur Ausgabe der Koeffizienten).

R-Code 2.31: Regression Ersparnis auf Zeit

```
SP.lm1 <- lm(Ersparnis ~ Zeit, data = SP)
summary(SP.lm1)
## ...
## Coefficients:
##              Estimate Std. Error t value Pr(>|t|)
## (Intercept) -7.60101    0.87471   -8.69 8.38e-14 ***
## Zeit         2.00273    0.05756   34.80  < 2e-16 ***
```

---

[21] Vgl. auch Zinseszinsrechnung $K_t = K_0 \cdot q^t$ mit $q = 1 + i$.

Auch im Streudiagramm der Residuen (resid(model)) gegen die angepassten Werte (fitted (model)) zeigt sich ein deutliches Muster (R-Code 2.32, Grafik 2.8)

R-Code 2.32: Streudiagramm der Residuen gegen die angepassten Werte im Modell SP.1m1

```
gf_point(resid(SP.lm1) ~ fitted(SP.lm1))
```

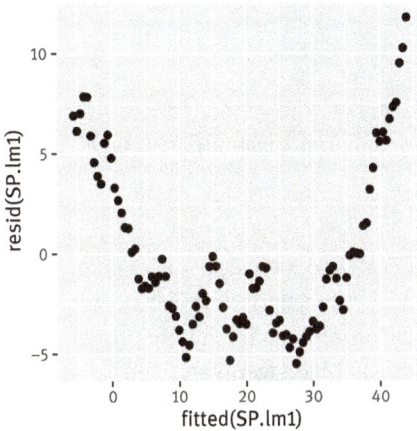

R-Grafik 2.8: Streudiagramm der Residuen gegen die angepassten Werte im Modell SP.lm1

Rainbow-Test

Utes (1982) schlägt einen Test für die Überprüfung des linearen Zusammenhangs vor, der im Prinzip davon ausgeht, dass der mittlere Bereich der Daten linear zusammenhängt, selbst wenn insgesamt kein linearer Zusammenhang vorliegt. Unter der Nullhypothese wird von keinem Unterschied dieser Teilregression zur gesamten Regression ausgegangen.

Der Test ist als Funktion raintest() im Paket lmtest implementiert und kann auf einfache oder multiple Regressionsmodelle angewendet werden. Optional können noch verschiedene Parameter eingestellt werden, wie z. B. der Anteil oder das Zentrum der Teilstichprobe. R-Code 2.33 zeigt die Anwendung des Tests am Beispiel der Modelle KSq.1m1 und SP.1m1.

R-Code 2.33: Rainbow-Test auf linearen Zusammenhang in den Modellen KSq.1m1 und SP.1m1

```
raintest(KSQ.1m1)

##
##   Rainbow test
##
```

```
## data:  KSQ.lm1
## Rain = 1.2413, df1 = 63, df2 = 58, p-value = 0.203

raintest(SP.lm1)

##
##  Rainbow test
##
## data:  SP.lm1
## Rain = 17.448, df1 = 50, df2 = 48, p-value < 2.2e-16
```

Im Fall des Modells KSq.lm1 ist der Test unauffällig. Bei SP.lm1 ist der p-Wert allerdings sehr klein, was (erwartungsgemäß) gegen einen linearen Zusammenhang spricht.

RESET-Test

Der REgression Specification Error Test (RESET-Test) von Ramsey testet allgemein auf eine Fehlspezifikation eines Regressionsmodells. Ursachen für eine Fehlspezifikation können entweder fehlende wichtige erklärende Variablen oder ein nichtlinearer Zusammenhang zwischen der abhängigen und den unabhängigen Variablen sein (siehe z. B. Poddig *et al.*, 2008, S. 391 ff.).

Ramsey (1969) konnte zeigen, dass die angepassten Werte $\hat{y}$ in potenzierter Form ($\hat{y}^2, \hat{y}^3, \dots$) eine geeignete Näherung für eine Fehlspezifikation darstellen, wobei eine Potenzierung bis zur vierten Potenz als ausreichend angesehen wird.

$Y = \beta_0 + \sum \beta_k X_k + v$ ist das Regressionsmodell und $\hat{y} = \hat{\beta}_0 + \sum \hat{\beta}_k x_k$ die dazugehörigen angepassten Werte. Das erweiterte Regressionsmodell ist dann

$$y = \beta_0 + \sum_{k=1}^{K} \beta_k x_k + \gamma_1 \hat{y}^2 + \gamma_2 \hat{y}^3 + \gamma_3 \hat{y}^4 + \epsilon. \tag{2.42}$$

Sofern die neu aufgenommenen unabhängigen Variablen $\hat{y}^2, \hat{y}^3, \hat{y}^4$ gemeinsam einen merklichen Erklärungsbeitrag leisten, ist von einer Fehlspezifikation auszugehen. In diesem Fall ist die Summe der quadrierten Residuen SSE (Error Sum of Squares) für das erweiterte Modell e kleiner als für das ursprüngliche Modell u, d. h., $SSE_e < SSE_u$.

Daraus lässt sich ein F-Test konstruieren:

$$F = \frac{\frac{SSE_u - SSE_e}{L}}{\frac{SSE_e}{N - K - L - 1}} \tag{2.43}$$

mit L und $N - K - L - 1$ Freiheitsgraden. Hierin sind L die Anzahl der Potenzen von $\hat{y}$ (i. d. R. $L = 3$), K die Anzahl der unabhängigen Variablen und N der Stichprobenumfang.

Die Nullhypothese H_0 lautet: kein Spezifikationsfehler. Wird die Teststatistik F groß, so wird H_0 verworfen und auf die Alternativhypothese H_A: Spezifikationsfehler geschlossen.

RESET-Test – Beispiel

Für den RESET-Test wird das Paket lmtest benötigt. Neben dem Modell hat der Befehl zwei Parameter. Der erste legt fest, welche Potenzen berücksichtigt werden sollen (ohne Angabe sind dies nur 2 : 3, also die zweite und dritte Potenz), der zweite, welche Werte genutzt werden sollen (Standard: angepasste Werte, für Alternativen siehe ?resettest).

R-Code 2.34: RESET-Test Regressionsmodell SP.lm1

```
resettest(SP.lm1)

##
##   RESET test
##
## data:  SP.lm1
## RESET = 295.21, df1 = 2, df2 = 96, p-value < 2.2e-16
```

Der p-Wert (R-Code 2.34) zeigt, dass die Nullhypothese (keine Fehlspezifikation) verworfen werden kann, somit ist zu vermuten, dass eine Fehlspezifikation vorliegt. Damit bestätigt der Test die vorherigen Überlegungen, dass ein nichtlinearer Zusammenhang zwischen den Variablen besteht.

Da die Rechtsschiefe nicht sehr stark ist, bietet sich die Quadratwurzeltransformation, ggf. auch wiederholt, an (R-Code 2.35 und Grafik 2.9).

R-Code 2.35: Transformation der Variablen Ersparnis mit der vierten Wurzel (^1/4) und Ausgabe von Streudiagramm und Histogramm

```
# zweifache Quadratwurzeltransformation
SP <- SP |> mutate(Ersparnis_trans = Ersparnis^(1/4))
# Plot
g1 <- gf_point(Ersparnis_trans ~ Zeit, data = SP)
g2 <- gf_histogram(~ Ersparnis_trans, bins = 10, data = SP)
grid.arrange(g1, g2, nrow = 1)
```

Im RESET-Test (R-Code 2.36) wird die H_0 nicht mehr verworfen. Auch dies lässt vermuten, dass die Transformation den Zusammenhang linearisiert hat.

R-Code 2.36: RESET-Test Regressionsmodell mit transformierter abhängiger Variablen

```
SP.lm2 <- lm(Ersparnis_trans ~ Zeit, data = SP)
resettest(SP.lm2)

##
##   RESET test
```

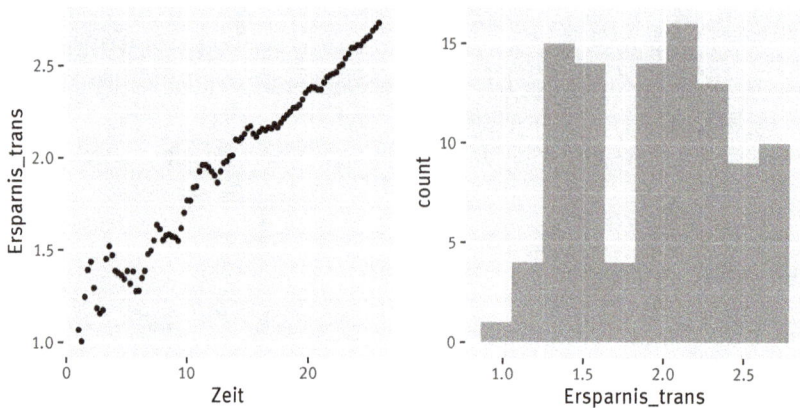

R-Grafik 2.9: Streudiagramm und Histogramm der mit zweifacher Quadratwurzel transformierten Variablen Ersparnis

```
##
## data:  SP.lm2
## RESET = 2.0159, df1 = 2, df2 = 96, p-value = 0.1388
```

Im Streudiagramm der Residuen gegen die angepassten Werte zeigt sich jetzt kein ausgeprägtes Muster mehr (R-Code 2.37, Grafik 2.10), allerdings deutet die Grafik jetzt auf abnehmende Streuung hin (trichterförmiger Verlauf, sogenannte *Heteroskedastizität*, siehe Abschnitt 2.7.6).

R-Code 2.37: Streudiagramm der Residuen gegen die angepassten Werte nach Transformation (Modell SP.lm2)

```
gf_point(resid(SP.lm2) ~ fitted(SP.lm2))
```

Anmerkung: Auch das Bestimmtheitsmaß, d. h. der Anteil der durch das Modell erklärten Variation, ist von 92.51 % auf 97.15 % gestiegen.

Polynomiale Regression

Alternativ zur Transformation auf Variablenebene wird in R-Code 2.38 die Polynom-Regression mit einem Polynom zweiten Grades gezeigt. Die summary (hier nur Ausgabe der Koeffizienten) zeigt die Schätzer für die verschiedenen Terme des Polynoms. Die Quadrierung wird eingebettet in die Funktion I(...), damit das Quadrieren (= Multiplizieren) nicht als Formelparameter interpretiert wird.

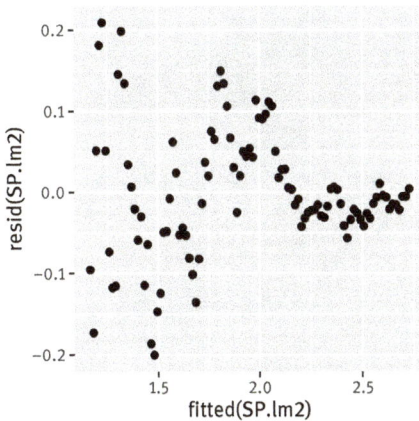

R-Grafik 2.10: Streudiagramm der Residuen gegen die angepassten Werte nach Transformation (Modell SP.1m2)

R-Code 2.38: Polynomiale Regression Ersparnis auf Zeit

```
SP.poly <- lm(Ersparnis ~ Zeit + I(Zeit^2), data = SP)
summary(SP.poly)
## ...
## Coefficients:
##               Estimate Std. Error t value Pr(>|t|)
## (Intercept)   2.678395   0.569432   4.704 8.47e-06 ***
## Zeit         -0.165620   0.097740  -1.694   0.0934 .
## I(Zeit^2)     0.081060   0.003552  22.821  < 2e-16 ***
```

Ein Plot des Modells mit `plotModel()` aus dem Paket `mosaic`[22] zeigt die angepasste Regressionsfunktion (R-Code 2.39, Grafik 2.39). Das Bestimmtheitsmaß in diesem Modell ist noch etwas höher (98.82 %).

R-Code 2.39: Plot des Modells der polynomialen Regression

```
plotModel(SP.poly)
```

Eine flexible Lösung zur Anpassung von Polynomen bietet die Funktion `bs()` aus dem Paket `splines`. Diese wird auf die unabhängige Variable angewandt. Der Wertebereich wird in frei wählbare Bereiche aufgeteilt, darin Polynome angepasst und die Übergänge zusätzlich geglättet. Als Beispiel wird R-Code 2.40 der vollständige Datensatz UR gewählt. Wie bereits im Einführungsbeispiel gezeigt (Abschnitt 2.3) scheint der Zusammenhang in diesen Daten in Teilen nichtlinear zu sein. Es wird ein kubisches

---

[22] Alternativ können auch die Funktionen `gf_point(Ersparnis ~ Zeit, data = SP) |> gf_lm(fitted(SP.poly ~ Zeit))` verwendet werden. Im Fall einer linearen Regression müssen keine Parameter für `gf_lim()` angegeben werden.

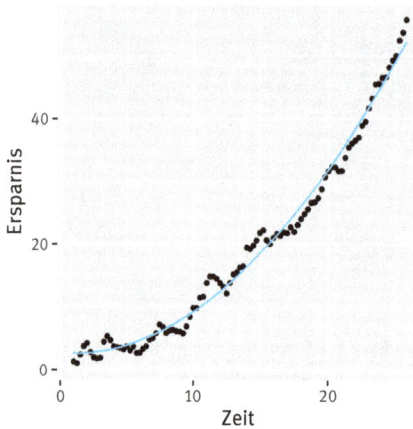

R-Grafik 2.11: Plot des Modells Ersparnis ~ Zeit + Zeit² (polynomiale Regression)

Polynom angepasst (degrees = 3, die Standardeinstellung). Über df = 5 werden df − degrees − 1 = 1 Knoten angepasst, wobei dieser automatisch bestimmt wird. Knoten sind die internen Trennungen zwischen den einzelnen Abschnitten der Modellierung. Die Knoten können auch direkt als Vektor (z. B. bestimmte Quantile) mit der Option knots = angegeben werden.

R-Code 2.40: Anpassung eines kubischen Polynoms in der linearen Regression für den Datensatz UR

```
# Modellierung
UR.lmbs <- lm(UmlR ~ bs(InflR, df = 5, degree = 3), data = UR)
# Plot des Modells
plotModel(UR.lmbs)
```

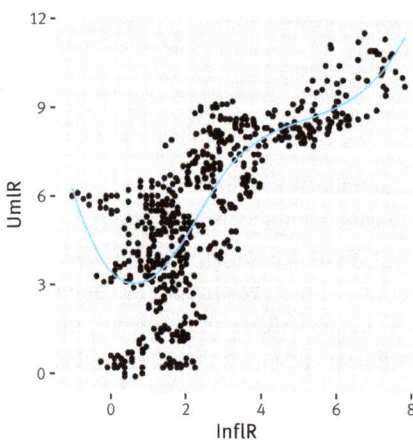

R-Grafik 2.12: Plot des Modells UmlR ~ InflR mit angepasstem kubischem Polynom

Der Plot des Modells (R-Grafik 2.12) über `plotModel()` zeigt über weite Strecken eine gute Anpassung. Allerdings wird der Bereich um ca. ±1.5 % Inflationsrate nach wie vor nicht gut repräsentiert.

Datensatz bearbeiten   `i`

`mutate`   erzeugt neue Variablen oder überschreibt bestehende
`select`   wählt Variablen aus bzw. entfernt diese
`filter`   filtert Beobachtungen nach bestimmten Kriterien
`gather`   Datensatz in Long-Format überführen

2.7.4 Erwartungswert der Residuen

Beträgt der Erwartungswert der Residuen 0, so umfasst das Residuum e nur zufällige Effekte, die negative und positive Abweichungen zwischen den beobachteten und geschätzten Werten für die Zielgröße verursachen. Diese zufälligen Schwankungen gleichen sich im Mittel aus.

Eine Verletzung dieser Annahme tritt beispielsweise dann auf, wenn die Werte für die abhängige Variable um einen konstanten Term zu hoch oder zu niedrig gemessen werden. In diesem Fall enthält das Residuum einen systematischen Effekt. Wird jedoch ein konstanter Term, der Intercept β_0, in das Modell aufgenommen, so wird dieser systematische Effekt durch die Kleinste-Quadrate-Schätzung in diesem konstanten Term erfasst. In diesem Fall ist der Mittelwert der Residuen immer 0.

Wird jedoch in der Modellierung auf die Konstante verzichtet, so wirkt sich der eben beschriebene systematische Effekt auf die Schätzer der Regressionskoeffizienten aus, die dann verzerrt werden. Daher sollte nur in begründeten Ausnahmefällen (z. B. bei standardisierten Werten) auf die Konstante verzichtet werden, wenn sicher ist, dass es keinen systematischen, konstanten Effekt gibt (siehe z. B. Poddig *et al.*, 2008, S. 239f.).

Beispiel

Wir betrachten das Eingangsbeispiel der monatlichen Umlaufrenditen (Modell `UR2.1m1`, (`UmlR ~ InflR`)) und modellieren dieses zum Vergleich ohne Intercept (R-Code 2.41). Um ein Modell ohne Intercept zu modellieren, wird in der Formel der Parameter `-1` ergänzt (siehe Ausführungen zur Formelsyntax in Abschnitt 2.5.3).

R-Code 2.41: Regression Umlaufrendite auf Inflation ohne Intercept

```
UR2.lm0 <- lm(UmlR ~ InflR - 1, data = UR2)
coef(UR2.lm0)

##    InflR
## 1.805998
```

```
coef(UR2.lm1)
```

```
## (Intercept)        InflR
##   5.1117523    0.6824675
```

Folgende Modellgleichungen (ohne Intercept: Gleichung 2.44, mit Intercept: Gleichung 2.45) ergeben sich nach der Schätzung (Koeffizienten gerundet auf 4 Nachkommastellen):

$$\widehat{UmlR} = 1.8060 \cdot InlfR, \tag{2.44}$$

$$\widehat{UmlR} = 5.1118 + 0.6825 \cdot InlfR. \tag{2.45}$$

Im Modell UR2.lm1 wird die bekannte Abhängigkeitsstruktur sichtbar, autonome Bestandteile finden sich im konstanten Term $\hat{\beta}_0$ (5.1118). Gut zu erkennen ist das auch im Plot der beiden Modelle (R-Code 2.42 und Grafik 2.13). Hier wurde wieder die Funktion plotModel() aus dem Paket mosaic verwendet.[23]

R-Code 2.42: Streudiagramm mit Regressionsgerade der Regression Umlaufrendite ~ Inflationsrate ohne und mit Intercept

```
# Modell ohne Intercept
g1 <- plotModel(UR2.lm0) |> gf_labs(title = "Modell ohne Intercept")
# Modell mit Intercept
g2 <- plotModel(UR2.lm1) |> gf_labs(title = "Modell mit Intercept")
# Plot
grid.arrange(g1, g2, nrow = 1)
```

Es ist deutlich zu sehen, dass die Gerade im Modell ohne Intercept den Schwerpunkt der Punkte nicht so gut wiedergibt. Daher ist der Mittelwert der Residuen jetzt auch nicht mehr näherungsweise null, wie sich durch Ausgabe der Mittelwerte zeigen lässt (R-Code 2.43).

R-Code 2.43: Mittelwerte der Residuen der Regressionsmodelle ohne und mit Intercept

```
mean(resid(UR2.lm0))
```

```
## [1] 1.327742
```

```
mean(resid(UR2.lm1))
```

```
## [1] -1.199429e-17
```

---

[23] Hier ist plotModel() hilfreich, da diese Funktion im Gegenzug zu der Funktion gf_point(y ~ x, data = Daten) |> gf_lm() eine Regressionsformel ohne Intercept (-1) zulässt.

Modell ohne Intercept   Modell mit Intercept

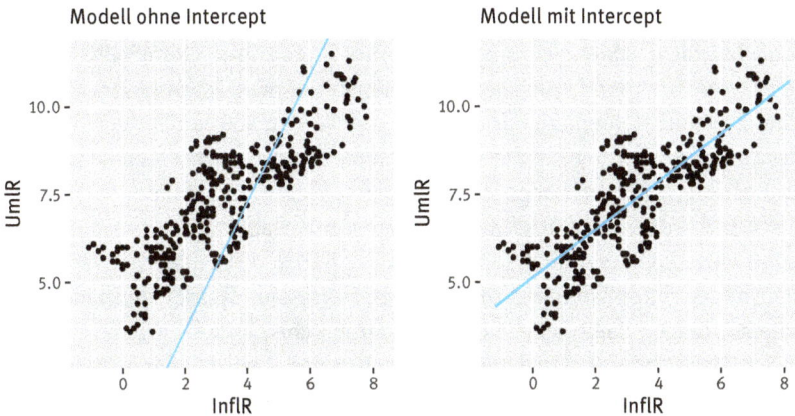

R-Grafik 2.13: Streudiagramm mit Regressionsgerade der Regression Umlaufrendite ~ Inflationsrate ohne (links) und mit Intercept (rechts)

2.7.5 Endogenität der unabhängigen Variablen

Endogenität bedeutet, dass die unabhängigen Variablen mit den Residuen korrelieren. Dies kann auftreten, wenn das Modell fehlspezifiziert ist und eine oder mehrere Variablen im Modell fehlen. Auch Messfehler in den unabhängigen Variablen und simultane Kausalität führen zur Endogenität.

Fehlende Variablen

Fehlende Variablen, die nicht mit den unabhängigen Variablen korrelieren, werden durch den konstanten Term aufgefangen. Wenn die fehlende Variable allerdings mit einer oder mehreren der unabhängigen Variablen korreliert, korrelieren als Resultat die Residuen mit den unabhängigen Variablen. Die unabhängigen Variablen zeigen ein nicht-zufälliges Verhalten. Dies führt zu einer Verzerrung des Schätzers oder der Schätzer der unabhängigen Variablen, das sogenannte *Omitted-Variable-Bias*.

Der datengenerierende Prozess sei wie folgt:

$$y_i = \alpha + \beta x_i + \gamma z_i + \epsilon_i. \tag{2.46}$$

Wenn jetzt nur X und Y beobachtet werden, ergibt sich folgendes Modell:

$$y_i = \alpha + \beta x_i + v_i. \tag{2.47}$$

Das Residuum v_i beinhaltet gemäß Gleichung 2.46 γz_i und ϵ_i. Wenn Z und X miteinander korrelieren, korreliert X folglich mit dem Residuum v_i aus Gleichung 2.47.

Geeignete *Kontrollvariablen* können helfen, das Problem zu umgehen (Stock und Watson, 2019, S, 232 ff.). Kontrollvariablen sind Variablen, die in das Modell aufgenommen werden, um die Modellgüte zu verbessern, sei es wie hier, um eine Verzerrung bei den Koeffizienten für die Variablen von Interesse zu verhindern, oder allgemein, um die Erklärungsbeitrag des Modells zu erhöhen. Allerdings können Kontrollvariablen weiterhin endogen sein, deren Koeffizienten sollten daher nicht interpretiert werden.

Da nicht immer alle fehlenden Variablen erfasst werden können, kann auch eine *Instrumentvariablen*-Schätzung Abhilfe schaffen. Dabei wird zunächst eine Regression der mit den Residuen korrelierenden unabhängigen Variablen auf eine Instrument-variable geschätzt. Voraussetzung für die Instrumentvariable ist, dass sie mit der unabhängigen Variablen, aber nicht mit den Residuen bzw. den fehlenden Variablen korreliert. Die angepassten Werte aus dieser ersten Regression werden dann in der eigentlich interessierenden Regression statt der ursprünglichen Variablen genutzt. Diese Hilfsvariable stellt damit den Anteil der ursprünglichen Variablen dar, der nicht mit den Residuen korreliert. In der Praxis besteht die Schwierigkeit bei diesem Verfahren darin, ein geeignetes Instrument zu finden. Hierzu können nur inhaltliche Überlegungen angestellt werden.

Details zur Instrumentvariablenregression und eine grafische Darstellung der Endogenitätsproblematik aufgrund von fehlenden Variablen finden Sie in Kapitel 7 Instrumentvariablen. Weitere Ergänzungen zum Thema Omitted-Variable-Bias und andere Ursachen für Verzerrungen finden Sie im Abschnitt 6.5 des Kapitels DAGs und kausale Modellierung.

Bei Erfassung der Daten über mehrere Untersuchungsobjekte und über mehrere Zeitpunkte (sogenannte *Paneldaten*) kann bei zeitlich invarianten fehlenden Variablen auch die Panelregression (Kapitel 3) Abhilfe schaffen. Nicht beobachtete zeitinvariante Effekte können so kontrolliert werden.

Messfehler in den unabhängigen Variablen

Endogenität kann auch bei Messfehlern in unabhängigen Variablen auftreten (Wooldridge, 2019, S. 310 ff.). Angenommen, es wird statt des wahren Werts X nur ein fehlerbehafteter Wert X^* gemessen:

$$x_i^* = x_i + v_i. \tag{2.48}$$

Das wahre Modell sei:

$$\begin{aligned} y_i &= \alpha + \beta x_i + \epsilon_i \\ &= \alpha + \beta(x_i^* - v_i) + \epsilon_i = \alpha + \beta x_i^* + (\epsilon_i - \beta v_i). \end{aligned} \tag{2.49}$$

Durch den Messfehler wird aber folgendes Modell beobachtet:

$$y_i = \alpha + \beta x_i^* + \epsilon_i^* = \alpha + \beta(x_i + v_i) + (\epsilon_i - \beta v_i). \tag{2.50}$$

Dadurch, dass der Messfehler v sowohl in den gemessenen Werten der unabhängigen Variablen als auch in den Residuen auftaucht, sind die Residuen und die unabhängige Variable korreliert. Diese Endogenität führt zu einer verzerrten Messung des Koeffizienten β.

Der geschätzte Wert liegt im Vergleich zum wahren Wert näher bei null, daher wird diese Abweichung auch als *attenuation bias* bezeichnet (Wooldridge, 2019, S. 311). Für die einfache lineare Regression kann dies exemplarisch gezeigt werden. Der mit Messfehler geschätzte Koeffizient $\hat{\beta}$ ergibt sich wie folgt:

gemäß Gleichung 2.50:

$$\hat{\beta} = \frac{\sum x_i^* y_i}{\sum (x_i^*)^2}$$

y_i eingesetzt aus Gleichung 2.49:

$$= \frac{\sum x_i^* (\beta x_i + \epsilon_i)}{\sum (x_i^*)^2} \tag{2.51}$$

$$= \beta \cdot \frac{\sum x_i^* x_i}{\sum (x_i^*)^2} + \frac{\sum x_i^* \epsilon_i}{\sum (x_i^*)^2}.$$

Der Grenzwert von $\frac{1}{n} \sum (x_i^*)^2$ ist $\sigma_x^2 + \sigma_v^2$, von $\frac{1}{n} \sum x_i^* x_i$ ist er σ_x^2 und von $\frac{1}{n} \sum x_i^* \epsilon_i$ ist er null. Somit ergibt sich insgesamt:

$$\hat{\beta} = \beta \cdot \frac{\sigma_x^2}{\sigma_x^2 + \sigma_v^2}. \tag{2.52}$$

Da Varianzen immer positiv sind, ist der Zähler im Bruch in Gleichung 2.52 immer kleiner als der Nenner. Somit verschiebt sich der mit Messfehler beobachtete Koeffizient in Richtung null. Die Auswirkung hängt von der Höhe der Varianz der x-Werte im Vergleich zur Varianz der Messfehler v ab. Ist die Streuung der x-Werte groß und die der Messfehler klein, ist die Auswirkung nur gering.

In der multiplen Regression sind auch die Schätzer für die anderen unabhängigen Variablen verzerrt, auch wenn sie nicht selbst von einem Messfehler betroffen sind. Die konkrete Auswirkung auf die anderen Variablen hängt aber von vielen Faktoren ab, so dass Höhe und Richtung nur schwer bestimmbar sind (Wooldridge, 2019, S. 312).

Neben einer physikalischen Messungenauigkeit kann dieser Fehler in der praktischen Anwendung bei Verwendung von sogenannten *Proxy*-Variablen auftreten. Eine Proxy-Variable (also eine Näherungsvariable) wird verwendet, wenn die eigentliche Variable von Interesse nicht beobachtbar ist. Auch kann in Fragebogenstudien eine nicht-eindeutige Frage oder ein nicht-valides Instrument zu einem solchen Fehler führen.

Simultanität

Simultane Kausalität (Rutz und Watson, 2019) bedeutet, dass X zum Zeitpunkt eins auf Y wirkt, dieses aber wiederum auf X zum Zeitpunkt zwei wirkt (mehr Details zu kausalen Beziehungen siehe Kapitel 6). Der datengenerierende Mechanismus sei exemplarisch wie folgt:

$$y_i = \alpha_1 + \beta x_{1i} + \gamma z_i + \epsilon_1, \tag{2.53}$$

$$z_i = \alpha_2 + \delta x_{2i} + \zeta y_i + \epsilon_2. \tag{2.54}$$

Darin sind X_1 und X_2 die Variablen X zum Zeitpunkt eins bzw. zwei und Z eine Kovariable. Wenn in der Studie nur X, Y und Z beobachtet werden, ergibt sich folgendes Modell:

$$y_i = \alpha + \beta x_i + \gamma z_i + v. \tag{2.55}$$

Aufgrund der Gleichungen 2.53 und 2.54 wird Z aber mit v korreliert sein und damit endogen.

Auch hier sowie bei einem Messfehler kann unter Umständen eine Instrumentvariablen-Regression (Kapitel 7) Abhilfe schaffen (Wooldridge, 2019, S. 514 f.). Einen kompakten Überblick über weitere Methoden mit Endogenität umzugehen, geben Rutz und Watson (2019).

---

i **Endogenität der unabhängigen Variablen**

Ursachen	*fehlende Variablen*, die mit der oder den unabhängigen Variablen korrelieren
	Messfehler in den unabhängigen Variablen, kann z. B. bei Proxy-Variablen oder nicht validen Instrumenten in Fragebögen auftreten
	Simultanität, im zeitlichen Versatz Wirkung von X auf Y und umgekehrt
Auswirkungen	verzerrte Koeffizienten, möglicherweise Vorzeichenwechsel
mögliche Lösungen	u. U. Panelregression oder Instrumentvariablenregression

---

2.7.6 Heteroskedastizität

Heteroskedastizität bedeutet, dass die Varianz nicht konstant bzw. nicht zufällig gestreut ist, sondern in einem bestimmten Muster auftritt. Grafisch lässt sich Heteroskedastizität am besten mit einem Streudiagramm der Residuen oder der Absolutwerte der Residuen (y-Achse) gegen die angepassten Werte oder, im Falle einer linearen Regression mit nur einer unabhängigen Variablen, gegen die unabhängige Variable (x-Achse) darstellen (siehe z. B. Backhaus *et al.*, 2021, S. 115 f.; Kutner *et al.*, 2005, S. 107). Es ergeben sich die in Abbildung 2.6 gezeigten typischen Muster.

Im Falle von Heteroskedastizität ist die Streuung der Residuen in einer aufsteigend sortierten Reihe der prognostizierten Werte der abhängigen Variablen nicht konstant. In der Streuung der Residuen ist eine Systematik zu erkennen, die sich meist als trichterförmiger Verlauf zeigt. Eine notwendige Voraussetzung für die lineare Regression ist eine unsystematische Streuung der Residuen, es soll kein Muster zu erkennen sein. Typischerweise tritt Heteroskedastizität auf bei:

-   Querschnittserhebungen,
-   Daten mit einem Messfehler, wobei der Messfehler einen Trend aufweist,
-   Daten aus dem Bereich der Finanzmärkte wie beispielsweise Wechselkurse oder Renditen von Wertpapieren,
-   Nicht-Berücksichtigung eines relevanten Regressors im Modell (Fehlspezifikation),
-   fehlerhafter Spezifikation der funktionalen Form eines Regressors (Nichtlinearität).

Zunehmende Varianz   Abnehmende Varianz

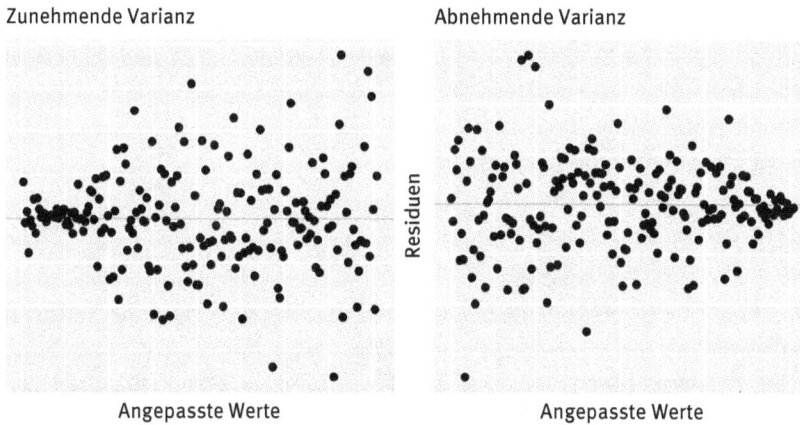

Abb. 2.6: Heteroskedastizität: Es zeigt sich der typische trichterförmige Verlauf, der auf zu- bzw. abnehmende Varianz hindeutet.

Bei Vorliegen von Heteroskedastizität sind die Kleinste-Quadrate-Schätzer $\hat{\beta}_k$ zwar erwartungstreu und konsistent, aber sie sind keine effizienten Schätzer (keine BLUE-Eigenschaft). Die Varianz der Schätzer ist nicht mehr valide. t-Test und F-Test basieren auf dem Standardfehler bzw. der Varianz der Schätzer, daher liefern sie bei Vorliegen von Heteroskedastizität irreführende Ergebnisse. Die Kleinste-Quadrate-Schätzung für die lineare Regression kann nicht zuverlässig interpretiert werden (siehe z. B. Backhaus *et al.*, 2021, S. 115; Hackl, 2013, S. 190; Poddig *et al.*, 2008, S. 321 f.).

Heteroskedastizität zeigte sich schon im Modell SP.1m2, wie in der R-Grafik 2.10 zu erkennen war.

Tests auf Heteroskedastizität – Goldfeld-Quandt-Test
Der Goldfeld-Quandt-Test prüft die Nullhypothese der Homoskedastizität gegen die Alternative, dass sich die Daten der Stichprobe in zwei (nicht notwendigerweise gleich große) Teilmengen aufteilen lassen, deren Residuen unterschiedliche Varianzen aufweisen (siehe z. B. Hackl, 2013, S. 192 f.). Zum Aufteilen der Daten in zwei Teilstichproben kann auch eine Prädiktorvariable Z des Modells verwendet werden, etwa der Zeitfaktor t bei Zeitreihen oder eine bestimmte Variable wie etwa die Unternehmensgröße bei Querschnittregressionen.

Das Testverfahren läuft in folgenden Schritten ab:
1. Sortieren der Beobachtungen nach steigenden Werten der Variablen Z.
2. Entfernen einer Anzahl von Beobachtungen aus der Mitte der sortierten Beobachtungen. Dies erhöht die Trennschärfe des Tests, allerdings muss die Stichprobe dafür ausreichend groß sein.

3. Getrennte Regressionen für die beiden Teilstichproben mit den Umfängen N_1 und N_2 und Vergleich der Summen der quadrierten Residuen SSE_1 und SSE_2 über einen F-Test.

Die Teststatistik F berechnet sich wie folgt:

$$F = \frac{\sigma_2^2}{\sigma_1^2} = \frac{\frac{SSE_2}{N_2-K}}{\frac{SSE_1}{N_1-K}}. \tag{2.56}$$

Hierbei wird von $\sigma_1^2 < \sigma_2^2$ ausgegangen, ansonsten wird entsprechend der Kehrwert genommen.

Unter der Nullhypothese (Homoskedastizität, d. h., $\sigma_1^2 = \sigma_2^2$) entsprechen sich die Summen der quadrierten Residuen der beiden Teilstichproben zumindest nahezu. Unter der Alternativhypothese wird die Teststatistik groß und die Nullhypothese wird verworfen.

Obwohl das Testverfahren einleuchtend und gängig ist, gibt es einige Kritikpunkte am Goldfeld-Quandt-Test:

- Das Entfernen von Werten aus der Mitte der nach Z sortierten Beobachtungen hat zwar eine Erhöhung der Trennschärfe des Tests zur Folge, setzt aber voraus, dass der Stichprobenumfang ausreichend groß ist.
- Sind die Residuen nicht normalverteilt, dann ist die Prüfgröße für den Test nur asymptotisch F-verteilt, d. h., auch aus diesem Grund muss ein ausreichend großer Stichprobenumfang vorliegen.
- Die Bildung der zwei Teilstichproben erfolgt anhand einer Variablen Z. Hängt die Residuenvarianz von mehr als einer Variablen Z ab, ist eine solche Teilstichprobenbildung nicht möglich und der Goldfeld-Quandt-Test kann nicht angewendet werden.
- Der größte Nachteil ist aber: Ein Verwerfen der H_0 muss nicht bedeuten, dass die Annahme der Homoskedastizität verletzt ist und dass Heteroskedastizität vorliegt. Ein solches Testergebnis kann sich auch bei gleicher Streuung der Residuen ergeben, wenn die Regressionskoeffizienten der beiden Teilregressionen unterschiedlich sind (siehe z. B. Hackl, 2013, S. 193; Poddig *et al.*, 2008, S. 324).

Tests auf Heteroskedastizität – Breusch-Pagan-Test

Der Breusch-Pagan-Test (siehe z. B. Hackl, 2013, S. 194; Poddig *et al.*, 2008, S. 324 ff.; Wooldridge, 2019, S. 290 f.) verallgemeinert den Goldfeld-Quandt-Test, indem er über eine Hilfsregression überprüft, ob die im Modell geschätzte Varianz der Residuen $var(e) = \hat{\sigma}^2$ von mehr als einer Variablen abhängt:

$$\hat{\sigma}^2 = \alpha_0 + \alpha_1 z_1 + \cdots + \alpha_K z_K. \tag{2.57}$$

Die erklärenden Variablen $z_1, \ldots, z_K$ können dabei die unabhängigen Variablen des ursprünglichen Regressionsmodells oder auch andere Variablen sein.

Als Nullhypothese wird geprüft: H_0: $\alpha_1 = \cdots = \alpha_K = 0$ gegen die Alternative, dass mindestens ein $\alpha_k \neq 0$ mit $k = 1, \ldots, K$. Wird die Nullhypothese nicht verworfen, kann nicht abgelehnt werden, dass $\hat{\sigma}_i^2 = \alpha_0$ für $i = 1, \ldots, N$, bzw. dass $\hat{\sigma}_i^2$ konstant ist. Das spricht gegen Heteroskedastizität.

Die Teststatistik des Breusch-Pagan-Tests ist $N \cdot R_h^2$, wobei R_h^2 das Bestimmtheitsmaß der Hilfsregression ist. Diese ist asymptotisch Chi-Quadrat-verteilt mit K Freiheitsgraden.

Tests auf Heteroskedastizität – White-Test

Der wesentliche Nachteil des Breusch-Pagan-Tests ist, dass die Residuen der Ursprungs-regression normalverteilt sein müssen (siehe Abschnitt 2.7.9). Andernfalls ist die Prüf-größe nicht asymptotisch Chi-Quadrat-verteilt und der Test liefert keine verwertbaren Ergebnisse.

Der *White-Test* (siehe z. B. Hackl, 2013, S. 194 f.; Poddig *et al.*, 2008, S. 328 ff.; Wooldridge, 2019, S. 271 f.) hingegen kann auch bei nicht-normalverteilten Residuen angewendet werden. Analog zum Breusch-Pagan-Test wird die Residuenvarianz über eine Hilfsregression modelliert. Als unabhängige Variablen der Hilfsregression werden die unabhängigen Variablen des ursprünglichen Regressionsmodells, deren Quadrate sowie die Kreuzprodukte dieser Variablen verwendet. Außerdem hat die Hilfsregression eine Konstante.

Im Falle von zwei unabhängigen Variablen x_1 und x_2 ergibt sich beispielsweise:

$$\hat{\sigma}^2 = \alpha_0 + \alpha_1 x_1 + \alpha_2 x_2 + \alpha_3 x_1^2 + \alpha_4 x_2^2 + \alpha_5 x_1 x_2. \tag{2.58}$$

Als Nullhypothese wird formuliert: H_0: $\sigma_i^2 = \sigma^2$ für alle $i = 1, \ldots, N$, d. h. Homoske-dastizität.

Die Teststatistik des White-Tests ist wie beim Breusch-Pagan-Test $N \cdot R_h^2$, darin ist R_h^2 das Bestimmtheitsmaß der Hilfsregression. Diese ist asymptotisch Chi-Quadrat-verteilt mit K Freiheitsgraden, wobei K die Anzahl der unabhängigen Variablen der Hilfsregression ist.

Tests auf Heteroskedastizität – Beispiel

Zunächst schauen wir uns den Plot der Residuen gegen die angepassten Werte am Modell Ersparnis_trans ~ Zeit mit dem Sparplan-Datensatz an (R-Code 2.44 und Grafik 2.14).

R-Code 2.44: Streudiagramm der Residuen gegen die angepassten Werte im Model SP.lm2

```
gf_point(resid(SP.lm2) ~ fitted(SP.lm2),
         xlab = "Angepasste Werte", ylab = "Residuen") |>
  gf_hline(yintercept = 0, color = "blue")
```

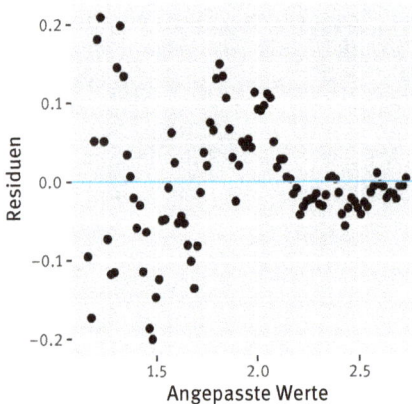

R-Grafik 2.14: Streudiagramm der Residuen gegen die angepassten Werte im Model SP.1m2

Es zeigt sich ein Trichter, der sich nach rechts hin schließt, was auf Heteroskedastizität hindeutet.

Der Goldfeld-Quandt-Test wird mit dem Befehl gqtest() aus dem Paket lmtest durchgeführt (R-Code 2.45).

R-Code 2.45: Goldfeld-Quandt-Test auf Heteroskedastizität für das Modell SP.1m2

```
# Goldfeld-Quandt-Test
gqtest(SP.lm2, point = 0.5, fraction = 0.05, alternative = "two.sided")

##
##   Goldfeld-Quandt test
##
## data:  SP.lm2
## GQ = 0.10709, df1 = 46, df2 = 45, p-value = 5.037e-12
## alternative hypothesis: variance changes from segment 1 to 2
```

Verschiedene Parameter können angegeben werden: Wo erfolgt die Teilung der Daten (point =), welcher Anteil der Beobachtungen soll an der Grenze weggelassen werden (fraction =) und soll ein ein- oder zweiseitiger Test durchgeführt werden (alternative =)? Zudem kann angegeben werden, nach welcher Variablen die Daten geordnet werden sollen (order.by =). Falls dieser Parameter weggelassen wird, so wird davon ausgegangen, dass die Daten bereits geordnet sind (z. B. Zeitreihen).

Die Nullhypothese Homoskedastizität wird verworfen, somit deutet das Ergebnis auf Heteroskedastizität hin.

Die weiteren Tests werden exemplarisch mit dem Kapitalstruktur-Datensatz an dem Modell KSQ.lm1 (fkq ~ uw + sach + ebit) durchgeführt. Sowohl der Breusch-Pagan- als auch der White-Test werden mit dem Befehl bptest() aus dem Paket lmtest durchgeführt (R-Code 2.46). Für den White-Test müssen noch die quadratischen Terme und das Kreuzprodukt als zusätzliche unabhängige Variablen angegeben werden.

R-Code 2.46: Breusch-Pagan- und White-Test auf Heteroskedastizität für das Modell KSQ.lm1

```
# Breusch-Pagan-Test
bptest(KSQ.lm1)

##
##   studentized Breusch-Pagan test
##
## data:  KSQ.lm1
## BP = 2.5886, df = 3, p-value = 0.4595

# White-Test
bptest(KSQ.lm1, ~ I(uw^2) + I(sach^2) + I(ebit^2) + uw * sach * ebit, data = KSQ)

##
##   studentized Breusch-Pagan test
##
## data:  KSQ.lm1
## BP = 10.772, df = 10, p-value = 0.3755
```

Beide Tests sprechen nicht gegen Homoskedastizität, die Nullhypothese wird nicht verworfen. Möglicherweise sind zwar die Ergebnisse des Breusch-Pagan-Test hier nicht aussagekräftig, da eine Überprüfung der Normalverteilung der Residuen noch nicht erfolgt ist (siehe Abschnitt 2.7.9).

Hinweis: Für den White-Test müssen auch bei mehr als zwei unabhängigen Variablen nur die quadratischen Terme und die Angabe von V1 * V2 * V3 usw. ergänzt werden, die jeweiligen paarweisen Kreuzprodukte werden daraus automatisch bestimmt (siehe auch Abschnitt 2.5.1 zur Interaktion). *Zur Erinnerung:* Die Funktion I(Var^2) muss genutzt werden, damit die Quadrierung als Rechenoperation durchgeführt wird und keine Interpretation als Formelparameter erfolgt.

Maßnahmen bei vorliegender Heteroskedastizität
Bei Heteroskedastizität ist im ersten Schritt zu prüfen, ob eine Fehlspezifikation des Modells vorliegt: Fehlen wichtige unabhängige Variablen im Modell oder gibt es einen nichtlinearen Zusammenhang zwischen Einfluss- und Zielgröße?

Falls ein sogenanntes Volatilitätscluster auftritt, können ggf. Verfahren der Zeitreihenanalyse (ARCH-/GARCH-Modelle) hilfreich sein (siehe Abschnitt 11.6 im Kapitel Analyse von Zeitreihen).

Ist die Varianz der Residuen bekannt, kann eine Transformation der abhängigen und aller unabhängigen Variablen helfen. Dabei werden die ursprünglichen abhängigen und unabhängigen Variablen durch die Varianzen der Störvariablen dividiert. Anschließend erfolgt eine erneute Regression mit den transformierten Daten (siehe z. B. Hackl, 2013, S. 216 ff.; Kleiber und Zeileis, 2008, S. 106 ff.; Poddig *et al.*, 2008, S. 331).

Auch können robuste Varianz-Kovarianz-Schätzer eingesetzt werden, so dass die Standardfehler und damit die t- und p-Werte korrigiert werden. Diese Funktionalität stellt die Funktion coeftest() aus dem Paket lmtest in Verbindung mit der Funktion vcovHC[24] oder vcovHAC aus dem Paket sandwich bereit (siehe auch ?coeftest). Für den vcovHC-Schätzer können verschiedene Varianten über die Option type = im Aufruf von coeftest gewählt werden, unter anderem "HC0" bis "HC4".

Der Schätzer "HC0" entspricht dem *klassischen* heteroskedastizitätskonsistenten White-Schätzer (White, 1980). "HC1" bis "HC3" sind von MacKinnon und White (1985) vorgeschlagene Verbesserungen, die insbesondere bei einem kleinen Stichprobenumfang geeignet sind. "HC3" ist nach Long und Ervin (2000) die bevorzugte Variante, insbesondere bei dem Vorliegen einflussreicher Beobachtungen. Die Standardeinstellung der Funktion vcovHC() ist daher "HC3". Eine weitere von Cribari-Neto (2004) vorgeschlagene Verbesserung in Bezug auf kleine Stichproben und einflussreiche Beobachtungen ist mit "HC4" verfügbar. Weitere Details zu den unterschiedlichen Varianten der Varianz-Kovarianz-Schätzer siehe ?vcovHC oder Zeileis (2004).

Es ist wichtig, dass Sie, sofern Sie eine Korrektur der Standardfehler vornehmen, diese unter Angabe der verwendeten Methode in Ihrer Ergebnisdarstellung dokumentieren.

Korrektur der Standardfehler

Auch wenn es hier nicht notwendig ist, korrigieren wir im genannten Beispiel in R-Code 2.47 die Standardfehler (und damit die t- und p-Werte). Zusätzlich werden die korrigierten Konfidenzintervalle mit confint() angezeigt. Im Vergleich dazu können die Ergebnisse der bisherigen t-Tests ebenfalls mit coeftest() ausgegeben werden.

R-Code 2.47: Korrektur der Standardfehler mit coeftest() und vcovHC

```
# mit Korrektur für Heteroskedastizität
coeftest(KSQ.lm1, vcov = vcovHC)

##
## t test of coefficients:
##
##               Estimate Std. Error t value  Pr(>|t|)
## (Intercept)  0.163513   0.025695  6.3636 3.671e-09 ***
## uw           0.171601   0.043280  3.9649 0.0001247 ***
## sach         0.329700   0.065213  5.0558 1.542e-06 ***
## ebit        -0.531402   0.133566 -3.9786 0.0001186 ***
## ---
## Signif. codes:  0 '***' 0.001 '**' 0.01 '*' 0.05 '.' 0.1 ' ' 1
```

---

24 HC – *Heteroskedasticity Consistent Covariance Matrix Estimation*

```
# korrigierte Konfidenzintervalle
coeftest(KSQ.lm1, vcov = vcovHC) |> confint()


##                   2.5 %      97.5 %
## (Intercept)  0.11264342  0.2143835
## uw           0.08591804  0.2572849
## sach         0.20059442  0.4588065
## ebit        -0.79582978 -0.2669734


# Ausgabe der t-Tests ohne Korrektur der Standardfehler
coeftest(KSQ.lm1)


##
## t test of coefficients:
##
##               Estimate Std. Error t value  Pr(>|t|)
## (Intercept)   0.163513   0.026203  6.2402 6.686e-09 ***
## uw            0.171601   0.055973  3.0658  0.002678 **
## sach          0.329700   0.059524  5.5389 1.804e-07 ***
## ebit         -0.531402   0.186832 -2.8443  0.005228 **
## ---
## Signif. codes:  0 '***' 0.001 '**' 0.01 '*' 0.05 '.' 0.1 ' ' 1
```

Aufgrund der nicht vorliegenden Heteroskedastizität nehmen in diesem Beispiel die Standardfehler sogar ab (z. B. bei uw ohne Korrektur: 0.055973 vs. mit Korrektur 0.043280), was im Fall von Heteroskedastizität ungewöhnlich wäre. Damit ändern sich auch die t- und p-Werte (uw t-Wert [p-Wert] ohne Korrektur 3.0658 [0.002678] vs. mit Korrektur 3.9649 [0.000125]).

Bei Vorliegen von Heteroskedastizität muss (zumindest in einer multiplen linearen Regression) auch der F-Test durch eine Variante mit robusten Varianz-Kovarianz-Schätzern ersetzt werden. Dies erfolgt über die Funktion `waldtest()` aus dem Paket `lmtest` in Verbindung mit `sandwich`. Die Vorgehensweise wird in Abschnitt 2.7.7 bei der Korrektur der Standardfehler für den Fall von Autokorrelation gezeigt.

Heteroskedastizität

Problem	Varianz der Residuen ist nicht konstant, sondern nimmt mit zunehmender Größe der modellierten Werte $\hat{y}$ zu oder ab
Grafik	Streudiagramm der Residuen gegen die modellierten Werte
	Heteroskedastizität ist am sich öffnenden oder schließenden Trichter zu erkennen
Tests	Goldfeld-Quandt-Test (nicht immer geeignet)
	Breusch-Pagan-Test (bei Normalverteilung der Residuen)
	White-Test (bei fehlender Normalverteilung der Residuen)
	Nullhypothese jeweils Homoskedastizität
Maßnahmen	Korrektur der Standardfehler mit `coeftest(model)`
	F-Test ersetzen durch `waldtest()` mit entsprechender Korrektur
Wichtig	Dokumentieren Sie die Korrektur der Standardfehler in Ihrer Ergebnisdarstellung!

2.7.7 Autokorrelation

Mit Autokorrelation wird die Korrelation zwischen zwei i. d. R. aufeinander folgenden Residualgrößen e_i und e_j bezeichnet. Eine Autokorrelation tritt typischerweise auf, wenn

- ein relevanter Regressor im Modell nicht berücksichtigt wird (Fehlspezifikation),
- die funktionale Form eines Regressors fehlerhaft spezifiziert ist (Nichtlinearität),
- die abhängige Variable in einer Weise autokorreliert ist, die durch den systematischen Teil des Modells nicht adäquat dargestellt wird.

Eine Autokorrelation ist oftmals bei Längsschnittregressionen mit Kapitalmarktdaten zu beobachten, d. h. Werte eines Unternehmens, Indices o. ä. werden über die Zeit erfasst und modelliert. Es ist aber auch räumliche Autokorrelation in Querschnittdaten möglich. Autokorrelationen können entweder bei benachbarten Residuen (Autokorrelation erster Ordnung) oder auch bei „weiter entfernten" Residuen (Autokorrelation höherer Ordnung) auftreten (siehe z. B. Backhaus *et al.*, 2021, S. 117 f.; Poddig *et al.*, 2008, S. 308 ff.).

Auswirkungen von Autokorrelation
Die Abweichungen von der Regressionsgeraden, die Residuen, sind nicht mehr zufällig, sondern von den Residuen der vorangehenden Werte abhängig. Wie bei Heteroskedastizität sind die Kleinste-Quadrate-Schätzer $\hat{\beta}_k$ zwar erwartungstreu und konsistent, aber sie sind keine effizienten Schätzer (keine BLUE-Eigenschaft). Die Varianz der Schätzer ist nicht mehr valide. Die Konsequenzen sind bekannt: t-Test und F-Test liefern irreführende Ergebnisse und die Kleinste-Quadrate-Schätzung für die lineare Regression kann nicht zuverlässig interpretiert werden (siehe z. B. Poddig *et al.*, 2008, S. 308 ff.).
    Grafisch lassen sich Autokorrelationen bei zeitlich geordneten Daten am besten mit einem Streudiagramm für die Residuen oder die Zielgröße auf der y-Achse gegen die Zeitvariable auf der x-Achse darstellen. Dabei ergeben sich für positive und negative Autokorrelationen (erster Ordnung[25], d. h. benachbarter Residuen) die in Abbildung 2.7 gezeigten typischen Erscheinungen (siehe z. B. Backhaus *et al.*, 2021, S. 117; Kutner *et al.*, 2005, S. 108 ff.). Bei positiver Autokorrelation bewegen sich die Werte über längere Zeit in eine Richtung, während die Vorzeichen bei negativer Autokorrelation ständig wechseln.
    Eine Autokorrelation zeigt sich auch im Streudiagramm der Residuen gegen (zeitlich) versetzte Residuen (sogenannter *Lag*). Als Beispiel sei hier die Berechnung des Beta (Risikofaktor) nach dem Capital-Asset-Pricing-Modell für das DAX-Unternehmen

---

[25] Die grafische Darstellung von Autokorrelationen höherer Ordnung kann mittels der Autokorrelationsfunktion in sogenannten Korrelogrammen erfolgen (vgl. Abschnitt 11.2.2 im Kapitel Analyse von Zeitreihen).

Positive Autokorrelation   Negative Autokorrelation

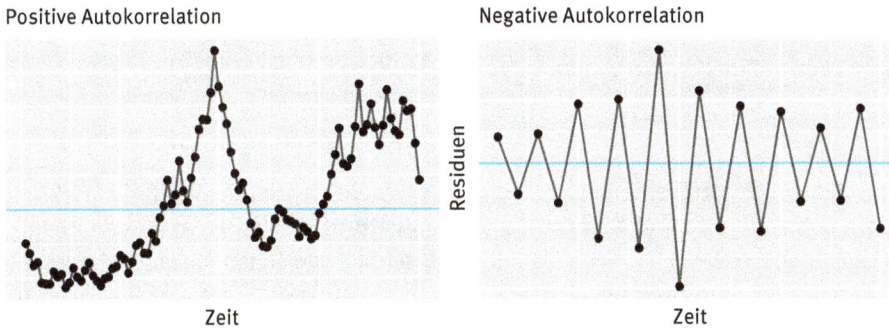

Abb. 2.7: Auswirkung der Autokorrelation. Positive Autokorrelation (links): Die Werte entwickeln sich über längere Zeit in eine Richtung. Negative Autokorrelation (rechts): Das Vorzeichen wechselt.

Beiersdorf gewählt. Das Beta kann über eine Einfachregression der betreffenden Aktie auf den dazugehörigen Index (hier DAX[26]) bestimmt werden. Die Daten werden mit Hilfe der getSymbols()-Funktion aus dem Paket quantmod von Yahoo-Finance abgerufen (siehe R-Code 2.48). Das Beta wird aus wöchentlichen diskreten Renditen über einen Zeitraum von zwei Jahren berechnet.[27] Die diskreten Renditen werden mit weeklyReturn() ebenfalls aus dem Paket quantmod berechnet. Allgemein erlaubt periodicReturn() die Berechnung der Renditen über verschiedene Intervalle, die Option type = "log" kann gewählt werden, wenn stetige Renditen berechnet werden sollen. Standardmäßig werden diskrete Renditen (type = "arithmetic") berechnet.

getSymbols() und weeklyReturn() arbeiten mit xts-Objekten, erweiterten Zeitreihen-Objekten (*extended time series*). Um später den Durbin-Watson-Test und die Korrektur der Standardfehler mit coeftest() vornehmen zu können, werden die Daten mit as.ts() in ts-, also reguläre Zeitreihen-Objekte umgewandelt.

R-Code 2.48: Abruf der Kurse von Beiersdorf und DAX und Berechnung der diskreten wöchentlichen Renditen

```
# Daten abrufen
getSymbols(c("BEI.DE","^GDAXI"), from = "2016-12-31", to = "2018-12-31")
# korrigierte Schlusskurse auswählen
BEI <- BEI.DE$BEI.DE.Adjusted
```

---

26 Alternativ wird auch der HDAX genutzt.
27 Es gibt viele verschiedene Ansätze, das Beta mit Hilfe der Regression oder der Kovarianz zum Markt zu berechnen, z. B. unter Verwendung wöchentlich diskreter Renditen über fünf Jahre, täglich diskreter Renditen über ein Jahr oder diskreter Monatsrenditen über fünf Jahre. Yahoo-Finance selbst verwendet letzteren Ansatz. Einen Vergleich verschiedener Varianten finden Sie z. B. in Stellbrink und Brückner (2011).

```
DAX <- GDAXI$GDAXI.Adjusted
# Wöchentliche diskrete Renditen bestimmen und in ts-Objekt umwandeln
BEI.w <- weeklyReturn(BEI) |> as.ts()
DAX.w <- weeklyReturn(DAX) |> as.ts()
```

Das Beta wird durch eine Regression der Unternehmensrenditen auf die Marktrenditen berechnet. Um auf Autokorrelation zu überprüfen, werden in R-Code 2.49 die Residuen dieses Modells gegen die mit lag() zeitlich versetzten Residuen dargestellt (R-Grafik 2.15). Standardmäßig ist der Versatz in der Funktion lag() eine Beobachtung, mit der Option k = kann auch ein höherer Versatz gewählt werden.

R-Code 2.49: Berechnung des Beta und Streudiagramm der Residuen gegen um eine Beobachtung versetzte Residuen am Beispiel des Unternehmens Beiersdorf

```
# Lineare Regression durchführen und Koeffizienten ausgeben
BEI.lm <- lm(BEI.w ~ DAX.w)
coef(BEI.lm)

## (Intercept)        DAX.w
## 0.001871621 0.636362918
# Streudiagramm der Residuen gegen zeitlich versetzte Residuen
gf_point(resid(BEI.lm) ~ resid(BEI.lm) |> lag())
```

In R-Grafik 2.15 zeigt sich schwach die Ausprägung eines Musters, die Punkte sind entlang der Gegendiagonalen angeordnet. Dies spricht für negative Autokorrelation (Brooks, 2019, S. 192). Eine Anordnung der Punkte in Richtung der Hauptdiagonalen deutet hingegen auf positive Autokorrelation hin. Die negative Korrelation zeigt sich auch im Korrelationskoeffizienten (R-Code 2.50).

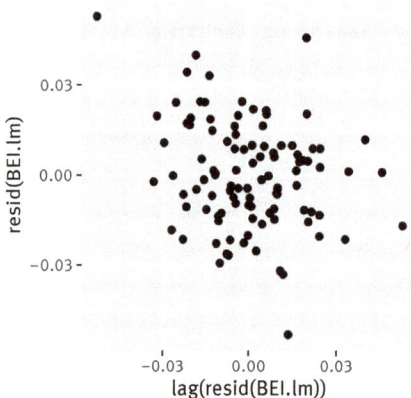

R-Grafik 2.15: Streudiagramm der Residuen gegen um eine Beobachtung versetzte Residuen am Beispiel der Beta-Berechnung für das Unternehmen Beiersdorf. Die Anordnung der Punkte entlang der Gegendiagonalen ist zu erkennen, dies deutet auf negative Autokorrelation hin.

R-Code 2.50: Korrelation zwischen den Residuen und den um eine Beobachtung versetzten Residuen

```
cor(resid(BEI.lm), resid(BEI.lm) |> lag(), use = "complete")

## [1] -0.2328725
```

Da durch den zeitlichen Versatz eine oder mehrere fehlende Werte entstehen, muss als Option use = "complete" angegeben werden, um nur die vollständigen Beobachtungen zu nutzen.

Test auf Autokorrelation erster Ordnung – Durbin-Watson-Test

Der Durbin-Watson-Test prüft die Autokorrelation erster Ordnung, indem er die Residuen zweier benachbarter Beobachtungen e_i und e_{i-1} miteinander vergleicht (r bezeichnet hier die Korrelation zweier benachbarter Residuen):

$$DW = \frac{\sum\limits_{i=2}^{N} (e_i - e_{i-1})^2}{\sum\limits_{i=1}^{N} e_i^2} \approx 2(1 - r). \tag{2.59}$$

Die Nullhypothese lautet: Es liegt keine Autokorrelation erster Ordnung vor.

Sind zwei benachbarte Residuen nahezu gleich, d. h., die Zielgröße unterliegt einem Trend, dann wird auch DW klein. Niedrige Werte von DW deuten demnach auf positive Autokorrelation hin. Umgekehrt führen starke Sprünge in den Residuen zu einem großen DW, hohe Werte von DW deuten also auf negative Autokorrelation hin (siehe z. B. Backhaus *et al.*, 2021, S. 117; Hackl, 2013, S. 212 f.; Poddig *et al.*, 2008, S. 316 f.).

In Tabelle 2.9 wird der Zusammenhang zwischen Teststatistik DW und dem Korrelationskoeffizienten r aufgezeigt.

Tab. 2.9: Zusammenhang von Durbin-Watson-Statistik und Korrelationskoeffizient

$DW = 0$	$\hat{=}$	$r = +1$	Perfekt positive Autokorrelation
$DW = 2$	$\hat{=}$	$r = 0$	Keine Autokorrelation
$DW = 4$	$\hat{=}$	$r = -1$	Perfekt negative Autokorrelation

Trotz häufiger und regelmäßiger Verwendung steht auch der Durbin-Watson-Test in der Kritik. Folgende Aspekte sind bei der Anwendung zu beachten:

- Wird die Nullhypothese verworfen, so gibt der DW-Test keinen Hinweis auf Ursachen für ein Verwerfen der Nullhypothese und darauf, wie das Modell zu modifizieren ist.
- Der Test ist lediglich für eine Autokorrelation erster Ordnung geeignet. Liegt eine Autokorrelation höherer Ordnung vor, z. B. bei Quartalsdaten, kann ein Test auf

Autokorrelation vierter Ordnung geeigneter sein. Allerdings ist eine Autokorrelation höherer Ordnung i. d. R. eher selten zu beobachten, wenn keine Autokorrelation erster Ordnung vorliegt.

- Die Verteilung des DW-Werts ist nicht exakt bestimmbar, so dass kritische Werte über Simulationsstudien tabelliert wurden.
- Weiterhin hängen diese kritischen Werte von der konkreten Datenmatrix ab, was dazu führt, dass es einen Unentscheidbarkeitsbereich gibt. Liegt der Wert für DW in diesem Bereich, so kann nicht entschieden werden, ob die Nullhypothese verworfen wird oder nicht. Dies macht den Durbin-Watson-Test „unhandlich" (siehe z. B. Hackl, 2013, S. 213 f.; Poddig *et al.*, 2008, S. 317 f.).

Durchführung des Durbin-Watson-Tests

Auch hier erfolgt die Durchführung wieder am Beispiel der Beta-Berechnung mit dem Modell BEI.lm, Befehl dwtest() aus dem Paket lmtest (R-Code 2.51).

R-Code 2.51: Durbin-Watson-Test auf Autokorrelation für das Modell BEI.lm

```
dwtest(BEI.lm)

##
##   Durbin-Watson test
##
## data:  BEI.lm
## DW = 2.4452, p-value = 0.9892
## alternative hypothesis: true autocorrelation is greater than 0
```

Die Teststatistik liegt bei 2.4452 und deutet auf negative Autokorrelation hin. Allerdings scheint der Wert im *Unentscheidbarkeitsbereich* zu liegen, da die Nullhypothese, keine Autokorrelation, nicht verworfen wird.

Zusätzlich kann noch als Option alternative = "..." eingegeben werden, ob ein- oder zweiseitig getestet werden soll ("greater", "less", "two.sided").

Test auf Autokorrelation erster und höherer Ordnung – Breusch-Godfrey-Test

Bei diesem Test wird von einer linearen Regression $y_i = \hat{\beta}_0 + \hat{\beta}_1 x_{i1} + \cdots + \hat{\beta}_K X_{iK} + e_i$ ausgegangen. Dazu wird eine Hilfsregression gebildet:

$$e_i = \alpha_0 + \alpha_1 e_{i-1} + \cdots + \alpha_m e_{i-m} + u_i. \tag{2.60}$$

Liegt eine Autokorrelation höherer Ordnung vor, so sind die Regressionskoeffizienten der Hilfsregression nicht alle gleich 0.

Getestet wird die Nullhypothese H_0: Alle $\alpha_i = 0$ für $i = 1, \ldots, m$ bzw. es liegt keine Autokorrelation m-ter Ordnung vor. Die zugehörige Teststatistik $N \cdot R_h^2$ ist asymptotisch

Chi-Quadrat-verteilt mit m Freiheitsgraden, wobei R_h^2 das Bestimmtheitsmaß der Hilfs-regression ist. Ist R_h^2 groß, so wird die Nullhypothese im Chi-Quadrat-Test verworfen und es wird von einer Autokorrelation m-ter Ordnung ausgegangen.

Vor der Anwendung dieses Tests ist zu entscheiden, von welcher Ordnung die Autokorrelation maximal sein darf. Wird m zu niedrig gewählt, wird ggf. eine Autokorrelation höherer Ordnung nicht erkannt, wird m zu hoch gewählt, so ist die Güte des Tests schlecht (siehe z. B. Hackl, 2013, S. 214 f.).

Durchführung des Breusch-Godfrey-Tests

Auch der Befehl `bgtest()` stammt aus dem Paket `lmtest` (R-Code 2.52). Der optionale Parameter `order` gibt die Ordnung m an, bis zu der getestet werden soll. Der Standardwert für die Ordnung ist eins.

R-Code 2.52: Breusch-Godfrey-Test auf Autokorrelation für das Modell BEI.lm

```
bgtest(BEI.lm)

##
##  Breusch-Godfrey test for serial correlation of order up to 1
##
## data:  BEI.lm
## LM test = 5.6276, df = 1, p-value = 0.01768
```

Die Nullhypothese (keine Autokorrelation) wird verworfen, somit deutet dieser Test auf Autokorrelation hin.

Grundsätzlich kann dieser Test auch bei Querschnittsdaten verwendet werden. Dann ist es notwendig, dass die Daten vor Regression nach einem Kriterium sortiert werden, bei dem Querschnittskorrelation vermutet wird. Als Beispiel wird in R-Code 2.53 das Modell KSQ.lm3 gewählt, die Daten werden vorher nach dem Sektor sortiert.

R-Code 2.53: Breusch-Godfrey-Test auf Querschnittskorrelation für das Modell KSQ.lm3

```
KSQsektor <- KSQ |> arrange(Sektor)
KSQsektor.lm3 <- lm(fkq ~ uw + lngroesse + sach + ebit, data = KSQsektor)
# Breusch-Godfrey-Test für das Modell mit sortierten Daten
bgtest(KSQsektor.lm3)

##
##  Breusch-Godfrey test for serial correlation of order up to 1
##
## data:  KSQsektor.lm3
## LM test = 1.7966, df = 1, p-value = 0.1801
```

```
# zum Vergleich für das Modell mit unsortierten Daten
bgtest(KSQ.lm3)

##
##  Breusch-Godfrey test for serial correlation of order up to 1
##
## data:  KSQ.lm3
## LM test = 0.0071219, df = 1, p-value = 0.9327
```

Die Sortierung wird mit der Funktion arrange() aus dem Paket dplyr vorgenommen. Es zeigt sich, dass die Sortierung im Modell im Vergleich zu dem ursprünglichen Modell zu einer erhöhten Teststatistik führt. Diese ist aber nach wie vor recht klein, so dass der hohe p-Wert gegen eine Querschnittskorrelation spricht.

Die Funktion bgtest() hat zwar eine Option order.by = ~ z, diese kann aber nur für mindestens ordinalskalierte Variablen z verwendet werden. Eine Sortierung nach nominalskalierten Variablen ist sinnvoll, da dann Beobachtungen einer Kategorie (wie oben im Beispiel der Industriesektor) nahe beieinander liegen.

Maßnahmen bei vorliegender Autokorrelation

Es ist zunächst zu prüfen, ob eine Fehlspezifikation des Modells vorliegt, also ob wichtige unabhängige Variablen im Modell fehlen oder ob es einen nichtlinearen Zusammenhang zwischen Einfluss- und Zielgröße gibt (vgl. RESET-Test).

Lässt sich die Autokorrelation auf diesem Wege nicht beseitigen, so können ggf. Verfahren der Zeitreihenanalyse wie AR(I)MA- oder (G)ARCH-Modelle helfen (siehe Abschnitte 11.4 und 11.6 im Kapitel Analyse von Zeitreihen).

Es können auch geeignete Variablentransformationen wie etwa die Cochrane-Orcutt-Schätzer zu einer Beseitigung der Autokorrelation führen. Hier sei auf die Literatur verwiesen (siehe z. B. Hackl, 2013, S. 216 ff.; Kleiber und Zeileis, 2008, S. 106 ff.; Poddig *et al.*, 2008, S. 320).

Schließlich können wiederum robuste Schätzer über die Funktion coeftest() aus dem Paket lmtest eingesetzt werden, so dass die Standardfehler und die p-Werte korrigiert werden. Dies muss in Verbindung mit der Funktion vcovHAC[28] aus dem Paket sandwich erfolgen (siehe auch ?coeftest).

Generell erfolgt in den autokorrelationskonsistenten Schätzern eine Gewichtung über die Lags, d. h. über die zeitlich zurückliegenden Beobachtungen. Für die Bestimmung dieser Gewichte gibt es unterschiedliche Varianten. In der Standardvariante sind es sogenannte Kernel-Schätzer nach Andrews (1991). Diese können auch mit der Option vcov = kernHAC aufgerufen werden. Eine andere Variante ist ein Newey-West-Schätzer (Newey und West, 1987), in dem die Anzahl der Lags und die Gewichtung nach Newey

---

28 HAC – *Heteroskedasticity and Autocorrelation* Consistent Covariance Matrix Estimation

und West (1994) geschätzt wird. Diese erhalten Sie mit der Option vcov = NeweyWest. In einer dritten Variante werden die Gewichte nach Lumley und Heagerty (1999) bestimmt. Die Standardeinstellung dazu erhalten Sie mit vcov = weave. Für die vcovHAC-Schätzer können sehr viele Detaileinstellungen vorgenommen werden. Hinweise dazu erhalten Sie über ?kernHAC, ?NeweyWest bzw. ?weave sowie die genannte Literatur.

Anders als bei der Korrektur der Standardfehler im Falle von Heteroskedastizität ist bei Autokorrelation die bevorzugte Methode nicht eindeutig festzulegen. Daher ist in der regelmäßigen praktischen Anwendung die Nutzung einer der vorgeschlagenen Standardverfahren gängig.

Auch hier gilt, dass Sie eine mögliche Korrektur unter Angabe der verwendeten Methode in Ihrer Ergebnisdokumentation berichten sollten.

Korrektur der Standardfehler

Wir führen wiederum eine Korrektur der Standardfehler mit coeftest() durch. Als Funktion wird vcovHAC angegeben. In der Standardeinstellung erfolgt damit eine Korrektur nach Andrews. Zusätzlich werden auch wieder die Konfidenzintervalle und zum Vergleich die Ergebnisse der t-Tests ohne Korrektur gezeigt (R-Code 2.54).

R-Code 2.54: Korrektur der Standardfehler mit coeftest() und vcovHAC

```
# mit Korrektur für Heteroskedastizität und Autokorrelation
coeftest(BEI.lm, vcov = vcovHAC)

##
## t test of coefficients:
##
##              Estimate Std. Error t value  Pr(>|t|)
## (Intercept) 0.0018716  0.0015082  1.2410    0.2175
## DAX.w       0.6363629  0.0994111  6.4013 4.766e-09 ***
## ---
## Signif. codes:  0 '***' 0.001 '**' 0.01 '*' 0.05 '.' 0.1 ' ' 1

# korrigierte Konfidenzintervalle
coeftest(BEI.lm, vcov = vcovHAC) |> confint()

##                     2.5 %      97.5 %
## (Intercept) -0.001119886 0.004863129
## DAX.w        0.439181414 0.833544423

# Ausgabe der t-Tests ohne Korrektur der Standardfehler
coeftest(BEI.lm)

##
## t test of coefficients:
##
```

```
##             Estimate Std. Error t value Pr(>|t|)
## (Intercept) 0.0018716  0.0017523  1.0681    0.288
## DAX.w       0.6363629  0.0932194  6.8265 6.385e-10 ***
## ---
## Signif. codes:  0 '***' 0.001 '**' 0.01 '*' 0.05 '.' 0.1 ' ' 1
```

```
# Konfidenzintervalle ohne Korrektur der Standardfehler
coeftest(BEI.lm) |> confint()
```

```
##                   2.5 %      97.5 %
## (Intercept) -0.001604023 0.005347265
## DAX.w        0.451462697 0.821263139
```

Der Standardfehler nach Korrektur hat sich im Vergleich zu der Variante ohne Korrektur etwas erhöht. Somit ist auch das Konfidenzintervall durch die Korrektur etwas breiter geworden. Dies hat hier aber keine Auswirkungen auf die Interpretation des Ergebnisses.

In einer multiplen Regression ist auch eine Korrektur des F-Tests (siehe Abschnitt 2.6.2) notwendig. Auch dies wird in R-Code 2.55 exemplarisch am Beispiel der Beta-Berechnung gezeigt. Verwendet werden kann hierzu die Funktion waldtest() aus dem Paket lmtest in Verbindung mit sandwich.

R-Code 2.55: Korrektur der Varianz-Kovarianz-Schätzer für den F-Test in der linearen Regression

```
# F-Test mit Korrektur
waldtest(BEI.lm, vcov = vcovHAC)
```

```
## Wald test
##
## Model 1: BEI.w ~ DAX.w
## Model 2: BEI.w ~ 1
##   Res.Df Df      F    Pr(>F)
## 1    102
## 2    103 -1 40.977 4.766e-09 ***
## ---
## Signif. codes:  0 '***' 0.001 '**' 0.01 '*' 0.05 '.' 0.1 ' ' 1
```

```
# F-Test ohne Korrektur
waldtest(BEI.lm)
```

```
## Wald test
##
## Model 1: BEI.w ~ DAX.w
## Model 2: BEI.w ~ 1
##   Res.Df Df      F    Pr(>F)
## 1    102
```

```
## 2     103 -1 46.601 6.385e-10 ***
## ---
## Signif. codes:  0 '***' 0.001 '**' 0.01 '*' 0.05 '.' 0.1 ' ' 1
```

Da es sich um eine Einfachregression handelt, entsprechen die p-Werte denen der in R-Code 2.54 ausgeführten Tests. Auch hier kann weiterhin die (verallgemeinerte) Nullhypothese des F-Tests, die Modelle unterscheiden sich nicht, verworfen werden. Im Falle, dass nur ein Modell im Aufruf von `waldtest()` angegeben wird, ist das zweite Modell das *triviale* Modell mit nur dem Intercept: `BEI.w ~ 1`.

Autokorrelation

Problem	Residuen korrelieren mit (zeitlich) benachbarten Residuen
Grafik	Streudiagramm der Residuen gegen zeitlich versetzte Residuen
	Autokorrelation ist an der Anordnung der Punkte in Richtung der Diagonalen oder Gegendiagonalen zu erkennen
Tests	Durbin-Watson-Test (nicht immer geeignet)
	Breusch-Godfrey-Test
	Nullhypothese jeweils keine Autokorrelation
Maßnahmen	Korrektur der Standardfehler mit `coeftest()`
	F-Test ersetzen durch `waldtest()` mit entsprechender Korrektur
Wichtig	Dokumentieren Sie die Korrektur der Standardfehler in Ihrer Ergebnisdarstellung!

2.7.8 Multikollinearität

Mit Multikollinearität wird eine hohe Korrelation zwischen den erklärenden Variablen bezeichnet. Multikollinearität tritt immer dann auf, wenn mehrere unabhängige Variablen zumindest teilweise das Gleiche messen.

Beispiele, in denen Multikollinearität auftreten kann, sind:
- Marktkapitalisierung und Umsatzerlöse
- Marktkapitalisierung und Liquidität der Unternehmensanteile
- Marktkapitalisierung und Bilanzsumme
- ROE (Return on Equity) und ROA (Return on Assets)

Bei perfekter Multikollinearität (eine unabhängige Variable lässt sich linear durch eine oder mehrere andere unabhängige Variablen abbilden, d. h., $X_1 = \alpha_0 + \alpha_1 X_2 + \alpha_2 X_3 + \ldots \alpha_{K-1} X_K$), ist eine eindeutige Schätzung der Regressionskoeffizienten nicht möglich.

Mit zunehmender Multikollinearität ist eine Schätzung der Regressionskoeffizienten zwar möglich und der Gesamteinfluss aller unabhängigen Variablen auf die abhängige wird korrekt modelliert, allerdings ist die Zurechnung des Gesamteinflusses auf die einzelnen unabhängigen Variablen nur verzerrt möglich.

Die geschätzten Regressionskoeffizienten werden unsicher, kleine Änderungen an den zugrunde liegenden Daten spiegeln sich in deutlichen Änderungen bei den geschätzten Regressionskoeffizienten wider. Dies macht sich bemerkbar am Standardfehler der Regressionskoeffizienten, der größer wird, d. h., die t-Werte sinken (siehe z. B. Backhaus *et al.*, 2021, S. 121 ff.; Poddig *et al.*, 2008, S. 373 ff.).

Hinweis: Auch hier ist es wieder ein Unterschied, ob eine Erklärung oder Prognose das Ziel der Modellierung ist. Im Falle der Prognose ist Multikollinearität keinesfalls hinderlich, u. U. sogar vorteilhaft.

Prüfung auf Multikollinearität
Einen ersten Hinweis auf potenzielles Vorliegen von Multikollinearität kann durch einen Vergleich von dem Bestimmtheitsmaß und den p-Werten der Regressionskoeffizienten erhalten werden. Ein hohes Bestimmtheitsmaß bei gleichzeitig hohen p-Werten eines großen Teils der Regressionskoeffizienten ist ein deutlicher Hinweis auf Multikollinearität.

Die Korrelationsmatrix der unabhängigen Variablen gibt ebenfalls einen Hinweis auf Multikollinearität. Allerdings können so nur paarweise Abhängigkeiten aufgedeckt werden. Werte größer 0.8 werden in der Literatur als kritisch angesehen.

Eine Prüfung auf Multikollinearität kann über die Variance Inflations Factors (VIF) erfolgen. Die Variance Inflation Factors sind die Faktoren, um die sich die Varianzen der Regressionskoeffizienten mit zunehmender Multikollinearität erhöhen. So können Sie neben paarweiser Multikollinearität auch Multikollinearität erkennen, die durch Linearkombinationen der unabhängigen Variablen hervorgerufen wird (siehe z. B. Backhaus *et al.*, 2021, S. 121 ff.; Poddig *et al.*, 2008, S. 378 ff.).

Wird eine unabhängige Variable X_k durch eine Linearkombination der übrigen $K - 1$ unabhängigen Variablen erklärt, so kann diese Beziehung über eine multiple Regression modelliert werden. Die Güte dieses Zusammenhangs wird über das Bestimmtheitsmaß R_k^2 dieser Hilfsregression erfasst. Der Variance Inflation Factor berechnet sich daraus zu:

$$VIF_k = \frac{1}{1 - R_k^2}.$$ (2.61)

Je besser sich eine unabhängige Variable linear durch alle anderen unabhängigen Variablen erklären lässt, desto höher wird R_k^2 und damit steigt auch VIF_k. Die Quadratwurzel aus dem Variance Inflation Factor entspricht dem Faktor, um den sich das Konfidenzintervall im Vergleich zu unkorrelierten Prädiktoren erweitert (Fox und Weisberg, 2019, S. 429 ff.).

Ein Wert von 10 oder größer wird als kritisch erachtet, was einem Bestimmtheitsmaß von mindestens 0.9 entspricht. Andere Quellen bezeichnen bereits einen Wert von 5 als kritisch, was einem Bestimmtheitsmaß von mindestens 0.8 entspricht (siehe z. B. Backhaus *et al.*, 2021, S. 121 ff.; Poddig *et al.*, 2008, S. 379 ff.). Fox selbst geht von 4 aus, da dies einer Verdoppelung des Konfidenzintervalls entspricht.

Im Falle von kategorialen Prädiktoren wird das generalisierte VIF ($GVIF$) ausgegeben. Dieses wird zusätzlich mit der Anzahl der Freiheitsgrade (df – Anzahl der

Ausprägungen −1) und der Wurzel $GVIF^{\frac{1}{2df}}$ ausgegeben. An letzterem lässt sich der Einfluss der Multikollinearität abschätzen.

Prüfung auf Multikollinearität – Beispiel

Wir untersuchen die Modelle KSQ.lm2 (fkq ~ uw + sach + ebit + Index) und KSQ.lm4 (fkq ~ uw + sach + ebit + Index + uw:Index) auf Multikollinearität (R-Code 2.56). Die Varianz Inflation Factors werden mit der Funktion vif() aus dem Paket car berechnet. *Hinweis:* Dazu muss das Paket nicht mit library() geladen worden sein, eine einzelne Funktion aus einem Paket kann auch durch package::function aufgerufen werden. Dazu muss das Paket natürlich trotzdem installiert sein.

R-Code 2.56: Prüfung auf Multikollinearität mittels der Variance Inflation Factors

```
car::vif(KSQ.lm2)

##             GVIF Df GVIF^(1/(2*Df))
## uw    1.109597  1         1.053374
## sach  1.218145  1         1.103696
## ebit  1.074915  1         1.036781
## Index 1.306970  3         1.045629


car::vif(KSQ.lm4)

##              GVIF Df GVIF^(1/(2*Df))
## uw       36.617408  1        6.051232
## sach      1.256430  1        1.120906
## ebit      1.118860  1        1.057762
## Index     4.943022  3        1.305165
## uw:Index 78.299043  3        2.068360
```

Die Variance Inflation Factors sind in dem Modell KSQ.lm2 insgesamt unauffällig. Ein anderes Bild ergibt sich, sobald die Interaktion uw:Index hinzugenommen wird (Modell KSQ.lm4). Hier zeigt sich bei Umsatzwachstum und Indexzugehörigkeit ein ausgeprägter Zusammenhang ($\sqrt{VIF_{uw}} = 6.05$).

Ein Vergleich der Mittelwerte des Umsatzwachstums (R-Code 2.57) zeigt[29], dass diese sich über die Indices merklich unterscheiden. Auch deutet das Ergebnis einer Varianzanalyse darauf hin, dass nicht alle Mittelwerte gleich sind. Die Nullhypothese, $\mu_A = \mu_B = \dots$, kann hier verworfen werden.

---

29 Hier über die mean()-Funktion des Paketes mosaic, die im Rahmen der Formelsyntax eine Gruppierung erlaubt.

R-Code 2.57: Vergleich der Mittelwerte des Umsatzwachstums in Abhängigkeit von der Indexzugehörigkeit

```
mean(uw ~ Index, data = KSQ, na.rm = TRUE)


##        DAX       MDAX       SDAX     TecDAX
## 0.09977200 0.06328333 0.10693143 0.24040000


aov(uw ~ Index, data = KSQ) |> summary()


##             Df Sum Sq Mean Sq F value Pr(>F)
## Index        3  0.494 0.16480   3.302 0.0228 *
## Residuals  117  5.839 0.04991
## ---
## Signif. codes:  0 '***' 0.001 '**' 0.01 '*' 0.05 '.' 0.1 ' ' 1
## 4 Beobachtungen als fehlend gelöscht
```

Maßnahmen gegen Multikollinearität

Ist es das Ziel der Modellierung, einen Gesamteffekt aller Variablen aufzudecken, so dass die Betrachtung einzelner Variablen nicht relevant ist, kann Multikollinearität vernachlässigt werden.

Weisen einzelne unabhängige Variablen eine sehr hohe Korrelation zu den anderen unabhängigen Variablen auf, so können diese aus dem Modell entfernt werden. Der daraus resultierende Informationsverlust ist gering. Allerdings kann dies zu einer Fehlspezifikation des Modells führen.

Eine weitere Möglichkeit besteht darin, eine Regression der hoch korrelierenden Variablen auf die anderen erklärenden Variablen durchzuführen. Die daraus ermittelten Residuen verbleiben im Ursprungsmodell als unabhängige Variablen (sog. *Orthogonalisierung*). Bei mehreren hoch korrelierenden Variablen beeinflusst die Reihenfolge der Orthogonalisierung der einzelnen unabhängigen Variablen jedoch die Ergebnisse der Regression.

Auch kann eine Hauptkomponentenanalyse (siehe Kapitel 10) durchgeführt werden, um die miteinander korrelierenden Variablen durch Hauptkomponenten zu ersetzen und die Regression mit den Hauptkomponenten durchzuführen.

Gelegentlich ist es auch möglich, die Datenmenge zu erhöhen. Dies kann zu einer Reduktion der Multikollinearität führen (siehe z. B. Poddig *et al.*, 2008, S. 382 ff.).

Multikollinearität

Problem	mehrere unabhängige Variablen sind untereinander über Linearkombinationen darstellbar
Prüfung	Variance Inflations Factors (VIF)
Maßnahmen	Prognose: in der Regel unkritisch
	Erklärung: möglicherweise einzelne Variablen entfernen
	miteinander korrelierende Variablen zu Hauptkomponenten zusammenfassen (Hauptkomponentenanalyse)

2.7.9 Normalverteilung der Residuen

Die Normalverteilungsannahme wird häufig nicht geprüft, da der zentrale Grenzwertsatz[30] greift und deshalb für nicht zu kleine Stichprobenumfänge eine Normalverteilung der Residuen angenommen werden kann. Meist wird hier ein Stichprobenumfang $N > 30$ als Grenze gesehen. Letztlich hängt dies aber auch von der Verteilungsform der Daten ab, so sind bei stark asymmetrischen Verteilungen höhere Stichprobenumfänge notwendig, um von dieser Annahme ausgehen zu können. Große Stichprobenumfänge schaden umgekehrt nicht, da der Standardfehler i. d. R. mit wachsendem Stichprobenumfang kleiner wird und somit die Trennschärfe des jeweils verwendeten Tests zunimmt. Die Trennschärfe (*Power*) eines Tests gibt an, mit welcher Wahrscheinlichkeit ein Fehler 2. Art (die Nullhypothese nicht zu verwerfen, obwohl die Annahme der H_0 nicht zutrifft) im Modell der Stichprobe vermieden werden kann. Je höher die Trennschärfe ist, desto höher ist die Unterscheidungsfähigkeit des Tests.

Die Normalverteilungsannahme kann mit verschiedenen grafischen und analytischen Methoden untersucht werden. Klassische grafische Verfahren sind u. a. das Histogramm sowie der Normal-Probability-Plot (QQ-Plot) (siehe z. B. Kutner *et al.*, 2005, S. 110 ff.). Als Testverfahren stehen die gängigen Normalverteilungstests von Shapiro-Wilk, Jarque-Bera u. a. zur Verfügung.

Histogramm
Das Histogramm zeigt die Verteilung der Daten (Abbildung 2.8). Durch Überlagerung einer Normalverteilungskurve können Sie erkennen, ob die Daten annähernd normalverteilt sind.

Quantil-Quantil-Plot
Der in Abbildung 2.9 dargestellte Quantil-Quantil-Plot (*QQ-Plot*) stellt die Quantile der beobachteten Werte (*y*-Achse) den Quantilen einer Normalverteilung mit dem gleichen

---

30 Sofern die Daten identisch und unabhängig verteilt sind, nähert sich die Verteilung der Mittelwerte mit wachsendem Stichprobenumfang der Normalverteilung an.

Histogramm ohne Normalverteilungsdichte   Histogramm mit Normalverteilungsdichte

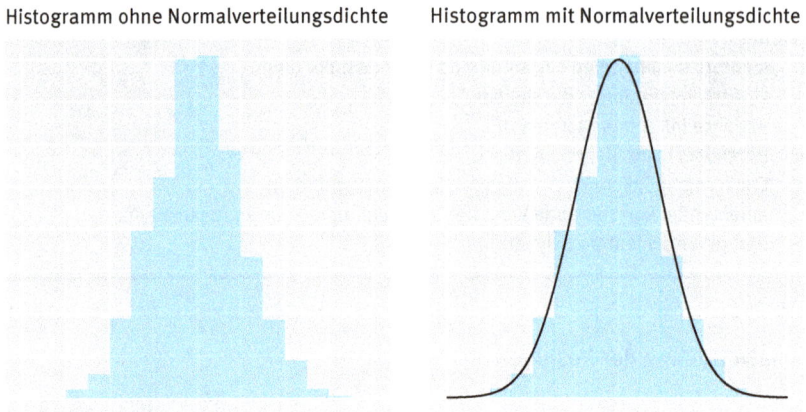

Abb. 2.8: Histogramm ohne (links) und mit überlagerter (rechts) Normalverteilung

Erwartungswert und der gleichen Standardabweichung wie die beobachten Werte (x-Achse) gegenüber.[31] Wenn die Daten annähernd normalverteilt sind, finden sich die Punkte im Streudiagramm innerhalb des Konfidenzintervalls der Geraden. Je stärker die beobachtete Verteilung von der Normalverteilung abweicht, desto stärker streuen die Punkte.

Normalverteilte Residuen   Nicht normalverteilte Residuen

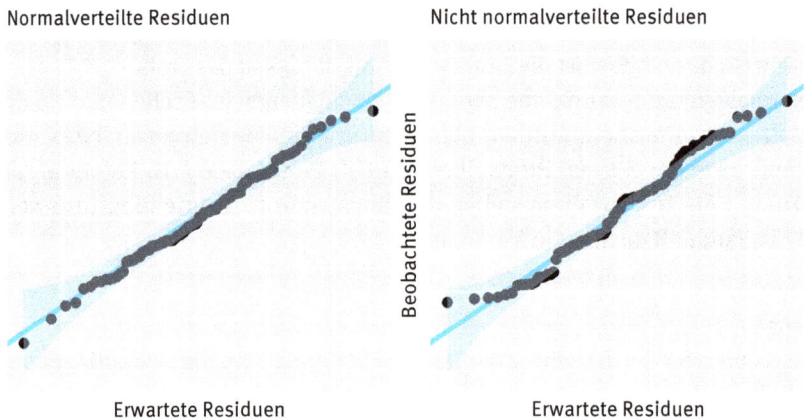

Erwartete Residuen   Erwartete Residuen

Abb. 2.9: Quantil-Quantil-Plot normalverteilter (links) und nicht-normalverteilter (rechts) Residuen. Gezeigt wird jeweils die Gerade, auf der sich Punkte bei vollständiger Normalverteilung befinden würden, sowie das Konfidenzintervall dazu. Je stärker die Punkte streuen oder im unteren und oberen Bereich von der Geraden abweichen, desto stärker deutet dies auf nicht-normalverteilte Residuen hin.

---

31 Allgemein kann für den QQ-Plot eine beliebige Verteilung als Vergleich gewählt werden.

Fehlende Normalverteilung der Residuen im Beispiel

Wir schauen uns noch einmal die Regression von fkq ~ uw + sach + ebit mit dem KSQ-Datensatz an (Modell KSQ.lm1) und führen zunächst den Shapiro-Wilk und den Jarque-Bera-Test (Paket moments) durch (R-Code 2.58).

R-Code 2.58: Shapiro- und Jarque-Bera-Test auf Normalverteilung der Residuen im Modell KSQ.lm1

```
resid(KSQ.lm1) |> shapiro.test()

##
##   Shapiro-Wilk normality test
##
## data:  resid(KSQ.lm1)
## W = 0.95505, p-value = 0.0003815


resid(KSQ.lm1) |> jarque.test()

##
##   Jarque-Bera Normality Test
##
## data:  resid(KSQ.lm1)
## JB = 19.53, p-value = 5.742e-05
## alternative hypothesis: greater
```

Beide Tests zeigen, dass die H_0 verworfen werden sollte, was gegen eine Normalverteilung der Residuen spricht. Dies wird auch durch die Grafiken bestätigt (R-Code 2.59 und Grafik 2.16). Der QQ-Plot wird hier mit *klassischer* ggplot2-Syntax unter Nutzung des Pakets qqplotr und der Funktionen stat_qq_point(), stat_qq_line() und stat_qq_band() erstellt, da so ein Konfidenzband ergänzt werden kann.[32] Die einzelnen Schichten der Grafik werden in ggplot2 über den +-Operator miteinander verbunden. aes() erzeugt die *aesthetics*, also die Zuordnung der Variablen zu den Eigenschaften der Grafik-Schichten.

R-Code 2.59: Histogramm mit Normalverteilungsdichte und QQ-Plot der Residuen des Modells KSQ.lm1

```
# Histogramm
g1 <- gf_dhistogram(~ resid(KSQ.lm1), bins = 15) |>
  gf_dist("norm", color = "blue", mean = mean(resid(KSQ.lm1)), sd = sd(resid(KSQ.lm1)))
# QQ-Plot
# Residuen zwischenspeichern
```

---

32 Die ggformula-Variante geht sehr einfach: gf_qq(~ resid(KSQ.lm1)) |> gf_qqline(), erlaubt aber derzeit noch nicht eine einfache Ergänzung eines Konfidenzbands.

```
df <- data.frame(resid = resid(KSQ.lm1))
# Grafik erzeugen
g2 <- ggplot(data = df, aes(sample = resid)) +
  stat_qq_band() +    # Konfidenzband
  stat_qq_line() +    # QQ-Linie
  stat_qq_point() +   # Punkte des Streudiagramms
  # Beschriftung
  labs(x = "Theoretische Quantile", y = "Quantile der Residuen")
# Beide Plots nebeneinander
grid.arrange(g1, g2, nrow = 1)
```

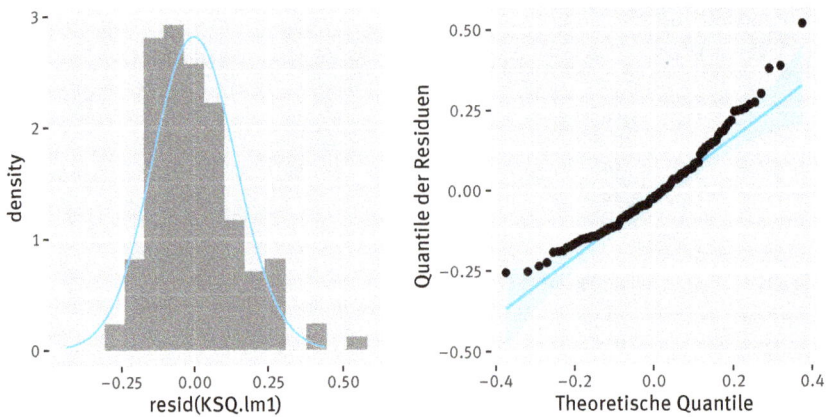

R-Grafik 2.16: Histogramm mit Normalverteilungsdichte und QQ-Plot der Residuen des Modells
KSQ.lm1

Maßnahmen bei fehlender Normalverteilung

Wichtig ist, auf die Verwendung der korrekten Verfahren zu achten. So ist z. B. der
White-Test zur Überprüfung der Heteroskedastizität zu nutzen. Möglicherweise kann
auch die Transformation einzelner Variablen, die eine ausgeprägte Asymmetrie in ihrer
Verteilung zeigen, das Problem beheben. Letztlich kann auch eine robuste Regression
eine Alternative sein. Diese Funktionalität stellt z. B. die Funktion rlm() aus dem Paket
MASS zur Verfügung.

Fehlende Normalverteilung der Residuen	
Grafik	QQ-Plot
Tests	Shapiro-Wilk-Test, Jarque-Bera-Test
Maßnahmen	i. d. R. unkritisch, wenn der zentrale Grenzwertsatz greift
	Transformation von Variablen, die deutlich asymmetrisch verteilt sind
	robuste Regression

2.7.10 Verschiedene diagnostische Grafiken

Verschiedene diagnostische Grafiken können Sie mit dem Befehl plot(model) ausgeben, hier wieder mit dem Modell KSQ.lm1. Für ggplot2 können Sie die Funktion autoplot(model) aus dem Paket ggplot2 umgesetzt in ggfortify nutzen (R-Code 2.60, Grafik 2.17).

R-Code 2.60: Ausgabe verschiedener diagnostischer Grafiken für das Modell KSQ.lm1

```
autoplot(KSQ.lm1)
```

Links werden ein Streudiagramm der Residuen (oben) bzw. der Wurzel aus den Absolutwerten der standardisierten Residuen (unten) gegen die angepassten Werte gezeigt. In beiden Grafiken wird noch die sogenannte *LOWESS*-Linie (LOcally WEighted Scatterplot Smoothing) in blau eingezeichnet, hiermit können Sie Trends und nichtlineare Zusammenhänge in den Residuen gut erkennen.[33] Darüber hinaus lässt sich eine mögliche Heteroskedastizität erkennen (z. B. möglicher trichterförmiger Verlauf im Grafen oben links).

Weiterhin wird der QQ-Plot (rechts oben) mit den standardisierten Residuen gezeigt. Dieser deutet im Beispiel auf fehlende Normalverteilung hin. Die vierte Grafik (rechts unten) zeigt die standardisierten Residuen gegen die Leverage-Werte. Diese Grafik dient dazu, einflussreiche Beobachtungen zu erkennen. Auch hier zeigen sich die auffälligen Beobachtungen, die in Abschnitt 2.7.2 identifiziert wurden. *Hinweis:* In der Standardvariante mit plot(model) werden in dieser Grafik zusätzlich noch Linien für die Cook's Distance bei 0.5 und 1.0 eingezeichnet.

Eine sehr gelungene Umsetzung diagnostischer Grafiken stellt das Paket olsrr bereit. Eine Sammlung davon wird mit ols_plot_diagnostics(model) ausgegeben.

---

33 Bei Nutzung von ggformula ergänzen Sie hinter gf_point(y ~ x) für die Glättungslinie |> gf_smooth(y ~ x). Es sind unterschiedliche Glättungsverfahren möglich, Details siehe ?gf_smooth. Das Standardverfahren ist die LOESS-Glättung (bis 1000 Beobachtungen), ein quadratisches Glättungsverfahren. LOWESS hingegen verwendet ein lineares Modell (Cleveland, 1979). Die Daten für die LOWESS-Linie können Sie mit res <- lowess(y ~ x) in ein Dataframe res abspeichern und über die Ergänzung |> gf_line(res$y ~ res$x) der Grafik hinzufügen.

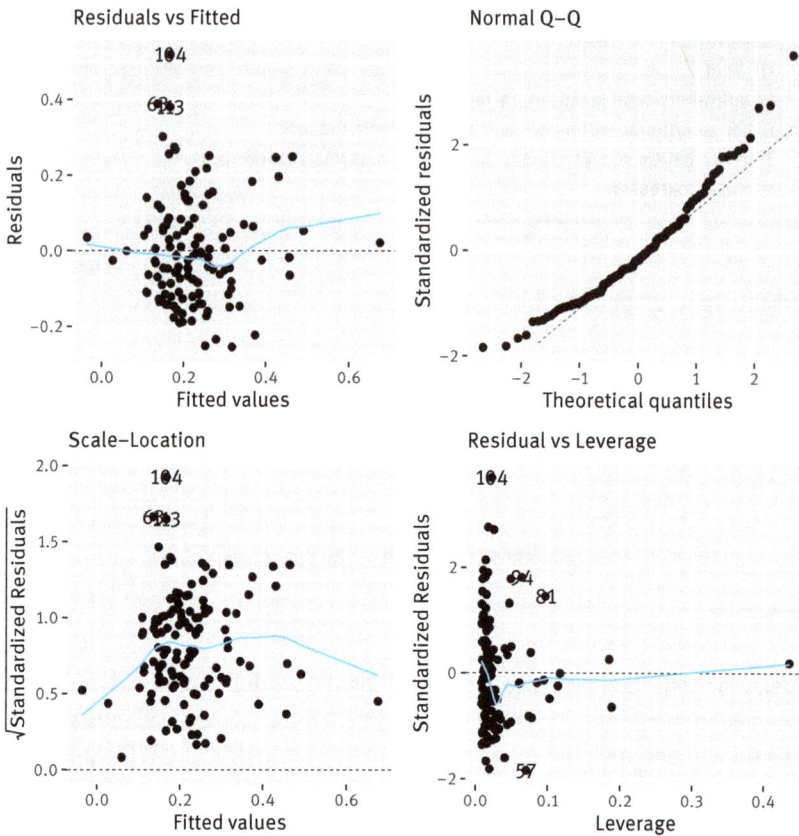

R-Grafik 2.17: Ausgabe verschiedener diagnostischer Grafiken für das Modell KSQ.1m1. Links oben: Residuen gegen angepasste Werte, links unten: Wurzel der Absolutwerte der standardisierten Residuen gegen die angepassten Werte. Rechts oben: Quantil-Quantil-Plot der Residuen, rechts unten: standardisierte Residuen gegen die Leverage-Werte. Die Nummern in den Streudiagrammen sind die Beobachtungsnummern möglicher auffälliger Werte.

Es sind aber noch viele weitere diagnostische Grafiken implementiert, einen Einstieg dazu gibt die Einführungsvignette (vignette("intro", package = "olsrr")).

2.7.11 Stationarität der Variablen

Die Stationarität der Variablen ist formal keine Anwendungsvoraussetzung. Bei Längsschnittdaten muss aber unter bestimmten Umständen auf die Stationarität der Variablen geachtet werden. Stationarität bedeutet, dass der Erwartungswert konstant über die Zeit ist, die Varianz ebenfalls konstant und begrenzt ist sowie die Kovarianz zwischen einzelnen Zeitpunkten nur vom zeitlichen Abstand und nicht vom Zeitpunkt abhängt (Details siehe Abschnitt 11.2.1 des Kapitels Analyse von Zeitreihen).

Bei einer Regression, in der nicht-stationäre Zeitreihen als Variablen vorkommen, kann es zu einer Scheinregression (*spurious regression*) zwischen diesen Variablen kommen (ein Beispiel finden Sie in Abschnitt 11.2.5). Aktienkurse von Unternehmen sind häufig nicht stationär und können einem gemeinsamen Trend unterliegen (eine fehlende Variable – *Omitted-Variable-Bias*, siehe auch Abschnitt 6.5.1 im Kapitel DAGs und kausale Modellierung), der zu einer Scheinregression führt. Dies kann unter Umständen dadurch behoben werden, dass statt der Kurse die Renditen genutzt werden. Durch die Differenzbildung wird die Zeitreihe der Kurse stationär.

Tests auf Stationarität finden Sie im Abschnitt 11.2.7 und mögliche Maßnahmen in den Abschnitten 11.2.4 und 11.2.6 des Kapitels Analyse von Zeitreihen. Einige davon decken sich mit den Variablentransformationen, die weiter oben in Abschnitt 2.7.1 beschrieben wurden.

2.8 Modellselektion und Wichtigkeit der Variablen

2.8.1 Modellselektion

Was ist der Zweck der Untersuchung: Erklärung oder Vorhersage? Die Entscheidung führt zu unterschiedlichen Auswahlkriterien. Eine gute Übersicht hierzu finden Sie in Shmueli (2010).

Folgende Ansätze sollten *nicht genutzt* werden, da sie in der Regel nicht das optimale Ergebnis bringen: Ein Modell bestimmen, in dem alle Variablen enthalten sind, und dann die Variablen entfernen, deren p-Werte oberhalb eines bestimmten Signifikanzniveaus liegen; Auswahl auf Basis paarweiser Streudiagramme, die einen Zusammenhang zur abhängigen Variablen zeigen; Auswahl auf Basis von Korrelationen mit der abhängigen Variablen.

Bei wenigen unabhängigen Variablen (Anzahl K) können alle 2^K Kombinationen modelliert werden und die Auswahl auf Basis eines geeigneten Gütekriteriums (z. B. BIC oder AIC_c) vorgenommen werden. Dies ist die Methode der sogenannten *besten Teilmenge* (*best subset*). Häufig können aber nicht alle Variablenkombinationen getestet werden, daher gibt es unterschiedliche Verfahren zur Modelloptimierung. Eine Vorauswahl der Variablen kann über die `step()` Funktion erfolgen. Diese geht in der Standardeinstellung von einem Ausgangsmodell mit vielen Variablen aus, nimmt jeweils eine Variable heraus (`direction = "backward"`) und berechnet AIC oder BIC (siehe Abschnitt 2.6.1). Es wird die Variable entfernt, bei der das reduzierte Modell das niedrigste AIC bzw. BIC hat. Dies wird so lange fortgesetzt, bis sich keine Verbesserung des Auswahlkriteriums mehr ergibt (siehe z. B. Auer und Hoffmann, 2017, S. 174 f.).

Die Vorwärts-Selektion (`direction = "forward"`) startet von einem Modell, das nur einen Intercept hat, und fügt jeweils die Variable hinzu, die das Gütekriterium am stärksten verbessert. Dies wird so lange fortgesetzt, bis sich keine Verbesserung des Gütekriteriums mehr ergibt.

Die schrittweise Selektion (`direction = "both"`) kombiniert beide Varianten. Nachdem eine Variable hinzugenommen wurde, wird jeweils überprüft, ob eine Variable weggelassen werden kann, und umgekehrt.

Hinweis: Diese Verfahren finden nicht zwangsläufig das *optimale* Modell hinsichtlich des Auswahlkriteriums, da nicht alle Kombinationen durchprobiert werden. Die Modelle sind aber *gute* Modelle (Hyndman und Athanasopoulos, 2018, S. 134) und geben Indikationen, um relevante Variablen herauszufinden.

2.8.2 Erklärung

Es empfiehlt sich eine Modellauswahl auf Basis der Minimierung des BIC, wodurch die mittlere Likelihood optimiert wird. Nach Kuha (2004) unterstellt das BIC ein wahres Modell, dem in der Auswahl mittels BIC nahegekommen werden soll. Dies ist insbesondere in der Erklärung eine geeignete Vorgehensweise. Die im Modell verbleibenden unabhängigen Variablen stehen gemeinsam im Zusammenhang mit der abhängigen Variablen. Eine Bewertung einzelner unabhängiger Variablen nach dem p-Wert ist dann nicht mehr sinnvoll. Um die Wichtigkeit oder Relevanz einer Variablen zu ermitteln, kann eine Regression mit skalierten Variablen erfolgen (siehe Abschnitt 2.4.1), der Betrag des t-Werts ausgewertet werden oder die Auswirkung des Weglassens einzelner Variablen auf das BIC untersucht werden.

Multikollinearität ist kritisch, da der Einfluss nicht mehr einzelnen Variablen zugeordnet werden kann. Fehlende Werte hingegen sind (hinreichend große Stichproben vorausgesetzt) nicht problematisch. I. d. R. können Beobachtungen, die fehlende Werte enthalten, einfach weggelassen werden.

Auch ist es wichtig, zwischen den unabhängigen Variablen von Interesse und Kontrollvariablen zu differenzieren. Letztere dienen dazu, das Modell zu verbessern, die Koeffizienten werden aber nicht interpretiert. Bei den Variablen von Interesse muss darauf geachtet werden, dass die Koeffizienten unverzerrt geschätzt werden (siehe Abschnitt 2.7.5). Die Variablenselektion kann, wie in Kapitel 6 beschrieben, unterstützt werden durch die Ansätze der kausalen Modellierung.

2.8.3 Modellselektion mit der `step()`-Funktion

Am Beispiel des Kapitalstruktur-Datensatzes wird die Modellselektion mit der `step()`-Funktion vorgenommen. Dazu werden zunächst die Variablen entfernt, die nicht im Modell verwendet werden können. Neben den Identifikationsvariablen (`Name` und `ISIN Code`) sind dies die Variable `Sektor`, die Variable `Jahr` sowie die Variablen lang- und kurzfristiges Fremdkapitel (`lfk` und `kfk`), da diese Bestandteil der Fremdkapitalquote sind. Auch ist zu empfehlen, Beobachtungen mit fehlenden Werten zu entfernen. Dies stellt in diesem Beispiel aufgrund der Größe des Datensatzes auch kein Problem dar.

Im nächsten Schritt werden das Minimal- (nur Intercept) und das Maximalmodell (alle Variablen) festgelegt und als sogenannter *scope* (Auswahlbereich für die step()-Funktion) als Listenobjekt abgespeichert.

Die Modellselektion sollte auf Basis des BIC erfolgen. Standardmäßig verwendet step() das AIC aus der Funktion extractAIC(). Um das BIC zu verwenden, muss der Parameter k auf $\ln(N)$ festgelegt werden (siehe Abschnitt 2.6.1 zu den globalen Gütekriterien). Dies erfolgt mit der Option k = log(nrow(KSQsubset)), nrow(data) ermittelt die Anzahl der Beobachtungen (= Zeilen) im Datensatz. Es werden eine Rückwärts-Selektion (direction = "backward", Standard, wenn kein Bereich (scope =) angegeben wird), eine schrittweise Selektion (direction = "both", Standard, wenn ein Bereich angegeben wird) sowie eine Vorwärts-Selektion (direction = "forward") durchgeführt. Zum Vergleich wird noch eine schrittweise Selektion auf Basis des AIC vorgenommen. Im Aufruf von step() wird jeweils noch das Startmodell angegeben, das bei der Rückwärts-Selektion das Maximalmodell und bei der Vorwärts-Selektion das Minimalmodell ist. Bei der schrittweisen Selektion kann ein beliebiges Modell gewählt werden, hier im Beispiel wird auch das Minimalmodell genommen.

R-Code 2.61: Modellselektion mittels der step()-Funktion am Beispiel des Kreditstruktur-Datensatzes

```
KSQsubset <- KSQ |>
  # nicht genutzte Variablen entfernen
  dplyr::select(-Name, -`ISIN Code`, -Sektor, -Jahr, -lfk, -kfk) |>
  # fehlende Werte entfernen
  na.omit()

# Minimal- und Maximalmodell festlegen
KSQ.lmmin <- lm(fkq ~ 1, data = KSQsubset)    # nur Intercept
KSQ.lmmax <- lm(fkq ~ ., data = KSQsubset)    # alle Variablen
# Scope als Listenobjekt anlegen
scope <- list(lower = KSQ.lmmin, upper = KSQ.lmmax)

# Rückwärts-Selektion (Standard, wenn kein Scope angegeben wird)
KSQ.lmbw <- step(KSQ.lmmax, k = log(nrow(KSQsubset)), trace = FALSE)
# schrittweise Selektion ("both", Standard, wenn Scope angegeben wird)
KSQ.lmsw <- step(KSQ.lmmin, scope = scope, k = log(nrow(KSQsubset)), trace = FALSE)
# Vorwärts-Selektion
KSQ.lmfw <- step(KSQ.lmmin, scope = scope, direction = "forward",
                 k = log(nrow(KSQsubset)), trace = FALSE)
# schrittweise Selektion auf Basis des AIC
KSQ.lmswAIC <- step(KSQ.lmmin, scope = scope, trace = FALSE)

# Ausgabe der Koeffizienten der verschiedenen Modelle
```

```
coef(KSQ.lmbw)      # Rückwärts-Selektion

## (Intercept)          uw          sach          ebit
##    0.1650004   0.1682808    0.3293650   -0.5284312

coef(KSQ.lmsw)      # schrittweise Selektion

## (Intercept)        sach            uw          ebit
##    0.1650004   0.3293650    0.1682808   -0.5284312

coef(KSQ.lmfw)      # Vorwärts-Selektion

## (Intercept)        sach            uw          ebit
##    0.1650004   0.3293650    0.1682808   -0.5284312

coef(KSQ.lmswAIC)   # schrittweise Selektion auf Basis des AIC

## (Intercept)        sach            uw          ebit
##    0.1650004   0.3293650    0.1682808   -0.5284312
```

Der Vergleich der Koeffizienten zeigt, dass in diesem Beispiel alle Herangehensweisen die gleichen unabhängigen Variablen wählen. Bei vielen möglichen unabhängigen Variablen kann es aber auch zu unterschiedlichen Ergebnissen kommen.

Das finale Modell aus der Stichprobe (hier aus der Rückwärts-Selektion) hat folgenden Aufbau:

$$\widehat{\text{fkq}} = 0.1650 + 0.1683 \cdot \text{uw} + 0.3294 \cdot \text{sach} + (-0.5284) \cdot \text{ebit}. \tag{2.62}$$

Im Mittel und c. p. zeigt die Erhöhung des Umsatzwachstums um eine Einheit eine Erhöhung der Fremdkapitalquote um 0.1683 Einheiten, beim Sachanlagevermögen eine Erhöhung um 0.3294 Einheiten und beim Ebit eine Verringerung um -0.5284 Einheiten. D. h., Investitionen und Umsatzwachstum stehen im Zusammenhang mit einer Erhöhung der Fremdkapitalquote, während die Erhöhung des Ebit im Sinne der Pecking-Order-Theorie im Zusammenhang mit einer Verringerung der Fremdkapitalquote steht.

Generell kann die Vorwärts-Selektion immer genutzt werden. Die Rückwärts-Selektion hingegen kann bei einer großen Anzahl von Variablen und dem Maximalmodell mit allen Variablen sehr zeitaufwendig sein. Auch funktioniert sie nicht, wenn die Anzahl der unabhängigen Variablen K größer als der Stichprobenumfang N ist. Der Nachteil der Vorwärts-Selektion kann aufgrund der höheren Einschränkung sein, dass ein Modell gewählt wird, das eine niedrigere Varianz, aber eine höhere Verzerrung hat (Hastie *et al.*, 2009, S. 59).

Nach Modellselektion dürfen nicht mehr die einzelnen p-Werte interpretiert werden, da die Annahmen für eine Beurteilung der p-Werte nach Selektion nicht mehr gelten. Die unabhängigen Variablen stehen alle *gemeinsam* in einem Zusammenhang mit der abhängigen Variablen, daher sollten alle Einflussgrößen interpretiert werden. Für eine Diskussion siehe z. B. Hjort und Claeskens (2003) oder Nguefack-Tsague und Zucchini (2011).

Modellselektion mit der `step()`-Funktion   ℹ

Vorwärts Start beim Minimalmodell, Hinzunahme der Variablen,
               die das Selektionsmaß (z. B. BIC) am stärksten verbessert
Rückwärts Start beim Maximalmodell, Weglassen der Variablen,
               die das Selektionsmaß am stärksten verbessert
Beidseitig Kombination der beiden Verfahren
Wichtig Nach Selektion stehen alle verbleibenden Variablen gemeinsam im
               Zusammenhang mit der abhängigen Variablen und sollten alle berichtet werden!

2.8.4 Wichtigkeit der Variablen

Für die Erklärung kann es notwendig sein, die Wichtigkeit der unabhängigen Variablen zu ermitteln. Sofern nur metrische Variablen zum Zuge kommen, kann der Einfluss der einzelnen Variablen über ein Modell verglichen werden, in dem alle Variablen skaliert werden (`scale()`). Die wichtigste Variable hat dann den höchsten Betrag im geschätzten Regressionskoeffizienten. Alternativ dazu können auch die absoluten t-Werte (oder die p-Werte) genutzt werden, da diese im skalierten und nicht-skalierten Modell identisch sind.[34] Z. B. verwendet auch die Funktion `varImp()` aus dem Paket `caret` in der linearen Regression die Beträge der t-Werte zur Bestimmung der Wichtigkeit der Variablen. Es muss aber immer beachtet werden, dass ein großer t-Wert oder ein kleiner p-Wert nicht automatisch eine wichtige Variable kennzeichnen. Es wird nur eine relative Wichtigkeit, also eine Rangfolge, innerhalb des Modells bestimmt.

Einen anderen Ansatz in einer anderen Modellklasse verfolgen sogenannte *Random-Forest*-Modelle (siehe Abschnitt 9.4.7 im Kapitel Klassifikation und Regression mit Bäumen und Random Forest). Baumverfahren können als Alternative zur linearen oder logistischen Regression eingesetzt werden. Ein einzelner Baum funktioniert dabei ähnlich wie ein Entscheidungsbaum, viele Bäume werden über ein Bootstrap- oder ähnliche Verfahren zusammengefasst.

Ein Random Forest weist dann keine einzelnen Koeffizienten auf, die interpretiert werden können (ist somit eher für die Prognose geeignet), aber erlaubt die Bestimmung der Wichtigkeit der einzelnen unabhängigen Variablen. Die Kombination beider Verfahren ermöglicht damit, die Quantifizierung der Assoziation zwischen unabhängiger und abhängiger Variablen sowie deren Bedeutung zu bestimmen. Somit können die Random-Forest-Verfahren eine wichtige Ergänzung zur linearen Regression sein.

---

34 Kleinere Abweichungen können sich bei fehlenden Werten in einzelnen Variablen ergeben. Wenn aus allen Beobachtungen die fehlenden Werte entfernt werden, sind die t-Werte identisch.

2.8.5 Vorhersage

Je komplexer und flexibler ein Modell ist, desto besser passt es sich an die *vorhandenen*, im Sinne der Vorhersage sogenannten Trainingsdaten an. Für *neue*, sogenannte Testdaten wird es aber nicht immer besser (siehe z. B. James *et al.*, 2021, S. 29 ff.). Eine Modellauswahl in der Prognose sollte auf Basis des AIC (Hyndman und Athanasopoulos, 2018, S. 131 f.; Kuha, 2004) oder bei kleinen Stichproben auf Basis des AIC$_c$ (Hyndman und Athanasopoulos, 2018, S. 132) erfolgen. Eine gute Alternative stellt die Kreuzvalidierung dar. Die Minimierung des AIC entspricht asymptotisch der Minimierung des mittleren quadratischen Fehlers, der bei der Kreuzvalidierung als Gütekriterium genommen wird.

In Vorhersagemodellen stellt Multikollinearität i. d. R. kein Problem dar, da eine Zuordnung der Wirkung auf die einzelnen Variablen nicht notwendig ist. Fehlende Werte hingegen können ein Problem darstellen. Für eine Vorhersage sollten immer möglichst viele Daten verwendet werden, so dass möglicherweise verschiedene Modelle mit einer unterschiedlichen Anzahl von Prädiktoren untersucht werden müssen, je nachdem für welche Variablen Beobachtungen fehlen.

Kreuzvalidierung

Die Kreuzvalidierung nutzt vorhandene Daten, um die Prognose für neue Daten (x_0, y_0) zu simulieren. Im einfachen Fall einer Leave-One-Out-Kreuzvalidierung werden alle Beobachtungen bis auf jeweils eine Beobachtung i mit $i = 1, 2, \ldots N$ zum Schätzen oder Lernen des Modells verwendet. Das Testen des Modells erfolgt dann anhand der Prognosegüte für die ausgelassene Beobachtung i mit $i = 1, 2, \ldots N$ (siehe z. B. Hyndman und Athanasopoulos, 2018, S. 131).

Die Bewertung der Prognosegüte erfolgt über den mittleren quadratischen Fehler (*MSE, Mean Squared Error*):

$$MSE = \frac{1}{N} \sum_{i=1}^{N} \left(y_i - \hat{f}(x_i) \right)^2 . \tag{2.63}$$

Im Fall der linearen Regression ist $\hat{f}(x) : \hat{y} = \hat{\beta}_0 + \sum_{k=1}^{K} \hat{\beta}_k \cdot x_k$ die geschätzte Modellgleichung.

Kreuzvalidierung – Beispiel

In R kann eine Kreuzvalidierung über *Schleifen* durchgeführt werden.[35] Im folgenden Code wird eine for-Schleife verwendet. Eine *Laufvariable*, hier i, nimmt darin die Werte in einem bestimmten Bereich an. Der Bereich kann z. B. in 1:10 sein, dann

---

[35] Alternativ können Sie z. B. die Funktion createMultiFolds() aus dem Paket caret nutzen, um die Trainings- und Teststichproben für die Kreuzvalidierung zu erzeugen.

werden alle Werte 1, 2, 3, …, 10 genommen. Oder es werden mit in c(...) explizit bestimmte Werte ausgewählt. Der in geschweiften Klammern {...} gesetzte Code wird entsprechend oft ausgeführt. Als Beispiel für die Kreuzvalidierung wird in R-Code 2.62 das Modell KSQ.lm2 des Kapitalstrukturdatensatzes genutzt (fkq ~ uw + sach + ebit + Index).

R-Code 2.62: Kreuzvalidierung für die Prognose am Beispiel des Modells KSQ.lm2

```
# relevante Variablen auswählen und fehlende Werte löschen
KSQ2 <- KSQ |> select(c(fkq, uw, sach, ebit, Index)) |> na.omit()
n <- nrow(KSQ2)      # Anzahl Beobachtungen
y <- KSQ2$fkq        # beobachtete Werte
yprog <- numeric(n)  # Vektor, in dem die Prognosen geschrieben werden

# Modellanpassung
# Modell mit allen Beobachtungen
mod <- lm(fkq ~ uw + sach + ebit + Index, data = KSQ2)
# "Vorhersagen" für Trainingsdaten
yfit <- fitted(mod)

# Leave-One-Out Kreuzvalidierung
# i nehme nacheinander die Werte von 1 bis n an
for (i in 1:n){
  # Modell schätzen ohne i-te Beobachtung
  modloop <- lm(fkq ~ uw + sach + ebit + Index, data = KSQ2[-i,])
  # Vorhersage von y_i anhand des Modells
  yprog[i] <- predict(modloop, newdata = KSQ2[i,])
}

# Vergleich:
# (...) der berechnete Wert wird direkt ausgegeben
(MSEfit <- mean((y - yfit)^2))

## [1] 0.0197229

(MSEprog <- mean((y - yprog)^2))

## [1] 0.02191612
```

Der Mean Squared Error ist bei der Leave-One-Out-Kreuzvalidierung um ca. 11 % schlechter als bei der Modellanpassung. Beim Vergleich von Prognosemodellen wird dann das Modell mit dem geringsten *MSE* genommen.

2.9 Literatur

2.9.1 Weiterführende Literatur

Exemplarisch sei auf folgende weiterführende Literatur verwiesen:
- Auer (2016), *Ökonometrie – Eine Einführung*;
- Auer und Hoffmann (2017), *Ökonometrie – Das R-Arbeitsbuch* – ergänzendes Buch, in der die Umsetzung in R beschrieben wird;
- Brooks (2019), *Introductory econometrics for finance*, insbesondere Kapitel 3 bis 5 und 7;
- Fox (2016), *Applied regression analysis and generalized linear models*, insbesondere Kapitel 1 bis 7 und 11 bis 13;
- Gelman und Hill (2007), *Data analysis using regression and multilevel/hierarchical models*, insbesondere Kapitel 3, 4, 11 bis 13;
- Gelman, Hill und Vehtari (2020), *Regression and other stories*, insbesondere Kapitel 6 bis 12;
- Kutner, Nachtsheim, Neter und Li (2005), *Applied linear statistical models*, insbesondere Kapitel 1 bis 12;
- Roberts und Whited (2013), *Endogeneity in empirical corporate finance* – umfassende Übersicht zu Endogenität;
- Stock und Watson (2019), *Introduction to econometrics*, insbesondere Kapitel 4 bis 9, das Kapitel 7.5 gibt eine gute Übersicht zur Variablenselektion;
- Wooldridge (2019), *Introductory econometrics – A modern approach*, insbesondere Kapitel 1 bis 12.

2.9.2 Anwendungsbeispiele

- Auer (2021), *Effektives Assetmanagement mit einfachen Regressionstechniken*;
- Baek und Elbeck (2015), *Bitcoins as an investment or speculative vehicle? A first look*;
- Chordia, Roll und Subrahmanyam (2008), *Liquidity and market efficiency* – Intraday Regression;
- Dong, Hirshleifer und Richardson (2006), *Does investor misvaluation drive the takeover market?* – lineare und logistische Regression;
- Dong, Loncarski, Horst und Veld (2012), *What drives security issuance decisions: market timing, pecking order, or both?* – Ereignisstudie in Verbindung mit linearer Regression;
- Fama und French (2016), *Dissecting anomalies with a five-factor model*;
- Jiang und Peng (2011), *Principal-principal conflicts during crisis*;
- Kepper und Gehrke (2022), *Ereignisstudie und lineare Regression: Short Selling am deutschen Aktienmarkt – Eine empirische Analyse über den Zusammenhang der*

Veröffentlichung von Leerverkaufspositionen und Aktienrenditen – Ereignisstudie mit anschließender Regression der abnormalen Rendite;
- McCarthy, Oliver und Song (2017), *Corporate social responsibility and CEO confidence*;
- Rojahn und Schyra (2010), *Underpricing deutscher Corporate Bond Emissionen* – lineare Regression, Regressionsdiagnostik, Korrektur der Standardfehler;
- Rojahn und Zechser (2017), *The effect of corporate diversification on credit risk: new evidence from European credit default swap spreads* – Querschnittsregression, Panelregression, Interaktion, Vorwärts-Selektion.

3 Panelregression

3.1 Grundlagen der Panelregression

Auch die Panelregression gehört zu den Verfahren der linearen Regression, die Struktur der verwendeten Daten ist allerdings anders. In der regulären linearen Regression erfolgt die Datenerhebung i. d. R. einmalig, d. h. z. B. an einem einzigen Zeitpunkt, an jedem Subjekt (*Querschnittsdaten*). Ein Beispiel: Die Messung des Stimmrechtsanteils des größten Aktionärs und der Kapitalmarktbewertung zu einem Zeitpunkt von mehreren Unternehmen – die lineare Regression überprüft dann den Zusammenhang zwischen dem Stimmrechtsanteil und der Kapitalmarktbewertung. Oder die Datenerhebung erfolgt für ein Subjekt zu mehreren Zeitpunkten (*Längsschnittdaten*): z. B. die Einflussgrößen auf die Rendite des DAX über mehrere Jahre.

In der *Panelregression* erfolgt eine mehrmalige Datenerhebung an den gleichen Subjekten zu verschiedenen Zeitpunkten. Solche Daten heißen Paneldaten oder longitudinale Daten bzw. Kohorten. *Hinweis:* Der Begriff longitudinale Daten ist nicht zu verwechseln mit *Längsschnittdaten*. Hierbei handelt es sich um Zeitreihen, es werden (verschiedene) Daten eines Subjekts zu mehreren Zeitpunkten erfasst.

Auch Paneldaten können mit der regulären linearen Regression untersucht werden, allerdings kann so z. B. die individuelle Heterogenität nicht berücksichtigt werden. Die spezielle Struktur der Daten hat Auswirkungen auf die Korrelationsstruktur.

Paneldaten bieten eine Reihe von Vorteilen (siehe z. B. Baltagi, 2021, S. 6 ff.; Gujarati und Porter, 2009, S. 592 f.; Hsiao, 2014, S. 4 ff.; Stock und Watson, 2019, S. 361):
- Variationen über die Zeit können erfasst und analysiert werden.
- Die Heterogenität der Untersuchungssubjekte wird ebenfalls berücksichtigt.
- Die Kombination von Zeitreihen mit Querschnittsdaten beinhaltet mehr Informationen als reine Querschnittsdaten.
- Paneldaten haben mehr Variation, mehr Freiheitsgrade und ermöglichen damit i. d. R. eine höhere Effizienz der Schätzung.
- Paneldaten ermöglichen Analysen zur Dynamik von Veränderungsprozessen.
- Das Bias durch fehlende, zeitlich konstante Variablen kann kontrolliert werden. Dadurch ist die Panelregression im Vergleich zur einfachen linearen Regression unempfindlicher gegenüber Fehlspezifikationen (fehlende Variablen).

Als Beispiel wird ein Datensatz genutzt, der länderspezifische Credit-Spreads von Covered Bonds und Determinanten dazu beinhaltet. Die Daten liegen quartalsweise vom 30.03.2012 bis 31.12.2015 vor, eine Mittelung erfolgte länderweise über die Mitglieder des Bloomberg-Covered-Bond-Index. Eine Übersicht über die enthaltenen Variablen zeigt Tabelle 3.1.

https://doi.org/10.1515/9783110767261-003

Tab. 3.1: Variablen des Datensatzes `CreditSpreads`

Variable	Bedeutung
`land`	Land (Deutschland, Frankreich, Spanien)
`datum`	Tagesdatum
`zspread`	Z-Spread der Covered Bonds in Basispunkten
`tickets`	Anzahl der täglichen Handelstickets als Proxy für die Handelsaktivität
`restlz`	Restlaufzeit in Tagen
`nomzins`	Nominalzins in %

In der Panelregression werden die nachfolgend definierten Begriffe verwendet:

– *Subjekt*: Untersuchungseinheiten, an denen Messungen (zu verschiedenen Zeitpunkten) vorgenommen werden. Die Subjekte werden in einer eigenen Variablen
  erfasst. Im Beispieldatensatz ist dies die Variable `land`.
– *Zeit*: Zeitpunkte, zu denen die einzelnen Messungen an den Subjekten durchgeführt werden. Die Zeitpunkte werden ebenfalls in einer eigenen Variablen erfasst.
  Im Beispiel ist dies die Variable `datum`.
– *Balanciertes Panel*: Für jedes Subjekt ist die gleiche Anzahl an Beobachtungen
  vorhanden, d. h., für jedes Subjekt liegen zu jedem Zeitpunkt Daten vor.
– *Unbalanciertes Panel*: Die Subjekte weisen ungleiche Anzahlen an Beobachtungen
  auf, d. h., für jedes Subjekt liegen nicht zu jedem Zeitpunkt Daten vor.
– *Short-Panel*: Die Zahl der Subjekte ist größer als die Zahl der Messzeitpunkte.
– *Long-Panel*: Die Zahl der Messzeitpunkte ist größer als die Zahl der Subjekte.

Als weitere Beispiele von Paneldaten seien hier *Aktienrenditen* – Messung von Aktienrenditen einer Gruppe von Aktien (verschiedene Subjekte) an jedem Monatsende (verschiedene Zeitpunkte) – oder *Währungen* genannt – tägliche Erfassung (verschiedene
Zeitpunkte) von Wechselkursen der wichtigsten Währungen untereinander (verschiedene Subjekte). Außerhalb des Finance-Bereiches ist eine bekannte Panelbefragung das
sozio-ökonomische Panel (*SOEP*), eine seit 1984 jährlich durchgeführte Wiederholungs-
befragung von über 12.000 Privathaushalten in Deutschland zur Analyse politischer
und gesellschaftlicher Veränderungen.

3.2 Verwendete R-Pakete

In diesem Kapitel werden die in R-Code 3.1 aufgeführten Pakete verwendet, die mit
`library(package)` geladen bzw. aktiviert werden müssen. Falls die unten aufgeführten Pakete noch nicht installiert wurden, müssen sie einmalig mit `install.package`
(`"package"`) installiert werden.

R-Code 3.1: Laden der im Kapitel benötigten Pakete

```
library(dplyr)       # Datenhandling
library(tidyr)       # "tidy" Datenformat
library(ggplot2)     # Grammar of Graphics
library(ggformula)   # Pipelining und Formelinterface für ggplot2
library(ggfortify)   # automatische Übertragung verschiedener Formate in ggplot2
library(gridExtra)   # Anordnung mehrerer ggplot2-Objekte
library(lmtest)      # Tests für (generalisierte) lineare Modelle
library(sandwich)    # robuste Varianz-Kovarianz-Schätzer
library(plm)         # Panelregression, auch als IV-Regression
library(moments)     # Berechnung höherer Momente
library(rms)         # Unterstützung bei der linearen Modellierung


# Weitere Pakete, die benötigt, aber nicht dauerhaft geladen werden:
# texreg              # tabellarischer Modellvergleich
```

3.3 Vorbereitung der Panelregression

Die Panelregression kann mit dem Paket plm durchgeführt werden.[1] Der Beispieldatensatz liegt als csv-Datei vor und wird mit read.csv() geladen (siehe R-Code 3.2). Die Datumsvariable wird von einer Zeichenkette in das Format Date umgewandelt. Dies ist insbesondere hilfreich für die Ausgabe von Grafiken, die die Variable datum beinhalten. Im Modell versuchen wir, den Credit Spread (zspread) durch die Handelsaktivität (tickets), die Restlaufzeit (restlz) und den Nominalzins (nomzins) zu erklären.

R-Code 3.2: Laden des Datensatzes CreditSpreads.csv

```
# Daten laden
CSdf <- read.csv("data/CreditSpreads.csv")
# Datumsvariable in entsprechendes Format ändern
CSdf <- CSdf |> mutate(
  datum = as.Date(datum)
)
# Erste drei Beobachtungen zeigen
head(CSdf, 3)

##         land     datum zspread tickets   restlz  nomzins
## 1 Frankreich 2012-03-30 36.44402 3453.481 2871.185 4.013889
```

---

[1] Einen anderen Ansatz, mit Paneldaten umzugehen, bieten gemischte lineare Modelle (*linear mixed models*). Hierzu kann das Paket lme4 eingesetzt werden. Details zu gemischten linearen Modellen finden Sie z. B. in West *et al.* (2014).

```
## 2 Frankreich 2012-06-29 49.68469 3521.088 2730.941 3.801471
## 3 Frankreich 2012-09-28 79.59716 3521.088 2639.941 3.801471
```

Sie können den Datensatz, wie in R-Code 3.3 gezeigt, mit der Funktion `pdata.frame()` in einen Paneldatensatz umwandeln. Dabei werden die Beobachtungen mit Subjekt- und Zeitbezeichnung versehen.

R-Code 3.3: Umformen des Datensatzes für die Verwendung in einer Panelregression

```
CS <- pdata.frame(CSdf, index = c("land", "datum"))
head(CS, 3)

##                          land       datum   zspread   tickets    restlz
## Deutschland-2012-03-30 Deutschland 2012-03-30 58.91300 4124.529 2263.765
## Deutschland-2012-06-29 Deutschland 2012-06-29 87.17784 4184.238 2121.524
## Deutschland-2012-09-28 Deutschland 2012-09-28 78.46413 4093.000 2138.419
##                          nomzins
## Deutschland-2012-03-30 3.426471
## Deutschland-2012-06-29 3.353452
## Deutschland-2012-09-28 2.939032
```

Wie Sie sehen, sind Bezeichnungen für die Beobachtungen hinzugekommen, die Subjekt und Zeit beinhalten. `land` steht somit für die Subjektvariable (Querschnitt), `datum` für die Zeitvariable (Längsschnitt).

Alternativ dazu können Sie auch bei jedem Aufruf von `plm()` und anderen Funktionen, die auf die Panelstruktur zurückgreifen, die Option `index = c("Subjektvariable", "Zeitvariable")` ergänzen, hier im Beispiel also `index = c("land", "datum")`.

`pvar()` und `pdim()` liefern weitere Informationen zu dem Paneldatensatz, wie R-Code 3.4 zeigt.

R-Code 3.4: Aufbau des Panels, Zeit- und Subjektvariation

```
pdim(CS)

## Balanced Panel: n = 3, T = 16, N = 48

pvar(CS)

## no time variation:       land
## no individual variation: datum
```

Der Datensatz besteht aus 3 Subjekten, 16 Zeitpunkten und ist ein balanciertes Panel. In der Subjektvariablen gibt es (erwartungsgemäß) keine Variation über die Zeit, in der Zeitvariablen keine Variation über die Subjekte. Wie weiter unten gezeigt, könnte eine fehlende Variation der abhängigen oder der erklärenden Variablen zu Einschränkungen in der Modellierung führen.

3.4 Ergänzungen für die explorative Datenanalyse

Eine Variante stellen die in R-Code 3.5 dargestellten vergleichenden Liniendiagramme dar (Ausgabe R-Grafik 3.1). *Hinweis:* Diese müssen mit den nicht umgeformten Daten (CSdf) erstellt werden, da die Funktion pdata.frame() die Datumsvariable in einen Faktor umwandelt. Alternativ kann auch die Datumsvariable date im Aufruf von gf_point() mit as.Date(datum) wieder zu Typ Date gewandelt werden.

R-Code 3.5: Vergleichende Liniendiagramme

```
gf_point(zspread ~ datum | land, data = CSdf) |> gf_line()
```

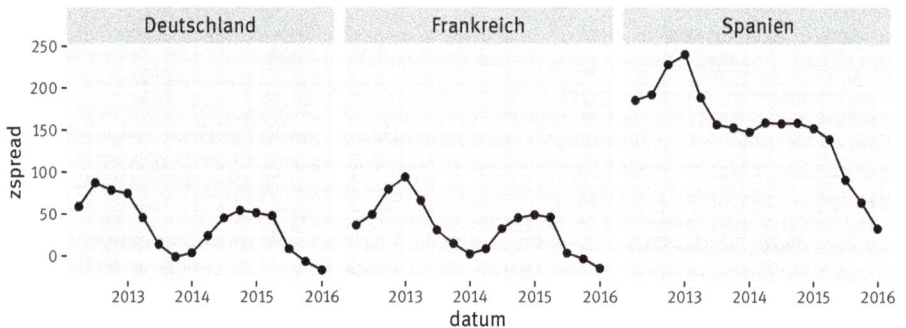

R-Grafik 3.1: Vergleichende Liniendiagramme

Daneben eignen sich insbesondere sogenannte Mittelwertplots für die grafische Analyse von Paneldaten. Abbildung 3.1 zeigt die Heterogenität in den Daten, einmal über die Zeit (links) und einmal über die Subjekte (Länder, rechts). Zusätzlich werden in blau 95%-Konfidenzintervalle als Fehlerbalken angezeigt. Zur Ausgabe eines solchen Plots kann die Funktion plotmeans(y ~ x, data = Daten) aus dem Paket gplots genutzt werden.

Heterogenität in der Zeit

Heterogenität zwischen den Ländern

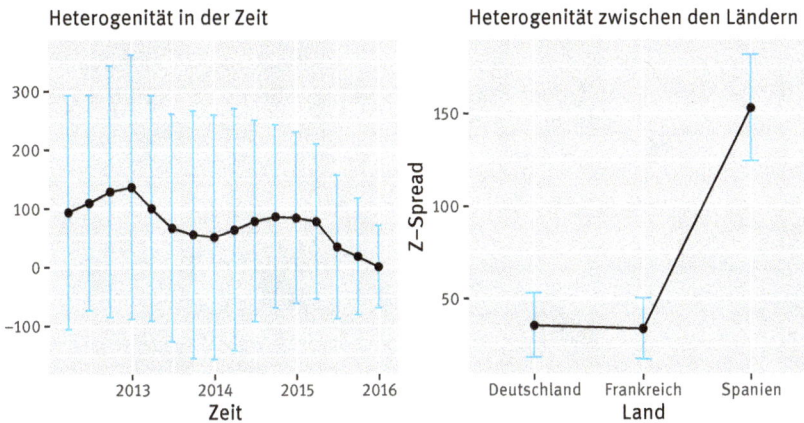

Abb. 3.1: Mittelwertplots: links Z-Spread über die Zeit, rechts Z-Spread je Land. Der Fehlerbalken zeigt das 95%-Konfidenzintervall.

3.5 Gepooltes Modell

Im einfachsten Fall kann für alle Beobachtungen direkt eine Regressionsgleichung aufgestellt werden (siehe z. B. Gujarati und Porter, 2009, S. 594):

$$Y_{it} = \beta_0 + \sum_{k=1}^{K} \beta_k X_{kit} + v_{it} \tag{3.1}$$

mit Y_{it} Stichprobenvariable für die Zielgröße Y des Subjektes i zum Zeitpunkt t;

X_{kit} Stichprobenvariable für die unabhängige Variable X_k des Subjektes i zum Zeitpunkt t;

β_0 Konstante;

β_k Regressionskoeffizient für die unabhängige Variable k $(k = 1, \ldots, K)$;

k Index der unabhängigen Variablen X_k $(k = 1, \ldots, K)$;

K Anzahl der unabhängigen Variablen;

i Index für die Subjekte $(i = 1, \ldots, I)$;

I Anzahl der Subjekte;

t Index für die Zeitpunkte $(t = 1, \ldots, T)$;

T Anzahl der Zeitpunkte;

v_{it} Störterm für das Subjekt i zum Zeitpunkt t.

3.5.1 Durchführung der gepoolten Regression

Die Panelregression wird mit dem Befehl `plm()` aufgerufen, die Option `model = "pooling"` muss gesetzt sein (R-Code 3.6).

R-Code 3.6: Durchführung einer gepoolten Regression

```
CS.pool <- plm(zspread ~ tickets + restlz + nomzins, data = CS, model = "pooling")
summary(CS.pool)

## Pooling Model
##
## Call:
## plm(formula = zspread ~ tickets + restlz + nomzins, data = CS,
##     model = "pooling")
##
## Balanced Panel: n = 3, T = 16, N = 48
##
## Residuals:
##      Min.   1st Qu.    Median   3rd Qu.      Max.
## -51.53561 -13.05964   0.30257  14.12654  43.76316
##
## Coefficients:
##               Estimate Std. Error t-value  Pr(>|t|)
## (Intercept) 285.975961  61.467809  4.6525 3.011e-05 ***
## tickets      -0.048476   0.011283 -4.2964 9.441e-05 ***
## restlz       -0.089592   0.010204 -8.7798 3.152e-11 ***
## nomzins      47.199796   6.797619  6.9436 1.383e-08 ***
## ---
## Signif. codes:  0 '***' 0.001 '**' 0.01 '*' 0.05 '.' 0.1 ' ' 1
##
## Total Sum of Squares:     223040
## Residual Sum of Squares: 22264
## R-Squared:      0.90018
## Adj. R-Squared: 0.89337
## F-statistic: 132.263 on 3 and 44 DF, p-value: < 2.22e-16
```

Wenn Sie das Ergebnis mit einer *normalen* linearen Regression vergleichen (R-Code 3.7), werden Sie feststellen, dass die Ergebnisse einschließlich der Standardfehler und des F-Tests identisch sind. Daher entspricht das gepoolte Modell (*pooled model*) dem Modell einer normalen Regression ohne die Berücksichtigung subjekt- oder zeitpunktspezifischer Effekte (hier nur Ausgabe der Koeffizienten und der F-Statistik).

R-Code 3.7: Vergleich zur *normalen* linearen Regression

```
summary(lm(zspread ~ tickets + restlz + nomzins, data = CS))
## ...
## Coefficients:
##              Estimate Std. Error t value Pr(>|t|)
## (Intercept) 285.97596   61.46781   4.652 3.01e-05 ***
## tickets      -0.04848    0.01128  -4.296 9.44e-05 ***
## restlz       -0.08959    0.01020  -8.780 3.15e-11 ***
## nomzins      47.19980    6.79762   6.944 1.38e-08 ***
## ...
## F-statistic: 132.3 on 3 and 44 DF,  p-value: < 2.2e-16
```

3.5.2 Interpretation des gepoolten Modells

Bei der gepoolten Regression wird davon ausgegangen, dass es keine subjektspezifischen Unterschiede gibt. Für alle Subjekte gelten die gleichen Regressionskoeffizienten. Subjektspezifische Einflüsse werden ausschließlich in der Residualgröße u_{it} (Schätzer für den Störterm v_{it}) erfasst.

Folgende Probleme können so auftreten:
– Der Fehlerterm korreliert mit einem oder mehreren Prädiktoren.
– Die zugehörigen Regressionskoeffizienten sind verzerrt und werden inkonsistent geschätzt.

Was bedeutet die Annahme, dass es *keine* subjektspezifischen Einflüsse auf die Zielgröße gibt? Beispiel Subjekt = verschiedene Länder: Alle betrachteten Länder weisen exakt dieselben Rahmenbedingungen etc. auf. Abbildung 3.2 zeigt beispielhaft eine fiktive Darstellung der Credit Spreads zweier Länder in Abhängigkeit zum Nominalzins. Die Regressionsgerade in blau ist *nicht* zur Erklärung oder Prognose geeignet. Die Annahme, dass es keine subjektspezifischen Einflüsse gibt, ist i. d. R. unrealistisch.

Auch im Beispieldatensatz CS zeigt sich, dass die einzelnen Länder unterschiedliche Geraden in einer Regression aufweisen würden (R-Code 3.8 und Grafik 3.2).

R-Code 3.8: Streudiagramm Zinsspread gegen Nominalzins mit Hervorhebung der einzelnen Länder

```
gf_point(zspread ~ nomzins, color = ~land, data = CS)
```

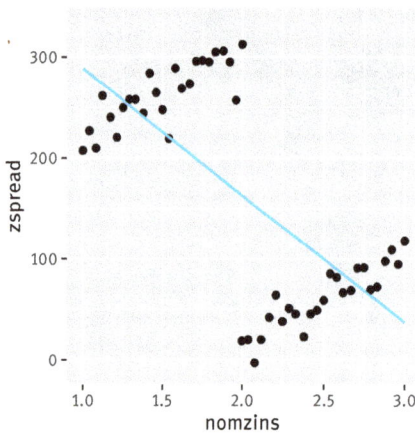

Abb. 3.2: Gepooltes Modell. Aufgrund der subjektspezifischen Einflüsse ist die Regressionsgerade nicht sinnvoll zu interpretieren.

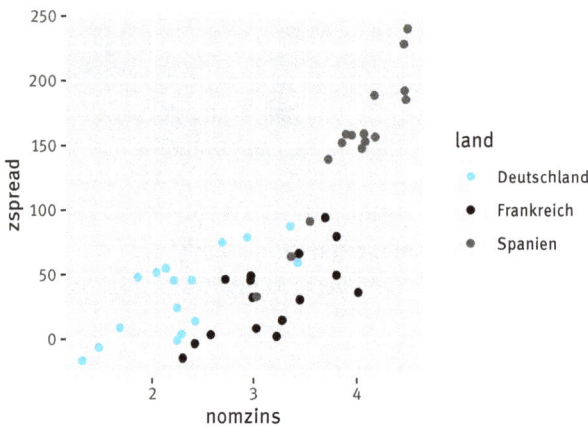

R-Grafik 3.2: Streudiagramm Zinsspread gegen Nominalzins mit Hervorhebung der einzelnen Länder

3.6 Fixed-Effects-Modell

Eine Lösung bietet das *Fixed-Effects-Modell*[2] (siehe z. B. Baltagi, 2021, S. 16 ff.; Gujarati und Porter, 2009, S. 599 ff.). In dem *Within-Group*-Ansatz wird nicht mit den Originalwerten für Einfluss- und Zielgröße gerechnet, sondern mit deren Abweichungen zum Mittelwert innerhalb der Gruppen, hier der Subjekte (sog. *mean-corrected* oder *demeaned values*).

---

2 Da *Fixed Effects* und *Random Effects* in der Panelregression regelmäßig genutzte Begriffe sind, wird die englischsprachige Schreibweise beibehalten.

Daraus ergibt sich folgender Modellansatz:

$$Y'_{it} = \sum_{k=1}^{K} \beta_k X'_{kit} + v_{it} \tag{3.2}$$

mit $Y'_{it} = Y_{it} - \overline{Y}_i$,
$X'_{kit} = X_{kit} - \overline{X}_{ki}$ mit $k = 1, \ldots, K$.
Darin sind $\overline{Y}_i$ und $\overline{X}_{ki}$ jeweils die arithmetischen
Mittelwerte innerhalb der einzelnen Gruppen i.

Was bedeutet Demeaning?

Durch die Korrektur auf Basis des Abzugs der Gruppenmittelwerte werden die subjektspezifischen Einflüsse herausgerechnet und die Daten vergleichbar gemacht. Eine Konsequenz daraus ist, dass sämtliche Beobachtungen um den Ursprung schwanken. So kann im Modell auf die Konstante verzichtet werden und die Schätzung der Regressionskoeffizienten erfolgt über eine normale multiple Regression ohne Konstante. Abbildung 3.3 zeigt am Beispiel der Abbildung 3.2 die Auswirkung von *Demeaning*.

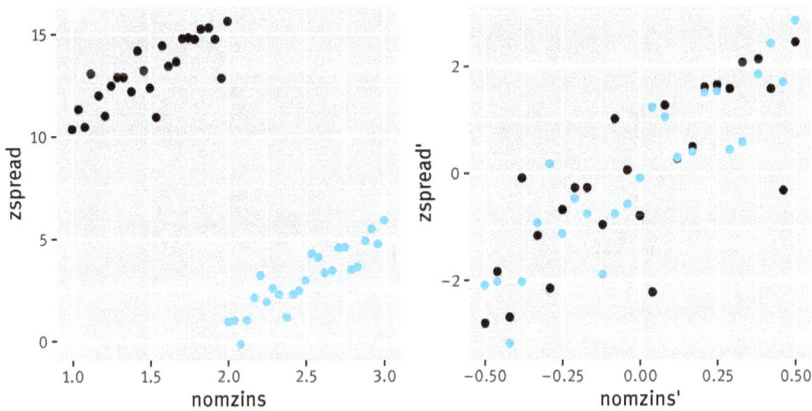

Abb. 3.3: Links: Streudiagramm vor Demeaning, rechts: nach Demeaning

Das Modell setzt folgende Annahmen voraus:
- keine Autokorrelation zwischen verschiedenen Subjekten und Zeitpunkten: $cor(v_{it}, v_{is}) = 0$, $cor(v_{it}, v_{jt}) = 0$, $cor(v_{it}, v_{js}) = 0$ für alle $i \neq j$ und $t \neq s$;
- keine Korrelation zwischen dem allgemeinen Fehlerterm und den erklärenden Variablen: $cor(v_{it}, x_{kit}) = 0$ für alle i, t, k.

3.6.1 Anwendung des Fixed-Effects-Modells

Innerhalb des Aufrufs `plm` wählt die Option `model = "within"` die Fixed-Effects-Methode (R-Code 3.9). Als Effekt kann `effect = "individual"` für subjektspezifische oder `effect = "time"` für zeitpunktspezifische Einflüsse angegeben werden. Auch kann beides über die Auswahl `"twoways"` berücksichtigt werden. Weiterhin kann auch ein verschachteltes (*nested*) Modell mit der Option `"nested"` erzeugt werden. Details zu solchen Modellen finden Sie in Baltagi (2021, S. 246 ff.).

R-Code 3.9: Fixed-Effects-Modell am Datensatz CS

```
CS.fem <- plm(zspread ~ tickets + restlz + nomzins, data = CS,
             model = "within", effect = "individual")
summary(CS.fem)

## Oneway (individual) effect Within Model
##
## Call:
## plm(formula = zspread ~ tickets + restlz + nomzins, data = CS,
##     effect = "individual", model = "within")
##
## Balanced Panel: n = 3, T = 16, N = 48
##
## Residuals:
##     Min.  1st Qu.   Median  3rd Qu.     Max.
## -46.9731 -14.4239   1.0635  13.8949  30.3822
##
## Coefficients:
##          Estimate Std. Error t-value  Pr(>|t|)
## tickets -0.045216   0.010586 -4.2713 0.0001088 ***
## restlz  -0.109970   0.023569 -4.6659 3.125e-05 ***
## nomzins 68.867691  10.416356  6.6115 5.240e-08 ***
## ---
## Signif. codes:  0 '***' 0.001 '**' 0.01 '*' 0.05 '.' 0.1 ' ' 1
##
## Total Sum of Squares:    73699
## Residual Sum of Squares: 17822
## R-Squared:      0.75817
## Adj. R-Squared: 0.72939
## F-statistic: 43.8931 on 3 and 42 DF, p-value: 5.2207e-13
```

In der Modellzusammenfassung werden *SST* (`Total Sum of Squares`) und *SSE* (`Residual Sum of Squares`) ausgegeben. Dabei ist zu beachten, dass die Berechnungen der beiden Quadratsummen auf den mittelwertbereinigten (*demeaned*) y-Werten beruhen. Diese können mit `pmodel.response(CS.fem)` abgerufen werden. Entsprechend ergibt sich das R^2 zu $1 - SSE/SST$. Die mittelwertbereinigten x-Werte können ebenfalls aus dem Modell ausgelesen werden. Dazu wird die Funktion `model.matrix(CS.fem)` verwendet.

Die Koeffizienten für die unabhängigen Variablen sind für alle Subjekte (bzw. Zeitpunkte) identisch, allerdings ist der y-Achsenabschnitt oder Intercept (der *fixe* Effekt) unterschiedlich. Mit `summary(fixef(model))` bzw. `fixef(model) |> summary()` können diese subjekt- bzw. zeitpunktspezifischen Effekte ausgegeben werden (R-Code 3.10).

R-Code 3.10: Ausgabe der fixen Effekte

```
fixef(CS.fem) |> summary()

##               Estimate Std. Error t-value  Pr(>|t|)
## Deutschland   269.891      66.454  4.0613 0.0002085 ***
## Frankreich    247.845      71.773  3.4532 0.0012775 **
## Spanien       221.610      63.844  3.4711 0.0012131 **
## ---
## Signif. codes:  0 '***' 0.001 '**' 0.01 '*' 0.05 '.' 0.1 ' ' 1
```

Im Prinzip entspricht das Fixed-Effects-Modell einer herkömmlichen linearen Regression mit einer zusätzlichen Dummy-Variablen für das Land (R-Code 3.11, nur Ausgabe der Koeffizienten). Ein solches Modell wird als *LSDV-* (Least-Squares-Dummy-Variables)-Modell bezeichnet.

R-Code 3.11: Vergleich des Fixed-Effects-Modells mit einer linearen Regression

```
lm(zspread ~ tickets + restlz + nomzins + land, data = CS) |> summary()
## ...
## Coefficients:
##                  Estimate Std. Error t value Pr(>|t|)
## (Intercept)     269.89054   66.45355   4.061 0.000208 ***
## tickets          -0.04522    0.01059  -4.271 0.000109 ***
## restlz           -0.10997    0.02357  -4.666 3.13e-05 ***
## nomzins          68.86769   10.41636   6.611 5.24e-08 ***
## landFrankreich  -22.04552   10.48742  -2.102 0.041582 *
## landSpanien     -48.28094   19.37028  -2.493 0.016713 *
```

Der Intercept entspricht dem fixen Effekt für das erste Land, die anderen Koeffizienten für die Variable `land` müssen jeweils zu dem Intercept hinzuaddiert werden, dann entsprechen die Werte den Effekten im Fixed-Effects-Modell. Allerdings ist die Berechnung der Standardfehler in der Panelregression anders, so dass sich andere t- und p-Werte für die Dummy-Variablen im Vergleich mit den fixen Effekten ergeben.[3]

3.6.2 Überprüfung auf fixe Effekte

Um zu überprüfen, ob überhaupt subjekt- bzw. zeitpunktspezifische Effekte vorliegen, die als fixe Effekte modelliert werden können und die die Anwendung des Fixed-Effects-Modells notwendig machen, können die Modelle über einen F-Test verglichen werden. Das erste Argument ist hierbei das Fixed-Effects-Modell, das zweite Argument das gepoolte Modell (R-Code 3.12). Daher muss immer ein gepooltes Modell als Referenz erzeugt werden.

R-Code 3.12: F-Test des Fixed-Effects-Modells

```
pFtest(CS.fem, CS.pool)

##
##  F test for individual effects
##
## data:  zspread ~ tickets + restlz + nomzins
## F = 5.2333, df1 = 2, df2 = 42, p-value = 0.009347
## alternative hypothesis: significant effects
```

Der F-Test testet die Nullhypothese: kein Unterschied zwischen dem Fixed-Effects- und dem gepoolten Modell. In der Ausgabe wird die Alternativhypothese angegeben, allerdings ist anzumerken, dass „significant" korrekterweise nicht Teil der Hypothese ist, sondern Teil der Antwort. Die H_0 wird hier verworfen, was für das Vorliegen subjektspezifischer Effekte spricht.

3.6.3 Vor- und Nachteile des Fixed-Effects-Modells

Der Vorteil ist, dass das Fixed-Effects-Modell auch dann konsistente Schätzer für die Regressionskoeffizienten liefert, wenn es keinen subjektspezifischen Einfluss gibt oder dieser als zufällig modelliert werden muss (siehe Abschnitt 3.7 zum Random-Effects-Modell).

---

3 Alternativ kann `fixef(model)` auch mit der Option `type = "dfirst"` ausgegeben werden, dann entsprechen die Effekte den Differenzen zur Konstante und die t- und p-Werte stimmen mit denen der linearen Regression überein.

Nachteilig ist allerdings, dass keine zeitinvarianten erklärenden Variablen modelliert werden können. Als Beispiel sei das Gehalt eines Arbeitnehmers wie folgt modellierbar:

$$\text{Gehalt}_{it} = \beta_1 \cdot \text{Erfahrung}_{it} + \beta_2 \cdot \text{Geschlecht}_i + \beta_3 \cdot \text{Ausbildung}_i + v_{it}. \qquad (3.3)$$

Geschlecht und Ausbildung sind zeitinvariant, würden also durch das *Demeaning* eliminiert werden.

3.7 Random-Effects-Modell

In einem Fixed-Effects-Modell werden die subjektspezifischen (bzw. zeitpunktspezifischen) Einflüsse als fixer Effekt β_{1i}, also als individueller y-Achsenabschnitt betrachtet. In einem *Random-Effects-Modell* (siehe z. B. Baltagi, 2021, S. 24 ff.; Gujarati und Porter, 2009, S. 602 ff.) hingegen wird β_{1i} nicht als fix angenommen, sondern als Zufallsvariable mit Erwartungswert β_1. Der subjekt- bzw. zeitpunktspezifische Einfluss ergibt sich somit zu $\beta_1 + \epsilon_i$. Darin ist ϵ eine Zufallsvariable mit Erwartungswert 0 und Varianz σ_ϵ^2. Dies führt zu einem weiteren Störterm in der Regressionsgleichung, der subjekt-, bzw. zeitpunktspezifisch ist (hier subjektspezifisch):

$$Y_{it} = \beta_0 + \sum_{k=1}^{K} \beta_k X_{kit} + \epsilon_i + v_{it} \qquad (3.4)$$

$$\text{mit} \quad \epsilon_i \quad \text{subjektspezifischer Störterm.}$$

Die Störterme werden auch als Fehlerterme bezeichnet, v_{it} ist der sogenannte charakteristische oder idiosynkratische (*idiosyncratic*) Fehler, ϵ_i der individuelle Fehler. Die nach Modellierung geschätzten Störterme sind die entsprechenden Residuen u_{it} (idiosynkratisch) und e_i (individuell).

Die Schätzung der Regressionskoeffizienten erfolgt mit dem Generalisierten Linearen Modell (*GLM*), da mit $\omega_{it} = \epsilon_i + v_{it}$ für die normale Regression die Korrelation zwischen ω_{it} und ω_{js} für $i \neq j$ und $t \neq s$ null sein müsste, hier aber gilt: $cor(\omega_{it}, \omega_{js}) = \sigma_\epsilon^2 / (\sigma_\epsilon^2 + \sigma_v^2)$.

Tatsächlich wird in der Schätzung auch ein partielles Demeaning (*Pseudo-Demeaning*) vorgenommen. Es wird dabei nicht der volle Gruppenmittelwert abgezogen, sondern ein mit einem Faktor θ gewichteter Mittelwert. Der Gewichtungsfaktor θ liegt zwischen null und eins und hängt von der Schätzung der Fehlerkomponenten ab (Croissant und Millo, 2018, S. 38):

$$\theta = 1 - \frac{1}{\sqrt{1 + T \frac{\sigma_\epsilon^2}{\sigma_v^2}}}. \qquad (3.5)$$

Im Fixed-Effects-Modell ist θ gleich eins und in der gepoolten Regression (also im *normalen* Regressionsmodell) gleich null. Damit kann abgeschätzt werden, wie nah das geschätzte Random-Effects-Modell einer gepoolten oder einer Fixed-Effects-Regression kommt. Hier lässt sich auch erkennen, dass sich bei Long-Panels Fixed- und Random-Effects-Modelle in der Regel wenig unterscheiden, da die Anzahl der Zeitpunkte T dann groß ist und θ somit nah an eins liegen wird.

Die (partiell) mittelwertbereinigten Werte können mit `pmodel.response()` für die y-Werte und `model.matrix()` für die x-Werte aus dem Modell ausgelesen werden. Der Gewichtungsfaktor θ wird in der `summary(REM)` ausgegeben oder kann mit `ercomp(REM)` angezeigt werden.

Das Random-Effects-Modell setzt neben den Annahmen für das Fixed-Effects-Modell weitere Annahmen voraus:

–   Der subjektspezifische Fehlerterm korreliert nicht mit dem allgemeinen Fehlerterm: $cor(\epsilon_i, v_{it}) = 0$ für alle i, t;
–   keine Autokorrelation zwischen den Subjekten: $cor(\epsilon_i, \epsilon_j) = 0$ für alle $i \neq j$;
–   keine Korrelation zwischen dem subjektspezifischen Fehlerterm und den unabhängigen Variablen: $cor(\epsilon_i, x_{kit}) = 0$ für alle i, t, k.

ⓘ **Modelle in der Panelregression**

Gepooltes Modell	Referenzmodell, entspricht der *normalen* linearen Regression
Fixed-Effects-Modell	Modellierung der subjekt- (bzw. zeitpunktspezifischen) Effekte als fixe Effekte
	entspricht der linearen Regression mit Dummy-Variablen für die einzelnen Kategorien, allerdings andere Berechnung der Standardfehler
	individuelle Effekte können ausgegeben werden
Random-Effects-Modell	Modellierung der Effekte als zufällig

3.7.1 Anwendung des Random-Effects-Modells

Im Aufruf von `plm()` wird für das Random-Effects-Modell `model = "random"` gewählt. Auch hier kann mit `effect` bestimmt werden, welche Effekte berücksichtigt werden sollen (R-Code 3.13). `effect = "individual"` steht für den subjektspezifischen, `"time"` für den zeitpunktspezifischen Einfluss, `"twoways"` für die Berücksichtigung beider Effekte.

Zusätzlich kann über den Parameter `random.method` noch eine Schätzmethode für die zufälligen Effekte übergeben werden. Für weitere Details zu den Schätzmethoden sei z. B. auf Croissant und Millo (2018, S. 33 ff.) verwiesen. *Hinweis:* In unserem Beispiel muss die Methode `amemiya` gewählt werden, da die Standardvariante (`swar`) nicht funktionieren würde. Es gibt weniger Subjekte (Anzahl der Kategorien von `land`) als zu schätzende Koeffizienten (Konstante plus drei Prädiktoren).

R-Code 3.13: Random-Effects-Modell am Datensatz CS

```
CS.rem <- plm(zspread ~ tickets + restlz + nomzins, data = CS,
           model = "random", effect = "individual", random.method = "amemiya")
summary(CS.rem)

## Oneway (individual) effect Random Effect Model
##    (Amemiya's transformation)
##
## Call:
## plm(formula = zspread ~ tickets + restlz + nomzins, data = CS,
##     effect = "individual", model = "random", random.method = "amemiya")
##
## Balanced Panel: n = 3, T = 16, N = 48
##
## Effects:
##                  var std.dev share
## idiosyncratic 396.1    19.9 0.521
## individual    364.7    19.1 0.479
## theta: 0.7479
##
## Residuals:
##       Min.    1st Qu.    Median    3rd Qu.       Max.
## -47.22210 -15.17698   -0.43158   17.17158   34.86975
##
## Coefficients:
##               Estimate Std. Error z-value  Pr(>|z|)
## (Intercept) 239.961192  65.474355  3.6650 0.0002474 ***
## tickets      -0.044975   0.010543 -4.2660 1.990e-05 ***
## restlz       -0.097161   0.019326 -5.0276 4.967e-07 ***
## nomzins      62.488001   9.102176  6.8652 6.641e-12 ***
## ---
## Signif. codes:  0 '***' 0.001 '**' 0.01 '*' 0.05 '.' 0.1 ' ' 1
##
## Total Sum of Squares:    83190
## Residual Sum of Squares: 18695
## R-Squared:      0.77527
## Adj. R-Squared: 0.75995
## Chisq: 151.794 on 3 DF, p-value: < 2.22e-16
```

In der `summary(CS.rem)` wird zusätzlich die geschätzte Varianz der beiden Effekte (`idiosyncratic`, $\hat{v}_{it}$, und `individual`, $\hat{e}_i$) in Absolutwerten und Anteilen ausgegeben. Die Varianz des individuellen Effekts beträgt anteilig etwas weniger als die Hälfte der Gesamtvarianz.

Auch wird der Gewichtungsfaktor θ (`theta`) für das partielle Demeaning angezeigt. Aufgrund der relativ hohen Zahl an Zeitpunkten (im Vergleich zu der Anzahl der Subjekte) liegt θ hier mit 0.7479 näher an eins und das Modell entspricht damit eher einem Fixed-Effects-Modell. Das zeigt auch der Vergleich der Koeffizienten, der in R-Code 3.14 mit der Funktion screenreg() aus dem Paket texreg durchgeführt wird, hier ohne das Paket zu laden mit dem ::-Operator. In Klammern werden zusätzlich die Standardfehler angezeigt.

R-Code 3.14: Vergleich der Koeffizienten des gepoolten Modells und der Fixed- und Random-Effects-Modelle

```
texreg::screenreg(list(Gepoolt = CS.pool, FEM = CS.fem, REM = CS.rem), digits = 4)
## ========================================================
##              Gepoolt       FEM           REM
## --------------------------------------------------------
## (Intercept)  285.9760 ***                239.9612 ***
##              (61.4678)                   (65.4744)
## tickets       -0.0485 ***   -0.0452 ***   -0.0450 ***
##               (0.0113)      (0.0106)      (0.0105)
## restlz        -0.0896 ***   -0.1100 ***   -0.0972 ***
##               (0.0102)      (0.0236)      (0.0193)
## nomzins       47.1998 ***   68.8677 ***   62.4880 ***
##               (6.7976)      (10.4164)     (9.1022)
## --------------------------------------------------------
```

Erwartungsgemäß liegen die Koeffizienten des Random-Effects-Modells näher bei denen des Fixed-Effects-Modells.

Wie auch in der Fixed-Effects-Regression werden in der summary *SST* (Total Sum of Squares) und *SSE* (Residual Sum of Squares) angezeigt. Die Berechnungen der beiden Quadratesummen werden mit den partiell mittelwertbereinigten y-Werten durchgeführt, die wie oben erläutert in der Random-Effects-Regression genutzt werden. Diese können mit pmodel.response(CS.rem) abgerufen werden. Das R^2 ergibt sich wiederum zu $1 - SSE/SST$.

3.7.2 Überprüfung auf zufällige Effekte

Eine Überprüfung auf Effekte, die als zufällig modelliert werden können, erfolgt mit dem Lagrange-Multiplier-Test unter Verwendung der Residuen des gepoolten Modells. Daher wird das gepoolte Modell im Aufruf angegeben und unter Angabe des Effekts (subjekt- oder zeitpunktspezifisch oder beides) auf zufällige Effekte überprüft (R-Code 3.15). Dieser Test kann auch schon für Fixed-Effects-Modelle genutzt werden, ist aber allgemeiner gehalten. Statt des gepoolten Modells kann auch direkt das Fixed- oder Random-Effects-Modell als Parameter angegeben werden. Dann wird das gepoolte Modell intern berechnet.

R-Code 3.15: Lagrange-Multiplier-Test auf zufällige Effekte

```
plmtest(CS.pool, effect = "individual")

##
##  Lagrange Multiplier Test - (Honda) for balanced panels
##
## data:  zspread ~ tickets + restlz + nomzins
## normal = 0.36755, p-value = 0.3566
## alternative hypothesis: significant effects
```

Die Nullhypothese besagt, dass die Effekte nicht als Zufallsvariablen modelliert werden können, d. h., $\sigma_e^2 = 0$. In der Ausgabe wird die Alternativhypothese angegeben. Auch hier ist anzumerken, dass „significant" korrekterweise nicht Teil der Hypothese ist, sondern Teil der Antwort. Aufgrund des hohen p-Werts wird die Nullhypothese in diesem Beispiel nicht verworfen, was gegen die Modellierung als zufällige subjektspezifische Effekte spricht.

Mit type können verschiedene Varianten des Tests ausgewählt werden, z. B. bietet sich für unbalancierte Panels type = "bp" an. Dieser verwendet den ursprünglichen Ansatz von Breusch und Pagan (1980) in einer Modifikation von Baltagi und Li (1990). Die Standardvariante ist die Umsetzung von Honda (1985). Für Details sei wiederum auf die Literatur verwiesen, z. B. Baltagi (2021, S. 83 ff.); Gujarati und Porter (2009, S. 605); Umsetzung in R: Croissant und Millo (2008, S. 27 f.).

3.7.3 Überprüfung der Voraussetzungen für das Random-Effects-Modell

Der subjektspezifische Fehlerterm darf nicht mit den unabhängigen Variablen korrelieren, d. h., die Effekte müssen exogen hervorgerufen sein. Ob diese Voraussetzung erfüllt ist, kann mit dem Hausman-Test bzw. Wu-Hausman-Test (Wu, 1973; Hausman, 1978) überprüft werden. Dieser vergleicht mit folgender Teststatistik das Fixed Effects mit dem Random-Effects-Modell (R-Code 3.16):

$$\left(\hat{\beta}_{\text{FEM}} - \hat{\beta}_{\text{REM}}\right)' \cdot \left(V\left(\hat{\beta}_{\text{REM}}\right) - V\left(\hat{\beta}_{\text{FEM}}\right)\right)^{-1} \cdot \left(\hat{\beta}_{\text{FEM}} - \hat{\beta}_{\text{REM}}\right) \sim \chi_{(K)}^2. \qquad (3.6)$$

V ist darin die Varianz-Kovarianzmatrix, der Index FEM verweist auf das Fixed-Effects-Modell und REM entsprechend auf das Random-Effects-Modell. Die Anzahl der Freiheitsgrade K der χ^2-Verteilung entspricht der Anzahl der gemeinsamen Koeffizienten, hier also der Anzahl der unabhängigen Variablen ohne Intercept, da dieser nur im Random-Effects-Modell geschätzt wird.

Unter der Nullhypothese sind beide Modelle konsistent, unter der Alternative nur das Fixed-Effects-Modell. In der Regel geht Konsistenz (unverzerrte Schätzer) vor Effizienz (kleine Streuung). Daher ist im Fall des Verwerfens der Nullhypothese das Fixed-Effects-Modell zu nutzen. Es mag Anwendungen geben, in denen ein (kleines)

Bias in Kauf genommen wird, um eine hohe Unsicherheit durch einen ineffizienten Schätzer zu vermeiden. In der Regel gilt aber in den Anwendungen aus Ökonomie und Finance die Priorität für Konsistenz.

R-Code 3.16: Hausman-Test auf korrekte Spezifikation des Random-Effects-Modells

```
phtest(CS.fem, CS.rem)

##
##   Hausman Test
##
## data:  zspread ~ tickets + restlz + nomzins
## chisq = 2.0788, df = 3, p-value = 0.5562
## alternative hypothesis: one model is inconsistent
```

Der Hausman-Test prüft die Nullhypothese, dass es keine Korrelation zwischen dem subjektspezifischen Fehlerterm und den unabhängigen Variablen gibt. Unter der Annahme der Nullhypothese liefern sowohl das Fixed-Effects-Modell als auch das Random-Effects-Modell konsistente Parameterschätzer für die Regressionskoeffizienten, aber die Schätzer für das Fixed-Effects-Modell sind relativ ineffizient (d. h., deren Varianz ist größer). Hier im Beispiel wird die Nullhypothese nicht verworfen, somit wäre das Random-Effects-Modell zu bevorzugen.

Unter der Alternative sind nur die Parameterschätzer für das Fixed-Effects-Modell konsistent, die für das Random-Effects-Modell hingegen nicht. Wird die Nullhypothese verworfen, ist das Fixed-Effects-Modell das geeignetere Modell (siehe z. B. Greene, 2020, S. 454 f.; Gujarati und Porter, 2009, S. 604 f.).

3.7.4 Vor- und Nachteile des Random-Effects-Modells

Ein Vorteil ist, dass im Unterschied zum Fixed-Effects-Modell zeitinvariante erklärende Variablen modelliert werden können. Ein Nachteil ergibt sich, wenn der subjektspezifische Fehlerterm und die unabhängigen Variablen miteinander korrelieren und somit die Anwendungsvoraussetzungen nicht erfüllt sind. Hier liefert das Random-Effects-Modell inkonsistente, d. h. verzerrte, Schätzer.

ℹ **Wichtige Tests in der Panelregression**

F-Test	Test auf fixe subjekt- oder zeitpunktspezifische Effekte, `pFtest()`
Lagrange-Multiplier-Test	Test auf zufällige Effekte, `plmtest()`
Hausman-Test	Test auf die Erfüllung der Voraussetzungen für ein Random-Effects-Modell, `phtest()`

3.8 Vergleich und Auswahl der Modelle

Im Vergleich der Koeffizienten und Standardfehler (wie in R-Code 3.14 mit `screenreg()`) aus dem Paket `texreg` zeigen sich verschiedene Aspekte.

R-Code 3.17: Vergleich der Koeffizienten des gepoolten Modells und der Fixed- und Random-Effects-Modelle

```
texreg::screenreg(list(Gepoolt = CS.pool, FEM = CS.fem, REM = CS.rem), digits = 4)
## ======================================================
##                 Gepoolt         FEM             REM
## ------------------------------------------------------
## (Intercept)     285.9760 ***                    239.9612 ***
##                 (61.4678)                       (65.4744)
## tickets          -0.0485 ***     -0.0452 ***     -0.0450 ***
##                  (0.0113)        (0.0106)        (0.0105)
## restlz           -0.0896 ***     -0.1100 ***     -0.0972 ***
##                  (0.0102)        (0.0236)        (0.0193)
## nomzins          47.1998 ***     68.8677 ***     62.4880 ***
##                  (6.7976)        (10.4164)       (9.1022)
## ------------------------------------------------------
```

Die Standardfehler der Koeffizienten (Werte in Klammern) sind im gepoolten Modell (*normale* Regression) im Vergleich zum Fixed- und Random-Effects-Modell kleiner, was zu der Fehleinschätzung führen könnte, die Ergebnisse seien *signifikanter* und damit zu bevorzugen. Standardfehler werden in der normalen Regression unterschätzt, wenn nicht beobachtete Heterogenität vorliegt.

Die Standardfehler der Koeffizienten im Random-Effects-Modell sind kleiner als die des Fixed-Effects-Modells. Damit ist das Random-Effects-Modell effizienter und bei Erfüllung der Anwendungsvoraussetzungen zu bevorzugen.

Grundsätzlich sind die Effekte nicht *per se* zufällig oder fest. Sie werden nur zum Zweck der Schätzung entweder als konstante (*fixed*) Parameter betrachtet oder als Realisation einer zufälligen (*random*) Abweichung.

In einem Short-Panel, insbesondere mit einer großen Zahl Individuen, können die Individuen nach Croissant und Millo (2018, Kapitel 2.4.3) als Zufallsauswahl einer großen Population betrachtet werden. Dann wird kein Interesse am individuellen Effekt bestehen und das Random-Effects-Modell ist möglicherweise das geeignetere. In einem Long-Panel hingegen liegen vergleichsweise wenige Individuen vor, so dass die individuellen Effekte ein wichtiges zusätzliches Resultat sein können. Dann wäre das Fixed-Effects-Modell aus inhaltlichen Gründen zu bevorzugen.

Wie in Abschnitt 3.7 erläutert, unterscheiden sich bei einem Long-Panel die beiden Modelle nicht wesentlich. Wenn die Rechenzeit ein kritischer Faktor ist, kann in diesem

Fall das Fixed-Effects-Modell bevorzugt werden, da der Rechenaufwand, insbesondere bei großen Datensätzen, geringer ist.

Im Falle eines Short-Panels sind die Schätzer des Random-Effects-Modells effizienter, d. h., sie haben eine kleinere Varianz, sofern die Anwendungsvoraussetzungen erfüllt sind. Sind hingegen die Anwendungsvoraussetzungen, insbesondere die Unkorreliertheit von subjektspezifischem Fehlerterm und unabhängigen Variablen, nicht erfüllt, sind die Schätzer des Random-Effects-Modells nicht konsistent und das Fixed-Effects-Modell ist zu verwenden.

Ein weiterer Entscheidungsgrund kann auch die Integration zeitinvarianter unabhängiger Variablen sein. Das Random-Effects-Modell ermöglicht die Integration zeitinvarianter Variablen, das Fixed-Effects-Modell aufgrund des Demeanings nicht. Umgekehrt kann dies auch ein Vorteil sein: In einem Fixed-Effects-Modell wird die nicht beobachtete Heterogenität reduziert, wenn diese aus zeitinvarianten Einflussgrößen stammt.

In dem gewählten Beispiel sind beide Modelle grundsätzlich nutzbar, allerdings liegen gemäß dem Lagrange-Multiplier-Test keine Effekte vor, die als zufällig modelliert werden können. Auch gibt es keine zeitinvarianten Prädiktoren. Daher ist hier das Fixed-Effects-Modell zu wählen. R-Code 3.18 gibt noch einmal die Koeffizienten und die fixen Effekte aus.

R-Code 3.18: Ausgabe der Koeffizienten und der fixen Effekte des Modells `CS.fem`

```
# Ausgabe der Koeffizienten
coef(CS.fem)

##      tickets      restlz      nomzins
## -0.04521576 -0.10996983 68.86769099

# Ausgabe der fixen Effekte
fixef(CS.fem)

## Deutschland  Frankreich      Spanien
##      269.89      247.85       221.61
```

Es ergibt sich somit nach Schätzung folgende Modellgleichung:

$$\widehat{\texttt{zspread}} = (-0.0452) \cdot \texttt{tickets} + (-0.1100) \cdot \texttt{restlz} + 68.8677 \cdot \texttt{nomzins}. \quad (3.7)$$

Inhaltlich lässt sich das Ergebnis so interpretieren, dass im Modell der Stichprobe ein größeres Handelsvolumen und eine höhere Restlaufzeit mit einem geringeren Zinsspread assoziiert sind, während ein höherer Nominalzins mit einem höheren Spread zusammenhängt. Vereinfacht gesagt stellt der Zinsspread ein Risiko dar (Basispunkte des Zinsspreads werden bei der Diskontierung auf den Kalkulationszinssatz addiert, um den Barwert zu bestimmen, der dem Marktpreis entspricht). Dieses Risiko nimmt mit steigender Handelsaktivität (= Liquidität, Variable `tickets`) ab. Auch sinkt das Risiko, je kürzer die Restlaufzeit ist (`restlz`). Steigender Nominalzins (`nomzins`) impliziert jedoch c. p. ein höheres Risiko. Der individuelle länderspezifische Intercept (der *fixe* Effekt) des Modells ist in Deutschland am höchsten (269.8905), gefolgt von Frankreich (247.8450) und Spanien (221.6096).

3.9 Regressionsdiagnostik

Auch bei der Panelregression ist eine Regressionsdiagnostik vorzunehmen. In einigen Fällen können die Tests verwendet werden, die auch in der herkömmlichen linearen Regression Anwendung finden. Insbesondere aber bei Modellierung von Short-Panels gibt es Tests, die besser geeignet sind. Untersucht werden insbesondere:
- Heteroskedastizität,
- Autokorrelation,
- Querschnittskorrelation und
- Multikollinearität.

Die Untersuchung auf einflussreiche Beobachtungen und Ausreißer ist ebenfalls möglich. Basis dafür ist eine Hilfsregression mit `lm()` und die Verwendung der aus der linearen Regression bekannten Methoden.

3.9.1 Heteroskedastizität

Eine Voraussetzung für die Regression ist das Vorliegen einer konstanten und endlichen Varianz der Residuen (Homoskedastizität). Deren Abwesenheit, die insbesondere bei Querschnittserhebungen und Daten aus dem Finanzmarkt häufiger vorkommt, wird als Heteroskedastizität bezeichnet. In der Konsequenz sind die Schätzer nicht mehr effizient. Heteroskedastizität kann ihre Ursache auch in einer Fehlspezifikation oder in einem nichtlinearen Zusammenhang haben.

Zur Anwendung kommen hier wie in der herkömmlichen linearen Regression der Goldfeld-Quandt-Test, der Breusch-Pagan-Test sowie der White-Test (alle aus dem Paket `lmtest`). Diese Tests können sowohl für das Fixed Effects (in R-Code 3.19 im Beispiel) als auch für das Random-Effects-Modell genutzt werden.

Es gelten die schon genannten Kritikpunkte am Goldfeld-Quandt-Test, insbesondere für kleine Stichproben ist er nicht geeignet.

R-Code 3.19: Fixed-Effects-Modell: Tests auf Heteroskedastizität

```
# Goldfeld-Quandt-Test
gqtest(CS.fem)

##
##  Goldfeld-Quandt test
##
## data:  CS.fem
## GQ = 0.62977, df1 = 20, df2 = 20, p-value = 0.8453
## alternative hypothesis: variance increases from segment 1 to 2

# Breusch-Pagan-Test
bptest(CS.fem)

##
##  studentized Breusch-Pagan test
##
## data:  CS.fem
## BP = 3.0593, df = 3, p-value = 0.3826

# White-Test
bptest(CS.fem, ~ I(tickets^2) + I(restlz^2) + I(nomzins^2) + tickets*restlz*nomzins,
       data = CS)

##
##  studentized Breusch-Pagan test
##
## data:  CS.fem
## BP = 20.199, df = 10, p-value = 0.02743
```

Der Goldfeld-Quandt- und der Breusch-Pagan-Test deuten nicht auf Heteroskedastizität hin, da die Nullhypothese (Vorliegen von Homoskedastizität) nicht verworfen wird. Der White-Test hingegen weist auf das Vorliegen von Heteroskedastizität hin. Allerdings muss der White-Test nur genutzt werden, sofern die Residuen nicht normalverteilt sind.

Der Shapiro-Wilk-Test oder auch der Jarque-Bera-Test auf Normalverteilung (R-Code 3.20) deuten allerdings nicht auf das Verwerfen der Nullhypothese der Normalverteilung hin. *Hinweis:* Für den Jarque-Bera-Test muss das Resultat des Aufrufs von resid() noch in einen numerischen Vektor umgewandelt werden (as.numeric()), da bei plm-Modellen eine sogenannte pseries zurückgegeben wird.

R-Code 3.20: Fixed-Effects-Modell: Tests auf Normalverteilung der Residuen

```
# Shapiro-Wilk-Test
shapiro.test(resid(CS.fem))
```

```
##                                                          \
##   Shapiro-Wilk normality test
##
## data:  resid(CS.fem)
## W = 0.96779, p-value = 0.2075


# Jarque-Bera-Test
jarque.test(as.numeric(resid(CS.fem)))


##
##   Jarque-Bera Normality Test
##
## data:  as.numeric(resid(CS.fem))
## JB = 1.1389, p-value = 0.5658
## alternative hypothesis: greater
```

3.9.2 Autokorrelation

In den Modellen sollte wie in der herkömmlichen linearen Regression keine serielle
Korrelation zwischen aufeinanderfolgenden Residuen vorliegen (Autokorrelation). Wie
schon erwähnt liegt bei Kapitalmarktdaten häufiger Autokorrelation vor. Allerdings
kann diese auch auf Fehlspezifikation oder Nichtlinearität hindeuten.

Auf eine Autokorrelation kann mit dem Breusch-Godfrey-Test für Paneldaten
pbgtest oder, insbesondere bei Short-Panels, mit dem Wooldridge-Test pwartest()
getestet werden (beide sind im Paket plm enthalten).

Exemplarisch werden in R-Code 3.21 die Ergebnisse am Fixed-Effects-Modell gezeigt.
Hinweis: pwartest() ist nur für das Fixed-Effects-Modell definiert.

R-Code 3.21: Fixed-Effects-Modell: Tests auf Autokorrelation

```
# Breusch-Godfrey-Test
pbgtest(CS.fem)


##
##   Breusch-Godfrey/Wooldridge test for serial correlation in panel models
##
## data:  zspread ~ tickets + restlz + nomzins
## chisq = 28.558, df = 16, p-value = 0.02709
## alternative hypothesis: serial correlation in idiosyncratic errors


# Wooldridge-Test
pwartest(CS.fem)
```

```
##             /
##  Wooldridge's test for serial correlation in FE panels
##
## data:  CS.fem
## F = 1592.5, df1 = 1, df2 = 43, p-value < 2.2e-16
## alternative hypothesis: serial correlation
```

Die Nullhypothese für beide Tests lautet: Es liegt keine Autokorrelation vor. Diese wird in beiden Fällen verworfen, es ist also von Autokorrelation auszugehen.

Maßnahmen bei Vorliegen von Heteroskedastizität und/oder Autokorrelation

Wie auch schon im Fall der linearen Regression ist es zu empfehlen, die Standardfehler mit der Funktion coeftest() unter Nutzung entsprechender Kovarianz-Schätzer zu korrigieren, die im Paket plm für Paneldaten implementiert sind (Croissant und Millo, 2008[4]).

Bei Vorliegen von Heteroskedastizität und Abwesenheit von Autokorrelation können die White-Schätzer (White, 1980) verwendet werden (method = "white1" oder method = "white2"). "white2" geht von einer gemeinsamen Varianz innerhalb jeder Gruppe aus. Diese Varianten sind insbesondere für Random-Effects-Modelle geeignet. Sofern sowohl Heteroskedastizität als auch Autokorrelation vorliegen, sollte die von Arellano (1987) vorgeschlagene Methode verwendet werden (method = "arellano"). Insgesamt ist letztere Variante bei Fixed-Effects-Modellen zu bevorzugen.

Innerhalb der gewählten Methoden können unterschiedliche Varianten festgelegt werden. Wie schon in Abschnitt 2.7.6 im Kapitel lineare Regression beschrieben entspricht type = "HC0" dem klassischen White-Schätzer. Dies ist in der plm-Version die Standardvariante. In "HC1" bis "HC3" sind die von MacKinnon und White (1985) vorgeschlagenen Verbesserungen umgesetzt, die insbesondere bei einem kleinen Stichprobenumfang geeignet sind. Bei Vorliegen einflussreicher Beobachtungen ist nach Long und Ervin (2000) "HC3" die bevorzugte Variante. "HC4" implementiert die von Cribari-Neto (2004) vorgeschlagene weitere Verbesserung in Bezug auf kleine Stichproben und einflussreiche Beobachtungen.

Weitere Details zu den unterschiedlichen Methoden und Varianten der Varianz-Kovarianz-Schätzer können Sie der Vignette zum Paket plm entnehmen. Diese können Sie mit vignette("plmPackage", package = "plm") aufrufen.

Wie auch schon in der linearen Regression gilt es, die Korrektur und die verwendeten Methoden in der Dokumentation Ihrer Ergebnisse aufzunehmen.

---

4 Im genannten Artikel wird für den Aufruf noch vcov = pvcovHC angegeben. Dies wurde mittlerweile ersetzt durch vcov = vcovHC. Die aktuelle Variante zu diesem Text ist als Vignette hinterlegt und kann mit vignette("plmPackage", package = "plm") aufgerufen werden.

Korrektur der Standardfehler

In R-Code 3.22 wird die Korrektur mit der Methode nach Arellano (1987) vorgenommen, um sowohl Heteroskedastizität als auch Autokorrelation zu berücksichtigen. Es wird die "HC4"-Variante genutzt, um der kleinen Stichprobe und möglichen einflussreichen Beobachtungen gerecht zu werden.

R-Code 3.22: Fixed-Effects-Modell: Korrektur der Standardfehler bei Heteroskedastizität und Autokorrelation

```
coeftest(CS.fem, vcov = vcovHC, method = "arellano", type = "HC4")

##
## t test of coefficients:
##
##            Estimate Std. Error t value  Pr(>|t|)
## tickets  -0.045216   0.016003 -2.8254  0.007197 **
## restlz   -0.109970   0.014273 -7.7048 1.452e-09 ***
## nomzins  68.867691   3.807981 18.0851 < 2.2e-16 ***
## ---
## Signif. codes:  0 '***' 0.001 '**' 0.01 '*' 0.05 '.' 0.1 ' ' 1
```

Die Standardfehler ändern sich und somit auch die t- und p-Werte (hier allerdings ohne Einfluss auf die Interpretation der Ergebnisse).

3.9.3 Querschnittskorrelation

Eine zusätzliche Voraussetzung für die Panelregression besteht darin, dass zwischen dem allgemeinen Fehlerterm und den erklärenden Variablen keine Korrelation vorliegt (sogenannte Querschnittskorrelation).

Der Breusch-Pagan-LM- und der Pesaran-CD-Test (pcdtest aus dem Paket plm) überprüfen diese Voraussetzung. Für Short-Panels ist der Pesaran-CD-Test besser geeignet. Die Tests können sowohl für ein Fixed-Effects- als auch für ein Random-Effects-Modell genutzt werden. Exemplarisch wird in R-Code 3.23 wieder das Fixed-Effects-Modell betrachtet.

R-Code 3.23: Fixed-Effects-Modell: Tests auf Querschnittskorrelation

```
# Breusch-Pagan-LM-Test
pcdtest(CS.fem, test = "lm")

##
## Breusch-Pagan LM test for cross-sectional dependence in panels
##
```

```
## data:  zspread ~ tickets + restlz + nomzins
## chisq = 21.627, df = 3, p-value = 7.799e-05
## alternative hypothesis: cross-sectional dependence

# Pesaran-CD-Test
pcdtest(CS.fem, test = "cd")


##
##  Pesaran CD test for cross-sectional dependence in panels
##
## data:  zspread ~ tickets + restlz + nomzins
## z = 4.4248, p-value = 9.652e-06
## alternative hypothesis: cross-sectional dependence
```

Beide Tests verwerfen die Nullhypothese auf keine Querschnittskorrelation, daher kann von dem Vorliegen von Querschnittskorrelation ausgegangen werden.

Maßnahmen bei Vorliegen einer Querschnittskorrelation

Auch bei Vorliegen einer Querschnittskorrelation können die Standardfehler mit der Funktion coeftest unter Nutzung entsprechender Kovarianz-Schätzer korrigiert werden. Der Parameter cluster = "time" muss ergänzt werden, um eine Gruppierung über die Zeit vorzunehmen (R-Code 3.24).

Eine Alternative stellen die von Driscoll und Kraay (1998) entwickelten robusten Kovarianz-Schätzer dar, die konsistent mit Längs- und Querschnittskorrelation sind. Dazu muss die Option vcov = vcovSCC gesetzt sein, eine Variante kann wieder mit type = ... ausgewählt werden.

Für beide Korrekturverfahren gelten, sofern zutreffend, dieselben Anmerkungen wie schon oben in Abschnitt 3.9.2 aufgeführt.

R-Code 3.24: Fixed-Effects-Modell: Korrektur der Standardfehler bei Querschnittskorrelation

```
# Korrektur der Standardfehler mit vcovHC
coeftest(CS.fem, vcov = vcovHC, method = "arellano", type = "HC4", cluster = "time")


##
## t test of coefficients:
##
##            Estimate Std. Error t value  Pr(>|t|)
## tickets  -0.0452158  0.0069665 -6.4904 7.822e-08 ***
## restlz   -0.1099698  0.0195308 -5.6306 1.348e-06 ***
## nomzins 68.8676910  4.1862254 16.4510 < 2.2e-16 ***
## ---
## Signif. codes:  0 '***' 0.001 '**' 0.01 '*' 0.05 '.' 0.1 ' ' 1
```

```
# Korrektur der Standardfehler mit vcovSCC
coeftest(CS.fem, vcov = vcovSCC, type = "HC4")

##
## t test of coefficients:
##
##            Estimate Std. Error t value  Pr(>|t|)
## tickets  -0.0452158  0.0079866 -5.6615 1.217e-06 ***
## restlz   -0.1099698  0.0202919 -5.4194 2.703e-06 ***
## nomzins  68.8676910  3.8358126 17.9539 < 2.2e-16 ***
## ---
## Signif. codes:  0 '***' 0.001 '**' 0.01 '*' 0.05 '.' 0.1 ' ' 1
```

Die Ergebnisse der beiden Korrekturverfahren unterscheiden sich in diesem Beispiel nicht wesentlich, wie die ermittelten Standardfehler und t-Werte zeigen.

3.9.4 Multikollinearität

Eine weitere mögliche Verletzung der Regressionsvoraussetzungen ist die Multikollinearität, d. h., dass mehrere erklärende Variablen mehr oder weniger das Gleiche erklären.

Wie auch bei der linearen Regression kann die Funktion `vif()` verwendet werden, hier aus dem Paket `rms`, da diese sowohl für Fixed-Effects- als auch für Random-Effects-Modelle angewendet werden kann (R-Code 3.25). Damit werden die Variance Inflation Factors berechnet, die ausdrücken, wie gut sich eine unabhängige Variable durch die anderen modellieren lässt.

R-Code 3.25: Fixed-Effects-Modell: Prüfung auf Multikollinearität

```
vif(CS.fem)

##  tickets   restlz  nomzins
## 1.824257 2.457525 3.038676
```

Hier im Beispiel liegt keine Multikollinearität vor. Der Grenzwert liegt bei 4, 5 oder maximal 10 (siehe auch die Diskussion in Abschnitt 2.7.8 zur Multikollinearität im Kapitel lineare Regression).

Maßnahmen gegen Multikollinearität

Hier können die gleichen Maßnahmen zum Einsatz kommen, wie schon in Abschnitt 2.7.8 im Zusammenhang mit der normalen linearen Regression aufgeführt. Insbesondere sind dies das Ignorieren dieser Verletzung der Regressionsvoraussetzungen, wenn es um einen Gesamteffekt oder die Vorhersage geht, das Entfernen einzelner Variablen oder eine Hauptkomponentenanalyse, um miteinander korrelierende Variablen zusammenzufassen.

3.9.5 Ausreißer und einflussreiche Beobachtungen

Um die Modelle auf Ausreißer und einflussreiche Beobachtungen zu untersuchen, muss eine Hilfsregression durchgeführt werden.[5] Dazu werden die Daten aus dem plm-Modell mit Hilfe von pmodel.response() und model.matrix() ausgelesen. Mit diesen wird dann eine Hilfsregression mit lm() durchgeführt. Auf diese Hilfsregression können dann die im Abschnitt 2.7.2 des Kapitels Lineare Regression vorgestellten Methoden angewandt werden.

Dies wird am Beispiel des Fixed-Effects-Modells CS.fem vorgestellt, ist aber nahezu identisch auf Random-Effects-Modelle anzuwenden. R-Code 3.26 zeigt die Erstellung im Beispiel, zur Kontrolle wird ein Vergleich der Koeffizienten durchgeführt.

R-Code 3.26: Fixed-Effects-Modell: Hilfsregression für die Untersuchung auf einflussreiche Beobachtungen

```
# Hilfsregression erstellen
y <- pmodel.response(CS.fem)
X <- model.matrix(CS.fem)
CS.lm <- lm(y ~ -1 + X)
# Vergleich der Koeffizienten
coef(CS.fem)

##      tickets      restlz       nomzins
## -0.04521576 -0.10996983 68.86769099

coef(CS.lm)

##     Xtickets     Xrestlz      Xnomzins
## -0.04521576 -0.10996983 68.86769099
```

Die Modellantwort y und die Modellmatrix X beinhalten bei Fixed-Effects-Modellen die mittelwertkorrigierten Daten (siehe Gleichung 3.2). Bei Random-Effects-Modellen erfolgt ein mit einem Faktor θ gewichtetes *Pseudo-Demeaning* (siehe Gleichung 3.5), so dass ebenfalls umgerechnete Werte vorliegen.

Hinweis: Bei Fixed-Effects-Modellen kann der Intercept weggelassen werden (in der Regressionsformel: -1), da durch die Zentrierung die Daten um den Ursprung

---

5 Die Anregungen hierzu stammen aus einem E-Mail-Austausch mit Giovanni Millo, einem der Autoren des plm-Pakets.

schwanken. Bei Random-Effects-Modellen muss dieser allerdings im Modell verbleiben, da durch das partielle Demeaning keine Zentrierung erfolgt.

Die Koeffizienten aus der Hilfsregression und aus der ursprünglichen Panelregression sind identisch. *Hinweis:* Die Standardfehler aus der Hilfsregression stimmen nicht mit denen aus der Panelregression überein und sollten daher nicht verwendet werden, da die Anzahl der Freiheitsgrade in den Modellen unterschiedlich ist.

Exemplarisch für die Untersuchung auf einflussreichen Beobachtungen und Ausreißer in R-Code 3.27 werden die Leverage-Werte (Hat-Values) und die Cook's Distance berechnet und in einem Grafen ausgegeben (R-Grafik 3.3). Da theoretischer Hintergrund und die weitere Vorgehensweise identisch zur linaren Regression sind, sei hierzu auf Abschnitt 2.7.2 im Kapitel Lineare Regression verwiesen.

R-Code 3.27: Streudiagramme der Leverage-Werte und Cook's Distance in der Panelregression

```
# Leverage-Werte und Cook's Distance
hats <- hatvalues(CS.lm)
cooks <- cooks.distance(CS.lm)
index <- 1:length(hats)
# Markierung der oberen 10%
hats.mark <- quantile(hats, p = 0.9)
cooks.mark <- quantile(cooks, p = 0.9)
# Ausgabe
g1 <- gf_point(hats ~ index) |>
  gf_text(label = ifelse(hats > hats.mark, as.character(index), ""), vjust = 1.5)
g2 <- gf_point(cooks ~ index) |>
  gf_text(label = ifelse(cooks > cooks.mark, as.character(index), ""), vjust = 1.5)
grid.arrange(g1, g2, nrow = 1)
```

Mittels quantile() wird in R-Code 3.3 das 90%-Quantil der Leverage-Werte und der Cook's Distance ermittelt und in der Grafik als Grenze für die Angabe der Beobachtungsnummer in den Modelldaten genutzt. Um möglicherweise abweichende Beobachtungsnummern (oder -namen) aus dem Datensatz zu erhalten, kann die Funktion which() verwendet werden.

Insgesamt sind die Werte in den in R-Grafik 3.3 dargestellten Streudiagrammen nicht auffällig, da der Abstand der markierten Werte zu den anderen Werten nicht sehr groß ist.

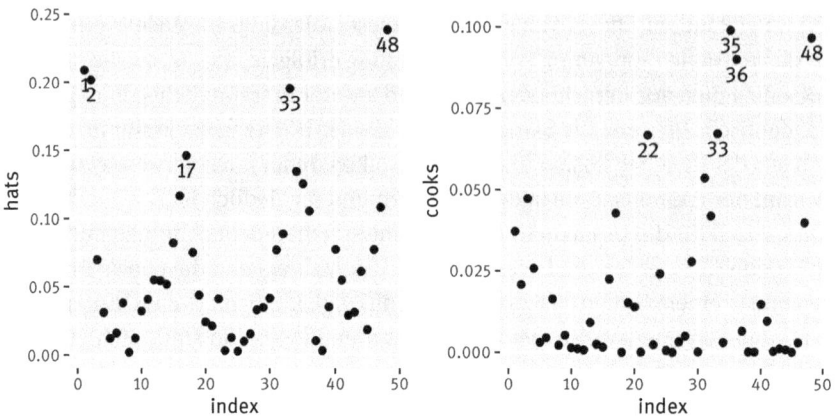

R-Grafik 3.3: Streudiagramme von Leverage-Werten und Cook's Distance in der Panelregression

---

ℹ **Regressionsdiagnostik in der Panelregression**

Heteroskedastizität	Goldfeld-Quandt-, Breusch-Pagan- und White-Test
Autokorrelation	Breusch-Godfrey- oder Wooldridge-Test
	(bei Short-Panels, aber nur für Fixed-Effects-Modelle)
Querschnittskorrelation	Breusch-Pagan-LM- oder Pesaran-CD-Test (bei Short-Panels)
	Maßnahme für die bisher genannten: robuste Varianz-Kovarianz-Schätzer
Wichtig	Dokumentieren Sie die Korrektur der Standardfehler in Ihrer
	Ergebnisdarstellung!
Multikollinearität	Variance Inflation Factors
	Maßnahme: für Prognose i. d. R. ignorieren, sonst Weglassen einzelner
	Variablen oder Hauptkomponentenanalyse
Ausreißer, einflussreiche	Hilfsregression notwendig, mit dieser können
Beobachtungen	alle Instrumente der linearen Regression verwendet werden

---

3.10 Modellselektion

Auch in der Panelregression kann eine Modellselektion sinnvoll sein unabhängig von der Wahl, ob Fixed-Effects-, Random-Effects- oder gepooltes Modell. Die bisherigen Tests wählen zwischen den einzelnen Modelltypen und können in der Regel nur bei verschachtelten Modellen (also die Variablen des einen Modells sind eine Teilgruppe des anderen) verwendet werden.

Wie auch in der normalen linearen Regression ist das Bestimmtheitsmaß R^2 kein geeignetes Kriterium zur Modellselektion. *Hinweis:* Die Berechnung des R^2 in Fixed- und Random-Effects-Modellen erfolgt anhand der Hilfsregression, wie sie in Abschnitt 3.9.5 in R-Code 3.26 vorgestellt wurde. Daher weicht der Wert von dem Ergebnis einer direkten Berechnung aus den anpassten Werten oder den Residuen der Panelregressionsmodelle ab.

Yum (2021) untersucht die Möglichkeit einer Selektion bei Fixed-Effects-Modellen mit der Hilfe von Informationskriterien (AIC, korrigiertes AIC_c und BIC). Diese stellen generell die Anpassungsgüte eines Modells zu dessen Komplexität ins Verhältnis.

Es konnte gezeigt werden, dass alle drei Informationskriterien für eine Modellselektion geeignet sind und dabei das korrigierte AIC_c insbesondere bei Short-Panels zu bevorzugen ist. Die genannten Informationskriterien lassen sich wie folgt berechnen:

$$\text{AIC} = NT \ln\left(\hat{\sigma}_\epsilon^2\right) + 2K, \tag{3.8}$$

$$\text{AIC}_c = \text{AIC} + \frac{2K(K+1)}{NT - K - 1}, \tag{3.9}$$

$$\text{BIC} = NT \ln\left(\hat{\sigma}_\epsilon^2\right) + K \log(NT). \tag{3.10}$$

Darin sind N die Anzahl der Subjekte, T die Anzahl der Zeitpunkte und K die Anzahl der Parameter. K ergibt sich aus der Summe der Anzahl der unabhängigen Variablen und der Anzahl der modellierten fixen Effekte, also je nach Richtung N, T oder NT bei twoways-Modellen. Für die geschätzte Residuenvarianz $\hat{\sigma}_\epsilon^2$ muss noch eins zu K hinzuaddiert werden. Die Residuenvarianz ergibt sich aus SSE/NT.

Da diese Informationskriterien nicht für plm-Modelle verfügbar sind, werden sie als R-Funktion implementiert. Abschnitt B.1 im Anhang Funktionen in R zeigt die Erstellung einer Funktion, mit der die Informationskriterien von Fixed-Effects-Modellen berechnet werden können. Der dort aufgeführte Code muss zur Nutzung einmalig durchgeführt werden. In R-Code 3.28 wird die Berechnung am Beispiel des Modell CS.fem und eines Modells ohne die Variable tickets durchgeführt (nur als Beispiel, nicht inhaltlich begründet).

R-Code 3.28: Fixed-Effects-Modell: AIC, AICc und BIC

```
pAICBIC(CS.fem)

##      AIC      AICc      BIC
## 298.0162 300.8162 311.1146

# Zum Vergleich ein Modell ohne tickets
fem2 <- update(CS.fem, .~. - tickets)
pAICBIC(fem2)

##      AIC      AICc      BIC
## 313.3315 315.3803 324.5587
```

Die Werte sind bei allen drei Kriterien gestiegen, so dass das ursprüngliche Modell CS.fem das geeignetere ist. Bei den aufgeführten Informationskriterien gilt, dass je kleiner der Wert ist, desto *besser* ist das Modell. AIC und andere Informationskriterien können nicht allein interpretiert werden, sondern nur im Modellvergleich.

Das Konzept lässt sich auch auf Random-Effects-Modelle übertragen.[6] Es ändert sich lediglich die Anzahl der Parameter K, da keine einzelnen zufälligen Effekte geschätzt werden, sondern nur die Streuung der zufälligen Effekte. K ergibt sich somit aus der Anzahl der unabhängigen Variablen plus drei weitere geschätzte Parameter (Intercept, Residuenvarianz und Varianz der zufälligen Effekte). In der in Abschnitt B.1 des Anhangs vorgestellten Funktion ist diese Variante der Schätzung der Informationskriterien implementiert. Dabei ist aber zu beachten, dass ein Vergleich nur innerhalb von Fixed- oder Random-Effects-Modellen vorgenommen werden kann.

---

i **Modellselektion in der Panelregression**

AIC, BIC für die Modellselektion geeignete Informationskriterien

AIC_c insbesondere bei Short-Panels geeignet

für alle Informationskriterien gilt: je kleiner, desto besser

---

3.11 Literatur

3.11.1 Weiterführende Literatur

Exemplarisch sei auf folgende weiterführende Literatur verwiesen:
- Baltagi (2021), *Econometric analysis of panel data*, insbesondere Kapitel 1 bis 4;
- Brooks (2019), *Introductory econometrics for finance*, insbesondere Kapitel 11;
- Croissant und Millo (2018), *Panel data econometrics with R*, insbesondere Kapitel 1 bis 8;
- Wooldridge (2010), *Econometric analysis of cross section and panel data* – sehr umfangreiche und detaillierte Monografie zu dem Thema.

3.11.2 Anwendungsbeispiele

- DeAngelo und Roll (2015), *How stable are corporate capital structures?* – Modellierung mit subjekt- und zeitpunktspezifischen Effekten;
- Jaara, Alashhab und Jaara (2018), *The determinants of dividend policy for non-financial companies in Jordan*;
- Rojahn und Zechser (2017), *The effect of corporate diversification on credit risk: new evidence from European credit default swap spreads* – Querschnittsregression, Panelregression, Interaktion, Vorwärts-Selektion;
- Rojahn und Stoll (2021), *Einfluss der ESG-Berichterstattungstransparenz auf den relativen Bid-Ask-Spread am deutschen Aktienmarkt* – Panelregression, IV-Schätzung;

---

6 Hinweis: Eine Validierung wie in Yum (2021) wurde allerdings nicht vorgenommen.

- Shabbir und Wisdom (2020), *The relationship between corporate social responsibility, environmental investments and financial performance: evidence from manufacturing companies*;
- Su (2010), *Ownership structure, corporate diversification and capital structure: evidence from China's publicly listed firms.*

4 Logistische Regression

4.1 Grundlagen der logistischen Regression

Die logistische Regression kommt dann zum Einsatz, wenn die abhängige Variable eine binäre Variable ist, also nur zwei Kategorien hat, z. B. Kreditausfall ja/nein.

Tabelle 4.1 zeigt ein Beispiel mit den Koeffizienten $\hat{\beta}_0 = 0.01$, $\hat{\beta}_1 = -0.008$, $\hat{\beta}_2 = 0.0025$, woraus sich in einem linearen Modell folgende Regressionsgleichung ergibt:

$$\widehat{\text{Kreditausfall}} = 0.01 - 0.008 \cdot \text{Kreditlaufzeit} + 0.0025 \cdot \text{Rate}. \tag{4.1}$$

Die geschätzten Werte für die abhängige Variable (in der Tabelle *kursiv*) sind für eine binäre Variable nicht sinnvoll interpretierbar.[1]

Tab. 4.1: Lineare Regression mit binärer abhängiger Variablen: Die ersten vier Zeilen zeigen Beobachtungen, aus denen die Regressionsgleichung ermittelt wurde, die letzten drei prognostizierte Werte für die abhängige Variable Kreditausfall.

Kunden-nummer	Kreditlaufzeit [Jahre]	Monatliche Rate	Kreditausfall (1 = ja, 0 = nein)
1	2	500	1
2	5	200	1
3	10	1000	0
4	5	800	0
5	5	400	*0.97*
6	10	500	*1.18*
7	1	100	*0.252*

Eine ähnliche Fragestellung findet sich z. B. in den folgenden Fällen:
- Kreditrückzahlung: Kunde kündigt Kredit vorzeitig oder Kunde zahlt Kredit wie vorgesehen ab.
- Börsengang: ja oder nein?
- Feindliche Übernahme: ja oder nein?
- Dividendenausschüttung: ja oder nein?

---

1 Formal entspricht der hier beispielhaft vorgestellte Ansatz einem linearen Wahrscheinlichkeitsmodell. Neben der Überschreitung des Wertebereichs (keine Grenzen 0 und 1), ist auch die Annahme konstanter Varianz (Homoskedastizität) verletzt. Eine binomial verteilte Zufallsvariable hat die Varianz $var(y \mid x) = \pi \cdot (1 - \pi)$. Wird π durch $\boldsymbol{\beta}'\mathbf{x}$ ersetzt, ist unschwer zu erkennen, dass die Varianz von den Werten der unabhängigen Variablen x_k abhängt (siehe z. B. Giesselmann und Windzio, 2012, S. 130).

https://doi.org/10.1515/9783110767261-004

4.1.1 Transformation

Die lineare Regression ist bei einer binären oder allgemein kategorialen abhängigen Variablen zwar grundsätzlich zu nutzen, aber die Ergebnisse sind schwer zu interpretieren. Für eine Diskussion siehe z. B. Hastie *et al.* (2009, S. 103 ff). Eine binäre Variable kann nur zwei Kategorien annehmen, eine kategoriale Variable entsprechend mehrere Kategorien. Wenn die Kategorien überhaupt geordnet werden können, können dennoch nicht wie bei einer intervallskalierten metrischen Variablen die Abstände interpretiert werden. In R werden intern zwar auch die Kategorien (sofern es der Variablentyp factor ist) mit jeweils einer natürlichen Zahl belegt, inhaltlich lassen diese sich aber nicht als Zahl interpretieren.

Wir beschränken uns hier auf eine binäre (dichotome) logistische Regression, d. h., die abhängige Variable hat nur zwei Kategorien. Statt eine lineare Regression durchzuführen, wird zunächst eine Transformation vorgenommen. Es wird dabei nicht direkt das Ereignis „Kreditausfall tritt ein" (oder „tritt nicht ein") modelliert, sondern die Wahrscheinlichkeit p, dass ein solches Ereignis eintritt. Die Wahrscheinlichkeit p liegt im Intervall $[0, 1]$ und ist nicht für die lineare Regression geeignet (siehe die letzten drei Zeilen in Tabelle 4.1). Sie wird daher in 2 Schritten transformiert:

1. Transformation in die Chance (*Odd*, *O*), die im Wertebereich $[0, +\infty)$ liegt (Abbildung 4.1 links):

$$O = \frac{p}{1 - p} \quad \text{mit} \quad 0 < p < 1. \tag{4.2}$$

2. Logarithmierung des Odds ergibt einen Wertebereich $(-\infty, +\infty)$ (Abbildung 4.1 rechts):

$$\text{Logit } L = \ln(O) = \ln(p) - \ln(1 - p). \tag{4.3}$$

Dies führt zu den sogenannten *Logit*-Modellen.

Ein Beispiel: Die Wahrscheinlichkeit, mit einem fairen Würfel eine 6 zu würfeln, liegt bei $\frac{1}{6}$. Die Chance ergibt sich als Quotient aus Wahrscheinlichkeit und Gegenwahrscheinlichkeit zu $\frac{1/6}{5/6} = \frac{1}{5}$. Die logarithmierte Chance liegt dann bei rund -1.61.

Statt der Chancenbildung und Logarithmierung kann auch die Normalverteilungsfunktion zur Transformation genutzt werden. Die sich daraus ergebenden Modelle werden als *Probit*-Modelle bezeichnet. Die Ergebnisse unterscheiden sich nur geringfügig, wie Abbildung 4.2 zeigt. In der Regel ist es daher egal, welches Verfahren Sie verwenden. Der Vorteil der logistischen Regression ist die Interpretierbarkeit der Koeffizienten als Chancenverhältnis (siehe Abschnitt 4.3.2). Probit-Modelle hingegen können verallgemeinert werden, um eine nicht-konstante Residuenvarianz zu berücksichtigen (sogenannte heterosdekastische Probit-Modelle), was für spezielle Fragestellungen, auf die hier aber nicht eingegangen wird, sinnvoll sein kann. Im Folgenden beschränken wir uns auf die Logit-Modelle.

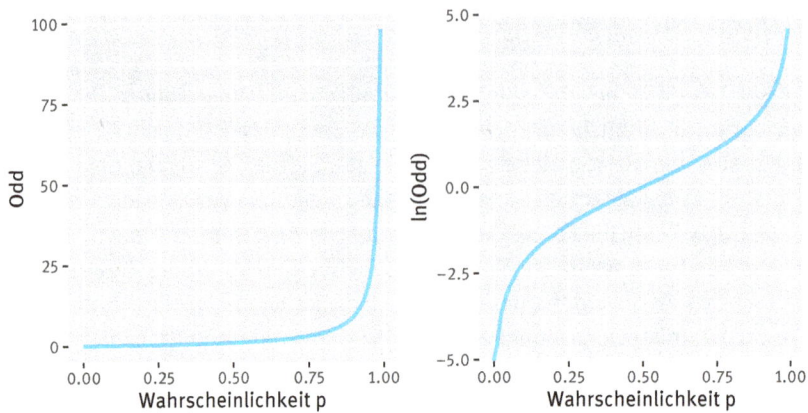

Abb. 4.1: Transformation der Wahrscheinlichkeit, Wertebereich [0, 1], in der logistischen Regression. Links: Chance (Odd), Wertebereich [0, +∞), rechts: logarithmierte Chance (Logit), Wertebereich (−∞, +∞)

> ℹ️ *Lineare Regression*   abhängige Variable metrisch
> *Logistische Regression* Schätzung der Wahrscheinlichkeit für eine Gruppenzugehörigkeit
>   abhängige Variable kategorial

4.1.2 Modellgleichung

Y ist die abhängige binäre Variable mit den Ausprägungen 0 und 1, $\pi_1 = P(Y = 1)$ ist die Wahrscheinlichkeit, dass Y die Ausprägung 1 annimmt. $\mathcal{L}$ ist die Linkfunktion $\mathcal{L} : \mathbb{R} \to [0, 1]$ (siehe folgender Abschnitt 4.1.3 zur Linkfunktion).

Die Modellgleichung der logistischen Regression lautet (siehe z. B. Krafft, 1997, S. 627):

$$\pi_{i1} = \mathcal{L} \left(\beta_0 + \sum_{k=1}^{K} \beta_k X_{ki} + \epsilon_i \right) \qquad \text{für} \quad i = 1, \ldots, N \qquad (4.4)$$

mit $\quad i \qquad$ Index der Beobachtungen ($i = 1, \ldots, N$);

$\qquad\quad N \qquad$ Stichprobenumfang, Gesamtzahl der Beobachtungen;

$\qquad\quad k \qquad$ Index der unabhängigen Variablen X_k ($k = 1, \ldots, K$);

$\qquad\quad K \qquad$ Anzahl der unabhängigen Variablen;

$\qquad\quad \pi_{i1} \qquad$ Wahrscheinlichkeit, dass die abhängige Variable Y_i den Wert 1 annimmt;

$\qquad\quad \mathcal{L} \qquad$ Linkfunktion;

$\qquad\quad X_{ki} \qquad$ Messwerte für die unabhängige Variable X_k;

$\qquad\quad \beta_0 \qquad$ Konstante;

$\qquad\quad \beta_k \qquad$ Regressionskoeffizient für die unabhängige Variable k;

$\qquad\quad \epsilon_i \qquad$ Werte des Störterms.

Faktisch wird in der logistischen Regression eine latente, nicht beobachtbare Variable y^* durch ein lineares Modell geschätzt. Das hat zur Folge, dass auch die Fehlerterme nicht beobachtet werden können, da $\hat{\epsilon} = y^* - \hat{y}^*$. Aus diesem Grund muss in der logistischen Regression eine Annahme über die Varianz der Fehlerterme getroffen werden (siehe z. B. Best und Wolf, 2012):

$$\sigma_{\epsilon}^2 = \frac{\pi^2}{3}. \tag{4.5}$$

4.1.3 Linkfunktion

Die Linkfunktion $\mathcal{L}$ transformiert den linearen Prädiktor $\eta = \beta_0 + \sum_{k=1}^{K} \beta_k x_k$ auf das Intervall $[0, 1]$. Abbildung 4.2 links zeigt η für den Fall $K = 1$ mit und ohne Linkfunktion.

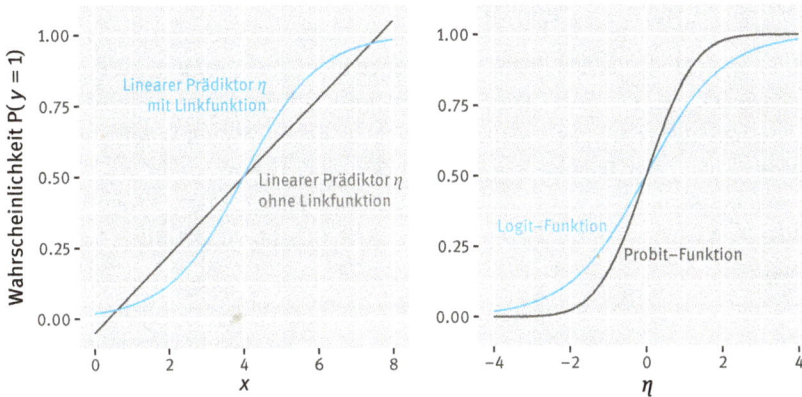

Abb. 4.2: Links: Linearer Prädiktor ohne (grau) und mit (blau) Linkfunktion. Ohne Linkfunktion ist das Ergebnis nicht als Wahrscheinlichkeit zu interpretieren, da die Werte auch außerhalb von $[0, 1]$ liegen. Rechts: Logit-Funktion (blau) vs. Probit-Funktion (grau).

Als Linkfunktion wird in der logistischen Regression die logistische Funktion genutzt (Gleichung 4.6), die Umkehrfunktion zur logarithmierten Chance (siehe Gleichung 4.3):

$$\text{logit}(\eta) = \frac{e^\eta}{1 + e^\eta} = \frac{e^{\beta_0 + \sum_{k=1}^{K} \beta_k X_k}}{1 + e^{\beta_0 + \sum_{k=1}^{K} \beta_k X_k}} = \frac{1}{1 + e^{-\eta}} = \frac{1}{1 + e^{-\left(\beta_0 + \sum_{k=1}^{K} \beta_k X_k\right)}}. \tag{4.6}$$

Die festgelegte Varianz der Fehlerterme gemäß Gleichung 4.5 führt genau zu der *einfachen* Gleichung 4.6 für die Linkfunktion in der logistischen Regression. Eine Herleitung findet sich in Best und Wolf (2010).

Die Probit-Regression nutzt die Verteilungsfunktion Φ der Standardnormalverteilung. Die festgelegte Varianz der Fehlerterme liegt daher bei eins.

$$\text{probit}(\eta) = \Phi(\eta) = \frac{1}{\sqrt{2\pi}} \int_{-\infty}^{\eta} e^{-\frac{1}{2}z^2}\, dz. \tag{4.7}$$

Abbildung 4.2 rechts zeigt, dass sich beide nur geringfügig im Verlauf unterscheiden. Daher liefern sie auch vergleichbare Ergebnisse (siehe z. B. Gujarati und Porter, 2009, S. 571 f.). In der Abbildung ist auch gut zu erkennen, dass die Ausdifferenzierung der Wahrscheinlichkeiten $P(y = 1)$ nur in einem kleinen Wertebereich von η erfolgt.

Wie oben schon erwähnt, beschränken wir uns aufgrund der einfacheren Herleitung im Folgenden auf die logistische Regression. Die letztendliche Interpretation der Koeffizienten der Probit-Regression kann in vergleichbarer Weise erfolgen.

4.1.4 Maximum-Likelihood-Schätzung

Die Koeffizienten der logistischen Regression werden nicht über die Methode der kleinsten Quadrate geschätzt, sondern über die *Maximum-Likelihood*-Methode. Die Schätzwerte der Koeffizienten werden so bestimmt, dass die beobachteten Daten am plausibelsten werden (siehe z. B. Backhaus *et al.*, 2021, S. 316 ff.; Hosmer *et al.*, 2013, S. 8 ff.). In der linearen Regression ist die ML-Schätzung auch analytisch möglich, in der logistischen Regression kann sie allerdings nur numerisch, d. h. in einem iterativen Verfahren geschätzt werden.

Konkret heißt das, dass die bedingte Wahrscheinlichkeit für $Y = 1$ bei gegebenen x in einer Beobachtung i möglichst groß sein soll, wenn das zugehörige beobachtete $y_i = 1$ ist, und umgekehrt möglichst klein sein soll, wenn $y_i = 0$ ist. Die bedingte Wahrscheinlichkeit kann kurz mit $p(x_i)$ bezeichnet werden. Zusammengefasst muss damit folgender Ausdruck möglichst groß werden:

$$p(x_i)^{y_i} \cdot \left(1 - p(x_i)\right)^{1-y_i}. \tag{4.8}$$

Unter der Annahme, dass die Beobachtungen unabhängig voneinander verteilt sind, ergibt sich die gemeinsame Wahrscheinlichkeit aller Beobachtungen als Produkt der einzelnen Wahrscheinlichkeiten. Dies ist die Likelihood-Funktion L, die in Abhängigkeit der Koeffizienten $\beta_0, \beta_1, \ldots, \beta_K$ maximiert wird.

$$L(\beta_0, \beta_1, \ldots, \beta_K) = \prod_{i=1}^{N} p(x_i)^{y_i} \cdot \left(1 - p(x_i)\right)^{1-y_i}. \tag{4.9}$$

Für die Berechnung ist es hilfreich, die Likelihood-Funktion zu logarithmieren, um so statt der Produkte eine Summe zu erhalten. Dies ergibt die *Log-Likelihood*-Funktion LL:

$$LL(\beta_0, \beta_1, \ldots, \beta_K) = \sum_{i=1}^{N} \ln\left(p(x_i)\right) \cdot y_i + \ln\left(1 - p(x_i)\right) \cdot (1 - y_i). \tag{4.10}$$

Die Log-Likelihood-Funktion kann nur negative Werte annehmen, da der (natürliche) Logarithmus für Werte kleiner 1 stets negativ ist.

Um die Log-Likelihood-Funktion in der logistischen Regression zu maximieren, werden, wie schon erwähnt, iterative Verfahren eingesetzt, da dies analytisch nicht möglich ist. Die Maximum-Likelihood-Schätzung kann auch bei der linearen Regression genutzt werden und führt zu den gleichen Ergebnissen, wie die Methode der kleinsten Quadrate. Diese beiden Verfahren stellen die am häufigsten genutzten Schätzverfahren dar (Backhaus *et al.*, 2021, S. 316).

4.2 Verwendete R-Pakete

In diesem Kapitel werden die in R-Code 4.1 aufgeführten Pakete verwendet, die mit library(package) geladen bzw. aktiviert werden müssen. Falls die unten aufgeführten Pakete noch nicht installiert wurden, müssen sie einmalig mit install.package ("package") installiert werden.

R-Code 4.1: Laden der im Kapitel benötigten Pakete

```
library(dplyr)          # Datenhandling
library(tidyr)          # "tidy" Datenformat
library(forcats)        # Tools für kategoriale Variablen
library(broom)          # Ausgabe und Formatierung verschiedener Objekte
library(ggplot2)        # Grammar of Graphics
library(ggformula)      # Pipelining und Formelinterface für ggplot2
library(ggfortify)      # automatische Übertragung verschiedener Formate in ggplot2
library(gridExtra)      # Anordnung mehrerer ggplot2-Objekte
library(lmtest)         # Tests für (generalisierte) lineare Modelle
library(ROCR)           # Ausgabe von ROC und AUC
library(caret)          # Auswertung und Optimierung von Klassifikationsmodellen
library(margins)        # Ausgabe marginaler Effekte
library(interplot)      # Grafische Darstellung von Interaktionseffekten


# Weitere Pakete, die benötigt, aber nicht dauerhaft geladen werden:
# car                   # ergänzende Funktionen für die Regression
# Hmisc                 # verschiedene Funktionen u. a. für die Klassifikation
# mgcv                  # generalisierte additive Modellierung, hier Glättung
# ModelMetrics          # Berechnung verschiedener Metriken
# mosaic                # Formelinterface für die Datenanalyse
# OptimalCutpoints      # Bestimmung optimaler Cutpoints
```

4.3 Interpretation der Koeffizienten

4.3.1 Direkte Interpretation

Die Parameter lassen sich, anders als in der linearen Regression, nur eingeschränkt direkt interpretieren. Nach Schätzung der Modellgleichung gilt $\hat{\eta} = \hat{\beta}_0 + \sum_{k=1}^{K} \hat{\beta}_k x_{ki}$ und $p_1 = P(y = 1)$. Zur Verdeutlichung kann Abbildung 4.2 herangezogen werden.

- Ist $\hat{\eta} = 0$, dann ist $p_1 = 0.5$.
- Sei $x_1 = 0, \ldots, x_K = 0$. Dann gilt für $\hat{\beta}_0 > 0$ (< 0) $p_1 > 0.5$ (< 0.5).
- Ist $\hat{\eta} > 0$ (< 0), dann ist $p_1 > 0.5$ (< 0.5).
- Positive Werte für $\hat{\beta}_k$ (für $k = 1, \ldots, K$) erhöhen p_1, negative verringern p_1.

Als Beispiel sei hier ein linearer Prädiktor für die Prognose eines Kreditausfalls gegeben (siehe auch schon Formel 4.1):

$$\hat{\eta} = -0.2 - 0.008 \cdot \text{Bonität} + 0.0025 \cdot \text{Monatliche Rate}. \tag{4.11}$$

Weiter sei $p_1 = P(\text{Kreditausfall} = \text{ja})$. Dann lassen sich die Modellparameter im Modell der Stichprobe wie folgt interpretieren:

- Die Konstante $\hat{\beta}_0$ ist kleiner 0, also ist p_1 für eine Bonität von 0 und einer monatlichen Rate von 0 im Mittel kleiner 50 %.
- Die Bonität steht in einem negativen Zusammenhang mit der Wahrscheinlichkeit für einen Kreditausfall: Je höher die Bonität, desto geringer ist im Mittel die Wahrscheinlichkeit für einen Kreditausfall.
- Die monatliche Rate steht in einem positiven Zusammenhang mit der Wahrscheinlichkeit für einen Kreditausfall: Je höher die monatliche Rate ist, desto größer ist im Mittel die Wahrscheinlichkeit für einen Kreditausfall.

Abgesehen von der Interpretation des Vorzeichens der Koeffizienten ist keine direkte Interpretation der Koeffizienten einer logistischen Regression möglich. Insbesondere kann die Höhe der Regressionskoeffizienten nicht wie bei der linearen Regression als Steigung bzw. als Veränderung der abhängigen Variablen y bei einer marginalen Veränderung der unabhängigen Variablen x interpretiert werden.

Beim Vergleich von (ggf. verschachtelten) Modellen ist zu beachten, dass nicht einmal der Größenunterschied der Koeffizienten gleicher Variablen interpretiert werden kann. Aufgrund der Varianzzerlegung und der konstanten Fehlervarianz wird die Gesamtvarianz bei einem besseren Modellfit, d. h., höhere erklärte Varianz, zunehmen. Dies führt zu einer Verzerrung der Koeffizienten, was bei einer Interpretation der latenten Variablen y^* relevant wäre. Da aber die Wahrscheinlichkeit $P(y = 1)$ von Interesse ist und $\hat{y}^* = 0$ einer Wahrscheinlichkeit von 0.5 entspricht, spielt die Verzerrung keine Rolle. In Best und Wolf (2012) finden Sie eine Herleitung und eine Simulationsstudie zu diesem Sachverhalt.

4.3.2 Interpretation über das Chancenverhältnis

Relatives Risiko

Seien diesmal $p_1(x_1) = P(Y = 1 \mid x_1)$ bzw. $p_1(x_2) = P(Y = 1 \mid x_2)$ die Wahrscheinlichkeiten, dass die abhängige Variable Y den Wert 1 annimmt für gegebene Werte x_1 bzw. x_2 für die unabhängige Variable X.

Das *relative Risiko RR* ist definiert als das Verhältnis der Eintrittswahrscheinlichkeiten für die Zielgröße bei zwei unterschiedlichen Ausprägungen der Einflussgröße. Beispiel Kreditausfallprognose: Sei p_1 die Wahrscheinlichkeit, dass ein Kredit nicht zurückgezahlt wird. Sei X eine unabhängige Variable „Kunde hat Girokonto" mit den Ausprägungen 1 („ja") und 0 („nein"). Seien $x_1 = 0$ und $p_1(0) = 5\%$ sowie $x_2 = 1$ und $p_1(1) = 1\%$. Dann beträgt das relative Risiko $RR = \frac{p_1(0)}{p_1(1)} = 5$. D. h., ein Kunde, der kein Girokonto hat, hat ein fünffach höheres Risiko, seinen Kredit nicht zurückzuzahlen, als ein Kunde, der ein Girokonto hat.

Chance und Chancenverhältnis

Wie in Abschnitt 4.1.1 schon erwähnt, ist die Chance O für ein gegebenes x_1 definiert als die Eintrittswahrscheinlichkeit dividiert durch seine Gegenwahrscheinlichkeit:

$$O(x_1) = \frac{p_1(x_1)}{1 - p_1(x_1)}. \tag{4.12}$$

Das Chancenverhältnis (*odds ratio OR*) ist definiert als der Quotient zweier Chancen:

$$OR = \frac{O(x_1)}{O(x_2)} = \frac{\frac{p_1(x_1)}{1 - p_1(x_1)}}{\frac{p_1(x_2)}{1 - p_1(x_2)}}. \tag{4.13}$$

Das Chancenverhältnis kann unter bestimmten Bedingungen verwendet werden, um das relative Risiko abzuschätzen (siehe z. B. Hosmer *et al.*, 2013, S. 49 ff.; Krafft, 1997, S. 663 ff.). Ist p_1 klein, so ist $RR \approx OR$. Die Grenze für p_1 liegt dabei gemäß Osborne (2015, S. 34) bei ca. 5 %.

Binäre unabhängige Variable

Es gebe eine unabhängige Variable X. Somit lautet nach Schätzung die logistische Regressionsgleichung:

$$p_1 = \text{logit}\left(\hat{\beta}_0 + \hat{\beta}_1 x\right) = \frac{e^{\hat{\beta}_0 + \hat{\beta}_1 x}}{1 + e^{\hat{\beta}_0 + \hat{\beta}_1 x}} = \frac{1}{1 + e^{-(\hat{\beta}_0 + \hat{\beta}_1 x)}}. \tag{4.14}$$

x sei zudem binär, d. h., es gibt zwei Ausprägungen, die mit 0 und 1 kodiert sind. Tabelle 4.2 zeigt die vier Möglichkeiten, die sich aus den Kombinationen der verschiedenen Ausprägungen für x und y ergeben.

Tab. 4.2: Vierfeldertafel für eine binäre unabhängige Variable

	$x = 1$	$x = 0$
$y = 1$	$p_1(x) = \frac{e^{\hat{\beta}_0+\hat{\beta}_1}}{1+e^{\hat{\beta}_0+\hat{\beta}_1}}$	$p_1(x) = \frac{e^{\hat{\beta}_0}}{1+e^{\hat{\beta}_0}}$
$y = 0$	$1 - p_1(x) = \frac{1}{1+e^{\hat{\beta}_0+\hat{\beta}_1}}$	$1 - p_1(x) = \frac{1}{1+e^{\hat{\beta}_0}}$

Das Chancenverhältnis berechnet sich mit $x_1 = x = 1$ und $x_2 = x = 0$ zu:

$$OR = \frac{\frac{p_1(1)}{1-p_1(1)}}{\frac{p_1(0)}{1-p_1(0)}} = e^{\hat{\beta}_1}. \tag{4.15}$$

Damit entspricht das Chancenverhältnis von $O(1)$ zu $O(0)$ gerade dem Wert der Exponentialfunktion an der Stelle $\hat{\beta}_1$. Ist zusätzlich p_1 klein, dann gilt:

$$RR \approx OR = e^{\hat{\beta}_1}. \tag{4.16}$$

Beispiel Kreditausfallprognose: Sei $p_1 = P(\text{Kreditausfall} = \text{ja})$. Die unabhängige Variable sei „Kunde hat Girokonto" mit den Ausprägungen 1 („ja") und 0 („nein"). Eine logistische Regressionsrechnung ergibt folgende Regressionsgleichung:

$$p_1 = \text{logit}(-1.5 - 0.5 \cdot \text{Kunde hat Girokonto}). \tag{4.17}$$

Die Interpretation erfolgt in folgenden Schritten:
1. Prüfe, ob p_1 für alle Ausprägungen von „Kunde hat Girokonto" klein ist. Diese Prüfung kann vorgenommen werden, indem im Datensatz die Anzahl der ausgefallenen Kredite durch die Gesamtanzahl aller Kreditnehmer dividiert wird. Für das vorliegende Beispiel wird ein kleines p_1 angenommen.
2. Schätze das relative Risiko über das Chancenverhältnis ab:

$$RR \approx OR = e^{-0.5} \approx 0.6065. \tag{4.18}$$

3. Interpretation: Das Risiko eines Kreditausfalls ist bei Kunden mit Girokonto nur etwa 0.6-mal so hoch wie bei Kunden ohne Girokonto.

Metrische unabhängige Variable
Auch bei metrischen unabhängigen Variablen kann die gleiche Beziehung zwischen Chancenverhältnis (und damit näherungsweise dem relativen Risiko) und dem Regressionskoeffizienten hergestellt werden. Es wird von einer Erhöhung der unabhängigen Variablen um eins ausgegangen:

$$RR \approx OR = \frac{O(x + 1)}{O(x)} = e^{\hat{\beta}_1}. \tag{4.19}$$

Am Beispiel des Datensatzes `Kreditstatus`, der die Variable Zahlungsausfall und mögliche Faktoren, die damit in Zusammenhang stehen können, beinhaltet, wird dies exemplarisch gezeigt. Tabelle 4.3 zeigt die darin enthaltenen Variablen. Der Datensatz liegt als deutsche `csv`-Datei[2] vor und wird mit `read.csv2()` eingelesen (R-Code 4.2).

Tab. 4.3: Variablen des Datensatzes `Kreditstatus`

Variable	Bedeutung
ausfall	Zahlungsausfall: nein – kein Zahlungsausfall, ja – Zahlungsausfall
betrag	Kredithöhe in USD
zins	Zinssatz in %
bonitaet	Ergebnis der Kreditwürdigkeitsprüfung:
	A – höchste Bonität, G – niedrigste Bonität
alter	Alter in Jahren
wohnen	Wohnstatus: Eigentum, Grundschuld, Miete, Sonstige
arbeit	Dauer des Anstellungsverhältnisses in Jahren
einkommen	jährliches Einkommen in 1000 USD

R-Code 4.2: Einlesen des Datensatzes `Kreditstatus.csv`

```
# Einlesen des Datensatzes
KRED <- read.csv2("data/Kreditstatus.csv")
# Struktur ausgeben
str(KRED)

## 'data.frame': 25570 obs. of  8 variables:
## $ ausfall  : chr  "nein" "nein" "nein" "ja" ...
## $ betrag   : int  5000 10000 12000 9000 3000 10000 1000 3600 9200 21000 ...
## $ zins     : num  10.65 13.49 12.69 13.49 9.91 ...
## $ bonitaet : chr  "B" "C" "B" "C" ...
## $ alter    : int  33 24 28 22 22 28 22 27 24 29 ...
## $ wohnen   : chr  "Miete" "Miete" "Eigentum" "Miete" ...
## $ arbeit   : int  10 13 11 0 3 3 0 13 6 17 ...
## $ einkommen: num  24 49.2 75 30 15 ...

# Kategoriale Variablen in Faktoren umwandeln
KRED <- KRED |> mutate(
  ausfall = factor(ausfall, levels = c("nein", "ja")),
  bonitaet = as.factor(bonitaet),
```

---

2 csv – *comma separated values*, ein reines Textformat, die einzelnen Werte sind mit Kommata voneinander getrennt. Da in Deutschland das Komma als Dezimaltrennzeichen verwendet wird, gibt es auch ein csv-Format, das ein Semikolon als Variablentrennzeichen nutzt.

```
  wohnen = as.factor(wohnen)
)
# Struktur erneut anzeigen
str(KRED)

## 'data.frame': 25570 obs. of  8 variables:
## $ ausfall  : Factor w/ 2 levels "nein","ja": 1 1 1 2 1 2 1 1 1 2 ...
## $ betrag   : int   5000 10000 12000 9000 3000 10000 1000 3600 9200 21000 ...
## $ zins     : num  10.65 13.49 12.69 13.49 9.91 ...
## $ bonitaet : Factor w/ 7 levels "A","B","C","D",..: 2 3 2 3 2 2 4 1 1 2 ...
## $ alter    : int  33 24 28 22 22 28 22 27 24 29 ...
## $ wohnen   : Factor w/ 4 levels "Eigentum","Grundschuld",..: 3 3 1 3 3 3 3 2 3 3 ...
## $ arbeit   : int  10 13 11 0 3 0 13 6 17 ...
## $ einkommen: num  24 49.2 75 30 15 ...

# Kategorien der Variablen ausfall ausgeben
levels(KRED$ausfall)

## [1] "nein" "ja"
```

ausfall ist eine kategoriale Variable mit zwei Ausprägungen. Diese wird in einen Faktor (Factor) mit den Kategorien (*levels*) nein und ja umgewandelt. Durch die Option levels = c("nein", "ja") wird explizit die Referenzkategorie auf ("nein") festgelegt. Stattdessen könnte der Variablentyp auch ganzzahlig int sein, mit zwei unterschiedlichen Werten, meist 0 und 1. Ohne Konvertierung liegen kategoriale Variablen als Zeichenketten (chr) vor, dann kann aber die Referenzkategorie nicht explizit festgelegt werden, sondern entspricht dem alphanumerisch niedrigsten Wert.

Auch die beiden anderen Textvariablen werden in Faktoren umgewandelt. Den einzelnen Kategorien ist dann dennoch eine positive ganze Zahl zugeordnet, siehe z. B. die Zahlen am Ende der Zeile von wohnen, in der die Werte der ersten Beobachtungen ausgegeben werden. Der niedrigste Wert entspricht der Referenzkategorie.

Die logistische Regression wird über das generalisierte lineare Modell mittels der Maximum-Likelihood-Methode geschätzt. Im Beispiel (R-Code 4.3) werden statt der summary nur die Koeffizienten ausgegeben.

R-Code 4.3: Logistische Regression ausfall ~ alter am Datensatz KRED

```
# Modellierung
KRED.glm1 <- glm(ausfall ~ alter, family = binomial(logit), data = KRED)
# Ausgabe der Koeffizienten
coef(KRED.glm1)

## (Intercept)         alter
## -1.840024575 -0.009398635
```

`glm()` modelliert für $P(y = 0)$ immer die niedrigste Kategorie (die Referenzkategorie) der abhängigen Variablen, hier also `nein`. Bei zwei Kategorien ist dann die andere $P(y = 1)$, hier entsprechend `ja`. Falls mehr als zwei Kategorien vorliegen, werden für $P(y = 1)$ alle anderen zusammengefasst. Daher muss zunächst mit `levels()` (siehe R-Code 4.2) überprüft werden, wie die Reihenfolge der Kategorien ist, und ggf. mit `relevel()` und/oder `levels()` eine Umsortierung vorgenommen werden. Etwas komfortabler funktioniert dies mit `fct_relevel()` aus dem Paket `forcats`. Die Funktion `fct_relevel()` kann mit dem Pipe-Operator `|>` verknüpft werden und erlaubt mit `.default =` eine Kategorie zu erzeugen, in der alle anderen, nicht explizit genannten Kategorien einsortiert werden.

Die Variable `alter` ist das Alter des Kreditnehmers in Jahren. `ausfall = ja` bedeutet, der Kredit ist ausgefallen. Interpretation: Die Chance, dass der Kredit ausfällt, nimmt näherungsweise mit $e^{-0.009399}$ je Jahr ab (R-Code 4.4).

R-Code 4.4: Ausgabe des transformierten Koeffizienten

```
exp(coef(KRED.glm1)[2])

##     alter
## 0.9906454
```

Für 10 Jahre verringert sich die Chance für einen Kreditausfall nicht um den Faktor 10 im Vergleich zu einem Jahr, sondern mit dem Exponenten 10, also näherungsweise $e^{-0.009399 \cdot 10} \approx 0.9103$.

Kategoriale Variablen
Zeichenkette chr	Kategorien (*level*) alphanumerisch aufsteigend sortiert
Faktor factor	Umwandlung mit `as.factor()`
	Referenzkategorie und Reihenfolge der Kategorien kann festgelegt werden
	bei Aufruf von `as.factor()` oder mit `relevel()` bzw. `fct_relevel()`
	$p(y = 0)$ in der logistischen Regression: Referenzkategorie
	$p(y = 1)$ in der logistischen Regression: alle anderen Kategorien

---

Kategoriale unabhängige Variable

Eine kategoriale unabhängige Variable ist ein nominal oder ordinal skaliertes Merkmal mit mehreren (mindestens zwei) verschiedenen Kategorien, hier z. B. Wohnstatus: Eigentum – Grundschuld – Miete – Sonstige.

Wie bei der linearen Regression werden derartige Merkmale i. d. R. nicht direkt als unabhängige Variable in die logistische Regressionsgleichung aufgenommen, sondern über sogenannte Indikator- oder Dummy-Variablen kodiert (siehe auch Tab. 2.3 in Abschnitt 2.4.2 im Kapitel Lineare Regression).

Die Anzahl der erforderlichen Indikatorvariablen entspricht der um eins verminderten Anzahl der Kategorien. Es wird eine Referenzkategorie festgelegt (in **R** standardmäßig der alphanumerisch niedrigste Level), für die anderen Kategorien werden Koeffizienten berechnet. Diese geben jeweils die Veränderungen des Logits im Vergleich zur Referenzkategorie an. Mit levels(variable) können die Kategorien ausgegeben werden (R-Code 4.5), die erste ist die Referenzkategorie. Die Interpretation erfolgt wie bei binären unabhängigen Variablen – aber immer in Bezug auf die Referenzkategorie.

R-Code 4.5: Logistische Regression ausfall ~ wohnen am Datensatz KRED

```
# Modellierung
KRED.glm2 <- glm(ausfall ~ wohnen, family = binomial(logit), data = KRED)
# Kategorien (levels) der Variablen wohnen
levels(KRED$wohnen)

## [1] "Eigentum"    "Grundschuld" "Miete"       "Sonstige"

# Chancenverhältnis
exp(coef(KRED.glm2))

##      (Intercept) wohnenGrundschuld      wohnenMiete    wohnenSonstige
##        0.1178161         0.9098541        1.1491820         1.9681866
```

Die Referenzkategorie ist im Beispiel Eigentum. Jemand, der zur Miete wohnt (Miete), hat näherungsweise eine ca. 1.15-fache Chance, dass der Kredit ausfällt.

Soll eine andere Referenzkategorie verwendet werden, können Sie dies mit fct_relevel() aus dem Paket forcats oder relevel() anpassen. In R-Code 4.6 wird dies beispielsweise für die Festlegung der Kategorie Miete als Referenzkategorie gezeigt.

R-Code 4.6: Änderung der Referenzkategorie am Beispiel der Variablen Miete im Datensatz KRED

```
# Variante mit fct_relevel
KRED <- KRED |> mutate(
  wohnen = fct_relevel(wohnen, "Miete")
)
# Variante mit relevel
KRED$wohnen <- relevel(KRED$wohnen, ref = "Miete")
```

4.3.3 Interpretation über den marginalen Effekt

Da das Chancenverhältnis häufig nicht näherungsweise dem relativen Risiko gleich-zusetzen ist und als Chancenverhältnis schwer zu interpretieren ist, bietet sich die Interpretation über den marginalen Effekt einer Variablen an. Der marginale Effekt für eine unabhängige Variable ist die partielle Ableitung der Modellfunktion nach dieser Variablen. Somit drückt der marginale Effekt die Auswirkung einer marginal kleinen Änderung (eine Einheit) einer unabhängigen Variablen auf die abhängige Variable aus. Es herrschen Ceteris-paribus-Bedingungen, die anderen Variablen werden dabei konstant gehalten.

Der marginale Effekt in einer linear-additiven Regression ist eine Konstante, wie folgende Gleichungen an einem Beispiel mit zwei Variablen für die Variable X_1 zeigen:

$$Y = \beta_0 + \beta_1 X_1 + \beta_2 X_2 + \epsilon, \tag{4.20}$$

$$\frac{\partial Y}{\partial X_1} = \beta_1. \tag{4.21}$$

In generalisierten linearen Modellen ist der Zusammenhang nicht linear, da die Line-arkombination (rechter Teil der Gleichung 4.20) noch über die Linkfunktion $\mathcal{L}$ trans-formiert werden muss. Gemäß Abschnitt 4.1.3 ist in der logistischen Regression die Linkfunktion die logistische Funktion.

$$\mathcal{L}(\eta) = \frac{e^\eta}{1 + e^\eta} \quad \text{mit} \tag{4.22a}$$

$$\eta = \beta_0 + \beta_1 X_1 + \beta_2 X_2 + \epsilon. \tag{4.22b}$$

Somit ergibt sich der marginale Effekt für die Variable X_1 durch partielle Ableitung der Linkfunktion $\mathcal{L}$ nach X_1:

$$\frac{\partial \mathcal{L}(\eta)}{\partial X_1} = \beta_1 \mathcal{L}'(\eta) = \beta_1 \frac{e^\eta}{(1 + e^\eta)^2}. \tag{4.23}$$

Der marginale Effekt hängt also von dem Wert aller unabhängigen Variablen im Modell ab und kann somit unabhängig von dem Vorzeichen von β_1 auch das Vorzeichen wechseln.

Für die Darstellung des marginalen Effekts gibt es verschiedene Möglichkeiten. Es kann der marginale Effekt für eine Variable für ausgewählte (repräsentative) Werte der verschiedenen unabhängigen Variablen ausgegeben werden (*MER, marginal effect at representative value*). Alternativ kann der marginale Effekt für die Mittelwerte der unabhängigen Variablen dargestellt werden (*MEM, marginal effect at means*, auch *PEA, partial effect at the average*). Gleichung 4.24a zeigt dies für die Variable X_1:

$$MEM = \hat{\beta}_1 \mathcal{L}'(\hat{\eta}) \quad \text{mit} \tag{4.24a}$$

$$\hat{\eta} = \hat{\beta}_0 + \hat{\beta}_1 \bar{x}_1 + \hat{\beta}_2 \bar{x}_2. \tag{4.24b}$$

$\bar{x}_1$ und $\bar{x}_2$ sind darin die Mittelwerte der beobachteten Werte für die Variablen X_1 und X_2. Informativer als der *MEM* ist der durchschnittliche oder mittlere marginale Effekt (*AME*, *average marginal effect*, auch *APE*, *avarage partial effect*), für den der marginale Effekt für jede Beobachtung berechnet und daraus der Mittelwert gebildet wird, hier wieder für die Variable X_1.

$$AME = \frac{1}{N} \sum_{i=1}^{N} \hat{\beta}_1 \mathcal{L}'(\hat{\eta}_i) \quad \text{mit} \tag{4.25a}$$

$$\hat{\eta}_i = \hat{\beta}_0 + \hat{\beta}_1 x_{1i} + \hat{\beta}_2 x_{2i}. \tag{4.25b}$$

Der Vorteil des *AME* gegenüber dem *MEM* ist, dass die gesamte Verteilung der beobachteten x-Werte berücksichtigt wird. Der *AME* lässt sich als durchschnittlicher additiver Effekt einer unabhängigen Variablen auf die Wahrscheinlichkeit für $y = 1$ interpretieren (Best und Wolf, 2012). Der Anstieg von x_k um eine Einheit ist im Modell der Stichprobe assoziiert mit dem durchschnittlichen Anstieg der Wahrscheinlichkeit um *AME* Prozentpunkte. Insbesondere in Kombination mit einem oder mehreren marginalen Effekten für repräsentative Werte (*MER*) kann so der Einfluss jeder unabhängigen Variablen aufgezeigt werden. Für eine weitere Diskussion siehe Leeper (2018) oder Mood (2010).

Das Paket `margins` bietet verschiedene Möglichkeiten, marginale Effekte darzustellen. Am Beispiel eines Modells zum Datensatz KRED, in dem die Ausfallwahrscheinlichkeit in Abhängigkeit von den Variablen `alter` und `betrag` modelliert wird, werden in R-Code 4.7 verschiedene Ausgabemöglichkeiten gezeigt.

R-Code 4.7: Interpretation der marginalen Effekte am Beispiel des Modells `ausfall ~ alter + betrag`

```
KRED.glm3 <- glm(ausfall ~ alter + betrag, data = KRED, family = binomial())
margins(KRED.glm3)

##      alter     betrag
##  -0.0008973 -2.946e-07

margins(KRED.glm3, variables = "alter", at = list(betrag = c(2000, 30000)))

## at(betrag)      alter
##       2000 -0.0009135
##      30000 -0.0008547

margins(KRED.glm3, variables = "alter",
        at = list(alter = c(20, 60), betrag = c(2000, 30000)))

## at(alter) at(betrag)      alter
##        20       2000 -0.0009643
##        60       2000 -0.0007182
```

```
##        20      30000 -0.0009032
##        60      30000 -0.0006690
```

Wenn in der Funktion `margins` nur das Modell angegeben wird, werden die durch-schnittlichen marginalen Effekte *AME* für alle unabhängigen Variablen des Modell ausgegeben (R-Code 4.7 zweite Codezeile `margins(KRED.glm3)`). `variables = "V1"` oder `variables = c("V1", "V2")` wählt eine oder mehrere Variablen aus, deren Effekte gezeigt werden sollen (R-Code 4.7 dritte Codezeile `margins(KRED.glm3, variables = "alter", ...)`). Mit `at = list(V3 = wert)` können die durchschnittlichen marginalen Effekte für bestimmte Werte ausgegeben werden (R-Code 4.7 ebenfalls dritte Codezeile). Sofern auch Werte für die Variable, die bei `variables` angegeben wurde, eingefügt wer-den, wird der konkrete marginale Effekt *MER* an diesem Punkt ausgegeben (R-Code 4.7 letzte Codezeile `margins(... , at = list(alter = c(20, 60), ...))`).

In der Ausgabe werden standardmäßig die Auswirkungen auf die geschätzten Wahrscheinlichkeiten $P(y = 1)$ gezeigt. Mit `type = "link"` werden hingegen die Ände-rungen des Logits angezeigt. In einer vorläufigen Interpretation der verschiedenen *MER* (Ausgabe zu der letzten Codezeile in R-Code 4.7) bedeutet das, dass die Ausfallwahr-scheinlichkeiten mit zunehmendem Alter abnehmen, der Effekt in höherem Alter aber nicht mehr so stark ist. Bei einem höheren Betrag nimmt die Ausfallwahrscheinlichkeit ebenfalls ab.

Marginale Effekte

MEM marginaler Effekt für Mittelwerte, meist nicht sehr informativ

AME mittlerer marginaler Effekt, berücksichtigt die Verteilung der unabhängigen Variablen

MER marginaler Effekt für repräsentative Werte
in Verbindung mit *AME* kann der Einfluss einzelner Variablen aufgezeigt werden

---

Hilfreich kann auch ein Plot des marginalen Effekts sein, den Sie mit `cplot()` erhalten. Sie können z. B. den marginalen Effekt der einen Variablen über den Bereich dieser Variablen oder den durchschnittlichen marginalen Effekt *AME* über den Bereich einer anderen Variablen ausgeben. R-Code 4.8 zeigt diese Varianten für die Variable `alter`. R-Grafik 4.1 (links) zeigt den marginalen Effekt von `alter` über die Ausprägungen von `alter` und R-Grafik 4.1 (rechts) *AME* von `alter` bedingt durch `betrag`.

R-Code 4.8: Plot der mittleren marginalen Effekte von `alter` bedingt durch `alter` und `betrag` im Modell `KRED.glm3`

```
# AME von alter bedingt durch alter
out <- cplot(KRED.glm3, x = "alter", dx = "alter", what = "effect", draw = FALSE)
gf_ribbon(lower + upper ~ xvals, data = out, fill = "blue") |>
  gf_line(yvals ~ xvals) |>
  gf_labs(x = "alter", y = "Marginaler Effekt alter")
```

```
# AME von alter bedingt durch betrag
out <- cplot(KRED.glm3, x = "betrag", dx = "alter", what = "effect", draw = FALSE)
gf_ribbon(lower + upper ~ xvals, data = out, fill = "blue") |>
  gf_line(yvals ~ xvals) |>
  gf_labs(x = "betrag", y = "Marginaler Effekt alter")
```

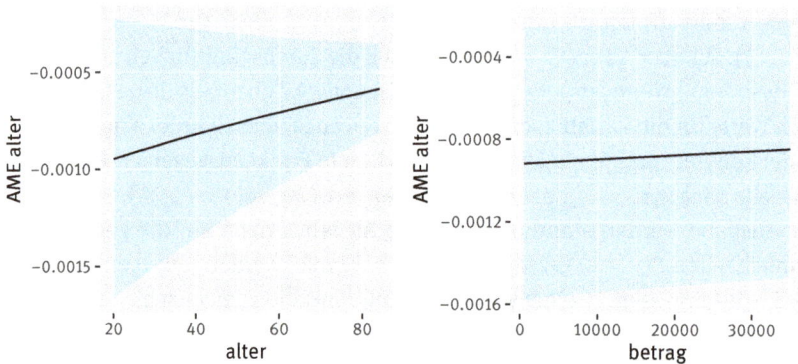

R-Grafik 4.1: Plot der mittleren marginalen Effekte von alter bedingt durch alter (links) und betrag (rechts) im Modell KRED.glm3

Um den marginalen Effekt auszugeben, muss als Option what = "effect" angegeben werden. Ohne diese Option wird die Auswirkung auf den vorhergesagten Wert ausgegeben. Zusätzlich wird das 95%-Konfidenzband gezeigt (siehe Abschnitt 4.5.3). Zu erkennen ist, dass der mittlere marginale Effekt von alter mit zunehmendem Alter weniger negativ wird. Auch mit zunehmendem Betrag wird er weniger negativ, hier ist die Veränderung allerdings nicht so ausgeprägt. *Hinweis:* Hier wird das Ergebnis von cplot() über ggformula ausgegeben. Um die Grafikausgabe zu unterdrücken, wird die Option draw = FALSE gesetzt. Sie können die Grafiken ohne out <- auch direkt mit cplot() ausgeben, dazu müssen Sie die Option draw = FALSE weglassen.

---

i **Welche Effekte berichten Sie?**

Koeffizient	nur die Richtung des Einflusses, $p(y = 1)$ steigt oder nicht, kann angegeben werden
Chancenverhältnis, OR	wertmäßig korrekt, aber schwer zu interpretieren bei Anteil des modellierten Ereignisses unter 5 % (oder über 95 %) entspricht *OR* näherungsweise dem relativen Risiko *RR*
Marginaler Effekt	Kombination aus *AME* und *MER* zeigt detailliert den Einfluss einzelner unabhängiger Variablen

---

4.4 Globale Modellgüte

4.4.1 Devianz

Aus der Likelihood-Funktion (siehe Abschnitt 4.1.4) kann ein globales Maß für die Modellgüte, die Devianz (*deviance*) $-2LL$, abgeleitet werden:

$$-2LL = c - 2 \cdot \ln L(\beta_0, \beta_1, \dots, \beta_K). \qquad (4.26)$$

c ist eine Konstante, die so angepasst wird, dass ein saturiertes Modell[3] die Devianz null ergibt. Für eine binäre Zielgröße (wie in unserem Fall) nimmt die Konstante den Wert null an:

$$-2LL = -2 \cdot \ln L(\beta_0, \beta_1, \dots, \beta_K). \qquad (4.27)$$

Die Devianz des Modells wird immer mit der sogenannten Nulldevianz $-2LL_0$ verglichen. Wenn das geschätzte Modell einen erklärenden Wert hat, verringert sich die Modelldevianz im Vergleich zur Nulldevianz. Letztere ergibt sich aus dem Nullmodell, in dem alle Koeffizienten $\beta_1, \dots, \beta_K$ 0 sind, nur der konstante Parameter β_0 ist ggf. ungleich 0 (d. h., das kleinste Modell besteht nur aus dem Intercept). In einem binären Modell lässt sich die Nulldevianz einfach berechnen:

$$-2LL_0 = -2 \cdot (n_{Y=1} \cdot \ln (P(Y = 1)) + n_{Y=0} \cdot \ln (P(Y = 0))) \qquad (4.28)$$

mit $n_{Y=1}$ Anzahl der Beobachtungen, in denen y_i gleich 1 ist;

           $n_{Y=0}$ Anzahl der Beobachtungen, in denen y_i gleich 0 ist.

Der Wertebereich von $-2LL$ ist $[0, \infty)$. Je kleiner die Devianz ist, desto höher ist die Erklärungsgüte des Modells.

Die Nulldevianz (`Null deviance`) und die Modelldevianz (`Residual deviance`) werden in der summary des Modells ausgegeben (R-Code 4.9).

R-Code 4.9: Devianz am Beispiel `KRED.glm1`

```
summary(KRED.glm1)

##
## Call:
## glm(formula = ausfall ~ alter, family = binomial(logit), data = KRED)
##
## Deviance Residuals:
##     Min      1Q   Median      3Q     Max
```

---

3 Ein Modell, das genauso viele Parameter wie Datenpunkte aufweist und damit perfekt an die Beobachtungen angepasst ist.

```
## -0.4973  -0.4885  -0.4821  -0.4694   2.2702
##
## Coefficients:
##               Estimate Std. Error z value Pr(>|z|)
## (Intercept) -1.840025   0.095369 -19.294   <2e-16 ***
## alter       -0.009399   0.003400  -2.765   0.0057 **
## ---
## Signif. codes:  0 '***' 0.001 '**' 0.01 '*' 0.05 '.' 0.1 ' ' 1
##
## (Dispersion parameter for binomial family taken to be 1)
##
##     Null deviance: 17634  on 25569  degrees of freedom
## Residual deviance: 17626  on 25568  degrees of freedom
## AIC: 17630
##
## Number of Fisher Scoring iterations: 4
```

Hier im Beispiel ergibt sich eine Nulldevianz in Höhe von 17634 sowie eine Modelldevianz in Höhe von 17626.

Die Differenz der Nulldevianz und der Modelldevianz ist χ^2-verteilt mit K (= Anzahl der unabhängigen Variablen im Modell) Freiheitsgraden:

$$(-2LL_0) - (-2LL) \sim \chi^2_{(K)}. \tag{4.29}$$

Ob die Nullhypothese, der Unterschied ist null, verworfen werden kann, d. h., ob das Modell einen Erklärungsbeitrag liefert, kann wie in R-Code 4.10 gezeigt mit pchisq() überprüft werden.

R-Code 4.10: Differenz zwischen Nulldevianz und Modelldevianz

```
# Anzahl der Freiheitsgrade = Anzahl Koeffizienten minus Intercept
df <- coef(KRED.glm1) |> length() - 1
# Chi2-Test
pchisq(KRED.glm1$null.deviance - KRED.glm1$deviance, df, lower.tail = FALSE)

## [1] 0.005022927
```

Die Modelldevianz kann auch mit dem Befehl deviance(model) abgerufen werden. Es gibt aber keine entsprechende Funktion für die Nulldevianz, so dass hier beides über den $-Operator aus dem Modell ausgelesen wird.

Da die Differenz unter der Annahme der H_0 null ist, muss überprüft werden, ob die beobachtete Differenz so groß ist, dass das Auftreten unter H_0 unwahrscheinlich ist (Überschreitungswahrscheinlichkeit). Daher muss mit lower.tail = FALSE ein rechtsseitiger Test durchgeführt werden. Die sich hier ergebende Wahrscheinlichkeit (p-Wert) ist sehr klein, so dass von einem Erklärungsbeitrag der Variablen alter im Zusammenhang mit einem Kreditausfall ausgegangen werden kann.

4.4.2 Likelihood-Quotienten-Test

Über den Likelihood-Quotienten-Test (*likelihood ratio test, LR test*) kann die Devianz des geschätzten Modells mit der Nulldevianz verglichen werden. Somit wird die Nullhypothese $H_0: \beta_1 = \beta_2 = \cdots = \beta_K = 0$ mit der Alternativhypothese, mindestens ein β_k für $k \in 1, \ldots, K$ ist verschieden von 0, verglichen. Dies entspricht dem F-Test in der linearen Regression.

Die Teststatistik T ist der mit −2 multiplizierte und logarithmierte Quotient aus der Likelihood des Nullmodells L_0 (alle Koeffizienten außer β_0 sind 0) und der des zu überprüfenden Modells L_β:

$$T = -2 \cdot \ln \frac{L_0}{L_\beta} \sim \chi^2_{(K)}. \tag{4.30}$$

T ist χ^2-verteilt mit K (= Anzahl der unabhängigen Variablen) Freiheitsgraden. Die Teststatistik entspricht genau der in Formel 4.29 gezeigten Differenz aus Nulldevianz und Modelldevianz.

Den Likelihood-Quotienten-Test können Sie mit der Funktion lrtest(model) aus dem Paket lmtest durchführen, hier wieder am Beispiel des Modells ausfall ~ alter (R-Code 4.11):

R-Code 4.11: Likelihood-Quotienten-Test für das Modell KRED.glm1

```
lrtest(KRED.glm1)

## Likelihood ratio test
##
## Model 1: ausfall ~ alter
## Model 2: ausfall ~ 1
##   #Df LogLik Df  Chisq Pr(>Chisq)
## 1   2 -8813.1
## 2   1 -8817.0 -1 7.8712   0.005023 **
## ---
## Signif. codes:  0 '***' 0.001 '**' 0.01 '*' 0.05 '.' 0.1 ' ' 1
```

Da die Wahrscheinlichkeit für die Teststatistik unter der Bedingung, dass es keinen Zusammenhang gibt, sehr klein ist, kann vermutet werden, dass sich das Modell ausfall ~ wohnen vom Nullmodell unterscheidet. Dieser Test ist in seiner Bedeutung und Interpretation vergleichbar mit dem F-Test in der linearen Regression.

4.4.3 Pseudo-R^2

Aufgrund der einfachen Interpretierbarkeit des R^2 in der linearen Regression, in der es den Anteil der erklärten Streuung ausgibt, wurden vergleichbare Gütemaße für die logistische Regression hergeleitet (siehe z. B. Backhaus *et al.*, 2021, S. 329 f.; Menard, 2010, S. 49 f.).

In Analogie zu *Total Sum of Squares SST* $= \sum(y_i - \bar{y})^2$ sowie *Regression Sum of Squares SSR* $= \sum(\hat{y}_i - \bar{y})^2$ und *Error Sum of Squares SSE* $= \sum(y_i - \hat{y}_i)^2$ können Sie Nulldevianz, Differenz aus Nulldevianz und Modelldevianz sowie Modelldevianz interpretieren.

McFaddens-R^2

Als Beispiel für eine Pseudo-R^2-Statistik sei hier McFaddens-R^2 aufgeführt.

$$R^2_{McF} = 1 - \frac{\ln L_\beta}{\ln L_0} \qquad \text{vgl.} \quad R^2 = 1 - \frac{SSE}{SST}. \qquad (4.31)$$

Der Wertebereich liegt ebenfalls zwischen 0 und 1, wobei bei einem Wert von 0.4 oder größer von einer guten Modellanpassung ausgegangen werden kann.

Für die Auswahl der Pseudo-R^2-Statistiken sei auf die Literatur verwiesen. Berechnen können Sie McFaddens-R^2 mit der Funktion `blr_rsq_mcfadden(model)` aus dem Paket `blorr`. In dem Paket sind noch viele weitere Pseudo-R^2-Statistiken implementiert.

4.5 Inferenz der Koeffizienten

4.5.1 Wald-Test

In der summary (siehe R-Code 4.12) des logistischen Regressionsmodells werden standardmäßig die Ergebnisse des Wald-Tests ausgegeben. Dieser überprüft (wie der t-Test in der linearen Regression) die Nullhypothese, $\beta_k = 0$, gegen die Alternative, $\beta_k \neq 0$.

R-Code 4.12: Wald-Test für die Koeffizienten am Beispiel KRED.glm4

```
KRED.glm4 <- glm(ausfall ~ betrag + alter, family = binomial(), data = KRED)
summary(KRED.glm4)

##
## Call:
## glm(formula = ausfall ~ betrag + alter, family = binomial(),
##     data = KRED)
##
## Deviance Residuals:
##     Min       1Q    Median       3Q       Max
## -0.5024   -0.4896   -0.4819   -0.4683    2.2798
##
## Coefficients:
```

```
##                 Estimate Std. Error z value Pr(>|z|)
## (Intercept) -1.816e+00  9.873e-02 -18.390  < 2e-16 ***
## betrag      -3.030e-06  3.208e-06  -0.944  0.34498
## alter       -9.228e-03  3.402e-03  -2.712  0.00669 **
## ---
## Signif. codes:  0 '***' 0.001 '**' 0.01 '*' 0.05 '.' 0.1 ' ' 1
##
## (Dispersion parameter for binomial family taken to be 1)
##
##     Null deviance: 17634  on 25569  degrees of freedom
## Residual deviance: 17625  on 25567  degrees of freedom
## AIC: 17631
##
## Number of Fisher Scoring iterations: 4
```

Wie schon in der linearen Regression werden für jeden Koeffizienten der Schätzer, der Standardfehler, der z-Wert sowie der p-Wert ausgegeben. Die Teststatistik z ist wie in der linearen Regression der Quotient aus dem Schätzer für den Koeffizienten und dem Standardfehler des Schätzers, hier aber näherungsweise standardnormalverteilt.[4]

$$z = \frac{\hat{\beta}_k}{se_{\hat{\beta}_k}} \sim N(0, 1) \qquad (4.32)$$

Im Beispiel (R-Code 4.12) zeigt sich, dass die Nullhypothesen für die Koeffizienten für Intercept und `alter` verworfen werden können. Damit spricht das Ergebnis dafür, dass diese von 0 verschieden sind und `alter` in einem Zusammenhang mit `ausfall` steht.

Untersuchungen haben allerdings gezeigt, dass die Leistungsfähigkeit des Wald-Tests insbesondere bei kleineren Stichproben oder einer großen Anzahl von Parametern nicht sehr gut ist. Der Test verwirft die Nullhypothese, $\beta_k = 0$, oft nicht, obwohl zu vermuten ist, dass die unabhängige Variable X_k in einem Zusammenhang mit der abhängigen Variablen steht (siehe z. B. Agresti, 2013, S. 174 f.; Hosmer *et al.*, 2013, S. 11 ff.).

4.5.2 Likelihood-Quotienten-Test

Als Alternative bietet sich der Likelihood-Quotienten-Test an, der schon im Zusammenhang mit der globalen Modellgüte vorgestellt wurde (siehe Abschnitt 4.4.2). Jetzt wird die Likelihood des Modells L_β nicht mit dem Nullmodell verglichen, sondern mit

---

4 *Hinweis:* Manche Statistikprogramme geben die quadrierte Prüfgröße aus, die dann χ^2-verteilt mit einem Freiheitsgrad (= quadrierte Standardnormalverteilung) ist. Dies zeigt sich an manchen Stellen auch in der Literatur (z. B. Backhaus *et al.*, 2021, S. 337).

einem Modell, das um eine Variable k, bei der die H_0: $\beta_k = 0$ überprüft werden soll, verringert wurde (L_k).

$$T = -2 \cdot \ln \frac{L_k}{L_\beta} \sim \chi^2_{(1)}. \tag{4.33}$$

Die Teststatistik T ist χ^2-verteilt mit einem Freiheitsgrad.[5]

Sie können den Likelihood-Quotienten-Test zur Überprüfung der Schätzer mit lrtest(model, "variable") aufrufen, hier für die Variable betrag aus dem Modell KRED.glm4 (R-Code 4.13):

R-Code 4.13: Likelihood-Quotienten-Test für den Koeffizienten betrag

```
lrtest(KRED.glm4, "betrag")

## Likelihood ratio test
##
## Model 1: ausfall ~ betrag + alter
## Model 2: ausfall ~ alter
##    #Df  LogLik Df Chisq Pr(>Chisq)
## 1    3 -8812.6
## 2    2 -8813.1 -1 0.897     0.3436
```

Der p-Wert (Pr(>Chisq)) ist größer als alle gängigen Irrtumswahrscheinlichkeiten, somit wird die H_0 nicht verworfen. Das Ergebnis spricht dagegen, dass betrag mit der abhängigen Variablen assoziiert ist. Dies entspricht auch dem Ergebnis, das in R-Code 4.12 mit summary(KRED.glm4) ausgewiesen wurde.

Alternativ kann die Funktion drop1(model) verwendet werden. Diese entfernt jeweils eine Variable und berechnet Devianz und AIC. Sofern die Option test = "LRT" oder test = "Chisq" ergänzt wird, wird gleichzeitig ein Likelihood-Quotienten-Test durchführt. R-Code 4.14 zeigt dies exemplarisch.

R-Code 4.14: Likelihood-Quotienten-Test mit drop1() für alle Koeffizienten des Modells

```
drop1(KRED.glm4, test = "LRT")

## Single term deletions
##
## Model:
## ausfall ~ betrag + alter
```

---

5 Siehe auch Likelihood-Quotienten-Test für das Gesamtmodell: Anzahl der Freiheitsgrade = Anzahl der unabhängigen Variablen, was der Differenz in den Freiheitsgraden zwischen dem Nullmodell und dem eigentlichen Modell entspricht. Hier ist die Differenz in den Freiheitsgraden 1, nämlich zwischen dem ursprünglichen Modell und dem um eine Variable verringerten Modell.

```
##         Df Deviance   AIC    LRT Pr(>Chi)
## <none>        17625 17631
## betrag  1     17626 17630 0.8970  0.34358
## alter   1     17633 17637 7.5714  0.00593 **
## ---
## Signif. codes:  0 '***' 0.001 '**' 0.01 '*' 0.05 '.' 0.1 ' ' 1
```

4.5.3 Inferenz der marginalen Effekte

Wie in Abschnitt 4.3.3 gezeigt entspricht der marginale Effekt einer unabhängigen Variablen X_1 der partiellen Ableitung der Modellfunktion nach dieser Variablen:

$$\frac{\partial \mathcal{L}(\eta)}{\partial X_1} = \beta_1 \frac{e^\eta}{(1 + e^\eta)^2} \quad \text{mit} \tag{4.34a}$$

$$\mathcal{L}(\eta) = \frac{e^\eta}{1 + e^\eta} \quad \text{und} \tag{4.34b}$$

$$\eta = \beta_0 + \beta_1 X_1 + \beta_2 X_2 + \epsilon. \tag{4.34c}$$

Zur Bestimmung der Inferenz muss also nicht nur der geschätzte Koeffizient $\hat{\beta}_1$ berücksichtigt werden, sondern die Schätzung der gesamten Gleichung 4.34a.

Das Paket `margins` stellt eine entsprechende Funktionalität zur Verfügung. Wie schon in R-Code 4.7 gezeigt, erlaubt die Verwendung der Funktion `margins()` eine Ausgabe der marginalen Effekte, entweder als mittlerer marginaler Effekt (*AME*) oder als marginaler Effekt bei repräsentativen Werten (*MER*). Letzterer wird in R-Code 4.15 als Beispiel genutzt. Mittels `summary()` werden zusätzlich die Standardfehler, z-Werte, p-Werte und die Konfidenzintervalle ausgegeben (siehe R-Code 4.15).

R-Code 4.15: Interpretation der marginalen Effekte mit `summary()` am Beispiel des Modells `KRED.glm3`

```
margins(KRED.glm3, variables = "alter",
        at = list(alter = c(30, 60), betrag = c(10000, 30000))) |> summary()

## factor   alter     betrag     AME     SE      z       p    lower   upper
##  alter 30.0000 10000.0000 -0.0009 0.0003 -2.7606 0.0058 -0.0015 -0.0003
##  alter 30.0000 30000.0000 -0.0008 0.0003 -2.7132 0.0067 -0.0014 -0.0002
##  alter 60.0000 10000.0000 -0.0007 0.0002 -3.6114 0.0003 -0.0011 -0.0003
##  alter 60.0000 30000.0000 -0.0007 0.0002 -3.5189 0.0004 -0.0010 -0.0003
```

Die Konfidenzintervalle beinhalten jeweils nicht die null und zeigen so, wie auch die p-Werte, dass alle Effekte unter der Annahme der H_0, dass sie null seien, unwahrscheinlich sind. Standardmäßig wird ein Konfidenzniveau von 95 % angenommen. Das

Konfidenzniveau kann mit summary(level = 0.99) zum Beispiel auf 99 %' geändert werden.

Wie schon in R-Code 4.8 gezeigt, können die marginalen Effekte auch grafisch ausgegeben werden. Abbildung 4.3 zeigt noch einmal die daraus resultierende Grafik, jeweils ergänzt um Fehlerbalken, die die Inferenz an bestimmten Stellen ausgeben.

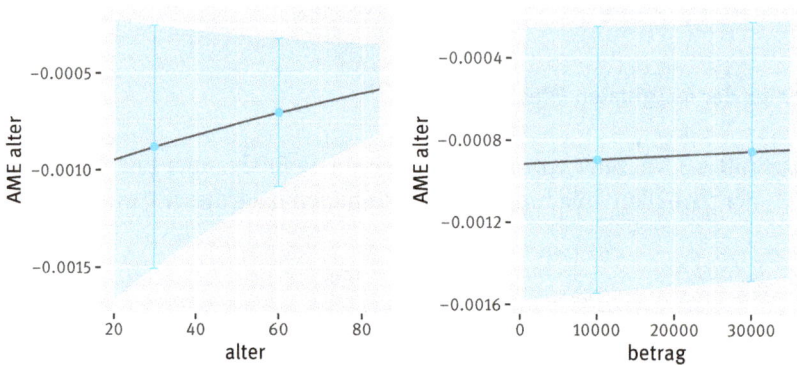

Abb. 4.3: Mittlere marginale Effekte mit Konfidenzband von alter bedingt durch alter (links) und betrag (rechts) im Modell KRED.glm3. Zusätzlich werden die Fehlerbalken an den Punkten 30 und 60 für alter und 10000 und 30000 für betrag ausgegeben.

Standardmäßig verwendet die Ausgabe der summary von margins() vier Nachkommastellen. Um eine andere Anzahl von Nachkommastellen anzuzeigen, muss das Ergebnis über print(digits = ...) ausgegeben werden. In R-Code 4.16 wird dies für die Variable alter bedingt durch alter = c(30, 60) gezeigt.

R-Code 4.16: Ausgabe der marginalen Effekte für alter bedingt durch alter

```
margins(KRED.glm3, variables = "alter", at = list(alter = c(30, 60))) |>
  summary() |> print(digits = 5)
## factor    alter      AME      SE        z       p     lower    upper
##   alter 30.00000 -0.00088 0.00032 -2.76104 0.00576 -0.00151 -0.00026
##   alter 60.00000 -0.00070 0.00020 -3.61189 0.00030 -0.00109 -0.00032
```

Die Ausgabe der Spalten alter, lower und upper entspricht den horizontalen Fehlerbalken in Abbildung 4.3 links an den Stellen 30 und 60 für die Variable alter. Die mittleren marginalen Effekte für alter bedingt durch betrag = c(10000, 30000) werden in R-Code 4.17 ausgegeben. Sie entsprechen damit den horizontalen Fehlerbalken in Abbildung 4.3 rechts an den Stellen 10000 und 30000 für die Variable betrag.

R-Code 4.17: Ausgabe der marginalen Effekte für `alter` bedingt durch `betrag`

```
margins(KRED.glm3, variables = "alter", at = list(betrag = c(10000, 30000))) |>
  summary() |> print(digits = 5)
## factor     betrag       AME      SE        z        p     lower     upper
##   alter 10000.00000 -0.00090 0.00033 -2.71078 0.00671 -0.00154 -0.00025
##   alter 30000.00000 -0.00085 0.00032 -2.66508 0.00770 -0.00148 -0.00023
```

Was berichten Sie hinsichtlich der Inferenz?

Geschätzter Koeffizient $\hat{\beta}_k$	Richtung des Einflusses
z-Wert oder *Konfidenzintervall*	Bereich der Schätzung im Hinblick auf die Population
p-Wert (evtl.)	Wahrscheinlichkeit des beobachteten Schätzers oder extremerer Werte (im Sinne der Alternativhypothese) unter der Annahme, dass die H_0: $\beta_k = 0$ zutrifft
Problem	Einfluss auf $p(y = 1)$ aufgrund der Linkfunktion nicht linear
Lösung: *marginaler Effekt*	*AME* und *MER* sowie z-Wert und/oder Konfidenzintervall
Wichtige Funktionen	`margins()` und `cplot()`

4.6 Interaktion

Auch in der logistischen Regression können Interaktionsterme zwischen zwei (oder mehr) unabhängigen Variablen X_1 und X_2 genutzt werden. Zur Erinnerung noch einmal die grundlegende Interpretation in der linearen Regression. Gleichung 4.35 zeigt den bedingten Erwartungswert von Y.

$$E(Y \mid X_1, X_2, X_{3,\dots,K}) = \beta_1 X_1 + \beta_2 X_2 + \beta_{1:2} X_1 X_2 + \sum_{k=3}^{K} \beta_k X_k. \tag{4.35}$$

Der Interaktionseffekt für X_1 und X_2 ist $\beta_{1:2}$, sofern $X_3, \dots, X_K$ unabhängig von X_1 und X_2 sind, wovon hier ausgegangen wird.

In generalisierten linearen Modellen hingegen muss noch die Linkfunktion $\mathcal{L}$ berücksichtigt werden. Der bedingte Erwartungswert für Y, hier eine binäre Variable, ergibt sich zu:

$$E(Y \mid X_1, X_2, X_{3,\dots,K}) = \mathcal{L}(\eta) \quad \text{mit} \tag{4.36a}$$

$$\eta = \beta_1 X_1 + \beta_2 X_2 + \beta_{1:2} X_1 X_2 + \sum_{k=3}^{K} \beta_k X_k. \tag{4.36b}$$

In der logistischen Regression ist $\mathcal{L}$ die logistische Funktion (siehe Abschnitt 4.1.3 zur Linkfunktion):

$$\mathcal{L}(\eta) = \frac{e^{\eta}}{1 + e^{\eta}} = \frac{1}{1 + e^{-\eta}}. \tag{4.37}$$

Was ist nun der Interaktionseffekt? Zunächst ergibt sich, wie in Abschnitt 4.3.3 gezeigt, der marginale Effekt des Interaktionsterms unter der Annahme, dass X_1 und X_2 stetig sind, als partielle Ableitung nach X_1 und X_2 zu:

$$\frac{\partial \mathcal{L}(\eta)}{\partial(X_1 X_2)} = \beta_{1:2}\mathcal{L}'(\eta). \tag{4.38}$$

Das ist aber noch nicht der Interaktionseffekt, obwohl Gleichung 4.38 gemäß einer Untersuchung von Norton *et al.* (2004) in der Literatur häufig so interpretiert wird bzw. wurde. Im Nenner steht das Produkt aus X_1 und X_2, so dass Gleichung 4.38 noch nach X_1 und X_2 abgeleitet werden muss.

$$\frac{\partial^2 \mathcal{L}(\eta)}{\partial X_1 \partial X_2} = \beta_{1:2}\mathcal{L}'(\eta) + (\beta_1 + \beta_{1:2}X_2)(\beta_2 + \beta_{1:2}X_1)\mathcal{L}''(\eta). \tag{4.39}$$

Aus Gleichung 4.39 ergeben sich verschiedene Konsequenzen (Norton *et al.*, 2004 oder auch Powers, 2005):

- Der Interaktionseffekt kann ungleich null sein, selbst wenn $\beta_{1:2} = 0$ ist.
- Der Interaktionseffekt hängt anders als in der linearen Regression von den weiteren unabhängigen Variablen ab.
- Aufgrund der additiven Anteile in den Faktoren in Gleichung 4.39 kann sich das Vorzeichen der Interaktion bei unterschiedlichen Werten der Kovariaten unterscheiden.
- Der exponierte Koeffizient ($e^{\beta_{1:2}}$) kann nicht als Chancenverhältnis[6] (odds ratio) interpretiert werden und damit auch nicht näherungsweise als relatives Risiko.
- Wie auch schon bei den marginalen Effekten (Abschnitt 4.5.3) kann die Inferenz des Interaktionseffekts nicht mit einem einfachen Wald-Test überprüft werden, da die Inferenz der gesamten Ableitung (Gleichung 4.39) überprüft werden muss.

Zur Analyse können auch hier die Pakete margins und interplot eingesetzt werden. Als Beispiel wird in R-Code 4.18 mit dem Kredit-Datensatz die Ausfallwahrscheinlichkeit in Abhängigkeit vom Alter des Kreditnehmers und der Höhe des Kredits sowie der Interaktion zwischen den beiden modelliert.

R-Code 4.18: Logistische Regression mit Interaktion zwischen metrischen Variablen am Beispiel des Modells ausfall ~ alter*betrag

```
KRED.glm5 <- glm(ausfall ~ alter*betrag, data = KRED, family = binomial())
summary(KRED.glm5)
## ...
## Coefficients:
##                    Estimate Std. Error z value Pr(>|z|)
```

---

6 Tatsächlich ist $e^{\beta_{1:2}}$ ein Quotient aus zwei Chancenverhältnissen.

```
## (Intercept)  -1.727e+00  1.730e-01  -9.986   <2e-16 ***
## alter        -1.244e-02  6.169e-03  -2.016   0.0438 *
## betrag        -1.218e-05  1.496e-05  -0.815   0.4153
## alter:betrag  3.287e-07  5.239e-07   0.627   0.5303
```

`interplot(model, var1 = "V1", var2 = "V2")` gibt den marginalen Effekt für das Modell mod aus. "V1" ist die Variable, deren mittlerer marginaler Effekt auf der y-Achse gezeigt wird, und "V2" die Variable, deren Auswirkung auf den marginalen Effekt dargestellt werden soll (x-Achse). R-Code 4.19 und R-Grafik 4.2 zeigen das am Beispiel für den marginalen Effekt von alter in Abhängigkeit von betrag.

R-Code 4.19: Plot des mittleren marginalen Effekts der Variablen alter in Abhängigkeit von betrag bei Interaktion

```
interplot(KRED.glm5, var1 = "alter", var2 = "betrag") |>
  gf_labs(x = "betrag", y = "Mittlerer marginaler Effekt alter")
```

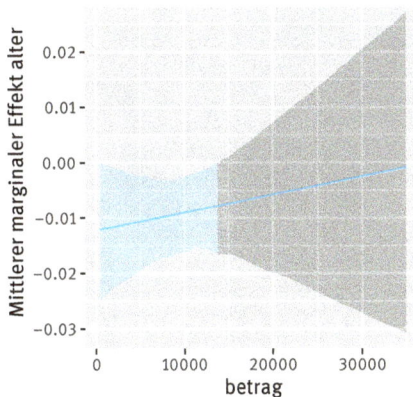

R-Grafik 4.2: Plot des mittleren marginalen Effekts der Variablen alter in Abhängigkeit von betrag. Der Bereich, in dem das Konfidenzintervall 0 nicht beinhaltet, ist blau markiert.

In R-Grafik 4.2 ist ersichtlich, dass der mittlere marginale Effekt von alter bedingt durch betrag mit steigendem Betrag zunimmt. Dieser ist zumindest bis zu einem Betrag von ca. 13000 USD unter der Annahme der H_0: $\beta_{1:2} = 0$ unwahrscheinlich (blau hinterlegtes Konfidenzband[7]). Die Nullhypothese kann daher in diesem Bereich verworfen werden. Hilfreich ist es jetzt, die konkrete Auswirkung z. B. an den Rändern darzustellen. Dazu kann die modellierte Ausfallwahrscheinlichkeit mit predPro = TRUE für konkrete Werte der bedingenden Variablen var2_vals = ... dargestellt werden. R-Code 4.20 zeigt dies für die Kreditbeträge 5000 und 30000 USD.

---

7 *Hinweis:* Die farbige Markierung wird nur zur Verdeutlichung angezeigt und wird bei direktem Aufruf von interplot() nicht ausgegeben.

R-Code 4.20: Plot der modellierten Wahrscheinlichkeiten in Abhängigkeit von `alter` für einen Kreditbetrag von 5000 und 30000 USD

```
g1 <- interplot(KRED.glm5, var1 = "alter", var2 = "betrag",
                       predPro = TRUE, var2_vals = 5000) |>
  gf_labs(x = "alter", y = "P(y = 1) [%]")
g2 <- interplot(KRED.glm5, var1 = "alter", var2 = "betrag",
                       predPro = TRUE, var2_vals = 30000) |>
  gf_labs(x = "alter", y = "P(y = 1) [%]")
grid.arrange(g1, g2, nrow = 1)
```

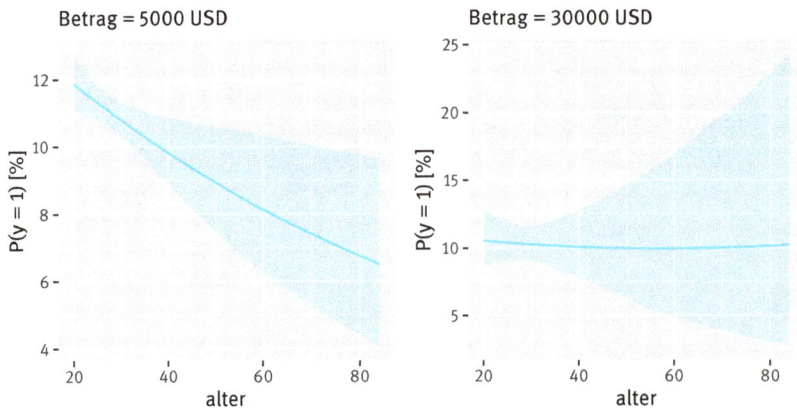

R-Grafik 4.3: Plot der modellierten Wahrscheinlichkeiten in Abhängigkeit von `alter` für einen Kreditbetrag von 5000 USD (links) und 30000 USD (rechts)

In den Plots (R-Grafik 4.3) wird auf der y-Achse die modellierte Ausfallwahrscheinlichkeit dargestellt, auf der x-Achse die Variable, deren marginaler Effekt betrachtet werden soll (hier im Beispiel `alter`). Es zeigt sich deutlich, dass bei kleinen Beträgen die Ausfallwahrscheinlichkeit mit zunehmendem Alter deutlich abnimmt (R-Grafik 4.3 links), während bei großen Beträgen die Ausfallwahrscheinlichkeit nahezu gleich bleibt (R-Grafik 4.3 rechts). Dieser Unterschied ist im Plot des mittleren marginalen Effekts (R-Grafik 4.2) nicht ersichtlich.

Konkrete Werte für die marginalen Effekte können Sie mit der Funktion `margins()` aus dem gleichnamigen Paket ermitteln. R-Code 4.21 zeigt verschiedene Beispiele.

R-Code 4.21: Ausgabe der marginalen Effekte für das Modell `ausfall ~ alter*betrag`

```
# Marginale Effekte bei betrag = 5000
# Mittlerer marginaler Effekt für alter
margins(KRED.glm5, variables = "alter", at = list(betrag = 5000))
```

```
## at(betrag)      alter
##       5000 -0.001061


# Marginaler Effekt für alter = 40
margins(KRED.glm5, variables = "alter",
              at = list(alter = 40, betrag = 5000))


## at(alter) at(betrag)      alter
##        40       5000 -0.0009539


# Marginaler Effekt für alter = 40 mit summary
margins(KRED.glm5, variables = "alter",
              at = list(alter = 40, betrag = 5000)) |> summary()


## factor  alter   betrag      AME     SE       z       p  lower   upper
##  alter 40.0000 5000.0000 -0.0010 0.0003 -2.8756 0.0040 -0.0016 -0.0003
```

Der mittlere marginale Effekt (erste Codezeile R-Code 4.21) wird über den ganzen Bereich von alter gemittelt. Standardmäßig wird die marginale Auswirkung auf der Ergebnisskala ausgegeben (type = "response"), also auf die Wahrscheinlichkeit $P(y = 1)$, hier ausfall = "ja". Sofern die marginale Auswirkung einer Variablen auf den linearen Prädiktor η ausgegeben werden soll (der sogenannte *partielle* Effekt), muss die Option type = "link" gesetzt werden.

Der konkrete marginale Effekt (zweite Codezeile R-Code 4.21) für alter = 40 bei einem Betrag von 5000 USD beträgt −0.0954 Prozentpunkte für ein Jahr. Mit summary() werden u. a. zusätzlich der z-Wert, der p-Wert und die Grenzen des Konfidenzintervalls ausgegeben (letzte Codezeile R-Code 4.21).

Interaktion in der logistischen Regression

Marginale Effekte   wichtig: (korrekte) marginale Effekte angeben,
                     Koeffizienten alleine haben keine Aussagekraft
                     AME und *MER* sowie z-Wert und/oder Konfidenzintervall
Wichtige Funktionen margins() und interplot()

4.7 Regressionsdiagnostik

Neben einem ausreichenden Stichprobenumfang unterliegt auch die logistische Regression einigen Anwendungsvoraussetzungen, die mittels einer Regressionsdiagnostik überprüft werden können (siehe z. B. Field *et al.*, 2012, S. 342 f.; Hosmer *et al.*, 2013, S. 186 ff.; Menard, 2010, S. 125 ff.). Dazu gehören im Wesentlichen die folgenden:
- Einflussreiche Beobachtungen,
- Nichtlinearer Zusammenhang,
- Multikollinearität.

4.7.1 Stichprobenumfang

Hinsichtlich des Stichprobenumfangs muss beachtet werden, dass die einzelnen Ausprägungen der abhängigen Variablen in ausreichendem Maße in der Stichprobe repräsentiert sein müssen. Hosmer *et al.* (2013, S. 401 ff.) stellen verschiedene Ansätze vor, den notwendigen Umfang zu ermitteln. In der Zusammenfassung kommen sie zur Faustregel, dass je Parameter der Regression (also Anzahl der unabhängigen Variablen *K* plus eins) mindestens zehn Beobachtungen je Kategorie der abhängigen Variablen vorliegen sollten.

Das ist im vorliegenden Datensatz sicherlich erfüllt, wie R-Code 4.22 mittels `tally()` aus dem Paket `mosaic` zeigt.

R-Code 4.22: Maximale Anzahl Parameter für Modelle mit dem KRED-Datensatz

```
mosaic::tally(~ ausfall, data = KRED) |> min()/10
```

```
## [1] 279.2
```

Es wird das Minimum der Häufigkeiten der einzelnen Kategorien bestimmt und durch zehn dividiert. Somit dürfen maximal 279 Parameter in ein Modell aufgenommen werden. Dieses Kriterium erfüllen alle vorgestellten Modelle.

4.7.2 Einflussreiche Beobachtungen

Einflussreiche Beobachtungen können über die sogenannten *Devianz-* und *Pearson-*Residuen sowie die Änderungen in der Devianz oder im Pearson-χ^2 identifiziert werden (siehe z. B. Hedderich und Sachs, 2018, S. 841 f.; Hosmer *et al.*, 2013, S. 188 ff.).

Devianz-Residuen

$$d_i = \pm \sqrt{2 \cdot \left(y_i \cdot \ln \frac{y_i}{n_i \hat{\pi}_i} + (n_i - y_i) \cdot \ln \frac{n_i - y_i}{n_i \cdot (1 - \hat{\pi}_i)} \right)} \tag{4.40}$$

mit i Index der Beobachtungen;

       $\pm$ Vorzeichen entsprechend $(y_i - n_i \cdot \hat{\pi}_i)$;

       n_i Anzahl der Beobachtungen, deren Kombination der unabhängigen Variablen mit der *i*-ten Beobachtung übereinstimmt;

       $\hat{\pi}_i$ geschätzte Wahrscheinlichkeit für die *i*-te Beobachtung.

Hinweis: Die Gewichtung mit der Anzahl n_i der Beobachtungen, deren Variablenkombination übereinstimmt, führt zu einer Erhöhung der betreffenden Residuen. Bei stetigen unabhängigen Variablen sind solche Übereinstimmungen allerdings nicht zu erwarten. Daher wird in **R** n_i gleich 1 gesetzt.

Die Devianz-Residuen entsprechen den Wurzeln aus den jeweils geschätzten Wahrscheinlichkeiten, der korrekten Gruppe zugeordnet worden zu sein. Die Summe der quadrierten Devianz-Residuen ergibt die Modell-Devianz.

Pearson-Residuen

$$r_i = \frac{y_i - n_i \cdot \hat{\pi}_i}{\sqrt{n_i \cdot \hat{\pi}_i \cdot (1 - \hat{\pi}_i)}}. \tag{4.41}$$

Die Pearson-Residuen sind die standardisierten[8] Differenzen zwischen den beobachteten und geschätzten Wahrscheinlichkeiten.

Sowohl die Summe der Devianz-Residuen als auch die der Pearson-Residuen sind näherungsweise χ^2-verteilt mit $N - K - 1$ Freiheitsgraden und können so als Gütemaß verwendet werden.

Identifikation einflussreicher Beobachtungen

Unter Zuhilfenahme der Elemente der *Hat*-Matrix können die Änderungen in Pearson's χ^2 ($\Delta\chi^2$) und in der Devianz (ΔD_i) berechnet werden, wenn die jeweilige Beobachtung entfernt würde. Dies entspricht dem Einfluss der Beobachtung auf die Modellanpassung.

$$\Delta\chi_i^2 = \frac{r_i^2}{1 - h_{ii}}, \tag{4.42}$$

$$\Delta D_i = d_i^2 + r_i^2 \cdot \frac{h_{ii}}{1 - h_{ii}} \tag{4.43}$$

mit i Index der Beobachtungen,

          d_i Devianz-Residuum,

          r_i Pearson-Residuum,

          h_{ii} Diagonalelement der *Hat*-Matrix.

Auch kann eine mit der Cook's Distance vergleichbare Größe berechnet werden. Dies entspricht der standardisierten Änderung der Koeffizienten, wenn die Beobachtung i entfernt würde, beschreibt also den Einfluss der Beobachtung auf die Koeffizienten.

$$\Delta\hat{\beta}_i = \frac{r_i^2 \cdot h_{ii}}{(1 - h_{ii})^2}. \tag{4.44}$$

---

8 Der Term unter dem Bruchstrich ist die Standardabweichung einer Binomialverteilung. Die logistische Regression kann auch mit anderen Verteilungen, z. B. der Poisson-Verteilung durchgeführt werden. Dann muss die Standardabweichung entsprechend angepasst werden.

Heruntergebrochen auf die standardisierten Änderungen der einzelnen Koeffizienten ergeben sich die DFBETAS (Belsley *et al.*, 1980):

$$\text{DFBETAS}_{ik} = \frac{\hat{\beta}_k - \hat{\beta}_{k(i)}}{se_{\hat{\beta}_{k(i)}}}. \tag{4.45}$$

mit $\hat{\beta}_{k(i)}$ geschätzer Koeffizient für X_k ohne Beobachtung i,
      $se_{\hat{\beta}_{k(i)}}$ der dazugehörige Standardfehler.

So kann innerhalb der Beobachtungen die einflussreiche Variable identifiziert werden. Die Autoren geben als Schwellenwert für den Betrag der DFBETAS$_{ik}$ die Grenze $\frac{2}{\sqrt{N}}$ an.

Ein Plot einer dieser Statistiken gegen die geschätzten Wahrscheinlichkeiten zeigt besonders einflussreiche Beobachtungen. Auch kann ein Halb-Normal-Plot (siehe Abschnitt 2.7.2 im Kapitel Lineare Regression) der *hat-values* eine Möglichkeit sein, einflussreiche Beobachtungen zu identifizieren.

Tabelle 4.4 zeigt mögliche zu erwartende Werte für die berechneten diagnostischen Statistiken h, $\Delta\chi^2$ und ΔD, aufgeteilt in fünf Bereiche der geschätzten Wahrscheinlichkeiten $\hat{\pi}$ (Hosmer *et al.*, 2013, S. 192). Sofern die Statistiken deutlich davon abweichen, kann dies ein Hinweis auf einflussreiche Beobachtungen sein.

Tab. 4.4: Zu erwartende Werte der diagnostischen Statistiken, die zur Beurteilung einflussreicher Beobachtungen dienen können. Werte, die davon abweichen, sollten untersucht werden.

$\hat{\pi}$	h	$\Delta\chi^2$ und ΔD	$\Delta\hat{\beta}_i$
< 0.1	klein	klein oder groß	klein
0.1 – 0.3	groß	mittel	groß
0.3 – 0.7	mittel bis klein	mittel bis klein	mittel
0.7 – 0.9	groß	mittel	groß
> 0.9	klein	groß oder klein	klein

Einflussreiche Beobachtungen anhand eines Beispiels

Am Beispiel eines Modells, das alle numerischen Variablen als Prädiktoren enthält, wird die Berechnung der verschiedenen Statistiken sowie deren Plots gezeigt (R-Code 4.23, Grafik 4.4).

R-Code 4.23: Einflussreiche Beobachtungen: Berechnung und Plot der Statistiken

```
# Modell mit allen numerischen Variablen erzeugen
KRED.glm6 <- glm(ausfall ~ betrag + zins + alter + arbeit + einkommen,
                 family = binomial(), data = KRED)
# Residuen auslesen und Deltas berechnen
DevResid <- resid(KRED.glm6)
```

```
PearsonResid <- resid(KRED.glm6, type = "pearson")
hats <- hatvalues(KRED.glm6)
DeltaChiSq <- PearsonResid^2 / (1 - hats)
DeltaBetas <- PearsonResid^2 * hats / (1 - hats)^2
ProbDach <- fitted(KRED.glm6)
# Plots anlegen
g1 <- gf_point(hats ~ ProbDach)
g2 <- gf_point(DeltaChiSq ~ ProbDach)
g3 <- gf_point(DeltaBetas ~ ProbDach)
# in einer Zeile ausgegeben
grid.arrange(g1, g2, g3, nrow = 1)
```

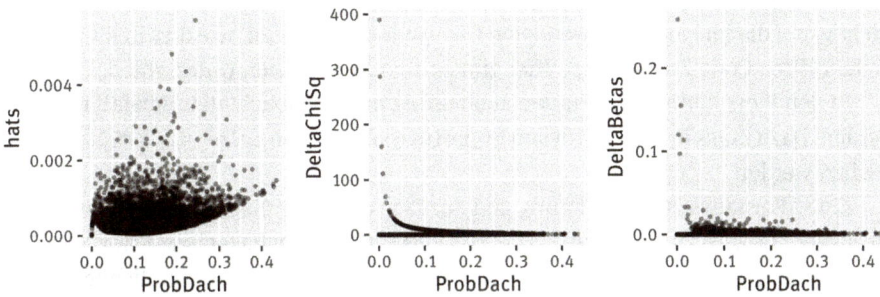

R-Grafik 4.4: Plot von Leverage-Werten, Delta-χ^2 und Delta-β

Mögliche einflussreiche Beobachtungen liegen abgesetzt von den anderen. Hier sehen die Plots unauffällig aus. Einzelne Punkte können mit Hilfe von which identifiziert werden. Exemplarisch wird dies mit $\Delta\chi^2 > 300$ durchgeführt (R-Code 4.24):

R-Code 4.24: Einflussreiche Beobachtungen im Datensatz

```
# Identifikation
which(DeltaChiSq > 300)

## 16837
## 16837

# Ausgabe der dazugehörigen Beobachtungen
KRED[which(DeltaChiSq > 300), ]

##       ausfall betrag  zins bonitaet alter wohnen arbeit einkommen
## 16837      ja  12000 15.33        D    32  Miete     14       840
```

```
# Hinweis: sofern bei der Schätzung der Modelle Beobachtungen mit fehlenden
# Werten entfernt wurden, muss auf die Modelldaten zugegriffen werden
KRED.glm6$model[which(DeltaChiSq > 300), ]

##        ausfall betrag  zins alter arbeit einkommen
## 16837      ja  12000 15.33    32     14       840
```

In der Ausgabe von which() gibt die erste Zeile den Namen der Beobachtung aus, die zweite Zeile zeigt, die wievielte Beobachtung das im Datensatz ist. D. h., hier wurden in der Datenvorverarbeitung schon einmal Beobachtungen entfernt. Wenn zudem bei der Schätzung des Modells Beobachtungen entfernt wurden, kann es sein, dass die zweite Zeile sich nicht auf Beobachtungen im Datensatz, sondern auf die tatsächlich bei der Modellierung verwendeten Beobachtungen bezieht. In einem solchen Fall ist es wichtig, auf die im Modell verwendeten Daten zurückzugreifen, wie dies in R-Code 4.24 in der dritten Code-Zeile erfolgt. Hier gibt es allerdings keinen Unterschied.

In den Plots können die Punkte auch farbig nach beobachtetem Ausfall markiert werden. Dazu muss in den Aufruf von gf_point() die Option color = ~ KRED$ausfall ergänzt werden.

Eine Alternative zur Berechnung und Ausgabe wichtiger diagnostischer Größen bietet augment(model, type.predict = "response") aus dem Paket broom (R-Code 4.25). Hier werden die Beobachtungen sowie u. a. die modellierten Wahrscheinlichkeiten, die Devianz-Residuen (Pearson mit type.residuals = "Pearson"), die Hat-Werte sowie die Cook's Distance als sogenanntes tibble (ein erweitertes data.frame) ausgegeben (hier nur Ausgabe des Zeilennamens und der letzten 7 Spalten mit den zusätzlichen Informationen).

R-Code 4.25: Ausgabe wichtiger diagnostischer Größen mit augment() am Beispiel des Modells KRED.glm6

```
augment(KRED.glm6, type.predict = "response")
## # A tibble: 25,570 x 7
##    ausfall .fitted .resid .std.resid     .hat .sigma     .cooksd
##    <fct>     <dbl>  <dbl>      <dbl>    <dbl>  <dbl>       <dbl>
##  1 nein      0.116 -0.497     -0.497 0.000173  0.814 0.00000378
##  2 nein      0.159 -0.589     -0.589 0.000161  0.814 0.00000507
##  3 nein      0.122 -0.510     -0.510 0.0000758 0.814 0.00000175
##  4 ja        0.164  1.90       1.90  0.000187  0.814 0.000159
##  5 nein      0.112 -0.487     -0.487 0.000166  0.814 0.00000348
##  6 ja        0.0767 2.27       2.27  0.0000946 0.813 0.000190
##  7 nein      0.236 -0.734     -0.734 0.000466  0.814 0.0000240
##  8 nein      0.0397 -0.285    -0.285 0.000156  0.814 0.00000107
##  9 nein      0.0460 -0.307    -0.307 0.000100  0.814 0.000000808
## 10 ja        0.103  2.13       2.13  0.000254  0.813 0.000368
## # ... with 25,560 more rows
```

Mit se.fit = TRUE kann noch der Standardfehler für den angepassten Wert (.fitted) ergänzt werden. Bestimmte Beobachtungen können Sie mit slice_max() aus dem Paket dplyr auswählen, als Beispiel in R-Code 4.26 die fünf größten Leverage-Werte (.hat).

R-Code 4.26: Ausgabe wichtiger diagnostischer Größen mit augment() und Auswahl der Beobachtung nach bestimmten Kriterien

```
augment(KRED.glm6, type.predict = "response") |> slice_max(n = 5, .hat)
## # A tibble: 5 x 7
##   ausfall .fitted .resid .std.resid    .hat .sigma .cooksd
##   <fct>     <dbl>  <dbl>      <dbl>   <dbl>  <dbl>   <dbl>
## 1 ja        0.247   1.67       1.68 0.00570  0.814 0.00293
## 2 nein      0.192  -0.653     -0.654 0.00481  0.814 0.000192
## 3 ja        0.224   1.73       1.73 0.00435  0.814 0.00253
## 4 ja        0.210   1.77       1.77 0.00406  0.814 0.00256
## 5 nein      0.164  -0.599     -0.600 0.00395  0.814 0.000130
```

Auch können bei augment() eine oder mehrere Beobachtungen ausgewählt werden, die mit which() identifiziert wurden.

R-Code 4.27: Ausgabe wichtiger diagnostischer Größen mit augment() und Auswahl der Beobachtung

```
augment(KRED.glm6, type.predict = "response")[which(DeltaChiSq > 300), ]
## # A tibble: 1 x 7
##   ausfall .fitted .resid .std.resid    .hat .sigma .cooksd
##   <fct>     <dbl>  <dbl>      <dbl>   <dbl>  <dbl>   <dbl>
## 1 ja      0.00256   3.45       3.46 0.000662  0.813  0.0431
```

In den eckigen Klammern werden Zeilen- und Spaltennummer angegeben. Für die Zeile wird das Ergebnis von which() und durch die fehlende Angabe nach dem Komma alle Spalten ausgewählt. *Hinweis:* In der Ausgabe werden wieder nur die letzten Spalten mit den diagnostischen Werten gezeigt.

Die standardisierten Änderungen der Koeffizienten bei Weglassen einer Beobachtung, die dfbetas(model), können helfen, die Variable zu identifizieren, die in der ausgewählten Beobachtung den stärksten Einfluss hat. Auch das wird in R-Code 4.28 wieder in Kombination mit der Auswahl der über which() identifizierten Beobachtung gezeigt.

R-Code 4.28: Ausgabe der standardisierten Änderungen der Koeffizienten mit `dfbetas()` und Auswahl der Beobachtung

```
dfbetas(KRED.glm6)[which(DeltaChiSq > 300), ]

##  (Intercept)        betrag         zins         alter        arbeit      einkommen
## -0.018308268 -0.044866525  0.004879146 -0.006695847 -0.009908167  0.108985807
```

Hier weist einkommen die größte standardisierte Änderung auf. Bei Auswertung der betreffenden Beobachtung zeigt sich, dass ein sehr hohes Einkommen vorliegt.

R-Code 4.29: Auswertung der einflussreichen Beobachtung

```
KRED[which(DeltaChiSq > 300), ]

##       ausfall betrag  zins bonitaet alter wohnen arbeit einkommen
## 16837      ja  12000 15.33        D    32  Miete     14       840

summary(KRED$einkommen)

##    Min. 1st Qu.  Median    Mean 3rd Qu.     Max.
##    4.00   40.00   57.01   67.50   80.00  2039.78
```

ℹ️ **Ausreißer und einflussreiche Beobachtungen**

Leverage-Wert, Hat-Value	Indikator für Ausreißer in der abhängigen Variablen
$\Delta\chi^2$, ΔD, $\Delta\hat{\beta}$	Indikatoren für einflussreiche Beobachtungen
DFBETAS	Identifikation der einflussreichen Variablen innerhalb einer Beobachtung
Plots	Streudiagramm der diagnostischen Statistiken gegen $p(y = 1)$ Halb-Normal-Plots

---

4.7.3 Nichtlinearer Zusammenhang

Die logistische Regression ist ein generalisiertes lineares Modell. Daher gehen wir von einem linearen Zusammenhang zwischen den unabhängigen Variablen und dem *logit* der abhängigen Variablen aus.

Eine Möglichkeit zur Feststellung eines möglichen nichtlinearen Zusammenhangs bietet die Box-Tidwell-Transformation (Box und Tidwell, 1962; Fox, 2016, S. 326 ff.). Dazu wird dem Modell ein Term in der Form $x \cdot \ln(x)$ hinzugefügt. Falls x nicht nur positive Werte enthält, muss vorher entsprechend ein Betrag hinzuaddiert werden, der den Betrag des Minimums von x etwas überschreitet. Wenn die Nullhypothese, der Koeffizient für diesen Term sei 0, verworfen wird, spricht dies für einen nichtlinearen Zusammenhang zwischen dem $logit(y)$ und x.

Der Exponent für x ergibt sich aus dem Quotienten aus dem Koeffizienten für $x \cdot \ln(x)$ aus dem neuen Modell und dem ursprünglichen Koeffizienten für x plus eins.[9]

Am Beispiel des Modells KRED.glm4 (ausfall ~ betrag + alter) wird dieser Ansatz vorgestellt (R-Code 4.30):

R-Code 4.30: Test auf nichtlinearen Zusammenhang

```
# Modell berechnen
lintest <- glm(ausfall ~ betrag + I(betrag*log(betrag)) + alter
               + I(alter*log(alter)), family = binomial(logit), data = KRED)
# Ausgabe der Koeffizienten
coef(summary(lintest))

##                           Estimate    Std. Error    z value      Pr(>|z|)
## (Intercept)            -4.381436e-01  6.196815e-01  -0.7070465  0.4795375743
## betrag                 -3.160214e-04  8.573405e-05  -3.6860667  0.0002277467
## I(betrag * log(betrag)) 3.023016e-05  8.262477e-06   3.6587283  0.0002534699
## alter                  -1.648532e-01  8.638559e-02  -1.9083412  0.0563471261
## I(alter * log(alter))   3.472671e-02  1.923399e-02   1.8054860  0.0709986700
```

Der p-Wert von 0.00025 für I(betrag * log(betrag)) lässt einen nichtlinearen Zusammenhang vermuten.[10]

Auch die visuelle Inspektion durch paarweise Streudiagramme der Prädiktoren gegen das Logit η, ggf. ergänzt um eine Glättungslinie, zeigt mögliche nichtlineare Zusammenhänge auf. Dies wird hier am Beispiel des Modells KRED.glm6 mit allen numerischen Variablen als Prädiktoren an der Variablen einkommen gezeigt (R-Code 4.31, Grafik 4.5). Die Nichtlinearität der Glättungslinie ist ein Indikator für einen möglichen nichtlinearen Zusammenhang.

---

9 Da meist weiterhin nichtlineare Anteile verbleiben, kann durch Iteration auch der *optimale* Exponent gefunden werden. x sei die ursprüngliche Variable, *lnx* die logarithmierte und mit sich selbst multiplizierte Variable, λ der sich ergebende Exponent. x wird durch x^λ ersetzt, danach *lnx* durch $\ln(x) \cdot x$ und beide Regressionen durchgeführt. Der neue Exponent wird (im Falle, dass die Nullhypothese weiterhin verworfen wird) bestimmt, indem λ, also der Exponent aus dem vorherigen Durchlauf, zu dem Quotienten aus den beiden Regressionen addiert wird. Entweder wird nach einer bestimmten Anzahl Iterationen abgebrochen oder sobald die H_0 nicht mehr verworfen wird. Der finale Exponent ist der aus dem letzten Durchlauf.

10 Der Exponent für betrag in der ersten Iteration ergibt sich zu $1 + \frac{3.0230157 \times 10^{-5}}{-3.0297704 \times 10^{-6}} = -8.9777054$. Den Koeffizienten in der ursprünglichen Regression finden Sie in R-Code 4.12.

R-Code 4.31: Streudiagramm einkommen gegen Logit η

```
# einen data.frame anlegen
df <- data.frame(einkommen = KRED.glm6$model$einkommen,
                 eta = predict(KRED.glm6))
gf_point(einkommen ~ eta, data = df) |>
  gf_smooth(se = TRUE, size = 0.5, method = "gam", formula = y ~ s(x, bs = "cs"))
```

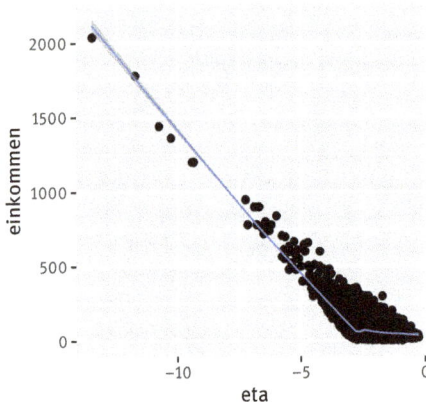

R-Grafik 4.5: Streudiagramm einkommen gegen Logit η

predict(model) nutzt bei logistischen Regressionsmodellen standardmäßig den type = "link" und gibt damit die Werte des linearen Prädiktors zurück. In gf_smooth() kann statt der Standardeinstellung auch die LOESS-Methode gewählt werden (method = "loess"). Diese ist allerdings bei großen Datensätzen recht zeit- und speicherintensiv. LOESS ist die Standardeinstellung bis zu einem $N = 1000$. Hier im Beispiel wurde die GAM-Methode genutzt (*generalized additive models*), Details siehe ?mgcv::gam. Allerdings müssen dazu in der aktuellen Version der Funktion method = ... und formula = ... so wie in R-Code 4.31 präzisiert werden.

---

i | **Erkennen von einem nichtlinearen Zusammenhang**
Box-Tidwell-Transformation nichtlineare Anteile in einzelnen unabhängigen Variablen
Grafik Streudiagramm einzelner Variablen gegen das Logit η
ergänzt um Glättungslinie

4.7.4 Multikollinearität

Das Auftreten von Multikollinearität kann wie in der linearen Regression mit den Variance Inflation Factors überprüft werden (vif(model) aus dem Paket car). Als Beispiel sei hier wieder das Modell KRED.glm6 gewählt, in dem eine Regression von ausfall auf alle numerischen Variablen durchgeführt wird (R-Code 4.32).

R-Code 4.32: Variance Inflation Factors am Modell KRED.glm6

```
car::vif(KRED.glm6)

##   betrag     zins    alter   arbeit einkommen
## 1.248179 1.024351 1.010616 1.033490  1.259648
```

Das Ergebnis ist unauffällig, was aber bei den gewählten Variablen auch zu erwarten war.

Falls das Ziel der Modellierung die Prognose ist, kann die Multikollinearität ignoriert werden. Ist das Ziel hingegen die Erklärung, können die Effekte nicht mehr den einzelnen Variablen zugeordnet werden. Daher kommen bei Auftreten von Multikollinearität folgende Maßnahmen in Frage:

- Eine Variable eliminieren, allerdings gibt es meist keine Hinweise, welche zu eliminieren ist.
- Unter Umständen hilft es, mehr Daten zu erfassen.
- Eine Hauptkomponentenanalyse vornehmen, um so die miteinander korrelierenden Variablen zusammenzufassen; dies erschwert aber möglicherweise die Interpretation.

Multikollinearität

Problem	mehrere unabhängige Variablen sind untereinander über Linearkombinationen darstellbar
Prüfung	Variance Inflations Factors (VIF)
Maßnahmen	Prognose: in der Regel unkritisch
	Erklärung: möglicherweise einzelne Variablen entfernen
	miteinander korrelierende Variablen zu Hauptkomponenten
	zusammenfassen (Hauptkomponentenanalyse)

4.7.5 Robuste Varianz-Kovarianz-Schätzer

In der linearen Regression können bei vorliegender Heteroskedastizität oder anderen Verletzungen der Regressionsvoraussetzungen über coeftest() robuste Schätzer für die Varianz-Kovarianzmatrix berechnet werden. Grundsätzlich ist dies auch in der logistischen Regression mit den Sandwich-Schätzern aus dem Paket sandwich möglich. Der Aufruf erfolgt mit coeftest(model, vcov = sandwich). Allerdings ist es in der logistischen Regression für binäre abhängige Variablen nicht möglich, fehlerhafte Varianzen bei korrekter Modellspezifikation zu erhalten. Deutliche Abweichungen in den Standardfehlern bei coeftest() deuten auf Fehlspezifikation hin. Eine generelle Nutzung der Sandwich-Schätzer ist daher nach Kleiber und Zeileis (2008, S. 130) nicht zu empfehlen.

4.8 Modellselektion und Wichtigkeit der Variablen

4.8.1 Modellselektion

Der in Abschnitt 4.4.2 aufgeführte Likelihood-Quotienten-Test eignet sich auch dafür, um zu überprüfen, ob sich die Devianz verschiedener Modelle voneinander unterscheidet, z. B. nach Hinzufügen einer weiteren Variablen. Dieser Ansatz kann bei ineinander verschachtelten (*nested*)[11] Modellen zur Modellselektion genutzt werden (Backhaus *et al.*, 2021, S. 329, Fußnote 24). In den Aufruf des Tests (R-Code 4.33) werden die beiden zu vergleichenden Modelle aufgenommen: lrtest(model1, model2).

R-Code 4.33: Likelihood-Quotienten-Test zum Vergleich von Modellen

```
lrtest(KRED.glm4, KRED.glm6)

## Likelihood ratio test
##
## Model 1: ausfall ~ betrag + alter
## Model 2: ausfall ~ betrag + zins + alter + arbeit + einkommen
##   #Df  LogLik Df  Chisq Pr(>Chisq)
## 1   3 -8812.6
## 2   6 -8460.7  3 703.89  < 2.2e-16 ***
## ---
## Signif. codes:  0 '***' 0.001 '**' 0.01 '*' 0.05 '.' 0.1 ' ' 1
```

Der p-Wert ist sehr klein. Somit kann die Nullhypothese, dass sich die Modelle nicht unterscheiden, verworfen werden. KRED.glm6 mit allen numerischen Prädiktoren ist als Modell zu bevorzugen, da der logarithmierte Likelihood-Wert für die Devianz noch mit −2 multipliziert wird und somit Modell 2 die kleinere Devianz aufweist.

Auch können das Akaike Informationskriterium (AIC – Akaike Information Criterion) und das Bayes Informationskriterium (BIC – Bayes Information Criterion) genutzt werden (vgl. auch Abschnitt 2.8.1 zur Modellselektion in der linearen Regression). Beide leiten sich aus der Devianz $-2LL$ bzw. der Likelihood-Funktion L ab (siehe z. B. Kuha, 2004).

Beim AIC wird zusätzlich die Anzahl der Modellparameter (Anzahl K der unabhängigen Variablen +1) als eine Art Strafterm berücksichtigt:

$$\text{AIC} = -2 \cdot \ln L(\beta_0, \beta_1, \dots, \beta_K) + 2 \cdot (K+1) = -2LL + 2 \cdot (K+1). \tag{4.46}$$

Im BIC wird darüber hinaus der Stichprobenumfang N berücksichtigt:

$$\text{BIC} = -2 \cdot \ln L(\beta_0, \beta_1, \dots, \beta_K) + \ln(N) \cdot (K+1) = -2LL + \ln(N) \cdot (K+1). \tag{4.47}$$

---

11 Die Variablen des einen Modells sind eine Untermenge der Variablen des anderen Modells.

Für größere Stichprobenumfänge ist das BIC besser geeignet als das AIC.

Für beide Gütemaße gilt wie für die Devianz: je kleiner, desto besser. Dies kann bei einem Modellvergleich helfen. Das AIC wird direkt mit der summary ausgegeben, bzw. kann mit AIC(model) separat berechnet werden. R-Code 4.34 zeigt dies am Vergleich der beiden Modelle KRED.glm4 und KRED.glm6. Zusätzlich wird das BIC angezeigt.

R-Code 4.34: Vergleich von Modellen über AIC und BIC

```
# AIC
AIC(KRED.glm4)

## [1] 17631.3

AIC(KRED.glm6)

## [1] 16933.41

# BIC
BIC(KRED.glm4)

## [1] 17655.75

BIC(KRED.glm6)

## [1] 16982.31
```

AIC und BIC des Modells KRED.glm6 sind niedriger, daher ist dieses Modell gegenüber KRED.glm4 vorzuziehen. BIC wäre im Beispiel aufgrund des Stichprobenumfangs das geeignete Gütemaß, hier unterscheiden sich die Ergebnisse aber nicht.

Auch in der logistischen Regression kann die step()-Funktion genutzt werden. Die Anwendung ist genauso wie in der linearen Regression, daher sei hier auf Abschnitt 2.8.3 im Kapitel Lineare Regression verwiesen.

Wichtig: Auch in der logistischen Regression gelten die Ausführungen im Kapitel Lineare Regression zur Beurteilung der p-Werte nach Modellselektion. Die selektierten unabhängigen Variablen stehen gemeinsam in einem Zusammenhang zu der abhängigen Variablen. Somit gilt auch hier, dass alle im Modell verbliebenen Einflussgrößen (zumindest der Variablen von Interesse) unabhängig von deren p-Werten interpretiert werden sollten.

---

i **Modellselektion in der logistischen Regression**

Likelihood-Quotienten-Test	Vergleich zweier Modelle
AIC, BIC	Kriterium, um unter den gegebenen Modellen das Modell mit der höchsten Anpassungsgüte zu finden; es gilt, je niedriger, desto besser
step()	Schrittweise Selektion von Modellen vorwärts, rückwärts oder in beide Richtungen
Wichtig	Nach Selektion stehen alle im Modell verbliebenen Variablen gemeinsam im Zusammenhang mit der abhängigen Variablen und sollten alle berichtet werden!

4.8.2 Wichtigkeit der Variablen

Wenn es bei der Modellierung um eine Erklärung und nicht um eine Vorhersage geht, kann es notwendig sein, die Wichtigkeit der unabhängigen Variablen zu ermitteln. Hierzu eignen sich wie auch schon in der linearen Regression Modelle mit skalierten Variablen oder der Absolutwert der z-Statistik (bzw. der p-Wert). Es gilt hier natürlich auch der gleiche Hinweis: Ein großer z-Wert oder ein kleiner p-Wert bedeuten nicht, dass eine wichtige Variable vorliegt. Die Wichtigkeit wird immer als Rangfolge innerhalb des Modells bestimmt.

Ein anderes Verfahren einer anderen Modellklasse sind die bereits erwähnten Random-Forest-Modelle (siehe Abschnitt 9.4.7 im Kapitel Klassifikation und Regression mit Bäumen und Random Forest). Baumverfahren können als Alternative zur linearen oder logistischen Regression eingesetzt werden. Ein einzelner Baum funktioniert dabei ähnlich wie ein Entscheidungsbaum, viele Bäume werden über ein Bootstrap- oder ähnliche Verfahren zusammengefasst.

Ein Random Forest weist dann keine einzelnen Koeffizienten auf, die interpretiert werden können (ist somit eher für die Prognose geeignet), aber erlaubt die Bestimmung der Wichtigkeit der einzelnen unabhängigen Variablen. Dies ist insbesondere dann hilfreich, wenn die unabhängigen Variablen nicht alle metrisch sind. Die Kombination beider Verfahren erlaubt dann, die Quantifizierung der Assoziation sowie deren Bedeutung zu bestimmen. Somit können Random-Forest-Verfahren eine wichtige Ergänzung zur logistischen Regression sein.

4.9 Klassifikationseigenschaften

Die logistische Regression wird häufig eingesetzt, um eine Klassifikation vorzunehmen. Dann ist es notwendig, neben den Gütemaßen der Regression auch die Klassifikationseigenschaften zu bewerten.

4.9.1 Konfusionsmatrix

Die Konfusionsmatrix stellt eine Kreuztabelle dar, in der die empirisch beobachteten Häufigkeiten für die Klassen der Zielgröße mit den durch das logistische Regressionsmodell berechneten Häufigkeiten zusammen dargestellt werden (siehe z. B. Backhaus *et al.*, 2021, S. 307 f.). Das Modell liefert zunächst Wahrscheinlichkeiten für die modellierte Kategorie der abhängigen Variablen, hier z. B. Kreditausfall = ja. Für die Konfusionsmatrix müssen diese noch in nein oder ja umgewandelt werden, je nachdem, ob die Wahrscheinlichkeit kleiner oder größer als eine bestimmte Grenze ist. Diese Grenze wird als *Cutpoint* bezeichnet, hierfür kann z. B. 0.5 gewählt werden. In der Regel wird der Cutpoint so gewählt, dass sich die besten Werte in den gewählten Klassifikationseigenschaften ergeben. Tabelle 4.5 zeigt eine schematische Konfusionsmatrix.

Tab. 4.5: Konfusionsmatrix. In den Diagonalelementen stimmen Beobachtung und Modellierung überein, in den Off-Diagonalelementen nicht.

| | | **Beobachtete Häufigkeiten** | |
		nein	ja
Modellierte	nein	n_{TN}	n_{FN}
Häufigkeiten	ja	n_{FP}	n_{TP}

In den Diagonalelementen n_{TN} und n_{TP} stimmen beobachtete und modellierte Kategorie der Zielvariablen überein (TN – True Negative, TP – True Positive). In den Off-Diagonalelementen n_{FN} und n_{FP} hingegen wird eine 0 beobachtet, aber eine 1 modelliert bzw. umgekehrt (FN – False Negative, FP – False Positive).

Berechnung der prognostizierten Ausfälle

In R-Code 4.35 wird eine zusätzliche Variable ausfallpred angelegt, welche die mit dem Modell prognostizierten Ausfälle enthält, hier am Beispiel des Modells KRED.glm6. Als Cutpoint wird hier 0.15 gewählt.

R-Code 4.35: Berechnung der prognostizierten Ausfälle am Modell KRED.glm6

```
# Cutpoint festlegen
cutpoint = 0.15
# Datensatz erweitern
KRED <- KRED |>
  # neue Variable anlegen
  mutate(ausfallpred = ifelse(fitted(KRED.glm6) >= cutpoint, "ja", "nein")) |>
  # Kategorien in die gleiche Reihenfolge wie bei ausfall bringen
  mutate(ausfallpred = factor(ausfallpred, levels = c("nein", "ja")))
```

Auswertung der Konfusionsmatrix
Die Kreuztabelle kann mit xtabs angelegt werden (R-Code 4.36).[12]

R-Code 4.36: Ausgabe der Konfusionsmatrix

```
xtabs(~ ausfallpred + ausfall, data = KRED)

##            ausfall
## ausfallpred nein   ja
##        nein 18440 1811
##          ja  4338  981
```

Verschiedene Werte können aus der Konfusionsmatrix berechnet werden: Missklassifikationsrate, Genauigkeit (Accuracy, Gleichung 4.48), Sensitivität (True Positive Rate, TPR, 4.50), Spezifität (True Negative Rate, TNR, 4.51) und False Positive Rate (FPR, 4.52). Im Bereich des maschinellen Lernens wird eher der Begriff *Recall* anstatt Sensitivität verwendet (Bruce *et al.*, 2020, S. 222). Ein zusätzliches Maß ist die Präzision (*Precision*, 4.53).[13]

Tab. 4.6: Konfusionsmatrix am Beispiel des Modells KRED.glm6 für die Variable ausfall mit den Kategorien nein und ja

		Beobachtete Häufigkeiten	
		nein	ja
Modellierte	nein	18440	1811
Häufigkeiten	ja	4338	981

$$\text{Genauigkeit} = \frac{n_{TN} + n_{TP}}{N} = \frac{18440 + 981}{25570} = 0.7595 \qquad (4.48)$$

$$\text{Missklassi-}\atop\text{fikationsrate} = \frac{n_{FN} + n_{FP}}{N} = \frac{1811 + 4338}{25570} = 0.2405 = 1 - \text{Genauigk.} \quad (4.49)$$

$$\text{Sensitivität}\atop\text{(Recall, TPR)} = \frac{n_{TP}}{n_{FN} + n_{TP}} = \frac{981}{1811 + 981} = 0.3514 \qquad (4.50)$$

$$\text{Spezifität (TNR)} = \frac{n_{TN}}{n_{TN} + n_{FP}} = \frac{18440}{18440 + 4338} = 0.8096 \qquad (4.51)$$

---

[12] Alternativ kann die Funktion tally() aus dem Paket mosaic genutzt werden.
[13] Die englischen Begriffe Accuracy und Precision können beide mit Genauigkeit übersetzt werden, haben in der Beurteilung der Klassifikation aber eine unterschiedliche Bedeutung (siehe entsprechende Definitionen). Daher werden hier die Begriffe Genauigkeit und Präzision verwendet.

$$\text{FPR} = \frac{n_{FP}}{n_{TN} + n_{FP}} = \frac{4338}{18440 + 4338} = 0.1904 = 1 - \text{TNR} \tag{4.52}$$

$$\text{Präzision} = \frac{n_{TP}}{n_{FP} + n_{TP}} = \frac{981}{4338 + 981} = 0.1844 \tag{4.53}$$

Bewertung der Kennzahlen

Ein logistisches Regressionsmodell ist gut, wenn im Vergleich zu einer rein zufälligen Zuordnung ...

- die Genauigkeit groß bzw. die Missklassifikationsrate gering sind,
- die Sensitivität (True Positive Rate) groß ist,
- die Spezifität (True Negative Rate) groß ist,
- die False Positive Rate gering ist.

Die Konfusionsmatrix und die Gütemaße können mit der Funktion `confusionMatrix()` aus dem Paket `caret` berechnet werden. Die zu modellierende Kategorie der abhängigen Variablen muss mit `positive = "..."` angegeben werden (R-Code 4.37).

R-Code 4.37: Ausgabe der Konfusionsmatrix und verschiedener anderer Gütekriterien

```
confusionMatrix(KRED$ausfallpred, KRED$ausfall, positive = "ja")

## Confusion Matrix and Statistics
##
##           Reference
## Prediction nein   ja
##       nein 18440  1811
##       ja    4338   981
##
##               Accuracy : 0.7595
##                 95% CI : (0.7542, 0.7648)
##    No Information Rate : 0.8908
##    P-Value [Acc > NIR] : 1
##
##                  Kappa : 0.1152
##
## Mcnemar's Test P-Value : <2e-16
##
##            Sensitivity : 0.35136
##            Specificity : 0.80955
##         Pos Pred Value : 0.18443
##         Neg Pred Value : 0.91057
##             Prevalence : 0.10919
##         Detection Rate : 0.03837
##   Detection Prevalence : 0.20802
##      Balanced Accuracy : 0.58046
```

```
##
##          'Positive' Class : ja
##
```

Die Formeln zur Berechnung der weiteren ausgegebenen Kennzahlen, die oben nicht erläutert wurden, finden Sie im Hilfetext (`?confusionMatrix`). Wenn statt Sensitivität (TPR) und Spezifität (TNR) Präzision und Recall ausgegeben werden sollen, muss die Option `mode = "prec_recall"` gesetzt werden. R-Code 4.38 zeigt dies (hier nur Anzeige der Werte für Recall und Präzision). `mode = "everything"` zeigt alle vier genannten Kriterien.

R-Code 4.38: Ausgabe von Recall und Präzision

```
confusionMatrix(KRED$ausfallpred, KRED$ausfall, positive = "ja",
                mode = "prec_recall")
## ...
##          Precision : 0.18443
##             Recall : 0.35136
## ...
```

Hinweis: Die Gütekriterien werden überschätzt (Genauigkeit, TPR und Spezifität) bzw. unterschätzt (Missklassifikationsrate und FPR), wenn sie aus derselben Stichprobe wie die Regressionsparameter berechnet werden. Daher sollte die Stichprobe (sofern sie insgesamt groß genug ist) geteilt werden. Aus der einen Teilstichprobe (Trainingsdaten) werden die Modellparameter $\hat{\beta}_0, \hat{\beta}_1, \ldots, \hat{\beta}_K$ geschätzt, aus der anderen Teilstichprobe (Testdaten) die Gütekriterien berechnet (siehe z. B. Backhaus *et al.*, 2021, S. 331; Krafft, 1997, S. 631).

ℹ **Klassifikationseigenschaften: Auswertung der Konfusionsmatrix**
Genauigkeit Anteil richtig klassifizierter Werte, sollte hoch sein
TPR   Anteil richtig positiv (Kategorie 1) klassifizierter Werte
TNR   Anteil richtig negativ (Kategorie 0) klassifizierter Werte
               TPR und TNR sollten hoch sein
FPR   Anteil falsch positiv klassifizierter Werte, sollte gering sein

---

4.9.2 ROC-Kurve und AUC-Wert

ROC-Kurve

Die ROC-Kurve (ROC = Receiver Operating Characteristic) verallgemeinert die Konfusionsmatrix. Bei der Konfusionsmatrix wird von einem festen Cutpoint ausgegangen, d. h., bei einem Cutpoint von beispielsweise 0.5 werden modellierte Wahrscheinlichkeiten größer oder gleich 50 % der Ausprägung eins zugeordnet und modellierte Wahrscheinlichkeiten kleiner 50 % werden der Ausprägung null zugeordnet.

Für die ROC-Kurve wird dieser Cutpoint variiert. Für alle möglichen Cutpoints zwischen null und eins werden den modellierten Wahrscheinlichkeiten die Ausprägungen null und eins zugeordnet. Für jeden Cutpoint werden die True Positive Rate (TPR, Sensitivität) und die False Positive Rate (FPR, 1 – Spezifität) bestimmt und in ein Koordinatensystem eingezeichnet. Für einen Cutpoint von null sind alle modellierten $\hat{y}$-Werte eins. Damit sind TPR und FPR ebenfalls eins. Für einen Cutpoint von eins hingegen sind alle $\hat{y}$-Werte null und damit TPR und FPR ebenfalls null.

Die Werte für die ROC-Kurve werden mit der Funktion `performance` aus dem Paket `ROCR` ermittelt. Dazu wird ein `prediction`-Objekt benötigt. In der Funktion `prediction` ist das erste Argument der Vektor der modellierten Wahrscheinlichkeiten (`fitted(model)`) und das zweite die Variable mit den tatsächlichen Ausfällen. Wenn die y-Variable konkrete Kategorien enthält (wie hier im Beispiel `nein` und `ja`) und nicht als binäre Variable mit den Werten 0 und 1 abgespeichert ist, muss die Option `label.ordering` angeben werden. Der zweite Eintrag (hier `"ja"`) ist die Kategorie, deren Eintrittswahrscheinlichkeit modelliert wird. Da das Paket `margins` geladen wurde, das ebenfalls über eine `prediction()`-Funktion verfügt, wird hier mit `ROCR::` explizit auf die `prediction()`-Funktion des Pakets `ROCR` verwiesen.

In der ROC-Kurve werden als y-Werte die Werte für TPR mit `"tpr"` berechnet und als x-Werte die Werte für die FPR mit `"fpr"` (R-Code 4.39, Grafik 4.6). Im Aufruf von `performance()` wird das `prediction`-Objekt angegeben, gefolgt von den Werten auf der y-Achse (hier TPR) und der x-Achse (hier FPR). Explizit kann dies auch mit `measure = "..."` und `x.measure = "..."` angeben werden. Die ROC-Kurve wird wieder mit `autoplot()` ausgegeben, dazu muss das Paket `ggfortify` geladen sein.

R-Code 4.39: ROC-Kurve

```
# Prediction-Objekt anlegen
pred <- ROCR::prediction(fitted(KRED.glm6), KRED$ausfall,
                         label.ordering = c("nein", "ja"))
# Werte für die ROC-Kurve berechnen
roc <- performance(pred, "tpr", "fpr")
# Plot der ROC-Kurve mit autoplot
autoplot(roc)
```

AUC-Wert

Der AUC-Wert ist die Fläche unter der ROC-Kurve (AUC = Area Under Curve, siehe blauer Bereich in Abbildung 4.4) und ein Gütemaß für die Klassifikationseigenschaften eines Modells. AUC liegt im Bereich von 0.5 (Winkelhalbierende, blaue Gerade in der

TPR vs. FPR

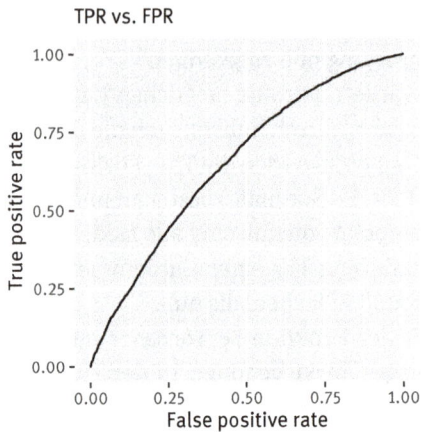

R-Grafik 4.6: Ausgabe der ROC-Kurve

Abbildung, das Modell erklärt gar nichts) bis 1.[14] Den Wert erhalten Sie mit Hilfe der performance Funktion aus dem Prediction-Objekt (R-Code 4.40[15]).

Alternativ kann auch die Funktion auc() aus dem Paket ModelMetrics verwendet werden. Hier werden zur Berechnung die beobachteten y-Werte und die modellierten Wahrscheinlichkeiten (fitted(model)) benötigt. Die beobachteten Werte können entweder direkt aus dem verwendeten Datensatz entnommen werden (KRED$ausfall) oder bei fehlenden Werten, die bei der Modellierung entfernt werden, aus dem Modell ausgelesen werden: KRED.glm6$model$ausfall mit nein und ja oder KRED.glm6$y in Nullen und Einsen umgerechnet.

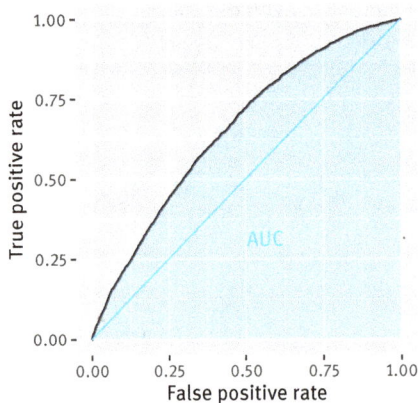

Abb. 4.4: ROC-Kurve mit AUC (blaue Fläche unter der Kurve)

14 AUC und Gini-Koeffizient (Konzentrationsmaß) hängen zusammen: Gini = 2 · AUC − 1.
15 *Hinweis:* Statt $ wird hier @ als Variablentrennzeichen verwendet, da es sich um ein spezielles R-Objekt handelt. Die x- und y-Werte sind darin als *Listen* abgespeichert, daher erfolgt die Auswahl mit [[...]].

R-Code 4.40: Ermittlung des AUC

```
# ROCR
performance(pred, "auc")@y.values[[1]]

## [1] 0.6532056

# ModelMetrics
ModelMetrics::auc(KRED$ausfall, fitted(KRED.glm6))

## [1] 0.6532056
```

ROC-Kurve und AUC-Wert zeigen gut den Trade-Off zwischen Genauigkeit und der Notwendigkeit, die wichtigeren $\hat{y} = 1$ (hier also die modellierten Ausfälle) zu identifizieren.

Gemäß Hosmer *et al.* (2013, S. 177) lässt sich die Trennschärfe der Klassifikation aus dem AUC-Wert abschätzen. Im Gegensatz zum Lift sind AUC-Werte verschiedener Modelle miteinander vergleichbar, auch mit verschiedenen Grundgesamtheiten. Tabelle 4.7 zeigt die Zuordnung der AUC-Werte zu der Trennschärfe. In der Regel werden Werte größer als 0.9 allerdings nicht erreicht. Im Beispiel zeigt sich mit 0.65 die mangelhafte Trennschärfe des Modells.

Tab. 4.7: AUC und Trennschärfe

Bereich	Trennschärfe
0.5 ≤ AUC-Wert < 0.7	Schlecht
0.7 ≤ AUC-Wert < 0.8	Akzeptabel
0.8 ≤ AUC-Wert < 0.9	Exzellent
AUC-Wert ≥ 0.9	Außerordentlich

4.9.3 Optimaler Cutpoint

Aus der ROC-Kurve lässt sich prinzipiell der optimale Cutpoint ablesen: Das ist der Punkt, der am nächsten zu TPR = 1 und FPR = 0 liegt. Dieser entspricht dem Kontaktpunkt einer parallel zur Diagonalen verlaufenden Tangente mit der ROC-Kurve. Mathematisch entspricht es dem Maximum der Differenz aus den ermittelten TPR- und FPR-Werten. Wie in R-Code 4.41 gezeigt, lässt sich dieser mit Hilfe der Performance-Daten und der Maßgröße cost (Option measure = "cost", bzw. der zweite Parameter im Aufruf) ermitteln.

R-Code 4.41: Ermittlung des optimalen Cutpoints

```
# cost auslesen
cost = performance(pred, "cost")
# Cutoff für minimale Kosten ermitteln
pred@cutoffs[[1]][which.min(cost@y.values[[1]])]


##       682
## 0.4057073
```

In diesem Modell ist der ursprünglich gewählte Cutpoint geeigneter, da mit dem vorge-schlagenen Wert (0.41) zu wenige Kredite als potenzielle Ausfallkandidaten identifiziert würden. Auch dieses Ergebnis passt in das Gesamtbild, dass das Modell schlechte Klas-sifikationseigenschaften aufweist.

Die Optimierung nach TPR = 1 und FPR = 1 – TNR = 0 gewichtet Ausfälle und fehlende Erträge durch eine entgangene Kreditvergabe gleichermaßen. Sofern beispielsweise die erwarteten Kosten für einen Ausfall eines schlechten Kredits und der entgangene Ertrag für einen nicht vergebenen Kredit bekannt wären, könnten diese Informationen zusätzlich bei der Optimierung genutzt werden. Die performance-Funktion erlaubt eine Anpassung der Kosten über cost.fp = ... und cost.fn = ... Standardmäßig sind beide auf 1 gesetzt.

Eine Alternative, einen geeigneten Cutpoint zu finden, bietet die in Wooldridge (2010, S. 574) beschriebene Methode: Wähle den Cutpoint so, dass $\sum y_i = \sum \hat{y}_i$ mit $\hat{y}_i$ als die geschätzten Einsen. So ist sichergestellt, dass auch bei einem kleinen Anteil an Einsen diese in den modellierten Werten ausreichend repräsentiert werden.

Um das nicht händisch ausprobieren zu müssen, kann eine Funktion genutzt werden, die in Abschnitt B.2 des Anhangs vorgestellt wird. Um die Funktion nutzen zu können, muss der dort aufgeführte Code einmalig ausgeführt werden.

R-Code 4.42: Ermittlung des optimalen Cutpoints mit $\sum y_i = \sum \hat{y}_i$

```
optCP(KRED.glm6, "ausfall", "ja")

## Summe y: 2792, Summe yhat: 2792
## Cutpoint
##    0.1794
```

Der Cutpoint nach dieser Methode liegt mit 0.1794 deutlich niedriger als der nach der ersten Methode ermittelte Cutpoint (0.4057).

Es steht auch ein R-Paket zur Verfügung, das nach unterschiedlichen Anforderun-gen optimale Cutpoints ermittelt: OptimalCutpoints. Für weitere Details zu diesem sehr umfangreichen und flexiblen Paket sei auf ?OptimalCutpoints-package verwiesen.

4.9.4 Korrelation

Auch die Korrelation $r_{y\hat{y}}$, bzw. eigentlich korrekt $r_{y\hat{\pi}}$, zwischen den beobachteten y-Werten und den aus dem Modell angepassten Wahrscheinlichkeiten ist ein Maß, das die Vorhersagegüte in einer Kennzahl ausdrückt (Agresti, 2018, S. 112 f.). R-Code 4.43 zeigt dies im Beispiel.

R-Code 4.43: Korrelation zwischen beobachteten y-Werten und den modellierten Wahrscheinlichkeiten

```
cor(as.numeric(KRED$ausfall), fitted(KRED.glm6))

## [1] 0.1674897

# oder mit Daten aus dem Modell
cor(KRED.glm6$y, fitted(KRED.glm6))

## [1] 0.1674897
```

Da die Variable ausfall ein Faktor ist, wird dieser zu Berechnung mit as.numeric() in eine numerische Variable transformiert. Auch hier zeigt sich wieder die mangelhafte Klassifikationseigenschaft des Modells. Der Korrelationskoeffizient kann genutzt werden, um verschiedene Modelle für einen Datensatz zu vergleichen.[16] Die Daten können auch wieder direkt aus dem Modell abgerufen werden (KRED.glm6$y). Dies ist insbesondere dann sinnvoll, wenn fehlende Werte in der Modellierung mit glm() entfernt wurden.

Alternativ kann, wie in R-Code 4.44 gezeigt, der Rangkorrelationskoeffizient, auch als *Somers' D* bezeichnet, berechnet werden. Das Paket Hmisc stellt dafür die Funktion somers2() bereit. Im Aufruf müssen als erstes Objekt die modellierten Wahrscheinlichkeiten angegeben werden.

R-Code 4.44: Somers' D: Rangkorrelation zwischen den modellierten Wahrscheinlichkeiten und den beobachteten y-Werten

```
Hmisc::somers2(fitted(KRED.glm6), KRED.glm6$y)

##            C          Dxy          n       Missing
## 6.532056e-01 3.064112e-01 2.557000e+04 0.000000e+00
```

Zusätzlich wird hier der AUC-Wert ausgegeben, der mit C bezeichnet wird.

---

16 Hinweis: Anders als in der linearen Regression entspricht das Quadrat des Korrelationskoeffizienten $r_{y\hat{\pi}}^2$ aber nicht dem Bestimmtheitsmaß R^2, bzw. ist nicht als Anteil der modellierten Variation von y zu interpretieren.

4.9.5 Liftwerte und Liftkurve

AUC und ROC adressieren noch nicht das Problem, wenn in dem verwendeten Datensatz der Anteil der Einsen in den Daten gering ist. Dann kann es wie in dem hier vorliegenden Beispiel notwendig sein, den Cutpoint deutlich zu senken, um nicht nur $\hat{y} = 0$ zu modellieren (Bruce *et al.*, 2020, S. 228 f.). Liftwerte und Liftkurven können helfen, einen in diesem Sinne optimalen Cutpoint zu finden.

Der Liftwert zeigt den Anteil der richtig modellierten Einsen an den beobachteten Einsen (TPR) geteilt durch den Anteil aller modellierten Einsen (RPP, *rate of positive predictions*). TPR entspricht der bedingten Wahrscheinlichkeit eine Eins zu modellieren unter der Bedingung, dass eine Eins beobachtet wurde, RPP entspricht der unbedingten Wahrscheinlichkeit, eine Eins zu modellieren.

$$\text{Lift} = \frac{P(\hat{y} = 1 \mid y = 1)}{P(\hat{y} = 1)} = \frac{\text{TPR}}{\text{RPP}} = \frac{\frac{n_{TP}}{n_{FN} + n_{TP}}}{\frac{n_{FP} + n_{TP}}{N}}. \tag{4.54}$$

Dieser wird für verschiedene Cutpoints berechnet. Dazu werden die modellierten Wahrscheinlichkeiten absteigend sortiert und jeweils (ohne doppelte Werte) als Cutpoint festgelegt. Bei der niedrigsten Wahrscheinlichkeit werden somit alle Beobachtungen als eins modelliert.

Der Liftwert setzt bei dem jeweiligen Cutpoint den Anteil der richtig modellierten Einsen (TPR) ins Verhältnis zu dem Anteil aller modellierten Einsen (RPP). Je höher dieser Wert ist, desto besser ist die „Ausbeute".[17]

Beispiel Kreditausfallprognose: Eine Bank hat eine durchschnittliche Kreditausfallquote von 10 %. Nach einer logistischen Regressionsmodellierung erhält die Bank am 90%-Perzentil eine modellierte Kreditausfallwahrscheinlichkeit von 25 % und am 95%-Perzentil eine modellierte Kreditausfallwahrscheinlichkeit von 30 %. Damit beträgt der 10%-Lift = $\frac{25\%}{10\%}$ = 2.5 und der 5%-Lift = $\frac{30\%}{10\%}$ = 3.0. Bei den 10 % Krediten mit den höchsten Ausfallwahrscheinlichkeiten ist das Risiko eines Kreditausfalls um den Faktor 2.5 höher als im Durchschnitt über alle Kredite und entsprechend für den 5%-Lift um den Faktor 3.

Liftkurve

Mit der Funktion performance() aus dem Paket ROCR können mit der Option "lift" die Liftwerte ermittelt werden, die Option "rpp" berechnet den Anteil der positiven Vorhersagen, also $(n_{FP} + n_{TP})/N$. Gemäß der Reihenfolge im Aufruf von performance() werden die Liftwerte im Grafen auf der *y*-Achse ausgegeben, RPP auf der *x*-Achse. Der durchschnittliche Liftwert kann aus den *y*-Werten des Lift-Objekts berechnet werden.

---

[17] Klassisch kommt der Liftwert aus dem (teuren) postalischen Direktmarketing, für das mit Hilfe von Klassifikationsmodellen die Kunden ausgesucht wurden, bei denen die Antwortwahrscheinlichkeit höher war als bei einer reinen Zufallsauswahl.

Sie können die Liftkurve direkt mit plot(lift) ausgeben. Alternativ wird hier der Weg über das ggformula-Interface gezeigt. *Hinweis:* autoplot(lift) benötigt das Paket ggfortify. In R-Code 4.45 (Grafik 4.7) werden die Liftwerte am Beispiel des Modells KRED.glm6 berechnet.

R-Code 4.45: Berechnung und Plot der Liftkurve

```
# Liftwerte berechnen
lift <- performance(pred, "lift", "rpp")
# Durchschnittlicher Liftwert
avglift = mean(lift@y.values[[1]], na.rm = TRUE)
# Plot
autoplot(lift) |> gf_hline(yintercept = avglift)
```

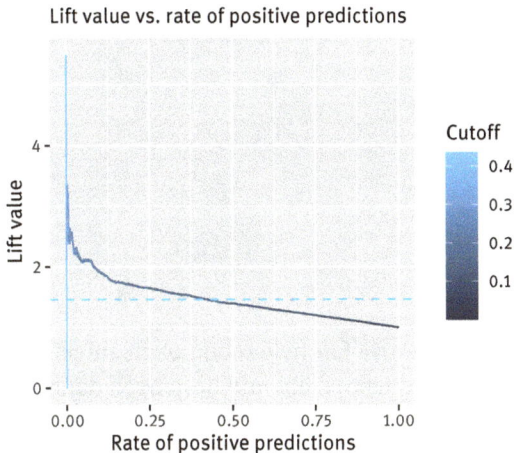

R-Grafik 4.7: Plot der Liftkurve mit Durchschnittslinie (gestrichelt)

Ein Modell ist dann gut, wenn es hohe Werte z. B. für den 5%- oder 10%-Lift (95%- bzw. 90%-Perzentile) und einen niedrigen Anteil überdurchschnittlicher Werte hat. Im Beispiel beträgt der 10%-Lift ca. 1.92, ist also recht niedrig und der Anteil der überdurchschnittlichen Werte scheint auch recht hoch zu sein (in der Grafik: Bereich links oberhalb der Durchschnittslinie). Durch Variation des Cutpoints kann jetzt versucht werden, diese Werte zu verbessern. *Hinweis:* Liftwerte hängen von dem zugrunde liegenden Durchschnitt ab, sind also nicht für verschiedene Grundgesamtheiten vergleichbar.

Wie in R-Code 4.45 ermittelt, liegt der Durchschnittswert bei 1.46. Der Anteil der überdurchschnittlichen Werte lässt sich wie folgt berechnen (R-Code 4.46):

R-Code 4.46: Anteil überdurchschnittlicher Liftwerte

```r
sum(lift@y.values[[1]] > avglift, na.rm = TRUE) / length(lift@y.values[[1]])

## [1] 0.4254254
```

Beide Werte deuten eher auf eine mangelnde Modellgüte hin.

Wie in R-Code 4.47 gezeigt, erhalten Sie aus dem Performance-Objekt die Liftwerte für einzelne Quantile mit Hilfe der which.min()- und der quantile()-Funktionen.

R-Code 4.47: Ermittlung der Liftwerte für einzelne Quantile

```r
# Hilfsweise Variablen separat abspeichern
rpp <- lift@x.values[[1]]
liftvals <- lift@y.values[[1]]
# 5%-Lift
idx05 <- which.min(abs(rpp - quantile(rpp, .05)))
liftvals[idx05]

## [1] 2.085343

# 10%-Lift
idx10 <- which.min(abs(rpp - quantile(rpp, .1)))
liftvals[idx10]

## [1] 1.916939
```

Der 5%-Lift beträgt im Beispiel 2.09 und der 10%-Lift (wie schon oben aufgeführt) 1.92. Beide Werte liegen nah beieinander, sind recht klein und bestätigen daher die bisherigen Erkenntnisse.

ℹ️ Allgemeine Gütemaße für die Klassifikation

ROC   Darstellung von TPR gegen FPR bei variierendem Cutpoint, der Graf sollte möglichst weit oberhalb der Diagonalen verlaufen

AUC   Flächenanteil unter der ROC-Kurve, liegt zwischen 0.5 und 1 und sollte möglichst hoch sein

$r_{y\hat{n}}$ liegt (in der Praxis) zwischen 0 und 1, kann zum Vergleich von Modellen genutzt werden als Rangkorrelationskoeffizient auch als Somers' D bezeichnet

Lift   zeigt den Quotienten aus dem Anteil der richtig prognostizierten Einsen (TPR) und dem Anteil der modellierten Einsen (RPP) zu allen in der Stichprobe möglichen Cutpoints Darstellung als Liftkurve (Quantile absteigend sortiert) oder Liftwerte, sollten in den oberen Quantilen möglichst hoch sein

---

4.10 Literatur

4.10.1 Weiterführende Literatur

Exemplarisch sei auf folgende weiterführende Literatur verwiesen:
- Best und Wolf (2012), *Modellvergleich und Ergebnisinterpretation in Logit- und Probit-Regressionen* zum Thema Modellvergleich;
- Gelman, Hill und Vehtari (2020), *Regression and other stories*, insbesondere Kapitel 13 und 14;
- Hosmer, Lemeshow und Sturdivant (2013), *Applied logistic regression*, insbesondere Kapitel 1 bis 5;
- James, Witten, Hastie und Tibshirani (2021), *An introduction to statistical learning – with applications in R*, insbesondere Kapitel 4;
- Menard (2010), *Logistic regression – from introductory to advanced concepts and applications*, insbesondere Kapitel 1 bis 7;
- Osborne (2015), *Best practices in logistic regression*, insbesondere Kapitel 1 bis 4, 6 und 8.

4.10.2 Anwendungsbeispiele

- Bessler, Drobetz, Seim und Zimmermann (2016), *Equity issues and stock repurchases of initial public offerings* – logistische Regression in Verbindung mit Ereignisstudie;
- Dong, Hirshleifer und Richardson (2006), *Does investor misvaluation drive the takeover market?* – logistische Regression, lineare Regression;
- Erdem und Rojahn (2022), *The influence of financial literacy on financial resilience – New evidence from Europe during the COVID-19 crisis resilience* – logistische Regression, proportionale Chancenverhältnisse, bedingter Random Forest;
- Fingerlos und Pastwa (2021), *Einsatz von Logit- und Probit-Modellen in der Finanzindustrie* – logistische und Probit-Regression;
- Hao (2014), *Institutional shareholder investment: horizons and seasoned equity offerings* – Probit-Regression, marginale Effekte;
- Holderness (2009), *The myth of diffuse ownership in the United States* – logistische Regression, marginale Effekte;
- Rojahn und Lübke (2014), *Firmenspezifische Determinanten der Dividendenpolitik deutscher Prime-Standard-Emittenten* – Probit-Regressionen von Querschnittsdaten, logistische Panelregression.

5 Logistische Panelregression

Auch die logistische Regression kann wie die lineare Regression mit Paneldaten durchgeführt werden.[1] Die Modellierung kann ebenfalls als Fixed- oder Random-Effects-Modell durchgeführt werden. Dabei sind aber zusätzliche Besonderheiten zu beachten.

Zur Erinnerung: Paneldaten sind eine Kombination aus Querschnittsdaten mit den Subjekten $i_1, \ldots, i_N$ und Längsschnittdaten mit den Zeitpunkten $t_1, \ldots, t_T$. In der logistischen Regression ist die abhängige Variable eine kategoriale Variable, wir beschränken uns hier wieder auf den Fall einer binären (dichotomen) abhängigen Variablen mit den Ausprägungen 0 und 1. Die Referenzkategorie entspricht der 0, alle anderen Kategorien der 1.

5.1 Verwendete R-Pakete

In diesem Kapitel werden die in R-Code 5.1 aufgeführten Pakete verwendet, die mit `library(package)` geladen bzw. aktiviert werden müssen. Falls die unten aufgeführten Pakete noch nicht installiert wurden, müssen sie einmalig mit `install.package` (`"package"`) installiert werden.

R-Code 5.1: Laden der im Kapitel benötigten Pakete

```
library(dplyr)        # Datenhandling
library(survival)     # GLM: Fixed-Effects-Modellierung
library(bife)         # GLM: Fixed-Effects-Modellierung
library(pglm)         # GLM: Random-Effects-Modellierung
library(lme4)         # gemischte Modelle
library(texreg)       # tabellarischer Modellvergleich
library(lmtest)       # Tests für (generalisierte) lineare Modelle
library(caret)        # Auswertung und Optimierung von Klassifikationsmodellen
library(margins)      # Ausgabe marginaler Effekte
library(ggplot2)      # Grammar of Graphics
library(ggformula)    # Pipelining und Formelinterface für ggplot2
library(ggfortify)    # automatische Übertragung verschiedener Formate in ggplot2
library(ROCR)         # Ausgabe von ROC und AUC

# Weitere Pakete, die benötigt, aber nicht dauerhaft geladen werden:
# car                 # ergänzende Funktionen für die Regression
# Hmisc               # verschiedene Funktionen u. a. für die Klassifikation
```

---

[1] Alternativ wird trotz binärer abhängiger Variable auch mit einem linearen Wahrscheinlichkeitsmodell gearbeitet, obwohl der Modellansatz eigentlich nicht korrekt ist (siehe Verbeek, 2021, S. 147 und dort aufgeführte Beispiele).

https://doi.org/10.1515/9783110767261-005

```
# merDeriv        # ergänzende Funktionen zu lme4
# mosaic          # Formelinterface für die Datenanalyse
# rms             # Unterstützung bei der linearen Modellierung
# ROCR            # Ausgabe von ROC und AUC
```

5.2 Anwendungsbeispiel

Im Anwendungsbeispiel wird der Datensatz `Dividenden.csv` verwendet, der mögliche Determinanten der Dividendenausschüttung beinhaltet. Inhaltlich entspricht er weitestgehend dem in Rojahn und Lübke (2014) verwendeten Datensatz, auch wurden die dort aufgeführten Bereinigungen und Vorverarbeitungen vorgenommen. Der Datensatz beinhaltet die Daten aller Emmittenten des Prime-Standards in Deutschland aus den Jahren 2006 bis 2010. Er liegt als `csv`-Datei vor und kann mit `read.csv2()` eingelesen werden. Eine Übersicht über die Variablen finden Sie in Tabelle 5.1.

Tab. 5.1: Variablen des Datensatzes `Dividenden`

Variable	Bedeutung
Name	Name des Unternehmens
Jahr	Jahr
Sektor	Industrieklassifikation nach GICS (auszugsweise): Consumer, Health Care, Industrials, IT, Sonstige
Payout	Ausschüttung einer Dividende: 0 – keine Dividende, 1 – Dividende
PayoutVJ	Ausschüttung einer Dividende im Vorjahr: 0 – keine Dividende, 1 – Dividende
Quote	Ausschüttungsquote in Prozent der Umsatzerlöse
ROA	Gesamtkapitalrentabilität[a]
FCFUE	Free Cashflow/Umsatzerlöse[a]
lnUEWachs	Umsatzwachstum gegenüber Vorjahr[a, b]
lnInv	Nettoinvestitionen/Gesamtkapital[a, b]
lnFKQ	Fremdkapitalquote[a, b]
lnCash	Anteil liquider Mittel an Bilanzsumme[a, c]
lnGroesse	aus Marktkapitalisierung (Durchschnitt der letzten 30 Handelstage)[c], Bilanzsumme[a, c], Umsatzerlösen[a, c] und Anzahl Bericht erstattender Wertpapieranalysten[a, b] zusammengefasste Variable, die die Unternehmensgröße beschreibt
Float	Anteil Streubesitz
ARP	Rückkauf eigener Aktien[a]: 0 – nein, 1 – ja
lnKBV	Kurs-Buchwert-Verhältnis[c]
Abgeltung	1 für die Jahre 2009 und 2010, da das Steuersystem 2009 geändert wurde, sonst 0

a Werte aus dem letzten vollständigen Jahresabschluss vor eventueller Dividendenausschüttung
b Aufgrund von Rechtsschiefe und Nullwerten Transformation mit $\ln(x + 1)$
c Aufgrund von Rechtsschiefe Transformation mit $\ln(x)$

In R-Code 5.2 wird der Datensatz eingelesen, sowie mit Hilfe von tally() aus dem Paket mosaic die Anzahl der Unternehmen je Jahr ausgegeben. Auch wird die latente Variable lnGroesse erzeugt. Dazu wird mit princomp() eine Hauptkomponentenanalyse durchgeführt und die errechneten Scores der ersten Hauptkomponente als Werte für lnGroesse genutzt (siehe dazu auch Abschnitt 10.3.4 aus dem Kapitel Hauptkomponentenanalyse).

R-Code 5.2: Einlesen des Datensatzes Dividenden.csv und Ausgabe der Anzahl der Unternehmen je Sektor und Jahr

```
# Einlesen des Datensatzes
DIV <- read.csv2("data/Dividenden.csv")
# Anzahl der Unternehmen je Sektor und Jahr
mosaic::tally(Sektor ~ Jahr, margins = TRUE, data = DIV)

##               Jahr
## Sektor         2006 2007 2008 2009 2010
##    Consumer      47   45   45   48   44
##    Health Care   29   24   24   29   27
##    Industrials   46   58   60   65   61
##    IT            74   77   82   79   73
##    Sonstige      51   50   51   50   42
##    Total        247  254  262  271  247

# latente Variable lnGroesse via Hauptkomponentenanalyse bestimmen
pca <- princomp(~ lnGK + lnUE + lnMK + lnAnalyst, data = DIV)
# die erste Hauptkomponente erklärt 93 % der Varianz, vgl. summary(pca)
DIV <- DIV |> mutate(lnGroesse = pca$scores[, 1])

# Balanciertes Panel erzeugen
DIV <- DIV |> make.pbalanced(balance.type = "shared.individuals")
```

Es ist zu erkennen, dass es sich um ein unbalanciertes Panel handelt. Darüber hinaus setzt sich der Prime Standard in den betrachteten Jahren aus unterschiedlichen Unternehmen zusammen. Aus Gründen der Anschaulichkeit wird zusätzlich mittels make.pbalanced() aus dem Paket plm, das mit pglm zusammen geladen wird, ein balanciertes Panel erzeugt. Die vorgestellten Verfahren funktionieren aber auch mit unbalancierten Panels. Als Variante wird der Typ balance.type = "shared.individuals" gewählt, wodurch ein balanciertes Panel mit den Subjekten erstellt wird, für die für alle Zeitpunkte Daten vorliegen. R-Code 5.3 zeigt die Anzahl der Unternehmen je Jahr und Sektor im finalen Datensatz.

R-Code 5.3: Anzahl der Unternehmen je Sektor und Jahr im balancierten Panel

```
# Anzahl der Unternehmen je Sektor und Jahr
mosaic::tally(Sektor ~ Jahr, margins = TRUE, data = DIV)

##              Jahr
## Sektor        2006 2007 2008 2009 2010
##    Consumer      30   30   30   30   30
##    Health Care   20   20   20   20   20
##    Industrials   36   36   36   36   36
##    IT            46   46   46   46   46
##    Sonstige      25   25   25   25   25
##    Total        157  157  157  157  157
```

In diesem Datensatz sind die Unternehmen, also die Variable Name, die Subjekte und Jahr die Zeitpunkte. Es handelt sich somit um ein Short-Panel. Ausgehend von den Überlegungen in Abschnitt 3.8 des Kapitels Panelregression erscheint es sinnvoll, die Zeitpunkte als fixe und die Unternehmen als zufällige Effekte zu modellieren.

5.3 Fixed-Effects-Modell

In einem Fixed-Effects-Modell wird das Modell der logistischen Regression (siehe Gleichung 4.6 in Abschnitt 4.1.3 des Kapitels Logistische Regression) um eine subjekt-spezifische Konstante α_i erweitert, die die unbeobachtete Heterogenität beschreibt (siehe z. B. Giesselmann und Windzio, 2012, S. 143):

$$P(Y_{it} = 1) = \frac{e^{\alpha_i + \sum_{k=1}^{K} \beta_k X_{kit} + v_{it}}}{1 + e^{\alpha_i + \sum_{k=1}^{K} \beta_k X_{kit} + v_{it}}}. \tag{5.1}$$

Für die Verteilung der subjektspezifischen Terme α_i muss keine Verteilungsannahme vorausgesetzt werden und die fixen Effekte α_i und damit auch die Residuen v_{it} dieses Modells müssen nicht unkorreliert zu den Beobachtungen der unabhängigen Variablen X_{kit} sein.

Die Log-Likelihood-Funktion ergibt sich zu:

$$LL(\alpha_i, \beta_k) = \sum_{i=1}^{N} \sum_{t=1}^{T} \ln\left(p(x_{kit})\right) \cdot y_{it} + \ln\left(1 - p(x_{kit})\right) \cdot (1 - y_{it}). \tag{5.2}$$

$p(x_{kit})$ ist darin die Wahrscheinlichkeit für $Y = 1$ bei gegebenen $x_1, ..., x_K$ in den Beobachtungen it.

Die Maximierung dieser Funktion in Bezug auf die $\alpha_1, ..., \alpha_N$ und $\beta_1, ..., \beta_K$ führt für ein festes T und $N \rightarrow \infty$ zu keinem konsistenten Ergebnis, da die Anzahl der Parameter mit wachsendem Stichprobenumfang N zunimmt, aber nur eine begrenzte

Zahl an Zeitpunkten T für deren Schätzung vorliegt. Diese Inkonsistenz wird aufgrund des nichtlinearen Zusammenhangs auf die geschätzten Koeffizienten übertragen, da in der notwendigen partiellen Ableitung jeweils alle anderen Parameter enthalten sind (siehe Abschnitt 4.3.3 im Kapitel Logistische Regression).[2] Diese Problematik wird auch als *incidental parameters problem* bezeichnet und geht auf Neyman und Scott (1948) zurück (Lancaster, 2000 und z. B. Verbeek, 2021, S. 169).

5.3.1 Conditional-Maximum-Likelihood-Schätzung

Eine Lösung des Incidental-Parameters-Problems ist die sogenannte *Conditional-Maximum-Likelihood*-Schätzung (Chamberlain, 1980). Es wird auf eine Statistik bedingt, die dazu führt, dass die α_i wegfallen. Mit $\bar{y}_i$ existiert eine solche für die logistische Regression, aber nicht für die Probit-Regression.

Allgemein hat die bedingte Likelihood-Funktion folgendes Aussehen (Giesselmann und Windzio, 2012, S. 144; Greene, 2020, S. 827):

$$L^c = \prod_{i=1}^{N} P\left(Y_{i1} = y_{i1}, \ldots, Y_{iT} = y_{iT} \,\middle|\, \sum_{t=1}^{T} y_{it} \right) = \prod_{i=1}^{N} P\left(\frac{y_{i1}, \ldots, y_{iT}}{\sum_{t=1}^{T} y_{it}} \right). \tag{5.3}$$

Bei einem unbalancierten Panel unterscheiden sich zusätzlich die Zeitpunkte T, es gibt somit verschiedene T_i Zeitpunkte.

Zur Konkretisierung betrachten wir dazu den einfachen Fall von $T = 2$ Beobachtungen (siehe z. B. Verbeek, 2021, S. 169 ff.). Die y_i-Werte können in diesem Fall vier verschiedene Kombinationen annehmen:

- $y_{i1} = 0, y_{i2} = 0$ mit $\bar{y}_i = 0$;
- $y_{i1} = 0, y_{i2} = 1$ mit $\bar{y}_i = 0.5$;
- $y_{i1} = 1, y_{i2} = 0$ mit $\bar{y}_i = 0.5$;
- $y_{i1} = 1, y_{i2} = 1$ mit $\bar{y}_i = 1$.

Die erste und die letzte Kombination tragen nicht zu der bedingten Likelihood-Funktion bei, da die sich ergebende bedingte Wahrscheinlichkeit jeweils 1 ist.[3] Die bedingte Wahrscheinlichkeit, eine Sequenz (0, 1) zu beobachten, ergibt sich wie folgt:

$$P(y_{i1} = 0, y_{i2} = 1 \mid \bar{y}_i = 0.5) = \frac{P(y_{i1} = 0, y_{i2} = 1)}{P(y_{i1} = 0, y_{i2} = 1) + P(y_{i1} = 1, y_{i2} = 0)}. \tag{5.4}$$

---

2 Die hier beschriebene nicht konsistente Schätzung gilt prinzipiell auch für lineare Modelle. Dort werden die Inkonsistenzen aber nicht auf die Parameterschätzung übertragen, da die partielle Ableitung jeweils eine Konstante ist.
3 Auch hier zeigt sich wie in der linearen Fixed-Effects-Regression die Notwendigkeit einer Änderung über die Zeit, um einen Beitrag zur Modellierung zu leisten.

Unter der Annahme, dass die Wahrscheinlichkeiten für 0 und 1 bedingt α_i in aufeinanderfolgenden Beobachtungen unabhängig sind, ergibt sich:

$$P(y_{i1} = 0, y_{i2} = 1) = P(y_{i1} = 0) \cdot P(y_{i2} = 1). \tag{5.5}$$

Unter Berücksichtigung der Linkfunktion ergeben sich folgende Wahrscheinlichkeiten:

$$P(y_{i1} = 0) = \frac{1}{1 + e^{\alpha_i + \sum_k \beta_k x_{ki1}}}, \tag{5.6}$$

$$P(y_{i2} = 1) = \frac{e^{\alpha_i + \sum_k \beta_k x_{ki2}}}{1 + e^{\alpha_i + \sum_k \beta_k x_{ki2}}} \tag{5.7}$$

und umgekehrt für $P(y_{i1} = 1)$ und $P(y_{i2} = 0)$.

Die Gleichungen 5.6 und 5.7 werden unter Berücksichtigung von 5.5 in Gleichung 5.4 eingesetzt. Nach Umformung ergibt sich:[4]

$$P(y_{i1} = 0, y_{i2} = 1 \mid \bar{y}_i = 0.5) = \frac{e^{\sum_k \beta_k (x_{ki2} - x_{ki1})}}{1 + e^{\sum_k \beta_k (x_{ki2} - x_{ki1})}}. \tag{5.8}$$

Die Konstanten α_i kürzen sich heraus, so dass das Incidental-Parameters-Problem damit umgangen werden kann.[5] Eine Übertragung auf mehr Zeitpunkte ist eine Erweiterung des beschriebenen Vorgehens (Chamberlain, 1980; Maddala, 1987).

5.3.2 Nachteile des Conditional-Likelihood-Ansatzes

Ein Nachteil durch die nicht bekannten fixen Effekte im Conditional-Likelihood-Ansatz ist, dass die Wahrscheinlichkeiten für $Y = 1$ nicht berechnet werden können (Verbeek, 2021, S. 172). Damit können auch keine marginalen Effekte (vgl. Abschnitt 4.3.3 im Kapitel Logistische Regression) bestimmt werden, da die Höhe des marginalen Effekts (u. a.) von den Konstanten α_i abhängt. Marginale Effekte können somit vergleichbar zur Herleitung von Gleichung 5.8 nur für den Übergang z. B. von $y_{i1} = 0$ zu $y_{i2} = 1$ bestimmt werden. Chancenverhältnisse (siehe Abschnitt 4.3.2 im Kapitel Logistische Regression) können weiterhin bestimmt werden, da diese nicht von anderen Parametern abhängen. Allerdings gilt auch hier die bereits beschriebene eingeschränkte Interpretationsmöglichkeit.

---

4 Zur Erinnerung: $e^{a+b} = e^a \cdot e^b$, dadurch können die im Zähler und Nenner identischen Terme e^{α_i} gekürzt werden. Die detaillierte Umformung finden Sie z. B. in Giesselmann und Windzio (2012, S. 147 ff.).

5 Im Falle einer Normalverteilung, die bei einer Probit-Regression verwendet wird, kürzen sich die Konstanten unter der Bedingung $\bar{y}_i$ nicht weg. Daher kann eine Fixed-Effects-Probit-Regression nicht über den Conditional-Likelihood-Ansatz geschätzt werden.

5.3.3 Pseudo-Demeaning

Ein weiterer Ansatz insbesondere für *Long-Panels*, ein Fixed-Effects-Logit-Modell zu schätzen, ist *Pseudo-Demeaning* (Stammann *et al.*, 2016). Hier wird ein unbedingter Likelihood-Schätzer modelliert, indem für die fixen Effekte Dummy-Variablen in das Modell aufgenommen werden. Das Pseudo-Demeaning findet in den einzelnen Iterationsschritten statt. Die Aufnahme der Dummy-Variablen führt (zumindest bei einer kleinen Anzahl von Zeitpunkten in einem Modell mit subjektspezifischen Effekten und umgekehrt) zu einer Verzerrung aufgrund des Incidental-Parameters-Problems. Die Verzerrung kann aber z. B. über den Ansatz von Hahn und Newey (2004) korrigiert werden. Stammann *et al.* (2016) konnten zeigen, dass die Bias-korrigierten Ergebnisse der Pseudo-Demeaning-Schätzung und die Conditional-Likelihood-Schätzer bei großem T konvergieren. Bei $T = 10$ beispielsweise beträgt die Abweichung (in der im Artikel vorgestellten Simulation) weniger als 2 %.

Ein Vorteil des Pseudo-Demeaning mit anschließender Korrektur ist, dass der Algorithmus auch rechenzeittechnisch gesehen sehr effizient ist.[6] Inhaltlich betrachtet sind wesentliche Nachteile des Conditional-Likelihood-Ansatzes ebenfalls beseitigt: Es können sowohl prognostizierte Wahrscheinlichkeiten als auch die individuellen fixen Effekte bestimmt und in Folge davon auch die marginalen Effekte berechnet werden.

5.3.4 Durchführung einer Fixed-Effects-Modellierung

Der *Klassiker* für die Fixed-Effects-Modellierung mit der Conditional-Likelihood-Methode ist die Funktion `clogit()` aus dem Paket `survival`. Es wird eine Regression mit zeitpunktspezifischen Effekten durchgeführt. Diese werden in der Regressionsformel mit `strata(Jahr)` hinzugefügt.[7] Falls zeitinvariante Variablen angegeben werden, wie z. B. `Sektor`, werden diese ignoriert.

Im Vergleich dazu wird die Fixed-Effects-Regression unter Anwendung des Pseudo-Demeanings mit der Funktion `bife()` aus dem gleichnamigen Paket durchgeführt.[8] Daher müssen die Koeffizienten anschließend noch mit `bias_corr()` korrigiert werden. Die Variable für die fixen Effekte wird mit | `Jahr` ergänzt. Bei `bife()` müssen die zeitinvarianten Variablen weggelassen werden, da sie im Rahmen der Modellierung keinen Beitrag liefern.

Wie in der linearen Panelregression wird als Referenz zusätzlich eine gepoolte Regression berechnet. Diese wird hier mit `pglm()` aus dem gleichnamigen Paket durch-

---

6 Der Algorithmus ist linear in T und N, während der Conditional-Likelihood-Algorithmus nur in N linear und quadratisch in T ist.

7 Ein *Stratum*, Plural *Strata*, ist eine Schicht, vgl. stratifizierte (= geschichtete) Stichprobe.

8 Mit `bife` kann auch eine Probit-Regression durch Angabe von `model = "probit"` durchgeführt werden. Ohne Angabe dieses Parameters wird eine logistische Regression gerechnet.

geführt, welches auch bei der Random-Effects-Modellierung zum Einsatz kommt. Das Ergebnis ist identisch zu der Regression mit `glm()`), so dass auch diese Funktion genutzt werden kann.

R-Code 5.4: Durchführung einer Fixed-Effects-Regression mit zeitpunktspezifischen Effekten

```
# Gepoolte Regression
DIV.pool1 <- pglm(Payout ~ ROA + lnGroesse + Float + ARP,
                  data = DIV, model = "pooling",
                  family = binomial("logit"))
# Gepoolte Regression mit glm
DIV.glm1 <- glm(Payout ~ ROA + lnGroesse + Float + ARP,
                data = DIV, family = binomial("logit"))
# Modellierung mit clogit
DIV.clogit1 <- clogit(Payout ~ ROA + lnGroesse + Float + ARP + strata(Jahr),
                      data = DIV)
# Modellierung mit bife
DIV.bife1 <- bife(Payout ~ ROA + lnGroesse + Float + ARP | Jahr,
                  data = DIV)
DIV.bife1 <- bias_corr(DIV.bife1)
```

Die Koeffizienten der Modelle, Standardfehler (in Klammern) und Indikatoren für p-Werte werden in R-Code 5.5 zum Vergleich gemeinsam ausgegeben. Dies unterstützt die Funktion `screenreg()` aus dem Paket `texreg`. Die einzelnen Modelle werden dabei als Liste übergeben, zusätzlich kann die Anzahl der Nachkommastellen mit `digits = ...` angegeben werden. Falls im Titel (jeweils der Eintrag in der Liste vor dem Gleichheitszeichen) Zahlen ausgegeben werden sollen oder Leerzeichen enthalten sind, muss der Eintrag in Anführungszeichen gesetzt werden.

R-Code 5.5: Vergleich der Ergebnisse

```
# Modellvergleich
screenreg(list(pool = DIV.pool1, glm = DIV.glm1, clogit = DIV.clogit1, bife = DIV.bife1),
          digits = 4)
## ===============================================================
##                   pool           glm           clogit        bife
## ---------------------------------------------------------------
## (Intercept)       0.6288 *       0.6288 *
##                  (0.3189)       (0.3189)
## ROA              23.8128 ***    23.8128 ***    24.0375 ***    24.0365 ***
##                  (2.4200)       (2.4200)       (2.4715)       (2.4684)
## lnGroesse         0.4225 ***     0.4225 ***     0.4183 ***     0.4183 ***
##                  (0.0395)       (0.0395)       (0.0395)       (0.0395)
## Float            -1.6976 ***    -1.6976 ***    -1.6630 ***    -1.6630 ***
##                  (0.4415)       (0.4415)       (0.4454)       (0.4461)
## ARP               1.3543 ***     1.3543 ***     1.3479 ***     1.3479 ***
```

```
##              (0.2866)      (0.2866)     (0.2914)      (0.2917)
## -----------------------------------------------------------------
## ...
```

Wie zu erkennen ist, sind die Koeffizienten des Bias-korrigierten Pseudo-Demeaning-Modells DIV.bife1 nahezu identisch mit denen des Conditional-Likelihood-Modells DIV.clogit1. Daher können jetzt auch die fixen Effekte ausgegeben werden. Dazu wird im Aufruf von coef() die Option type = "fe" ergänzt (R-Code 5.6).

R-Code 5.6: Ausgabe der fixen Effekte des Bias-korrigierten Pseudo-Demeaning-Modells

```
# fixe Effekte
coef(DIV.bife1, type = "fe")

##      2006       2007       2008       2009       2010
## 0.7016425 0.4279477 0.5962099 0.5122605 0.7552180

# Inferenz der fixen Effekte
summary(DIV.bife1, type = "fe")

## binomial - logit link
##
## Payout ~ ROA + lnGroesse + Float + ARP | Jahr
##
## Estimates:
##       Estimate Std. error z value Pr(> |z|)
## 2006    0.7016     0.3900   1.799    0.0720 .
## 2007    0.4279     0.3874   1.105    0.2693
## 2008    0.5962     0.3941   1.513    0.1303
## 2009    0.5123     0.3752   1.365    0.1721
## 2010    0.7552     0.3593   2.102    0.0356 *
## ---
## Signif. codes:  0 '***' 0.001 '**' 0.01 '*' 0.05 '.' 0.1 ' ' 1
##
## residual deviance= 627.21,
## null deviance= 1015.56,
## nT= 785, N= 5
##
## Number of Fisher Scoring Iterations: 6
```

Die Standardfehler und p-Werte der fixen Effekte können über summary(..., type = "fe") ergänzt werden. Es zeigt sich, dass die p-Werte bis auf den für das Jahr 2010 alle recht groß sind. Dies deutet möglicherweise darauf hin, dass eine Regression mit fixen Effekten nicht notwendig ist.

Zur Überprüfung, ob sich das Modell von einem Modell nur mit Intercept unterscheidet, kann der Likelihood-Quotienten-Test verwendet werden (vgl. Formel 4.30 aus dem Kapitel Logistische Regression). Für das mit `bife()` gerechnete Modell ist dieser Test nicht standardmäßig implementiert. Es kann aber wie schon in der logistischen Regression eine manuelle Berechnung vorgenommen werden (R-Code 5.7). Die Test-statistik des Likelihood-Quotienten-Test entspricht der Differenz aus Nulldevianz und Modelldevianz:

$$T = -2 \cdot \ln \frac{L_0}{L_\beta} = -2 \cdot (\ln L_0 - \ln L_\beta) = (-2LL_0) - (-2LL) \sim \chi^2_{(K)}. \tag{5.9}$$

Die Anzahl der Freiheitsgrade K ist gleich der Anzahl der Parameter im Modell.

R-Code 5.7: Likelihood-Quotienten-Test der Fixed-Effects-Modelle zum Vergleich mit dem Nullmodell

```
# Likelihood-Quotienten-Test clogit
lrtest(DIV.clogit1)

## Likelihood ratio test
##
## Model 1: Surv(rep(1, 785L), Payout) ~ ROA + lnGroesse + Float + ARP +
##      strata(Jahr)
## Model 2: Surv(rep(1, 785L), Payout) ~ 1
##   #Df LogLik Df  Chisq Pr(>Chisq)
## 1   4 -301.46
## 2   0 -504.27 -4 405.61  < 2.2e-16 ***
## ---
## Signif. codes:  0 '***' 0.001 '**' 0.01 '*' 0.05 '.' 0.1 ' ' 1

# manuelle Durchführung Likelihood-Quotienten-Test bife
df <- coef(DIV.bife1) |> length()
T <- DIV.bife1$null_deviance - DIV.bife1$deviance
pchisq(T, df = df, lower.tail = FALSE)

## [1] 9.145638e-83
```

Die p-Werte, also die Wahrscheinlichkeiten für den in der Stichprobe beobachteten Unterschied unter der Annahme, dass es keinen gibt, sind in beiden Fällen sehr klein, so dass dies für einen deutlichen Unterschied der Modelle zum Nullmodell nur mit Intercept spricht.

5.3.5 Überprüfung auf fixe Effekte

Um zu überprüfen, ob Effekte vorliegen, die als fixe Effekte modelliert werden sollten, können die generierten Modelle mit dem gepoolten Modell verglichen werden. Auch dazu kann, wie in R-Code 5.8 gezeigt, der Likelihood-Quotienten-Test verwendet werden. Dieser muss hier manuell gerechnet werden. Für das Auslesen der logarithmierten

Likelihood aus dem Modell kann die Funktion logLik() verwendetet werden.[9] Die Anzahl der Freiheitsgrade ist eins, da im Vergleich zu dem gepoolten Modell das Fixed-Effects-Modell keinen Intercept aufweist.

R-Code 5.8: Likelihood-Quotienten-Test des Fixed-Effects-Modells DIV.bife1 im Vergleich mit dem gepoolten Modell

```
T <- -2 * (logLik(DIV.pool1) - logLik(DIV.bife1)) |> as.numeric()
pchisq(T, df = 1, lower.tail = FALSE)
```

```
## [1] 0.2276075
```

Der p-Wert ist recht hoch, so dass eine Modellierung der fixen Effekte nicht unbedingt durchgeführt werden muss. Dies steht auch im Einklang zu den p-Werten der einzelnen fixen Effekte, die in R-Code 5.6 für das bife-Modell ausgegeben wurden.

Prinzipiell könnte dieser Test auch für das clogit-Modell durchgeführt werden. In der clogit-Modellierung wird die bedingte Likelihood maximiert, so dass das Ergebnis nicht mit dem mit pglm berechneten Modell vergleichbar ist, in dem die unbedingte Likelihood maximiert wird.

5.3.6 Nachteile des Fixed-Effects-Modell

Neben dem bereits aus der linearen Panelregression bekannten Nachteil, das zeitinvariante unabhängige Variablen nicht berücksichtigt werden können, muss darüber hinaus bedacht werden, dass Subjekte i, deren Zielgröße Y_i sich in den betrachteten Perioden nicht ändert, für die Modellierung entfernt werden.[10] So wird de facto eine Teilstichprobe betrachtet, was zu Verzerrungen führen kann. Daher muss bereits in den theoretischen Vorüberlegungen bedacht werden, ob diese Einschränkung problematisch sein kann (Giesselmann und Windzio, 2012, S. 149 f.).

Als Beispiel wird dazu in R-Code 5.9 eine Modellierung mit subjektspezifischen fixen Effekten mit der Funktion bife() vorgenommen und die Modellzusammenfassung ausgegeben.

---

9 Aus bife-Modellen kann die Devianz auch direkt mit der Funktion devicance() ausgelesen werden. Da dies aber in den anderen Modellklassen nicht implementiert ist, wird einheitlich - 2 * logLik() verwendet.

10 Das gilt zwar grundsätzlich auf für lineare Modelle. Da die Zielgröße in diesem Fall aber stetig ist, ist eine Konstanz über alle betrachteten Perioden doch sehr unwahrscheinlich.

R-Code 5.9: Subjektspezifische Effekte mit `bife()`

```
DIV.bife1_s <- bife(Payout ~ ROA + lnGroesse + Float + ARP | Name,
                    data = DIV)
summary(DIV.bife1_s)

## binomial - logit link
##
## Payout ~ ROA + lnGroesse + Float + ARP | Name
##
## Estimates:
##            Estimate Std. error z value Pr(> |z|)
## ROA         46.4950     8.2853   5.612  2.00e-08 ***
## lnGroesse    4.5057     0.9031   4.989  6.06e-07 ***
## Float       -2.5812     1.7368  -1.486   0.13724
## ARP          2.0491     0.6808   3.010   0.00261 **
## ---
## Signif. codes:  0 '***' 0.001 '**' 0.01 '*' 0.05 '.' 0.1 ' ' 1
##
## residual deviance= 155.51,
## null deviance= 367.74,
## nT= 270, N= 54
##
## ( 515 observation(s) deleted due to perfect classification )
##
## Number of Fisher Scoring Iterations: 8
##
## Average individual fixed effect= 3.279
```

In der summary von `bife()` wird am Ende angezeigt, wie viele Beobachtungen aufgrund von fehlender Änderung in *y* über die Zeitpunkte ("perfect classification") nicht zur Modellierung beitragen. Im Beispiel werden 515 Beobachtungen entfernt, so dass mit 270 Beobachtungen nur ca. 34 % aller Beobachtungen im Datensatz verbleiben und zur Modellierung beitragen.

5.4 Random-Effects-Modell

Ein Random-Effects-Modell hat an sich den gleichen Aufbau wie das Fixed-Effects-Modell:

$$P(Y_{it} = 1) = \frac{e^{\beta_0 + \sum\limits_{k=1}^{K} \beta_k X_{kit} + \epsilon_i + v_{it}}}{1 + e^{\beta_0 + \sum\limits_{k=1}^{K} \beta_k X_{kit} + \epsilon_i + v_{it}}}. \tag{5.10}$$

Zur Unterscheidung werden die unbeobachteten individuellen Effekte jetzt nicht mehr mit α_i bezeichnet, sondern als individuelle Fehlerterme ϵ_i. Im Unterschied zu dem

Fixed-Effects-Modell gibt es eine Verteilungsannahme, i. d. R. Normalverteilung $N(0, \sigma)$. Der Streung σ der zufälligen Effekte wird in der Modellierung als zusätzlicher Parameter ebenfalls geschätzt (Agresti, 2018, S. 274). Die Fehlerterme dürfen nicht mit den Beobachtungen der unabhängigen Variablen X_{kit} korrelieren. Die Schätzung erfolgt nicht mehr mit dem Maximum-Likelihood-Ansatz, sondern z. B. über die Gauß-Hermite-Quadratur (Croissant und Millo, 2018, S. 215).

Der Nachteil des Random-Effects-Modell ist wie schon in der linearen Panelregression die notwendige Unabhängigkeit der Fehlerterme, d. h., $cor(\epsilon_i, v_{it}) = 0$ und $cor(\epsilon_i, x_{kit}) = 0$. Die Überprüfung dieser Voraussetzung kann mit dem Wu-Hausman-Test erfolgen.

Der Vorteil allerdings ist, dass zeitinvariante Variablen in das Model aufgenommen werden können. Wenn diese einen Erklärungsbeitrag für die subjektspezifischen Unterschiede liefern, verringert sich die Varianz der ϵ_i, die in der Schätzung bestimmt wird und Ausdruck der unbeobachteten Heterogenität der Subjekte ist. Somit wird ein Teil der unbeobachteten Heterogenität in beobachtete Heterogenität überführt (Giesselmann und Windzio, 2012, S. 150 ff.). Auch tragen im Gegensatz zum Fixed-Effects-Modell alle Beobachtungen zur Modellierung bei, auch wenn sich die abhängige Variable über die Zeit nicht ändert.

5.4.1 Durchführung einer Random-Effects-Modellierung

In R-Code 5.10 wird ein Random-Effects-Modell zunächst mit der Funktion `pglm()` aus dem gleichnamigen Paket erzeugt. Da die Daten nicht mit `pdata.frame()` (vgl. Abschnitt 3.3 im Kapitel Panelregression) um Bezeichnungen *Subjekt-Zeitpunkt* ergänzt wurden, wird zusätzlich die Option `index = c(...)` genutzt, mit der die Subjektvariable und Zeitpunktvariable angegeben werden.[11]

R-Code 5.10: Durchführung einer Random-Effects-Regression mit `pglm()`

```
DIV.pglm1 <- pglm(Payout ~ ROA + lnGroesse + Float + ARP,
                  data = DIV, model = "random", effect = "individual",
                  index = c("Name", "Jahr"), family = binomial("logit"))
```

Alternativ zu `pglm()` wird die Funktion `glmer()` aus dem Paket `lme4` vorgestellt. Die logistische Panelregression wird dabei als gemischtes Modell (*mixed model*) betrachtet, in dem fixe und zufällige Effekte modelliert werden. Anders als in der klassischen Panelregression sind die *fixen* Effekte hier aber die Koeffizienten der regulären unab-

---

11 *Hinweis:* In der aktuellen Version des Pakets `pglm` kann nur eine Random-Effects-Modellierung mit der Subjektvariablen durchgeführt werden. Die Optionen `model = "within"`, `effect = "time"` oder `"twoways"` werden ignoriert.

hängigen Variablen, sogenannte strukturelle Koeffizienten. Zu diesen kann ein zufällig modellierter Effekt über (1 | Subjekt) und/oder (1 | Zeit) hinzugefügt werden. Damit entspricht dieser Ansatz einem Random-Effects-Modell. Die Ergebnisse werden wieder mit screenreg() im Vergleich zu der gepoolten Regression ausgegeben.

R-Code 5.11: Durchführung einer Random-Effects-Regression mit glmer()

```
DIV.glmer1 <- glmer(Payout ~ ROA + lnGroesse + Float + ARP + (1 | Name),
                  data = DIV, family = binomial(link = "logit"))
# Modellvergleich
screenreg(list(pooled = DIV.pool1, pglm = DIV.pglm1, glmer = DIV.glmer1), digits = 4)
## ================================================================
##                       pooled          pglm            glmer
## ----------------------------------------------------------------
## (Intercept)           0.6288 *        1.0633          1.2352
##                       (0.3189)        (0.8020)        (0.8380)
## ROA                  23.8128 ***     43.8421 ***     44.4769 ***
##                       (2.4200)        (6.1338)        (6.3407)
## lnGroesse             0.4225 ***      0.9950 ***      1.0573 ***
##                       (0.0395)        (0.1567)        (0.1836)
## Float                -1.6976 ***     -2.7982 **      -2.8459 **
##                       (0.4415)        (1.0757)        (1.0989)
## ARP                   1.3543 ***      1.8264 ***      1.8549 ***
##                       (0.2866)        (0.5220)        (0.5257)
## sigma                                 3.6363 ***
##                                       (0.5430)
## ----------------------------------------------------------------
## Log Likelihood     -314.3324       -232.1553       -232.6034
## AIC                 638.6649         476.3105         477.2068
## ...
```

Wie zu erkennen ist, zeigt das Random-Effects-Modell Vorteile gegenüber dem gepoolten Modell, da das AIC deutlich niedriger ist (476.31 vs. 638.66). Im Mixed-Effects-Modell ist das AIC mit 477.21 geringfügig höher, aber immer noch deutlich niedriger als im gepoolten Modell.

Ein Hinweis zur Schätzung: Die in beiden Funktionen verwendete Gauß-Hermite-Quadratur nutzt eine bestimmte Anzahl von sogenannten *Quadratur-Punkten*, der einen wesentlichen Einfluss auf die Rechenzeit hat. Dieser Parameter kann mit R = ... bei pglm() und nAGQ = ... bei glmer() eingestellt werden. Agresti (2018, S. 277) weist darauf hin, dass dieser Wert nicht zu niedrig sein sollte. Als Test kann der Wert über den jeweiligen Standardwert erhöht werden, um zu sehen, ob Schätzer und Standardfehler stabil sind.

Mit dem Likelihood-Quotienten-Test kann wieder überprüft werden, ob sich das Modell von einem Nullmodell nur mit Intercept unterscheidet. Für das glmer-Modell muss zunächst das Nullmodell bestimmt werden, das nur die Konstante und den zufälligen Effekt enthält. Die beiden Modelle können dann mit lrtest() oder anova() verglichen werden. Letztere führt bei logistischen Regressionsmodellen statt des F-Tests einen Likelihood-Quotienten-Test aus.

R-Code 5.12: Likelihood-Quotienten-Test der Random-Effects-Modelle zum Vergleich mit dem Nullmodel

```
# pglm-Modell
lrtest(DIV.pglm1)

## Likelihood ratio test
##
## Model 1: Payout ~ ROA + lnGroesse + Float + ARP
## Model 2: Payout ~ 1
##   #Df  LogLik Df  Chisq Pr(>Chisq)
## 1   6 -232.16
## 2   2 -338.32 -4 212.34  < 2.2e-16 ***
## ---
## Signif. codes:  0 '***' 0.001 '**' 0.01 '*' 0.05 '.' 0.1 ' ' 1

# glmer-Modell
DIV.glmer0 <- glmer(Payout ~ 1 + (1 | Name), data = DIV, family = binomial())
lrtest(DIV.glmer0, DIV.glmer1)

## Likelihood ratio test
##
## Model 1: Payout ~ 1 + (1 | Name)
## Model 2: Payout ~ ROA + lnGroesse + Float + ARP + (1 | Name)
##   #Df  LogLik Df  Chisq Pr(>Chisq)
## 1   2 -344.8
## 2   6 -232.6  4 224.39  < 2.2e-16 ***
## ---
## Signif. codes:  0 '***' 0.001 '**' 0.01 '*' 0.05 '.' 0.1 ' ' 1
```

In beiden Fällen sind die p-Werte sehr klein, so dass von einem Unterschied zum Nullmodell ausgegangen werden kann.

Zeitliche Effekte können auch modelliert werden. Für pglm() müssen die Effekte dafür „händisch" umgedreht werden, indem im Index die Reihenfolge vertauscht wird. In glmer() wird als Effekt stattdessen (1 | Jahr) hinzugefügt. Letztere erlaubt damit auch die gleichzeitige Modellierung beider Effekte, indem sowohl (1 | Name) als auch (1 | Jahr) als Effekte hinzugefügt werden. Auf diese Möglichkeit wird hier aber nicht weiter eingegangen.

5.4.2 Überprüfung auf zufällige Effekte

Auch hier wird wieder der Likelihood-Quotienten-Test genutzt, um die Nullhypothese auf keinen Unterschied zwischen dem gepoolten Modell und dem Random-Effects-Modell zu überprüfen. Für pglm-Modelle kann dafür die Funktion lrtest() verwendet werden, das Vergleichsmodell muss dabei das mit pglm() modellierte gepoolte Modell sein. Auch glmer-Modelle können mit der Funktion lrtest() oder anova() überprüft werden, allerdings muss das Vergleichsmodell ein mit glm() gerechnetes Modell sein. Das glmer-Modell muss im Aufruf als erstes angegeben werden.

R-Code 5.13: Likelihood-Quotienten-Test der Random-Effects-Modelle im Vergleich mit dem gepoolten Modell

```
# pglm-Modell
lrtest(DIV.pool1, DIV.pglm1)

## Likelihood ratio test
##
## Model 1: Payout ~ ROA + lnGroesse + Float + ARP
## Model 2: Payout ~ ROA + lnGroesse + Float + ARP
##   #Df  LogLik Df  Chisq Pr(>Chisq)
## 1   5 -314.33
## 2   6 -232.16  1 164.35  < 2.2e-16 ***
## ---
## Signif. codes:  0 '***' 0.001 '**' 0.01 '*' 0.05 '.' 0.1 ' ' 1

# glmer-Modell
lrtest(DIV.glmer1, DIV.glm1)

## Likelihood ratio test
##
## Model 1: Payout ~ ROA + lnGroesse + Float + ARP + (1 | Name)
## Model 2: Payout ~ ROA + lnGroesse + Float + ARP
##   #Df  LogLik Df  Chisq Pr(>Chisq)
## 1   6 -232.60
## 2   5 -314.33 -1 163.46  < 2.2e-16 ***
## ---
## Signif. codes:  0 '***' 0.001 '**' 0.01 '*' 0.05 '.' 0.1 ' ' 1
```

Die p-Werte, also die Wahrscheinlichkeit für den beobachteten Unterschied, wenn von keinem Unterschied ausgegangen wird, sind für den Test im Vergleich zum gepoolten Modell in beiden Fällen sehr klein. Daher erscheint die Modellierung mit einer Random-Effects-Panelregression sinnvoll zu sein. Die Ergebnisse bestätigen die Vermutungen auf Basis des AIC (siehe R-Code 5.11).

Zusätzlich kann überprüft werden, ob eine ausreichend große Streuung der zufälligen Effekte vorhanden ist (Souche *et al.*, 2012). Dies ist der Koeffizient sigma, der für pglm-Modelle bereits in der Zusammenfassung mit `screenreg()` ausgewiesen wurde (siehe R-Code 5.11). Die Schätzung für das Sigma beträgt 3.6363 bei einem Standardfehler von 0.5430. Diese Werte und der daraus resultierende sehr kleine p-Wert sprechen dafür, dass sich die Streuung deutlich von null unterscheidet.

In den `glmer`-Modellen wird die Streuung der zufälligen Effekte in der `summary` gezeigt. Einzeln kann sie mit `VarCorr()` ausgegeben werden, wie in R-Code 5.14 gezeigt.

R-Code 5.14: Standardabweichung der zufälligen Effekte des Modells `DIV.glmer1`

```
VarCorr(DIV.glmer1)

## Groups Name        Std.Dev.
## Name   (Intercept) 3.819
```

Der Wert ist in etwa genauso groß wie bei dem `pglm`-Modell. Allerdings wird hier kein Standardfehler für die Streuung der zufälligen Effekte ausgegeben.[12] Allgemein gilt, je größer die Streuung der zufälligen Effekte ist, desto wichtiger ist die Berücksichtigung der zufälligen Effekte in der Modellierung (siehe z. B. Agresti, 2018, S. 275).

5.4.3 Überprüfung der Voraussetzungen für ein Random-Effects-Modell

In einem Random-Effects-Modell dürfen die subjektspezifischen Fehlerterme, also die zufälligen Effekte, nicht mit den unabhängigen Variablen korrelieren. Dies kann über den Vergleich mit einem Fixed-Effects-Modell überprüft werden. Dazu kann der Wu-Hausman-Test (Wu, 1973; Hausman, 1978; Giesselmann und Windzio, 2012, S. 157 f.) herangezogen werden (vgl. auch Abschnitt 3.7.3 Hausman-Test in der linearen Panelregression). Für die logistische Panelregression ist dieser nicht in R implementiert. Daher wird in Abschnitt B.3 des Anhangs die Erstellung einer eigenen Funktion `whtest()` für die Durchführung dieses Tests vorgestellt, zumindest für `clogit`- und `pglm`-Modelle. Um diese nutzen zu können, müssen Sie den dort aufgeführten R-Code B.3 einmalig ausführen.

Verglichen werden soll ein Fixed-Effects-Modell, jetzt mit subjektspezifischen Effekten, mit dem Random-Effects-Modell, das mit `pglm()` berechnet wurde.

---

[12] Der Standardfehler kann unter Zuhilfenahme des Paket `merDeriv` berechnet werden. Nach Laden des Pakets wird dieser mit `vcov(model, full = TRUE) |> diag() |> sqrt()` ausgegeben (letzter Wert, die anderen sind die Standardfehler der regulären Koeffizienten). Allerdings kann es passieren, dass der Algorithmus bei bestimmten Daten numerisch instabil ist und die Standardfehler der Koeffizienten abweichen oder gar nicht berechnet werden können. Dann ist der Standardfehler für die Streuung der zufälligen Effekte auch nicht als zuverlässig zu bewerten.

R-Code 5.15: Vergleich von Fixed- (clogit) und Random-Effects-Modell pglm

```
# FEM mit subjektspezifischen Effekten
DIV.clogit1_s <- clogit(Payout ~ ROA + lnGroesse + Float + ARP + strata(Name),
                        data = DIV)
# Modellvergleich
screenreg(list(FEM = DIV.clogit1_s, REM = DIV.pglm1), digits = 4)
## ==============================================
##                    FEM             REM
## --------------------------------------------
## ROA              31.2951 ***     43.8421 ***
##                  (6.6021)        (6.1338)
## lnGroesse         2.9568 ***      0.9950 ***
##                  (0.7082)        (0.1567)
## Float            -1.9788         -2.7982 **
##                  (1.3990)        (1.0757)
## ARP               1.3750 *        1.8264 ***
##                  (0.5744)        (0.5220)
## (Intercept)                       1.0633
##                                  (0.8020)
## sigma                             3.6363 ***
##                                  (0.5430)
## --------------------------------------------
## AIC             101.1739        476.3105
```

Die Koeffizienten dieser Modelle unterscheiden sich vom Betrag her merklich, die Vorzeichen sind aber identisch. Der Wu-Hausman-Test überprüft die Voraussetzungen für das Random-Effects-Modell. Unter der Nullhypothese sind beide Modelle konsistent, das Random-Effects-Modell ist aber effizienter, weist also geringere Standardfehler auf. Unter der Alternative ist nur das Fixed-Effects-Modell konsistent.

R-Code 5.16: Wu-Hausman-Test zum Vergleich von Fixed- und Random-Effects-Modell

```
whtest(DIV.clogit1_s, DIV.pglm1)

## HA: Model 2 ist inkonsistent
## Chi2 = 65.0311, df = 4, p-Wert = 2.535e-13
```

Hier spricht der Test gegen die Nutzung des Random-Effects-Modells. Weiterführende Betrachtungen zu korrelierten zufälligen Effekten finden Sie z. B. in Verbeek (2021, S. 168).

5.5 Interpretation der Koeffizienten

5.5.1 Direkte Interpretation und Chancenverhältnis

Wie schon in der *normalen* logistischen Regression können die Koeffizienten nicht direkt interpretiert werden. Lediglich das Vorzeichen ist ein Hinweis auf die Richtung des Effekts. Ein positives Vorzeichen des Koeffizienten β_k bedeutet im Modell der Stichprobe c. p. im Mittel eine zunehmende Wahrscheinlichkeit für $y = 1$ bei steigendem x_k und ein negatives Vorzeichen entsprechend eine abnehmende Wahrscheinlichkeit.

Auch kann, wie in Abschnitt 4.3.2 im Kapitel Logistische Regression beschrieben, das Chancenverhältnis interpretiert werden. Dazu werden die Koeffizienten in die e-Funktion eingesetzt. Dies wird in R-Code 5.17 am Beispiel des Modells DIV.bife1 gezeigt.

R-Code 5.17: Interpretation über das Chancenverhältnis am Beispiel des Modell DIV.bife1

```
coef(DIV.bife1) |> exp()

##          ROA    lnGroesse        Float          ARP
## 2.747279e+10 1.519419e+00 1.895772e-01 3.849373e+00
```

Wenn ROA um einen Prozentpunkt, d. h. ein Hundertstel der Einheit, höher liegt, steigt die Chance auf Dividendenzahlung im Modell der Stichprobe im Mittel c. p. um den Faktor 2.7473e+08.

Inhaltlich lässt sich dies aber nur interpretieren, wenn die Einsen (oder die Nullen) in den beobachteten Daten der abhängigen Variablen sehr selten vorkommen, was hier im Beispiel aber nicht gegeben ist. Dann entspricht das Chancenverhältnis dem relativen Risiko.

5.5.2 Marginale Effekte

An den marginalen Effekten, also den partiellen Ableitungen nach einer unabhängigen Variablen, lassen sich gut die Auswirkungen der Koeffizienten in der logistischen Panelregression demonstrieren.

Der marginale Effekt bei unterschiedlichen subjektspezifischen Konstanten fällt stärker aus (graue Kurven in Abbildung 5.1). Der durchschnittliche Effekt über die Population (blaue Kurve in Abbildung 5.1) in einer gepoolten Regression bzw. einer Querschnittsregression ist schwächer. Die Link-Funktion hat eine geringere Steigung, da die Mittelwerte über alle Kurven für jeden Punkt auf der x-Achse genommen wer-

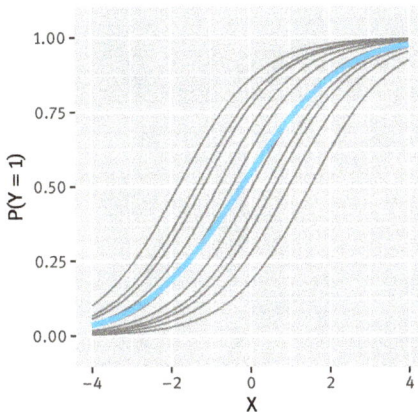

Abb. 5.1: Panelregression: subjektspezifische Linkfunktionen mit unterschiedlichen Konstanten (grau), gepoolte Regression: Durchschnitt über die Population (blau)

den (siehe z. B. Agresti, 2013, S. 493; Giesselmann und Windzio, 2012, S. 175).[13] In der linearen (Panel-) Regression ist diese Auswirkung auf den marginalen Effekt (= Steigungskoeffizient) nicht vorhanden, die Steigung bleibt bei unterschiedlichen Konstanten gleich.

Fixed-Effects-Modelle

Bei den Fixed-Effects-Modellen ist ein Vorteil der Modellierung über Pseudo-Demeaning die Möglichkeit, mittlere marginale Effekte zu berechnen. Diese können aus dem `bife`-Modell mit `get_APE()` (*average partial effect*) ausgegeben werden. Diese entsprechen den AMEs im einfachen logistischen Regressionsmodell, die im Kapitel Logistische Regression in R-Code 4.7 oben ausgegeben werden, also durchschnittliche marginale Effekte über alle Beobachtungen und alle anderen unabhängigen Variablen. Einschränkend sei darauf hingewiesen, dass eine Berechnung in Modellen mit Interaktionsparametern oder polynomischen Termen (noch) nicht möglich ist.

R-Code 5.18: Mittlere marginale Effekte das Fixed-Effects-Modell `DIV.bife1`

```
get_APEs(DIV.bife1) |> summary()

## Estimates:
##            Estimate Std. error z value Pr(> |z|)
## ROA        3.140815   0.269148  11.669   < 2e-16 ***
## lnGroesse  0.054662   0.003762  14.531   < 2e-16 ***
```

---

13 Falls der durchschnittliche Effekt von Interesse ist und die Abhängigkeit der Beobachtungen dennoch kontrolliert werden soll, eignet sich das *Generalized-Estimation-Equations*-Modell, kurz GEE-Modell, ein sogenanntes marginales Modell (siehe z. B. Agresti, 2018, Kapitel 9.2 oder Giesselmann und Windzio, 2012, Kapitel 7.8)

```
## Float     -0.217297   0.055815  -3.893  9.89e-05 ***
## ARP        0.163183   0.029644   5.505  3.70e-08 ***
## ---
## Signif. codes:  0 '***' 0.001 '**' 0.01 '*' 0.05 '.' 0.1 ' ' 1

get_APEs(DIV.bife1) |> confint()

##                   2.5 %      97.5 %
## ROA          2.61329363  3.66833586
## lnGroesse    0.04728944  0.06203539
## Float       -0.32669233 -0.10790131
## ARP          0.10508130  0.22128406
```

summary() ergänzt Standardfehler und p-Werte. Konfidenzintervalle zu den marginalen Effekten können mit confint() ausgegeben werden.

Interpretation: Wenn ROA um eine Einheit steigt, steigt die Wahrscheinlichkeit einer Dividendenausschüttung im Modell der Stichprobe c. p. durchschnittlich um 3.1408 Prozentpunkte (zur Interpretation von durchschnittlichen marginalen Effekten siehe z. B. Best und Wolf, 2012). Bezogen auf einen Prozentpunkt Erhöhung bei ROA ist der durchschnittliche Effekt auf die Dividendenausschüttung 3.1408 Basispunkte.

ⓘ Fixed-Effects-Modell

Problem   inkonsistente Schätzer aufgrund des *incidental parameters problem*
Lösung 1   Conditional-Maximum-Likelihood-Modell
            Nachteil: fixe Effekte können nicht ausgegeben und Wahrscheinlichkeiten nicht geschätzt werden
Lösung 2   Pseudo-Demeaning
            fixe Effekte und Wahrscheinlichkeiten können berechnet werden
            möglicher Nachteil insbesondere bei Short-Panels: Verzerrung der Koeffizienten

---

Random-Effects-Modelle

Bei den Random-Effects-Modellen können mit dem bereits in der logistischen Regression genutzten Paket margins marginale Effekte für glmer-Modelle ausgegeben werden. summary() ergänzt Standardfehler, p-Werte und Konfidenzintervalle.

R-Code 5.19: Mittlere marginale Effekte das Random-Effects-Modell DIV.glmer1

```
# mittlere marginale Effekte
margins(DIV.glmer1) |> summary()

##      factor    AME     SE       z       p   lower   upper
##         ARP  0.0986  0.0263  3.7444  0.0002  0.0470  0.1503
##       Float -0.1513  0.0564 -2.6849  0.0073 -0.2618 -0.0409
## lnGroesse  0.0562  0.0087  6.4310  0.0000  0.0391  0.0734
```

```
##          ROA  2.3653 0.2735  8.6490 0.0000 1.8293  2.9013

# mittlerer marginaler Effekt von ROA bei lnGroesse -5 und +5
margins(DIV.glmer1, variables = "ROA", at = list(lnGroesse = c(-5, 5))) |> summary()

## factor lnGroesse    AME     SE      z      p  lower  upper
##    ROA   -5.0000 2.9507 0.5217 5.6561 0.0000 1.9282 3.9732
##    ROA    5.0000 1.1220 0.2160 5.1952 0.0000 0.6987 1.5453
```

Es können auch marginale Effekte zu bestimmten Werten ausgegeben werden, wie in R-Code 5.19 unten gezeigt. Beispielsweise ist der Effekt von ROA bei großen Unternehmen viel kleiner als bei kleinen Unternehmen.

Der gesamte Verlauf kann in einer Grafik dargestellt werden, wie in R-Code 5.20 (Grafik 5.1) gezeigt. Hier wird wieder der Weg über eine ggplot2-Grafik gewählt, eine direkte Ausgabe mit cplot() wäre auch möglich. Dazu muss die Option draw = FALSE entfernt werden.

R-Code 5.20: Plot der mittleren marginalen Effekte von ROA bedingt durch ROA und lnGroesse im Modell DIV.glmer1

```
# AME von ROA bedingt durch ROA
out <- cplot(DIV.glmer1, x = "ROA", dx = "ROA", what = "effect", draw = FALSE)
gf_ribbon(lower + upper ~ xvals, data = out, fill = "blue") |>
  gf_line(yvals ~ xvals) |>
  gf_labs(x = "ROA", y = "AME ROA")

# AME von ROA bedingt durch lnGroesse
out <- cplot(DIV.glmer1, x = "lnGroesse", dx = "ROA", what = "effect", draw = FALSE)
gf_ribbon(lower + upper ~ xvals, data = out, fill = "blue") |>
  gf_line(yvals ~ xvals) |>
  gf_labs(x = "lnGroesse", y = "AME ROA")
```

In R-Grafik 5.1 ist deutlich zu erkennen, dass der marginale Effekt stark abhängig vom jeweiligen Wert der betrachteten Variablen selbst und der Kovariablen ist.

Modelle in der logistischen Panelregression   [i]

Gepooltes Modell	Referenzmodell, entspricht der *normalen* logistischen Regression
Fixed-Effects-Modell	Modellierung der subjekt- (bzw. zeitpunktspezifischen) Effekte als fixe Effekte
	Problem: zeitinvariante Beobachtungen in *y* werden nicht berücksichtigt, daher möglicherweise Betrachtung einer Teilstichprobe
Random-Effects-Modell	Modellierung der Effekte als zufällig
	Voraussetzung auf konsistente Schätzer muss überprüft werden

---

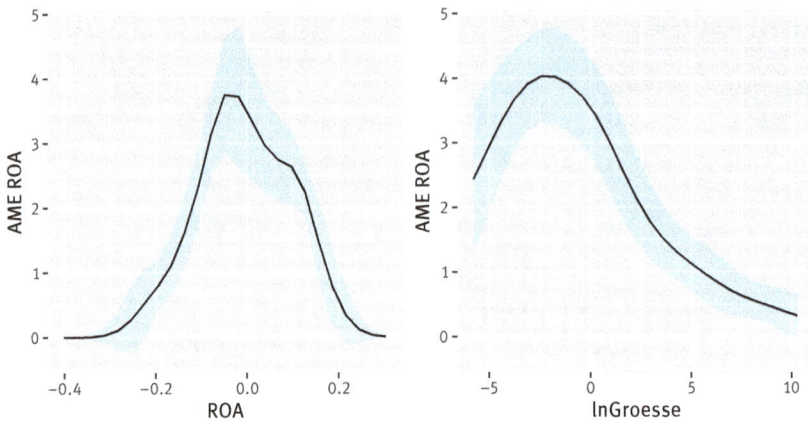

R-Grafik 5.1: Plot der mittleren marginalen Effekte von ROA bedingt durch ROA (links) und lnGroesse (rechts) im Modell DIV.glmer1

5.6 Regressionsdiagnostik

5.6.1 Multikollinearität

Ein Aspekt ist die Untersuchung des Modells auf Multikollinearität. Dazu können die Variance Inflation Factors (VIF) genutzt werden. Für die clogit- und glmer-Modelle kann die Funktion vif() aus dem Paket car verwendet werden, für die bife-Modelle hingegen die entsprechende Funktion aus dem Paket rms. Für pglm gibt es leider noch keine Implementation. Die Pakete werden dazu nicht geladen, sondern die Funktionen mit package::function() aufgerufen. In R-Code 5.21 werden die bisher bestimmten Modelle, soweit möglich, auf Multikollinearität untersucht.

R-Code 5.21: Variance Inflation Factors am Beispiel der Modelle DIV.clogit2, DIV.bife2 sowie DIV.glmer2

```
car::vif(DIV.clogit1)

##                   GVIF Df GVIF^(1/(2*Df))
## ROA           1.122183  1        1.059331
## lnGroesse     1.247287  1        1.116820
## Float         1.094990  1        1.046418
## ARP           1.040415  1        1.020008
## strata(Jahr)  1.276379  0             Inf

rms::vif(DIV.bife1)

## [1] 1.120556 1.245117 1.094383 1.040125
```

```
car::vif(DIV.glmer1)
```

```
##      ROA  lnGroesse     Float      ARP
## 1.400579  1.398522  1.081584  1.084107
```

Alle Modelle zeigen unkritische Werte. Wie bereits im Kapitel Lineare Regression be-schrieben, wird bei kategorialen unabhängigen Variablen das generalisierte VIF ($GVIF$) ausgegeben. An der Wurzel $GVIF^{\frac{1}{2df}}$ lässt sich der Einfluss der Multikollinearität ab-schätzen. Eine ausführliche Darstellung zu den VIF-Werten finden Sie in Abschnitt 2.7.8 im Kapitel Lineare Regression.

5.6.2 Einflussreiche Beobachtungen

Für die `glmer`-Modelle können Diagnostiken zu einflussreichen Beobachtungen er-mittelt werden. Zunächst muss mit `influence(model)` ein Objekt für die Auswertung angelegt werden. Da hier die einzelnen Gruppen (der zufälligen Effekte) jeweils wegge-lassen werden und neu modelliert wird, ist dies ein sehr zeitaufwendiger Prozess. Daher kann die Anzahl der Iterationsschritte über die Option `maxfun` beschränkt werden. Die Autoren empfehlen 100 bei glmer-Modellen (siehe `?influence.merMod`).

R-Code 5.22: Einflussreiche Beobachtungen am Beispiel des Modells `DIV.glmer1`

```
# Influence-Objekt anlegen
inf.glmer1 <- influence(DIV.glmer1, maxfun = 100)
# Ausgabe verschiedener Kriterien
# DFBETA
dfbeta(inf.glmer1) |> head(n = 3)
```

```
##   (Intercept)       ROA   lnGroesse        Float          ARP
## 1   0.05656583 -2.197087 -0.06810948 0.0005573259 -0.11913088
## 2  -0.01869572 -1.555089 -0.06910649 0.0076794220  0.01562680
## 3  -0.04681230 -2.453525 -0.06424848 0.1284677752 -0.09862944
```

```
# Standardisierte DFBETA
dfbetas(inf.glmer1) |> head(n = 3)
```

```
##   (Intercept)       ROA  lnGroesse       Float          ARP
## 1   0.07042973 -0.3723386 -0.4160630 0.000525603 -0.23577929
## 2  -0.02347670 -0.2622260 -0.4272733 0.007279311  0.03045815
## 3  -0.05854933 -0.4183018 -0.3901082 0.121817235 -0.19494960
```

```
# Cook's Distance
cooks <- cooks.distance(inf.glmer1)
head(cooks, n = 3)
```

```
##              1          2          3
## 0.03915780 0.03524248 0.03858120
```

dfbeta() bestimmt für jede Beobachtung und jede unabhängige Variable die Änderung des Koeffizienten mit und ohne die jeweilige Beobachtung. Die standardisierte Version davon ist dfbetas(). Cook's Distance fasst diese Werte über alle Variablen zu einem Wert je Beobachtung zusammen.

Auch hier ist es sinnvoll, die Cook's Distance grafisch darzustellen, um einflussreiche Beobachtungen zu erkennen. In der logistischen Regression werden auffällig abweichende Werte unabhängig vom tatsächlichen Wert als mögliche einflussreiche Beobachtungen identifiziert. Für die einflussreichen Beobachtungen kann dann bei Bedarf über die dfbeta() oder dfbetas() weiter analysiert werden, welche Variable möglicherweise diesen Einfluss ausübt.

R-Code 5.23: Plot der Cook's Distance am Beispiel des Modells DIV.glmer1

```
index <- 1:length(cooks)
gf_point(cooks ~ index)
```

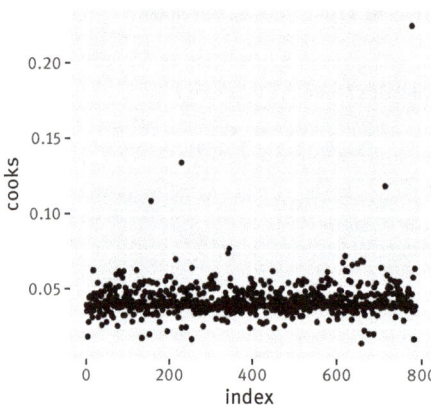

R-Grafik 5.2: Streudiagramm der Cook's Distance

Hier erscheinen die Werte oberhalb von 0.1 auffällig, die dazu gehörigen Beobachtungen können mit which() identifiziert werden.

R-Code 5.24: Auswertung der Cook's Distance am Beispiel des Modells DIV.glmer1

```
# Beobachtungen mit Cook's Distance größer 0.1
idx <- which(cooks > 0.1)
# Ausgabe der dazugehörigen dfbetas
dfbetas(inf.glmer1)[idx,]
```

```
##        (Intercept)        ROA   lnGroesse       Float          ARP
## 156    0.3612226  -0.2842769  -0.6154637  -0.3660377  -0.24144523
## 229    0.2574157   0.5725781   0.1530625  -0.2415497  -0.09187359
## 714    0.3980536  -0.4386517  -0.3039270  -0.3335517   0.30143564
## 775    0.2435351   0.8320838   0.2966087  -0.4861247   0.35789819
```

In der Beobachtung 775 ist z. B. der standardisierte Koeffizient für ROA deutlich größer als die anderen Werte. Dies könnte ein Hinweis auf einen möglichen Ausreißer in dieser Variablen sein. Weitere Details dazu finden Sie auch im Abschnitt 4.7.2 im Kapitel Logistische Regression.

Regressionsdiagnostik in der logistischen Panelregression

Multikollinearität	Überprüfung mittels der Variance Inflation Factors
	`car::vif(clogit)`, `car::vif(glmer)` und `rms::vif(bife)`
Ausreißer und	Influenzobjekt anlegen `influence(glmer)`
einflussreiche Beobachtungen	Cook's Distance mit `cooks.distance(infl)`
	auf Variablenebene: `dfbeta(infl)` und `dfbetas(infl)`

5.7 Modellselektion

In der Regel kann der Likelihood-Quotienten-Test genutzt werden, um Modelle zu vergleichen. Dieser überprüft, z. B. beim Hinzufügen einer Variablen, ob die Modelle sich deutlich unterscheiden. Der Vergleich sollte nur bei sogenannten *nested models*, also verschachtelten Modellen erfolgen (Backhaus *et al.*, 2021, S. 329, Fußnote 24). Das bedeutet, dass der Variablensatz des einen Modells eine Teilmenge des Variablensatzes des anderen Modells darstellt.

Weiterhin können u. a. AIC oder BIC als Selektionskriterium genutzt werden. Letzteres ist insbesondere bei größeren Stichprobenumfängen besser geeignet und bestraft zusätzliche Variablen stärker. Für beide Gütemaße gilt wie für die Devianz: je kleiner, desto besser. West *et al.* (2014) empfehlen, verschiedene Gütemaße zu nutzen und Modelle zu wählen, die in mehreren Kriterien gut sind.

Darüber hinaus können auch Gütekriterien der Klassifikation, z. B. das AUC, als Selektionskriterium für die Modellwahl verwendet werden, Details dazu siehe weiter unten in Abschnitt 5.10. Dies gilt auch für der Verwendung der Modelle zur Erklärung und nicht nur bei Prognosemodellen.

Für alle Modellklassen wird die Variable `payoutVJ` ergänzt. Dafür wird, soweit möglich, die Funktion `update()` genutzt. Darin wird durch `.~.` die bisherige Formel übernommen und mit + Variablen ergänzt (bzw. mit – Variablen entfernt).

R-Code 5.25: Erweiterung der Modelle

```
DIV.pool2 <- update(DIV.pool1, .~. + PayoutVJ)
DIV.clogit2 <- update(DIV.clogit1, .~. + PayoutVJ)
DIV.bife2 <- bife(Payout ~ ROA + lnGroesse + Float + ARP + PayoutVJ | Jahr,
                  data = DIV)
DIV.bife2 <- bias_corr(DIV.bife2)
DIV.pglm2 <- update(DIV.pglm1, .~. + PayoutVJ)
DIV.glmer2 <- update(DIV.glmer1, .~. + PayoutVJ)
```

Ob die Hinzunahme sinnvoll ist, kann mit dem Likelihood-Quotienten-Test überprüft werden. Für bife-Modelle muss dieser manuell durchgeführt werden, für die anderen Modelle kann lrtest() aus dem Paket lmtest genutzt werden. Für glmer-Modelle kann statt lrtest() wie hier gezeigt auch die Funktion anova() verwendet werden.

R-Code 5.26: Vergleich der Modelle mit dem Likelihood-Quotienten-Test

```
# clogit-Modelle: lrtest
lrtest(DIV.clogit1, DIV.clogit2)

## Likelihood ratio test
##
## Model 1: Surv(rep(1, 785L), Payout) ~ ROA + lnGroesse + Float + ARP +
##     strata(Jahr)
## Model 2: Surv(rep(1, 785L), Payout) ~ ROA + lnGroesse + Float + ARP +
##     strata(Jahr) + PayoutVJ
##   #Df  LogLik Df  Chisq Pr(>Chisq)
## 1   4 -301.46
## 2   5 -184.00  1 234.93  < 2.2e-16 ***
## ---
## Signif. codes:  0 '***' 0.001 '**' 0.01 '*' 0.05 '.' 0.1 ' ' 1


# bife-Modelle: manuell
T <- -2 * (logLik(DIV.bife1) - logLik(DIV.bife2))
pchisq(T, df = 1, lower.tail = FALSE)

## [1] 1.21368e-53

# pglm-Modelle: lrtest
lrtest(DIV.pglm1, DIV.pglm2)

## Likelihood ratio test
##
## Model 1: Payout ~ ROA + lnGroesse + Float + ARP
## Model 2: Payout ~ ROA + lnGroesse + Float + ARP + PayoutVJ
##   #Df  LogLik Df  Chisq Pr(>Chisq)
## 1   6 -232.16
```

```
## 2   7 -197.38  1 69.552  < 2.2e-16 ***
## ---
## Signif. codes:  0 '***' 0.001 '**' 0.01 '*' 0.05 '.' 0.1 ' ' 1


# glmer-Modelle: lrtest
lrtest(DIV.glmer1, DIV.glmer2)


## Likelihood ratio test
##
## Model 1: Payout ~ ROA + lnGroesse + Float + ARP + (1 | Name)
## Model 2: Payout ~ ROA + lnGroesse + Float + ARP + (1 | Name) + PayoutVJ
##   #Df  LogLik Df  Chisq Pr(>Chisq)
## 1   6 -232.60
## 2   7 -197.24  1 70.723  < 2.2e-16 ***
## ---
## Signif. codes:  0 '***' 0.001 '**' 0.01 '*' 0.05 '.' 0.1 ' ' 1


# glmer-Modelle: anova
anova(DIV.glmer1, DIV.glmer2)


## Data: DIV
## Models:
## DIV.glmer1: Payout ~ ROA + lnGroesse + Float + ARP + (1 | Name)
## DIV.glmer2: Payout ~ ROA + lnGroesse + Float + ARP + (1 | Name) + PayoutVJ
##             npar    AIC    BIC  logLik deviance  Chisq Df Pr(>Chisq)
## DIV.glmer1     6 477.21 505.20 -232.60   465.21
## DIV.glmer2     7 408.48 441.14 -197.24   394.48 70.723  1 < 2.2e-16 ***
## ---
## Signif. codes:  0 '***' 0.001 '**' 0.01 '*' 0.05 '.' 0.1 ' ' 1
```

Alle Ergebnisse zeigen (erwartungsgemäß), dass die Hinzunahme von payoutVJ sinnvoll ist. Bei Verwendung von anova() werden ergänzend noch AIC und BIC ausgegeben.

AIC und BIC können mit den gleichnamigen Funktionen für einige Modellklassen direkt genutzt werden (AIC: clogit, pglm, glmer, BIC: clogit, glmer). Für die manuelle Berechnung wird eine eigene Funktion lpAICBIC() erstellt (siehe Abschnitt B.4 im Anhang). R-Code B.4 müssen Sie dazu einmalig ausführen. Diese gibt sowohl AIC als nach Möglichkeit auch BIC aus.

R-Code 5.27: AIC und BIC der erweiterten Modelle

```
lpAICBIC(DIV.clogit2)

##      AIC      BIC
## 377.9968 401.3252


lpAICBIC(DIV.bife2)
```

```
##       AIC      BIC
## 399.4536 422.7820
```

```
lpAICBIC(DIV.pglm2)
```

```
## Anzahl der Beobachtungen konnte nicht bestimmt werden!
##       AIC      BIC
## 408.7585       NA
```

```
lpAICBIC(DIV.glmer2)
```

```
##       AIC      BIC
## 408.4841 441.1439
```

5.8 Hinweise zur Auswahl der Modellklasse

Aufgrund der Daten und der verwendeten Variablen kann es in den einzelnen Modell-klassen zu Problemen bei der Konvergenz der Iterationsalgorithmen kommen. Dies scheint insbesondere bei der logistischen Panelregression mit zufälligen Effekten häu-figer aufzutreten. Bei auftretenden Problemen kann eine andere Modellklasse gewählt werden (clogit vs. bife bzw. pglm vs. glmer). Ev. kann auch versucht werden, eine an-dere Optimierungsmethode zu wählen, siehe dazu jeweils die Hilfe zu den verwendeten Funktionen.

Die Auswahl eines Fixed- oder eines Random-Effects-Modells ist auch inhaltlich ableitbar. Wie schon in Abschnitt 3.8 im Kapitel Panelregression beschrieben, sind die Effekte nicht per se fest oder zufällig. Gibt es bei subjektspezifischer Modellierung viele Subjekte und wenige Zeitpunkte (ein Short-Panel), so ist häufig das Random-Effects-Modell das geeignetere. Hier muss auch der Nachteil der Fixed-Effects-Modelle beachtet werden, dass Beobachtungen von Subjekten, in denen sich der Wert der abhängigen Variablen über die Zeitpunkte nicht ändert, ausgeschlossen werden. Umgekehrt gilt bei wenigen Subjekten und vielen Zeitpunkten (ein Long-Panel), dass ein Fixed-Effects-Modell das geeignetere sein könnte, insbesondere wenn Interesse an den einzelnen fixen Effekten besteht. Für eine zeitpunktspezifische Modellierung gelten die Hinweise genau umgekehrt.

Ein Vorteil der Fixed-Effects-Modelle ist, dass keine Verteilungsannahme für die Effekte getroffen werden muss und sie korreliert mit den unabhängigen Variablen sein können. Weiterführende Überlegungen zur Auswahl von Fixed- und Random-Effects-Modellen bei binärer abhängiger Variablen finden Sie z. B. in Agresti (2013, S. 493).

Bezüglich der Fixed-Effects-Modelle bietet bife() gegenüber clogit() den Vorteil, dass die fixen Effekte ausgegeben und durchschnittliche marginale Effekte berechnet werden können. Daher empfiehlt es sich, ein `clogit`-Modell als Referenz zu berechnen und bei ungefährer Übereinstimmung der Koeffizienten mit Bias-korrigierten `bife`-Modellen zu arbeiten. Darüber hinaus, auch wenn hier nicht behandelt, kann die `bife`-Modellierung auch als Probit-Variante gerechnet werden, was bei dem Conditional-Likelihood-Ansatz nicht möglich ist.

Bei den Random-Effects-Modellen ist ein Vorteil der `glmer`-Modelle, dass die Möglichkeiten zur Regressionsdiagnostik umfassender sind und marginale Effekte ausgegeben werden können.[14] Andererseits scheint der Berechnungsalgorithmus von `pglm()` bei Fällen zu konvergieren und damit zu Lösungen zu führen, in denen `glmer()` aufgrund mathematischer Probleme abbricht.

Es empfiehlt sich im Zusammenhang mit Random-Effects-Modellen also, für eine schnelle Analyse den `pglm`-Ansatz zu wählen und bei umfassenderen Analysen, insbesondere unter Auswertung von marginalen Effekten oder einflussreichen Beobachtungen, `glmer()` zu verwenden.

5.9 Vorhersage

Auch hier wird `predict()` zur Vorhersage verwendet. Bei `bife`-Modellen werden neue Daten mit `X_new` übergeben (im Gegensatz zum Standard mit `newdata`). Mit `alpha_new` können ein oder mehrere fixe Effekte (global oder je nach Anzahl Zeilen in den neuen Daten) in der Vorhersage genutzt werden. Falls dieser Parameter nicht angegeben wird, wird der Mittelwert der modellierten fixen Effekte als Konstante genutzt. Für die Vorhersage sind in `predict()` die Varianten `link`, also der lineare Prädiktor, und `response` implementiert. Für die Wahrscheinlichkeit muss `type = "response"` gewählt werden.[15]

`clogit`-Modelle sind relative Risiko-Modelle. Daher kann eine Wahrscheinlichkeit nicht direkt berechnet werden (siehe auch Abschnitt 5.3.2). Für die Werte der unabhängigen Variablen in den zu prognostizierenden Daten wird ein Demeaning durchgeführt, daher muss auch die Kategorie des fixen Effekts angegeben werden. Standardmäßig werden die Mittelwerte der unabhängigen Variablen in der jeweiligen Teilgruppe der Schätzstichprobe, also in dem jeweiligen Stratum des fixen Effekts, abgezogen.[16] Eine Möglichkeit ist daher, z. B. mit der Option `type = "risk"` das Chancenverhältnis auszugeben Dieses drückt die relative Chance für $y_0 = 1$ im Vergleich zum Stratum-Mittel

---

14 Auch wenn es hier nicht behandelt wird, soll doch erwähnt werden, dass mit `glmer()` nicht nur zufällige Intercept-Effekte, sondern auch zufällige Steigungseffekte modelliert werden können.

15 Hilfe für sogenannte generische Funktionen (der eigentliche Funktionsaufruf ist im jeweiligen Paket integriert) wie z. B. `predict()` erhalten Sie über `?package::function.model`, z. B. `?bife::predict.bife`.

16 Hintergrund dieser Vorgehensweise ist, dass es um die Berechnung relativer Risiken geht und darüber hinaus die gewählte Vorgehensweise numerisch stabiler ist (siehe `?predict.coxph`).

aus. Ohne Angabe von `type` wird die Option "lp" genutzt und der lineare Prädiktor ausgegeben.

Für die `glmer`-Modelle sind wie bei `bife` die Varianten `link` und `response` implementiert. Die Kategorie für den zufälligen Effekt muss wie bei `clogit` angegeben werden. Hier hat dieser Parameter aber keinen Einfluss auf das Vorhersage-Ergebnis. Im Paket `pglm` ist die `predict`-Funktion nicht implementiert.

R-Code 5.28: Vorhersage mit `bife`-, `clogit`- und `glmer`-Modellen

```
# bife
newdata <- data.frame(ROA = 0.1, lnGroesse = 1, Float = 0.7, ARP = 0, PayoutVJ = 1)
predict(DIV.bife2, X_new = newdata, type = "response")

## [1] 0.9819061

# clogit
newdata <- data.frame(ROA = 0.1, lnGroesse = 1, Float = 0.7, ARP = 0,
                      PayoutVJ = 1, Jahr = 2010)
predict(DIV.clogit2, newdata = newdata, type = "risk")

##         1
## 28.99556

# glmer
newdata <- data.frame(ROA = 0.1, lnGroesse = 1, Float = 0.7, ARP = 0,
                      PayoutVJ = 1, Name = "BASF SE")
predict(DIV.glmer2, newdata = newdata, type = "response")

##         1
## 0.9864883
```

Die Wahrscheinlichkeit einer Dividendenausschüttung ist bei den gewählten Werten sehr hoch (0.9819 resp. 0.9865). Im `clogit`-Modell ist die Chance einer Dividendenausschüttung unter den genannten Bedingungen ca. 29-mal so hoch wie im Mittel für das Jahr 2010.

5.10 Klassifikationseigenschaften

Auch in der logistischen Panelregression können in Bezug auf die Klassifikationseigenschaften dieselben Ansätze genutzt werden, wie sie in Abschnitt 4.9 des Kapitels Logistische Regression vorgestellt werden. Klassifikationsmaße können ebenso als Gütekriterien in der Modellierung genutzt werden (siehe z. B. Verbeek, 2021, S. 173).

5.10.1 Konfusionsmatrix

Zunächst muss wieder eine Variable für die durch das Modell prognostizierten Aus-schüttungen angelegt werden. Der *cutpoint* wird auf 0.5 gelegt. Dies wird für die bife- und glmer-Modelle vorgenommen. Eine Vorhersage der Eintrittswahrscheinlichkeit ist für clogit-Modelle aus inhaltlichen Gründen nicht möglich und pglm() unterstützt die Funktion fitted() nicht (siehe auch Abschnitt 5.9).

R-Code 5.29: Konfusionsmatrix am Beispiel der Modelle DIV.bife2 und DIV.glmer2

```
# Cutpoint festlegen
cutpoint = 0.5
# Datensatz um prognostizierte Ausschüttungen erweitern
DIV <- DIV |>
  mutate(PObife2 = ifelse(fitted(DIV.bife2) > cutpoint, 1, 0),
         POglmer2 = ifelse(fitted(DIV.glmer2) > cutpoint, 1, 0))
# Konfusionsmatrizen ausgeben
xtabs(~ PObife2 + Payout, data = DIV)

##          Payout
## PObife2   0   1
##       0 232  41
##       1  42 470

xtabs(~ POglmer2 + Payout, data = DIV)

##           Payout
## POglmer2   0   1
##        0 243  41
##        1  31 470
```

Da die Konfusionsmatrizen sich nur unwesentlich unterscheiden, wird die Auswertung mit confusionsMatrix() aus dem Paket caret nur am Beispiel DIV.bife2 fortgeführt.

R-Code 5.30: Auswertung der Konfusionsmatrix am Beispiel des Modells DIV.bife2

```
confusionMatrix(as.factor(DIV$PObife2), as.factor(DIV$Payout))

## Confusion Matrix and Statistics
##
##           Reference
## Prediction   0   1
##          0 232  41
##          1  42 470
##
##                Accuracy : 0.8943
```

```
##                  95% CI : (0.8706, 0.9149)
##     No Information Rate : 0.651
##     P-Value [Acc > NIR] : <2e-16
##
##                   Kappa : 0.7671
##
##  Mcnemar's Test P-Value : 1
##
##             Sensitivity : 0.8467
##             Specificity : 0.9198
##          Pos Pred Value : 0.8498
##          Neg Pred Value : 0.9180
##              Prevalence : 0.3490
##          Detection Rate : 0.2955
##    Detection Prevalence : 0.3478
##       Balanced Accuracy : 0.8832
##
##        'Positive' Class : 0
##
```

Die Funktion `confusionMatrix` benötigt die Werte als Faktoren, daher wurden die Variablen mit `as.factor()` in solche konvertiert. Auf den Daten der Stichprobe hat das Modell sowohl eine sehr hohe Sensitivität (True Positive Rate) als auch eine sehr hohe Spezifität (True Negative Rate). Für die Interpretation der Konfusionsmatrix und der weiteren Kennzahlen sei auf Abschnitt 4.9.1 des Kapitels Logistische Regression verwiesen.

ℹ **Klassifikationseigenschaften: Auswertung der Konfusionsmatrix**

Genauigkeit	Anteil richtig klassifizierter Werte, sollte hoch sein
TPR	Anteil richtig positiv (Kategorie 1) klassifizierter Werte
TNR	Anteil richtig negativ (Kategorie 0) klassifizierter Werte
	TPR und TNR sollten hoch sein
FPR	Anteil falsch positiv klassifizierter Werte, sollte gering sein

---

5.10.2 ROC-Kurve und AUC-Wert

Wie in Abschnitt 4.9.2 des Kapitels Logistische Regression beschrieben, sind weitere Maße für die Klassifikationsgüte die ROC-Kurve und der dazugehörige AUC-Wert. Die ROC-Kurve variiert den Cutpoint und stellt die True Positive Rate und die False Positive Rate in einem Grafen dar. Die ROC-Kurve sollte bei einem guten Klassifikationsmodell möglichst weit oben links verlaufen. Der AUC-Wert (*area under curve*) drückt diese Eigenschaft als Maßzahl aus. Für beides werden Funktionen aus dem Paket `ROCR` benötigt. Der Plot nutzt für die `ggplot2`-Grafik die `autoplot`-Funktion und benötigt dazu das Paket `ggfortify`.

R-Code 5.31: ROC-Kurve und AUC-Wert am Beispiel des Modells DIV.bife2

```
# Prediction-Objekt anlegen
pred <- ROCR::prediction(fitted(DIV.bife2), DIV$Payout)
# Werte für die ROC-Kurve berechnen
roc <- performance(pred, "tpr", "fpr")
# Plot der ROC-Kurve mit autoplot
autoplot(roc)
# AUC-Wert ausgeben
performance(pred, "auc")@y.values[[1]]

## [1] 0.9589898
```

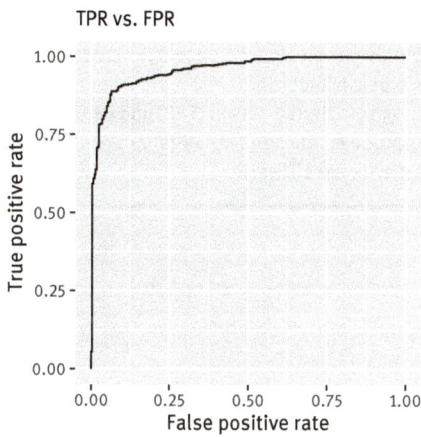

R-Grafik 5.3: Ausgabe der ROC-Kurve

In Grafik 5.3 ist zu erkennen, dass dieses Modell, wie schon Sensitivität und Spezifität erwarten ließen, sehr gute Klassifikationseigenschaften aufweist, die sich auch in dem sehr hohen AUC-Wert in Höhe von 0.96 zeigen (zur Erinnerung $0.5 \leq \text{AUC} \leq 1$). Über die Funktion somers2() aus dem Paket Hmisc kann der AUC direkt ausgegeben werden. Dazu müssen, wie in R-Code 5.32 gezeigt, die modellierten Wahrscheinlichkeiten und die beobachteten Werte der unabhängigen Variablen übergeben werden.

R-Code 5.32: AUC und Somers' D am Beispiel des Modells DIV.bife2

```
# modellierte Wahrscheinlichkeiten
probs <- fitted(DIV.bife2)
# beobachtete Daten
y <- DIV$Payout
# bei fehlenden Werten müssen die Daten aus dem Modell genommen werden
# y <- DIV.bife2$data$Payout
Hmisc::somers2(probs, y)
```

```
##          C        Dxy          n   Missing
##  0.9589898  0.9179796 785.0000000 0.0000000
```

Somers' D (Dxy) ist die Rangkorrelation zwischen den modellierten Wahrscheinlichkeiten und den beobachteten Einsen. Der Wert liegt im Bereich von null bis eins und deutet ebenfalls auf sehr gute Klassifikation hin.

Auch wenn hier nicht gezeigt, können Liftwerte und Liftkurve ebenfalls berechnet und ausgegeben sowie der optimale Cutpoint bestimmt werden.

---

i **Allgemeine Gütemaße für die Klassifikation**

ROC Darstellung von TPR gegen FPR bei variierendem Cutpoint, der Graf sollte möglichst
     weit oberhalb der Diagonalen verlaufen

AUC Flächenanteil unter der ROC-Kurve, liegt zwischen 0.5 und 1 und sollte möglichst hoch sein

$r_{y\hat{n}}$ liegt (in der Praxis) zwischen 0 und 1, kann zum Vergleich von Modellen genutzt werden
     als Rangkorrelationskoeffizient auch als Somer's D bezeichnet

Lift zeigt den Quotienten aus dem Anteil der richtig prognostizierten Einsen (TPR) und dem Anteil
     der modellierten Einsen (RPP) zu allen in der Stichprobe möglichen Cutpoints
     Darstellung als Liftkurve (Quantile absteigend sortiert) oder Liftwerte

---

5.11 Literatur

5.11.1 Weiterführende Literatur

Exemplarisch sei auf folgende weiterführende Literatur verwiesen:

- Baltagi (2021), *Econometric analysis of panel data*, insbesondere Kapitel 11;
- Croissant und Millo (2018), *Panel data econometrics with R*, insbesondere Kapitel 9;
- Frees (2004), *Longitudinal and panel data – Analysis and applications in the social sciences*, insbesondere Kapitel 9;
- Giesselmann und Windzio (2012), *Regressionsmodelle zur Analyse von Paneldaten*, insbesondere Kapitel 7;
- Greene (2020), *Econometric analysis – international edition*, insbesondere Kapitel 17.7 – theoretischer Hintergrund;
- Verbeek (2021), *Panel methods for finance – A guide to panel data econometrics for financial applications*, insbesondere Kapitel 6.1;
- Wooldridge (2010), *Econometric analysis of cross section and panel data*, insbesondere Kapitel 15.8.

5.11.2 Anwendungsbeispiele

- Gurun, Stoffman und Yonker (2021), *Unlocking clients: The importance of rela-tionships in the financial advisory industry* – logistische Panelregression, `bife` zumindest bei Robustheitscheck;
- Hsu (2004), *What do entrepreneurs pay for venture capital affiliation?* – logistische Panelregression;
- Jemović und Marinković (2021), *Determinants of financial crises – An early warning system based on panel logit regression* – logistische Panelregression, dynamisches diskretes Auswahlmodell;
- Kholodilin und Michelsen (2019), *Zehn Jahre nach dem großen Knall: wie ist es um die Stabilität der internationalen Immobilienmärkte bestellt?* – logistische Panelre-gression mit `bife`, marginale Effekte;
- Ma (2019), *Nonfinancial firms as cross-market arbitrageurs* – logistische Panelre-gression, Sensitivitätsanalyse;
- Rojahn und Lübke (2014), *Firmenspezifische Determinanten der Dividendenpolitik deutscher Prime-Standard-Emittenten* – logistische Panelregression mit `pglm`;
- Souche, Raux und Croissant (2012), *On the perceived justice of urban road pricing: An empirical study in Lyon* – logistische Panelregression mit `pglm`.

6 DAGs und kausale Modellierung

6.1 Einführung in die kausale Modellierung

In der Regression oder anderen Modellansätzen geht es häufig darum zu klären, welche Variablen in das Modell aufgenommen werden sollen oder welches Modell gewählt werden soll. Oder das Interesse liegt darin, die Wirkung einer oder mehrerer unabhängiger Variablen auf die abhängige Variable herauszufinden, also um eine Kausalaussage.

Laut Hernán *et al.* (2019) gibt es drei Aufgaben in der quantitativen Datenanalyse:[1]

– *Beschreibung:* Ein Zusammenhang zwischen *x* und *y* wird durch Beobachtung in den Daten beschrieben. Der konkret beobachtete Zusammenhang gilt nur für die Stichprobe, eine andere Stichprobe wird einen anderen Wert ergeben. Die damit verbundene Unsicherheit kann durch ein Konfidenzintervall erfasst werden.

– *Vorhersage:* Für ein neues x_0 soll der Wert für y_0 vorhergesagt werden: $\hat{y}_0$. Auch hier gilt es, die damit verbundene Unsicherheit zu erfassen, z. B. durch ein Prognoseintervall.

– *Kausale Inferenz:* Welchen Wert wird $\hat{y}_0$ annehmen, wenn der Wert von x_0 nicht nur beobachtet wird, sondern festgelegt wird? Kausalaussagen können aber mit Beobachtungsstudien, die im Bereich Finance und Accounting häufig durchgeführt werden, anders als bei randomisierten Experimenten nicht direkt getroffen werden. Hierzu müssen qualitative Annahmen über den datengenerierenden Prozess erfolgen.

Als Beispiel soll die Wirkung von Investitionszuschüssen X (mit den Ausprägungen 1 für „in Anspruch genommen" und 0 für „nicht in Anspruch genommen") auf eine Kennzahl Y eines Unternehmens betrachtet werden. In einer Stichprobe kann ein Zusammenhang beobachtet werden, der die Änderung der Kennzahl Y im Mittel beschreibt. Mit Hilfe eines Konfidenzintervalls, auch als *Kompatibilitätsintervall* bezeichnet (Amrhein *et al.*, 2019), kann dieser Zusammenhang auf einen plausiblen und mit den Daten kompatiblen Wertebereich für die Population übertragen werden. Für ein weiteres Unternehmen *i* kann diese Kennzahl y_i bei Inanspruchnahme oder Nicht-Inanspruchnahme des Investitionszuschusses mit Hilfe des aus der Stichprobe ermittelten Modells prognostiziert werden. Die Unsicherheit dieser Schätzung kann über ein Prognoseintervall erfasst werden.

Ist die Wirkung kausal, also wird die Änderung tatsächlich durch den Investitionszuschuss hervorgerufen? Das ist für ein konkretes Unternehmen *i* nicht zu beobachten, da dazu zwei mögliche Ergebnisse (*potential outcomes*) beobachtet werden müssten (Y^0: Zuschuss wird nicht in Anspruch genommen, Y^1: Zuschuss wird in Anspruch

---

[1] Eine gelungene Beschreibung mit Beispielen bieten Mesquita und Fowler (2021, S. 19 ff.)

https://doi.org/10.1515/9783110767261-006

genommen). Für ein Unternehmen *i* kann aber jeweils nur ein Ergebnis beobachtet werden:

- das Ergebnis ohne Inanspruchnahme des Zuschusses: y_i^0 oder
- das Ergebnis mit Inanspruchnahme des Zuschusses: y_i^1.

Die kausale Wirkung wäre aber genau die Differenz aus den beiden potentiellen Ergebnissen: $\delta_i = y_i^1 - y_i^0$.

Ein weiteres bereits angesprochenes Problem ist die mögliche Endogenität der unabhängigen Variablen (siehe Abschnitt 2.7.5 im Kapitel Lineare Regression). Idealerweise sollten die unabhängigen Variablen nicht mit den Residuen des Modells korrelieren. Dies kann aber durch eine oder mehrere fehlende Variablen auftreten, die mit einer oder mehreren unabhängigen Variablen korrelieren.

Um diese Fragestellungen anzugehen, hilft es, den *datengenerierenden* Prozess nachvollziehen zu können. Hierzu können grafische Modelle, sogenannte *Directed Acyclic Graphs (DAGs)*, genutzt werden, in denen qualitative, kausale Modellannahmen dargestellt werden (Pearl, 2009).[2] Nach der praxisorientierten Definition von Cunningham (2021, S. 98) ist ein DAG eine theoretische Darstellung der Forschungsfrage, die auf dem aktuellen Wissensstand zu einer Fragestellung beruht. Mögliche Quellen sind daher u. a. theoretische Konzepte, aktuelle Beiträge in der wissenschaftlichen Literatur, eigene Beobachtungen und Erfahrungen sowie Diskussionen mit Experten.

Mit Hilfe eines DAGs können dann möglicherweise die Variablen für ein Modell so ausgewählt werden, dass der zu untersuchende kausale Effekt auch aus Beobachtungsstudien isoliert werden kann. Um das Endogenitätsproblem anzugehen, kann daraus eventuell erkannt werden, wie der Einfluss fehlender, nicht erfasster oder nicht messbarer Variablen aus dem Modell herausgehalten werden kann.

6.2 Verwendete R-Pakete

In diesem Kapitel werden die in R-Code 6.1 aufgeführten Pakete verwendet. Diese müssen mit `library(package)` geladen bzw. aktiviert werden. Falls die aufgeführten Pakete noch nicht installiert wurden, müssen sie einmalig mit `install.package("package")` installiert werden.

R-Code 6.1: Laden der im Kapitel benötigten Pakete

```
library(dplyr)      # Datenhandling
library(tidyr)      # "tidy" Datenformat
library(ggplot2)    # Grammar of Graphics
library(ggformula)  # Pipelining und Formelinterface für ggplot2
```

---

2 Andere Ansätze sind Potential Outcome, Instrumentvariablen, Matching, Differenz-in-Differenz, ...

```
library(ggdag)        # DAGs mit ggplot2
library(ggfortify)    # automatische Übertragung verschiedener Formate in ggplot2
library(gridExtra)    # Anordnung mehrerer ggplot2-Objekte
```

6.3 Elemente der DAGs

In einem DAG, einem gerichteten nicht-zyklischen Grafen, gibt es sogenannte gerichtete Kanten (Pfeile), die einen kausalen Zusammenhang zwischen den Knoten, den einzelnen Variablen, darstellen. Ein Pfad ergibt sich aus einem Pfeil zwischen A und B oder der Verknüpfung mehrerer Pfeile, die von A nach B führen. Es gibt aber keinen Kreis, d. h., kein gerichteter Pfad führt von einer Variablen wieder zu dieser Variablen zurück. Daher wird Kausalität nur in einer Richtung dargestellt. Ohne inhärente Berücksichtigung dieses Aspekts wären zyklische Konstruktionen (*reverse causality*) denkbar.

6.3.1 Pfeil

Um einen kausalen Zusammenhang zwischen zwei Variablen darzustellen, wird ein Pfeil benutzt:

$$A \rightarrow B.$$

Der Pfeil bedeutet, dass A einen kausalen Einfluss auf B haben kann. Umgekehrt gibt es keinen Einfluss von B auf A, eine kausale Beziehung ist immer gerichtet.

Im Fall $A \rightarrow B$ wird A als Elternteil (*parent*) bezeichnet, B als Kind (*child*). B hängt im Modell von A und möglicherweise von weiteren Variablen außerhalb des Modells ab. Dieser exogene Variablensatz wird mit U_B bezeichnet (U – unobserved, unbeobachtet). A hingegen hängt hier zunächst von keiner weiteren Variablen im Modell ab, aber ggf. von weiteren Variablen U_A außerhalb des Modells. Die exogenen Variablensätze U werden häufig nicht explizit dargestellt.

6.3.2 Chain

Bei Verknüpfung von drei Variablen innerhalb eines DAGs gibt es drei Grundelemente. Die erste ist die Verkettung, die *Chain*:

$$A \rightarrow C \rightarrow B.$$

A wirkt kausal auf C, C wirkt kausal auf B. Es gibt also einen kausalen Pfad von A nach B. Die Variable C ist darin ein *Mediator*.

A ist jetzt nicht mehr direkt ein Elternteil, sondern ein Vorfahre (*ancestor*) von *B*, und umgekehrt *B* entsprechend kein Kind mehr von *A*, sondern ein Nachfahre (*descendant*).

Als Beispiel wird der Datensatz Kreditstatus genutzt. Die darin erfassten Variablen zeigt Tabelle 6.1. Wie in Abschnitt 4.3.2 im Kapitel Logistische Regression werden die kategorialen Variablen in Faktoren umgewandelt. Zusätzlich wird die kategoriale Variable bonitaet um eine diskrete numerische Variable nbonitaet ergänzt, mit den Stufen 1 für die niedrigste Bonität bis 7 für die höchste Bonität (R-Code 6.2). Damit kann die Ausgabe übersichtlicher gestaltet werden.

Tab. 6.1: Variablen des Datensatzes Kreditstatus

Variable	Bedeutung
ausfall	Zahlungsausfall: nein – kein Zahlungsausfall, ja – Zahlungsausfall
betrag	Kredithöhe in USD
zins	Zinssatz in %
(n)bonitaet	Ergebnis der Kreditwürdigkeitsprüfung: A (7) – höchste Bonität, G (1) – niedrigste Bonität
alter	Alter in Jahren
wohnen	Wohnstatus: Eigentum, Grundschuld, Miete, Sonstige
arbeit	Dauer des Anstellungsverhältnisses in Jahren
einkommen	jährliches Einkommen in 1000 USD

R-Code 6.2: Einlesen des Datensatzes Kreditstatus.csv und Ergänzen einer Variablen nbonitaet für die Bonität als diskrete numerische Variable

```
# Einlesen des Datensatzes
KRED <- read.csv2("data/Kreditstatus.csv")
# Kategoriale Variablen in Faktoren umwandeln
KRED |> mutate(
  ausfall = factor(ausfall, levels = c("nein", "ja")),
  bonitaet = as.factor(bonitaet),
  wohnen = as.factor(wohnen)
) -> KRED
# Ergänzen einer diskret numerischen Variable
KRED |> mutate(nbonitaet = as.integer(bonitaet)) -> KRED
# Reihenfolge der Stufen umkehren
KRED |> mutate(nbonitaet = max(nbonitaet) + 1 - nbonitaet) -> KRED
```

Es kann vermutet werden, dass das Alter (alter) sich (neben anderen Einflussgrößen) positiv auf das Einkommen (einkommen) auswirkt und ein höheres Einkommen zu einer geringeren Ausfallwahrscheinlichkeit (ausfall) führen wird.

Um einen DAG zu zeichnen, werden die Funktionen `dagify()` und `ggdag()` aus dem Paket ggdag genutzt. Mit ~ geben Sie die Richtung des Pfeils an, $Y \leftarrow X$ entspricht `Y ~ X`, also *Kind ~ Eltern*. Koordinaten können Sie wie im Beispiel mit `coords = ...` angeben. Dabei werden die Koordinaten als `data.frame` mit `x`, `y` und `name = c(...)` angelegt. Falls keine Koordinaten angegeben werden, werden die Elemente des DAGs anhand der Verbindungen zufällig angeordnet.[3]

R-Code 6.3: Chain: DAG mit den Variablen `alter`, `einkommen` und `ausfall`

```
# Koordinaten festlegen
co <- data.frame(x = c(0, 1, 2), y = c(0, 0, 0),
                 name = c("alter", "einkommen", "ausfall"))
# DAG erzeugen und ausgeben
dagify(ausfall ~ einkommen,
       einkommen ~ alter,
       coords = co) |>
  ggdag(text_size = 2) +
  # Hintergrund entfernen
  theme_dag_blank()
```

R-Grafik 6.1: Chain: DAG mit den Variablen `alter`, `einkommen` und `ausfall`

6.3.3 Fork

Ein weiteres Grundelement, um die drei Variablen zu verknüpfen, ist die Gabel, die *Fork*:

$$A \leftarrow C \rightarrow B.$$

Jetzt ist C die gemeinsame Ursache von A und B und wird als *Confounder* bezeichnet.

Warum muss darüber nachgedacht werden? Der Confounder erzeugt eine Scheinkorrelation zwischen A und B. Daher ändert sich die beobachtete Korrelation zwischen den beiden Variablen und es können falsche Schlüsse gezogen werden. Wenn jetzt nur A und B beobachtet werden, dann könnte die Vermutung aufkommen, dass es einen Zusammenhang gibt, obwohl vielleicht gar keiner vorliegt (oder der beobachtete Zusammenhang hat eine falsche Größe oder sogar das falsche Vorzeichen).

---

3 Um die Reproduzierbarkeit sicherzustellen, sollten Sie daher `set.seed(...)` verwenden.

(Marginale) Abhängigkeit
zwischen A und B

Bedingte Unabhängigkeit
zwischen A und B – gegeben C

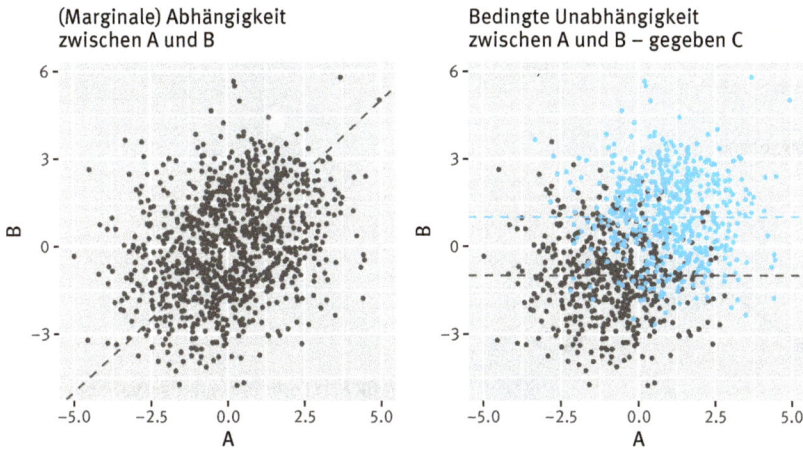

Abb. 6.1: Fork: marginale Abhängigkeit zwischen *A* und *B* (links), durch *C* bedingte Unabhängigkeit zwischen *A* und *B* (rechts). Die gestrichelten Linien zeigen die theoretischen Zusammenhänge.

Abbildung 6.1 verdeutlicht diese Problematik. Ohne die Berücksichtigung von *C* zeigt sich eine Korrelation zwischen *A* und *B* (Abbildung 6.1 links), die aber nicht auf einer Ursache-Wirkungs-Beziehung zwischen den beiden Variablen beruht. Erst die Aufnahme des Confounders *C* in das Modell (Abbildung 6.1 rechts) macht die bedingte Unabhängigkeit deutlich.[4] Confounding ist eine mögliche Erklärung für das sogenannte Simpson-Paradox.[5]

Bei den Variablen aus dem Datensatz KRED wirkt beispielsweise alter nicht nur auf einkommen, sondern möglicherweise auch auf die Dauer des Anstellungsverhältnisses (arbeit).[6] Der dazugehörige DAG wird in R-Grafik 6.2 gezeigt.

R-Code 6.4: Fork: DAG mit den Variablen alter, einkommen und arbeit

```
# Koordinaten festlegen
co <- data.frame(x = c(0, 1, 2), y = c(0, 1, 0),
                 name = c("einkommen", "alter", "arbeit"))
# DAG erzeugen und ausgeben
dagify(einkommen ~ alter,
```

---

4 Wichtige Grundbegriffe der Wahrscheinlichkeitsrechnung können Sie in Abschnitt C des Anhangs nachlesen.
5 Simpson (1951) beobachtete, dass eine Bewertung von Kategorien innerhalb von Gruppen unterschiedlich ausfällt, je nachdem, ob die Gruppen zusammengefasst werden oder nicht. Als Beispiel können bestimmte Kennzahlen für Unternehmen nach Industriesektoren anders ausfallen, wenn diese nach Börsensegment einzeln oder zusammengefasst über alle Börsensegmente betrachtet werden.
6 *Hinweis:* Der ebenfalls vorliegende Pfad von der Dauer des Anstellungsverhältnisses zu der Höhe des Einkommens wird zunächst ignoriert.

```
        arbeit ~ alter,
        coords = co) |>
  ggdag(text_size = 2) +
  # Hintergrund entfernen
  theme_dag_blank()
```

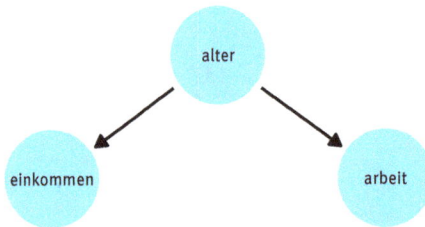

R-Grafik 6.2: Fork: DAG mit den Variablen
`alter`, `einkommen` und `arbeit`

6.3.4 Inverted Fork

Das dritte Grundelement, um drei Variablen in einem kausalen Modell zusammenzu-bringen, ist die umgekehrte Gabel, die *Inverted Fork*:

$$A \rightarrow C \leftarrow B.$$

C ist hier die gemeinsame Wirkung von A und B und wird als *Collider* bezeichnet.

Die gemeinsame Beobachtung von A, B und C führt in diesem Fall zu einer Ver-änderung der Korrelation zwischen A und B im Vergleich dazu, wenn nur A und B beobachtet werden. Es kann so wieder zu einer irreführenden Interpretation kommen.

In Abbildung 6.2 links zeigt sich kein Zusammenhang zwischen A und B. Wenn jetzt die Variable C, der Collider, in das Modell aufgenommen wird, ergibt sich eine Abhängigkeit zwischen A und B, die eigentlich nicht vorhanden ist, das sogenannte *Collider-Bias* (Abbildung 6.2 rechts). Das ist eine mögliche Erklärung für das weniger bekannte Berkson-Paradox.[7]

Die Variable `ausfall` ist ein solcher Collider: Die Ausfallwahrscheinlichkeit wird nicht nur vom Einkommen beeinflusst, sondern ist möglicherweise auch direkt vom Al-ter abhängig. R-Grafik 6.3 zeigt den entsprechenden DAG (Erstellung siehe R-Code 6.5).

---

[7] Berkson (1946) beobachtete, dass bestimmte Krankheiten in Krankenhäusern häufiger gemeinsam auftraten als in der Population, wo diese unabhängig voneinander sind. Es wird eine *spurious correlation* erzeugt. Ein vorhandener Zusammenhang kann so auch ins Gegenteil verkehrt werden.

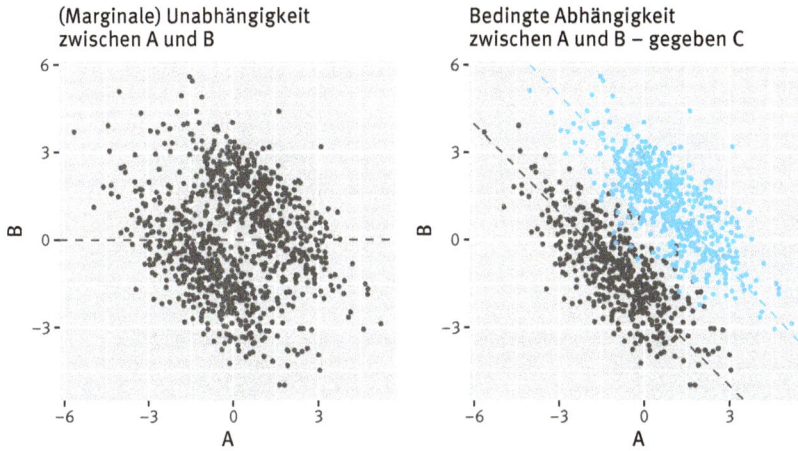

Abb. 6.2: Inverted Fork: marginale Unabhängigkeit zwischen *A* und *B* (links), durch *C* bedingte Abhängigkeit zwischen *A* und *B* (rechts). Die gestrichelten Linien zeigen die theoretischen Zusammenhänge.

R-Code 6.5: Inverted Fork: DAG mit den Variablen einkommen, ausfall und alter

```
# Koordinaten festlegen
co <- data.frame(x = c(0, 1, 2), y = c(1, 0, 1),
                 name = c("einkommen", "ausfall", "alter"))
# DAG erzeugen und ausgeben
dagify(ausfall ~ einkommen + alter,
       coords = co) |>
  ggdag(text_size = 2) +
  # Hintergrund entfernen
  theme_dag_blank()
```

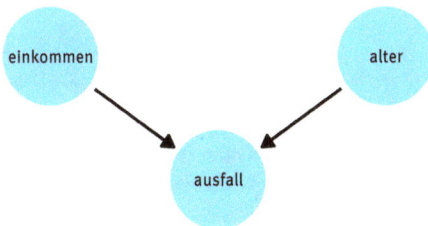

R-Grafik 6.3: Inverted Fork: DAG mit den Variablen einkommen, ausfall und alter

6.4 Kausale Modellierung

6.4.1 Chain

Um die kausale Wirkung des Alters (`alter`) auf die Ausfallwahrscheinlichkeit (`ausfall`) zu bestimmen, stellt sich die Frage, ob das Einkommen (`einkommen`) in das Modell aufgenommen werden soll oder nicht. Ein Vergleich der Modelle (R-Code 6.6) ergibt folgendes Ergebnis:

R-Code 6.6: Modelle `ausfall ~ alter` und `ausfall ~ alter + einkommen` im Vergleich

```
# logistische Regressionen durchführen und Koeffizienten ausgeben
# Modell 1
glm(ausfall ~ alter, data = KRED, family = binomial(logit)) |> coef()

## (Intercept)          alter
## -1.840024575 -0.009398635

# Modell 2
glm(ausfall ~ alter + einkommen, data = KRED, family = binomial(logit)) |> coef()

## (Intercept)          alter     einkommen
## -1.621650310 -0.005307378 -0.005213858
```

Es zeigt sich, dass sich die Koeffizienten von `alter` in beiden Modellen deutlich unterscheiden (-0.0094 vs. -0.0053). Tatsächlich wird der totale kausale Effekt von `alter` auf `ausfall` in einen direkten und einen indirekten Effekt via `einkommen` zerlegt, wie Abbildung 6.3 zeigt.

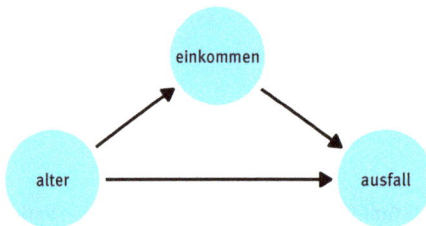

Abb. 6.3: Direkter (unten) und indirekter (oben) kausaler Effekt von Alter (`alter`) auf die Ausfallwahrscheinlichkeit (`ausfall`)

Um den totalen Effekt zu erhalten, darf `einkommen` nicht in das Modell aufgenommen werden, es gilt also das Modell 1. Der direkte kausale Pfad von `alter` zu `ausfall` muss geöffnet werden. Die Aufnahme einer Variablen in ein Modell wird als *Adjustierung* bezeichnet.[8]

---

8 Eine Adjustierung kann z. B. auch durch Stratifizierung, also Bildung von Teilstichproben erfolgen.

Alternativ kann auch eine Mediatoranalyse durchgeführt werden (siehe z. B. Urban und Mayerl, 2018, 334 ff.). Hier wird sowohl der direkte als auch der indirekte Effekt bestimmt. Der totale Effekt ergibt sich dann als Summe aus direktem und indirektem Effekt.

6.4.2 Fork

In dem DAG zu Alter, Einkommen und Ausfallwahrscheinlichkeit (Abbildung 6.3) zeigt sich, dass die drei Variablen eine Fork bilden, wenn der Einfluss von Einkommen auf die Ausfallwahrscheinlichkeit untersucht werden soll. Die Variable alter ist ein Confounder.

Die Koeffizienten für einkommen unterscheiden sich nicht sehr deutlich (-0.0053 vs. -0.0052), wie R-Code 6.7 zeigt. Der Effekt des Confounders auf das Zusammenspiel von einkommen und ausfall ist also vergleichsweise gering. Dennoch sollte der Confounder in das Modell aufgenommen (*adjustiert*) werden, um eine mögliche Verzerrung zu vermeiden. Die Aufnahme des Confounders blockiert den (anteiligen) nicht-kausalen Pfad zwischen einkommen und ausfall. Somit gilt hier das Modell 2.

R-Code 6.7: Modelle ausfall ~ einkommen und ausfall ~ einkommen + alter im Vergleich

```
# logistische Regressionen durchführen und Koeffizienten ausgeben
# Modell 1
glm(ausfall ~ einkommen, data = KRED, family = binomial(logit)) |> coef()

## (Intercept)    einkommen
## -1.761849088 -0.005308737

# Modell 2
glm(ausfall ~ einkommen + alter, data = KRED, family = binomial(logit)) |> coef()

## (Intercept)    einkommen        alter
## -1.621650310 -0.005213858 -0.005307378
```

6.4.3 Inverted Fork

Auch das dritte Element der grafischen Modellierung von Kausalzusammenhängen kann an dem DAG zu Alter, Einkommen und Ausfallwahrscheinlichkeit (Abbildung 6.3) gezeigt werden: Die Variable ausfall ist ein Collider, die drei Variablen bilden eine Inverted Fork, wenn die kausale Wirkung von alter auf einkommen untersucht werden soll. Den Vergleich der Modelle zeigt R-Code 6.8.

R-Code 6.8: Modelle einkommen ~ alter und einkommen ~ alter + ausfall im Vergleich

```
# Regressionen durchführen und Koeffizienten ausgeben
# Modell 1
lm(einkommen ~ alter, data = KRED) |> coef()


## (Intercept)       alter
##   34.838251    1.179506


# Modell 2
lm(einkommen ~ alter + ausfall, data = KRED) |> coef()


## (Intercept)       alter    ausfallja
##   35.931619    1.172335    -8.194546
```

Auch hier unterscheiden sich die Koeffizienten für alter in den Modellen nicht deutlich (1.1795 vs. 1.1723). Ein Collider darf dennoch *nicht* in das Modell aufgenommen werden, da die Aufnahme einen (anteiligen) nicht-kausalen Pfad öffnet (hier zwischen alter und einkommen) und so die Ergebnisse verzerrt werden können (Collider-Bias). Es gilt hier also Modell 1.

Eine Sensitivitätsanalyse kann bei der Entscheidung helfen, wie kritisch ein Collider zu sehen ist. Wenn verschiedene Modelle verglichen werden, kann die Auswirkung abgeschätzt werden. Eine mögliche Vorgehensweise zeigen Morgan und Winship (2014, S. 431).

ⅈ **Elemente eines DAGs**

$X \to C \to Y$, *Chain*	*C* ist darin ein Mediator, eine Adjustierung blockiert den kausalen Pfad von *X* zu *Y*
$X \leftarrow C \to Y$, *Fork*	*C* ist darin ein Confounder und öffnet einen nicht-kausalen Pfad zwischen *X* und *Y*, eine Adjustierung schließt diesen
$X \to C \leftarrow Y$, *Inverted Fork*	*C* ist darin ein Collider, eine Adjustierung öffnet einen nicht-kausalen Pfad

---

6.4.4 Alle Variablen im Datensatz

Ein DAG mit allen Variablen des Datensatzes Kreditstatus[9] kann mit R-Code 6.9 erzeugt werden. Wenn keine Koordinaten im Aufruf von dagify() angegeben werden, werden die Variablen gemäß der vorliegenden Verbindungen zufällig angeordnet. Um

---

9 Möglicherweise werden hier aufgrund der Datenlage nicht alle möglichen kausalen Verknüpfungen aufgezeigt. Auch können zeitliche Effekte kausale Zusammenhänge vortäuschen, die bei einer genauen Analyse der Zeitschiene nicht vorhanden sind. Dies wurde hier nicht überprüft.

jeweils dieselbe Anordnung zu erzeugen, muss set.seed() mit einer beliebigen natürlichen Zahl im Aufruf verwendet werden. Der DAG wird in R-Grafik 6.4 gezeigt.

Idealerweise müssen in einen DAG alle Variablen aufgenommen werden, die *X*
oder *X* und *Y* oder das Zusammenspiel von *X* und *Y* beeinflussen. Zusätzlich können Variablen aufgenommen werden, die nur *Y* beeinflussen, wie hier beispielsweise
betrag (sofern ausfall die abhängige Variable ist).

R-Code 6.9: Erzeugen eines DAGs mit allen Variablen des Datensatzes Kreditstatus.csv

```
# Reproduzierbarkeit
set.seed(179)
# DAG erzeugen und ausgeben
dagify(arbeit ~ alter,
       einkommen ~ arbeit + alter,
       ausfall ~ alter + arbeit + einkommen + betrag + zins + bonitaet,
       bonitaet ~ alter + arbeit + einkommen + wohnen,
       zins ~ bonitaet) |>
  ggdag(text_size = 2) +
  # Hintergrund entfernen
  theme_dag_blank()
```

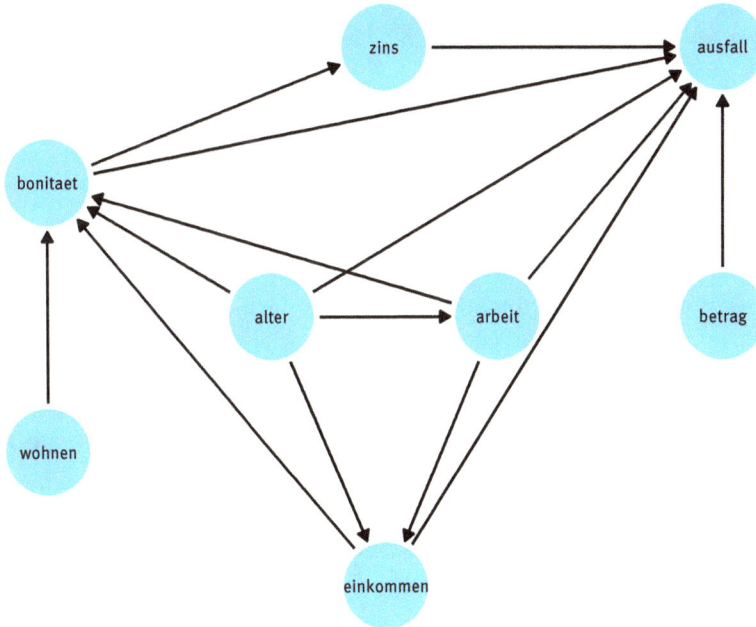

R-Grafik 6.4: Plot des DAGs mit allen Variablen des Datensatzes Kreditstatus.csv, hier mit manuell
gesetzten Koordinaten

Unterstützung bei der Erstellung eines DAGs bietet *DAGitty* (www.dagitty.net), das über eine komfortable grafische Benutzeroberfläche verfügt und auch ermöglicht, den daraus resultierenden R-Code zu exportieren.

Wie ist die weitere Vorgehensweise? Anhand des DAGs kann entschieden werden, welche Variablen in das Modell aufgenommen werden müssen und welche nicht aufgenommen werden dürfen. Als Beispiel wird der Fragestellung nachgegangen, wie die Bonität die Wahrscheinlichkeit für einen Ausfall beeinflusst. Die beiden Variablen von Interesse (unabhängige Variable oder Ursache: bonitaet, abhängige Variable oder Wirkung: ausfall) sind in Abbildung 6.4 farblich hervorgehoben.

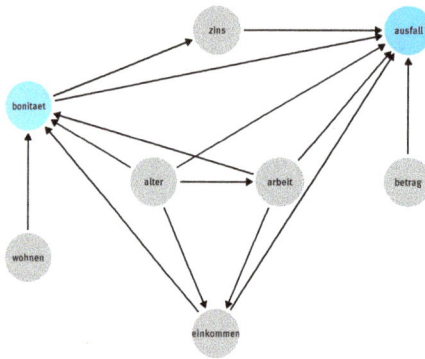

Abb. 6.4: DAG für das Modell ausfall ~ bonitaet. Die unabhängige Variable von Interesse und die abhängige Variable sind hervorgehoben.

Welche Pfade führen von bonitaet zu ausfall:
- bonitaet → ausfall,
- bonitaet → zins → ausfall,
- bonitaet ← alter → ausfall,
- bonitaet ← arbeit → ausfall,
- bonitaet ← einkommen → ausfall sowie
- bonitaet ← verschiedene Kombinationen von alter, arbeit und einkommen → ausfall.

Alle diese Pfade zeigen einen möglichen Zusammenhang zwischen Bonität und Ausfallwahrscheinlichkeit. Z. B. bonitaet → zins → ausfall: Jemand mit höherer Bonität erhält einen niedrigen Zins und so verringert sich aufgrund der geringeren Zahlungsbelastung die Wahrscheinlichkeit für einen Ausfall. Oder bonitaet ← einkommen → ausfall: Jemand, der eine höhere Bonität hat, hat wahrscheinlich im Mittel auch ein höheres Einkommen und das höhere Einkommen wiederum verringert die Wahrscheinlichkeit für einen Ausfall.

Die ersten beiden Pfade führen von bonitaet in die „richtige" Richtung zu ausfall, sogenannte *Vordertüren* (*front doors*).[10] Pfade, in denen mindestens ein Pfeil in Richtung der unabhängigen Variablen, hier bonitaet, zeigt, sind *Hintertüren* (*back doors*), die geschlossen werden müssen. Dies trifft auf allen anderen Pfade in der Liste zu.

Betrachten wir zunächst die kausalen Pfade: bonitaet → ausfall ist genau das, was untersucht werden soll, hier ist keine Anpassung notwendig. Die Variablen bonitaet, zins und ausfall bilden eine Chain, zins ist ein Mediator. Da der totale Effekt von bonitaet auf ausfall bestimmt werden soll, darf der Mediator nicht in das Modell aufgenommen werden. Die Modellierung erfolgt hier unter der Annahme, dass mögliche weitere Pfade zu zins unberücksichtigt bleiben (siehe Fußnote 9).

Die Variablen, die auf den Backdoor-Pfaden liegen, sind alle Confounder und bilden zusammen mit bonitaet und ausfall jeweils eine Fork. Daher muss das Modell adjustiert und alter, arbeit und einkommen in das Modell aufgenommen werden. Sind alle Backdoor-Pfade geschlossen, erfüllt das Modell das Hintertür-Kriterium (*backdoor criterion*).

Die verbleibenden zwei Variablen wohnen und betrag stehen jeweils nur mit bonitaet bzw. ausfall im Zusammenhang und können daher (vorerst) ignoriert werden.

Zusammengefasst ergeben sich die in Tabelle 6.2 gezeigten Schritte je nach Element des DAGs und gewünschter Maßnahme (blockieren oder öffnen).

Tab. 6.2: Elemente in einem DAG und sich daraus ergebende Maßnahmen, um die gewünschte kausale Wirkung erfassen bzw. unerwünschte Wirkungen verhindern zu können

	Chain	Fork	Inverted Fork
Pfad	$X \rightarrow C \rightarrow Y$	$X \leftarrow C \rightarrow Y$	$X \rightarrow C \leftarrow Y$
Zusammenhang X und Y	kausal	nicht kausal	kein Zusammenhang
Bezeichnung C	Mediator	Confounder	Collider
Adjustierung C	blockiert kausalen Pfad	blockiert nicht-kausalen Pfad	öffnet nicht-kausalen Pfad

Um den kausalen Zusammenhang zwischen Bonität und Ausfallwahrscheinlichkeit zu ermitteln, ergibt sich insgesamt das in R-Code 6.10 gezeigte Modell.

---

10 *Hinweis:* Hier wird nicht das sogenannte Front-Door-Kriterium behandelt, das eine mögliche Ergänzung zu dem im Folgenden erläuterten Back-Door-Kriterium darstellt. *Vordertür* wird nur in dem Sinne als Unterscheidung zur *Hintertür* benutzt, dass alle Pfeile in die richtige Richtung zeigen.

R-Code 6.10: Logistische Regression im Datensatz Kreditstatus.csv, um die kausale Wirkung von Bonität auf die Ausfallwahrscheinlichkeit zu ermitteln

```
KRED.mod1 <- glm(ausfall ~ nbonitaet + alter + arbeit + einkommen, data = KRED,
                 family = binomial(logit))
summary(KRED.mod1)
## ...
## Coefficients:
##               Estimate Std. Error z value Pr(>|z|)
## (Intercept)  0.5698021  0.1332842   4.275 1.91e-05 ***
## nbonitaet   -0.3883820  0.0159181 -24.399  < 2e-16 ***
## alter       -0.0061785  0.0034300  -1.801   0.0717 .
## arbeit       0.0065779  0.0030927   2.127   0.0334 *
## einkommen   -0.0059524  0.0006056  -9.829  < 2e-16 ***
```

Die Chance für einen Kreditausfall verringert sich im Modell der Stichprobe im Mittel und c. p. je Bonitätsstufe[11] um den Faktor $e^{-0.3884} = 0.6782$. Die Koeffizienten für die Variablen alter, arbeit und einkommen werden nicht interpretiert, da diese nur als Kontrollvariablen aufgenommen wurden.

6.4.5 Allgemeine Vorgehensweise

Im ersten Schritt werden die abhängige Variable (Y) und die unabhängige Variable oder Variablen von Interesse (X) identifiziert. Von X werden alle Pfade zu Y bestimmt, unterteilt nach Vordertüren (Pfeile zeigen weg von X) und Hintertüren (mindestens ein Pfeil im Pfad zeigt in Richtung von X).

Bei den Vordertüren wird überprüft, welche Variablen Z im Weg zwischen abhängiger und unabhängiger Variablen stehen. Sofern der Fokus auf dem totalen Effekt liegt, dürfen diese, wenn es sich dabei um Mediatoren und insgesamt um eine Chain handelt, nicht in das Modell aufgenommen werden. Falls allerdings eine Mediatoranalyse durchgeführt werden soll, verbleibt der Mediator im Modell (siehe z. B. Urban und Mayerl, 2018, 334 ff.). Dann liegt das Interesse gerade darin, zwischen direktem und indirektem Effekt zu differenzieren.

Die Hintertüren müssen geschlossen werden, d. h., eventuelle Confounder werden kontrolliert und in das Modell aufgenommen. Problematisch wird es, wenn die Zuordnung möglicherweise nicht eindeutig ist. Collider und deren Nachfahren dürfen nicht in das Modell aufgenommen werden. Möglicherweise ist das Schließen der Backdoor auf einem Pfad nicht möglich, aber auf einem anderen. Dies kann dort dann beispielsweise auch das Element einer Chain sein, dann blockiert die Aufnahme des Mediators in dieser Chain den nicht gewünschten Pfad.

---

[11] Hier vereinfacht äquidistant als metrisch diskret angenommen. Die kategorialen Bonitätsstufen zeigen aber in der Größenordnung vergleichbare Abstufungen.

Für verbleibende Kovariablen kann, wie Huntington-Klein (2021, S. 199) vorschlägt, geschaut werden, ob es noch offene Pfade zu Y gibt. Falls nein, brauchen diese Variablen nicht ins Modell aufgenommen werden. Im anderen Fall kann geprüft werden, ob die Aufnahme die Modellgüte verbessert, also die Residuenvarianz verringert (Modellvergleich über AIC, BIC o. ä.). An dieser Stelle empfiehlt sich ein kurzer Check, ob sich durch die Aufnahme dieser verbliebenen Kovariablen ins Modell die bisherigen Koeffizienten für die unabhängigen Variablen X deutlich ändern – dann war möglicherweise ein Fehler in den kausalen Annahmen und das kausale Modell muss angepasst werden.

Als Beispiel soll die Auswirkung des Zinssatzes auf die Ausfallwahrscheinlichkeit untersucht werden (siehe Abbildung 6.5).

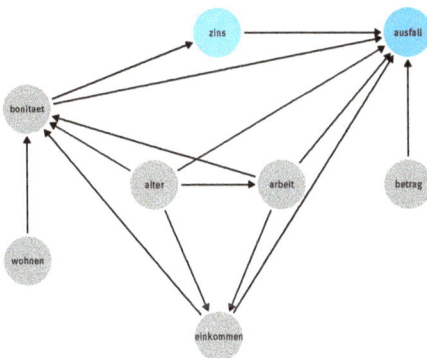

Abb. 6.5: DAG für das Modell ausfall ~ zins. Die unabhängige Variable von Interesse und die abhängige Variable sind hervorgehoben.

Es führt nur ein Pfad durch die Vordertür von Zins zu Ausfallwahrscheinlichkeit: zins → ausfall. Alle Backdoor-Pfade gehen über bonitaet, die mit zins und ausfall eine Fork bildet. Daher muss der Confounder bonitaet kontrolliert und in das Modell aufgenommen werden. Damit werden auch alle anderen Hintertüren geschlossen. Somit ergibt sich das Modell gemäß R-Code 6.11.

R-Code 6.11: Logistische Regression im Datensatz Kreditstatus.csv, um die kausale Wirkung des Zinssatzes auf die Ausfallwahrscheinlichkeit zu ermitteln

```
KRED.mod2 <- glm(ausfall ~ zins + nbonitaet, data = KRED,
                 family = binomial(logit))
summary(KRED.mod2)
## ...
## Coefficients:
##              Estimate Std. Error z value Pr(>|z|)
## (Intercept) -2.89474    0.44387  -6.522 6.95e-11 ***
## zins         0.11541    0.01739   6.638 3.18e-11 ***
## nbonitaet   -0.09858    0.04459  -2.211    0.027 *
## ...
## AIC: 17044
```

Die Chance für einen Kreditausfall erhöht sich im Modell der Stichprobe im Mittel und c. p. je Prozentpunkt Zins um den Faktor $e^{0.1154} = 1.1223$.[12]

Welche offenen Pfade anderer Variablen gibt es noch zur abhängigen Variablen? Von alter, arbeit, einkommen sowie betrag gibt es noch offene Pfade zu ausfall. Jetzt kann überprüft werden, ob die Aufnahme dieser Variablen die Erklärungsgüte des Modells erhöht und somit die Genauigkeit der Schätzung verbessert (Cinelli *et al.*, 2021). Als Maßstab kann hier das Akaike Information Criterion (AIC) dienen, das in der Zusammenfassung (summary(model)) ausgegeben wird (R-Code 6.12).

R-Code 6.12: Erweitertes Modell zur Regression ausfall ~ zins

```
KRED.mod2p <- glm(ausfall ~ zins + nbonitaet + alter + arbeit + einkommen, data = KRED,
                  family = binomial(logit))
summary(KRED.mod2p)
## ...
## Coefficients:
##                Estimate Std. Error z value Pr(>|z|)
## (Intercept) -2.2368275  0.4576421   -4.888 1.02e-06 ***
## zins         0.1119682  0.0174331    6.423 1.34e-10 ***
## nbonitaet   -0.1198324  0.0448141   -2.674   0.0075 **
## alter       -0.0061089  0.0034325   -1.780   0.0751 .
## arbeit       0.0067346  0.0030965    2.175   0.0296 *
## einkommen   -0.0058694  0.0006039   -9.719  < 2e-16 ***
## ...
## AIC: 16926
```

Das AIC verringert sich[13], so dass es hilfreich ist, diese Variablen zusätzlich in das Modell aufzunehmen. Die Koeffizienten dieser zusätzlichen Variablen können nicht interpretiert werden, da sie u. a. mit Bonität eine Chain bilden, so dass jeweils nicht der gesamte Effekt gezeigt wird.

Eine gute Übersicht über die Wahl von geeigneten Kontrollvariablen bieten z. B. Cinelli *et al.* (2021) oder Hillmert (2019).

---

12 *Hinweis:* Sie sehen an diesem Beispiel auch deutlich, dass der Koeffizient für nbonitaet einen deutlichen anderen Wert annimmt als im Modell, das den kausalen Zusammenhang zwischen bonitaet und ausfall untersucht hat (hier -0.0986 vs. R-Code 6.10 -0.3884). Das ist die Auswirkung der Chain, ein Teil des Effekts läuft über zins.

13 *Hinweis:* betrag hätte das AIC wieder erhöht und wurde daher nicht in das finale Modell aufgenommen.

6.5 Bias

Verzerrungen können sowohl durch fehlende Variablen (also unbeobachtete oder nicht in das Modell aufgenommene Variablen) als auch durch zusätzliche aufgenommene Variablen auftreten. Die dadurch entstehenden Verzerrungen werden im Fall von fehlenden Variablen als *Omitted-Variable-Bias* bezeichnet. Bei zusätzlich in das Modell aufgenommenen Variablen liegt häufig ein Collider-Bias vor. Auch die Verzerrung über die Stichprobenwahl (*Sample-Selection-Bias*) ist meist ein Spezialfall des Collider-Bias.

Neben den hier aufgeführten Gründen können auch Messfehler in der unabhängigen Variablen und Simultanität zu Verzerrungen führen. Simultanität bedeutet, dass Y_2 (zum Zeitpunkt 2) von X abhängt, was wiederum von Y_1 (zum Zeitpunkt 1) abhängt – ohne Berücksichtigung der Zeit wirkt dies wie eine wechselseitige Kausalität. Fehlende Variablen, Messfehler und Simultanität führen in der Regel zur Endogenität der unabhängigen Variablen (siehe Abschnitt 2.7.5 im Kapitel Lineare Regression).

6.5.1 Unbeobachtete Variablen

Problematisch kann es werden, wenn Variablen U nicht beobachtet werden können, die eine Hintertür öffnen (Omitted-Variable-Bias). Ein theoretisches Beispiel dafür ist der in Abbildung 6.6 gezeigte DAG (Beispiel angelehnt an Cunningham, 2021, S. 105). Es soll die Wirkung von X auf Y bestimmt werden.

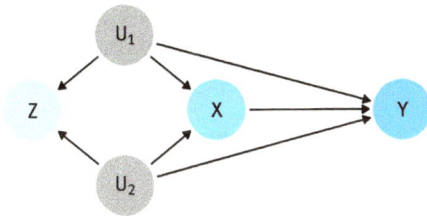

Abb. 6.6: Unbeobachtete (nicht beobachtbare) (grau) und beobachtete Variablen (blau)

Es gibt folgende Hintertüren, die geschlossen werden müssen:
- $X \leftarrow U_1 \rightarrow Y$
- $X \leftarrow U_2 \rightarrow Y$
- $X \leftarrow U_1 \rightarrow Z \leftarrow U_2 \rightarrow Y$
- $X \leftarrow U_2 \rightarrow Z \leftarrow U_1 \rightarrow Y$

Die ersten beiden Backdoor-Pfade können nicht geschlossen werden, da $U1$ und $U2$ nicht beobachtet werden können. Es kann versucht werden, diese latenten Variablen zu operationalisieren, so dass andere beobachtbare Variablen zur Adjustierung aufgenommen werden können. Die Aufnahme von Z würde das Ganze verschlimmern, da so die letzten beiden Backdoor-Pfade durch das entstehende Collider-Bias ebenfalls geöffnet würden.

6.5.2 Collider- und Sample-Selection-Bias

Eine weitere mögliche Fehlerquelle stellt die (versehentliche) Aufnahme eines Colliders in das Modell dar. Die dadurch erzeugte Korrelation zwischen den Elementen der Inverted Fork öffnet möglicherweise über eine Backdoor einen unerwünschten *biasing* Pfad: *Collider-Bias*.

Falls die Stichprobe nicht eine tatsächliche Zufallsstichprobe ist (was in der Praxis häufig vorkommt), kann es zu einer Stichprobenverzerrung (*Sample-Selection-Bias*) kommen. Verzerrungen durch Selbstselektion (*Self-Selection-Bias*) und Überlebens-effekt (*Survivorship-Bias*) sind Spezialfälle der Stichproben-Verzerrung. Bei Selbstse-lektion entscheiden die Teilnehmer selbst, ob sie Teil der Stichprobe sind, bzw. das Selektionskriterium basiert auf einer Eigenschaft der betrachteten Subjekte (z. B. ein Unternehmen ist Teil eines bestimmten Index). Der Überlebenseffekt kann z. B. dadurch auftreten, dass nur Unternehmen gewählt werden, die über die gesamte Betrachtungs-dauer Teil eines bestimmten Index sind.

Grundsätzlich kann eine Selektion in drei Varianten erfolgen: Selektion nach der X-Variablen, Selektion nach der Y-Variablen oder Selektion nach beiden Variablen.

Stichprobenselektion nach der X-Variablen
Wenn die Stichprobenauswahl nach der X-Variablen erfolgt, hat der DAG schematisch das Aussehen wie in Abbildung 6.7 gezeigt (S ist darin die Kennzeichnung, Teil der Stichprobe zu sein).

Abb. 6.7: Stichprobenselektion S nach der X-Variablen

Wie am DAG in Abbildung 6.7 zu erkennen ist, öffnet der Pfad von X zu S keine Hintertür zu Y. Unter der Voraussetzung, dass der Zusammenhang zwischen X und Y über den gesamten Wertebereich von X linear ist, ist eine Verzerrung nicht zu erwarten.

Stichprobenselektion nach der *Y*-Variablen

Um die Bedeutung der Selektion nach der *Y*-Variablen zu visualisieren, müssen, wie in Abbildung 6.8 gezeigt, weitere unbeobachtete Einflüsse auf die *Y*-Variable ergänzt werden: U_Y.

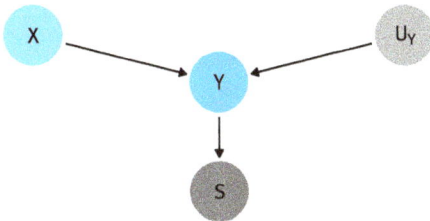

Abb. 6.8: Stichprobenselektion S nach der *Y*-Variablen. *Y* ist ein Collider in einer Inverted Fork: $X \rightarrow Y \leftarrow U_Y$.

In Abbildung 6.8 ist zu erkennen, dass X, Y und U_Y eine Inverted Fork mit Y als Collider bilden. Nachfahren eines Colliders, hier S, führen auch zu einem Collider-Bias. Daher bildet sich auch in diesem Fall eine Stichprobenverzerrung.

Stichprobenselektion nach der *X*- und der *Y*-Variablen

Hier bildet sich das klassische Collider-Bias, da S jetzt ein Collider einer Inverted Fork mit X und Y ist, wie Abbildung 6.9 zeigt.

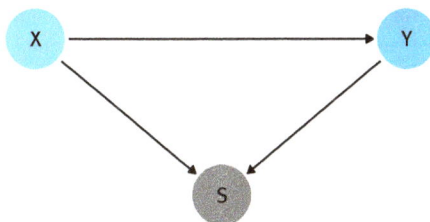

Abb. 6.9: Stichprobenselektion S nach der *X*- und der *Y*-Variablen. *S* ist ein Collider in einer Inverted Fork: $X \rightarrow S \leftarrow Y$.

Wie Bareinboim und Pearl (2012) zeigen, kann der Stichprobenverzerrung und dem damit einhergehenden Collider-Bias mit einer Instrumentvariablenregression (siehe Kapitel 7) begegnet werden.

> **ℹ Bias bzw. Verzerrung**
>
> *fehlende Variablen*   öffnen eine Hintertür, sollten kontrolliert werden
>   *Omitted-Variable-Bias*
>
> *Messfehler unabhängige Variable*   führt zu Verzerrungen der Koeffizienten aller unabhängigen
>   Variablen, tritt insbesondere bei indirekter Messung
>   latenter Variablen auf
>
> *Stichprobenauswahl*   unbeabsichtigte Aufnahme eines Colliders in das Modell
>   *Sample-Selection-Bias*, insb. *Self-Selection-* und
>   *Survivorship-Bias*

Beispiel für ein Collider-Bias

Im Datensatz `Kreditstatus.csv` soll der Zusammenhang zwischen Alter und Berufsjahren untersucht werden, Einkommen ist dabei ein Collider (siehe Abbildung 6.10).

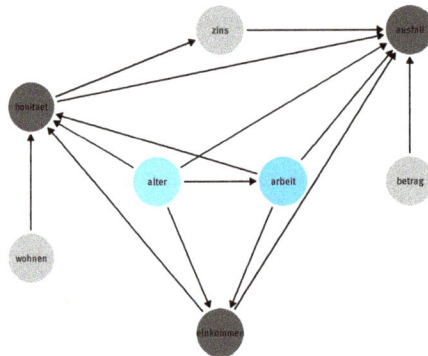

Abb. 6.10: DAG für das Modell `arbeit ~ alter`. Die unabhängige Variable von Interesse und die abhängige Variable sind hervorgehoben. Die Collider im Modell sind dunkelgrau markiert.

Das Modell ist hier sehr einfach: `arbeit ~ alter`. Alle Backdoor-Pfade sind geschlossen, sofern die Collider `bonitaet`, `ausfall` oder `einkommen` (in der Abbildung hervorgehoben) nicht in das Modell aufgenommen werden. Das Ergebnis wird in R-Code 6.13 gezeigt. Es werden nur die Koeffizienten (`coef()`) gezeigt.

R-Code 6.13: Regression arbeit ~ alter

```
lm(arbeit ~ alter, data = KRED) |> coef()

## (Intercept)       alter
##  5.59031720  0.01938612
```

Falls aber nur Kunden mit einem Einkommen zwischen 50 000 und 100 000 $ erfasst worden wären – immerhin knapp die Hälfte der Stichprobe – zeigt sich ein ganz anderes Ergebnis, wie R-Code 6.14 zeigt.

R-Code 6.14: Regression arbeit ~ alter mit eingeschränkter Stichprobe

```
lm(arbeit ~ alter, data = KRED |> filter(einkommen > 50 & einkommen <= 100)) |>
  coef()

## (Intercept)        alter
## 7.36039217 -0.01785113
```

Daher ist es wichtig, die Zusammenhänge zwischen den Variablen bereits vor der Datenerhebung zu bestimmen, um eine mögliche Stichprobenverzerrung zu vermeiden.

6.6 Zusammenfassung

Die kausale Modellierung gibt einen Einblick in den datengenerierenden Prozess und erlaubt, Variablen so auszuwählen, dass keine Verzerrungen durch Zerlegung in direkte und indirekte Effekte, durch Confounder (Simpson-Paradox) oder Collider (Berkson-Paradox) entstehen können. Auch hilft diese Betrachtung, ein mögliches Sample-Selection-Bias zu verhindern. Daher sind kausale Modellierung und Auswertung von DAGs eine wichtige Ergänzung, auch wenn es ursächlich nicht um Kausalaussagen, sondern *nur* um die Interpretation von Zusammenhängen geht.

Die eigentliche Kausalanalyse wird in diesem Kapitel nur angerissen, der Schwerpunkt liegt eher auf der Modell- und Variablenselektion, um Verzerrungen zu vermeiden. Um das Thema Kausalanalyse zu vertiefen, sei auf die im folgenden Abschnitt aufgeführte Literatur verwiesen.

Abschließend sollte noch erwähnt werden, dass sich Granger bereits 1969 mit kausalen Effekten in Zeitreihen beschäftigt hat (sogenannte *Granger-Kausalität*) und 2003 dafür den Alfred-Nobel-Gedächtnispreis für Wirtschaftswissenschaften erhalten hat. Ganz aktuell, 2021, ging dieser Preis an Card, Angrist und Imbens aufgrund ihrer methodischen Beiträge zur Modellierung kausaler Zusammenhänge, was die Wichtigkeit dieser Thematik verdeutlicht.

6.7 Literatur

6.7.1 Weiterführende Literatur

Exemplarisch sei auf folgende weiterführende Literatur verwiesen:
- Angrist und Pischke (2014), *Mastering 'metrics – The path from cause to effect*, insbesondere Kapitel 2.3 zur Abschätzung der Stärke des Omitted-Variable-Bias;
- Békés und Kézdi (2021), *Data analysis for business, economics, and policy*, insbesondere Kapitel 19 und 21, mit Fallbeispielen;

- Cunningham (2021), *Causal inference – The mixtape*, insbesondere die Kapitel Introduction und Directed Acyclic Graphs;
- Huntington-Klein (2021), *The effect – An introduction to research design and causality*, insbesondere Kapitel 5 bis 9;
- Morgan und Winship (2014), *Counterfactuals and causal inference – Methods and principles for social research*, insbesondere Kapitel 12.3 zur Sensitivitätsanalyse;
- Cinelli, Forney und Pearl (2021), *A crash course in good and bad controls* oder Hillmert (2019), *Auswahl und Kontrolle von Drittvariablen bei der Bestimmung kausaler Zusammenhänge – illustriert mit Directed Acyclic Graphs (DAGs)*, insbesondere hinsichtlich Variablenselektion;
- Lübke, Gehrke, Horst und Szepannek (2020), *Why we should teach causal inference: Examples in linear regression with simulated data*;
- Pearl, Glymour und Jewell (2016), *Causal inference in statistics – A primer*;
- Urban und Mayerl (2018), *Angewandte Regressionsanalyse: Theorie, Technik und Praxis*, insbesondere Kapitel 6 zu Moderator- und Mediatoreffekten.

6.7.2 Anwendungsbeispiele

- Ji, Zhang und Geng (2018), *What drives natural gas prices in the United States? – A directed acyclic graph approach* – Anwendung von DAGs;
- Rutz und Watson (2019), *Endogeneity and marketing strategy research: an overview* – Endgonität in der Untersuchung von Marketingstrategien;
- Stender und Rojahn (2020), *The influence of internal and external corporate governance on firm value: Evidence from STOXX® Europe 600 index members* – Self-Selection-Bias, Korrektur mit Instrumentvariablenregression.

7 Instrumentvariablen

Ein möglicher Ansatz mit Endogenität der unabhängigen Variablen (siehe Abschnitt 2.7.5 im Kapitel Lineare Regression) oder mit der Problematik von Verzerrungen durch fehlende oder störende Kovariablen (siehe Abschnitt 6.5 im Kapitel DAGs und kausale Modellierung) umzugehen, besteht in der Verwendung von sogenannten *Instrumentvariablen*.

7.1 Grundlagen Instrumentvariablen

Es soll die lineare Wirkung von X auf Y durch folgendes Modell untersucht werden:

$$Y = \beta_0 + \beta_1 \cdot X + \epsilon.$$

Dabei gibt es eine unbeobachtete Variable U, die sowohl auf X und Y wirkt. Abbildung 7.1 zeigt den dazugehörigen DAG.[1] Die unbeachtete Variable U ist ein Confounder und so entsteht ein nicht zu schließender Backdoor-Pfad, was zu einer Verzerrung durch ausgelassene Variablen (*Omitted-Variable-Bias*) führt. Der Fehlerterm ϵ beinhaltet alle Einflussgrößen auf die abhängige Variable Y, die nicht Bestandteil des Modells sind. Daher ist auch der Einfluss der unbeobachteten Variablen U Teil des Fehlerterms ϵ. Da U aber auch mit der unabhängigen Variablen X korreliert, korreliert X wiederum mit dem Fehlerterm ϵ, was als *Endogenität* bezeichnet wird und eine Verletzung der Regressionsannahmen darstellt.

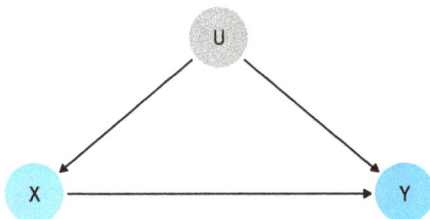

Abb. 7.1: Omitted-Variable-Bias oder Endogenität der unabhängigen Variablen

Eigentlich soll

$$\hat{y}_i = \hat{\beta}_0 + \hat{\beta}_1 \cdot x_i \tag{7.1}$$

bestimmt werden, tatsächlich wird aber

$$\hat{y}_i = \left(\hat{\beta}_0^w - \frac{\hat{\sigma}_{x,\epsilon}}{\hat{\sigma}_x} \cdot \bar{x} \right) + \left(\hat{\beta}_1^w + \frac{\hat{\sigma}_{x,\epsilon}}{\hat{\sigma}x} \right) \cdot x_i \tag{7.2}$$

---

[1] Alternativ wird der unbeobachtete Confounder (*unobserved common cause*) in der Darstellung auch weggelassen und stattdessen ein zusätzlicher gestrichelter Pfeil mit zwei Spitzen zwischen X und Y gezeigt (siehe z. B. Morgan und Winship, 2014, Abbildung 3.2, S. 81).

https://doi.org/10.1515/9783110767261-007

geschätzt, darin sind $\hat{\beta}_0^w$ und $\hat{\beta}_1^w$ die unverzerrten Schätzer. Wie kommt es dazu? Angenommen, aufgrund der Korrelation zwischen ϵ und X wird der Fehlerterm auf X regressiert:

$$\hat{\epsilon}_i = \hat{\alpha}_0 + \hat{\alpha}_1 x_i. \tag{7.3}$$

Darin sind $\hat{\alpha}_0$ und $\hat{\alpha}_1$ gemäß den Standardgleichungen für die OLS-Regression:

$$\hat{\alpha}_1 = \frac{\hat{\sigma}_{x,\epsilon}}{\hat{\sigma}_x^2}, \tag{7.4}$$

$$\hat{\alpha}_0 = \bar{\epsilon} - \hat{\alpha}_1 \bar{x} \tag{7.5}$$

mit der Kovarianz $\sigma_{x,\epsilon}$ zwischen X und dem Fehlerterm ϵ. Die Gleichungen 7.4 und 7.5 werden in Gleichung 7.3 eingesetzt, $\bar{\epsilon}$ ist gleich dem Erwartungswert $E(\epsilon) = 0$:

$$\hat{\epsilon}_i = -\hat{\alpha}_1 \bar{x} + \hat{\alpha}_1 x_i = -\frac{\hat{\sigma}_{x,\epsilon}}{\hat{\sigma}_x^2} \cdot \bar{x} + \frac{\hat{\sigma}_{x,\epsilon}}{\hat{\sigma}_x^2} \cdot x_i. \tag{7.6}$$

Gleichung 7.6 zeigt die Abweichung des Fehlerterms ϵ vom Erwartungswert 0 und diese wird in Gleichung 7.2 berücksichtigt (siehe z. B. Ebbes *et al.* 2016, S. 4 f. oder Mesquita und Fowler 2021, S. 198 ff.).

Im Resultat hat das zur Folge, dass je nachdem, ob die Korrelation bzw. die Kovarianz zwischen X und ϵ positiv oder negativ ist, der Regressionskoeffizient von Interesse, $\hat{\beta}_1$, über- oder unterschätzt wird und dabei sogar das Vorzeichen wechseln kann.

Einen Lösungsansatz zeigt das in Abbildung 7.2 dargestellte Modell.

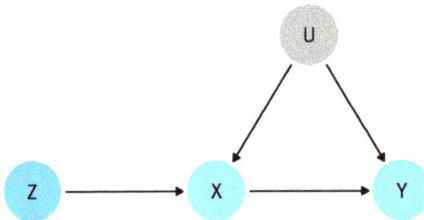

Abb. 7.2: DAG, der die Wirkung der Instrumentvariablen visualisiert

Z wirkt direkt nur auf X und via X auf Y: eine Chain $Z \rightarrow X \rightarrow Y$. Gleichzeitig hängt Z aber nicht von U ab. Die Wirkung ist daher vergleichbar mit einem randomisierten Experiment: In einem Experiment wird der unerwünschte Pfad zwischen U und X gekappt. Z ist darin die sogenannte *Instrumentvariable*. Die Instrumentvariable beeinflusst X. Diese Manipulation von X durch Z ruft Änderungen in Y hervor, die – wie in einem randomisierten Experiment (siehe z. B. Peters *et al.*, 2017, S. 177) – nicht beeinflusst sind von anderen Kovariablen.

7.2 Auswahl der Instrumentvariablen

7.2.1 Anforderungen an Instrumentvariablen

Aus dem vorherigen Abschnitt lassen sich zwei Anforderungen an ein *gutes* Instrument ableiten (z. B. Stock und Watson, 2019, S. 429):
1. Relevanz des Instruments (*relevance criterion*): $\rho_{Z,X} \neq 0$;
2. Exogenität des Instruments (*exclusion restriction*): $\rho_{Z,\epsilon} = 0$, d. h., Z muss exogen sein, die Wirkung erfolgt nur via X (*only through criterion*).[2]

Was ist ein gutes Instrument? Wie Cunningham (2021, S. 320) schreibt: „Good instruments should feel weird." Je abstruser sie für die eigentliche Fragestellung erscheinen, desto eher können sie insbesondere das zweite Kriterium erfüllen.

Die Auswahl des Instruments basiert auf theoretischen Vorüberlegungen. Auch hier können DAGs helfen. Das Ausschlusskriterium kann nicht oder nur im Falle der Überidentifikation (siehe Abschnitt 7.4) überprüft werden. Umso wichtiger ist eine inhaltliche und logische Begründung für die Wahl des Instruments. Nach Roberts und Whited (2013) kommen gute Instrumente, wohlbemerkt für den Anwendungsbereich Corporate Finance, aus biologischen oder physikalischen Ereignissen oder Eigenschaften. Auch institutionelle Änderungen kommen in Frage, wenn die untersuchte Größe nicht damit im Zusammenhang steht.

7.2.2 Beispiele

Stundenlohn

Es soll der Stundenlohn in Abhängigkeit von Bildung und Fähigkeit bestimmt werden (Wooldridge, 2019, S. 496 ff.). Fähigkeit ist eine latente, nicht beobachtbare Variable. Wenn diese weggelassen wird, ergibt sich ein Omitted-Variable-Bias. Eine mögliche Instrumentvariable wäre die Entfernung zwischen Heimat- und Studienort oder die Anzahl der Geschwister. Beide sind mit Bildung korreliert, aber nicht mit Stundenlohn oder Fähigkeit.

An dieser Stelle lässt sich der Unterschied zwischen einer *Proxy*-Variablen und einer Instrumentvariablen zeigen. Eine mögliche Proxy-Variable (also ein Ersatz) für Fähigkeit wäre der Intelligenzquotient. Die Proxy-Variable sollte möglichst hoch mit der fehlenden Variablen korreliert sein, während eine Instrumentvariable weder mit der fehlenden Variablen noch mit der abhängigen Variablen korrelieren sollte.

---

[2] Angrist und Pischke (2014, S. 106 f.) definieren noch ein drittes Kriterium – kein Zusammenhang zu den fehlenden Variablen (*independence criterion*): $\rho_{Z,U|X} = 0$.

CEO-Nachfolge und Unternehmensleistung

Bennedsen *et al.* (2007) untersuchen die Nachfolge des Chief Executive Officers (CEOs) in Familienunternehmen, insbesondere, ob eine familieninterne Nachfolge die Unternehmensleistung schmälert. Die Unternehmensleistung ist die abhängige Variable, CEO-Nachfolge die erklärende Variable. Da die Eigenschaften der Familie und des Unternehmens nicht nur die Leistung, sondern auch die Entscheidung über die CEO-Nachfolge bestimmen, ist CEO-Nachfolge endogen. Als Instrumentvariable wurde das Geschlecht des erstgeborenen Kindes des scheidenden CEOs gewählt. Als Plausibilisierung wurde zunächst untersucht, ob es in der Variation der Leistungskennzahl Unterschiede gibt, ob zuerst ein Mädchen oder ein Junge geboren wurde. Diese sind nicht festzustellen, was für die Exogenität des Instruments spricht. Da deutliche Zusammenhänge in der ersten Stufe gezeigt werden können, ist das Instrument auch relevant.

Eigenschaften von CEOs und Corporate-Social-Responsibility-Investitionen

Borghesi *et al.* (2014) untersuchen den Einfluss von CEO-Merkmalen auf Corporate-Social-Responsibility-(CSR)-Investitionen. Als Instrumentvariable für das möglicherweise endogene CEO-Merkmal *politische Einstellung* wird die politische Ausrichtung des US-Bundesstaats genutzt, in dem der Gründer studiert hat.

Kultur und Corporate Finance

Nash und Patel (2019) geben einen guten Überblick über verschiedene Studien, die sich mit dem Einfluss kultureller Aspekte auf verschiedene Unternehmensdaten beschäftigen. Als Instrumentvariablen werden dabei beispielsweise genetische Distanz (genetische Unterschiede zwischen Populationen), Allele-Frequenz (unterschiedliche Varianten eines Gens an bestimmten Stellen), Pathogene (Bakterien), Nutzung des Pronomens in der Sprache und viele mehr genutzt.

Unternehmensleistung in Familienunternehmen

Stadler *et al.* (2018) untersuchen den Einfluss von familieninternen Managern auf die Unternehmensleistung in Familienunternehmen. Möglicherweise liegt bei der Auswahl der Stichprobe ein Beispiel für *Self-Selection* (Selbstselektion) vor, dass zur Verzerrung der Ergebnisse führen kann. Die Untersuchungsteilnehmer unterscheiden selbst, ob sie Teil der Stichprobe sind oder nicht bzw. die Auswahl der Stichprobe erfolgt z. B. wie im vorliegenden Fall über das Kriterium, Teil eines bestimmten Index zu sein. Als Instrumentvariablen für die möglicherweise endogene Variable *familienintern* werden Firmengröße und Risiko gewählt.

Finanzielle Kompetenz und Verhalten in finanziellen Angelegenheiten
Stolper und Walter (2017) untersuchen den Einfluss von finanzieller Kompetenz (*financial literacy*) auf das Verhalten von Haushalten in finanziellen Fragestellungen. Da finanzielle Kompetenz möglicherweise endogen ist, wird die finanzielle Kompetenz des ältesten Verwandten als Instrumentvariable genutzt.

Die Beispiele lassen sich beliebig fortführen. Zu erkennen ist, dass Instrumentvariablen immer sehr spezifisch für die Fragestellung gesucht werden müssen. Die auf theoretischen Überlegungen und/oder empirischen Untersuchungen basierende Argumentation, warum gerade diese oder jene Größe ein plausibles Instrument ist, ist von wesentlicher Bedeutung. Die in den Beispielen vorgestellten Studien zeigen diese Vorgehensweise gut auf.

7.2.3 Ausblick

In manchen Fällen lassen sich keine Instrumentvariablen identifizieren. Einen Ansatz, Endogenität ohne die Verwendung externer Instrumente zu adressieren, bieten sogenannte *interne* Instrumente. Diese können mit den Funktionen des Pakets REndo erzeugt werden (Gui *et al.*, 2021).

Kriterien für *gute* Instrumentvariablen
Relevanz   starker Zusammenhang zwischen Instrument und endogener Variablen
Exogenität Wirkung des Instruments auf Y erfolgt nur via X

7.3 Zweistufige lineare Regression

Wie verhalten sich Instrumentvariablen in linearen Regressionsmodellen? Die endogene unabhängige Variable X wird in einen exogenen und einen endogenen Anteil zerlegt. Der exogene Teil hängt von der Instrumentvariablen Z ab (siehe z. B. Ebbes *et al.*, 2016):

$$Y = \beta_0 + \beta_1 X + \epsilon, \tag{7.7}$$

$$X = \alpha_0 + \alpha_1 Z + v. \tag{7.8}$$

In Formel 7.8 ist, wenn Z exogen ist, also nicht korreliert mit ϵ, $\alpha_0 + \alpha_1 Z$ der exogene Teil und v der endogene. Abbildung 7.3 links verdeutlicht dies. Der exogene Teil wird in Formel 7.7 statt X eingesetzt:

$$Y = \beta_0 + \beta_1(\alpha_0 + \alpha_1 Z) + \epsilon. \tag{7.9}$$

In Abbildung 7.3 rechts werden die unterschiedlichen daraus resultierenden Regressionsgraden dargestellt. Die schwarze Regressionsgrade entspricht dem Modell gemäß Formel 7.7, die blaue dem Modell nach Formel 7.9.

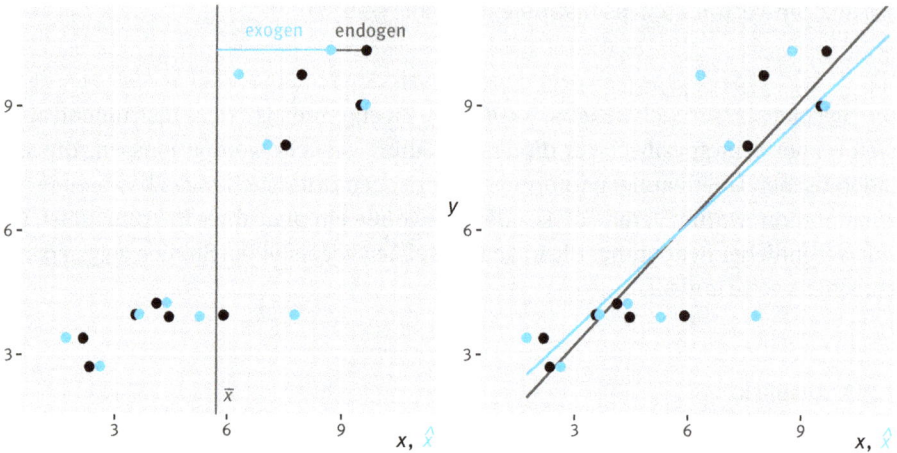

Abb. 7.3: Wirkung der Instrumentvariablen. Links: exogene und endogene Variation von X. Rechts: Unterschiedliche Koeffizienten für die Modelle $Y \sim X$ (exogen und endogen) sowie $Y \sim \hat{X}$ (nur exogen).

Eine mögliche Umsetzung der IV-Schätzung ist die zweistufige lineare Regression (*two-stage least squares, 2SLS* oder *TSLS*). Im ersten Schritt wird das Modell 7.8 geschätzt und daraus die modellierten $\hat{x}$-Werte genutzt, um die abhängige Variable Y zu schätzen.

$$\hat{x}_i = \hat{\alpha}_0 + \hat{\alpha}_1 x_i, \tag{7.10}$$

$$\hat{y}_i = \hat{\beta}_0 + \hat{\beta}_1 \hat{x}_i. \tag{7.11}$$

Eine gelungene Darstellung der einzelnen Schritte am Beispiel eines binären Instruments zeigt Abbildung 19.2 in Huntington-Klein (2021, S. 472) (auch online verfügbar).

In der ersten Stufe kann die Relevanz des Instruments überprüft werden. Dazu wird eine zweite Regression durchgeführt ohne das Instrument (aber mit allen anderen exogenen Variablen und Kontrollvariablen, sofern im Modell vorgesehen). Die Differenz in der Erklärungsgüte, ausgedrückt durch die F-Statistik, muss zumindest eine Höhe von zehn erreichen (Stock und Yogo, 2005). Alternativ kann auch die Differenz im Bestimmtheitsmaß bewertet werden.

Relevanz oder Stärke des Instruments und Exogenität hängen zusammen. Wenn Z die endogene Variable X sehr gut erklärt, d. h. Modell 7.10 weist ein hohes Bestimmtheitsmaß auf, muss der endogene Teil klein sein. Hier kann auf Widersprüche geachtet werden: Wenn aus der Theorie eine ziemlich große Verzerrung durch die Endogenität erwartet werden kann, kann das Instrument nicht zu stark sein.

7.4 Allgemeines Modell

Allgemein besteht das Instrumentenvariablen-Regressionsmodell neben der zu erklärenden abhängigen Variablen Y aus endogen Variablen X_1 bis X_K, den Instrumenten Z_1 bis Z_M und weiteren Kontroll- oder exogenen Variablen W_1 bis W_R:

$$Y = \beta_0 + \beta_1 X_1 + \cdots + \beta_K X_K + \beta_{K+1} W_1 + \cdots + \beta_{K+R} W_R + \epsilon. \tag{7.12}$$

Für jede endogene Variable X_1 bis X_K muss in der ersten Stufe eine Regression auf alle Instrumente und alle weiteren Kontroll- und exogenen Variablen vorgenommen werden, hier exemplarisch für eine endogene Variable X_k gezeigt:

$$X_k = \gamma_0 + \gamma_1 Z_1 + \cdots + \gamma_M Z_M + \gamma_{M+1} W_1 + \ldots \gamma_{M+R} W_R + \nu. \tag{7.13}$$

In der zweiten Stufe wird eine Regression von Y auf die in der ersten Stufe angepassten Werte $\hat{X}_1$ bis $\hat{X}_K$ und alle weiteren Variablen W durchgeführt:

$$Y = \beta_0^{TSLS} + \beta_1^{TSLS} \hat{X}_1 + \cdots + \beta_K^{TSLS} \hat{X}_K + \beta_{K+1}^{TSLS} W_1 + \cdots + \beta_{K+R}^{TSLS} W_R + \epsilon. \tag{7.14}$$

Sofern genauso viele Instrumente Z_m wie endogene Variablen X_k vorliegen ($K = M$), ist das Modell exakt definiert. Ist $M > K$, liegen also mehr Instrumente als endogene Variablen vor, ist das Modell *überidentifiziert*. Für den Fall, dass weniger Instrumente als endogene Variablen vorliegen, kann die zweistufige Regression nicht durchgeführt werden.

Zweistufige lineare Regression (TSLS)

1. Stufe   regressiere alle endogenen unabhängigen Variablen einzeln auf die
              Instrumentvariablen und alle Kontrollvariablen
2. Stufe   nutze die angepassten Werte für die endogenen Variablen aus der ersten Stufe in der
              finalen Regression
Resultat   Verbindung zur unbeobachteten Variablen, die die Endogenität erzeugt, wird gekappt

---

7.5 Verwendete R-Pakete

In diesem Kapitel werden die in R-Code 7.1 aufgeführten Pakete verwendet, die mit `library(package)` geladen bzw. aktiviert werden müssen. Falls die aufgeführten Pakete noch nicht installiert wurden, müssen sie einmalig mit `install.package("package")` installiert werden. Das Paket `cragg` ist nicht auf CRAN verfügbar und muss daher über `devtools::install_github("beniaminogreen/cragg")` installiert werden.

R-Code 7.1: Laden der im Kapitel benötigten Pakete

```
library(dplyr)         # Datenhandling
library(DataCombine)   # Lag- und Lead-Variablen erzeugen
library(plm)           # Panelregression, auch als IV-Regression
library(lmtest)        # Tests für (generalisierte) lineare Modelle
library(sandwich)      # robuste Varianz-Kovarianz-Schätzer
library(AER)           # IV-Regression mit ivreg
library(cragg)         # Cragg-Donald-F-Statistik
library(estimatr)      # Robuste IV-Regression mit iv_robust, auch als Panelregression

# Weitere Pakete, die benötigt, aber nicht dauerhaft geladen werden:
# car                  # ergänzende Funktionen für die Regression
```

7.6 Anwendungsbeispiel

Zur Demonstration wird hier der Datensatz Governance.csv genutzt, der ein Auszug aus den in Stender und Rojahn (2020) genutzten Daten darstellt. Untersucht wird der Einfluss von externer und interner Corporate-Governance-Qualität auf den Firmenwert. Hierzu stehen Jahreswerte von 427 Unternehmen des STOXX Europe 600 über sechs Jahre zur Verfügung. Die Variablen ext und int sind mittels einer Hauptkomponentenanalyse zusammengefasste Indikatoren für die externe (fünf Indikatoren) und die interne Qualität (zwei Indikatoren) der Corporate Governance. Die ursprünglichen Indikatoren wurden dazu standardisiert und für ext und int die jeweiligen Mittelwerte genommen. Eine Übersicht über den Datensatz und die darin erfassten (Kontroll-)Variablen finden Sie in Tabelle 7.1.

Der Datensatz ist als csv-Datei abgespeichert, also als eine Textdatei. Da das *deutsche* csv-Format[3] verwendet wurde, wird in R-Code 7.2 die Funktion read.csv2() genutzt.

7.6.1 Auswahl der Instrumentvariablen

Endogenität kommt im Datensatz möglicherweise durch Auswahl der Stichprobe zustande, der ein bestimmter Index zugrunde liegt (*self-selection bias*). Mögliche *natürliche* Instrumentvariablen, wie Unternehmensgröße oder Indexzugehörigkeit, werden in diesem Fall bereits als Kontrollvariablen verwendet bzw. stellen das Auswahlkriterium dar. Eine Alternative können die zeitlich versetzten (*lagged*) Einflussgrößen sein (siehe z. B. Durnev und Kim, 2005).

---

3 Komma, der eigentliche Separator, wird als Dezimaltrennzeichen und das Semikolon als Datentrennzeichen eingesetzt.

Tab. 7.1: Variablen des Datensatzes Governance

Variable	Bedeutung
company	Unternehmen
year	Kalenderjahr (2012–2017)
tq	Tobin's Q – Unternehmenswert
ext	Externe Corporate Governance Qualität
int	Interne Corporate Governance Qualität
lnSize	Natürlicher Logarithmus der Unternehmensgröße, gemessen als Gesamtkapital
debt	Fremdkapital, als Quotient aus Fremdkapital und Gesamtkapital (Maß für das unternehmensspezifische Risiko)
roa	Return on Assets, als Quotient aus Bruttogewinn und Gesamtkapital (Maß für Profitabilität)
capex	Investitionen, als Quotient aus Investitionen und Gesamtkapital (Maß für Wachstumspotential)
cash	Quotient aus liquiden Mitteln plus kurzfristigem Vermögen und Gesamtkapital
lnResvol	natürlicher Logarithmus der Residualvolatilität (Maß für das unspezifische Risiko)
intangibles	Immaterielle Wirtschaftsgüter als Quotient zu Gesamtkapital (Maß für Informationsasymmetrie)

Um die zeitlich versetzten Instrumentvariablen zu erzeugen, kann die Funktion slide() aus dem Paket DataCombine verwendet werden. Diese kann auch mit Paneldaten umgehen, bei einer zeitlichen Verschiebung wird die Subjekt-Variable mit GroupVar = "..." angegeben. Da die Instrumentvariablen die Daten von ext und int aus der Vorperiode enthalten sollen, müssen die beiden Variablen um eine Periode nach vorne (*lead*) geschoben werden (slideBy = 1). Die Funktion slide() muss hintereinander für die beiden Variablen ext und int angewendet werden (R-Code 7.2).

R-Code 7.2: Einlesen des Datensatzes Governance.csv und Erzeugen der Instrumentvariablen

```
# Einlesen des Datensatzes
CG <- read.csv2("data/Governance.csv")
# zeitliche versetzte Variable erzeugen
CG <- CG |> slide(Var = "ext", GroupVar = "company", slideBy = 1)
CG <- CG |> slide(Var = "int", GroupVar = "company", slideBy = 1)
# Überprüfen
CG |> select(ext, int, ext1, int1) |> head(n = 12)

##            ext        int        ext1        int1
## 1  -0.295151423 -0.8644028 -0.37105525 -1.4125442
## 2  -0.371055250 -1.4125442 -0.62285057 -3.2069887
## 3  -0.622850566 -3.2069887 -0.60797342 -2.9807924
## 4  -0.607973416 -2.9807924 -0.39969331 -2.4520799
## 5  -0.399693314 -2.4520799 -0.40494877 -3.0630261
```

```
## 6   -0.404948766 -3.0630261          NA          NA
## 7   -0.006741514  0.2346346  0.05236934  1.2092657
## 8    0.052369340  1.2092657  0.14672914  0.7619221
## 9    0.146729142  0.7619221  0.22123369  2.1810769
## 10   0.221233691  2.1810769  0.18567234  2.0024304
## 11   0.185672335  2.0024304  0.31369625  2.2531994
## 12   0.313696249  2.2531994          NA          NA

# Beobachtungen mit fehlenden Werten löschen
CG <- na.omit(CG)
```

Da NAs in den zeitlich versetzten Variablen erzeugt werden, werden diese Beobachtungen gelöscht.

7.6.2 Lineare Regression als Vergleichsmodell

Vorerst wird die Panelstruktur der Daten ignoriert. Als Basismodell wird eine lineare Regression ohne Instrumentvariablen durchgeführt. Aufgrund vorliegender Heteroskedastizität und Autokorrelation (Tests hier nicht gezeigt) werden die Standardfehler mit coeftest() und vcovHAC() aus den Paketen lmtest und sandwich korrigiert.

R-Code 7.3: Lineare Regression von tq auf ext und int sowie weitere Kontrollvariablen

```
f <- formula(tq ~ ext + int + lnSize + debt + roa + capex + cash + lnResvol + intangibles)
CG.lm <- lm(f, data = CG)
coeftest(CG.lm, vcov = vcovHAC)

##
## t test of coefficients:
##
##               Estimate Std. Error t value  Pr(>|t|)
## (Intercept)   6.404444   0.689344  9.2906 < 2.2e-16 ***
## ext          -0.087252   0.057239 -1.5244 0.1275815
## int           0.037792   0.034691  1.0894 0.2761111
## lnSize       -0.253556   0.032521 -7.7968 1.028e-14 ***
## debt         -0.612826   0.246024 -2.4909 0.0128242 *
## roa           3.010769   0.984321  3.0587 0.0022532 **
## capex         2.390888   1.097779  2.1779 0.0295310 *
## cash          2.877904   0.795197  3.6191 0.0003032 ***
## lnResvol     -0.400762   0.087623 -4.5737 5.094e-06 ***
## intangibles   0.670191   0.166725  4.0197 6.049e-05 ***
## ---
## Signif. codes:  0 '***' 0.001 '**' 0.01 '*' 0.05 '.' 0.1 ' ' 1
```

7.6.3 Manuelle Durchführung der zweistufigen linearen Regression

Zum besseren Nachvollziehbarkeit wird in R-Code 7.4 die zweistufige Regression zunächst manuell durchgeführt. Im ersten Schritt wird eine Regression der Variablen `ext` und `int` auf die Instrumente `ext1` und `int1` sowie die Kontrollvariablen durchgeführt. Im zweiten Schritt werden dann statt der ursprünglichen unabhängigen Variablen von Interesse die aus der ersten Regression geschätzten Werte $\widehat{ext}$ und $\widehat{int}$ genutzt, um die unverzerrten Koeffizienten zu schätzen.

R-Code 7.4: Manuelle Durchführung der zweistufigen linearen Regression

```
# Formeln für ext und int anlegen
f1ext <- formula(ext ~ ext1 + int1 + lnSize + debt + roa + capex + cash + lnResvol +
                intangibles)
f1int <- formula(int ~ ext1 + int1 + lnSize + debt + roa + capex + cash + lnResvol +
                intangibles)
# Stufe 1: Regressionen für ext und int
lm(f1ext, data = CG) |> fitted() -> ext.fitted
lm(f1int, data = CG) |> fitted() -> int.fitted
# Stufe 2: Regression von tq mit den angepassten Werten
f2 <- formula(tq ~ ext.fitted + int.fitted + lnSize + debt + roa +
                capex + cash + lnResvol + intangibles)
CG.lmivman <- lm(f2, data = CG)
coef(CG.lmivman)

## (Intercept)  ext.fitted  int.fitted      lnSize        debt         roa
##  6.41328912 -0.09701507  0.03857873 -0.25431692 -0.60936275  3.01392144
##       capex        cash    lnResvol intangibles
##  2.37884754  2.87289104 -0.39947175  0.66903673
```

7.6.4 Instrumentvariablenregression

Die Instrumentvariablenregression in der zweistufigen Variante kann mit unterschiedlichen Paketen durchgeführt werden. Für lineare Regressionsmodelle kann z. B. `ivreg()` aus dem Paket AER genutzt werden. R-Code 7.5 zeigt den dazugehörigen Aufruf. Es wird zunächst die *normale* Formel angegeben und hinter | folgt die (rechtsseitige) Formel mit den Instrumentvariablen und allen Kontrollvariablen.[4]

---

4 Alternativ kann die Formel mit den Instrumentvariablen auch aus der ursprünglichen Formel abgeleitet werden. Dazu wird die ursprüngliche rechtsseitige Formel mit . übernommen, durch - X die endogenen Variablen entfernt und mit + Z die Instrumentvariablen hinzugefügt. Dies ist insbesondere bei vielen Kontrollvariablen ein effizienter Weg.

R-Code 7.5: Instrumentvariablenregression mit `ivreg()`

```
# Formel ausführlich
fiv <- formula(tq ~ ext + int + lnSize + debt + roa + capex + cash + lnResvol + intangibles |
               ext1 + int1 + lnSize + debt + roa + capex + cash + lnResvol + intangibles)
# IV-Regression
CG.lmiv <- ivreg(fiv, data = CG)
coef(CG.lmiv)

## (Intercept)          ext          int       lnSize         debt          roa
##   6.41328912  -0.09701507   0.03857873  -0.25431692  -0.60936275   3.01392144
##        capex         cash     lnResvol  intangibles
##   2.37884754   2.87289104  -0.39947175   0.66903673
```

Sie sehen, die Koeffizienten stimmen überein. In Bezug auf die Standardfehler kann die manuelle Durchführung allerdings nicht genutzt werden. In der zweiten Stufe werden geschätzte Werte für die unabhängigen Variablen von Interesse verwendet, daher müssen die Standardfehler in der zweiten Stufe korrigiert werden. Die hier verwendete Funktion `ivreg()` führt diese Korrektur automatisch durch. R-Code 7.6 zeigt die Ausgabe der `summary()`.

R-Code 7.6: Modellzusammenfassung für das Modell `CG.lmiv`

```
# Zusammenfassung
summary(CG.lmiv)

##
## Call:
## ivreg(formula = fiv, data = CG)
##
## Residuals:
##     Min      1Q  Median      3Q     Max
## -4.9749 -0.4897 -0.1583  0.2355  9.2626
##
## Coefficients:
##              Estimate Std. Error t value Pr(>|t|)
## (Intercept)   6.41329    0.37491  17.106  < 2e-16 ***
## ext          -0.09702    0.03145  -3.085 0.002063 **
## int           0.03858    0.01780   2.168 0.030313 *
## lnSize       -0.25432    0.01881 -13.519  < 2e-16 ***
## debt         -0.60936    0.10609  -5.744 1.07e-08 ***
## roa           3.01392    0.15513  19.428  < 2e-16 ***
## capex         2.37885    0.69594   3.418 0.000643 ***
## cash          2.87289    0.31447   9.136  < 2e-16 ***
## lnResvol     -0.39947    0.05044  -7.919 3.98e-15 ***
## intangibles   0.66904    0.11614   5.760 9.73e-09 ***
## ---
```

```
## Signif. codes:  0 '***' 0.001 '**' 0.01 '*' 0.05 '.' 0.1 ' ' 1
##
## Residual standard error: 0.9332 on 1942 degrees of freedom
## Multiple R-Squared: 0.4005,Adjusted R-squared: 0.3977
## Wald test: 144.1 on 9 and 1942 DF,  p-value: < 2.2e-16
```

Im Vergleich zu der normalen Regression (siehe R-Code 7.3) erzielen ext und int betragsmäßig etwas höhere Koeffizienten (ext: -0.0873 vs. -0.0970, int: 0.0378 vs. 0.0386). Aufgrund der vorliegenden Heteroskedastizität und Autokorrelation müssen die Standardfehler noch korrigiert werden (R-Code 7.7).

R-Code 7.7: Korrektur der Standardfehler für das Modell CG.lmiv

```
# Korrektur aufgrund von Heteroskedastizität und Autokorrelation
coeftest(CG.lmiv, vcov = vcovHAC)

##
## t test of coefficients:
##
##                 Estimate Std. Error t value  Pr(>|t|)
## (Intercept)  6.413289   0.687191  9.3326 < 2.2e-16 ***
## ext         -0.097015   0.058471 -1.6592 0.0972360 .
## int          0.038579   0.036627  1.0533 0.2923434
## lnSize      -0.254317   0.032349 -7.8617 6.228e-15 ***
## debt        -0.609363   0.245113 -2.4860 0.0130007 *
## roa          3.013921   0.982789  3.0667 0.0021942 **
## capex        2.378848   1.096451  2.1696 0.0301589 *
## cash         2.872891   0.795191  3.6128 0.0003106 ***
## lnResvol    -0.399472   0.087924 -4.5434 5.876e-06 ***
## intangibles  0.669037   0.167304  3.9989 6.601e-05 ***
## ---
## Signif. codes:  0 '***' 0.001 '**' 0.01 '*' 0.05 '.' 0.1 ' ' 1
```

Nach der Korrektur der Standardfehler sinkt allerdings die Wahrscheinlichkeit für die beobachteten Koeffizienten von ext und int unter der Annahme, dass sie null seien, deutlich. Bei ivreg-Modellen kann die Korrektur der Standardfehler auch direkt im Aufruf von summary() mit der Option vcov = vcovHAC angegeben werden.

Ein Hinweis zu dem in der summary ausgegebenen Bestimmtheitsmaß R^2 (Wooldridge, 2019, S. 505): Dieses wird i. d. R. mittels der Formel $R^2 = 1 - SSE/SST$ berechnet, also eins minus dem Quotienten aus der Residuenvarianz und der totalen Varianz. Dieses kann in einer zweistufigen Regression nicht mehr als Anteil der erklärten Variation der abhängigen Variablen interpretiert werden und sogar negativ werden, da die Varianzzerlegung $SST = SSR + SSE$ bei einer Korrelation zwischen den unabhängigen Variablen und den Residuen nicht möglich ist.

7.6.5 Bericht

Was sollte berichtet werden? Ebbes *et al.* (2016, S. 20) geben dazu einige Hinweise:

1. Ergebnisse (zumindest geschätzte Koeffizienten und Standardfehler) der Standardregression sowie der Instrumentenvariablen-Regression (hier im Beispiel vgl. R-Code 7.3 und R-Code 7.5): Die Koeffizienten sollten sich in der Instrumentenvariablen-Regression verändert und in die theoretisch zu erwartende Richtung entwickelt haben.

2. Ergebnisse der ersten Stufe (siehe R-Code 7.4) und die F-Statistik der Relevanzüberprüfung (siehe R-Code 7.8). Auch hier sollten die Koeffizienten der Instrumentvariablen die theoretisch zu erwartende Größe und Richtung haben. Die F-Statistik sollte ausreichend groß sein, also mindestens zehn erreichen (Stock und Yogo, 2005).

3. Zusätzlich können die Bestimmtheitsmaße R^2 der Regression der ersten Stufe mit denen einer identischen Regression nur ohne Instrumentvariablen verglichen werden. Diese sollten sich merklich unterscheiden. Die F-Statistik des Relevanztests zeigt aber ein vergleichbares Kriterium an.

4. Testergebnisse der Validitätstests berichten: Dies sind insbesondere die Überprüfung der Relevanz der Instrumente und der Endogenität der unabhängigen Variablen von Interesse (siehe im folgenden Abschnitt R-Code 7.8). Darüber hinaus kann bei Überidentifikation noch das Ergebnis des Exogenitätstests (J-Statistik bzw. Sargan-Test) berichtet werden.

Der Beitrag von Stender und Rojahn (2020) zeigt diese Schritte in übersichtlicher Weise (die Instrumentvariablenregression und die dazugehörigen Tests wurden allerdings mit Stata durchgeführt).

7.7 Überprüfung der Validität der Instrumente

Die Instrumentvariablen müssen drei Kriterien erfüllen: Relevanz, Unabhängigkeit und Exogenität. Auch sollte die Instrumentvariablenregression als Ganzes sinnvoll sein, d. h., die Variablen von Interesse müssen endogen sein. Die Unabhängigkeit der Instrumente von der oder den fehlenden Variablen kann de facto nicht überprüft werden, da diese nicht beobachtet werden (können).

7.7.1 Endogenität der Variablen von Interesse

Es kann getestet werden, ob eine Instrumentvariablenregression überhaupt notwendig ist, also ob die Variablen von Interesse endogen sind. Dies kann mit dem Wu-Hausman-Test (Wu, 1973; Hausman, 1978) überprüft werden (vgl. auch Abschnitt 3.7.3

Hausman-Test in der Panelregression). Dazu wird folgende Teststatistik aus den relevanten Koeffizienten, also denen der potentiell endogenen Variablen, berechnet:

$$\left(\hat{\boldsymbol{\beta}}_{\text{OLS}} - \hat{\boldsymbol{\beta}}_{\text{IV}}\right)' \cdot \left(V\left(\hat{\boldsymbol{\beta}}_{\text{IV}}\right) - V\left(\hat{\boldsymbol{\beta}}_{\text{OLS}}\right)\right)^{-1} \cdot \left(\hat{\boldsymbol{\beta}}_{\text{OLS}} - \hat{\boldsymbol{\beta}}_{\text{IV}}\right) \sim \chi^2_{(K)}. \tag{7.15}$$

V ist darin die Varianz-Kovarianzmatrix, der Index OLS verweist auf das Modell ohne Instrumentvariablen und IV entsprechend auf das Instrumentvariablenmodell.

Häufig wird eine asymptotische Herangehensweise über Hilfsregressionen der potentiell endogenen Variablen auf die anderen exogenen Variablen (Wang, 2015, S. 2589) genutzt.

In beiden Vorgehensweisen entspricht die Anzahl der Freiheitsgrade der Anzahl der potentiell endogenen Variablen, für die Instrumentvariablen in das Modell aufgenommen werden. Unter der Nullhypothese sind beide Modelle konsistent, unter der Alternative nur das Instrumentvariablenmodell.

7.7.2 Relevanz der Instrumente

Relevanz bedeutet, dass die Instrumentvariablen die endogenen Variablen ausreichend erklären müssen. Dies kann über einen F-Test der Modelle der ersten Stufe abgeleitet werden. Dabei wird das volle Modell der ersten Stufe mit einem Modell verglichen, in dem jeweils die betreffende Instrumentvariable entfernt wurde.

Allerdings ist der F-Test nicht valide bei Vorliegen von mehreren endogenen Variablen (Hill *et al.*, 2018, S. 520 ff.). Eine Lösung bietet die Cragg-Donald-F-Statistik (Cragg und Donald, 1993):

$$F = \frac{N - M}{M} \cdot \frac{r_B^2}{1 - r_B^2}. \tag{7.16}$$

N ist darin der Stichprobenumfang und M die Anzahl der Instrumente. r_B ist die sogenannte *kanonische* Korrelation. Darunter wird eine partielle Korrelation von zwei Variablensets unter Ausschluss der verbleibenden exogenen Variablen verstanden. Die kleinste der möglichen $r_1, ..., r_K$ (K – Anzahl der endogenen Variablen) kanonischen Korrelationen muss größer null sein.

Unter der Nullhypothese des F-Tests bzw. eines Tests mit der Cragg-Donald-F-Statistik liefert die Instrumentvariable(n) keinen ausreichenden Erklärungsbeitrag für die endogene Variable(n). Dies wird als *schwaches* Instrument bezeichnet, die zweistufige lineare Regression ist nicht mehr valide (siehe z. B. Stock und Watson, 2019, S. 444 ff.).

Kritische Werte für die Cragg-Donald-F-Statistik wurden von Stock und Yogo (2005) tabellarisiert. Dabei wurden zwei alternative Vorgehensweisen umgesetzt. Bei schwachen Instrumenten ist der TSLS-Schätzer verzerrt. Die Angabe der maximalen relativen Verzerrung im Vergleich zum aufgrund der Endogenität ebenfalls verzerrten OLS-Schätzer ist daher eine Möglichkeit. Die zweite Möglichkeit betrifft die Ablehnungsrate der Nullhypothese, das Signifikanzniveau. Bei schwachen Instrumenten ist diese größer als das erwartete Signifikanzniveau, so dass im zweiten Fall die maximal akzeptierte Ablehnungsrate angegeben werden muss unter einem erwarteten Signifikanzniveau von $\alpha = 0.05$.

Im Fall schwacher Instrumente sollten bei Vorliegen von mehr Instrumenten als endogenen Variablen (Überidentifikation) die schwächsten weggelassen werden. Falls genauso viele Instrumente vorliegen wie endogene Variablen, kann versucht werden, andere, stärkere Instrumente zu finden. Auch gibt es Methoden, die mit schwachen Instrumenten umgehen können. Einen Überblick dazu geben z. B. Andrews *et al.* (2019).

7.7.3 Exogenität der Instrumente

Exogenität der Instrumente kann nur im Fall der Überidentifikation überprüft werden (siehe z. B. Stock und Watson, 2019, S. 448 f.). Hierzu wird eine Regression der Residuen der zweistufigen linearen Regression $\hat{u}_{TSLS}$ auf die Instrumente Z_1 bis Z_M und die weiteren exogenen unabhängigen Variablen und Kontrollvariablen W_1 bis W_R durchgeführt:

$$\hat{u}_{TSLS} = \delta_0 + \delta_1 Z_1 + \cdots + \delta_M Z_M + \delta_{M+1} W_1 + \cdots + \delta_{M+R} W_R + e. \tag{7.17}$$

Die Nullhypothese dieses Tests ist, dass alle Koeffizienten für die Instrumentvariablen null und die Instrumente somit exogen sind:

$$H_0 : \delta_1 = \delta_2 = \cdots = \delta_M = 0. \tag{7.18}$$

Diese wird mit der sogenannten J-Statistik überprüft:

$$J = mF, \tag{7.19}$$

die ein Vielfaches der dazugehörigen F-Statistik ist. Die J-Statistik ist näherungsweise χ^2-verteilt mit $M - K$ Freiheitsgraden.[5] Darin ist K die Anzahl der endogenen Variablen. Der Test geht auf Sargan (1958) zurück, daher wird er auch als Sargan-Test bezeichnet.

7.7.4 Durchführung der Tests

Bei ivreg-Modellen können durch Angabe von diagnostics = TRUE in der summary() zusätzlich die spezifischen Tests für Instrumentvariablenmodelle ausgegeben werden. Die Korrektur der Standardfehler aufgrund von Heteroskedastizität und Autokorrelation kann über die Angabe von vcov = vcovHAC ergänzt werden.

---

5 Hinweis: Diese Annahme gilt nur für homoskedastische Verteilung der Residuen der Hilfsregression.

R-Code 7.8: Validität der Instrumente

```
summary(CG.lmiv, diagnostics = TRUE, vcov = vcovHAC)
## ...
## Diagnostic tests:
##                        df1  df2 statistic p-value
## Weak instruments (ext)   2 1942  4938.877  <2e-16 ***
## Weak instruments (int)   2 1942  6258.602  <2e-16 ***
## Wu-Hausman               2 1940     0.555   0.574
## Sargan                   0   NA        NA      NA
## ---
## Signif. codes:  0 '***' 0.001 '**' 0.01 '*' 0.05 '.' 0.1 ' ' 1
## ...
```

Die p-Werte der Tests auf schwache Instrumente (`Weak instruments (...)`) sind sehr klein, so dass von einer Relevanz der Instrumente ausgegangen werden kann. Auch gibt die F-Statistik einen Hinweis auf die Relevanz: Diese sollte mindestens zehn betragen (Stock und Yogo, 2005), was hier in beiden Fällen erfüllt ist (`statistic`).

Die Nullhypothese des Wu-Hausman-Tests besagt, beide Modelle sind konsistent und das Standard-OLS-Modell ist effizienter (kleinere Varianz). Unter der Alternative ist nur das Instrumentvariablenmodell konsistent, auch wenn es eine höhere Varianz aufweist. Der p-Wert ist recht groß, so dass nicht von Endogenität der Variablen im Regressionsmodell ohne Instrumentvariablen ausgegangen werden muss. Daher sollte aufgrund der höheren Varianz der Schätzer (geringere Effizienz) eine Instrumentvariablenregression nicht zum Einsatz kommen. Falls eine Korrektur der Standardfehler bzw. der Varianz-Kovarianzmatrix durchgeführt wird (hier z. B. `vcov = vcovHAC`), wird die korrigierte Varianz-Kovarianzmatrix für die Berechnung der Teststatistik zugrunde gelegt.

Der Exogenitätstest (`Sargan`) kann im Beispiel nicht durchgeführt werden, da die Anzahl der Instrumente mit der Anzahl der (möglicherweise) endogenen Variablen übereinstimmt.

Da mehr als eine endogene Variable vorliegen, muss der Test mit der Cragg-Donald-F-Statistik durchgeführt werden. In R-Code 7.9 wird die Funktion `stock_yogo_test()` aus dem Paket `cragg`[6] verwendet. Mit `X = ...` wird eine rechtsseitige Formel für die exogenen Kontrollvariablen angegeben, mit `D = ...` eine für die endogenen Variablen und mit `Z = ...` die für die Instrumentvariablen. Über die Option `size_bias = "bias"` wird als Kriterium die relative Verzerrung zur OLS-Verzerrung gewählt (Parameter `B = c(0.05, 0.1, 0.15, 0.2, 0.25, 0.3)`). Dazu muss das Modell aber überspezifiziert sein, es müssen mindestens zwei mehr Instrumente als endogene Variablen vorliegen.

---

6 Hinweis: Da das Paket nicht auf CRAN verfügbar ist, muss es über `devtools::install_github ("beniaminogreen/cragg")` installiert werden.

Die Alternative ist die Abweichung zum Signifikanzniveau $\alpha = 0.05$ eines Wald-Tests, Auswahl mit size_bias = "size" und B = c(0.1, 0.15, 0.2, 0.25, 0.3).

R-Code 7.9: Test auf schwache Instrumente

```
stock_yogo_test(X = ~ lnSize + debt + roa + capex + cash + lnResvol + intangibles,
                D = ~ ext + int,
                Z = ~ ext1 + int1,
                size_bias = "size", B = 0.1, data = CG)
## Results of Stock and Yogo test for weak instruments:
##
##      Null Hypothesis:            Instruments are weak
##      Alternative Hypothesis:     Instruments are not weak
##
##      Data:                       CG
##      Controls:          ~lnSize + debt + roa + capex + cash + lnResvol + intangibles
##      Treatments:                 ~ext + int
##      Instruments:                ~ext1 + int1
##
##      Alpha:                      0.05
##      Acceptable level of bias:   10% Wald test distortion.
##      Critical Value:             7.03
##
##      Cragg-Donald Statistic:     4589.335
##      Df:                         1942
```

Es werden die Cragg-Donald-Statistik (4589.335) und der kritische Wert (7.03) gemäß der Tabellarisierung nach Stock und Yogo (2005) ausgegeben. Sofern die Cragg-Donald-Statistik über dem kritischen Wert liegt (wie hier im Beispiel), kann die Nullhypothese schwacher Instrumente verworfen werden.

Dieser Test kann auch bereits vor der Durchführung einer Instrumentvariablenregression durchgeführt werden, um zu überprüfen, ob hinreichend starke Instrumente vorliegen.

ℹ Tests in der Instrumentvariablenregression

Wu-Hausman-Test	Überprüfung, ob die Variablen von Interesse überhaupt endogen sind
Cragg-Donald-F-Statistik	Relevanz der Instrumente
Sargan-Test, J-Statistik	Exogenität der Instrumente (nur bei Überidentifikation möglich)

7.8 Übertragung auf die Panelregression

Da es sich bei dem governance-Datensatz um einen Paneldatensatz handelt, wird ergänzend eine Panelregression mit Instrumentvariablen durchgeführt. In R-Code 7.10

wird als Referenzmodell zunächst eine Fixed-Effects-Panelregression mit subjekt- und zeitpunktspezifischen Effekten durchgeführt (effect = "twoways").[7] Es wird überprüft, ob Effekte vorliegen, die als subjekt- oder zeitpunktspezifische Effekte modelliert werden können (hier nur Ausgabe des letztlich sinnvoll erscheinenden Modells, das beide Effekte berücksichtigt). Robuste Standardfehler sollten ebenfalls genutzt werden, da die (hier nicht gezeigten) Tests auf mögliche Verletzungen der Regressionsvoraussetzungen hinweisen.

R-Code 7.10: Durchführung einer Panelregression von TobinsQ auf ext und int unter Verwendung der weiteren Kontrollvariablen

```
# Umwandlung in Panel-Datensatz
CGpanel <- pdata.frame(CG, index = c("company", "year"))
# Anlegen der Regressionsgleichung
f <- formula(tq ~ ext + int + lnSize + debt + roa + capex + cash + lnResvol + intangibles)
# Durchführung der Panelregressionen
CG.pool <- plm(f, data = CGpanel, model = "pooling")
CG.fem <- plm(f, data = CGpanel, model = "within", effect = "twoways")

# Überprüfung auf fixe Effekte
pFtest(CG.fem, CG.pool)


##
##  F test for twoways effects
##
## data:  f
## F = 23.546, df1 = 427, df2 = 1515, p-value < 2.2e-16
## alternative hypothesis: significant effects


# Ausgabe der Koeffizienten und robuster Standardfehler
coeftest(CG.fem, vcov = vcovHC, method = "arellano", cluster ="time")


##
## t test of coefficients:
##
##             Estimate Std. Error  t value  Pr(>|t|)
## ext         0.066406   0.024149   2.7499  0.006032 **
## int        -0.033193   0.011257  -2.9485  0.003242 **
## lnSize     -0.576790   0.042177 -13.6754 < 2.2e-16 ***
## debt        0.053661   0.101489   0.5287  0.597060
## roa         0.859919   0.271515   3.1671  0.001570 **
## capex      -0.232239   0.571225  -0.4066  0.684386
## cash       -0.922646   0.358851  -2.5711  0.010232 *
```

---

7 Die Umwandlung in einen Panel-Datensatz mit pdata.frame() ist nicht unbedingt notwendig. Bei Aufruf von plm() kann auch die Option index = c("company", "year") genutzt werden.

```
## lnResvol    -0.256914    0.083283  -3.0848  0.002073 **
## intangibles -0.266668    0.131100  -2.0341  0.042117 *
## ---
## Signif. codes:  0 '***' 0.001 '**' 0.01 '*' 0.05 '.' 0.1 ' ' 1
```

Eine Panelregression erscheint geboten, der F-Test (pFtest()) weist auf deutliche Unterschiede zwischen dem gepoolten und dem Fixed-Effects-Modell hin.

Ein Nachteil der Fixed-Effects-Regression erweist sich im Falle unbeobachteter Variablen als Vorteil: Das Demeaning (siehe Abschnitt 3.6 im Kapitel zur Panelregression) führt dazu, dass mögliche zeitpunkt- und subjekt-invariante Einflussgrößen ausgeschlossen werden (siehe ausführlicher z. B. Ebbes *et al.* 2016, S. 31 ff. und das *Unobserved Effects Model* in Wooldridge 2010, S 281 ff.).

7.8.1 Instrumentvariablenregression

Die Instrumentvariablenregression in der zweistufigen Variante kann auch für die Panelregression mit unterschiedlichen Paketen durchgeführt werden. Das für die Panelregression genutzte Paket plm und die gleichnamige Funktion erlaubt die Durchführung einer Instrumentvariablenregression für Panelmodelle. Robuste Standardfehler müssen separat über coeftest() aus dem Paket lmtest in Verbindung mit sandwich bestimmt werden. Hier zunächst genutzt wird die Funktion iv_robust() aus dem Paket estimatr, die im Aufruf bereits die Berechnung robuster Standardfehler erlaubt.

R-Code 7.11 zeigt den dazugehörigen Aufruf. Es wird zunächst die *normale* Formel angegeben und hinter | folgt die (rechtsseitige) Formel mit den Instrumentvariablen und allen Kontrollvariablen. fixed_effects = ... gibt die Variablen an, die in der Panelregression als fixe Effekte modelliert werden sollen. Der verwendete Standardfehler kann mit se_type = ... festgelegt werden. Hier werden mit "HC0" heteroskedastizitätskonsistente White-Schätzer (White, 1980) verwendet. Weitere Varianten sind in der Hilfe zu ivrobust (?iv_robust) zu finden.

R-Code 7.11: Instrumentvariablenregression mit iv_robust()

```
# Regressionsformel erzeugen
fiv <- formula(tq ~ ext + int + lnSize + debt + roa + capex + cash + lnResvol + intangibles |
                ext1 + int1 + lnSize + debt + roa + capex + cash + lnResvol + intangibles)
CG.plmiv <- iv_robust(fiv, data = CG, fixed_effects = ~ company + year, se_type = "HC0")
summary(CG.plmiv)

##
## Call:
## iv_robust(formula = fiv, data = CG, fixed_effects = ~company +
##     year, se_type = "HC0")
```

```
##
## Standard error type:  HC0
##
## Coefficients:
##              Estimate Std. Error t value  Pr(>|t|)  CI Lower CI Upper   DF
## ext           0.29764    0.15734  1.8917 5.873e-02 -0.010994  0.60627 1515
## int          -0.14683    0.04626 -3.1742 1.533e-03 -0.237572 -0.05610 1515
## lnSize       -0.55061    0.08212 -6.7048 2.837e-11 -0.711695 -0.38953 1515
## debt          0.03647    0.14508  0.2514 8.015e-01 -0.248100  0.32105 1515
## roa           0.81711    0.41744  1.9574 5.048e-02 -0.001711  1.63592 1515
## capex        -0.33018    0.47069 -0.7015 4.831e-01 -1.253449  0.59309 1515
## cash         -0.94869    0.43649 -2.1735 2.990e-02 -1.804869 -0.09251 1515
## lnResvol     -0.25893    0.04380 -5.9117 4.176e-09 -0.344846 -0.17302 1515
## intangibles -0.28124    0.32218 -0.8729 3.828e-01 -0.913214  0.35072 1515
##
## Multiple R-squared:  0.9187 ,Adjusted R-squared:  0.8953
## Multiple R-squared (proj. model):  0.0837 ,Adjusted R-squared (proj. model):  -0.18
## F-statistic (proj. model): 13.72 on 9 and 1515 DF,  p-value: < 2.2e-16
```

Im Vergleich zu der normalen Panelregression (siehe R-Code 7.10) erzielen `ext` und `int` betragsmäßig deutlich höhere (zu Erinnerung: standardisierte) Koeffizienten (`ext`: 0.2976 vs. 0.0664 , `int`: -0.1468 vs. -0.0332). `ext` ist zwar nicht mehr zum 5%-Niveau signifikant, der p-Wert liegt aber nur knapp darüber.

Inhaltlich lässt sich die positive Auswirkung von `ext` so interpretieren, dass die Shareholder-Value-orientierte externe Corporate-Governance-Qualität einen Mehrwert für die Investoren generiert und damit zu einer höheren Bewertung führt. Die negative Wirkung der internen Corporate-Governance-Qualität kann so interpretiert werden, dass sie eher zu höheren Kosten und zu einer Ablenkung von den eigentlichen Kern-Aufgaben des Managements führt (siehe Stender und Rojahn, 2020, und die dort zitierten Quellen).

7.8.2 Alternative mit `plm`

Für Panelmodelle kann die Instrumentvariablenregression wie in R-Code 7.12 gezeigt auch mit der Funktion `plm()` unter Modifikation der Formel vorgenommen werden. Dazu kann direkt das vorhandene Modell `CG.fem` mit `update()` aktualisiert werden, wie in R-Code 7.12 gezeigt. Bei der direkten Eingabe der Formel in `plm()` kann der Teil hinter dem |, der Bereich für die Definition der Instrumentvariablen, mit `. - ext - int + ext1 + int1` eingegeben werden. So müssen nicht alle Kontrollvariablen erneut aufgeführt werden.

R-Code 7.12: Instrumentvariablenregression mit plm()

```
CG.femiv <- update(CG.fem, . ~ . | . - ext - int + ext1 + int1)
coeftest(CG.femiv, vcov = vcovHC, method = "arellano", cluster ="time")

##
## t test of coefficients:
##
##                 Estimate Std. Error  t value  Pr(>|t|)
## ext             0.297640   0.130906   2.2737  0.023125 *
## int            -0.146835   0.050656  -2.8986  0.003802 **
## lnSize         -0.550611   0.045584 -12.0791 < 2.2e-16 ***
## debt            0.036473   0.115172   0.3167  0.751531
## roa             0.817107   0.283221   2.8850  0.003969 **
## capex          -0.330181   0.577533  -0.5717  0.567604
## cash           -0.948689   0.373262  -2.5416  0.011133 *
## lnResvol       -0.258932   0.083877  -3.0870  0.002058 **
## intangibles    -0.281245   0.127241  -2.2103  0.027231 *
## ---
## Signif. codes:  0 '***' 0.001 '**' 0.01 '*' 0.05 '.' 0.1 ' ' 1
```

Bei update() wird im ersten Teil der Formel über . ~ . die Originalformel übernommen. Im zweiten Teil hinter | werden die Instrumentvariablen angegeben, indem aus der ursprünglichen rechtsseitigen Formel . die endogenen Variablen mit - ext - int herausgenommen und die Instrumente mit + ext1 + int1 hinzugefügt werden.

Die in der summary() ausgegebenen Standardfehler sind unkorrigiert und stimmen mit den unkorrigierten von iv_robust(..., se_type = "classical") überein. Eine Korrektur muss über coeftest() vorgenommen werden.[8]

7.9 Überprüfung der Validität der Instrumente – Update

Hier werden noch zusätzliche Varianten gezeigt, um die Kriterien zu überprüfen. Dies ist insbesondere für Panelmodelle mit Instrumentvariablen hilfreich, da in den verwendeten Funktionen iv_robust() und plm() die Standardtests nicht integriert sind.

---

[8] *Hinweis:* Bei Berechnung der Varianz-Kovarianzmatrix weichen allerdings die verwendeten Verfahren und Berechnungsmethoden ab, daher werden hier im Vergleich zu dem mit iv_robust() geschätzten Modell unterschiedliche Standardfehler ausgegeben. Für weitere Details sei auf die jeweilige Literatur verwiesen.

7.9.1 Endogenität der Variablen von Interesse

Auch in der Panelregression kann die Endogenität der Variablen von Interesse über-prüft werden. Wie beschrieben, erfolgt dies mit dem Wu-Hausman-Test. Dieser ist für Instrumentvariablenmodelle nicht als separater Test in **R** implementiert. In Ab-schnitt B.3 des Anhangs wird die Erstellung einer eigenen Funktion `whtest()` für die Durchführung dieses Tests vorgestellt, da er auch an anderer Stelle zum Einsatz kommt. Um diese Funktion nutzen zu können, müssen Sie den dort aufgeführten R-Code B.3 einmalig ausführen.

In R-Code 7.13 werden das Panelregressionsmodell `CG.fem` mit dem Instrument-variablen-Modell `CG.plmiv` verglichen.

R-Code 7.13: Überprüfung auf Endogenität der Variablen von Interesse

```
# Modell 1: IV, Modell 2: ohne IV
whtest(CG.plmiv, CG.fem)

## HA: Model 2 ist inkonsistent
## Chi2 = 6.9877, df = 9, p-Wert = 0.6384
```

Die Nullhypothese besagt, beide Modelle sind konsistent und das Fixed-Effects-Modell ist effizienter (kleinere Varianz). Unter der Alternative ist nur das Instrumentvariablen-Modell konsistent, auch wenn es eine höhere Varianz aufweist. Der p-Wert ist recht groß, so dass nicht von Endogenität der Variablen im Panelregressionsmodell bzw. von Inkonsistenz des Modells ausgegangen werden kann. Daher erscheint eine Instrument-variablenschätzung im Fall der Paneldaten nicht notwendig zu sein.

7.9.2 Relevanz der Instrumente

Das Relevanzkriterium kann mittels eines F-Tests der Modelle der ersten Stufe überprüft werden. Hierzu wird zunächst ein entsprechendes Modell erzeugt (vgl. Abschnitt 7.6.3). In R-Code 7.14 wird dies am Beispiel `ext` dargestellt. Dabei ist zu beachten, dass alle Instrumentvariablen in das Modell aufgenommen werden müssen, hier also `ext1` und `int1`. Zur Überprüfung, ob sich das Modell ohne die Instrumentvariable deutlich vom Ausgangsmodell unterscheidet, wird die Funktion `linearHypothesis()` aus dem Paket car verwendet (hier ohne das Paket zu laden mit `car::function`).

R-Code 7.14: Überprüfung der Relevanz der Instrumentvariablen

```
# Regression von ext auf alle Instrument- und Kovariablen
f1ext <- formula(ext ~ ext1 + int1 + lnSize + debt + roa + capex + cash + lnResvol +
intangibles)
TSLS1ext <- plm(f1ext, data = CGpanel, model = "within", effect = "twoways")
#
car::linearHypothesis(TSLS1ext, "ext1 = 0", test = "F", vcov = vcovHC, type = "HC0")

## Linear hypothesis test
##
## Hypothesis:
## ext1 = 0
##
## Model 1: restricted model
## Model 2: ext ~ ext1 + int1 + lnSize + debt + roa + capex + cash + lnResvol +
##     intangibles
##
## Note: Coefficient covariance matrix supplied.
##
##   Res.Df Df      F    Pr(>F)
## 1   1516
## 2   1515  1 59.417 2.294e-14 ***
## ---
## Signif. codes:  0 '***' 0.001 '**' 0.01 '*' 0.05 '.' 0.1 ' ' 1
```

Das volle Modell der ersten Stufe wird mit einem Modell verglichen, in dem die betreffende Instrumentvariable entfernt wird (`"ext1 = 0"`). Als Test wird der F-Test verwendet (ein χ^2-Test ist ebenfalls möglich, hier aber zunächst nicht relevant). Die Varianz-Kovarianz-Matrix wird entsprechend mit einem heteroskedastizitätskonsistenten Schätzer bestimmt.

Der p-Wert ist sehr klein, so dass von einer Relevanz der Instrumente ausgegangen werden kann. Auch gibt die F-Statistik einen Hinweis auf die Relevanz: Diese sollte mindestens zehn betragen (Stock und Yogo, 2005), was hier erfüllt ist. Die äquivalente Überprüfung für die endogene Variable `int` und das Instrument `int1` führt zu einem vergleichbaren Ergebnis.

7.9.3 Exogenität der Instrumente

Oben wurde bereits ausgeführt, dass Exogenität der Instrumente nur im Fall der Überidentifikation überprüft werden kann. Als Beispiel wird in R-Code 7.15 ein verkürztes Modell eingesetzt, in dem nur `ext` untersucht wird, aber beide Instrumentvariablen genutzt werden. Für die Panelregression muss der Test manuell gerechnet werden, `iv_robust()` gibt die Ergebnisse der Tests in der `summary()` nur für normale lineare Modelle aus. Darüber hinaus muss beachtet werden, dass die Funktion `iv_robust()`

die Residuen nicht automatisch über resid(model) zur Verfügung stellt, so dass diese mit resids <- fitted(miv) - CG$tq händisch berechnet werden müssen. Für das hier im Beispiel verwendete plm-Modell kann resid(model) genutzt werden.

Zur Erinnerung, es wird folgende Hilfsregression durchgeführt:

$$\hat{u}_{TSLS} = \delta_0 + \delta_1 Z_1 + \cdots + \delta_M Z_M + \delta_{M+1} W_1 + \cdots + \delta_{M+R} W_R + e. \qquad (7.20)$$

Das Ergebnis dieser Hilfsregression wird wieder mit linearHypothesis() aus dem Paket car getestet, allerdings jetzt als χ^2-Test (test = "Chisq"). Die darin berechnete Statistik ist genau die Teststatistik $J = m \cdot F$.

R-Code 7.15: Beispiel für ein überidentifiziertes Instrumentvariablenmodell

```
# Regressionsformel
f <- formula(tq ~ ext + lnSize + debt + roa + capex + cash + lnResvol + intangibles |
                 ext1 + int1 + lnSize + debt + roa + capex + cash + lnResvol + intangibles)
# IV-Regression durchführen
miv <- plm(f, data = CGpanel, effect = "twoways", model = "within")
# Residuen auslesen
resids <- resid(miv)
# Hilfsregression durchführen
mlm <- lm(resids ~ ext1 + int1 + lnSize + debt + roa + capex + cash + lnResvol + intangibles,
          data = CG)
# Test der J-Statistik
car::linearHypothesis(mlm, c("ext1 = 0", "int1 = 0"), test = "Chisq")
## ...
##   Res.Df    RSS Df Sum of Sq  Chisq Pr(>Chisq)
## 1   1944 222.90
## 2   1942 222.79  2    0.1095 0.9545     0.6205
##
# J-Statistik auslesen
J <- car::linearHypothesis(mlm, c("ext1 = 0", "int1 = 0"), test = "Chisq")[2, 5]
# Korrektur der Freiheitsgrade, da df = M - K = 1
pchisq(J, df = 1, lower.tail = FALSE)

## [1] 0.3285867
```

Im Test werden zwei Freiheitsgrade verwendet, da die Differenz der Anzahl der unabhängigen Variablen bei zwei liegt (einmal mit ext1, int1, einmal ohne). Da die Differenz zwischen der Anzahl der Instrumente M und der Anzahl der endogenen Variablen K aber eins ist, muss der p-Wert separat aus der J-Statistik berechnet werden. Diese befindet sich in der zweiten Zeile und fünften Spalte der Testergebnisse ([2, 5]). Es handelt sich um einen rechtsseitigen Test, bzw. Überschreitungstest, daher muss in pchisq() lower.tail = FALSE ergänzt werden.

Der p-Wert ist recht groß, so dass die Nullhypothese nicht verworfen werden kann. Das Ergebnis spricht also nicht für Endogenität der Instrumente, so dass sie verwendet werden können. Anderenfalls könnten das eine oder das andere oder beide Instrumente nicht valide sein.

7.10 Binäre abhängige Variable

Bisher wurden die vorgestellten Verfahren für eine metrische abhängige Variable eingesetzt. Für eine binäre abhängige Variable ohne endogene unabhängige Variablen werden die logistische oder die Probit-Regression genutzt.

Bei Vorliegen von endogenen Variablen kann eine Instrumentvariablenregression mit TSLS unter Anwendung der bisher verwendeten Funktionen durchgeführt werden. Es handelt sich dann aber nicht mehr um eine logistische Regression (bzw. Probit-Regression), sondern um ein lineares Wahrscheinlichkeitsmodell (Hill *et al.*, 2018, S. 698 ff.). Daher können die Koeffizienten nur bezüglich der Vorzeichen und der Signifikanz interpretiert werden.

Als Ersatz für die logistische Regression mit Instrumentvariablen bietet sich auch das Paket ivprobit an. Dieses erlaubt eine Probit-Regression mit Instrumentvariablen. Details zu den dafür notwendigen strengen Annahmen und Voraussetzungen finden sich in Wooldridge (2010, S. 585 ff.)

Eine Alternative bietet der Ansatz der Kontrollfunktion (siehe z. B. Ebbes *et al.*, 2016; Wooldridge, 2015). Hier werden aus der ersten Stufe statt der angepassten Werte die Residuen als zusätzliche Variablen unter Beibehaltung der endogenen Regressoren in das Modell der zweiten Stufe aufgenommen.

Eine sehr universelle Umsetzung der Instrumentvariablenregression, die unter anderem auch für die logistische Regression angewendet werden kann, findet sich im Paket naivereg (Fan und Zhong, 2018).

7.11 Literatur

7.11.1 Weiterführende Literatur

Exemplarisch sei auf folgende weiterführende Literatur verwiesen:
- Angrist und Pischke (2014), *Mastering 'metrics – The path from cause to effect*, insbesondere Kapitel 3;
- Auer (2016), *Ökonometrie – Eine Einführung*, insbesodere Kapitel 20.3 und 20.4;
- Croissant und Millo (2018), *Panel data econometrics with R*, insbesondere Kapitel 6 zur Instrumentvariablenregression mit plm();
- Cunningham (2021), *Causal inference – The mixtape*, insbesondere das Kapitel „Instrumental Variables";

- Huntington-Klein (2021), *The effect – An introduction to research design and causality*, insbesondere Kapitel 19, es werden auch alternative Herangehensweisen in R gezeigt;
- Morgan und Winship (2014), *Counterfactuals and causal inference – Methods and principles for social research*, insbesondere Kapitel 9;
- Stock und Watson (2019), *Introduction to econometrics*, insbesondere Kapitel 12, ergänzend hierzu auch Hanck, Arnold, Gerber und Schmelzer (2020), *Introduction to econometrics with R*, Kapitel 12;
- Verbeek (2014), *Moderne Ökonometrie*, insbesondere Kapitel 5;
- Wang (2015), *Instrumental variables approach to correct for endogeneity in finance*;
- Wooldridge (2019), *Introductory econometrics – A modern approach*, insbesondere Kapitel 15.

7.11.2 Anwendungsbeispiele

- Bennedsen, Nielsen, Pérez-González und Wolfenzon (2007), *Inside the family firm: the role of families*;
- Borghesi, Houston und Naranjo (2014), *Corporate socially responsible investments: CEO altruism, reputation, and shareholder interests*;
- Rojahn und Zechser (2022), *Ownership concentration, ownership identity and seasoned equity offerings probabilities: Evidence from Germany* – Instrumentvariablenregression bei binärer abhängiger Variablen mit linearem Wahrscheinlichkeitsmodell;
- Stadler, Mayer, Hautz und Matzler (2018), *International and product diversification: Which strategy suits family managers?* – Problematik der Selbstselektion, Lösung durch Instrumentvariablenregression;
- Stender und Rojahn (2020), *The influence of internal and external corporate governance on firm value: Evidence from STOXX® Europe 600 index members* – Instrumentvariablenregression in Verbindung mit Hauptkomponentenanalyse;
- Stolper und Walter (2017), *Financial literacy, financial advice, and financial behavior* – Instrumentvariablenregression und kausale Modellierung.

8 Ereignisstudie

8.1 Einführung

Die Idee der Ereignisstudie (*event study*) basiert auf der Markteffizienzhypothese, die in ihrer endgültigen Form von Eugene Fama (1970; erweiterte Übersicht 1991) veröffentlicht wurde. Fama unterscheidet drei Stufen der Effizienz in Kapitalmärkten.

1. *Schwache* Effizienz: Die aktuellen Preise reflektieren sämtliche Informationen der vergangenen Marktentwicklung.
2. *Mittelstarke* Effizienz: Die aktuellen Preise reflektieren sowohl alle öffentlich verfügbaren Informationen als auch die Informationen, die in der Vergangenheit berücksichtigt wurden.
3. *Starke* Effizienz: Die aktuellen Preise reflektieren alle Information, unabhängig davon, ob öffentlich zugänglich oder nur intern verfügbar (sogenannte *Insider*-Informationen).

Der Ereignisstudie legt die mittelstarke Effizienz zugrunde. Ein Investor nutzt alle verfügbaren Informationen. Der aktuelle Marktpreis reagiert daher auf die Veröffentlichung oder das Bekanntwerden einer neuen Information (das *Ereignis* oder *event*). Es wird versucht, den Einfluss dieser neuen Information auf den Marktpreis in Form der entstehenden Überrendite oder Unterrendite im zeitlichen Verlauf zu erfassen. Eine Übersicht über das Verfahren der Ereignisstudie geben Corrado (2011), Kliger und Gurevich (2014) oder Peterson (1989). Holler (2016) geht in einer Metastudie zu 400 publizierten Ereignisstudien sehr detailliert auf die verschiedenen Varianten ein.

Wichtige, den Aktienkurs beeinflussende Ereignisse können sowohl unternehmensspezifisch (z. B. Änderungen im Management, Gewinnwarnungen) oder allgemein auf Branchen bzw. Märkten (z. B. Gesetzesänderungen oder Umweltereignisse) wirken. Die Definition des Ereignisses ist nicht immer einfach, so können z. B. Unternehmensmeldungen mehrere den Aktienkurs beeinflussende Informationen enthalten. Auch ist der Zeitpunkt nicht immer präzise zu bestimmen, Informationen können vorab durchsickern. Diese Problematiken haben insbesondere in Studien, die nur ein einzelnes Unternehmen untersuchen, stärkere Auswirkungen, da die Mittelung über mehrere Unternehmen fehlt (siehe z. B. Ang, 2021, S. 165 ff.).

Im Grunde geht es in einer Ereignisstudie um die Modellierung eines kausalen Zusammenhangs (siehe z. B. Huntington-Klein, 2021, S. 407 ff). Der dazugehörige DAG sieht exemplarisch wie in Abbildung 8.1 gezeigt aus. Das Ereignis (bzw. korrekterweise die Phase nach dem Ereignis) wirkt auf die Über- oder Unterrendite (abnormale Rendite, AR) des Unternehmens. Zeit im Sinne von allem, was sich im zeitlichen Verlauf ändert, ist ein Confounder. Wie in Abschnitt 6.3.3 im Kapitel DAGs und kausale Modellierung erläutert, muss dieser kontrolliert werden.

https://doi.org/10.1515/9783110767261-008

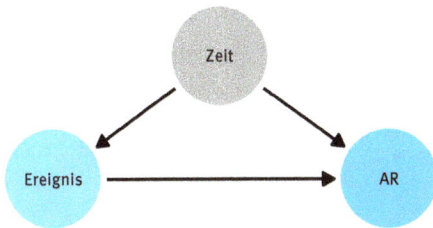

Abb. 8.1: DAG zur Ereignisstudie: Das Ereignis, bzw. die Phase nach dem Ereignis, wirkt auf die abnormale Rendite (*AR*), Zeit als Platzhalter für alles, was sich über die Zeit ändert, ist ein Confounder, der kontrolliert werden muss.

Daher ist die korrekte Bestimmung des Ereigniszeitpunkts und die Festlegung des Ereignisfensters von großer Bedeutung, da darüber die unerwünschten Einflüsse der Zeit kontrolliert werden.

8.2 Renditen

Wie schon beschrieben, ist die Tagesrendite von Wertpapieren oder anderer Finanzmarktinstrumente definiert als Kursdifferenz $S_t - S_{t-1}$ des Tages t im Vergleich zum Schlusskurs des Vortags S_{t-1} (diskrete Rendite):

$$r_{\text{diskret},t} = \frac{S_t - S_{t-1}}{S_{t-1}}. \tag{8.1}$$

Aufgrund der besseren mathematischen Handhabbarkeit wird meist das logarithmierte Verhältnis der Schlusskurse genutzt (stetige Rendite):

$$r_{\text{stetig},t} = \ln\left(\frac{S_t}{S_{t-1}}\right) = \ln\left(r_{\text{diskret},t} + 1\right). \tag{8.2}$$

In einer Ereignisstudie geht es darum, einen Ausschlag der Rendite über (oder unter) die *normale* Rendite (*NR*) zu entdecken, die sogenannte *abnormale* Rendite (*AR*). Sie ist somit wie folgt definiert:

$$AR_t = r_t - NR_t. \tag{8.3}$$

8.2.1 Normale Rendite

Für die Bestimmung der normalen Rendite als Benchmark gibt es eine Vielzahl von Möglichkeiten, die auch zu unterschiedlichen Referenzrenditen führen können. Ein sehr einfaches Modell ist das marktadjustierte Renditemodell, das als Referenz die Marktrendite eines umfangreichen Marktindex nutzt (z. B. Standard & Poor's 500 Stock Price Index oder der STOXX Europe 600). Andere Verfahren nutzen ein Einfaktormodell wie das CAPM (*Capital Asset Pricing Model*) oder Multifaktormodelle.

Mittelwertangepasstes Renditemodell

Das einfachste Modell ist das mittelwertangepasste Renditemodell (*mean adjusted return model* oder *constant mean return model*). Hier wird davon ausgegangen, dass Renditen über einen längeren Zeitraum zu einem konstanten Mittelwert zurückkehren. *NR* ist somit für jede Aktie i ein konstanter Wert:

$$NR = \bar{r}_i = \frac{1}{w_s} \sum_{l=t_{s_0}}^{t_{s_1}} r_{i,l}. \tag{8.4}$$

Darin sind w_s die Länge des Schätzfensters, t_{s_0} der Startzeitpunkt und t_{s_1} der Endzeitpunkt des Schätzfensters (siehe auch Abbildung 8.2).

Aufgrund der fehlenden Abbildung des Marktes und damit der nicht sehr realistischen Darstellung der erwarteten Rendite findet dieses Modell nur wenig Anwendung.

Marktangepasstes Renditemodell

Das marktangepasste Renditemodell (*market adjusted return model*) nutzt einen geeigneten Marktindex als Basis. Die normale Rendite entspricht dann einfach der Rendite r_m des ausgewählten Index:

$$NR_t = r_{m,t}. \tag{8.5}$$

Im Ergebnis wird daher jede Abweichung von der durchschnittlichen Marktrendite als abnormale Rendite betrachtet. Somit werden schon einfache unternehmensspezifische Aspekte nicht berücksichtigt wie z. B., dass für ein riskanteres Investment auch eine höhere Rendite zu erwarten ist. Der Vorteil liegt in der Einfachheit der Anwendung, da die notwendigen Daten (sofern gängige Indices als Markt-Proxy genutzt werden) jederzeit und in der gewünschten Granularität zur Verfügung stehen.

Einfaktormodell – Marktmodell

Im Einfaktormodell ist üblicherweise die Marktrendite r_m die maßgebliche Einflussgröße auf die Rendite des zu untersuchenden Wertpapiers. Es wird auch als *Marktmodell* bezeichnet. In der Regel werden für jeden Zeitpunkt t die Koeffizienten α_i und β_i für das Unternehmen i durch eine lineare Regression bestimmt:

$$r_{i,t} = \hat{\alpha}_i + \hat{\beta}_i \cdot r_{m,t}. \tag{8.6}$$

Für $\beta_i = 0$ entspricht das Marktmodell dem mittelwertangepassten Modell sowie für $\alpha_i = 0$ und $\beta_i = 1$ dem marktangepassten Modell.

In der Anwendung ist zu beachten, dass das Zeitfenster, für das die Regression durchgeführt wird, außerhalb des Zeitraums liegen muss, in dem das Ereignis stattfindet (Ereignisfenster, siehe auch Abbildung 8.2).

Einfaktormodell – Capital Asset Pricing Model

Das Capital Asset Pricing Model (CAPM) nach Sharpe (1964) (bzw. Lintner, 1965 und Mossin, 1966) ist eine ökonomische Theorie, die letztendlich ebenfalls zu einem Einfaktormodell führt. Formuliert wird dies als Aufschlag auf die risikolose Verzinsung $r_{f,t}$. Als risikolose Verzinsung werden z. B. die Renditen von Bundesanleihen passender Laufzeit oder im amerikanischen Markt die Renditen von 3-Monats-Schatzanleihen der US-Regierung verwendet.

$$r_{i,t} = r_{f,t} + \hat{\alpha}_i + \hat{\beta}_i \cdot (r_{m,t} - r_{f,t}) . \tag{8.7}$$

$\hat{\alpha}_i$ ist das sogenannte *Jensens*-Alpha des betreffenden Wertpapiers i (meist null oder nahe null). $\hat{\beta}_i$ ist das Beta, welches das systematische Risiko des betreffenden Wertpapiers i beschreibt. Im Mittel ist das Beta des Marktes eins. Wertpapiere mit einem höheren Beta als eins werden als riskanter (und chancenreicher) als der Markt angesehen, mit einem niedrigeren Beta als eins entsprechend als solide (und weniger chancenreich). Das Beta der Aktie ergibt sich als Quotient aus Kovarianz $cov_{i,m}$ der Aktienrendite i zur Marktrendite m und Varianz var_m der Marktrendite:

$$\hat{\beta}_i = \frac{cov_{i,m}}{var_m} . \tag{8.8}$$

Durch Berücksichtigung der risikolosen Verzinsung fließt eine makroökonomische Größe in das Modell ein. Daher wird das CAPM auch als ökonomisches Modell bezeichnet, während das Marktmodell ein statistisches Modell ist. Das Marktmodell hat gegenüber dem CAPM den Vorteil, dass die Bestimmung der risikolosen Verzinsung nicht notwendig ist und als Markt-Proxy meist ein (regional) passender Index genutzt werden kann.

Hier und im folgenden entspricht dann die normale Rendite der nach dem jeweiligen Modell berechneten Rendite des Wertpapiers i.

Dreifaktorenmodell

Ein gängiges Dreifaktorenmodell ist das von Fama und French (1993) vorgeschlagene Modell. Dieses erweitert das CAPM um einen Faktor in Bezug auf die Marktkapitalisierung: *small minus big* (SMB) sowie einen Faktor in Bezug auf das Buch-Marktwert-Verhältnis: *high minus low* (HML). Die beiden Faktoren messen die Renditedifferenz zwischen kleinen und großen Unternehmen und die zwischen *Value*- und *Growth*-Unternehmen.

Hierzu werden aus dem Marktportfolio zwei Gruppen in Bezug auf die Größe bestimmt (untere und obere 50 %, S und B) sowie drei Gruppen in Bezug auf das Buch-Marktwert-Verhältnis (untere 30 %, mittlere 40 % und obere 30 %, L, M und H). SMB wird als Renditedifferenz zwischen der mittleren Rendite der drei S Portfolios (SL, SM, SH) und der drei B Portfolios (BL, BM, BH) ($\frac{SL+SM+SH}{3} - \frac{BL+BM+BH}{3}$) bestimmt. Analog dazu wird HML als Renditedifferenz zwischen den Mittelwerten aus SH und BH und aus SL und BL bestimmt ($\frac{SH+BH}{2} - \frac{SL+BL}{2}$). Insgesamt ergibt sich so (i. d. R. über eine lineare Regression geschätzt):

$$r_{i,t} = r_{f,t} + \hat{\alpha}_i + \hat{\beta}_{i,m} \cdot (r_{m,t} - r_{f,t}) + \hat{\beta}_{i,SMB} \cdot SMB_t + \hat{\beta}_{i,HML} \cdot HML_t. \tag{8.9}$$

Hinweis: $\hat{\alpha}_i$ und $\hat{\beta}_{i,m}$ im Drei- und Vierfaktorenmodell entsprechen nicht dem genannten Jensens-Alpha und dem Beta.

Im Vergleich zum CAPM ist die Erklärungsgüte dieses Modells höher, allerdings sind die notwendigen Parameter auch aufwendiger zu bestimmen.

Vierfaktorenmodell

Carhart (1997) ergänzt das Fama-French-Dreifaktorenmodell um einen sogenannten Momentum-Faktor (WML – *winners minus losers*). Dieser erfasst, dass steigende Aktienkurse tendenziell weiter steigen und fallende entsprechend weiter fallen. Für den Momentum-Faktor wird die Differenz aus den mittleren Renditen der Unternehmen mit den höchsten Renditen (obere 30 %) und niedrigsten Renditen (untere 30 %) der vergangenen 11 Monate gebildet. Beide werden jeweils mit einem Lag von einem Monat verwendet.

$$r_{i,t} = r_{f,t} + \hat{\alpha} + \hat{\beta}_{i,m} \cdot (r_{m,t} - r_{f,t}) + \hat{\beta}_{i,SMB} \cdot SMB_t + \hat{\beta}_{i,HML} \cdot HML_t + \hat{\beta}_{i,WML} \cdot WML_t. \tag{8.10}$$

Dieses Modell erlaubt möglicherweise eine noch präzisere Bestimmung der Referenzrendite. Die vorgestellten Drei- und Vierfaktorenmodelle gehören ebenfalls zu den ökonomischen Modellen.

ℹ Ermittlung der normalen Rendite als Basis für die Bestimmung der abnormalen Rendite

Mittelwertangepasst	Schätzung über den Mittelwert der historischen Renditen des Unternehmens
	Marktentwicklung fehlt, i. d. R. nicht geeignet
Marktangepasst	Marktrendite als Referenz
	unternehmensspezifische Aspekte werden nicht berücksichtigt
Einfaktormodell	Marktrendite ist wesentliche Einflussgröße, zusätzlich werden
	unternehmensspezifische Aspekte berücksichtigt, vgl. z. B. CAPM
	Schätzung meist über lineare Regression
Dreifaktorenmodell	Fama-French-Modell, Faktoren für Marktkapitalisierung
	und Buch-Marktwert-Verhältnis werden zusätzlich berücksichtigt
Vierfaktorenmodell	zusätzlich wird der Momentum-Faktor berücksichtigt
	Drei- und Vierfaktorenmodelle sind aufwendiger zu schätzen,
	da mehr Daten benötigt werden

8.2.2 Ereignis- und Schätzfenster

Abbildung 8.2 zeigt exemplarisch den zeitlichen Verlauf mit Schätz- und Ereignisfenster.

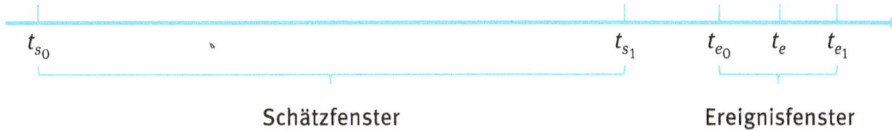

Abb. 8.2: Schätz- und Ereignisfenster mit t_{s_0} und t_{s_1} als Grenzen für das Schätzfenster und t_{e_0} und t_{e_1} als Grenzen für das Ereignisfenster (hier symmetrisch um den Ereigniszeitpunkt t_e).

Ereignisfenster

Das *Ereignisfenster* kann in schnell reagierenden Märkten genau der Tag des Ereignisses t_e sein. Sofern das Fenster über einige Tage geht, liegt es in der Regel symmetrisch um den Ereigniszeitpunkt t_e. Bei langen Ereignisfenstern sind es in der Regel wenige Tage vor dem Ereignis bis zu mehreren Monaten nach dem Ereignis. Dadurch sollen möglicherweise sowohl frühzeitig durchsickernde Informationen zu dem Ereignis als auch verzögerte Kursreaktionen nach der Ankündigung erfasst werden. Die Länge wiederum hängt vom Untersuchungsgegenstand ab und kann nicht einheitlich vorgegeben werden. Dabei ist zu beachten, dass andere Ereignisse, sogenannte *confounding events*, die im Ereignisfenster auftreten, den Kurs ebenfalls beeinflussen. Hier ist es notwendig, eine Trennung zu erreichen. Generell sollte das Fenster so kurz wie möglich gehalten werden, da längere Ereignisfenster den statistischen Effekt abschwächen können. Der Startzeitpunkt des Ereignisfensters wird mit t_{e_0} und der Endzeitpunkt mit t_{e_1} angegeben, die Länge des Fensters mit $w_e = t_{e_1} - t_{e_0} + 1$.

Schätzfenster

Da die normale Rendite meist über eine Regression bestimmt wird, muss ein sogenanntes *Schätzfenster* festgelegt werden. Dieses liegt vor dem Ereignis und hat bei täglichen Renditen eine Länge von z. B. 100, 200 oder 250 Handelstagen. Unter 100 Tagen kann es zu einer Verschlechterung der Schätzergebnisse kommen (Holler, 2016, S. 38 f.). 250 Tage entspricht einem Börsenjahr. Zu dem Ereignisfenster kann ein Puffer von mehreren Tagen gelassen werden, um eine möglicherweise vorab durchsickernde Information nicht die Referenzrendite beeinflussen zu lassen. Analog zum Ereignisfenster gelten folgende Bezeichnungen: Startzeitpunkt t_{s_0}, Endzeitpunkt t_{s_1}, Länge $w_s = t_{s_1} - t_{s_0} + 1$. w_s muss bei fehlenden Werten innerhalb des Schätzfensters um die Anzahl dieser vermindert werden.

8.2.3 Abnormale Renditen

Wie oben beschrieben, ist die abnormale Rendite die Differenz der beobachteten Rendite zur normalen oder erwarteten Rendite:

$$AR_{i,t} = r_{i,t} - NR_{i,t}. \tag{8.11}$$

Innerhalb des Ereignisfensters wird die abnormale Rendite aufsummiert zur kumulierten abnormalen Rendite CAR (*cumulative abnormal return*):

$$CAR_i = \sum_{l=t_{e_0}}^{t_{e_1}} AR_{i,l}. \tag{8.12}$$

Werden mehrere (n) Unternehmen untersucht und bei für die untersuchten Unternehmen zeitgleichen Ereignissen (branchenweite, z. B. ein die Branche betreffendes Gerichtsurteil, oder marktweite Informationen, z. B. Ankündigung einer Zinserhöhung), wird die kumulative Rendite der einzelnen Unternehmen i gemittelt zur durchschnittlichen kumulierten abnormalen Rendite $CAAR$ (*cumulative average abnormal return*):

$$CAAR = \frac{1}{n} \sum_{i=1}^{n} CAR_i. \tag{8.13}$$

In solchen Fällen kann der Weg auch über die durchschnittliche abnormale Rendite eines Tages AAR (*average abnormal return*) erfolgen, die dann zur $CAAR$ aufsummiert wird:

$$AAR_t = \frac{1}{n} \sum_{i=1}^{n} AR_{i,t}, \qquad CAAR = \sum_{l=t_{e_0}}^{t_{e_1}} AAR_l. \tag{8.14}$$

Es muss nun mit geeigneten Testverfahren überprüft werden, ob abnormale Renditen vorliegen oder ob es sich um zufällige Schwankungen um null handelt.

---

i

AR   abnormale Rendite, d. h., Über- oder Unterrendite zu der erwarteten (normalen) Rendite
AAR   durchschnittliche abnormale Rendite, über mehrere Unternehmen gemittelt
CAR   kumulierte abnormale Rendite, über mehrere Tage (Ereignisfenster) aufsummiert
CAAR   durchschnittliche kumulierte abnormale Rendite, CAR über mehrere Unternehmen gemittelt

---

8.3 Testverfahren

Generell sind als Testverfahren parametrische Verfahren wie der t-Test oder nicht-parametrische Verfahren wie der Wilcoxon-Vorzeichen-Rang-Test geeignet. Eine gute Übersicht über mögliche Testverfahren geben Holler (2016) und Schimmer *et al.* (2014). Exemplarisch werden hier drei parametrische Tests sowie ein nicht-parametrischer Test vorgestellt.

8.3.1 t-Test

Der t-Test geht von einer näherungsweisen Normalverteilung der untersuchten Daten aus, wovon häufig ab einer Stichprobengröße von 30 ausgegangen werden kann. Die Teststatistik T in einem t-Test berechnet sich allgemein wie folgt:

$$T = \frac{\bar{x} - \mu_0}{se}. \tag{8.15}$$

$\bar{x}$ ist die abnormale Rendite eines einzelnen Unternehmens, die untersucht werden soll, z. B. $AR_{i,t}$ oder CAR_i. μ_0 ist der Erwartungswert unter H_0, hier also null. se ist der Standardfehler. Konkret ergibt sich die Teststatistik für die abnormale Rendite des Unternehmens i eines Tages zu:

$$T_{AR} = \frac{AR_{i,t}}{se_i} \quad \text{mit} \quad se_i = \sqrt{\frac{1}{w_s - d} \cdot \sum_{l=t_{s_0}}^{t_{s_1}} AR_{i,l}^2}. \tag{8.16}$$

d ist die Anzahl der Parameter und hängt vom genutzten Modell für die Berechnung erwarteten Rendite ab. In einem Einfaktormodell ist $d = 2$, in einem Dreifaktorenmodell entsprechend vier. w_s ist Länge des Schätzfensters, t_{s_0} der Startzeitpunkt und t_{s_1} der Endzeitpunkt des Schätzfensters (siehe auch Abbildung 8.2).

Für die kumulierte Rendite CAR_i wird der Standardfehler noch mit der Wurzel der Länge des Ereignisfensters ($\sqrt{w_e}$) multipliziert:

$$T_{CAR} = \frac{CAR_i}{\sqrt{w_e} \cdot se_i}. \tag{8.17}$$

Die Teststatistiken sind t-verteilt mit $w_s - d$ Freiheitsgraden.

8.3.2 Cross-Sectional-Dependence-Test (CSD-Test)

In diesem Test nach Brown und Warner (1985) wird davon ausgegangen, dass eine Querschnittskorrelation vorliegt, somit die Renditen der betrachteten Unternehmen miteinander korrelieren. Der Standardfehler wird korrigiert und auf Basis des Schätzfensters $w_s = t_{s_1} - t_{s_0}$ berechnet. Die Teststatistik ergibt sich zu:

$$T = \frac{AAR_t}{se_{csd}} \quad \text{mit} \quad se_{csd} = \sqrt{\frac{1}{w_s - d} \sum_{l=t_{s_0}}^{t_{s_1}} \left(AAR_l - \overline{AAR}\right)^2}. \tag{8.18}$$

Darin ist $\overline{AAR}$ die mittlere (in Bezug auf das Schätzfenster) durchschnittliche abnormale Rendite. Dieser Ansatz kann in gleicher Weise auf die CAAR übertragen werden, der Standardfehler wird wieder mit $\sqrt{w_e}$ multipliziert:

$$T = \frac{CAAR}{\sqrt{w_e} \cdot se_{csd}}. \tag{8.19}$$

8.3.3 Cross-Sectional-Independence-Test (CSI-Test)

Bei Abwesenheit von Querschnittskorrelation kann der CSI-Test nach Patell (1976) durchgeführt werden. Hierzu werden für jedes Wertpapier und jeden Tag im Ereignisfenster Standardabweichungen $s_{i,t}$ berechnet:

$$s_{i,t} = \sqrt{\frac{1}{w_s - d} \cdot \sum_{l=t_{s_0}}^{t_{s_1}} \left(AR_{i,l} - \overline{AR}_i\right)^2 \cdot \underbrace{\left(1 + \frac{1}{w_s} + \frac{\left(r_{m,t} - \bar{r}_m\right)^2}{\sum_{l=t_{s_0}}^{t_{s_1}} \left(r_{l,m} - \bar{r}_m\right)^2}\right)}_{\text{Korrektur Vorhersagefehler}}} . \tag{8.20}$$

Darin ist $\overline{AR}_i$ die mittlere abnormale Rendite des Wertpapiers i im Schätzfenster. In dem Korrekturterm für den Vorhersagefehler sind $r_{m,t}$ die Marktrendite zum Ereignistag t und $\bar{r}_m$ die mittlere Marktrendite im Schätzfenster. Die Korrektur wird benötigt, da die Schätzungen der abnormalen Rendite im Ereignisfenster Out-of-Sample-Schätzungen sind (in Bezug auf die Parameterschätzung im Schätzfenster). Bei langen Schätzfenstern nähert sich der Korrekturterm 1 an und wird daher in der Praxis häufig nicht berücksichtigt.

Die Standardabweichungen $s_{i,t}$ werden genutzt, um die durchschnittliche *standardisierte* abnormale Rendite $SAAR_t$ des Ereignistages t der n Unternehmen zu berechnen:

$$SAAR_t = \frac{1}{n} \sum_{i=1}^{n} \frac{AR_{i,t}}{s_{i,t}} . \tag{8.21}$$

Die Teststatistik ergibt sich letztlich wie folgt:

$$T = SAAR_t \cdot \sqrt{n \cdot \frac{w_s - 4}{w_s - 2}} . \tag{8.22}$$

8.3.4 Corrado-Rang-Test

Nicht-parametrische Tests wie der Rang-Test nach Corrado (1989) haben den Vorteil, dass sie geringere Anforderungen an die Verteilungsannahmen stellen. So kann der Corrado-Rang-Test z. B. auch bei kleinen Stichproben oder asymmetrischen Verteilungen eingesetzt werden. Allerdings weisen sie eine geringere Trennschärfe bzw. Power auf.

Im Rang-Test werden zunächst die abnormalen Renditen der Unternehmen i aus Schätz- und Ereignisfenster aufsteigend sortiert und ihnen so ein Rangplatz $K_{i,t}$ zugewiesen.[1] Die Teststatistik wird nun nicht mehr ausgehend von der abnormalen Rendite

---

[1] In dem selten vorkommenden Fall, dass zwei oder mehrere Renditen genau gleich hoch sind, wird ihnen das arithmetische Mittel der Rangplätze zugeordnet, die sie bei verschiedenen Ausprägungen eingenommen hätten.

berechnet, sondern von der Abweichung AK des Rangplatzes vom durchschnittlichen Rang $\overline{K}$:

$$AK_{i,t} = K_{i,t} - \overline{K} \quad \text{mit} \quad \overline{K} = \frac{w_s + w_e}{2} + 0.5. \tag{8.23}$$

w_s und w_e sind darin wieder die Längen des Schätz- und des Ereignisfensters.

Die Teststatistik für ein Unternehmen i und einen Tag im Ereignisfenster ergibt sich zu:

$$T_{AK} = \frac{AK_{i,t}}{se_{i,rang}} \quad \text{mit} \quad se_{i,rang} = \sqrt{\frac{1}{w_s + w_e} \sum_{l=1}^{w_s+w_e} \left(K_{i,l} - \overline{K}\right)^2}. \tag{8.24}$$

Wie bei den parametrischen Tests kann dieser Test auf den durchschnittlichen abnormalen Rangplatz $AAK = \frac{1}{n} \sum_{i=1}^{n} AK_i$ von n Unternehmen übertragen werden. Die Teststatistik ergibt sich dann wie folgt:

$$T_{AAK} = \frac{AAK_t}{se_{rang}} \quad \text{mit} \quad se_{rang} = \sqrt{\frac{1}{w_s + w_e} \sum_{l=1}^{w_s+w_e} \frac{1}{n^2} \sum_{i=1}^{n} \left(K_{i,l} - \overline{K}\right)^2}. \tag{8.25}$$

Corrados ursprünglicher Ansatz ermöglicht keine Bildung der kumulativen abnormalen Rangplätze, es werden nur Fenster von der Dauer eines Tages berücksichtigt. Cowan (1992) und Campbell und Wesley (1993) schlagen eine Erweiterung vor, die die kumulativen durchschnittlichen Rangplätze einbezieht:

$$CAAK = \frac{1}{w_e} \sum_{l=t_{e_0}}^{t_{e_1}} AAK_l. \tag{8.26}$$

Daraus ergibt sich folgende Teststatistik:

$$T_{CAAK} = \frac{CAAK}{se_{rang}}. \tag{8.27}$$

Der Standardfehler ist in diesem Ansatz derselbe wie bei dem Ein-Tages-Test. Alle Teststatistiken sind wie im parametrischen t-Test t-verteilt mit $w_s - d$ Freiheitsgraden.

Tests zur Überprüfung der abnormalen Rendite　　　　　　　　　　　　　　　　　　**i**

t-Test	„Klassiker", wichtig: korrekten Standardfehler berücksichtigen setzt Normalverteilung voraus
CSD-Test	für AAR und CAAR, es wird Querschnittskorrelation vermutet
CSI-Test	für AAR und CAAR bei Abwesenheit von Querschnittskorrelation
Corrado-Rang-Test	nicht-parametrischer Test für AR, AAR, CAAK (bzw. deren Rangplätze)

8.4 Verwendete R-Pakete

In diesem Kapitel kommen die in R-Code 8.1 aufgeführten Pakete zum Einsatz, die mit `library(package)` geladen bzw. aktiviert werden müssen. Falls die un-

ten aufgeführten Pakete noch nicht installiert wurden, müssen sie einmalig mit
`install.package("package")` installiert werden.

R-Code 8.1: Laden der im Kapitel benötigten Pakete

```
library(dplyr)      # Datenhandling
library(tidyr)      # "tidy" Datenformat
library(ggplot2)    # Grammar of Graphics
library(ggformula)  # Pipelining und Formelinterface für ggplot2
library(ggfortify)  # automatische Übertragung verschiedener Formate in ggplot2
library(gridExtra)  # Anordnung mehrerer ggplot2-Objekte
library(estudy2)    # Berechnung und Test von abnormalen Renditen
library(xts)        # erweiterte Zeitreihenfunktionen
```

8.5 Anwendungsbeispiel

8.5.1 Ereignisstudie mit mehreren Unternehmen

In R kann eine Ereignisstudie z. B. mit dem Paket `estudy2` durchgeführt werden.
Auch zu der sehr gelungenen Implementierung von Ereignisstudien auf der Webseite
www.eventstudytools.com gibt es das Paket `EventStudy`, das ein R-Interface zu dem
API zur Verfügung stellt.

Als Beispiel wird hier das Ergebnis der Abstimmung zum Brexit und seine Auswirkungen auf die Aktienkurse europäischer Banken vorgestellt.[2] Die Abstimmung fand
am 23.06.2016 statt, das Ergebnis wurde allerdings erst am Abend veröffentlicht. Daher
wird als Ereignistag der 24.06.2016 festgelegt. Die Banken wurden aus dem STOXX Europe TMI Banks selektiert. Die schwedischen Banken wurden entfernt, da am 24.06.2016
in Schweden ein Nationalfeiertag (Midsommar) war. Weiterhin wurden KBC Ancora
(fehlende Daten), Bank of Cyprus Holding (gehandelt in UK, aber zypriotische Bank),
BGEO Group (ebenfalls gehandelt in UK, aber georgische Bank), Intesa Sanpaolo (da
die Bankengruppe bereits Teil der Stichprobe ist) und die Nationalbank von Belgien
(da Nationalbanken anders operieren und anderen Regularien unterliegen) aus der
Stichprobe entfernt. Die Stichprobe wurde aufgeteilt in Banken aus UK und solchen
aus dem restlichen Europa. Der verwendete Marktindex ist der EUROSTOXX 50.

Die Kurse wurden aus Yahoo-Finance abgerufen. Da dort nicht für alle Banken
Daten verfügbar waren, wurden für dieses Beispiel noch einige weitere Banken ausgeschlossen. Insgesamt verblieben in der Stichprobe 65 Banken, davon 8 britische
sowie 57 nicht-britische Banken. Das Ereignisfenster wird definiert von vier Tagen vor

---

2 Die Idee zu diesem Beispiel und das Vorgehen bei der Bereinigung der Stichprobe stammt aus
Bonchev und Pencheva (2017).

t_0 bis vier Tage danach, also vom 20.06.2016 bis 30.06.2016 (25. und 26. waren keine Bankarbeitstage, da Wochenende).

Zunächst müssen die Kurse der zu untersuchenden Unternehmen sowie des als Markt-Proxy verwendeten Index abgerufen und die Renditen daraus berechnet werden. Das Paket estudy2 stellt Routinen dafür zur Verfügung, alle anderen Methoden können ebenfalls verwendet werden. get_prices_from_tickers() lädt Daten aus Yahoo Finance und stellt diese entweder als Zeitreihenobjekt zoo oder als data.frame zur Verfügung. Um bei der Renditeberechnung nur die Handelstage zu berücksichtigen, wird in der Funktion get_rates_from_prices() die Option multi_day = TRUE genutzt.

In R-Code 8.2 werden Variablen angelegt, die die jeweiligen Tickersymbole für den Abruf der Kursdaten beinhalten. Diese werden in R-Code 8.3 abgerufen und daraus die stetigen Renditen berechnet.

R-Code 8.2: Variablen für die Tickersymbole anlegen

```
# Banken UK
UKBanken <- c("BARC.L", "CBG.L", "CYBG.L", "HSBA.L", "LLOY.L", "MTRO.L",
             "RBS.L", "STAN.L")
# Banken außerhalb UK
ExUKBanken <- c("ABN.AS", "AKTIA.HE", "ALR.WA", "BMPS.MI", "BAMI.MI", "BNP.PA",
               "BIRG.IR", "BKIA.MC", "BKT.MC", "BCVN.SW", "BPSO.MI", "BBVA.MC",
               "BCP.LS", "SAB.MC", "SAN.MC", "BNP.PA", "BPE.MI", "CABK.MC",
               "CMBN.SW", "CBK.DE", "ACA.PA", "CSGN.VX", "CE.MI", "CVAL.MI",
               "DANSKE.CO", "DBK.DE", "PBB.DE", "DNB.OL", "EBS.VI", "FBK.MI",
               "GRKP.SW", "GLE.PA", "INGA.AS", "BAER.VX", "JYSK.CO", "KBC.BR",
               "LLBN.SW", "LUKN.SW", "MB.MI", "KN.PA", "OBS.VI", "RBI.VI",
               "RILBA.CO", "SBANK.OL", "NONG.OL", "MING.OL", "SRBANK.OL",
               "MORG.OL", "SVEG.OL", "SGKN.SW", "SYDB.CO", "UBI.MI", "UBSG.VX",
               "UNI.MI", "UCG.MI", "VATN.SW", "VONN.SW")
# Marktindex
Index <- "^STOXX50E"
```

R-Code 8.3: Abruf der Aktienkurse der Banken und Berechnung der stetigen Renditen

```
# Kursdaten abrufen
BankKurse <- get_prices_from_tickers(c(UKBanken, ExUKBanken),
  start = as.Date("2015-07-01"), end = as.Date("2016-06-30"),
  quote = "Close", retclass = "zoo")
IndexKurse <- get_prices_from_tickers(Index,
  start = as.Date("2015-07-01"), end = as.Date("2016-06-30"),
  quote = "Close", retclass = "zoo")
# stetige Renditen berechnen
BankRenditen <- get_rates_from_prices(BankKurse, quote = "Close", multi_day = TRUE,
                          compounding = "continuous")
```

```
IndexRenditen <- get_rates_from_prices(IndexKurse, quote = "Close", multi_day = TRUE,
                                        compounding = "continuous")
```

Das Datum wird im international genormten Format "JJJJ-MM-TT" eingegeben. Zusätzlich erwarten einige Funktionen des estudy2-Pakets die explizite Angabe as.Date(). Daher wird dies bei allen estudy2-Funktionen eingesetzt.

Die Funktion apply_market_model() in R-Code 8.4 wird genutzt, um die erwartete *normale* Rendite zu berechnen. Diese stellt drei renditegenerierende Modelle zur Verfügung: das mittelwertangepasste (market_model = "mean_adj"), das marktangepasste ("mrkt_ajd") und das Einfaktormarktmodell ("sim"). Letzteres wird hier genutzt.

R-Code 8.4: Normale und abnormale Renditen berechnen

```
# normale und abnormale Renditen berechnen
# alle
BankenAR <- apply_market_model(rates = BankRenditen,
  regressor = IndexRenditen, same_regressor_for_all = TRUE, market_model = "sim",
  estimation_start = as.Date("2015-07-01"), estimation_end = as.Date("2016-06-19"))
# UK
UKBankenAR <- apply_market_model(rates = BankRenditen[, UKBanken],
  regressor = IndexRenditen, same_regressor_for_all = TRUE, market_model = "sim",
  estimation_start = as.Date("2015-07-01"), estimation_end = as.Date("2016-06-19"))
# außerhalb UK
ExUKBankenAR <- apply_market_model(rates = BankRenditen[, ExUKBanken],
  regressor = IndexRenditen, same_regressor_for_all = TRUE, market_model = "sim",
  estimation_start = as.Date("2015-07-01"), estimation_end = as.Date("2016-06-19"))
# die ersten 3 Werte ausgeben
head(BankenAR[[1]]$abnormal, n = 3)


##    2015-07-02   2015-07-03   2015-07-06
##   0.010304402 -0.005506903  0.008247277
```

Exemplarisch werden die ersten drei Werte der abnormalen Rendite für das erste Unternehmen gezeigt. Diese abnormale Rendite wird für alle Unternehmen sowohl für die vollständige In-Sample- (Schätzfenster) als auch für die vollständige Out-of-Sample-Periode berechnet. Ein Teil der Out-of-Sample-Periode ist das Ereignisfenster, hier im Beispiel die Tage vom 20.06. bis 30.06.2016.

Um zu überprüfen, ob sich die mittlere abnormale Rendite AAR_t im Ereignisfenster außerhalb der üblichen Streuung um null befindet, werden in R-Code 8.5 exemplarisch der oben aufgeführte CSD-Test nach Brown und Warner, der CSI-Test nach Patell sowie der nicht-parametrische Corrado-Rang-Test durchgeführt. Um die Ergebnisse auf Robustheit zu überprüfen, ist eine Kombination aus parametrischen und nicht parametrischen Tests sinnvoll. Falls sich dabei unterschiedliche Ergebnisse zeigen, wäre eine Überprüfung der Normalverteilungsannahme, die bei den parametrischen

Tests vorausgesetzt wird, hilfreich, um zu entscheiden, welchem Test gefolgt werden soll.

R-Code 8.5: Tests zur Überprüfung auf das Vorliegen abnormaler Renditen

```
# AAR Brown-Warner-CSD-Test
brown_warner_1985(list_of_returns = BankenAR,
  event_start = as.Date("2016-06-20"), event_end = as.Date("2016-06-30"))
##          date    weekday percentage          mean       stat signif
## 1 2016-06-20     Montag  100.00000  0.006007662  0.7893448
## 2 2016-06-21   Dienstag  100.00000 -0.001687765 -0.2217549
## 3 2016-06-22   Mittwoch  100.00000  0.004051851  0.5323714
## 4 2016-06-23 Donnerstag  100.00000  0.009252171  1.2156398
## 5 2016-06-24     Freitag  98.46154 -0.043264104 -5.6844567   ***
## 6 2016-06-27     Montag  100.00000 -0.040788120 -5.3591380   ***
## 7 2016-06-28   Dienstag  100.00000  0.008196803  1.0769753
## 8 2016-06-29   Mittwoch  100.00000 -0.011834219 -1.5548942
## 9 2016-06-30 Donnerstag  100.00000 -0.006432030 -0.8451024


# AAR Patell-CSI-Test
patell(list_of_returns = BankenAR,
  event_start = as.Date("2016-06-20"), event_end = as.Date("2016-06-30"))
##          date    weekday percentage          mean        stat signif
## 1 2016-06-20     Montag  100.00000  0.006007662   3.6254668   ***
## 2 2016-06-21   Dienstag  100.00000 -0.001687765  -0.1693621
## 3 2016-06-22   Mittwoch  100.00000  0.004051851   2.1991533    **
## 4 2016-06-23 Donnerstag  100.00000  0.009252171   3.4752813   ***
## 5 2016-06-24     Freitag  98.46154 -0.043264104 -18.5758393   ***
## 6 2016-06-27     Montag  100.00000 -0.040788120 -21.0661680   ***
## 7 2016-06-28   Dienstag  100.00000  0.008196803   4.7151622   ***
## 8 2016-06-29   Mittwoch  100.00000 -0.011834219  -4.1464088   ***
## 9 2016-06-30 Donnerstag  100.00000 -0.006432030  -2.4088808    **


# AAR Corrado-Rang-Test (nicht parametrisch)
corrado_sign_test(list_of_returns = BankenAR,
  event_start = as.Date("2016-06-20"), event_end = as.Date("2016-06-30"))
##          date    weekday percentage       stat signif
## 1 2016-06-20     Montag  100.00000  1.0324156
## 2 2016-06-21   Dienstag  100.00000 -0.1238899
## 3 2016-06-22   Mittwoch  100.00000  0.8672291
## 4 2016-06-23 Donnerstag  100.00000  1.0324156
## 5 2016-06-24     Freitag  98.46154 -1.4371217
## 6 2016-06-27     Montag  100.00000 -1.8583482    *
## 7 2016-06-28   Dienstag  100.00000  0.6194494
## 8 2016-06-29   Mittwoch  100.00000 -0.5368561
## 9 2016-06-30 Donnerstag  100.00000 -0.7846359
```

Wie im Ergebnis des CSD-Tests zu erkennen ist, zeigen nur der 24.06. und der darauffolgende Montag, 27.06. so hohe negative Renditen, die ein Verwerfen der H_0, dass es keine abnormale Rendite gibt, zulassen. Im CSI-Test, der von der Abwesenheit einer Querschnittskorrelation ausgeht, zeigt sich wesentlich häufiger ein p-Wert kleiner als 0.05. In dieser Stichprobe ist eher von einem Vorliegen einer Querschnittskorrelation auszugehen, daher ist dem Ergebnis des CSD-Tests zu folgen. Bestätigt wird dies auch durch den robusteren nicht-parametrischen Corrado-Rang-Test, der sogar nur für Montag, den 27.06., ein Verwerfen der Nullhypothese zulässt.

In der Ausgabe der AAR-Tests wird eine Spalte percentage ausgegeben, die angibt, bei wie viel Prozent der Unternehmen Daten für den jeweiligen Tag vorhanden sind. In den CAAR-Tests kann dies wiederum als Option angegeben werden, so dass bestimmte Tage mit fehlenden Werten ein- oder ausgeschlossen werden können. Die Standardeinstellung für diese Option ist 90 % (percentage = 90).

Für die kumulierte mittlere abnormale Rendite *CAAR* wird der CSD-Test nach Brown und Warner durchgeführt sowie der nicht-parametrische Corrado-Rang-Test in der Erweiterung von Cowan für die Verwendung mit *CAAR* (R-Code 8.6). Ausgehend von den bisherigen Ergebnissen wird als Zeitraum für die Kumulierung das Fenster vom 24.06. bis 30.06.2016 gewählt.

R-Code 8.6: Überprüfung und Ausgabe der kumulierten mittleren abnormalen Renditen

```
# CAAR parametrischer Test
out1 <- car_brown_warner_1985(list_of_returns = BankenAR,
  car_start = as.Date("2016-06-24"), car_end = as.Date("2016-06-30"))
# formatierte Ausgabe
data.frame(days = out1[["number_of_days"]], average_perc = out1[["average_percentage"]],
           stat = out1[["statistic"]], signif = out1[["significance"]])

##   days average_perc     stat signif
## 1    5     99.69231 -5.530519    ***


# CAAR nicht-parametrischer Test
out2 <- car_rank_test(list_of_returns = BankenAR,
  car_start = as.Date("2016-06-24"), car_end = as.Date("2016-06-30"))
# formatierte Ausgabe
data.frame(days = out2[["number_of_days"]], average_perc = out2[["average_percentage"]],
           stat = out2[["statistic"]], signif = out2[["significance"]])

##   days average_perc     stat signif
## 1    5     99.69231 -2.196101     **


# CAAR ausgeben
out1$car_mean * out1$number_of_days

## [1] -0.09412167
```

Beide Tests verwerfen die Nullhypothese, die kumulierte abnormale Rendite sei null, und deuten somit auf das Vorliegen einer kumulierten abnormalen Rendite hin. Um diese auszugeben, muss die mittlere kumulierte abnormale Rendite aus dem parametrischen Test mit der Anzahl der Tage multipliziert werden. Hier im Beispiel ergibt sich $CAAR$ somit zu -0.0941.

Mehrere Tests auf einmal können mit den Funktionen parametric_tests(), nonparametric_tests(), car_parametric_tests() oder car_nonparametric_tests() durchgeführt werden. Die durchzuführenden Tests werden mit der Option tests = list("brown_warner1995", "patell") usw. angegeben. Ohne Angabe des Parameters tests = werden alle verfügbaren Tests durchgeführt.

In diesem Beispiel ist weiterhin interessant, wie sich die mittleren abnormalen Renditen der britischen Banken von denen der nicht-britischen unterscheiden. Dazu werden die Mittelwerte aus den CSD-Tests (R-Code 8.7, hier ohne Ausgabe der Testergebnisse) für die einzelnen Teilmengen grafisch dargestellt.

R-Code 8.7: Vergleich der mittleren abnormalen Renditen von britischen und nicht-britischen Banken

```
# Renditen abspeichern
UK.bw <- brown_warner_1985(list_of_returns = UKBankenAR,
  event_start = as.Date("2016-06-20"), event_end = as.Date("2016-06-30"))
ExUK.bw <- brown_warner_1985(list_of_returns = ExUKBankenAR,
  event_start = as.Date("2016-06-20"), event_end = as.Date("2016-06-30"))
# Renditen ausgeben
gf_line(mean ~ date, data = UK.bw, color = "blue") |>
  gf_line(mean ~ date, data = ExUK.bw, color = dggray60<) |>
  gf_hline(yintercept = 0, linetype = 2)
```

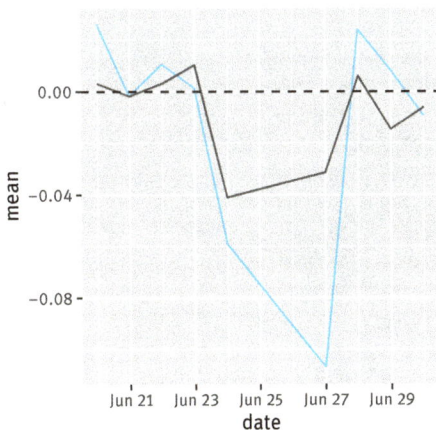

R-Grafik 8.1: Liniendiagramme der Mittelwerte der abnormalen Renditen der britischen (blau) und nicht-britischen Banken (grau)

Wie in R-Grafik 8.1 zu erkennen ist, sind die negativen Ausschläge für die britischen Banken deutlich ausgeprägter, aber auch das Zurückschwingen am 28.06. ist stärker.

8.5.2 Ereignisstudie mit einem Unternehmen

Das Paket estudy2 unterstützt nur die Anwendung mit mehreren Unternehmen. Für die Anwendung auf ein Unternehmen werden in Abschnitt B.5 des Anhangs verschiedene Funktionen implementiert. Um diese nutzen zu können, müssen die dort aufgeführten R-Codes einmalig ausgeführt werden.

Als Beispiel für die Umsetzung mit einem Unternehmen wird in R-Code 8.8 die Barclays Bank, Kürzel BARC.L, gewählt. Die Unternehmens- und die Indexrenditen müssen als erweiterte Zeitreihenobjekte (xts) an die Funktion getAR() übergeben werden.

R-Code 8.8: t-Test der abnormalen Rendite für ein Unternehmen (Barclays Bank)

```
# Abnormale Renditen berechnen
BARC.AR <- getAR(as.xts(BankRenditen[, "BARC.L"]),
                 as.xts(IndexRenditen),
                 # Schätzfenster
                 wsstart = "2015-01-01", wsend = "2016-06-19")
# t-Test AR und CAR
tTestAR(BARC.AR,
        # Schätzfenster
        wsstart ="2015-01-01", wsend = "2016-06-19",
        # Ereignisfenster
        westart = "2016-06-20", weend = "2016-06-30",
        # Grafik ausgeben
        flPlot = TRUE)
## $AR
##                      AR         se     t-Wert       p-Wert
## 2016-06-20  0.032918462 0.01566808   2.1009886 3.671675e-02
## 2016-06-21  0.012306008 0.01566808   0.7854189 4.330059e-01
## 2016-06-22  0.006503495 0.01566808   0.4150792 6.784659e-01
## 2016-06-23  0.007770583 0.01566808   0.4959498 6.203973e-01
## 2016-06-24 -0.101286640 0.01566808  -6.4645205 5.893236e-10
## 2016-06-27 -0.160005081 0.01566808 -10.2121675 1.792460e-20
## 2016-06-28  0.011476093 0.01566808   0.7324504 4.646299e-01
## 2016-06-29  0.022177319 0.01566808   1.4154457 1.582731e-01
## 2016-06-30 -0.005813312 0.01566808  -0.3710290 7.109531e-01
##
## $CAR
##          CAR           se      t-Wert       p-Wert
## -0.173953072  0.047004247 -3.700794786  0.000268242
```

Es ist zu erkennen, dass nur die Renditen vom 20., 24. und 27.06.2016 so deutlich von null abweichen, dass das Testergebnis gegen die Nullhypothese spricht. Die kumulierte abnormale Rendite *CAR* ist trotz der an einigen Tagen positiven Renditen ebenfalls so stark negativ, dass eine Nullhypothese, sie unterscheide sich nicht von null, verworfen werden kann.

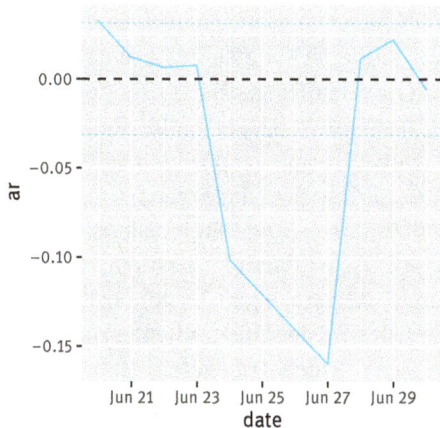

R-Grafik 8.2: Liniendiagramm der abnormalen Rendite für ein Unternehmen (Barclays Bank). In blau sind die kritischen Werte bei ±2 · Standardfehlern um null eingezeichnet.

Auch in der dazugehörigen R-Grafik 8.2 zeigt sich, dass nur die genannten Daten außerhalb des Bereichs der kritischen Werte liegen, die blau eingezeichnet sind.

Abschließend wird als nicht-parametrischer Test noch der Corrado-Rang-Test durchgeführt, der ebenfalls als Funktion in Abschnitt B.5 des Anhangs umgesetzt wurde.

R-Code 8.9: Corrado-Rang-Test der abnormalen Renditen für ein Unternehmen (Barclays Bank)

```
# Corrado-Rang-Test AR und CAR
CRTestAR(BARC.AR,
         # Schätzfenster
         wsstart ="2015-01-01", wsend = "2016-06-19",
         # Ereignisfenster
         westart = "2016-06-20", weend = "2016-06-30")

## $AR
##                    AR      AK       se      t-Wert      p-Wert
## 2016-06-20  0.032918462  115.5 70.43614   1.6397832  0.10239964
## 2016-06-21  0.012306008   86.5 70.43614   1.2280627  0.22066252
## 2016-06-22  0.006503495   47.5 70.43614   0.6743697  0.50074483
## 2016-06-23  0.007770583   59.5 70.43614   0.8447368  0.39912435
## 2016-06-24 -0.101286640 -120.5 70.43614  -1.7107695  0.08845463
## 2016-06-27 -0.160005081 -121.5 70.43614  -1.7249667  0.08585950
```

```
## 2016-06-28  0.011476093   84.5 70.43614  1.1996682 0.23148668
## 2016-06-29  0.022177319  108.5 70.43614  1.5404024 0.12481927
## 2016-06-30 -0.005813312  -57.5 70.43614 -0.8163423 0.41513822
##
## $CAR
##        CAR        CAK        se    t-Wert     p-Wert
## -0.1739531 22.5000000 70.4361413 0.3194383  0.7496804
```

Zusätzlich werden hier die Abweichungen vom mittleren Rangplatz (AK) ausgegeben, die dem Test zugrunde liegen. Aufgrund der geringeren Trennschärfe bzw. des relativ größeren Standardfehlers des Corrado-Rang-Tests sind die t-Werte aller abnormalen Renditen kleiner im Vergleich zum t-Test. Dennoch zeigt sich das gleiche Bild. Die kleinsten p-Werte finden sich am 24. und 27.06.2016, so dass das Ergebnis des t-Tests im Wesentlichen bestätigt wird. Kumuliert über das gesamte Ereignisfenster zeigt sich für CAR allerdings ein sehr großer p-Wert. Das ist damit zu erklären, dass die Summe der Abweichungen vom mittleren Rang CAK im Ereignisfenster positiv wird, während die kumulierte Rendite negativ ist. Auch wird der Standardfehler analog zu den Formeln 8.25 und 8.27 für die kumulierte Rendite nicht reduziert.

8.6 Ausblick

Neben der beschriebenen Form von Ereignisstudien können auch Langzeit-Ereignisstudien durchgeführt werden (siehe z. B. Lyon *et al.*, 1999). Hier wird die erzielte *Buy-and-Hold*-Rendite mit der erwarteten Rendite verglichen: Buy and Hold Abnormal Return (BHAR). Auch erlaubt die wachsende Verfügbarkeit von Intraday-Daten entsprechende Intraday-Ereignisstudien durchzuführen.

8.7 Literatur

8.7.1 Weiterführende Literatur

Exemplarisch sei auf folgende weiterführende Literatur verwiesen:
- Ang (2021), *Analyzing financial data and implementing financial models using R*, insbesondere Kapitel 5;
- Brooks (2019), *Introductory econometrics for finance*, insbesondere Kapitel 14.1;
- Corrado (2011), *Event studies: A methodology review*;
- Holler (2016), *Einführung in die Event Study Methodik*;
- de Jong und Naumovska (2015), *A note on event studies in finance and management research*.

8.7.2 Anwendungsbeispiele

- Bessler, Drobetz, Seim und Zimmermann (2016), *Equity issues and stock repurchases of initial public offerings* – Ereignisstudie, BHAR, logistische Regression;
- Boscaljon und Clark (2013), *Do large shocks in VIX signal a flight-to-safety in the gold market?* – Ereignisstudie, lineare Regression, Fama-French-Modell;
- Bouoiyour und Selmi (2018), *Are BRICS markets equally exposed to Trump's agenda?* – Ereignisstudie, lineare Regression;
- Dong, Loncarski, Horst und Veld (2012), *What drives security issuance decisions: market timing, pecking order, or both?* – Ereignisstudie, lineare Regression, multinomiale Probit-Regression;
- He, Sun, Zhang und Li (2020), *COVID–19's impact on stock prices across different sectors – an event study based on the Chinese stock market* – Ereignisstudie;
- Kepper und Gehrke (2022), *Ereignisstudie und lineare Regression: Short Selling am deutschen Aktienmarkt – Eine empirische Analyse über den Zusammenhang der Veröffentlichung von Leerverkaufspositionen und Aktienrenditen* – Ereignisstudie mit anschließender Regression der abnormalen Rendite;
- Knauer, Ledwig und Wömpener (2012), *Zur Wertrelevanz freiwilliger Managementprognosen in Deutschland* – Ereignisstudie, Probit-Regression;
- Neuhierl, Scherbina und Schlusche (2013), *Market reaction to corporate press releases*;
- Tweneboah-Kodua, Atsu und Buchanan (2018), *Impact of cyberattacks on stock performance: a comparative study*.

9 Klassifikation und Regression mit Bäumen und Random Forest

9.1 Grundlagen baumbasierter Verfahren

Baumbasierte Verfahren stellen eine weitere Möglichkeit der Analyse dar. Insbesondere bei nichtlinearen Zusammenhängen, Ausreißern und Wechselwirkungen bieten baumbasierte Verfahren eine robuste Alternative zur linearen und logistischen Regression.

Die Verfahren können in *Klassifikations- und Regressionsbäume* (Classification and Regression Trees, Breiman *et al.*, 1984) unterschieden werden. Diese funktionieren ähnlich wie Entscheidungsbäume (*recursive binary splitting*): Ausgehend von einer Wurzel (*root*) werden Äste (*branches*) anhand eines Aufteilungskriteriums (*splitting criterion*) in der unabhängigen Variablen x gebildet, bis schließlich das Ergebnis (Prognose für y) in den Endknoten oder Blättern (*terminal node* oder *leaf*) steht. Die Verzweigungen innerhalb des Baumes werden Knoten (*internal nodes*) genannt. Dabei werden die Werte der abhängigen Variablen in den Ästen bzw. Blättern immer einheitlicher (*impurity* $\rightarrow$ *purity*) und damit die Prognosegenauigkeit auf den Daten erhöht.

Prinzipiell könnte der Baum maximal jede Beobachtung als einzelnes Blatt[1] enthalten: Das würde zur Überanpassung (*overfitting*) führen. Daher muss der Baum beschnitten werden (*pruning*). Dies erfolgt mit Hilfe eines Komplexitätsparameters, der z. B. über Kreuzvalidierung bestimmt wird (Details siehe z. B. Therneau und Atkinson, 2018).

Abbildung 9.1 zeigt beispielhaft eine solche durch einen Klassifikationsbaum modellierte Aufteilung. In dem Partitionsplot werden entlang der Koordinaten der ersten beiden Prädiktoren die jeweiligen Grenzen für die modellierte Zuordnung der abhängigen Variablen gezeigt. Im Beispiel hat diese vier Kategorien, die mit 1, 2, 3 und 4 bezeichnet sind. Dargestellt sind die beobachteten Werte. Sofern die Zuordnung korrekt war, ist die Zahl schwarz dargestellt, andernfalls grau. Die verschiedenen Bereiche (Partitionen) der jeweiligen modellierten Kategorie sind in unterschiedlichen Farben dargestellt.

Weiterhin können statt einem Baum auch viele Bäume über ein Bootstrap-Verfahren berechnet werden, das führt dann zu einem *Random Forest* (siehe Abschnitt 9.4). Weiterführende Informationen zu allen Verfahren finden Sie z. B. in Hastie *et al.* (2009, S. 305 ff.) oder James *et al.* (2021, S. 327 ff.).

---

[1] Im Fall, dass mehrere Beobachtungen in den x-Werten gleich sind, entsprechend weniger.

https://doi.org/10.1515/9783110767261-009

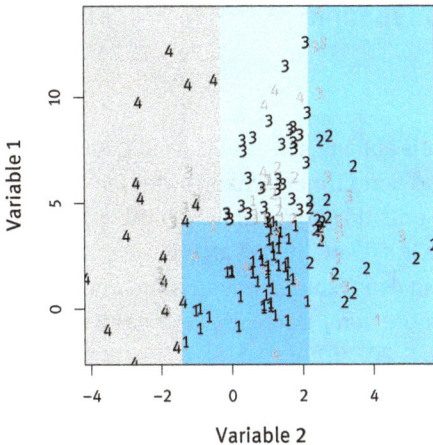

Abb. 9.1: Partitionsplot. Die unterschiedlichen Partitionen (Bereiche der modellierten Kategorie der abhängigen Variable) sind in unterschiedlichen Farben dargestellt. Die jeweils falsch zugeordneten Beobachtungen der abhängigen Variablen sind in grau eingezeichnet.

9.2 Verwendete R-Pakete

In diesem Kapitel kommen die in R-Code 9.1 aufgeführten Pakete zum Einsatz, die mit library(package) geladen bzw. aktiviert werden müssen. Zusätzlich werden die Pakete MASS und mosaic verwendet, die aber nicht geladen werden müssen, sondern mit :: direkt beim Funktionsaufruf ergänzt werden (package::function()). Falls die unten aufgeführten Pakete bzw. die weiteren genannten Pakete noch nicht installiert wurden, müssen sie einmalig mit install.package("package") installiert werden.

R-Code 9.1: Laden der im Kapitel benötigten Pakete

```
library(dplyr)        # Datenhandling
library(tidyr)        # "tidy" Datenformat
library(forcats)      # Tools für kategoriale Variablen
library(readxl)       # Excel-Dateien einlesen
library(ggplot2)      # Grammar of Graphics
library(ggformula)    # Pipelining und Formelinterface für ggplot2
library(ggfortify)    # automatische Übertragung verschiedener Formate in ggplot2
library(gridExtra)    # Anordnung mehrerer ggplot2-Objekte
library(rpart)        # Regressions- und Klassifikationsbäume
library(rpart.plot)   # Plot von Bäumen
library(randomForest) # Random Forest
library(party)        # Random Forest mit bedingter Inferenz
library(caret)        # Auswertung und Optimierung von Klassifikationsmodellen

# Weitere Pakete, die benötigt, aber nicht dauerhaft geladen werden:
# mosaic               # Formelinterface für die Datenanalyse
# MASS                 # Diskriminanzanalyse
```

9.3 Klassifikations- und Regressionsbäume

9.3.1 Klassifikationsbäume

Klassifikationsbäume werden für eine nominale abhängige Variable y mit C Kategorien verwendet. Das Splitting erfolgt z. B. anhand von Einheitlichkeitskriterien (*purity*): Teile die Wurzel bzw. den Ast (*internal node*) anhand der Variable x_k mit $k = 1, \ldots, K$ (K Anzahl unabhängiger Variablen) an der Stelle s (Wert für die Variable x_k) so auf, dass der Gini-Koeffizient G_l (Konzentrationsmaß) in den resultierenden Halbräumen R_l mit $l = 1, 2$ minimiert wird. Dabei wird zur Prognose von y der Modalwert des jeweiligen Halbraums R_l verwendet (Hastie *et al.*, 2009, S. 308 ff.).

Finde

$$R_1(k, s) = \{X \mid X_k < s\} \quad \text{und} \quad R_2(k, s) = \{X \mid X_k \geq s\}, \tag{9.1}$$

so dass folgender Ausdruck minimiert wird:

$$\frac{N_1}{N_1 + N_2} \cdot G_1 + \frac{N_2}{N_1 + N_2} \cdot G_2 = \sum_{l=1}^{2} \frac{N_l}{N_1 + N_2} \underbrace{\sum_{c=1}^{C} p_{lc} \cdot (1 - p_{lc})}_{\text{Gini-Koeffizient}}. \tag{9.2}$$

Darin sind p_{lc} der Anteil der y-Werte, die im Halbraum R_l mit der jeweiligen Kategorie c übereinstimmen:

$$p_{lc} = \frac{1}{N_l} \cdot \sum_{i: x_i \in R_l} I(y_i = c) \tag{9.3}$$

und N_l die Anzahl der Beobachtungen im jeweiligen Halbraum:

$$N_l = \sum_{i: x_i \in R_l} 1. \tag{9.4}$$

Der prognostizierte $\hat{y}$-Wert ergibt sich aus der im jeweiligen Halbraum am häufigsten vorkommenden Kategorie:

$$\hat{y}_{R_l} = \arg \max_c \ p_{lc}. \tag{9.5}$$

Hinweis: Auch hier müssen die Prädiktoren X_k nicht metrisch sein. Kategoriale Daten funktionieren analog.

Der Gini-Koeffizient[2] aus Gleichung 9.2 kann umgeformt werden:

$$G = \sum_{c=1}^{C} p_c \cdot (1 - p_c) = \sum_{c=1}^{C} \left(p_c - p_c^2 \right) = \sum_{c=1}^{C} p_c - \sum_{c=1}^{C} p_c^2 = 1 - \sum_{c=1}^{C} p_c^2. \tag{9.6}$$

Es wird entsprechend die Verzweigung genommen, die in der Summe der mit dem Anteil der Beobachtungen in den jeweiligen Halbräumen gewichteten Gini-Koeffizienten den kleinsten Wert liefert.

---

2 Streng genommen entspricht der Ansatz nur im Fall von zwei Klassen dem *klassischen* Gini-Koeffizienten bzw. Gini-Index (Bruce *et al.*, 2020, S. 255). Daher wird dieser in der Anwendung der Klassifikation auch als *Gini-Impurity* bezeichnet. Der Einfachheit halber wird hier weiter die Bezeichnung Gini-Koeffizient verwendet.

Klassifikationsbaum – Beispiel

Als Beispiel wird der Kapitalstruktur-Datensatz wie in Kapitel 2 mit den Querschnittsdaten aus 2015 verwendet (R-Code 9.2) sowie das Paket rpart, um den Klassifikationsbaum zu erzeugen. Kann aus den Kennzahlen, die für die Modellierung der Fremdkapitalquote genutzt wurden, und der Fremdkapitalquote umgekehrt die Indexzugehörigkeit abgeleitet werden?

Die Indexzugehörigkeit ist nach dem Einlesen eine Zeichenkette (Typ: chr) und wird für die weitere Nutzung in R in eine sogenannte Faktor-Variable umgewandelt (Typ: factor). Diese werden für kategoriale Variablen mit wenigen Kategorien verwendet, nach denen die Daten z. B. gruppiert werden können. Da Index bei fehlender Indexzugehörigkeit als fehlender Wert (NA) deklariert ist und dies häufig vorkommt, werden in dieser Variablen die fehlenden Werte durch die Kategorie keinIDX ersetzt. Zusätzlich wird die Reihenfolge der Kategorien (*Levels*) geändert, so dass die Kategorie keinIDX am Ende steht. Hierzu wird die Funktion fct_relevel() aus dem Paket forcats genutzt, die eine Verknüpfung über den Pipe-Operator erlaubt. Anschließend wird auf das Jahr 2015 gefiltert und es werden die Häufigkeiten der einzelnen Kategorien ausgegeben. Hierzu wird die Funktion tally() aus dem Paket mosaic genutzt. Das Paket muss dazu nicht geladen werden, die Funktion wird mit mosaic:: aufgerufen.

R-Code 9.2: Einlesen und Vorbereitung des Datensatzes Kapitalstruktur.xlxs

```
# Einlesen des Datensatzes
KS <- read_excel("data/Kapitalstruktur.xlsx")

# Variable Index bearbeiten
KS <- KS |> mutate(
  Index =
    # NA durch "keinIDX" ersetzen
    if_else(is.na(Index), "keinIDX", Index) |>
    # in einen Faktor konvertieren und Reihenfolge der Kategorien (Level) ändern
    fct_relevel("DAX", "MDAX", "SDAX", "TecDAX", "keinIDX"))

# Einschränken auf das Jahr 2015
KSQ <- KS |> filter(Jahr == 2015)

# Häufigkeiten ausgeben (hier mit tally aus dem Paket mosaic)
mosaic::tally(~ Index, data = KSQ)

## Index
##      DAX    MDAX    SDAX  TecDAX keinIDX
##       25      36      35      25       4
```

Im nächsten Schritt wird der Klassifikationsbaum mit der Funktion rpart() aus dem gleichnamigen Paket modelliert (R-Code 9.3). Da intern eine Kreuzvalidierung (siehe Abschnitt 9.3.1) mit zufälligen ausgewählten Teilstichproben vorgenommen wird, wird zur Reproduzierbarkeit ein set.seed() durchgeführt.

R-Code 9.3: Berechnung und Ausgabe des Klassifikationsbaums

```
# Reproduzierbarkeit für die Kreuzvalidierung
set.seed(123)
# Berechnung und Ausgabe des Klassifikationsbaums
KSQ.kbaum <- rpart(Index ~ fkq + uw + sach + ebit, data = KSQ)
KSQ.kbaum

## n= 125
##
## node), split, n, loss, yval, (yprob)
##       * denotes terminal node
##
##  1) root 125 89 MDAX (0.2 0.29 0.28 0.2 0.032)
##    2) sach>=0.22975 56 35 MDAX (0.23 0.38 0.38 0.018 0)
##      4) fkq< 0.30835 35 19 MDAX (0.29 0.46 0.23 0.029 0)
##        8) fkq>=0.1565 19  9 DAX (0.53 0.32 0.16 0 0) *
##        9) fkq< 0.1565 16  6 MDAX (0 0.62 0.31 0.062 0) *
##      5) fkq>=0.30835 21  8 SDAX (0.14 0.24 0.62 0 0)
##       10) ebit>=0.0643 7  2 MDAX (0 0.71 0.29 0 0) *
##       11) ebit< 0.0643 14  3 SDAX (0.21 0 0.79 0 0) *
##    3) sach< 0.22975 69 45 TecDAX (0.17 0.22 0.2 0.35 0.058)
##      6) uw< 0.2087 52 39 MDAX (0.21 0.25 0.23 0.25 0.058)
##       12) ebit< 0.08995 28 18 MDAX (0.29 0.36 0.21 0.071 0.071)
##         24) fkq>=0.21685 10  6 DAX (0.4 0.1 0.4 0.1 0) *
##         25) fkq< 0.21685 18  9 MDAX (0.22 0.5 0.11 0.056 0.11) *
##       13) ebit>=0.08995 24 13 TecDAX (0.12 0.12 0.25 0.46 0.042)
##         26) ebit>=0.12005 12  8 SDAX (0.17 0.25 0.33 0.17 0.083) *
##         27) ebit< 0.12005 12  3 TecDAX (0.083 0 0.17 0.75 0) *
##      7) uw>=0.2087 17  6 TecDAX (0.059 0.12 0.12 0.65 0.059) *
```

Lesebeispiel: Wenn sach ≥ 0.22975 (Knoten 2) und fkq ≥ 0.30835 (Knoten 5) und ebit < 0.0643 (Knoten 11, Blatt [*terminal node*]) ist, dann ist SDAX die häufigste Merkmalsausprägung von Index (relative Häufigkeit von Index = SDAX hier: $\frac{14-3}{125} \approx 0.11$). 14 Beobachtungen erfüllen die Kriterien der unabhängigen Variablen, das sind 11 % aller Beobachtungen (n = 125). 3 davon sind falsch klassifiziert (*loss*). Die Zahlen in Klammern geben jeweils den Anteil der verschiedenen Kategorien in dem jeweiligen Knoten an, in der Reihenfolge der Kategorien (Level) der abhängigen Variablen. levels() zeigt die Kategorien an (R-Code 9.4).

R-Code 9.4: Ausgabe der Kategorien (Level) der Variable `Index`

```
levels(KSQ$Index)

## [1] "DAX"      "MDAX"      "SDAX"      "TecDAX"   "keinIDX"
```

Der Baum kann mit `rpart.plot()` grafisch ausgegeben werden (R-Code 9.5). Als Ausgabeformat wird hier `type = 5` gewählt, was die Ausgabe etwas übersichtlicher gestaltet. Der Standardwert ist 2, dann werden mehr Informationen zu den einzelnen Verzweigungen ausgegeben.

R-Code 9.5: Plot des Klassifikationsbaums

```
rpart.plot(KSQ.kbaum, type = 5)
```

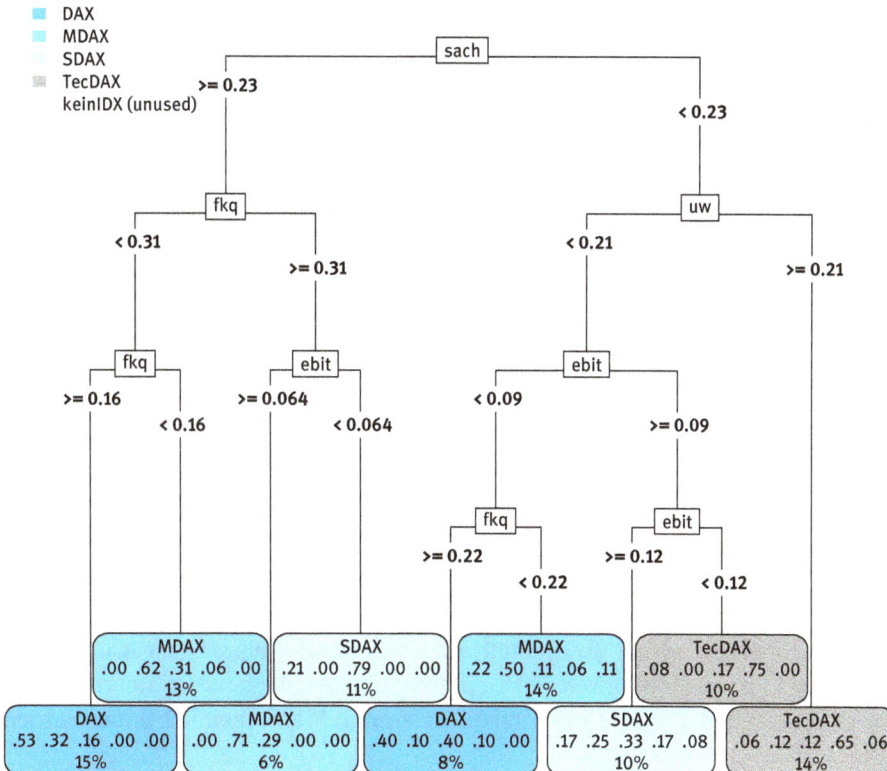

R-Grafik 9.1: Plot des Klassifikationsbaums

Das betrachtete Beispiel ist in R-Grafik 9.1 das zweite Blatt von links in der oberen Reihe. Es werden (gerundet) die Anteile der jeweiligen Kategorien ausgegeben sowie der prozentuale Anteil der Beobachtungen an allen Beobachtungen in diesem Blatt.

Anpassungsgüte

Wie gut ist das Modell? Mit Hilfe von predict() können die Punktprognosen $\hat{y}$ bestimmt werden (R-Code 9.6).

R-Code 9.6: Ausgabe der ersten sechs mit dem Klassifikationsbaum modellierten Werte und der dazugehörigen beobachteten y-Werte

```
predict(KSQ.kbaum, type = "class") |> head()

##       1       2       3       4       5       6
##    MDAX    MDAX TecDAX    MDAX    SDAX    MDAX
## Levels: DAX MDAX SDAX TecDAX keinIDX


head(KSQ$Index)

## [1] MDAX    DAX    TecDAX MDAX    SDAX    MDAX
## Levels: DAX MDAX SDAX TecDAX keinIDX
```

Eine Einschätzung über die Anpassungsgüte kann über die *Fehlklassifikationsrate* erfolgen (R-Code 9.7). Hierzu werden die Punktprognosen $\hat{y}$ für alle Beobachtungen bestimmt und mit den beobachteten Werten y verglichen.

R-Code 9.7: Fehlklassifikationsrate des Klassifikationsbaums

```
mean(predict(KSQ.kbaum, type = "class") != KSQ$Index)

## [1] 0.416
```

Verglichen werden kann ein Klassifikationsbaum z. B. mit der *Linearen Diskriminanzanalyse* (LDA) (R-Code 9.8). Diese ist als Funktion lda() im Paket MASS implementiert. Der Aufruf erfolgt hier über MASS::lda(). Bei einer LDA wird von einer klassenweisen (d. h. hier je Indexzugehörigkeit) multivariaten Normalverteilung ausgegangen, wobei sich je Klasse der Mittelwertsvektor μ unterscheidet, die Kovarianzmatrix Σ aber für alle Klassen gleich ist. Unterschiedliche a-priori Wahrscheinlichkeiten werden berücksichtigt.

Auch in der LDA werden Beobachtungen mit fehlenden Werten ausgeschlossen, die Indices dazu können mit KSQ.lda$na.action abgerufen werden. Falls das notwendig sein sollte, können Sie mit Hilfe von KSQ$Index[-KSQ.lda$na.action] erreichen, diese Werte aus dem Vektor wegzulassen.

R-Code 9.8: Fehlklassifikationsrate der Diskriminanzanalyse

```
KSQ.lda <- MASS::lda(Index ~ fkq + uw + sach + ebit, data = KSQ)
mean((predict(KSQ.lda)$class != KSQ$Index))


## [1] 0.584
```

In Bezug auf die *Klassifikation* scheint der Baum in der Anpassungsgüte besser als die lineare Diskriminanzanalyse zu sein. Aber wie sieht es kreuzvalidiert, d. h. in der Prognose aus?

Prognosegüte über Kreuzvalidierung

Für die Validierung der Prognosegüte ist es wichtig, das Modell an Trainingsdaten zu schätzen, also zu trainieren, und an Testdaten zu überprüfen. Dazu wird die Original-stichprobe in zwei Drittel Trainingsdaten und ein Drittel Testdaten aufgeteilt.

Für eine $k = 3$-fache *Kreuzvalidierung* müssen drei Trainings- und drei Testdaten-sätze erzeugt werden. Zunächst wird dafür ein Aufteilungsvektor gebildet, mit dessen Hilfe die Aufteilung vorgenommen wird.[3] Mittels des Aufteilungsvektors wird die Origi-nalstichprobe in eine Trainings- und eine Teststichprobe unterteilt (R-Code 9.9).

R-Code 9.9: 3-fache Kreuzvalidierung: Aufteilung in Trainings- und Testdaten

```
aufteilung <- rep(1:3, length.out = nrow(KSQ))

test1 <-  KSQ[aufteilung == 1,] # Nur die 1, 4, 7, ... Beobachtung
train1 <- KSQ[aufteilung != 1,] # Ohne die 1, 4, 7, ... Beobachtung
test2 <-  KSQ[aufteilung == 2,] # Nur die 2, 5, 8, ... Beobachtung
train2 <- KSQ[aufteilung != 2,] # Ohne die 2, 5, 8, ... Beobachtung
test3 <-  KSQ[aufteilung == 3,] # Nur die 3, 6, 9, ... Beobachtung
train3 <- KSQ[aufteilung != 3,] # Ohne die 3, 6, 9, ... Beobachtung
```

Anschließend werden die Modelle auf Basis der Trainingsdaten geschätzt und anhand der Testdaten überprüft (R-Code 9.10). Als Abweichungskriterium wird der Prognose-fehler für jeden Testdatensatz berechnet und daraus der Mittelwert gebildet.

---

3 Hinweis: In der Praxis wird die Aufteilung nicht manuell, sondern innerhalb von Schleifen durch-geführt. Auch kann der Aufteilungsvektor per Zufall bestimmt werden – *Sampling*. Die Funktion `createMultiFolds()` aus dem Paket `caret` kann genutzt werden, um zufallsgenerierte Trainings- und Testdaten für die Kreuzvalidierung zu erzeugen.

R-Code 9.10: Kreuzvalidierung des Klassifikationsbaums im Vergleich mit einer linearen Diskriminanzanalyse

```
# Runde 1
b1 <- rpart(Index ~ fkq + uw + sach + ebit, data = train1)
l1 <- MASS::lda(Index ~ fkq + uw + sach + ebit, data = train1)
erb1 <- mean( (predict(b1, newdata = test1, type = "class") != test1$Index), na.rm = TRUE)
erl1 <- mean( (predict(l1, newdata = test1)$class != test1$Index), na.rm = TRUE)

# Runde 2
b2 <- rpart(Index ~ fkq + uw + sach + ebit, data = train2)
l2 <- MASS::lda(Index ~ fkq + uw + sach + ebit, data = train2)
erb2 <- mean( (predict(b2, newdata = test2, type = "class") != test2$Index), na.rm = TRUE)
erl2 <- mean( (predict(l2, newdata = test2)$class != test2$Index), na.rm = TRUE)

# Runde 3
b3 <- rpart(Index ~ fkq + uw + sach + ebit, data = train3)
l3 <- MASS::lda(Index ~ fkq + uw + sach + ebit, data = train3)
erb3 <- mean( (predict(b3, newdata = test3, type = "class") != test3$Index), na.rm = TRUE)
erl3 <- mean( (predict(l3, newdata = test3)$class != test3$Index), na.rm = TRUE)

# Mittelwert des Prognosefehlers: Baum
mean(c(erb1, erb2, erb3))

## [1] 0.6881533

# Mittelwert des Prognosefehlers: LDA
mean(c(erl1, erl2, erl3))

## [1] 0.7119628
```

Auch in der *Prognosegüte* ist hier das Baummodell besser. Allerdings ist anzumerken, dass die Fehlklassifikationsrate sehr hoch ist. Insgesamt scheinen die gewählten Prädiktoren nicht geeignet zu sein, die Indexzugehörigkeit zu modellieren. Eine Verbesserung lässt sich z. B. dadurch erreichen, dass alle numerischen Variablen hinzugezogen werden (R-Code 9.11).

R-Code 9.11: Klassifikationsbaum mit numerischen Variablen als Prädiktoren und Ausgabe der Fehlklassifikationsrate

```
# Lege Datensatz an, der nur die Variable Index und die numerischen Variablen enthält
KSQ2 <- KSQ |> select(-Name, -Jahr, -'ISIN Code', -Sektor)
# Klassifikationsbaum mit allen numerischen Variablen
KSQ2.kbaum <- rpart(Index ~ ., data = KSQ2)
# Fehlklassifikationsrate
mean((predict(KSQ2.kbaum, type = "class") != KSQ2$Index))

## [1] 0.272
```

Einen visuellen Vergleich eines Klassifikationsbaums und der linearen Diskriminanzanalyse mit Hilfe von Partitionsplots zeigt Abbildung 9.2. Es ist deutlich zu erkennen,
dass beim Klassifikationsbaum (Grafik links) die Klassengrenzen hierarchisch und
parallel zu den Achsen verlaufen, während diese bei der linearen Diskriminanzanalyse (Grafik in der Mitte) zwar linear sind, aber nicht parallel zu den Achsen liegen.
Partitionsplots können u. a. mit der Funktion partimat() aus dem Paket klaR erzeugt
werden.

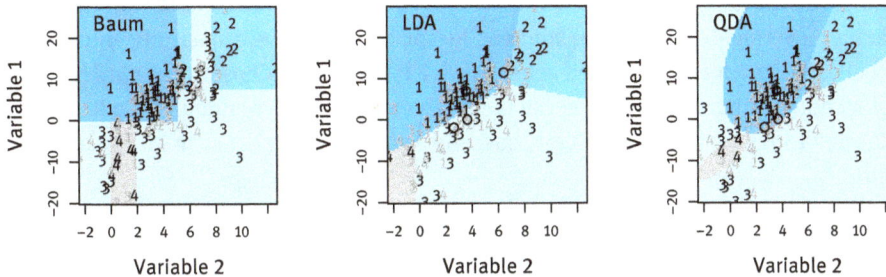

Abb. 9.2: Links: Partitionsplot Klassifikationsbaum – Klassengrenzen sind parallel zu den Achsen.
Mitte: Partitionsplot lineare Diskriminanzanalyse – Klassengrenzen linear, aber nicht mehr parallel zu den Achsen. Rechts: Partitionsplot quadratische Diskriminanzanalyse – Klassengrenzen
nichtlinear.

Ergänzung: Wird bei einer linearen Diskriminanzanalyse die Annahme der gleichen
Kovarianzen innerhalb der Klassen fallengelassen, kann eine *quadratische Diskriminanzanalyse* (QDA) verwendet werden. Diese ist dann in den Klassengrenzen flexibler,
wie sich in Abbildung 9.2 rechts zeigt.

9.3.2 Wichtige Parameter der Funktion rpart()

Neben dem Splitkriterium können mit rpart.control() verschiedene Parameter des
Algorithmus eingestellt werden, u. a.:
- minsplit: Minimale Anzahl der Beobachtungen im Knoten, damit eine Aufteilung
  versucht wird (Standardwert 20);
- minbucket: minimale Anzahl der Beobachtungen im Blatt (Standardwert $\frac{20}{3}$);
- cp: Komplexitätsparameter (pruning), Aufteilungen werden so lange durchgeführt,
  bis dieser Wert erreicht wird (Standardwert 0.01);
- maxdepth: maximale Tiefe eines Blattes (Standardwert 30), d. h. die maximale
  Länge von der Wurzel bis zu einem Blatt.

Zusätzlich kann über xval noch die Anzahl der Kreuzvalidierungen bestimmt werden,
die bei der Modellierung durchgeführt werden (Standardwert 10). Das Listen-Objekt,

das mit `rpart.control()` erzeugt wird, wird in der Option `control =` in der `rpart()`-Funktion eingesetzt. Ein Beispiel dafür finden Sie in R-Code 9.12. Die Parameter können mit der Funktion `train()` aus dem Paket `caret` automatisch optimiert werden. Alternativen und Ergänzungen zu `rpart` sind die Pakete `tree` und `partykit`.

9.3.3 Beschneiden der Bäume

Insbesondere für die Prognose ist es wichtig, eine Überanpassung (*Overfitting*) der Bäume zu vermeiden. Erkennen können Sie eine mögliche Überanpassung anhand der Tabelle, die mit `printcp()` ausgegeben wird. Für Demonstrationszwecke wird hier der vollständige Datensatz KS verwendet (keine Querschnittsdaten) und in R-Code 9.12 ein Klassifikationsbaum so modelliert, dass die Aufteilung erst bei `cp = 0.001` beendet wird.

R-Code 9.12: Überangepasster Klassifikationsbaum

```
set.seed(1704) # Reproduzierbarkeit
# CP-Grenze einstellen
cntrl <- rpart.control(cp = 0.001)
# Modell berechnen und CP ausgeben
KS.koverfit <- rpart(Index ~ fkq + uw + sach + ebit, control = cntrl, data = KS)
printcp(KS.koverfit)


##
## Classification tree:
## rpart(formula = Index ~ fkq + uw + sach + ebit, data = KS, control = cntrl)
##
## Variables actually used in tree construction:
## [1] ebit fkq  sach uw
##
## Root node error: 989/1370 = 0.7219
##
## n=1370 (5 Beobachtungen als fehlend gelöscht)
##
##          CP nsplit rel error  xerror     xstd
## 1  0.0596562      0   1.00000 1.00000 0.016769
## 2  0.0465116      1   0.94034 0.95046 0.017368
## 3  0.0212336      2   0.89383 0.91810 0.017693
## 4  0.0159252      4   0.85137 0.89889 0.017864
## 5  0.0141557      8   0.78766 0.87563 0.018048
## 6  0.0131446      9   0.77351 0.86249 0.018141
## 7  0.0111223     10   0.76036 0.82912 0.018346
## 8  0.0077519     11   0.74924 0.81496 0.018418
## 9  0.0062690     14   0.72599 0.79373 0.018512
## 10 0.0060667     20   0.68554 0.79575 0.018504
```

```
## 11 0.0055612    21    0.67947 0.79575 0.018504
## 12 0.0053927    23    0.66835 0.79676 0.018500
## 13 0.0050556    26    0.65217 0.79676 0.018500
## 14 0.0047186    27    0.64712 0.79676 0.018500
## 15 0.0045501    30    0.63296 0.79373 0.018512
## 16 0.0040445    32    0.62386 0.77856 0.018568
## 17 0.0038423    35    0.61173 0.77856 0.018568
## 18 0.0035389    40    0.59252 0.76845 0.018600
## 19 0.0030334    44    0.57836 0.75632 0.018633
## 20 0.0026963    47    0.56926 0.75632 0.018633
## 21 0.0023593    56    0.54095 0.75733 0.018631
## 22 0.0020222    59    0.53387 0.76845 0.018600
## 23 0.0015167    77    0.49747 0.76643 0.018606
## 24 0.0010111    79    0.49444 0.77250 0.018588
## 25 0.0010000    86    0.48736 0.78160 0.018558
```

Die Spalte `rel error` gibt wieder den relativen Fehler in den gesamten Daten aus und `xerror` entsprechend den relativen Fehler in der Kreuzvalidierung (Details siehe Abschnitt 9.3.1). Eine Überanpassung ergibt sich, wenn der relative Fehler in der Kreuzvalidierung wieder zunimmt. Das (erste) Minimum[4] liegt in Zeile 19 bei 0.75632.

Mit `prune()` kann der Baum auf einen bestimmten Komplexitätsparameter zurückgeschnitten werden (R-Code 9.13). Die mit `printcp(model)` ausgegebenen Werte finden sich in `mod$cptable`. Einzelne Werte daraus können mit [Zeilenindex, Spaltenindex] angesprochen werden.

R-Code 9.13: Beschneidung des Klassifikationsbaums

```
# Index für kleinsten xerror auslesen
idx <- which.min(KS.koverfit$cptable[, "xerror"])
# Baum beschneiden und CP ausgeben
KS.kprune <- prune(KS.koverfit, cp = KS.koverfit$cptable[idx, "CP"])
printcp(KS.kprune)


##
## Classification tree:
## rpart(formula = Index ~ fkq + uw + sach + ebit, data = KS, control = cntrl)
##
## Variables actually used in tree construction:
## [1] ebit fkq  sach uw
##
## Root node error: 989/1370 = 0.7219
##
```

---

[4] Sie können auch die Funktion `which.min(KS.koverfit$cptable[, "xerror"])` verwenden oder einen ungefähren Zielwert für `cp` angeben.

```
## n=1370 (5 Beobachtungen als fehlend gelöscht)
##
##            CP nsplit rel error  xerror     xstd
## 1  0.0596562      0  1.00000 1.00000 0.016769
## 2  0.0465116      1  0.94034 0.95046 0.017368
## 3  0.0212336      2  0.89383 0.91810 0.017693
## 4  0.0159252      4  0.85137 0.89889 0.017864
## 5  0.0141557      8  0.78766 0.87563 0.018048
## 6  0.0131446      9  0.77351 0.86249 0.018141
## 7  0.0111223     10  0.76036 0.82912 0.018346
## 8  0.0077519     11  0.74924 0.81496 0.018418
## 9  0.0062690     14  0.72599 0.79373 0.018512
## 10 0.0060667     20  0.68554 0.79575 0.018504
## 11 0.0055612     21  0.67947 0.79575 0.018504
## 12 0.0053927     23  0.66835 0.79676 0.018500
## 13 0.0050556     26  0.65217 0.79676 0.018500
## 14 0.0047186     27  0.64712 0.79676 0.018500
## 15 0.0045501     30  0.63296 0.79373 0.018512
## 16 0.0040445     32  0.62386 0.77856 0.018568
## 17 0.0038423     35  0.61173 0.77856 0.018568
## 18 0.0035389     40  0.59252 0.76845 0.018600
## 19 0.0030334     44  0.57836 0.75632 0.018633
```

Der beschnittene Baum hat jetzt nur noch 44 Splits (letzte Zeile R-Code 9.13, Spalte nsplit) statt vorher 86 (letzte Zeile in R-Code 9.12).

Statt das (erste) Minimum des Fehlers in der Kreuzvalidierung für die Beschneidung zu nutzen, kann zusätzlich auch die Schätzunsicherheit über den Standardfehler (Spalte xstd) berücksichtigt werden. Am einfachsten wird dazu mit plotcp() ein Plot der Komplexitätsparameter ausgegeben (R-Code 9.14, Grafik 9.2[5]).

R-Code 9.14: Plot der Komplexitätsparameter eines Baums

```
plotcp(KS.koverfit)
```

Die y-Achse zeigt den xerror, auf der x-Achse ist cp abgetragen, allerdings in Schrittweite 1 (also unabhängig von dem tatsächlichen cp-Wert). Die auf der zweiten x-Achse angegebene size of tree ist die um 1 erhöhte Anzahl der Splits. Sie können mit der Option upper = "splits" auch die Anzahl der Splits auf der zweiten x-Achse anzeigen lassen. Die Fehlerbalken liegen ± einen Standardfehler um xerror. Die horizontale Linie liegt einen Standardfehler über dem Minimum des Fehlers in der Kreuzvalidierung.

---

5 *Hinweis:* Bei Aufruf von plotcp() erfolgt die Ausgabe als *klassische* R-Grafik. Hier wird aus Gründen der einheitlichen grafischen Darstellung eine ggplot2-Variante dargestellt. Auch die Markierung des ersten Punktes unterhalb der Linie dient nur der Verdeutlichung.

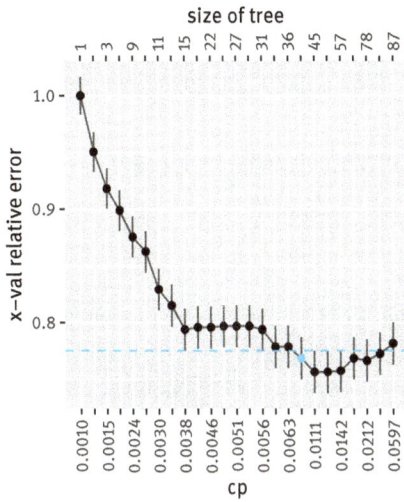

R-Grafik 9.2: Plot der Komplexitätsparameter eines Baums. Der erste Punkt, der weniger als einen Standardfehler oberhalb des Minimums liegt, ist blau markiert.

Als geeignete Größe für den Baum wird jetzt der erste Punkt gewählt, der unterhalb der Linie liegt (in R-Grafik 9.2 blau markiert). Nach dieser Methode würde der Baum auf 40 Splits beschnitten werden (hier nur Ausgabe der entsprechenden Zeile aus `printcp(KS.koverfit)`).

```
## 18 0.0035389    40   0.59252 0.76845 0.018600
```

9.3.4 Regressionsbäume

Regressionsbäume werden bei einer metrischen Zielvariablen y verwendet. Dabei erfolgt das Splitting anhand von ANOVA-Überlegungen: Teile die Wurzel bzw. den Ast (*internal node*) anhand der Variablen x_k an der Stelle s (Wert für x_k) so auf, dass die Fehlerquadratsumme (RSS) in den resultierenden Halbräumen minimiert wird. Dabei wird zur Prognose von y der arithmetische Mittelwert des jeweiligen Halbraums R_l verwendet (Hastie *et al.*, 2009, S. 307 f.).

Finde

$$R_1(k, s) = \{X \mid X_k < s\} \quad \text{und} \quad R_2(k, s) = \{X \mid X_k \geq s\}, \tag{9.7}$$

so dass folgender Ausdruck (Summe der quadratischen Abweichungen in den Halbräumen) minimiert wird:

$$\sum_{i:x_i \in R_1(k,s)} (y_i - \hat{y}_{R_1})^2 + \sum_{i:x_i \in R_2(k,s)} (y_i - \hat{y}_{R_2})^2. \tag{9.8}$$

Darin sind $\hat{y}_{R_l}$ mit $l = 1, 2$ als Schätzer für y die Mittelwerte von y in den jeweiligen Halbräumen:

$$\hat{y}_{R_l} = \bar{y}_{R_l} = \frac{1}{N_l} \cdot \sum_{i:x_i \in R_l(k,s)} y_i \tag{9.9}$$

mit N_l als Anzahl der Beobachtungen in den jeweiligen Halbräumen R_l:

$$N_l = \sum_{i:x_i \in R_l(k,s)} 1. \qquad (9.10)$$

Hinweis: Die unabhängigen Variablen X müssen nicht metrisch sein. Kategoriale Daten funktionieren analog.

Regressionsbaum – Beispiel

Wie im Kapitel zur linearen Regression modellieren wir die Fremdkapitalquote (fkq) als Funktion des Umsatzwachstums (uw), des Sachanlagevermögens (sach), des Ebit (ebit) und der Indexzugehörigkeit (Index) als Regressionsbaum (R-Code 9.15). Ob ein Regressionsbaum oder ein Klassifikationsbaum modelliert wird, hängt nur davon ab, welche Skalierung die abhängige Variable aufweist: numerisch für einen Regressionsbaum, kategorial für einen Klassifikationsbaum.

R-Code 9.15: Berechnung eines Regressionsbaums

```
# Reproduzierbarkeit für die Kreuzvalidierung
set.seed(123)
# Regressionsbaum berechnen und ausgeben
KSQ.rbaum <- rpart(fkq ~ uw + sach + ebit + Index, data = KSQ)
KSQ.rbaum

## n= 125
##
## node), split, n, deviance, yval
##       * denotes terminal node
##
##  1) root 125 3.62029300 0.22344880
##    2) sach< 0.6952 116 2.41651900 0.19774480
##      4) ebit>=0.14815 12 0.02511073 0.04303333 *
##      5) ebit< 0.14815 104 2.07103900 0.21559620
##       10) Index=MDAX,TecDAX,keinIDX 54 0.77273230 0.18745560
##         20) ebit< 0.06555 26 0.12884570 0.14496150 *
##         21) ebit>=0.06555 28 0.55334160 0.22691430
##           42) uw>=0.07105 21 0.40499260 0.20506190 *
##           43) uw< 0.07105 7 0.10823680 0.29247140 *
##       11) Index=DAX,SDAX 50 1.20936100 0.24598800
##         22) uw< 0.103 33 0.43916960 0.20524850
##           44) ebit>=0.0884 7 0.05858284 0.10565710 *
##           45) ebit< 0.0884 26 0.29246530 0.23206150
##             90) sach< 0.2179 7 0.06897499 0.16992860 *
##             91) sach>=0.2179 19 0.18651070 0.25495260 *
##         23) uw>=0.103 17 0.60910180 0.32507060 *
##    3) sach>=0.6952 9 0.13932280 0.55474440 *
```

Lesebeispiel: Wenn sach < 0.6952 (Knoten [*node*] 2) und ebit < 0.14815 (Knoten 5) und Index = DAX oder SDAX (Knoten 11) und uw ≥ 0.103 (Knoten 23, ein Blatt oder Endknoten [*terminal node*], von dem keine weitere Verzweigung ausgeht, gekennzeichnet durch * am Ende der Zeile), dann liegt die durchschnittliche Fremdkapitalquote fkq bei 0.32507060. 17 Beobachtungen (= 13.6 %) erfüllen diese Kriterien in den unabhängigen Variablen. Die Abweichung (*deviance*) in dem Blatt liegt bei 0.60910180.

Hinweis: Baumbasierte Verfahren sind grundsätzlich unempfindlich gegenüber fehlenden Werten in den unabhängigen Variablen. Wenn in der abhängigen Variablen Werte fehlen, werden diese Beobachtungen entfernt. Diese würden hinter n = ... mit (... observations deleted due to missingness) angezeigt werden.

Die Devianz *D* ist ein Maß für die Uneinheitlichkeit (*impurity*) und berechnet sich als Summe der quadrierten Abweichungen der beobachteten Werte vom prognostizierten Wert (also dem Mittelwert der abhängigen Variablen *y* in dem jeweiligen Halbraum R_l):

$$D_l = \sum_{i:y_i \in R_l} (y_i - \hat{y}_l)^2 . \tag{9.11}$$

Alternativ kann auch der mittlere quadratische Fehler dieses Blatts angegeben werden, der sich aus der Devianz geteilt durch die Anzahl der Beobachtungen im Blatt ergibt.

Der Baum kann unter Nutzung des Pakets rpart.plot mit der gleichnamigen Funktion gezeichnet werden (R-Code 9.16, Grafik 9.3). Auch hier wird wieder type = 5 verwendet.

R-Code 9.16: Plot des Regressionsbaums

```
rpart.plot(KSQ.rbaum, type = 5)
```

Das oben beschriebene Blatt ist in R-Grafik 9.3 das zweite von links ($\hat{y}$ und Anteil der Beobachtungen entsprechend gerundet).

Prognosen können mit predict erzeugt werden (R-Code 9.17). Die Werte, zu denen eine Prognose ausgegeben werden soll, müssen in einem data.frame abgespeichert werden.

R-Code 9.17: Prognose mittels eines Regressionsbaums

```
# data.frame anlegen
newdat <- data.frame(uw = 0.2, sach = 0.4, ebit = 0.2, Index = "SDAX")
# Prognose
predict(KSQ.rbaum, newdata = newdat)

##          1
## 0.04303333
```

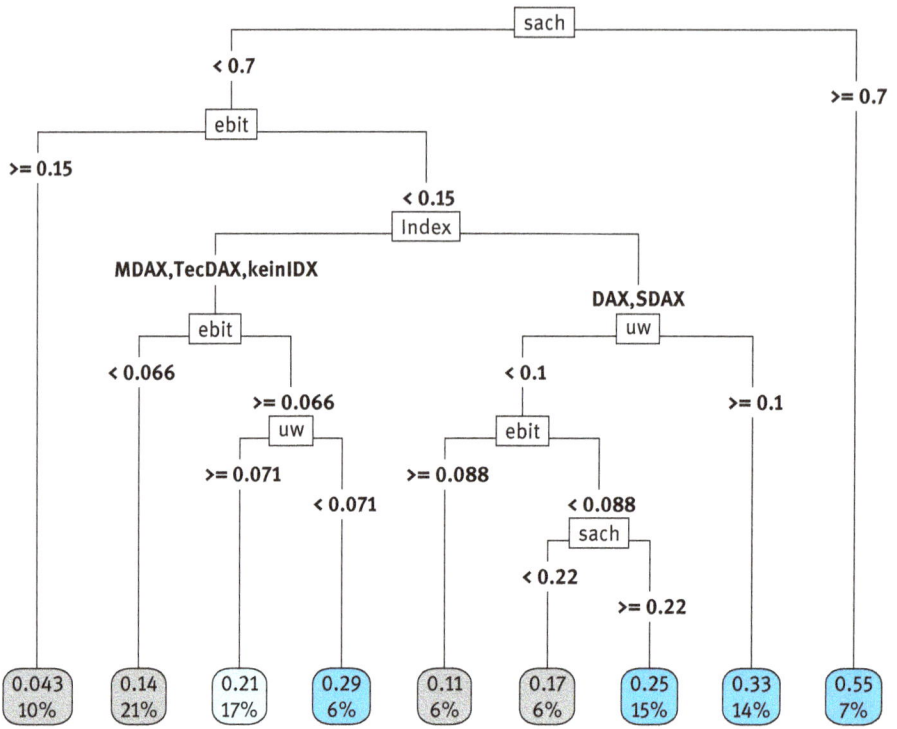

R-Grafik 9.3: Plot des Regressionsbaums

Anpassungsgüte

Die *Anpassungsgüte* kann über den mittleren quadratischen Fehler (*MSE*) berechnet werden. Mit Hilfe von `predict` wird eine Punktprognose $\hat{y}$ für jede Beobachtung berechnet und mit den beobachteten Werten y verglichen. *Hinweis:* Wenn in dem Baum fehlende Werte entfernt wurden, kann, wie in R-Code 9.18 gezeigt, auf die ebenfalls im rpart-Objekt `KSQ.rbaum` hinterlegten und genutzten Beobachtungen von y zurückgegriffen werden (`KSQ.rbaum$y`).

Aus der Abweichung der beobachteten von den modellierten Werten wird der mittlere quadratische Fehler *MSE* berechnet:

$$MSE = \frac{1}{N} \sum_{i=1}^{N} (\hat{y}_i - y_i)^2. \tag{9.12}$$

R-Code 9.18: Ausgabe der ersten sechs mit dem Regressionsbaum angepassten Werte und der dazugehörigen beobachteten *y*-Werte sowie Berechnung des mittleren quadratischen Fehlers MSE

```
# Ausgabe mit predict
predict(KSQ.rbaum) |> head()


##         1         2         3         4         5         6
## 0.2050619 0.3250706 0.2050619 0.1449615 0.5547444 0.1449615


#  Ausgabe der verwendeten Beobachtungswerte
head(KSQ.rbaum$y)


##      1      2      3      4      5      6
## 0.1940 0.1447 0.1177 0.1642 0.5433 0.1254


# Mittlerer quadratischer Fehler
mean((predict(KSQ.rbaum) - KSQ.rbaum$y)^2)


## [1] 0.01383743
```

Im Vergleich zu einer linearen Regression (Beobachtungen wieder aus dem lm-Objekt, hier KSQ.lm$model$fkq) schneidet dieses einfache Modell sogar etwas besser ab (R-Code 9.19).

R-Code 9.19: MSE des linearen Regressionsmodells KSQ.lm

```
# Lineare Regression
KSQ.lm <- lm(fkq ~ uw + sach + ebit + Index, data = KSQ)
# Mittlerer quadratischer Fehler
mean((predict(KSQ.lm) - KSQ.lm$model$fkq)^2)


## [1] 0.01910941
```

Der *MSE* entspricht hier natürlich genau dem Mittelwert der quadrierten Residuen, wie R-Code 9.20 zeigt.

R-Code 9.20: Mittelwert der Residuen – Regressionsbaum und lineares Modell im Vergleich

```
# Residuen Regressionsbaum
mean(resid(KSQ.rbaum)^2)


## [1] 0.01383743


# Residuen lineare Regression
mean(resid(KSQ.lm)^2)


## [1] 0.01910941
```

Prognosegüte über Kreuzvalidierung

Das Verfahren (R-Code 9.21) ist wie oben in Abschnitt 9.3.1 beschrieben. Als Abweichungskriterium wird der *MSE* für jeden Testdatensatz berechnet und der Mittelwert daraus gebildet.

R-Code 9.21: 3-fache Kreuzvalidierung des Regressionsbaums und des linearen Modells

```
# Aufteilung
aufteilung <- rep(1:3, length.out = nrow(KSQ))
test1 <-  KSQ[aufteilung == 1,]
train1 <- KSQ[aufteilung != 1,]

test2 <-  KSQ[aufteilung == 2,]
train2 <- KSQ[aufteilung != 2,]

test3 <-  KSQ[aufteilung == 3,]
train3 <- KSQ[aufteilung != 3,]

# Runde 1
b1 <- rpart(fkq ~ uw + sach + ebit + Index, data = train1)
l1 <- lm(fkq ~ uw + sach + ebit + Index, data = train1)
mseb1 <- mean( (predict(b1, newdata = test1) - test1$fkq)^2, na.rm = TRUE)
msel1 <- mean( (predict(l1, newdata = test1) - test1$fkq)^2, na.rm = TRUE)

# Runde 2
b2 <- rpart(fkq ~ uw + sach + ebit + Index, data = train2)
l2 <- lm(fkq ~ uw + sach + ebit + Index, data = train2)
mseb2 <- mean( (predict(b2, newdata = test2) - test2$fkq)^2, na.rm = TRUE)
msel2 <- mean( (predict(l2, newdata = test2) - test2$fkq)^2, na.rm = TRUE)

# Runde 3
b3 <- rpart(fkq ~ uw + sach + ebit + Index, data = train3)
l3 <- lm(fkq ~ uw + sach + ebit + Index, data = train3)
mseb3 <- mean( (predict(b3, newdata = test3) - test3$fkq)^2, na.rm = TRUE)
msel3 <- mean( (predict(l3, newdata = test3) - test3$fkq)^2, na.rm = TRUE)

# Mittelwert des Prognose MSE: Baum
mean(c(mseb1, mseb2, mseb3))

## [1] 0.02587669

# Mittelwert des Prognose MSE: lineare Regression
mean(c(msel1, msel2, msel3))

## [1] 0.02211406
```

In der Kreuzvalidierung für die Prognosegüte ist bei den vorliegenden Daten das lineare Modell dem Baummodell in Bezug auf den *MSE* überlegen.

Die Funktion rpart() führt intern ebenfalls eine Kreuzvalidierung mit $k = 10$ (Standardeinstellung) und zufällig ausgewählten Beobachtungen durch. Das Ergebnis können Sie sich mit printcp() in einer Komplexitätstabelle anzeigen lassen (R-Code 9.22).

R-Code 9.22: Komplexitätstabelle

```
printcp(KSQ.rbaum)

##
## Regression tree:
## rpart(formula = fkq ~ uw + sach + ebit + Index, data = KSQ)
##
## Variables actually used in tree construction:
## [1] ebit  Index sach  uw
##
## Root node error: 3.6203/125 = 0.028962
##
## n= 125
##
##         CP nsplit rel error  xerror    xstd
## 1 0.294024      0  1.00000 1.01845 0.13623
## 2 0.088493      1  0.70598 0.79840 0.10356
## 3 0.034532      2  0.61748 0.74656 0.10443
## 4 0.025010      4  0.54842 0.83011 0.11133
## 5 0.024341      5  0.52341 0.83730 0.11124
## 6 0.011080      6  0.49907 0.82520 0.11041
## 7 0.010215      7  0.48799 0.82342 0.11049
## 8 0.010000      8  0.47777 0.82408 0.11045
```

rel error entspricht $1 - R^2 = \mathit{SSE}/\mathit{SST}$ in der linearen Regression. xerror ist angelehnt an die PRESS-Statistik, *Predicted Residual Sum of Squares* (Therneau und Atkinson, 2018), d. h. *SSE*, aber nur aus der Trainingsstichprobe berechnet, und wird ebenfalls in Relation zum Fehler des Nullmodells ($\mathit{SST} = \sum (y_i - \bar{y})^2$, Zähler bei root node error) gesetzt. Der Kreuzvalidierungsfehler im Sinne des MSE ergibt sich daher durch Multiplikation mit dem root node error. Die letzte Spalte, xstd, gibt den Standardfehler wieder.

Hinweis: Da in der Kreuzvalidierung die Beobachtungen für die Lern- und Teststichprobe zufällig ausgewählt werden, sollte zur Reproduzierbarkeit der Komplexitätstabelle vor Erzeugen des Baums ein set.seed() durchgeführt werden (siehe 6. Zeile R-Code 9.15).

Klassifikationsbaum	abhängige Variable kategorial	
Regressionsbaum	abhängige Variable metrisch	
Funktionen	u. a. `rpart()` Paket `rpart`, `ctree()` Paket `party`	
Grafische Ausgabe	`rpart.plot()`	
Prognosegüte	über Kreuzvalidierung	

9.3.5 Vor- und Nachteile baumbasierter Verfahren

Ob ein baumbasiertes Verfahren besser geeignet ist als ein lineares Verfahren (z. B. eine lineare oder eine logistische Regression, eine lineare Diskriminanzanalyse), hängt von dem Zusammenhang in den Daten ab. Lässt sich die abhängige Variable durch ein (generalisiertes) lineares Modell erklären, übertrifft die (generalisierte) lineare Regression ein baumbasiertes Verfahren. Auch die lineare Diskriminanzanalyse kann dann besser sein. Ist der Zusammenhang hingegen nichtlinear und liegen komplexe Beziehungen zwischen abhängiger und den unabhängigen Variablen vor, wird ein baumbasiertes Verfahren die besseren Ergebnisse liefern. Auch hängt die Wahl des Verfahrens von der Fragestellung ab. Für eine Prognose kann ein baumbasiertes Verfahren zu einer einfacheren Interpretierbarkeit und besseren Visualisierung führen.

Zusammengefasst haben baumbasierte Verfahren folgende Vorteile:
– Leicht zu erklären und zu interpretieren;
– eventuell spiegeln sie menschliches Verhalten wider;
– robust gegen Ausreißer;
– mögliche Wechselwirkungen in den Variablen werden über die hierarchische Abfolge erfasst;
– bimodale/nicht-monotone Zusammenhänge können dargestellt werden;
– qualitative und quantitative Variablen können direkt verwendet werden, fehlende Werte gegebenenfalls als eigene Merkmalsausprägung genutzt werden;
– integrierte Variablenselektion.

Mögliche Nachteile hingegen sind:
– Nicht optimal im Sinne eines Zielkriteriums (i. d. R. existieren *bessere* Verfahren);
– die Ergebnisse hängen von den *Parametern* ab (siehe Abschnitt `rpart` Parameter);
– eventuell instabil (kleine Änderungen der Daten können zu völlig anderen Bäumen führen);
– nur eindimensionale hierarchische Partitionen.

9.4 Random Forest

Bestimmte Nachteile eines einzelnen Baums, wie z. B. die Instabilität, können mit einem Trick verhindert werden. Mehrere Bäume können über ein Bootstrap-Verfahren zu einem Wald, einem sogenannten *Random Forest*, verknüpft werden.

9.4.1 Bootstrapping

Bootstrapping beruht auf dem wiederholten Ziehen mit Zurücklegen einer Stichprobe (im gleichen Umfang) aus der Originalstichprobe (*resampling*).

Generell kann Bootstrapping in vielen Situationen angewendet werden: z. B. für die Schätzung der Varianz, des Bias oder der Verteilung einer Statistik $T = T(X_1, \ldots, X_N)$, für Konfidenzintervalle, Tests usw. Dies wird beispielsweise dann gemacht, wenn asymptotische Aussagen fragwürdig sind (kleine Stichprobenumfänge) oder analytische Berechnungen sehr kompliziert oder unmöglich sind, zum Beispiel wenn keine parametrischen Verteilungsannahmen gemacht werden können oder sollen.

Denken Sie an den Standardfehler einer Stichprobe – aggregieren (z. B. Mittelwert bilden) kann die Streuung reduzieren:

$$var(X_i) = \sigma^2 \underset{(X_1, \cdots, X_N \text{ iid})}{\longrightarrow} var(\overline{X}) = \frac{\sigma^2}{N}. \tag{9.13}$$

Diesen Ansatz können Sie auch auf Funktionen oder Modellvorhersagen übertragen. Das sogenannte *Bagging* (Bootstrap Aggregation) schätzt aus B Bootstrap-Stichproben die Funktion f_b und aggregiert:

$$\hat{f}_{avg}(x) = \frac{1}{B} \sum_{b=1}^{B} \hat{f}_b(x). \tag{9.14}$$

Die *ideale* Bootstrap-Schätzung bedeutet, dass aus der Originalstichprobe alle Kombinationen mit Zurücklegen gezogen werden: $\binom{n+k-1}{k}$. So würden sich z. B. bei einem Stichprobenumfang von $N = 3$ schon 10 Bootstrap-Stichproben ergeben (Umfang der Stichprobe $n = N$, Umfang der Bootstrap-Stichprobe $k = N$):

$$\binom{n+k-1}{k} = \binom{2N-1}{N} = \binom{2 \cdot 3 - 1}{3} = \binom{5}{3} = 10. \tag{9.15}$$

Das erzeugt sehr schnell sehr viele Stichproben (z. B. bei $N = 100$ bereits $4.5 \cdot 10^{58}$), daher werden in der Praxis eine deutlich kleinere Anzahl von Bootstrap-Stichproben B gezogen. Die konkrete Anzahl hängt von der Anwendung ab (für eine Berechnung siehe z. B. Davidson und MacKinnon, 2000).

9.4.2 Bootstrapping bei Random Forest

Es werden viele zufällige (*Random*) Bäume (*Forest*) erzeugt. Dazu werden B Bootstrap-Stichproben gezogen.[6] Aus den Bootstrap-Stichproben werden Bäume gebildet, wobei für jeden Split nur eine zufällige Auswahl der unabhängigen Variablen X_k zur Aufteilung herangezogen wird. Damit wird die Korrelation der Variablen untereinander und so auch die Korrelation zwischen den Bäumen und die Varianz der Bäume reduziert. Der Ablauf ist wie folgt:

1. Für den ersten Baum $b = 1$ werden N aus N Datensätzen zufällig mit Zurücklegen ausgewählt (Bootstrap):
   - N ist die Anzahl der Beobachtungen in der gesamten Stichprobe.
   - N_1 ist die Anzahl Beobachtungen aus der Lern- oder Trainingsstichprobe ($N_1 \approx$ $2/3N$).
   - Die übrigen $N_2 = N - N_1$ Datensätze sind die Out-of-Bag- oder Testdaten.
2. Die Lernstichprobe wird benutzt, um einen Baum zu erzeugen. An jedem Knoten wird nur eine zufällige Auswahl der K unabhängigen Variablen als mögliche Splitting-Variablen genutzt:
   - bei Klassifikation $\sqrt{K}$,
   - bei Regression $\frac{K}{3}$.
3. Die Schritte 1 und 2 werden für alle B Bootstrap-Stichproben wiederholt.
4. *Bagging:* Zusammenfassung der Ergebnisse.
5. Die *Out-of-Bag-(OOB-)Fehlerrate* wird unter Anwendung des Modells, das mit den Trainingsdaten modelliert wurde, auf die Out-of-Bag-Daten (bzw. Testdaten) berechnet. Hierzu wird die Konfusionsmatrix (siehe Abschnitt 4.9.1) ausgewertet:
   - OOB estimate of error rate: Missklassifikationsrate (Anzahl falsch prognostizierter Werte in Relation zur Gesamtzahl).
   - Dieses Gütemaß wird zusätzlich für jede Kategorie einzeln ausgegeben.

9.4.3 Random Forest für die Klassifikation

Als Beispiel zur Klassifikation wird in R-Code 9.23 der Kapitalstruktur-Datensatz als Querschnittsregression des Jahres 2015 genutzt mit der Auswahl des Index und aller numerischen Variablen (KSQ2). Es wird wieder die Indexzugehörigkeit anhand aller anderen Variablen geschätzt. randomForest() kann nicht mit fehlenden Werten umgehen (vgl. auch Handbuch zur originalen Implementierung von Breiman und Cutler, 2003), daher kann als Option na.action = na.omit angegeben werden. Um später die Prognose mit den beobachteten Daten zu vergleichen, ist es in diesem Beispiel einfa-

---

6 In den hier verwendeten Paketen randomForest und party ist B standardmäßig auf 500 eingestellt.

cher, die fehlenden Werte aus dem Datensatz zu entfernen. Daher wird der Datensatz KSQ2 ohne fehlende Werte erzeugt (na.omit()).[7]

R-Code 9.23: Modellierung eines Random Forest für die Klassifikation mit randomForest()

```
set.seed(1234) # Reproduzierbarkeit
# fehlende Werte entfernen
KSQ2 <- na.omit(KSQ2)
# Random Forest erzeugen
KSQ2.krf <- randomForest(Index ~ ., data = KSQ2)
KSQ2.krf


##
## Call:
##  randomForest(formula = Index ~ ., data = KSQ2)
##                Type of random forest: classification
##                      Number of trees: 500
## No. of variables tried at each split: 3
##
##          OOB estimate of  error rate: 45.97%
## Confusion matrix:
##          DAX MDAX SDAX TecDAX keinIDX class.error
## DAX       16    9    0      0       0   0.3600000
## MDAX       4   21    8      3       0   0.4166667
## SDAX       1    6   21      6       0   0.3823529
## TecDAX     1    5   10      9       0   0.6400000
## keinIDX    0    1    1      2       0   1.0000000
```

Die Out-of-Bag-Fehlerrate liegt bei 45.97 %. Besonders hohe Fehlerraten gibt es bei der Zuordnung zu MDAX und TecDAX. Die Out-of-Bag-Fehlerrate entspricht genau der Fehlklassifikationsrate, wie wir sie für die einzelnen Bäume berechnet haben. Gegenüber dem einzelnen Baum (27.2 %) hat sich in diesem Beispiel die Fehlklassifikationsrate in dem Random-Forest-Modell allerdings verschlechtert (R-Code 9.24).

R-Code 9.24: Ausgabe der Fehlklassifikationsrate des Random-Forest-Modells

```
# OOB-Fehlerrate nach dem 500. Baum
KSQ2.krf$err.rate[500, 1]
```

---

[7] Alternativ können die fehlenden Werte mit KSQ2 <- rfimpute(Index ~ ., data = KSQ2) durch Näherungen ersetzt werden (*Imputation*). Bei stetigen Variablen wird das gewichtete Mittel der benachbarten Werte genommen, bei kategorialen Variablen die Kategorie mit der größten mittleren Nähe. Die Berechnung der imputierten Werte erfolgt durch Bildung mehrerer Random Forests (Anzahl mit Option iter).

```
##        OOB
## 0.4596774
```

```
# Fehlklassifikationsrate "klassisch" ermittelt
mean((predict(KSQ2.krf) != KSQ2$Index))
```

```
## [1] 0.4596774
```

Eine Alternative bietet cforest() aus dem Paket party. Die Funktionen cforest() bzw.
ctree() für einen einzelnen Baum nutzen einen rekursiven Algorithmus, in dem die
erklärenden Variablen in den einzelnen Schritten über die Stärke des Zusammenhangs
zur abhängigen Variablen ausgewählt werden. cforest() kann mit fehlenden Werten
in den unabhängigen Variablen umgehen, daher müssen nur Beobachtungen entfernt
werden, die in der abhängigen Variablen fehlende Werte haben. Für Index ist dies nicht
der Fall, so dass direkt mit dem Datensatz KSQ2 gearbeitet werden kann.

R-Code 9.25: Modellierung eines Random Forest für die Klassifikation mit cforest()

```
set.seed(1234) # Reproduzierbarkeit
# Random Forest erzeugen
KSQ2.kcf <- cforest(Index ~ ., data = KSQ2)
# Fehlklassifikationsrate
mean((predict(KSQ2.kcf) != KSQ2$Index))
```

```
## [1] 0.266129
```

Im Vergleich zu randomForest() zeigt sich eine deutliche Verbesserung der Fehlklassifikationsrate.

Mit Hilfe von confusionMatrix() aus dem Paket caret lässt sich auch hier eine
Konfusionsmatrix ausgeben. Zusätzlich werden verschiedene weitere Klassifikationsmaße ausgegeben. Details zur Konfusionsmatrix und den meisten Kennzahlen finden
Sie in Abschnitt 4.9.1 im Kapitel zur logistischen Regression. Die Formeln für die Berechnung der Kennzahlen erhalten Sie über den Hilfetext mit ?confusionMatrix. In
R-Code 9.26 werden zum Vergleich die Ergebnisse zunächst für den mit randomForest()
erzeugten Zufallswald und dann für den über cforest() erzeugten Wald ausgegeben.

R-Code 9.26: Konfusionsmatrix und weitere Klassifikationskennzahlen für randomForest() und
cforest()

```
# Random Forest über randomForest
confusionMatrix(predict(KSQ2.krf), KSQ2$Index)
```

```
## Confusion Matrix and Statistics
##
```

```
##            Reference
## Prediction DAX MDAX SDAX TecDAX keinIDX
##    DAX      16    4    1      1       0
##    MDAX      9   21    6      5       1
##    SDAX      0    8   21     10       1
##    TecDAX    0    3    6      9       2
##    keinIDX   0    0    0      0       0
##
## Overall Statistics
##
##                Accuracy : 0.5403
##                  95% CI : (0.4485, 0.6301)
##     No Information Rate : 0.2903
##     P-Value [Acc > NIR] : 5.135e-09
##
##                   Kappa : 0.3829
##
##   Mcnemar's Test P-Value : NA
##
## Statistics by Class:
##
##                      Class: DAX Class: MDAX Class: SDAX Class: TecDAX
## Sensitivity              0.6400      0.5833      0.6176        0.36000
## Specificity              0.9394      0.7614      0.7889        0.88889
## Pos Pred Value           0.7273      0.5000      0.5250        0.45000
## Neg Pred Value           0.9118      0.8171      0.8452        0.84615
## Prevalence               0.2016      0.2903      0.2742        0.20161
## Detection Rate           0.1290      0.1694      0.1694        0.07258
## Detection Prevalence     0.1774      0.3387      0.3226        0.16129
## Balanced Accuracy        0.7897      0.6723      0.7033        0.62444
##                      Class: keinIDX
## Sensitivity                 0.00000
## Specificity                 1.00000
## Pos Pred Value                  NaN
## Neg Pred Value              0.96774
## Prevalence                  0.03226
## Detection Rate              0.00000
## Detection Prevalence        0.00000
## Balanced Accuracy           0.50000
```

```
# Random Forest über cforest
confusionMatrix(predict(KSQ2.kcf), KSQ2$Index)
```

```
## Confusion Matrix and Statistics
##
##            Reference
## Prediction DAX MDAX SDAX TecDAX keinIDX
##    DAX      21    4    1      1       0
```

```
## MDAX        4   26    3     5       1
## SDAX        0    5   26     1       2
## TecDAX      0    1    4    18       1
## keinIDX     0    0    0     0       0
##
## Overall Statistics
##
##                  Accuracy : 0.7339
##                    95% CI : (0.647, 0.8092)
##       No Information Rate : 0.2903
##       P-Value [Acc > NIR] : < 2.2e-16
##
##                     Kappa : 0.6454
##
##   Mcnemar's Test P-Value : NA
##
## Statistics by Class:
##
##                      Class: DAX Class: MDAX Class: SDAX Class: TecDAX
## Sensitivity              0.8400      0.7222      0.7647        0.7200
## Specificity              0.9394      0.8523      0.9111        0.9394
## Pos Pred Value           0.7778      0.6667      0.7647        0.7500
## Neg Pred Value           0.9588      0.8824      0.9111        0.9300
## Prevalence               0.2016      0.2903      0.2742        0.2016
## Detection Rate           0.1694      0.2097      0.2097        0.1452
## Detection Prevalence     0.2177      0.3145      0.2742        0.1935
## Balanced Accuracy        0.8897      0.7872      0.8379        0.8297
##                      Class: keinIDX
## Sensitivity                 0.00000
## Specificity                 1.00000
## Pos Pred Value                  NaN
## Neg Pred Value              0.96774
## Prevalence                  0.03226
## Detection Rate              0.00000
## Detection Prevalence        0.00000
## Balanced Accuracy           0.50000
```

In der mit `confusionMatrix()` ausgegebenen Konfusionsmatrix stehen in der Kopfzeile (anders als in der von `randomForest()` erzeugten) die Beobachtungen (*Reference*) und in der Vorspalte die vorhergesagten Werte (*Prediction*).

Zur Erinnerung: Die Klassifikation ist dann gut, wenn im Vergleich zu einer rein zufälligen Zuordnung die Genauigkeit (*Accuracy*), die Sensitivität (*True Positive Rate*) und die Spezifität (*True Negative Rate*) groß sind. Die Genauigkeit wird über alle Kategorien berechnet und ist im `cforest`-Modell deutlich höher. Die Sensitivität ist im `cforest`-Modell zumindest für die Klassifikation von DAX recht hoch, während die Spezifität über alle Kategorien passabel ist. Die Gütemaße in dem mit `cforest()` erzeugten Modell sind alle etwas besser als die im `randomForest`-Modell. Die Berechnung der klassenweisen Gütemaße erfolgt bei mehr als zwei Kategorien (wie hier), indem jede Kategorie mit der Summe der anderen verglichen wird.

Ein hier zusätzlich ausgegebenes Gütemaß ist die *Kappa*-Statistik, ein Maß für die Übereinstimmung bei mehreren Klassen (Kuhn, 2008). Insbesondere bei unausgewogener Verteilung der Häufigkeiten zwischen den Klassen ist Kappa ein sehr gut geeignetes Gütemaß. Bei vollständiger Übereinstimmung wird ein Wert von 1 erreicht, 0 entspricht gar keiner Übereinstimmung. Kappa kann auch negative Werte annehmen, dies entspricht negativer Assoziation und ist selten. Auch dieses Gütemaß ist im cforest-Modell besser.

9.4.4 Random Forest für die Regression

Als Beispiel für eine Regression wird in 9.27 wieder das Modell fkq ~ uw + sach + ebit + Index berechnet. Als Datensatz wird KSQ2 genutzt, der bis auf Index bereits auf die numerischen Variablen eingeschränkt wurde. Falls fehlende Werte in den verwendeten Variablen vorliegen, müssen diese bei Verwendung von randomForest() mit na.omit() entfernt werden. cforest() kann, wie bereits erwähnt, nur in der abhängigen Variablen nicht mit fehlenden Werten umgehen. Daher können selektiv die Beobachtungen, in denen in der Variablen fkq fehlende Werte vorliegen, über filter(!is.na(fkq)) herausgefiltert werden. In den verwendeten Querschnittsdaten und den genutzten Variablen liegen keine fehlende Werte vor, so dass dieser Schritt hier entfallen kann.

R-Code 9.27: Modellierung eines Random Forest für die Regression

```
### Random Forest mit randomForest erzeugen
set.seed(1234) # Reproduzierbarkeit
KSQ2.rrf <- randomForest(fkq ~ uw + sach + ebit + Index, data = KSQ2)
KSQ2.rrf


##
## Call:
##  randomForest(formula = fkq ~ uw + sach + ebit + Index, data = KSQ2)
##                Type of random forest: regression
##                      Number of trees: 500
## No. of variables tried at each split: 1
##
##            Mean of squared residuals: 0.02245697
##                      % Var explained: 22.09


# Pseudo-R2 berechnen (1 - SSE/SST)
1 - sum((predict(KSQ2.rrf) - KSQ2$fkq)^2)/sum((KSQ2$fkq - mean(KSQ2$fkq))^2)


## [1] 0.2208591
```

```
# mittleren quadratischen Fehler berechnen
mean((predict(KSQ2.rrf) - KSQ2$fkq)^2)
```

```
## [1] 0.02245697
### Random Forest mit cforest erzeugen
set.seed(1234) # Reproduzierbarkeit
KSQ2.rcf <- cforest(fkq ~ uw + sach + ebit + Index, data = KSQ2)
KSQ2.rcf
```

```
##
##   Random Forest using Conditional Inference Trees
##
## Number of trees:  500
##
## Response:  fkq
## Inputs:  uw, sach, ebit, Index
## Number of observations:  124
```

```
# Pseudo-R2 berechnen (1 - SSE/SST)
1 - sum((predict(KSQ2.rcf) - KSQ2$fkq)^2)/sum((KSQ2$fkq - mean(KSQ2$fkq))^2)
```

```
## [1] 0.4789104
```

```
# mittleren quadratischen Fehler berechnen
mean((predict(KSQ2.rcf) - KSQ2$fkq)^2)
```

```
## [1] 0.01501923
```

Im Vergleich zur linearen Regression (R^2 = 34.02 %) ist das Bestimmtheitsmaß im Random-Forest-Modell über randomForest() deutlich geringer (22.09 %)[8] und auch der mittlere quadratische Fehler ist höher (Random Forest: 0.0225, Regression: 0.0191). Im über cforest() erzeugten Modell zeigt sich ein deutlich höheres Pseudo-R^2 (47.89 %) wie in der linearen Regression und ein geringerer *MSE* (0.0150).

Random-Forest-Verfahren haben darüber hinaus noch den Vorteil, robust gegenüber nichtlinearen Zusammenhängen und Ausreißern zu sein. In der linearen Regression kann dies zu deutlichen Verzerrungen führen. Auch werden mögliche Wechselwirkungen zwischen den Variablen durch die hierarchische Struktur erfasst.

Ein Vorteil von cforest() gegenüber dem *Klassiker* randomForest() ist, dass die Ergebnisse in Bezug auf das Skalenniveau unverzerrt sind und somit metrische Variablen nicht gegenüber kategorialen bevorzugt werden (Strobl *et al.*, 2007; Strobl *et al.*, 2009b). Dies ist insbesondere auch bei der Ermittlung der Variablenwichtigkeit

---

[8] *Hinweis:* Da in Random-Forest-Modellen nicht wie in der linearen Regression die Varianz-Gleichheit gilt (*SST* = *SSR* + *SSE*, siehe Abschnitt 2.6.1 im Kapitel Lineare Regression), wird hier ein Pseudo-R^2 berechnet: $R^2 = 1 - SSE/SST$.

von Bedeutung (siehe Abschnitt 9.4.7). Ein Nachteil von cforest() sollte hier aber nicht unerwähnt bleiben: Die Rechenzeit ist deutlich länger, was sich insbesondere bei großen Datensätzen bemerkbar macht.

9.4.5 Vorhersage

Wie schon in R-Code 9.23, 9.25 und 9.27 zu sehen, kann auch hier die Funktion predict() genutzt werden. In der Klassifikation wird die Klasse genommen, für die sich die meisten Bäume entscheiden. Bei Gleichstand erfolgt eine Zufallsauswahl. Bei der Regression wird zur Prognose der Durchschnitt aller Bäume berechnet. Mit newdata kann ein data.frame übergeben werden, in dem die Werte der unabhängigen Variablen abgelegt sind, zu denen die Prognosen berechnet werden sollen. Ein Beispiel zeigt R-Code 9.28 unter Anwendung des mit cforest() modellierten Random Forest.

R-Code 9.28: Prognose mit Random Forest

```
# data.frame anlegen
newdata <- data.frame(
  uw = 0.1, sach = 0.4, ebit = 0.1,
  Index = factor("MDAX", levels = levels(KSQ2$Index)))
# Vorhersage
predict(KSQ2.rcf, newdata = newdata)

##            fkq
## [1,] 0.210861
```

Es wird ein data.frame angelegt und allen Variablen, die im Modell benutzt werden, ein Wert zugewiesen. Für die kategoriale Variable Index muss dazu eine Faktorvariable angelegt werden, in der alle Kategorien (levels(KSQ2$Index)) der Prädiktorvariablen berücksichtigt sind. Bei den vorgegebenen Werten ergibt sich eine geschätzte Fremd-kapitalquote von 21.09 %.

Random Forest　　　　　　　　　　　　　　　　　　　　　　　　　　　　　　　　　　　　　　ℹ

Regression	abhängige Variable metrisch
Klassifikation	abhängige Variable kategorial
Funktionen	u. a. randomForest() Paket randomForest, cforest() Paket party
	cforest() kann auch mit fehlenden Werten in den unabhängigen Variablen umgehen
Prognosegüte	umfangreiche Auswertung der Konfusionsmatrix mit confusionMatrix()

9.4.6 Wichtige Parameter von randomForest() und cforest()

Ob eine Regression oder eine Klassifikation durchgeführt wird, hängt wie bei rpart vom Typ der abhängigen Variablen ab. Wenn diese metrisch ist, wird eine Regression durchgeführt, wenn sie kategorial ist, entsprechend eine Klassifikation.

- ntree: Anzahl der Bäume, die erzeugt werden sollen (Standardwert: 500). Je mehr Variablen genutzt werden, desto größer sollte die Anzahl der Bäume sein.
- mtry: Anzahl der Variablen, die bei jedem Knoten zufällig ausgewählt werden (randomForest: Standardwert bei Klassifikation: $\sqrt{p}$, bei Regression: $\frac{p}{3}$, cforest: in beiden Ansätzen 5).
- replace (nur randomForest: Die Zufallsauswahl erfolgt bei TRUE (Standardwert) über ein Ziehen mit Zurücklegen, bei FALSE ohne Zurücklegen. In cforest wird standardmäßig ohne Zurücklegen gezogen.
- classwt (nur randomForest: Vektor mit Klassengewichten für kategoriale abhängige Variablen (der Parameter wird bei stetigen Variablen ignoriert). So können Klassen mit kleinen Häufigkeiten stärker gewichtet werden.

In cforest() werden die Einstellungen über die Option control = cforest_unbiased (ntree = 500, mtry = 5) vorgenommen, während sie bei randomForest() direkt im Funktionsaufruf als Option gesetzt werden können.

Es sind viele weitere Einstellungen möglich, Details dazu erhalten Sie mit ?randomForest bzw. über die Vignette (vignette("party")). In den meisten Fällen reicht aber die Anpassung der oben genannten Einstellungen.

9.4.7 Wichtigkeit der Variablen

Mit Hilfe der Random-Forest-Modellierung kann die Wichtigkeit der Variablen bestimmt werden. Verschiedene Konzepte werden dazu genutzt:

- Reduktion der Uneinheitlichkeit
  Für alle Bäume kann für jede Aufteilung die Verbesserung (Reduktion) der Uneinheitlichkeit (impurity) für die unabhängigen Variablen berechnet werden. Als Maß dient in der Regression die Abnahme der Summe der Residuenquadrate SSE und in der Klassifikation die Abnahme des Gini-Koeffizienten (Gleichung 9.6). Variablen, die zu einer stärkeren Verbesserung führen, sind wichtiger.
  Dieser Parameter wird mit randomForest() immer berechnet (Ausgabe als IncNodePurity in der Regression bzw. MeanDecreaseGini in der Klassifikation).
- Permutationswichtigkeit
  Nachdem ein Baum erzeugt wurde, wird der Vorhersagefehler pe (Regression: mittlerer quadratischer Fehlers MSE, Gleichung 9.12, siehe auch die Devianz bei einem Baum, Gleichung 9.11; Klassifikation: Missklassifikationsrate) in den Out-of-Bag-Daten bestimmt. Danach werden die unabhängigen Variablen permutiert,

wodurch sich der Vorhersagefehler ändert. Die mittlere Abnahme über alle Bäume für jede Variable ist ein Maß für die Wichtigkeit einer Variablen. Wichtigere Variablen (jeweils gegeben die Werte der anderen Variablen, die nicht permutiert werden) führen zu einer stärkeren Abnahme des Vorhersagefehlers.

Zur Bestimmung der Wichtigkeit auf Basis des Vorhersagefehlers muss im Aufruf randomForest() die Option importance = TRUE gesetzt werden. Wenn dies aktiviert wird, ändert sich der Ablauf ab Schritt 3 (siehe Abschnitt 9.4.2):

3. Zusätzlicher Schritt unter Berücksichtigung der Permutationswichtigkeit:
   - Der Vorhersagefehler pe_b des Baums b wird mit den Out-of-Bag-Daten des ganzen Baums berechnet und abgespeichert.
   - x_k wird permutiert und für jede unabhängige Variable k mit $k = 1, \ldots, K$ der Vorhersagefehler pe_{b_k} berechnet und abgespeichert.
   - Die Wichtigkeit der Variablen in diesem Baum ist dann

$$\delta_{b_k} = pe_{b_k} - pe_b. \tag{9.16}$$

4. Die Schritte 1 bis 3 werden für alle Bäume insgesamt B mal wiederholt.
5. Die gesamte Wichtigkeit $\hat{\theta}_k$ jeder Einflussvariablen ergibt sich somit zu:

$$\hat{\theta}_k = \frac{1}{B} \sum_{b=1}^{B} \delta_{b_k}. \tag{9.17}$$

Die ausgegebenen Werte werden in der Regression mit IncMSE und in der Klassifikation mit MeanDecreaseAccuracy bezeichnet.

In R-Code 9.29 wird die Wichtigkeit berechnet und grafisch ausgegeben (R-Grafik 9.4[9]). In den Grafiken werden die Variablen nach abnehmendem Einfluss auf den Gini-Koeffizienten bzw. auf die quadrierte Summe der Residuen oder auf die mittlere Abnahme der Permutationswichtigkeit sortiert.

R-Code 9.29: Random Forest: Wichtigkeit der Variablen

```
set.seed(1234)
KSQ2.krf <- randomForest(Index ~ ., importance = TRUE, data = KSQ2)
varImpPlot(KSQ2.krf)
```

Wenn der Parameter importance = TRUE nicht gesetzt wird, wird von varImpPlot nur die rechte Grafik ausgegeben. Mit importance(RFmodel) kann die Liste auch tabellarisch ausgegeben werden. In beiden Befehlen gibt type = 1 die Abnahme der Genauigkeit aus (sofern berechnet) und type = 2 die Abnahme des Gini-Koeffizienten. Als

---

9 *Hinweis:* Bei Aufruf von varImpPlot() erfolgt die Ausgabe als *klassische* R-Grafik. Hier wird aus Gründen der einheitlichen grafischen Darstellung eine ggplot2-Variante ausgegeben.

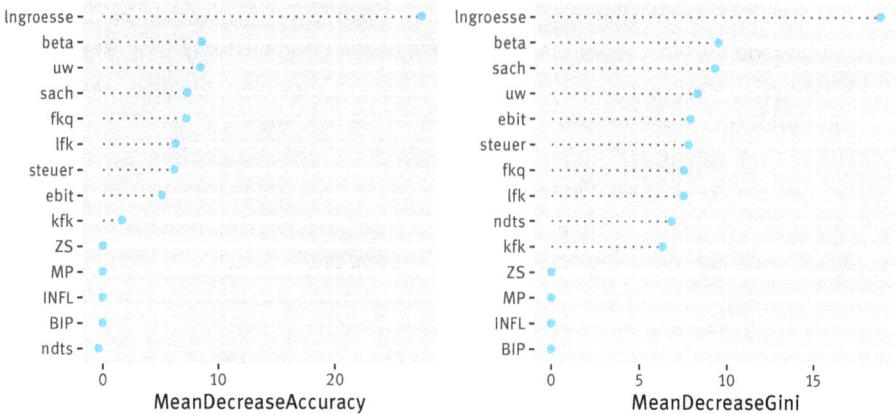

R-Grafik 9.4: Random Forest: Grafische Ausgabe der Wichtigkeit der Variablen

Beispiel für eine tabellarische Ausgabe wird das Regressionsmodell gezeigt, das mit importance = TRUE neu berechnet wird.

R-Code 9.30: Tabellarische Darstellung der Wichtigkeit der Variablen mit randomForest. Links: Abnahme der Genauigkeit, rechts: Gini-Koeffizient.

```
set.seed(1234)
KSQ2.rrf <- randomForest(fkq ~ uw + sach + ebit + Index, importance = TRUE, data = KSQ2)
importance(KSQ2.rrf)


##            %IncMSE IncNodePurity
## uw        6.593795     0.6561069
## sach     14.362149     1.0345319
## ebit     12.554008     0.7692938
## Index     8.127309     0.3337976
```

Die Reihenfolge der numerischen Variablen entspricht hier nicht der Reihenfolge der skalierten Variablen im linearen Modell (R-Code 9.31).

R-Code 9.31: Lineares Modell mit skalierten Variablen, Ausgabe der Koeffizienten

```
KSQ.lmscale <- lm(scale(fkq) ~ scale(uw) + scale(sach) + scale(ebit) + Index, data = KSQ)
coef(KSQ.lmscale)


##  (Intercept)     scale(uw)   scale(sach)   scale(ebit)     IndexMDAX     IndexSDAX
##   0.04584401    0.24650804    0.38075823   -0.21246656   -0.17130447    0.20662983
##  IndexTecDAX IndexkeinIDX
##  -0.23061025  -0.25758188
```

Für cforest() muss keine zusätzliche Option für die Modellierung gesetzt werden. Mit der Funktion varimp(model) wird die Permutationswichtigkeit (vergleichbar zu randomForest(), wenn die Option importance = TRUE gesetzt ist) ausgegeben. In R-Code 9.32 wird dies für das cforest()-Regressionsmodell gezeigt. Da die Genauigkeit neu berechnet wird, ist auch hier ein set.seed() notwendig.

R-Code 9.32: Wichtigkeit der Variablen mit cforest()

```
set.seed(1234)
varimp(KSQ2.rcf)

##           uw         sach         ebit        Index
## 0.0004469005 0.0103865536 0.0035885795 0.0009934243
```

Mit sort(x, decreasing = TRUE) können die Werte auch sortiert ausgegeben werden (R-Code 9.33), für importance() muss dazu die erste Spalte oder, wenn auch die mittlere Abnahme der Genauigkeit angezeigt wird, die zweite Spalte mit [, 1] bzw. [, 2] ausgewählt werden, da es sich bei dem Rückgabewert um eine Matrix handelt.

R-Code 9.33: Ausgabe der absteigend sortierten Variablenwichtigkeit

```
# Wichtigkeit der Variablen randomForest
importance(KSQ2.rrf)[, 2] |> sort(decreasing = TRUE)

##      sach      ebit        uw     Index
## 1.0345319 0.7692938 0.6561069 0.3337976

# Wichtigkeit der Variablen cforest
set.seed(1234)
varimp(KSQ2.rcf) |> sort(decreasing = TRUE)

##         sach         ebit        Index           uw
## 0.0103865536 0.0035885795 0.0009934243 0.0004469005
```

Wann sollte welche Methode angewandt werden? Nach Strobl *et al.* (2007) und Strobl *et al.* (2009a) sind die Ergebnisse zwischen Gini-Koeffizient bzw. *SSE*, der Permutationswichtigkeit aus dem randomForest-Modell, und der Permutationswichtigkeit aus dem cforest-Modell äquivalent, wenn die Prädiktoren vom Typ her vergleichbar sind (alle metrisch stetig oder alle kategorial mit derselben Anzahl von Kategorien). Wenn die unabhängigen Variablen von unterschiedlichem Typ sind, dann ist die Permutationswichtigkeit mit varimp() und dem cforest-Modell zu bevorzugen, da die Auswahl unverzerrt ist. Im Fall von korrelierten unabhängigen Variablen (Multikollinearität[10]) sollte im Aufruf von varimp() zusätzlich die Option conditional = TRUE gesetzt werden (*Achtung:* lange Rechenzeiten).

In R-Code 9.33 zeigt sich der Unterschied. Gemäß dem cforest-Modell liegt Index in der Wichtigkeit vor uw. Da hier unterschiedliche Skalenniveaus berücksichtigt werden müssen, ist eher dem letzteren Ergebnis zu folgen.

Generell sollte die Wichtigkeit von Variablen mit unterschiedlichen Startwerten in set.seed() verglichen werden. Wenn es bei den hochgerankten wichtigen Variablen zu Unterschieden kommt, sollte die Anzahl der Bäume erhöht werden.

ⓘ **Random Forest für die Wichtigkeit der Variablen**

randomForest()	Option importance = TRUE für Permutationswichtigkeit, sonst nur Abnahme Gini-Koeffizient
Ausgabe	tabellarisch importance(), grafisch varImpPlot()
cforest()	Berechnung der Permutationswichtigkeit, zu bevorzugen bei unterschiedlichen Skalenniveaus der Variablen
Ausgabe	varimp(), bei korrelierten unabhängigen Variablen Option conditional = TRUE nutzen (Achtung: lange Rechenzeiten)

9.4.8 Weitere Möglichkeiten zum Einsatz von Random Forest

Random Forest kann bei hochdimensionalen Daten genutzt werden, bei denen die Anzahl der Variablen die Anzahl der beobachteten Objekte übersteigt. Dabei ist das Verfahren dennoch robust gegen Overfitting.

Es kann mit erweiterten Methoden auch gut bei fehlenden Beobachtungen eingesetzt werden. Dabei wird die Zielgröße in einem Mehrschritt-Verfahren zur Rekonstruktion der fehlenden Werte berücksichtigt.

9.4.9 Vor- und Nachteile von Random Forest

Insbesondere im Rahmen der Prognose ist ein Random Forest sehr gut geeignet, da dieses Verfahren robust gegenüber Overfitting ist. Zusammengefasst ergeben sich folgende Vorteile:
- In der Regel haben die Verfahren sehr gute Prognoseeigenschaften.
- Die Wichtigkeit der Variablen kann bestimmt werden.
- Im Vergleich zur linearen Regression ist ein Random Forest unempfindlich gegenüber nichtlinearen Zusammenhängen, Ausreißern und nicht berücksichtigten Wechselwirkungen.

---

10 Siehe Abschnitt 2.7.8 im Kapitel Lineare Regression oder Abschnitt 4.7.4 im Kapitel Logistische Regression.

- Der Vorteil gegenüber einem einzelnen Baum:
  Dieser hat eine hohe Varianz, eine Fehlentscheidung im Anfangsknoten zieht sich durch die Folgeknoten. Viele Bäume reduzieren diesen Effekt.

Mögliche Nachteile sind die folgenden:
- Keine einfache Interpretierbarkeit mehr.
- Das Ergebnis hängt u. U. von den Parametern ab (siehe entsprechende Hilfeseiten).
- Das Verfahren ist rechenaufwendig.

9.5 Literatur

9.5.1 Weiterführende Literatur

Exemplarisch sei auf folgende weiterführende Literatur verwiesen:
- Hastie, Tibshirani und Friedmann (2009), *The elements of statistical learning – Data mining, inference, and prediction*, insbesondere die Kapitel 9.2 und 15;
- James, Witten, Hastie und Tibshirani (2021), *An introduction to statistical learning – with applications in R*, insbesondere die Kapitel 2, 4 und 8;
- Kuhn und Johnson (2013), *Applied predictive modeling*, insbesondere die Kapitel 8 und 14.

9.5.2 Anwendungsbeispiele

- Alessi und Detken (2018), *Identifying excessive credit growth and leverage* – Klassifikation mit Baumverfahren und Random Forest;
- Erdem und Rojahn (2022), *The influence of financial literacy on financial resilience – New evidence from Europe during the COVID-19 crisis resilience* – logistische Regression, proportionale Chancenverhältnisse, bedingter Random Forest;
- Kuhlmann und Rojahn (2017), *The impact of ownership concentration and shareholder identity on dividend payout probabilities: new evidence from the German stock market* – Random Forest zur Bestimmung der Wichtigkeit der Einflussgrößen;
- Manogna und Mishra (2021), *Measuring financial performance of Indian manufacturing firms: application of decision tree algorithms* – Vergleich verschiedener Klassifikationsmodelle;
- Szepannek (2017), *On the practical relevance of modern machine learning algorithms for credit scoring applications* – Klassifikation mit Random Forest;
- Uddin, Chi, Al Janabi und Habib (2020), *Leveraging random forest in microenterprises credit risk modelling for accuracy and interpretability* – Klassifikation mit Random Forest.

10 Hauptkomponentenanalyse

Die Hauptkomponentenanalyse (*principal componenets analysis*, PCA) ist ein Verfahren aus dem Bereich des sogenannten unüberwachten Lernens und dient der Dimensionsreduktion. In der PCA werden mehrere, i. d. R. numerische, miteinander korrelierende Variablen zusammengefasst. Ein Anwendungsfall ist z. B. die Untersuchung von Kurs- oder Renditeeinzelwerten aus großen Indices, wie S&P 500, CDAX. Anstatt nun einen Datensatz mit 500 Variablen zu haben, werden diese in Gruppen zu wenigen Hauptkomponenten zusammengefasst. Die Einzelwerte innerhalb der Gruppen zeigen einen ähnlichen Verlauf. Ein anderes Beispiel ist die Untersuchung von verschiedenen Unternehmensdaten wie Umsatz, Ebit, Jahresüberschuss, Kurs-Gewinn-Verhältnis, Bilanzsumme, Marktkapitalisierung, Cashflow usw. Diese hängen in der Regel zusammen, so dass ein einzelner Einfluss möglicherweise nicht mehr zugeordnet werden kann. Auch hier kann die PCA aus vielen Variablen mehrere Hauptkomponenten extrahieren.

10.1 Grundlagen der Hauptkomponentenanalyse

Als Beispiel betrachten wir einen Datensatz mit drei Variablen, die deutlich miteinander korrelieren. Als Punktewolke betrachtet (siehe Abbildung 10.1 rechts), sehen die Daten aus wie ein Rugby-Ball bzw. ein Football. Im linken Teil der Abbildung werden zum Vergleich unkorrelierte Daten dargestellt, dort ist die Verteilung kugelförmig. Eine Korrelation zwischen den Variablen, die zusammengefasst werden sollen, ist eine Voraussetzung, um eine Hauptkomponentenanalyse sinnvoll durchführen zu können.

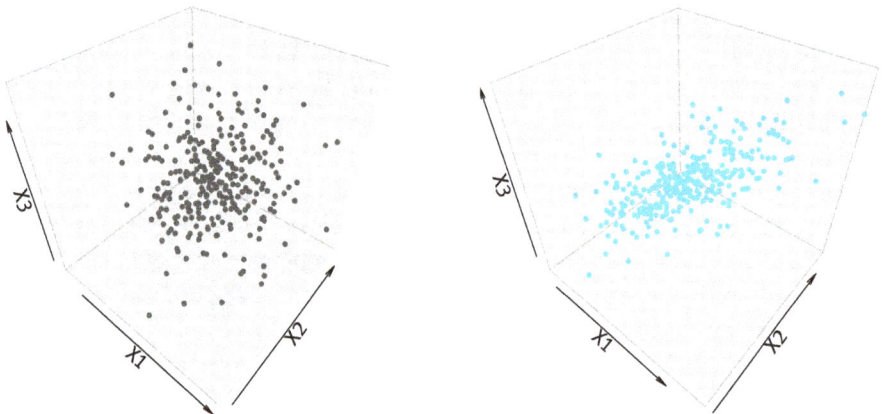

Abb. 10.1: Exemplarische Daten für eine Hauptkomponentenanalyse. Links: unkorrelierte Daten – annähernd kugelförmig. Rechts: Die nicht-kugelförmige Anordnung ist deutlich zu erkennen, was auf Korrelationen zwischen den Variablen hindeutet.

https://doi.org/10.1515/9783110767261-010

In der Hauptkomponentenanalyse (für eine Einführung siehe z. B. Lattin *et al.*, 2003, S. 91 ff.) wird nun eine Linearkombination Z_1 aus den Daten von X_1, X_2 und X_3 gebildet, die die meiste Varianz in sich vereint. Zur Erinnerung: Die Varianz ist ein Maß für die Verteilung der Daten, eine Linearkombination ist die Projektion aus einem (hier) dreidimensionalen Raum auf eine einzelne Achse. Grafisch entspricht dies einer Linie in Richtung der Längsachse des Rugby-Balls, wie in Abbildung 10.2 eingezeichnet.

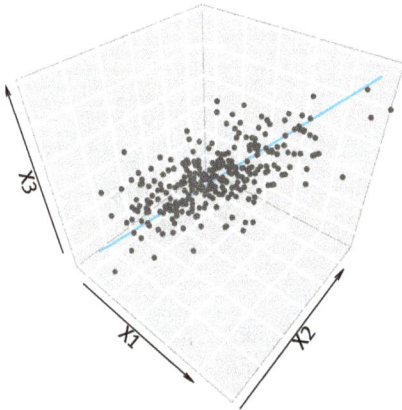

Abb. 10.2: Schematische Darstellung der ersten Hauptkomponente Z_1 in blau in Richtung der Längsachse des Rugby-Balls.

Nach Entfernen der Informationen aus Z_1 verbleiben zweidimensionale Daten (Abbildung 10.3 links). Diese sind jetzt im dreidimensionalen Koordinatensystem der ursprünglichen Variablen nur noch eine ellipsenförmige Scheibe. Allgemein entstehen nach Entfernen der Informationen aus der ersten Hauptkomponente Daten, die eine Dimension weniger beinhalten als die ursprünglichen Daten.

Der Schritt wird wiederholt, es wird eine weitere Linearkombination Z_2 in Richtung der höchsten verbliebenen Varianz (Abbildung 10.3 rechts in blau eingezeichnet) gebildet. Wichtige Eigenschaften der zweiten Hauptkomponente Z_2:

– Z_2 ist nicht korreliert mit Z_1.
– Die Varianz von Z_2 ist kleiner als die Varianz von Z_1.

Die verbliebene Varianz kann durch eine weitere Hauptkomponente Z_3 ausgedrückt werden. Es gelten die gleichen Eigenschaften für Z_3 in Relation zu Z_2 wie für Z_2 in Relation zu Z_1. Die Summe der Varianzen aller Hauptkomponenten Z_i entspricht der Summe der Varianzen der Variablen X_i, in den Hauptkomponenten ist sie aber anders verteilt. Das Ergebnis aus dem Beispiel mit den drei Variablen sehen Sie in Tabelle 10.1. Die erste Hauptkomponente vereint mit deutlichem Abstand die meiste Varianz auf sich, während die Verteilung bei den ursprünglichen Variablen ausgeglichener ist.

Theoretisch können genauso viele Hauptkomponenten wie Variablen gebildet werden. Im Sinne der Dimensionsreduktion werden aber weniger Hauptkomponen-

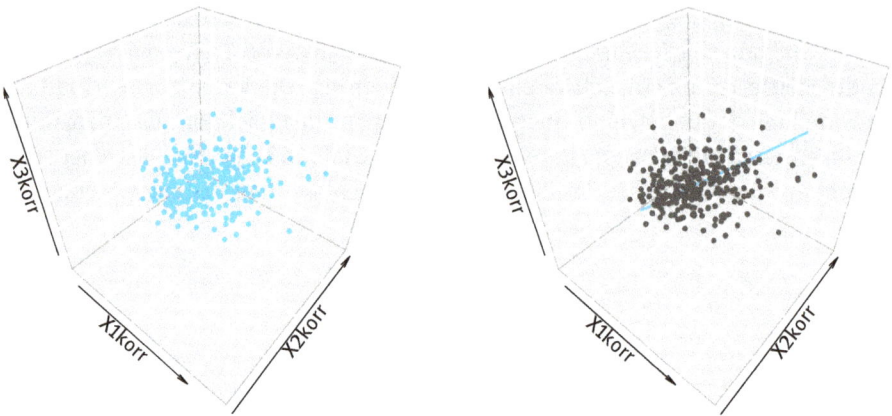

Abb. 10.3: Links: Darstellung der Daten in drei Dimensionen (X_{1korr}, X_{2korr}, X_{3korr}) nach Entfernen der Informationen aus Z_1. Rechts: Schematische Darstellung der zweiten Hauptkomponente Z_2 in blau in Richtung der Längsachse der verbliebenen Ellipse.

ten genutzt. Um zu entscheiden, wie viele genau, gibt es kein eindeutiges Kriterium. Häufig wird dies auch unter inhaltlichen Gesichtspunkten entschieden. Möglichkeiten zur Bestimmung der Anzahl der *sinnvollen* Hauptkomponenten werden weiter unten vorgestellt.

Eine Hauptkomponente Z kann als Linearkombination der Variablen X beschrieben werden. Die einzelnen Gewichte b der Variablen werden als Ladungen bezeichnet.

$$Z_l = b_{1l} \cdot X_1 + b_{2l} \cdot X_2 + \cdots + b_{Kl} \cdot X_K \tag{10.1}$$

mit Z_l Hauptkomponente l mit $l = 1, \ldots L$;

       L Anzahl der Hauptkomponenten;

       X_k (skalierte) Variable k mit $k = 1, \ldots K$;

       K Anzahl der Variablen;

       b_{kl} Ladung der Variablen k auf die Hauptkomponente l.

Tab. 10.1: Varianzen der ursprünglichen Variablen X und der Hauptkomponenten Z. Die Summe der Varianzen ist für beide gleich, die Verteilung aber merklich anders. Hier zeigt sich die deutliche Konzentration auf die erste Hauptkomponente.

	X	Z
1	1.0397056	1.9882459
2	0.9669378	0.6841315
3	0.9307315	0.2649975
Summe	2.9373749	2.9373749

Durch die mit den Ladungen b_k gewichtete Addition der einzelnen (skalierten) Beobachtungen x_i ($i = 1, \ldots, N$ mit N = Anzahl der Beobachtungen) erhalten Sie die *Scores* sc_i. Diese können z. B. in der Regression weiter genutzt werden.

$$sc_i = b_1 \cdot x_{1i} + b_2 \cdot x_{2i} + \cdots + b_K \cdot x_{Ki}. \tag{10.2}$$

Um die inhaltliche Interpretierbarkeit zu verbessern, ist eine Zuordnung der ursprünglichen Variablen zu den Hauptkomponenten hilfreich. Diese Zuordnung kann für die ersten beiden Hauptkomponenten in einem *Biplot* visualisiert werden. Abbildung 10.4 zeigt ein Beispiel mit sechs Variablen.[1] Die Achsen liegen in Richtung der ersten beiden Hauptkomponenten, in diesem Koordinatensystem werden die Variablen anhand ihrer Ladungen auf die beiden Hauptkomponenten dargestellt.

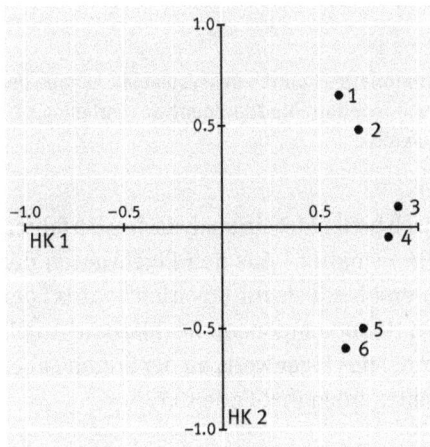

Abb. 10.4: Biplot: Die ursprünglichen Variablen werden im Koordinatensystem der ersten beiden Hauptkomponenten gezeigt.

Wie Abbildung 10.5 zeigt, kann durch eine Rotation (links, zwei Variablen liegen in Richtung der Hauptkomponente 1) des Koordinatensystems die Zuordnung zu den Variablen verbessert werden (rechts, vier Variablen liegen in Richtung der beiden Hauptkomponenten). Im Ergebnis stellt die rotierte Hauptkomponente 1 jetzt eine Zusammenfassung der Variablen 5 und 6 dar, die rotierte Hauptkomponente 2 eine der Variablen 1 und 2. Es gibt verschiedene Rotationsverfahren, ein gängiges ist die Varimax-Rotation[2], die die Orthogonalität (d. h. Unkorreliertheit) der Hauptkomponenten aufrechterhält.

---

[1] Hinweis: In einem Biplot werden normalerweise auch die Beobachtungen gezeigt. Diese wurden hier aus Gründen der Übersichtlichkeit weggelassen.

[2] Mittels orthogonaler Rotationsmatrizen werden die Absolutwerte verändert, aber die Abstände im Raum bleiben erhalten. Varimax: Es erfolgt eine Maximierung der Abstände zwischen den einzelnen Ladungen, so dass weniger Variablen auf den einzelnen Komponenten laden. Quartimax: Es erfolgt eine Maximierung der Streuung über alle Komponenten, somit laden viele Variablen auf einer Komponente. Nicht-orthogonale Rotationsverfahren sind beispielsweise Promax und Oblimin.

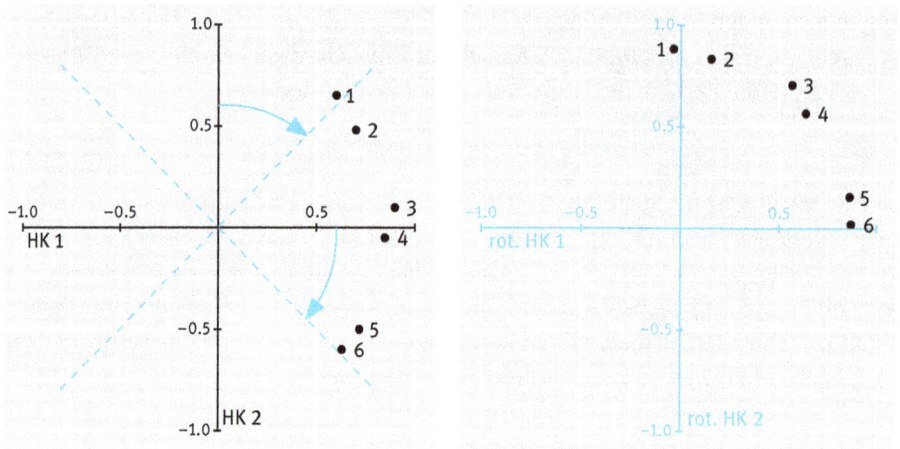

Abb. 10.5: Rotation des Koordinatensystems. Links: unrotiertes Koordinatensystem mit Angabe der Rotationsrichtung. Rechts: Das Koordinatensystem wurde rotiert, die Zuordnung der Variablen zu den rotierten Hauptkomponenten konnte verbessert werden.

Die Hauptkomponentenanalyse ist mathematisch betrachtet ein analytisches Verfahren unter Nutzung der Kovarianz- oder Korrelationsmatrix.[3] Aus den Eigenwerten der Korrelationsmatrix (bei standardisierten Daten identisch zur Kovarianzmatrix) der Ausgangsdaten kann der durch die jeweiligen Hauptkomponenten erklärbare Anteil der gesamten Varianz hergeleitet werden (Anteil des Eigenwerts an der Summe aller Eigenwerte). Ein Beispiel hierzu finden Sie weiter unten in R-Code 10.7.

10.2 Verwendete R-Pakete

In diesem Kapitel kommen die in R-Code 10.1 aufgeführten Pakete zum Einsatz, die mit `library(package)` geladen bzw. aktiviert werden müssen. Falls die unten aufgeführten Pakete noch nicht installiert wurden, müssen sie einmalig mit `install.package("package")` installiert werden.

---

3 Die Berechnung erfolgt mittels Singulärwertzerlegung oder Eigenwertzerlegung. Die Singulärwertzerlegung ist numerisch präziser durchzuführen und daher i. d. R. zu bevorzugen.

R-Code 10.1: Laden der im Kapitel benötigten Pakete

```
library(dplyr)      # Datenhandling
library(tidyr)      # "tidy" Datenformat
library(readxl)     # Excel-Dateien einlesen
library(ggplot2)    # Grammar of Graphics
library(ggformula)  # Pipelining und Formelinterface für ggplot2
library(ggfortify)  # automatische Übertragung verschiedener Formate in ggplot2
library(gridExtra)  # Anordnung mehrerer ggplot2-Objekte
library(REdaS)      # Rotationsmatrizen und Test für die Hauptkomponentenanalyse
library(psych)      # Hauptkomponentenanalyse
library(corrplot)   # Korrelationsplots
library(lmtest)     # Tests für (generalisierte) lineare Modelle
library(sandwich)   # robuste Varianz-Kovarianz-Schätzer
```

10.3 Anwendungsbeispiel

Als Datensatz nutzen wir den Kapitalstruktur-Datensatz, der bereits bei der linearen Regression zum Einsatz kam. Details zu den Variablen finden Sie in Tabelle 2.2 im Kapitel Lineare Regression. Hier wird allerdings keine Einschränkung auf ein Jahr vorgenommen, damit mehr Variablen im Datensatz verbleiben. Ansonsten müssten die Variablen wie Bruttoinlandsprodukte, Inflation etc., für die nur Jahreswerte vorliegen, ebenfalls entfernt werden. Die Hauptkomponentenanalyse kann nur mit numerischen Werten und (je nach verwendeter Funktion in R) ohne fehlende Werte berechnet werden. Daher werden in R-Code 10.2 die fehlenden Werte entfernt (na.omit()) und mit select_if(is.numeric) die numerischen Variablen ausgewählt. Weiterhin werden die Variablen Jahr sowie lfk und kfk entfernt. Letztere sind Bestandteile der Fremdkapitalquote, die durch das Modell erklärt werden soll. Außerdem werden die Daten mittels scale() standardisiert, d. h. auf die Varianz 1 und den Mittelwert 0 umgerechnet. Eine Standardisierung ist bei der Hauptkomponentenanalyse zu empfehlen. Sofern sich die Werte von einzelnen Variablen im Vergleich zu anderen Variablen über einen großen Bereich erstrecken, ist der Einfluss dieser in Bezug auf die Gesamtvarianz der Daten deutlich höher und wird den Einfluss der Variablen auf die Hauptkomponenten erhöhen. Bei Nutzung der Korrelationsmatrix in der Berechnung der Hauptkomponenten erfolgt die Skalierung automatisch. Da die Funktion scale() den Datensatz in eine Matrix umwandelt, wird diese anschließend in ein tibble[4] umgewandelt.

---

4 Ein tibble ist eine erweiterte Form eines Dataframes aus dem Paket dplyr.

R-Code 10.2: Einlesen und Vorbereiten des Datensatzes Kapitalstruktur.xlsx

```
# Daten einlesen
KS <- read_excel("data/Kapitalstruktur.xlsx")
# Änderungen vornehmen
KSnum <- KS |>
  # numerische Variablen auswählen
  select_if(is.numeric) |>
  # Variable Jahr, lfk, kfk entfernen
  select(-Jahr, -lfk, -kfk) |>
  # fehlende Werte entfernen und skalieren
  na.omit() |> scale() |> as_tibble()
```

Da wir im Anschluss wiederum die Fremdkapitalquote (fkq) mittels einer linearen Regression modellieren wollen, wird für die Hauptkomponentenanalyse ein Hilfsdatensatz erzeugt, in dem diese ebenfalls entfernt wird (R-Code 10.3).

R-Code 10.3: Entfernen der Variablen fkq

```
KSnum2 <- KSnum |> select(-fkq)
```

10.3.1 Eignung der Daten

Falls Sie sich unsicher sind, ob ausreichend Korrelation vorliegt, können Sie dies mit cor(data) oder einem Plot der Korrelationsmatrix (corrplot() aus dem Paket corrplot) überprüfen (R-Code 10.4, Grafik 10.1).

R-Code 10.4: Plot der Korrelationsmatrix des Datensatzes KSnum2

```
KSnum2 |> cor() |> corrplot()
```

Auch gibt es Tests, die dies überprüfen. Exemplarisch seien in R-Code 10.5 das Kaiser-Maier-Olkin-Kriterium (KMO-Kriterium, Kaiser und Rice, 1974) sowie der Bartlett-Test (Bartlett, 1951) gezeigt. Das KMO-Kriterium überprüft die Partialkorrelationen, also die Korrelationen zwischen zwei Variablen unter Ausschaltung des Einflusses der anderen Variablen. Der Bartlett-Test überprüft, ob sich die Korrelationsmatrix von einer Einheitsmatrix unterscheidet. Beide Tests finden Sie im Paket REdaS.

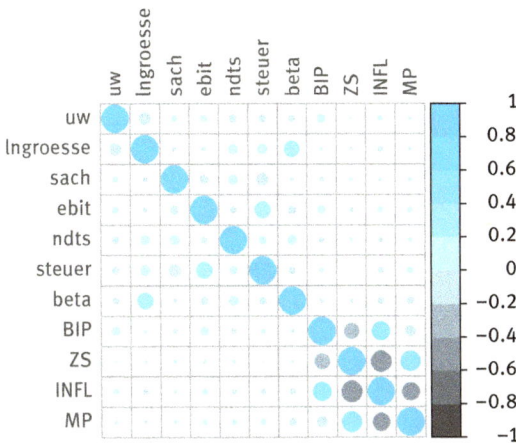

R-Grafik 10.1: Plot der Korrelationsmatrix des Datensatzes KSnum2

R-Code 10.5: Kaiser-Maier-Olkin-Kriterium und Bartlett-Test

```
# Kaiser-Maier-Olkin-Kriterium
KMOS(KSnum2) |> print(stats = "KMO")


##
## Kaiser-Meyer-Olkin Statistic
## Call: KMOS(x = KSnum2)
##
## KMO-Criterion: 0.6278362


# Bartlett-Test
bart_spher(KSnum2)

##  Bartlett's Test of Sphericity
##
## Call: bart_spher(x = KSnum2)
##
##       X2 = 1852.709
##       df = 55
## p-value < 2.22e-16
```

Die KMO-Statistik sollte mindestens den Wert 0.5 erreichen, was hier erzielt wird. Der Bartlett-Test sollte die Nullhypothese, die Korrelationsmatrix sei gleich einer Einheitsmatrix, verwerfen. Auch das kann hier vermutet werden.

Die Eignung einzelner Variablen kann zusätzlich mit dem MSA-Kriterium (*Measure of Sampling Adequacy*) überprüft werden (R-Code 10.6). Dieses Maß basiert wie die KMO-Statistik ebenfalls auf den Partialkorrelationen und sollte mindestens 0.5 erreichen, wobei Werte bis 0.8 noch mittelmäßig sind (Kaiser, 1974).

R-Code 10.6: MSA-Kriterien der einzelnen Variablen

```
# MSA-Kriterium
KMOS(KSnum2) |> print(stats = "MSA")

##
## Kaiser-Meyer-Olkin Statistics
##
## Call: KMOS(x = KSnum2)
##
## Measures of Sampling Adequacy (MSA):
##        uw lngroesse      sach      ebit      ndts    steuer      beta       BIP
## 0.5469102 0.5162974 0.5121254 0.5222655 0.5313293 0.4870018 0.5029762 0.6740863
##        ZS      INFL        MP
## 0.6775217 0.6803070 0.7015576
```

Die untere Grenze wird hier für alle Variablen bis auf steuer erreicht.

10.3.2 Anzahl der Hauptkomponenten

Wie viele Hauptkomponenten sollen bestimmt werden? Hierzu kann das Eigenwert-oder Kaiser-Guttman-Kriterium genutzt werden, das besagt, dass die Eigenwerte der genutzten Hauptkomponenten (also die Eigenwerte der Korrelationsmatrix) größer 1 sein sollen. Die Komponenten mit einem Eigenwert kleiner als 1 vereinen weniger Varianz auf sich als die ursprünglichen Variablen (bei standardisierten Variablen ist die Varianz jeweils 1). Eine weitere Möglichkeit ist der *Scree-Plot* (siehe Abbildung 10.6), der die Eigenwerte in absteigender Folge darstellt. An der Stelle, wo es einen deutlichen Knick gibt, werden die Komponenten links vom Knick genommen (Ellenbogen-, *Elbow*-Kriterium). Die Idee des Elbow-Kriteriums basiert darauf, dass bei einer rein zufälligen Verteilung die Eigenwerte linear ansteigen. Daher wird von rechts (dem kleinsten Eigenwert) geschaut, an welcher Stelle die Eigenwerte von dieser zufälligen Anordnung abweichen. Der Scree-Plot kann z. B. mit dem Befehl VSS.scree(data) aus dem Paket psych erzeugt werden.

Diese Variante des Scree-Plots beinhaltet auch eine Linie bei dem Eigenwert 1, so dass beide Kriterien gleichzeitig überprüft werden können. Vier Eigenwerte sind größer als 1, es zeigen sich deutliche Knicke nach der ersten und nach der dritten Komponente. Nach dem Elbow-Kriterium soll bei mehreren Knicken die Anzahl der Komponenten links von dem am weitesten rechts liegenden Knick genommen werden (die erste Abweichung von einer zufälligen Anordnung). Dies wären hier drei Komponenten. Nach dem Eigenwertkriterium wäre hier die Wahl von vier Hauptkomponenten sinnvoll. Falls es nach den beiden Kriterien zu unterschiedlichen Ergebnissen kommt, ist eine inhaltliche Überprüfung sinnvoll: Welche Variablen vereinen sich auf die jeweils ge-

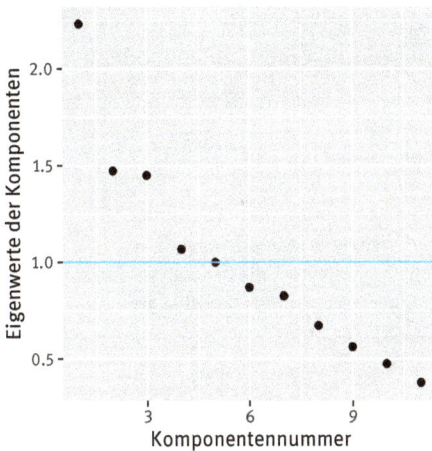

Abb. 10.6: Scree-Plot: Es werden die Eigenwerte der Hauptkomponenten in absteigender Folge dargestellt. Die horizontale Linie in blau zeigt die Grenze eins für den Eigenwert.

wählten Hauptkomponenten und welche inhaltlichen Zusammenhänge werden damit beschrieben?

Ein weiterer Maßstab ist, wie viel Varianz die Hauptkomponenten aufeinander vereinen. Dies kann mit Hilfe der Eigenwerte der Korrelationsmatrix abgeschätzt werden. Die Summe der ersten Eigenwerte (Anzahl wie oben ermittelt) wird in Relation zu der Summe aller Eigenwerte gesetzt (R-Code 10.7). Zusätzlich wird die erklärte Varianz der einzelnen Hauptkomponenten ausgegeben.

R-Code 10.7: Erklärte Varianz der Hauptkomponenten und Anteil an der kumulierten Varianz

```
# Erklärte Varianz der Hauptkomponenten
eigen(cor(KSnum2))$values/sum(eigen(cor(KSnum2))$values)

## [1] 0.20283760 0.13389979 0.13175155 0.09695341 0.09084996 0.07902259
## [7] 0.07498828 0.06108033 0.05116974 0.04322393 0.03422281

# Anteil der kumulierten Varianz von 3 bzw 4 Hauptkomponenten
sum(eigen(cor(KSnum2))$values[1:3])/sum(eigen(cor(KSnum2))$values)

## [1] 0.4684889

sum(eigen(cor(KSnum2))$values[1:4])/sum(eigen(cor(KSnum2))$values)

## [1] 0.5654424
```

Die ersten vier Komponenten vereinen 56.5 % der Varianz der ursprünglichen Daten. Durch die Hauptkomponenten sollte immer ein möglichst großer Teil der ursprünglichen Variation erklärt werden. Aufgrund des deutlich größeren Anteils erklärter Varianz bei vier Komponenten werden hier vier Hauptkomponenten modelliert.[5]

Eignung der Daten für eine Hauptkomponentenanalyse
KMO, Bartlett-Test   Überprüfung auf ausreichend Korrelation
Anzahl der Hauptkomponenten
Eigenwert-Kriterium   Hauptkomponenten mit Eigenwert > 1
Scree-Plot   Hauptkomponenten links vom am weitesten rechten Knick
Erklärte Varianz   Summe der Eigenwerte der Hauptkomponenten, die genutzt werden sollen,
                        dividiert durch die Summe aller Eigenwerte; sollte möglichst groß sein

---

10.3.3 Durchführung und Interpretation der Hauptkomponentenanalyse

Die eigentliche Hauptkomponentenanalyse kann unter anderem mit dem Befehl `prcomp()` (Singulärwertzerlegung) oder mit dem Befehl `princomp()` (Eigenwertzerlegung) durchgeführt werden. Auch das Paket `psych` bietet mit `principal()` eine komfortable Möglichkeit zur Hauptkomponentenanalyse unter Nutzung der Eigenwertzerlegung der Korrelationsmatrix. `principal()` erlaubt insbesondere die gleichzeitige Durchführung verschiedener Rotationsverfahren (als Standard ist die Varimax-Rotation eingestellt). Diese Funktion wird im Beispiel genutzt. *Hinweis:* `principal()` kann auch mit fehlenden Werten umgehen und ersetzt diese durch Mittelwert oder Median (Option `missing = TRUE` und `impute = ...`). Bei symmetrischen Verteilungen kann der Mittelwert genutzt werden, bei schiefen Verteilungen ist hingegen der Median besser geeignet. Dies ist insbesondere dann nützlich, wenn durch die Entfernung ganzer Beobachtungen zu viele Datensätze verloren gingen. Hier im Beispiel ist die Entfernung von Beobachtungen mit fehlenden Werten aufgrund der Größe des Datensatzes unkritisch.

Bei `principal()` muss angegeben werden, wie viele Komponenten berechnet werden sollen und ob eine Rotation erfolgen soll (Standardeinstellung: Varimax-Rotation). In R-Code 10.8 wird die Hauptkomponentenanalyse zunächst ohne Rotation berechnet.

R-Code 10.8: Durchführung der Hauptkomponentenanalyse ohne Rotation

```
# Berechnung der Hauptkomponenten
KSnum2.npca <- principal(KSnum2, 4, rotate = "none")
# Löschen nicht genutzter Ausgabeelemente
KSnum2.npca$criteria <- NULL
# Ausgabe
print(KSnum2.npca, cut = 0.5, sort = TRUE, digits = 2)
```

---

5 Insbesondere bei vielen Variablen bietet sich auch die Funktion `VSS()` aus dem Paket `psych` an, die eine Vielzahl verschiedener Kriterien zur Bestimmung der Anzahl der Hauptkomponenten auswertet.

```
## Principal Components Analysis
## Call: principal(r = KSnum2, nfactors = 4, rotate = "none")
## Standardized loadings (pattern matrix) based upon correlation matrix
##            item   PC1   PC2   PC3   PC4   h2   u2  com
## INFL         10 -0.84                    0.71 0.29 1.0
## ZS            9  0.83                    0.70 0.30 1.0
## MP           11  0.69                    0.52 0.48 1.2
## BIP           8 -0.58                    0.40 0.60 1.3
## lngroesse     2        0.78              0.61 0.39 1.0
## beta          7        0.64              0.49 0.51 1.3
## uw            1                          0.29 0.71 2.0
## steuer        6              0.75        0.67 0.33 1.4
## ebit          4              0.74        0.62 0.38 1.3
## sach          3                    0.65  0.63 0.37 1.8
## ndts          5                    0.62  0.58 0.42 1.9
##
##                       PC1   PC2   PC3   PC4
## SS loadings          2.23  1.47  1.45  1.07
## Proportion Var       0.20  0.13  0.13  0.10
## Cumulative Var       0.20  0.34  0.47  0.57
## Proportion Explained 0.36  0.24  0.23  0.17
## Cumulative Proportion 0.36 0.60  0.83  1.00
##
## Mean item complexity =  1.4
## Fit based upon off diagonal values = 0.55
```

Mittels des print()-Befehls erfolgt eine gleichsam *bereinigte* Ausgabe. Vorher wird noch ein nicht genutzter Teil der Ausgabe gelöscht (KSnum2.npca$criteria <- NULL), um die Ausgabe übersichtlicher zu gestalten. Die Ladungen (Korrelationen der ursprünglichen Variablen mit den Hauptkomponenten) werden nur ab einem Betrag von 0.5 angezeigt (Option cut), mit zwei Nachkommastellen (Option digits) sowie sortiert (jeweils innerhalb einer Komponente nach absteigenden Beträgen der Ladungen, Option sort = TRUE). Weiterhin wird der Anteil der erklärten Varianz der einzelnen Hauptkomponenten ausgegeben (Proportion Var, kumuliert Cumulative Var).

Inhaltlich zeigt sich hier in der ersten Hauptkomponente ein Zusammenhang der unternehmensexternen Faktoren. Allerdings weisen die Ladungen unterschiedliche Vorzeichen auf, was die Interpretation erschweren kann. Die Größe und das Beta werden in der zweiten Hauptkomponente zusammengefasst sowie Steuer und Ebit in der dritten. In der letzten finden sich noch das Sachanlagevermögen und das Net Debt Tax Shield (also die Abschreibungen in Relation zur Bilanzsumme), das wiederum auch mit dem Anlagevermögen zusammenhängt. Nur das Umsatzwachstum lässt sich nicht eindeutig zuordnen. Die vier Komponenten könnten so als Extern, Risiko, Profitabilität und Sachanlagevermögen beschrieben werden.

Neben den Ladungen auf die einzelnen Hauptkomponenten werden noch die sogenannten Kommunalitäten (h2) angezeigt. Das sind die Summen der quadrierten

Ladungen auf allen Hauptkomponenten (auch der hier wegen cut = 0.5 nicht ange-
zeigten Ladungen). Dies ist vergleichbar mit dem erklärten Anteil und sollte möglichst
groß sein (Hatzinger *et al.*, 2014, S. 460 f.). u2 ist der nicht erklärte Anteil. Zusätzlich
wird noch Hofmanns Komplexitätsindex (com, Hofmann, 1978) ausgegeben (einzeln
je Variable und gemittelt als Mean item complexity). Dieser ist 1 bei einem trivialen
Modell, d. h., jeder Variablen entspricht eine Hauptkomponente.

Insgesamt sollte in einer Hauptkomponentenanalyse die Anpassung (Fit based
upon off diagonal values) möglichst groß werden (siehe Vignette vignette(package
= "psych", "overview")). Dieses Gütekriterium kann ggf. herangezogen werden, wenn
eine Entscheidung über die Anzahl der Komponenten nicht eindeutig auf anderem
Wege getroffen werden kann.

Durch Nutzung der Varimax-Rotation (R-Code 10.9) ändert sich das Ergebnis nur
unwesentlich.

R-Code 10.9: Durchführung der Hauptkomponentenanalyse mit Varimax-Rotation

```
# Berechnung der rotierten Hauptkomponenten
KSnum2.rpca <- principal(KSnum2, 4, rotate = "varimax")
# Löschen nicht genutzter Ausgabeelemente
KSnum2.rpca$criteria <- NULL
# Ausgabe
print(KSnum2.rpca, cut = 0.5, sort = TRUE, digits = 2)

## Principal Components Analysis
## Call: principal(r = KSnum2, nfactors = 4, rotate = "varimax")
## Standardized loadings (pattern matrix) based upon correlation matrix
##              item   RC1   RC2   RC3   RC4   h2   u2 com
## INFL           10 -0.84                    0.71 0.29 1.0
## ZS              9  0.84                    0.70 0.30 1.0
## MP             11  0.70                    0.52 0.48 1.2
## BIP             8 -0.58                    0.40 0.60 1.4
## lngroesse       2        0.76              0.61 0.39 1.1
## beta            7        0.68              0.49 0.51 1.1
## uw              1                          0.29 0.71 1.4
## steuer          6              0.80        0.67 0.33 1.1
## ebit            4              0.77        0.62 0.38 1.1
## sach            3                    0.73  0.63 0.37 1.4
## ndts            5                    0.71  0.58 0.42 1.3
##
##                      RC1  RC2  RC3  RC4
## SS loadings         2.23 1.45 1.42 1.13
## Proportion Var      0.20 0.13 0.13 0.10
## Cumulative Var      0.20 0.33 0.46 0.57
## Proportion Explained 0.36 0.23 0.23 0.18
## Cumulative Proportion 0.36 0.59 0.82 1.00
##
```

```
## Mean item complexity =  1.2
## Fit based upon off diagonal values = 0.55
```

Die Zuordnung zu den Komponenten bleibt gleich. Die Ladungen der Variablen auf die einzelnen Hauptkomponenten erhöhen sich allerdings und es verringert sich die mittlere Komplexität der Items (*mean item complexity*) von 1.4 auf 1.2. Die Rotation hat in diesem Beispiel (nur) zu einer Verbesserung der Zuordnung geführt, inhaltlich haben sich keine Änderungen ergeben. Die rotierten Hauptkomponenten werden in der Ausgabe jetzt mit RC (*rotated component*) bezeichnet, um deutlich zu machen, dass eine Rotation vorgenommen wurde.

Zur Visualisierung kann ein Biplot dargestellt werden. Dies ist, wie schon erläutert, ein Streudiagramm der Beobachtungen im Koordinatensystem von zwei (rotierten) Hauptkomponenten, meist werden dazu die ersten beiden gewählt. Zusätzlich werden die Ladungen der Variablen auf die Komponenten mit Pfeilen abgetragen. Das Paket psych stellt die entsprechende Funktionalität über biplot() zur Verfügung (R-Code 10.10, Grafik 10.2).[6] Mit choose = 1:2 werden die ersten beiden Hauptkomponenten gewählt.

R-Code 10.10: Biplot der ersten beiden rotierten Hauptkomponenten

```
biplot(KSnum2.rpca, choose = 1:2)
```

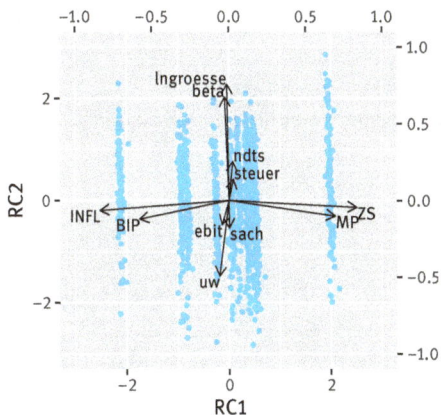

R-Grafik 10.2: Biplot der ersten beiden rotierten Hauptkomponenten. ZS, MP, BIP und INFL laden stark auf die erste Komponente, sach und 1fk auf die zweite Komponente. Auch ist zu erkennen, dass die erste Hauptkomponenten die Daten zu Clustern gruppiert.

---

6 biplot() gibt eine *klassische* R-Grafik aus, die hier aus Gründen der einheitlichen Darstellung als ggplot2-Grafik ausgegeben wird. Über autoplot() unter Verwendung des Pakets ggfortify können ggplot2-Biplots für die mit prcomp() oder princomp() erzeugten Hauptkomponentenmodelle ausgegeben werden.

In R-Grafik 10.2 ist deutlich zu erkennen, dass ZS, MP, BIP und INFL stark auf die erste rotierte Hauptkomponenten laden, lngroesse und beta auf die zweite Komponente. Die erste Hauptkomponente fasst somit externe, im Wesentlichen makroökonomische Einflussfaktoren zusammen, die zweite interne, unternehmensspezifische Faktoren. Entlang der ersten Hauptkomponente ist eine Gruppierung der Daten zu erkennen, es bilden sich Cluster.

Die Achsen links und unten im Biplot zeigen die Scores der Beobachtungen für die jeweilige Komponente, die Achsen rechts und oben die Ladungen.

10.3.4 Zusammenfassung der Hauptkomponenten

Um die Hauptkomponenten oder wie hier rotierte Hauptkomponenten in einer weiteren Analyse nutzen zu können, können die jeweils stark auf eine (rotierte) Hauptkomponente ladenden Variablen aufsummiert und der Mittelwert daraus berechnet werden. Das ist insbesondere dann sinnvoll, wenn Sie z. B. aus Fragebögen Multi-Item-Likert-Skalen zusammenfassen wollen, da die Hauptkomponenten leichter interpretierbar sind.

Hier haben die Ladungen der ersten rotierten Hauptkomponente aber unterschiedliche Vorzeichen, was eine Mittelwertbildung nicht sinnvoll erscheinen lässt. Daher werden die Scores, also die Linearkombinationen der ursprünglichen Variablen in den einzelnen (rotierten) Hauptkomponenten, genutzt. In R-Code 10.11 werden zunächst die Fremdkapitalquote aus dem KSnum-Datensatz übernommen und dann die Scores aus dem PCA-Objekt eingebunden.

R-Code 10.11: Erstellung eines Datensatzes mit Einbindung der Scores für weitere Analysen

```
# Fremdkapitalquote aus KSnum übernehmen
KSpca <- KSnum |> select(fkq) |>
  mutate(
    # Scores der 4 Hauptkomponenten abspeichern
    extern = KSnum2.rpca$scores[, "RC1"],
    risiko = KSnum2.rpca$scores[, "RC2"],
    profit = KSnum2.rpca$scores[, "RC3"],
    sachav = KSnum2.rpca$scores[, "RC4"])

# die ersten Werte ausgeben
KSpca |> head()

## # A tibble: 6 x 5
##      fkq extern risiko   profit sachav
##    <dbl>  <dbl>  <dbl>    <dbl>  <dbl>
## 1 -0.708  0.396 -1.02    1.10   -0.111
## 2 -1.08  -0.218 -0.708   0.652  -0.389
```

```
## 3   0.135 -0.900 -0.623  0.344    -0.620
## 4  -0.205 -2.12  -0.426  0.425    -0.401
## 5  -0.514  1.99  -0.218 -0.00131  -0.481
## 6  -0.709  0.539 -0.233  0.616    -0.191
```

Mit diesen Daten kann jetzt z. B. wieder eine lineare Regression durchgeführt werden. Da die Daten standardisiert sind, kann der Intercept weggelassen werden (R-Code 10.12, in der Modellgleichung -1).

R-Code 10.12: Lineare Regression der Fremdkapitalquote auf die vier Hauptkomponenten

```
KSpca.lm <- lm(fkq ~ . -1, data = KSpca)
summary(KSpca.lm)

##
## Call:
## lm(formula = fkq ~ . - 1, data = KSpca)
##
## Residuals:
##     Min      1Q  Median      3Q     Max
## -2.7367 -0.6390 -0.0999  0.5041  3.6656
##
## Coefficients:
##          Estimate Std. Error t value Pr(>|t|)
## extern -0.007913   0.024798  -0.319   0.7497
## risiko -0.051983   0.024798  -2.096   0.0362 *
## profit -0.268029   0.024798 -10.808   <2e-16 ***
## sachav  0.333474   0.024798  13.448   <2e-16 ***
## ---
## Signif. codes:  0 '***' 0.001 '**' 0.01 '*' 0.05 '.' 0.1 ' ' 1
##
## Residual standard error: 0.9033 on 1324 degrees of freedom
## Multiple R-squared:  0.1858,Adjusted R-squared:  0.1833
## F-statistic: 75.54 on 4 and 1324 DF,  p-value: < 2.2e-16
```

Durch dieses Modell werden 18.58 % der Variation der Fremdkapitalquote erklärt. Die Zusammenfassung der Variablen zu Hauptkomponenten kann z. B. Multikollinearität, die in den ursprünglichen Variablen vorliegt, ausschließen. Da die Hauptkomponenten zueinander orthogonal sind, sind sie unkorreliert, somit kann keine Multikollinearität vorliegen. *Hinweis:* Auch hier muss aufgrund der vorliegenden Autokorrelation und Heteroskedastizität eine Korrektur der Standardfehler mittels coeftest() vorgenommen werden (R-Code 10.13).

R-Code 10.13: Korrektur der Standardfehler mit `coeftest()`

```
coeftest(KSpca.lm, vcov = vcovHAC)

##
## t test of coefficients:
##
##            Estimate Std. Error t value  Pr(>|t|)
## extern -0.0079126  0.0101379 -0.7805    0.4352
## risiko -0.0519832  0.0544078 -0.9554    0.3395
## profit -0.2680294  0.0606707 -4.4178 1.079e-05 ***
## sachav  0.3334737  0.0738935  4.5129 6.962e-06 ***
## ---
## Signif. codes:  0 '***' 0.001 '**' 0.01 '*' 0.05 '.' 0.1 ' ' 1
```

Die Fremdkapitalquote hängt in diesem Modell und bei den gegebenen Daten am deutlichsten (der Koeffizient, der den t-Wert mit dem höchsten Betrag zeigt, bzw. kann hier aufgrund Skalierung in dieser Hinsicht auch der Betrag des Koeffizienten selbst ausgewertet werden) mit dem Anlagevermögen zusammen, gefolgt von Profitabilität und Risiko. Externe Faktoren zeigen den geringsten Zusammenhang. Die Nullhypothese, dass die jeweilige Variable in keinem Zusammenhang mit der Fremdkapitalquote steht, kann nach Korrektur der Standardfehler allerdings nur für `profit` und `sachav` verworfen werden.

ℹ️ **Durchführung einer Hauptkomponentenanalyse**

Verfahren	z. B. `prcomp()`, `princomp()`, `principal()`
Anzahl	Auswahl nach einem geeigneten Testverfahren sowie inhaltlichen Kriterien
Rotation	kann hilfreich sein, um die Zuordnung und damit Interpretierbarkeit zu verbessern
Ausgabe	Ausgabe der Ladungen und der erklärten Varianz, ggf. grafisch Biplot
Verwendung	Verhinderung von Multikollinearität, dazu z. B. Scores in der Regression verwenden Dimensionsreduktion

---

10.4 Literatur

10.4.1 Weiterführende Literatur

Exemplarisch sei auf folgende weiterführende Literatur verwiesen:
- Field, Miles und Field (2012), *Discovering statistics using R*, Kapitel 17 (dort allerdings als Exploratory Factor Analysis bezeichnet);
- Hatzinger, Hornik, Nagel und Maier (2014), *R – Einführung durch angewandte Statistik*, Kapitel 11;
- Lattin, Carroll und Green (2003), *Analyzing multivariate data*, Kapitel 4.

10.4.2 Anwendungsbeispiele

- Kritzman, Li, Page und Rigobon (2011), *Principal components as a measure of systemic risk*;
- Louizi und Kammoun (2016), *Evaluation of corporate governance systems by credit rating agencies*;
- Stender und Rojahn (2020), *The influence of internal and external corporate governance on firm value: Evidence from STOXX® Europe 600 index members*;
- Yang, Rea und Rea (2017), *Financial insights from the last few components of a stock market PCA*.

11 Analyse von Zeitreihen

Eine *Zeitreihe* ist eine Folge von Beobachtungen einer Zufallsvariablen Y (z. B. BIP, Wechselkurs, Aktienkurs etc.), die zeitlich geordnet ist. Als Beispiel sei in R-Grafik 11.1 der Kurs des DAX 30 gezeigt. Ein datengenerierender Prozess erzeugt den beobachteten historischen Ablauf, dieser hätte aber auch anders aussehen können. Daher ist die beobachtete Realisation eine mögliche Stichprobe aus der Population der theoretisch möglichen. Über die Modellierung von Zeitreihen soll ein Rückschluss auf die wahren Parameter des datengenerierenden Prozesses erfolgen.

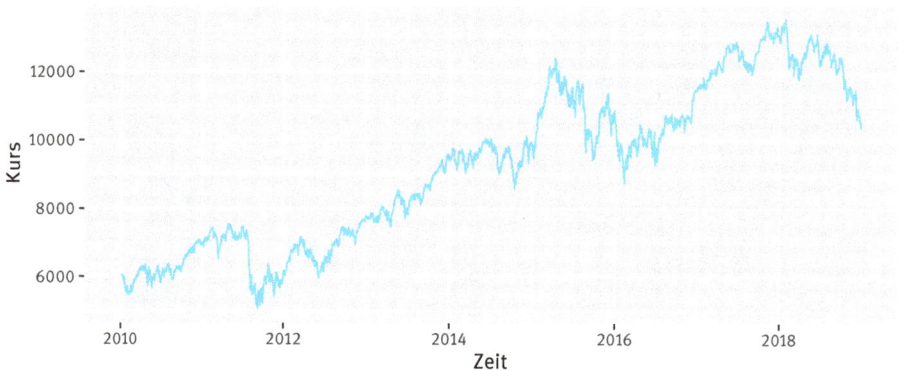

R-Grafik 11.1: Liniendiagramm des Kursverlaufs des DAX30 als Beispiel für eine Zeitreihe

11.1 Verwendete R-Pakete

Folgende Pakete (R-Code 11.1) werden in diesem Kapitel genutzt, die mit `library (package)` geladen bzw. aktiviert werden müssen. Falls die unten aufgeführten Pakete noch nicht installiert wurden, müssen sie einmalig mit `install.package("package")` installiert werden.

R-Code 11.1: Laden der im Kapitel benötigten Pakete

```
library(dplyr)      # Datenhandling
library(tidyr)      # "tidy" Datenformat
library(readxl)     # Excel-Dateien einlesen
library(ggplot2)    # Grammar of Graphics
library(ggformula)  # Pipelining und Formelinterface für ggplot2
library(ggfortify)  # automatische Übertragung verschiedener Formate in ggplot2
library(gridExtra)  # Anordnung mehrerer ggplot2-Objekte
library(quantmod)   # Modellierung quantitativer Finance-Modelle
```

https://doi.org/10.1515/9783110767261-011

```
library(fGarch)      # GARCH-Modelle
library(tseries)     # Zeitreihen und Tests
library(forecast)    # Forecast von Zeitreihen
library(qqplotr)     # QQ-Plots mit ggplot2
library(TSA)         # Zeitreihenanalyse
```

Die in R-Grafik 11.1 dargestellt Zeitreihe kann wie in R-Code 11.2 gezeigt erstellt werden. Die Kursdaten werden mit getSymbols() aus dem Paket quantmod von Yahoo Finance abgerufen. Mit Hilfe von autoplot() kann die Zeitreihe direkt als Liniendiagramm ausgegeben werden.

R-Code 11.2: Abruf und Plot der Kursdaten des DAX

```
# Abruf der Kursdaten
getSymbols("^GDAXI", from = "2010-01-01", to = "2018-12-31")
# Einschränkung auf die berichtigten Schlusskurse
DAX <- GDAXI$GDAXI.Adjusted
# Name ändern
names(DAX)[1] <- "Kurs"
# Plot
autoplot(DAX$Kurs) |> gf_labs(x = "Zeit", y = "Kurs")
```

11.2 Grundbegriffe

Die Werte Y_t ($t = 0, 1, \ldots, N$) (mit N = Anzahl der Beobachtungen) der Zeitreihe entwickeln sich typischerweise in Abhängigkeit voneinander. Eine Zeitreihe wird auch als stochastischer Prozess bezeichnet. Ein einfacher stochastischer Prozess ist das sogenannte *weiße Rauschen* (*white noise*), ein Gauß-Prozess, in dem der Prozess eine Reihe von unabhängigen, identisch normalverteilten[1] Zufallsvariablen ist. Abbildung 11.1 zeigt ein Beispiel, $v_t \sim$ u. i. v. $N(0, 1)$.[2]

Die *Zeitreihenanalyse* versucht, verschiedene strukturelle Elemente einer Zeitreihe zu isolieren, z. B. Trend und Zyklizität. Die Modellierung wird dann als erfolgreich betrachtet, wenn die verbleibenden nicht erklärten Bestandteile, die Residuen, weißem Rauschen entsprechen (siehe z. B. Schlittgen und Sattarhoff, 2020, S. 5).

---

[1] U. i. v. – unabhängig, identisch verteilt, englisch iid - independent identically distributed: Die Variablen sind unabhängig voneinander (keine Autokorrelation) und folgen einer identischen Verteilung, z. B. der Normalverteilung.

[2] Bei den Darstellungen werden Einheiten (und ggf. auch Bezeichnungen) auf den Achsen der Einfachheit häufig halber weggelassen.

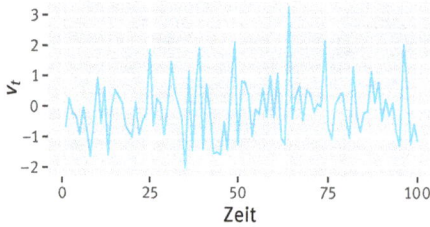

Abb. 11.1: Weißes Rauschen, ein Gauß-Prozess, hier $v_t \sim$ u. i. v. $N(0, 1)$.

11.2.1 Stationarität

Im Rahmen der Analyse ist es wichtig, zwischen sogenannten *stationären* und *nicht-stationären* Zeitreihen zu unterscheiden. Stationäre Zeitreihen besitzen zeitinvariante Eigenschaften. Diese Eigenschaften gelten dann nicht nur für einen Zeitpunkt, sondern über den betrachteten Zeitraum hinweg. Eine (schwach) stationäre Zeitreihe muss folgende Eigenschaften erfüllen:

- Der Erwartungswert ist konstant über die Zeit: $E(Y_t) = \mu$.
- Die Varianz ist konstant und endlich: $var(Y_t) = \sigma^2$.
- Die Kovarianz hängt nur vom zeitlichen Abstand s (sog. *Lag*) ab, aber nicht vom Zeitpunkt: $cov(Y_t, Y_{t-s}) = \gamma_s$ für alle t (γ_s: Autokovarianzfunktion, siehe unten).

Ein stochastischer Prozess heißt *streng stationär*, wenn für die gemeinsame Verteilung der Zufallsvariablen $Y_t, \ldots, Y_{t+s}$ gilt, dass sie zeitinvariant ist. Im Rahmen der Zeitreihenanalyse ist in der Regel die schwache Stationarität ausreichend. Es gibt eine Reihe von Tests, die überprüfen, ob eine Zeitreihe stationär ist. Details dazu finden Sie in Abschnitt 11.2.7.

11.2.2 Autokovarianz- und Autokorrelationsfunktion

Wichtige Eigenschaften von Zeitreihen sind auch Kovarianz und Korrelation zwischen verschiedenen Zeitpunkten (siehe z. B. Cryer und Chan, 2008, S. 11; Hackl, 2013, S. 233 f.).

Autokovarianzfunktion

Für zwei Zeitpunkte t und $t - s$, $s \in \mathbb{Z}$ ist die Autokovarianzfunktion $\gamma_{t,s}$[3] wie folgt definiert:

$$\gamma_{t,s} = cov\,(Y_t, Y_{t-s})\,. \tag{11.1}$$

---

[3] *Hinweis:* γ ist der kleine griechische Buchstabe Gamma, nicht zu verwechseln mit dem kleinen Ypsilon y.

Bei (schwach) stationären Prozessen reicht auch die Angabe γ_s, da die Kovarianz konstant über t ist und nur vom Lag s abhängt. Der Lag s ist der zeitliche Versatz zwischen den beiden Zeitpunkten t und $t - s$.

Autokorrelationsfunktion

Daraus ergibt sich die Autokorrelationsfunktion (ACF) $\rho_{t,s}$ bzw. ρ_s (vgl. auch Korrelationskoeffizient):

$$\rho_s = \frac{cov(Y_t, Y_{t-s})}{\sqrt{var(Y_t)} \cdot \sqrt{var(Y_{t-s})}}. \tag{11.2}$$

Partielle Autokorrelationsfunktion

Neben der Autokorrelation ist auch noch die partielle Autokorrelation $\Phi_{t,s}$ von Interesse, die die Korrelation zwischen Y_t und Y_{t-s} nach dem Eliminieren der zeitlich dazwischen liegenden Variablen $Y_{t-1}, \dots, Y_{t-s}$ bestimmt, d. h., sie misst den isolierten, partiellen Effekt von Y_{t-s} auf Y_t.

Partielle Korrelation

Die partielle Korrelation $r_{XY|U}$ sei am Beispiel zweier Variablen X und Y gezeigt, wenn der Einfluss einer weiteren Variablen U, die mit beiden korreliert, ausgeschlossen wird. Der Effekt kann über eine lineare Regression ermittelt werden (siehe z. B. Eid *et al.*, 2017, S. 618 ff.):

1. Regression von X auf U und Ermittlung der Residuen $X*$,
2. Regression von Y auf U und Ermittlung der Residuen $Y*$,
3. die Korrelation zwischen den Residuen $X*$ und $Y*$ ist die Partialkorrelation $r_{XY|U}$, die ohne den Einfluss von U verbleibt.

Ausgehend von der Regression kann gezeigt werden, dass Folgendes gilt:

$$r_{XY|U} = \frac{r_{XY} - r_{XU} \cdot r_{YU}}{\sqrt{\left(1 - r_{XU}^2\right) \cdot \left(1 - r_{YU}^2\right)}}. \tag{11.3}$$

Daher kann die partielle Korrelation auch über die beteiligten Korrelationskoeffizienten r_{XY}, r_{XU} und r_{YU} berechnet werden. Die Ermittlung der Partialkorrelation über mehrere Variablen erfolgt in vergleichbarer Weise.

Die Variable U kann eine Scheinkorrelation erzeugen (Produkt aus r_{XU} und r_{YU} ist genauso groß wie r_{XY}) oder eine Korrelation zum Verschwinden bringen (eine Variable ist positiv, die andere negativ mit U korreliert) usf.

Korrelogramm

In einem Korrelogramm, einer grafischen Darstellung der Autokorrelationen einer Zeitreihe, werden die Autokorrelationen oder die partiellen Autokorrelationen über verschiedene Lags abgetragen. Diese werden auch als Autokorrelationsfunktion (ACF) bzw. partielle Autokorrelationsfunktion (PACF) bezeichnet. Ein Beispiel, das ACF und PACF der quadrierten DAX-Renditen darstellt (Abruf der Kursdaten siehe R-Code 11.2, Berechnung der Rendite und Plot R-Code 11.3), sehen Sie in R-Grafik 11.2.

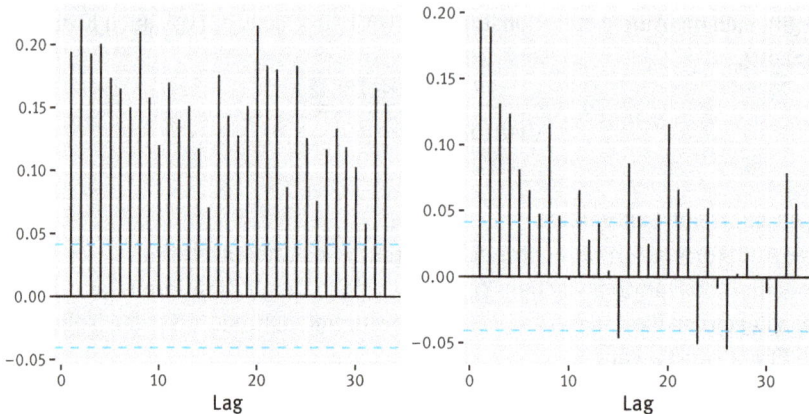

R-Grafik 11.2: Korrelogramme der quadrierten DAX-Renditen. Links: Autokorrelogramm, rechts: partielles Autokorrelogramm. Die blau gestrichelten Linien liegen ungefähr ungefähr ±2 Standardfehler um 0.

Auf der Abszisse ist die Zeitverschiebung (Lag) s, $s = 0, 1, 2, \ldots$ und auf der Ordinate die (partielle) Autokorrelation von Y_t zu Y_{t-s} abgetragen. Die blau gestrichelten Linien liegen ungefähr im Abstand von zwei Standardfehlern um null und zeigen somit die kritischen Werte für ein 5%iges Signifikanzniveau. Liegen die Korrelationen außerhalb dieses Intervalls, ist das ein Hinweis auf Autokorrelation zu dem entsprechenden Lag, da dies unter der Annahme der H_0, keine Autokorrelation, unplausible Werte wären (siehe z. B. Hackl, 2013, S. 241).

Die Korrelogramme werden in R mit acf() und pacf() aufgerufen. Bei (möglicherweise) fehlenden Werten ist es notwendig, na.action = na.pass zu nutzen. Die ggplot2-Variante erhalten Sie mit ggAcf() bzw. ggPacf() aus dem Paket forecast (R-Code 11.3). Fehlende Werte werden mit na.omit() entfernt.

R-Code 11.3: Korrelogramme der quadrierten DAX-Renditen

```
# Berechnung der stetigen Rendite und Entfernen der fehlenden Werte
DAX$Rendite <- log(DAX$Kurs) |> diff()
DAX <- na.omit(DAX)
# Korrelogramme ausgeben
g1 <- ggAcf(DAX$Rendite^2)
g2 <- ggPacf(DAX$Rendite^2)
grid.arrange(g1, g2, nrow = 1)
```

Autokovarianz	Kovarianz zwischen zwei verschiedenen Zeitpunkten einer Zeitreihe
Autokorrelation	Korrelation zwischen zwei verschiedenen Zeitpunkten einer Zeitreihe
Partielle Autokorrelation	Korrelation zwischen zwei verschiedenen Zeitpunkten
	unter Ausschluss der dazwischen liegenden Beobachtungen
ACF, PACF	(partielle) Autokorrelationsfunktion
Korrelogramm	grafische Darstellung der ACF oder PACF (Korrelation gegen Lag)

11.2.3 Stochastischer Prozess

Wie bereits beschrieben, ist eine Zeitreihe ein *stochastischer Prozess*. Allgemein ausgedrückt ist dies ein Zufallsprozess, der zu jedem Zeitpunkt t einen beliebigen Wert zwischen $-\infty$ und $+\infty$ annehmen kann (siehe z. B. Gujarati und Porter, 2009, S. 742 f.).[4]

Random Walk

Ein *Random Walk* ist ein spezieller stochastischer Prozess, bei dem die Zufallsvariable Y_t gleich dem Wert der Vorperiode Y_{t-1} zuzüglich der Realisation eines reinen Zufallsprozesses v_t ist, $v_t \sim$ u. i. v.$N(0, \sigma)$. Wie oben beschrieben, wird v_t auch als weißes Rauschen bezeichnet (siehe auch Abbildung 11.1).

> *The Drunkard's Walk*
> A man starts from a point 0 and walks y yards in a straight line; he then turns through any angle whatever and walks another y yards in a second straight line. He repeats this process n times.
> *Pearson (1905, S. 294)*

Der Random Walk kann einen Drift δ haben (der Betrunkene steht an einem abschüssigen Hang) oder nicht:

$$\text{ohne Drift: } Y_t = Y_{t-1} + v_t, \tag{11.4}$$

$$\text{mit konstantem Drift } \delta: Y_t = \delta + Y_{t-1} + v_t. \tag{11.5}$$

Abbildung 11.2 zeigt beide Ausprägungen des Random Walk.

Ein Random Walk ist nicht stationär (jedoch seine erste Differenz, wie in Abschnitt 11.2.4 gezeigt wird). Zwar ist, wie Gleichung 11.6 zeigt, der Erwartungswert bei einem Random Walk ohne Drift konstant (mit dem Erwartungswert 0 des weißen Rauschens) und damit wäre die erste Stationaritätsbedingung erfüllt.

$$\mu_t = E(Y_t) = E(v_1 + v_2 + \cdots + v_t) = E(v_1) + E(v_2) + \cdots + E(v_t) = 0. \tag{11.6}$$

---

4 Zusätzlich kann noch zwischen einem zeit*diskreten* und einem zeit*stetigen* stochastischem Prozess unterschieden werden. In einem zeitdiskreten Prozess ist T, die Anzahl der Zeitpunkte, abzählbar. Solche Prozesse kommen hier zur Anwendung. In einem zeitstetigen Prozess kann Δt, der Abstand zwischen zwei Zeitpunkten, beliebig klein werden.

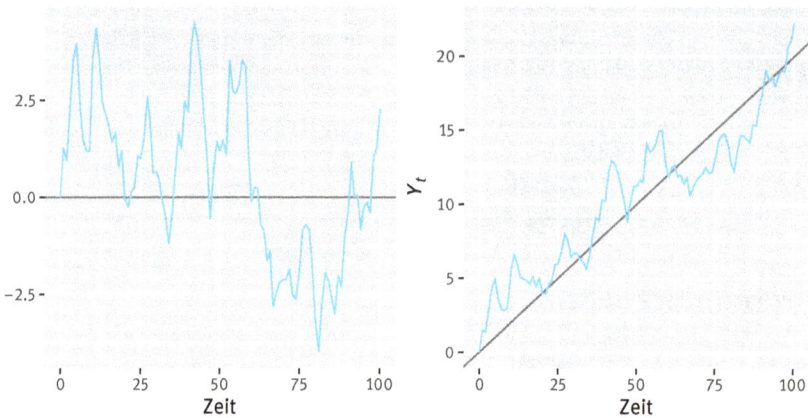

Abb. 11.2: Random Walk. Links: ohne Drift, rechts: mit Drift 0.2.

Die Varianz nimmt aber mit der Zeit zu und so ist die zweite Stationaritätsbedingung verletzt:

$$var(Y_t) = var(v_1 + v_2 + \cdots + v_t) = var(v_1) + var(v_2) + \cdots + var(v_t)$$

$$= \sigma_v^2 + \sigma_v^2 + \cdots + \sigma_v^2 = t \cdot \sigma_v^2. \tag{11.7}$$

Ergänzend seien hier noch die Kovarianz- und Korrelationsfunktion für den Random Walk aufgeführt. Die Kovarianz entspricht der Varianz. Die Korrelation zweier Zeitpunkte t und s wird im Zeitverlauf immer stärker (Gleichung 11.9), da sich der Quotient aus t und s immer mehr der 1 annähert.

$$\gamma_{t,s} = \sum_{i=1}^{t} \sum_{j=1}^{s} cov(v_i, v_j) = t \cdot \sigma_v^2. \tag{11.8}$$

$$\rho_{t,s} = \frac{\gamma_{t,s}}{\sqrt{\gamma_{t,t} \cdot \gamma_{s,s}}} = \sqrt{\frac{t}{s}} \quad \text{für } t \leq s. \tag{11.9}$$

11.2.4 Differenzbildung

Stationarität kann häufig über die Bildung von Differenzen erhalten werden. Als Beispiel seien hier die erste Differenz und die zweite Differenz (Differenz der Differenzen) aufgeführt:

$$\Delta Y_t = Y_t - Y_{t-1}. \tag{11.10a}$$

$$\Delta^2 Y_t = \Delta Y_t - \Delta Y_{t-1} = Y_t - Y_{t-1} - (Y_{t-1} - Y_{t-2}) = Y_t - 2Y_{t-1} + Y_{t-2}. \tag{11.10b}$$

Prozesse, die mittels (mehrmaliger) Differenzbildung stationär werden, werden als *differenz-stationär* bezeichnet. Stochastische Prozesse (z. B. der Random Walk) sind differenz-stationär (Gujarati und Porter, 2009, S. 742 f.). Abbildung 11.3 zeigt einen Random Walk sowie die erste Differenz daraus.

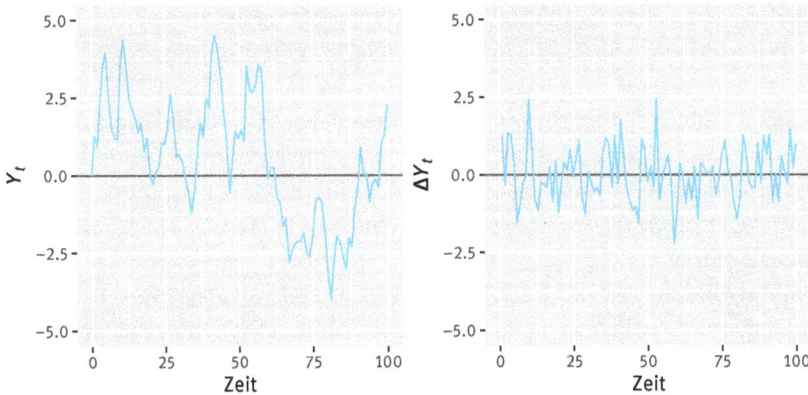

Abb. 11.3: Differenzbildung Random Walk. Links: Random Walk, rechts: erste Differenz Random Walk. Durch die Differenzierung verbleibt nur das weiße Rauschen: $\Delta Y_t = Y_t - Y_{t-1} = v_t$.

11.2.5 Integration und Kointegration

Integration

Eine Zeitreihe Y_t, die durch d-malige Differenzbildung stationär wird, heißt integrierte Zeitreihe der Ordnung d (siehe z. B. Gujarati und Porter, 2009, S 746 f.). Folgende Notation wird verwendet: $Y_t \sim I(d)$.

Als Beispiel wird wieder der Random Walk verwendet. Dieser kann durch Bildung der ersten Differenzen $\Delta Y_t = Y_t - Y_{t-1} = v_t$ zu einem stationären Prozess transformiert werden. Ein Random Walk Y_t ist somit eine integrierte Zeitreihe der Ordnung 1, $Y_t \sim I(1)$.

Ist eine Zeitreihe Y_t stationär, ohne dass Differenzenbildungen erforderlich sind, so heißt sie integrierte Zeitreihe der Ordnung 0, $Y_t \sim I(0)$.

Kointegration

Teilen sich zwei stochastische Trends X_t und Y_t (z. B. zwei Random Walks) einen gemeinsamen Trend, so ist eine Regression $Y_t = \beta_0 + \beta_1 \cdot X_t + v_t$ möglich. Der stochastische Prozess $Y_t - \beta_1 \cdot X_t$ heißt *kointegriert*. Die Linearkombination zweier nicht-stationärer Prozesse ist bei kointegrierten Prozessen stationär (siehe z. B. Gujarati und Porter, 2009, S. 762; Hackl, 2013, S. 334 ff.). Beispiele für kointegrierte Zeitreihen sind der Saldo zwischen Warenein- und -ausgängen oder die Einnahmen und Ausgaben eines Haushalts. Auch Währungspaare sind häufig kointegriert.

Um auf Kointegration zu testen, kann der *Engle-Granger-* bzw. *Phillips-Ouliaris*-Test verwendet werden (Phillips und Ouliaris, 1990 sowie z. B. Hackl, 2013, S. 338; Kleiber und Zeileis, 2008, S. 167 f.; ?, S. 124 ff.). Der prinzipielle Ablauf ist wie folgt:

1. Anpassung eines linearen Regressionsmodells: $Y_t = \beta_0 + \beta_1 \cdot X_t + \epsilon_t$.
2. Schätzung der Residuen $\hat{\epsilon}_t = y_t - (\hat{\beta}_0 + \hat{\beta}_1 \cdot x_t)$.

3. Anwendung eines Stationaritätstests auf die geschätzten Residuen $\hat{\epsilon}_t$.
4. Sind die Residuen stationär, so sind die beiden Zeitreihen kointegriert.

Der Test kann mit der Funktion po.test(X) aus dem Paket tseries durchgeführt werden. Die dabei getestete Nullhypothese lautet: keine Kointegration. **X** ist hierbei eine Matrix (matrix-Objekt in R) oder eine multivariate Zeitreihe (tseries). Die erste Variable wird auf die anderen (bis zu 5) regressiert. Eine Matrix aus einzelnen Zeitreihen können Sie mit cbind(X1, X2, ...) erzeugen.

Der Phillips-Ouliaris-Test hilft auch, eine sogenannte *spurious regression* (= Scheinregression) aufzudecken. Paare von Random Walks (ohne einen gemeinsamen Trend) erreichen in der Regression häufig ein Ergebnis, das zur Folge hat, dass die Nullhypothese, sie stünden in keinem Zusammenhang, verworfen wird. Für solche Paare wird dann im Phillips-Ouliaris-Test die Nullhypothese, dass keine Kointegration vorliegt, nicht verworfen. In R-Code 11.4 finden Sie ein Beispiel.

R-Code 11.4: Scheinregression zweier Random Walks

```
# Reproduzierbarkeit
set.seed(123)
# Random-Walks generieren
rw1 <- rnorm(100) |> cumsum() # cumsum() bildet die kumulierte Summe
rw2 <- rnorm(100) |> cumsum() # der 100 Zufallsvariablen
# Regression, Summary abspeichern
lm(rw1 ~ rw2) |> summary() -> out
# Summary ausgeben
out

##
## Call:
## lm(formula = rw1 ~ rw2)
##
## Residuals:
##     Min      1Q  Median      3Q     Max
## -5.1646 -1.1762 -0.2446  0.7815  7.6556
##
## Coefficients:
##             Estimate Std. Error t value Pr(>|t|)
## (Intercept)  0.83146    0.70093   1.186   0.2384
## rw2         -0.20268    0.08165  -2.482   0.0148 *
## ---
## Signif. codes:  0 '***' 0.001 '**' 0.01 '*' 0.05 '.' 0.1 ' ' 1
##
## Residual standard error: 2.321 on 98 degrees of freedom
## Multiple R-squared:  0.05915,Adjusted R-squared:  0.04955
## F-statistic: 6.161 on 1 and 98 DF,  p-value: 0.01476
```

```
# Nur den p-Wert des Koeffizienten von rw2 ausgeben
# Wert in der zweiten Zeile und vierten Spalte der Koeffizienten
coef(out)[2, 4]
```

```
## [1] 0.01475709
```

Der p-Wert von rw2 in der Regression (0.0148) ist kleiner als 5 %, somit scheinen die beiden Random Walks in einem Zusammenhang zu stehen. Der Phillips-Ouliaris-Test (R-Code 11.5) verwirft die Nullhypothese auf keine Kointegration nicht. Das spricht für eine Scheinregression (was in dem Beispiel zu erwarten war). *Hinweis:* Der p-Wert des Phillips-Ouliaris-Tests ist tatsächlich größer. Die dem Test zugrundeliegenden kritischen Werte sind nur für einen bestimmten Bereich berechnet worden. Daher werden die p-Werte nur für einen eingegrenzten Bereich ausgegeben.

R-Code 11.5: Phillips-Ouliaris-Test bei Scheinregression

```
# Beide Random Walks zusammenfassen und Phillips-Ouliaris-Test durchführen
cbind(rw1, rw2) |> po.test()
```

```
##
##   Phillips-Ouliaris Cointegration Test
##
## data:  cbind(rw1, rw2)
## Phillips-Ouliaris demeaned = -5.0847, Truncation lag parameter = 0,
## p-value = 0.15
```

Bei 1000-facher Wiederholung ergibt sich in etwa 78 % der Fälle ein p-Wert unter 5 % für den Steigungskoeffizienten der Regression, wie R-Code 11.6 zeigt. *Hinweis:* Die 1000-fache Wiederholung wird hier über eine sogenannte for-Schleife ausgeführt.

R-Code 11.6: 1000-fache Wiederholung der Regression von zwei Random Walks. Es zeigt sich, dass bei einem großen Anteil der Fälle die Regression einen p-Wert ergibt, der kleiner als die Irrtumswahrscheinlichkeit $\alpha = 5$ % ist.

```
# Reproduzierbarkeit
set.seed(123)
# 1000-mal wiederholen
# Vektor für p-Werte anlegen, der mit NAs gefüllt ist
pval <- rep(NA, 1000)
# Schleife
for(i in 1:1000){
  rw1 <- rnorm(100) |> cumsum()
  rw2 <- rnorm(100) |> cumsum()
  lm(rw1 ~ rw2) |> summary() -> out
  pval[i] <- coef(out)[2, 4]
```

```
}
# Anteil p-Wert unter 5 %
(pval < 0.05) |> sum()/1000

## [1] 0.775
```

11.2.6 Stochastischer und deterministischer Trend

Der Begriff *Trend* beschreibt die Abhängigkeit der einzelnen Beobachtungen im zeitlichen Verlauf.

Stochastischer Trend

Ein *stochastischer* Trend ist ein Prozess, bei dem sich der aktuelle Wert einer Zeitreihe vom Wert des vorangegangenen Zeitpunkts lediglich durch ein weißes Rauschen sowie (sofern vorhanden) einen Drift δ unterscheidet:

$$Y_t = \delta + Y_{t-1} + v_t = Y_0 + t \cdot \delta + \sum_{i=1}^{t} v_i. \tag{11.11}$$

Der Random Walk (mit und ohne Drift) ist ein Beispiel für einen stochastischen Trend.

Deterministischer Trend

Bei einem *deterministischen* Trend hingegen wird die Zeitreihe als Funktion der Zeit $f(t)$ zuzüglich eines weißen Rauschens v_t beschrieben, hierbei ist $v_t \sim$ u. i. v. $N(0, \sigma)$:

$$Y_t = f(t) + v_t. \tag{11.12}$$

Ein häufig vorkommender deterministischer Trend ist der *lineare* Trend:

$$Y_t = \beta_0 + \beta_1 \cdot t + v_t \tag{11.13}$$

mit β_0 der Konstanten bzw. dem Intercept und β_1 der Steigung für t.

In Abbildung 11.4 sehen Sie ein Beispiel für einen stochastischen und einen deterministischen Trend. Wie Sie erkennen können, zeigt der stochastische Trend stärkere und länger anhaltende Abweichungen von der Trendlinie.

Deterministische Trends und Trend-Stationarität

Ein deterministischer Trend ist ein nicht-stationärer Prozess, da der Erwartungswert $E(Y_t) = f(t)$ und damit nicht unabhängig von t ist, die erste Stationaritätsbedingung wird somit verletzt.

Wird der deterministische Trend um seinen Erwartungswert bereinigt, d. h., es wird $Y_t - f(t) = v_t$ berechnet (sogenanntes *Demeaning*), ist der resultierende Prozess stationär. Dies wird als *trend-stationär* bezeichnet (siehe z. B. Gujarati und Porter, 2009, S. 745; Hackl, 2013, S. 254). Somit sind deterministische Trends trend-stationär.

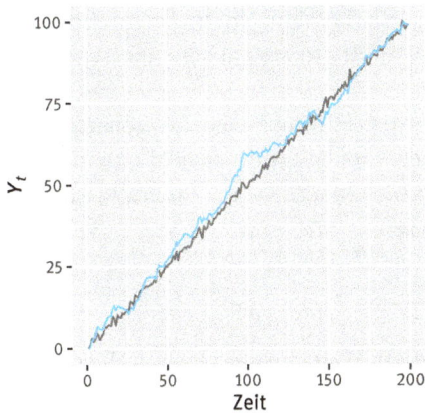

Abb. 11.4: Stochastischer Trend
$Y_t = 0.5 + Y_{t-1} + v_t$
und deterministischer Trend
$Y_t = 0.5 \cdot t + v_t$.

Power-Transformation

Neben der Differenzbildung bei stochastischen Trends und dem Demeaning bei deterministischen Trends können häufig auch der natürliche Logarithmus und die Quadratwurzelfunktion für die Stationaritätsbildung genutzt werden. Dies trifft insbesondere bei vorliegender Heteroskedastizität zu. Eine Verallgemeinerung davon ist die *Power-* oder *Box-Cox-*Transformation (Box und Cox, 1964).

Bei gegebenem Parameter λ ist sie wie folgt definiert:

$$f(x) = \begin{cases} \frac{x^\lambda - 1}{\lambda} & \text{für } \lambda \neq 0 \\ \ln x & \text{für } \lambda = 0 \end{cases}. \tag{11.14}$$

Den entsprechenden Wert für λ können Sie mit der Funktion BoxCox.ar() aus dem Paket TSA ermitteln. λ wird so geschätzt, dass die transformierte Zeitreihe ähnlich einer normalverteilten Zufallsvariablen ist.

Wie schon die Logarithmus- und die Quadratwurzel-Transformation kann auch die Power-Transformation nur für positive Werte durchgeführt werden. Daher muss die Zeitreihe gegebenenfalls vorher in den positiven Bereich verschoben werden.

11.2.7 Tests auf Stationarität

Um zu überprüfen, ob eine Zeitreihe stationär ist, können verschiedene Tests aus dem Paket tseries durchgeführt werden (siehe z. B. Kleiber und Zeileis, 2008, S. 165 ff.). Diese Tests werden auch als Einheitswurzel-Tests bezeichnet (siehe Abschnitt 11.3.1), da sie die Nullhypothese testen, dass eine Zeitreihe integriert mit der Ordnung 1 ist.

Augmented-Dickey-Fuller-Test (ADF-Test)

Der ADF-Test überprüft die Nullhypothese der Nicht-Stationarität (Said und Dickey, 1984 sowie z. B. Gujarati und Porter, 2009, S.754 f.; Hackl, 2013, S. 259; Pfaff, 2008,

S. 91 ff.). Der Aufruf erfolgt in R mit adf.test(). Hierbei kann ein Parameter eingestellt werden, die Anzahl s der Lags. Als Standardwert für die Anzahl der Lags ist int$((N - 1)^{1/3})$ voreingestellt.

Nach Stock und Watson (2019, S. 587) ist es generell empfehlenswert, eher zu viele Lags als zu wenige zu nutzen. Der optimale Wert kann mit Hilfe eines Informationskriteriums wie das BIC aus Regressionen gemäß Gleichung 11.15 mit unterschiedlichen Werten für die Anzahl von Lags bestimmt werden.

Folgende Hilfsregression wird in diesem Test überprüft:

$$\Delta Y_t = \alpha + \beta \cdot t + \gamma \cdot Y_{t-1} + \delta_1 \cdot \Delta Y_{t-1} + \cdots + \delta_s \cdot \Delta Y_{t-s} + \epsilon_t. \qquad (11.15)$$

Im Fall von $\alpha = \beta = 0$ wird von einem Random Walk ausgegangen und, sofern α ungleich 0 ist, von einem Random Walk mit Drift. Die δ erlauben bis zu einem Lag s autoregressive Anteile höherer Ordnung. Der ADF-Test überprüft die H_0: $\gamma = 0$. In diesem Fall trägt der verzögerte Wert von Y_{t-1} nicht zur Erklärung der aktuellen Änderung ΔY_t bei, sondern nur zur Erklärung der verzögerten Änderungen ΔY_{t-1} bis ΔY_{t-s}. Im Fall der Nicht-Ablehnung der H_0 kann die Vermutung, dass der autoregressive Teil eine Einheitswurzel (siehe ergänzenden Hinweis in Abschnitt 11.3.1) besitzt und die Zeitreihe damit nicht stationär ist, nicht verworfen werden.

Hinweis: Der minimal ausgegebene p-Wert im ADF-Test ist 0.01, kann tatsächlich aber auch kleiner sein. Die kritischen Werte für diesen Test (wie auch für die anderen Stationaritätstests) sind nur für den für die Entscheidung wesentlichen Bereich ermittelt worden.

Phillips-Perron-Test (PP-Test)

Eine Alternative ist der PP-Test (pp.test()), der ebenfalls die Nullhypothese Nicht-Stationarität hat (Phillips und Perron, 1988 sowie z. B. Hackl, 2013, S. 261; Kleiber und Zeileis, 2008, S. 166 f.; Pfaff, 2008, S. 94 ff.). Hier wird eher eine dem ursprünglichen Dickey-Fuller-Test vergleichbare Hilfsregression überprüft:

$$Y_t = \alpha + \beta \cdot \left(t - \frac{1}{2} T \right) + \gamma \cdot Y_{t-1} + \epsilon_t \qquad (11.16)$$

mit T gleich der Länge der Zeitreihe (Anzahl der Zeitpunkte). Statt der $\Delta Y_{t-1}, \ldots$ erfolgt im PP-Test eine Newey-West-Korrektur der Standardfehler, die ihn robust gegen Autokorrelation und Heteroskedastizität macht. Ein weiterer Vorteil ist, dass die Anzahl der Lags nicht benötigt wird, deren Festlegung im ADF-Test zu unterschiedlichen Ergebnissen führen kann.

Hinweis: Auch hier ist der minimal ausgegebene p-Wert 0.01, der tatsächlich auch kleiner sein kann.

Kwiatkowski-Phillips-Schmidt-Shin-Test (KPSS-Test)

Im Gegensatz zu den anderen Tests geht der KPSS-Test (kpss.test()) von der Nullhypothese der Stationarität bzw. Trend-Stationarität aus (Kwiatkowski *et al.*, 1992 sowie

z. B. Pfaff, 2008, S. 103 f.). Die Alternativhypothese ist daher, dass der autoregressive Teil eine Einheitswurzel (siehe ergänzenden Hinweis in Abschnitt 11.3.1) besitzt. Die durchgeführte Hilfsregression hat folgenden Aufbau:

$$Y_t = \beta \cdot t + r_t + \epsilon_t. \tag{11.17}$$

Darin ist $r_t = r_{t-1} + v_t$ ein Random Walk.

Der im Test berücksichtigte Trend kann entweder konstant (Standardeinstellung der Option null = "Level") oder ein linearer Trend sein (null = "Trend").

Der KPSS-Test sollte in jedem Fall dann durchgeführt werden, wenn die Nullhypothese im ADF- oder PP-Test nicht verworfen wird. Auch hier liegen die ausgegebenen p-Werte nur im Entscheidungsbereich von 0.01 bis 0.1, können aber auch kleiner oder größer sein.

Random Walk als Beispiel für die Stationaritätstests

R-Code 11.7 zeigt die Anwendung der Stationaritätstests am Beispiel eines Random Walks.

R-Code 11.7: Stationaritätstest am Beispiel eines Random Walks

```
# Reproduzierbarkeit
set.seed(123)
# Random Walk erzeugen
rw <- rnorm(100) |> cumsum()
# Augmented-Dickey-Fuller-Test
adf.test(rw)


##
##   Augmented Dickey-Fuller Test
##
## data:  rw
## Dickey-Fuller = -1.8871, Lag order = 4, p-value = 0.6234
## alternative hypothesis: stationary

# Phillips-Perron-Test
pp.test(rw)


##
##   Phillips-Perron Unit Root Test
##
## data:  rw
## Dickey-Fuller Z(alpha) = -10.405, Truncation lag parameter = 3, p-value
## = 0.5121
## alternative hypothesis: stationary


# Kwiatkowski-Phillips-Schmidt-Shin-Test
```

```
kpss.test(rw)
```

```
##
##   KPSS Test for Level Stationarity
##
## data:  rw
## KPSS Level = 0.95298, Truncation lag parameter = 4, p-value = 0.01
```

Der Augmented-Dickey-Fuller- und der Phillips-Perron-Test verwerfen die Nullhypothese, keine Stationarität, nicht. Der Kwiatkowski-Phillips-Schmidt-Shin-Test hingegen verwirft die Nullhypothese auf Stationarität. Es ergibt sich somit ein einheitliches Bild, dass der generierte Random Walk nicht stationär ist.

Wie in Abschnitt 11.2.4 erläutert, führt eine Bildung der Differenzen bei einem Random Walk zur Stationarität. Auch das lässt sich an diesem Beispiel zeigen (R-Code 11.8).

R-Code 11.8: Stationaritätstest nach Differenzbildung

```
# Erzeugen der ersten Differenz
rwdiff <- rw |> diff()
# Tests durchführen
adf.test(rwdiff)
```

```
##
##   Augmented Dickey-Fuller Test
##
## data:  rwdiff
## Dickey-Fuller = -4.5735, Lag order = 4, p-value = 0.01
## alternative hypothesis: stationary
```

```
pp.test(rwdiff)
```

```
##
##   Phillips-Perron Unit Root Test
##
## data:  rwdiff
## Dickey-Fuller Z(alpha) = -99.585, Truncation lag parameter = 3, p-value
## = 0.01
## alternative hypothesis: stationary
```

```
kpss.test(rwdiff)
```

```
##
##   KPSS Test for Level Stationarity
##
## data:  rwdiff
## KPSS Level = 0.11305, Truncation lag parameter = 3, p-value = 0.1
```

Jetzt zeigt sich das umgekehrte Bild: Die ersten beiden Tests verwerfen die Nullhypothese auf keine Stationarität, während der KPSS-Test die Nullhypothese auf Stationarität nicht verwirft. Das spricht im Gesamtergebnis für die Stationarität der ersten Differenz des Random Walks.

Stationarität   **i**

Eigenschaften   konstanter Erwartungswert, konstante Varianz

                     Kovarianz hängt nur vom Lag ab, aber nicht vom Zeitpunkt

Tests   ADF-Test, PP-Test (H_0: Nicht-Stationarität), KPSS-Test (H_0: Stationarität)

Maßnahmen   Differenzbildung, Demeaning, Box-Cox-Transformation

---

11.3 AR- und MA-Prozesse

Wichtige Bausteine von Zeitreihen sind autoregressive und gleitende Mittelwert-Prozesse und daraus abgeleitete Modelle, die ARMA- und ARIMA-Modelle.

11.3.1 AR-Prozess

In einem *autoregressiven* (AR-) Prozess (siehe z. B. Gujarati und Porter, 2009, S. 775 f.) hängt der aktuelle Wert Y_t wie beim Random Walk vom Wert der Vorperiode Y_{t-1} ab. Im Unterschied zum Random Walk wird dieser aber nur mit dem Faktor φ gewichtet:

$$Y_t = \varphi Y_{t-1} + \epsilon_t. \tag{11.18}$$

Ein solcher Prozess heißt autoregressiver Prozess erster Ordnung, AR(1). Abbildung 11.5 zeigt einen simulierten AR(1)-Prozess mit $\varphi = 0.9$.

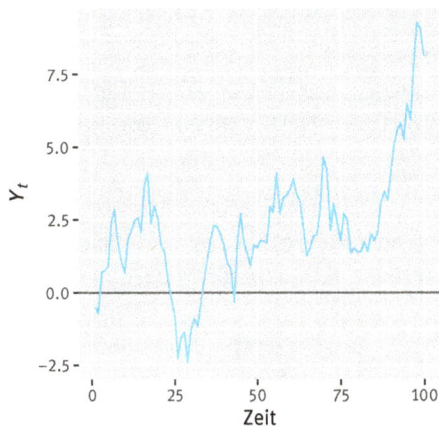

Abb. 11.5: Simulierter AR(1)-Prozess mit $\varphi = 0.9$

Die Werte liegen in weiten Teilen über 0, ein Beobachter könnte in vielen Bereichen einen Trend erkennen. Tatsächlich ist der Erwartungswert aber 0 für alle Zeitpunkte. Durch die starke Autokorrelation (0.9) benachbarter Punkte wird die Illusion eines Trends erzeugt.

Der AR-Prozess kann verallgemeinert werden zu einem autoregressiven Prozess p-ter Ordnung, AR(p), der bis zum Lag p zurückgeht:

$$Y_t = \varphi_1 Y_{t-1} + \varphi_2 Y_{t-2} + \cdots + \varphi_p Y_{t-p} + \epsilon_t. \tag{11.19}$$

Ergänzung: An dieser Stelle kann der Begriff der *Einheitswurzel* verdeutlicht werden. y_0 sei 0. Wenn $m = 1$ eine Lösung des sogenannten charakteristischen Polynoms $m^p - m^{p-1}\varphi_1 - m^{p-2}\varphi_2 - \cdots - \varphi_p = 0$ ist, dann hat dieser Prozess eine Einheitswurzel und ist integriert mit der Ordnung 1. Sofern $m = 1$ eine mehrfache Nullstelle der Ordnung d ist, ist der Prozess integriert mit der Ordnung d.

Charakteristisch sind die Korrelogramme (Abbildung 11.6). Die Autokorrelationsfunktion zeigt abnehmende Korrelationen, während die partielle Autokorrelationsfunktion für einen Lag größer eins abbricht. Insbesondere das Charakteristikum der partiellen Autokorrelationsfunktion deutet auf einen AR(1)-Prozess hin.

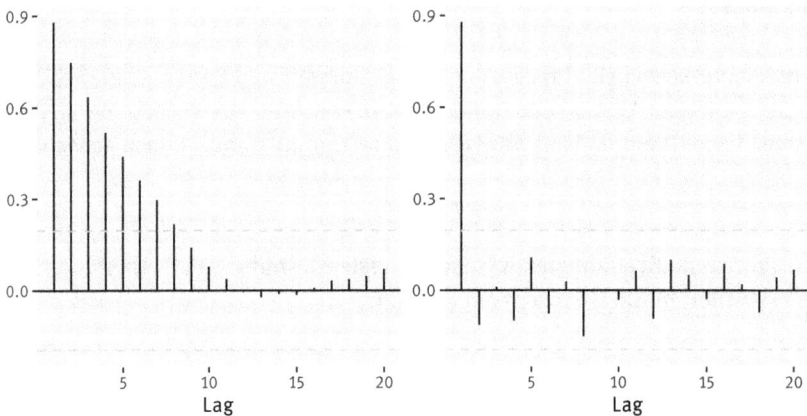

Abb. 11.6: Korrelogramme des simulierten AR(1)-Prozesses. Links: Autokorrelationsfunktion, zeigt abnehmende Autokorrelation, rechts: partielle Autokorrelationsfunktion, verschwindet mit Lag größer eins.

AR-Prozesse weisen bestimmte Eigenschaften auf (siehe z. B. Cryer und Chan, 2008, S. 68 ff.; Hackl, 2013, S. 238 f.; Seitz und Auer, 2012, S. 383 f.), die hier für den AR(1)-Prozess aufgeführt sind.

Die Autokorrelationsfunktion ρ_s eines AR(1)-Prozesses ist $\rho_s = \varphi^s$. Sofern φ betragsmäßig kleiner als 1 ist, nimmt die Autokorrelationsfunktion mit wachsendem Lag s ab und der AR(1)-Prozess ist stationär. Ist φ größer als eins, liegt hingegen ein nicht-stationärer Prozess vor.

Gilt $0 < \varphi < 1$, so zeigt die Autokorrelationsfunktion ein exponentiell abnehmendes Verhalten (siehe Abbildung 11.6). Gilt $-1 < \varphi < 0$, so zeigt die Autokorrelationsfunktion ein oszillatorisches Schwingungsverhalten ähnlich einer Sinuskurve.

Die partielle Autokorrelationsfunktion $\Phi_{t,s}$ eines AR(1)-Prozesses ist $\Phi_{t,s} = 0$ für $s > 1$. Allgemein gilt für die partielle Autokorrelationsfunktion bei AR(p)-Prozessen: $\Phi_{t,s} = 0$ für $s > p$.

11.3.2 MA-Prozess

Generell ist Moving Average ein weiterer stochastischer Prozess, bei dem die Zufallsvariable Y_t gleich dem (gewichteten) Mittelwert aus dem Zufallsprozess der Vorperiode v_{t-1} und dem Zufallsprozess der aktuellen Periode v_t ist (siehe z. B. Cryer und Chan, 2008, S. 14 ff.; Gujarati und Porter, 2009, S. 776; Hackl, 2013, S. 236 f.). Folgende Gleichung zeigt den einfachen ungewichteten Mittelwert, darin gilt wieder: $v_t \sim$ u. i. v. $N(0, \sigma)$:

$$Y_t = \frac{v_t + v_{t-1}}{2}. \tag{11.20}$$

Allgemein werden in einem MA-Prozess die Anteile nicht gleich stark gemischt, sondern das weiße Rauschen der Vorperiode geht mit dem Faktor θ ein:

$$Y_t = v_t - \theta \cdot v_{t-1}. \tag{11.21}$$

Ein solcher Prozess heißt Moving Average Prozess erster Ordnung, MA(1). Auch dieser Prozess kann zu einem Moving-Average-Prozess q-ter Ordnung, MA(q), verallgemeinert werden, der bis zum Lag q zurückgeht:[5]

$$Y_t = v_t - \theta_1 v_{t-1} - \theta_2 v_{t-2} - \cdots - \theta_q v_{t-q}. \tag{11.22}$$

Abbildung 11.7 zeigt simulierte MA(1)-Prozesse mit $\theta = +0.9$ sowie $\theta = -0.9$. Bei $\theta = +0.9$ liegt die Autokorrelation ρ mit -0.4972 im negativen Bereich, benachbarte Punkte sind deutlich negativ korreliert. Es zeigen sich daher häufige Vorzeichenwechsel. Bei $\theta = -0.9$ ist es umgekehrt, ρ liegt mit $+0.4972$ deutlich im positiven Bereich und benachbarte Punkte sind entsprechend positiv korreliert. Der Graf ist vergleichsweise konstant über die Zeit, es treten nur wenige starke Ausschläge auf.

In den Korrelogrammen zeigt sich auch für die MA-Prozesse ein charakteristisches Muster. Bei positivem θ (Abbildung 11.8 links) zeigt sich eine deutlich negative Autokorrelation zum Lag eins. Die partiellen Autokorrelationen nehmen über die Lags schnell ab. Umgekehrt zeigt sich bei einem negativen θ (Abbildung 11.8 rechts) eine deutlich positive Autokorrelation ebenfalls zum Lag eins. Die partiellen Autokorrelationen nehmen ebenfalls schnell ab, aber jetzt mit wechselndem Vorzeichen. An diesem Muster lassen sich MA(1)-Prozesse erkennen.

---

5 In der Literatur findet sich für den MA-Prozess auch folgende Notation: $Y_t = v_t + \theta_1 v_{t-1} + \theta_2 v_{t-2} + \cdots + \theta_q v_{t-q}$. Dann haben die θ jeweils das umgekehrte Vorzeichen.

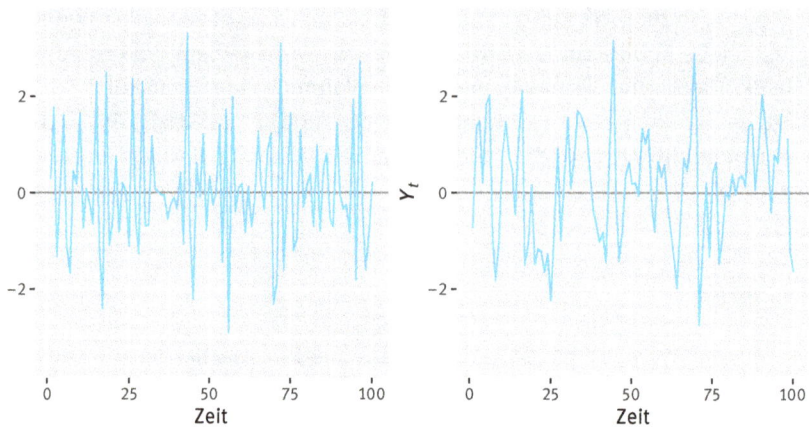

Abb. 11.7: Simulierte MA(1)-Prozesse mit $\theta = +0.9$ (links) und $\theta = -0.9$ (rechts).

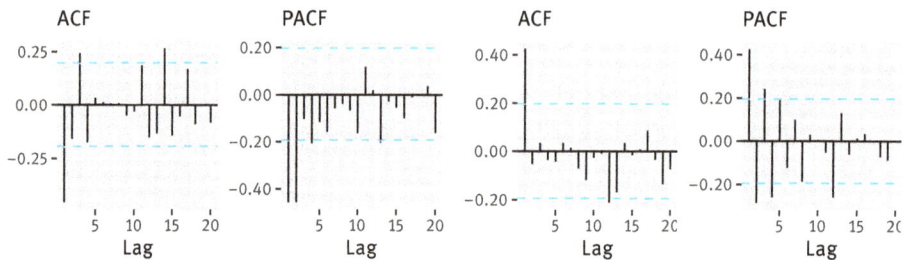

Abb. 11.8: Korrelogramme der simulierten MA(1)-Prozesse. Linke Plots: ACF und PACF mit $\theta = +0.9$, es zeigt sich eine deutlich negative Autokorrelation zum Lag eins, die partiellen Autokorrelationen nehmen schnell ab. Rechte Plots: ACF und PACF mit $\theta = -0.9$, es zeigt sich eine deutlich positive Autokorrelation zum Lag eins, die partiellen Autokorrelationen nehmen bei wechselndem Vorzeichen schnell ab.

Auch MA-Prozesse weisen bestimmte Eigenschaften auf (siehe z. B. Hackl, 2013, S. 239; Seitz und Auer, 2012, S. 380). Die Autokorrelationsfunktion ρ_s eines MA(q)-Prozesses ist 0, wenn $s > q$ ist (vergleichbar mit der partiellen Autokorrelationsfunktion eines AR-Prozesses). Bei positivem θ sind benachbarte Punkte negativ korreliert, wodurch sich häufige Vorzeichenwechsel ergeben (siehe Abbildung 11.7 links). Bei negativem θ sind benachbarte Punkte positiv korreliert, dadurch zeigen sich weniger Vorzeichenwechsel (siehe Abbildung 11.7 rechts).

Die partielle Autokorrelationsfunktion $\Phi_{t,s}$ eines MA(q)-Prozesses folgt einer nicht-abbrechenden gedämpften Exponentialfunktion oder einer gedämpften oszillatorischen Schwingung (vergleichbar mit der Autokorrelationsfunktion eines AR-Prozesses). MA(q)-Prozesse sind stets (schwach) stationär.

11.4 AR(I)MA-Modelle

Eine Kombination aus AR- und MA-Prozessen ergibt ein Modell für stationäre Zeitreihen, das autoregressive Moving-Average-Modell, kurz ARMA(p,q)-Modell (siehe z. B. Gujarati und Porter, 2009, S. 776 f.; Hackl, 2013, 238 f.; Seitz und Auer, 2012, S. 384 f.)

$$Y_t = \mu + \varphi_1 Y_{t-1} + \varphi_2 Y_{t-2} + \cdots + \varphi_p Y_{t-p} + v_t - \theta_1 v_{t-1} - \theta_2 v_{t-2} - \cdots - \theta_q v_{t-q}. \quad (11.23)$$

Darin sind μ der Mittelwert des Prozesses, $\varphi_1 Y_{t-1} + \varphi_2 Y_{t-2} + \cdots + \varphi_p Y_{t-p}$ die autoregressiven Komponenten, $-\theta_1 v_{t-1} - \theta_2 v_{t-2} - \cdots - \theta_q v_{t-q}$ die Moving Average Komponenten und v_t der Fehlerprozess oder Innovationsprozess: Differenz zwischen dem Modell-Forecast und dem beobachteten Wert der Variablen zum Zeitpunkt t.

Sofern eine Differenzierung zur Ordnung d eingeschlossen wird (vgl. Abschnitt 11.2.4), wird das Modell als autoregressives integriertes Moving-Average-Modell, ARIMA (p,d,q) bezeichnet.

Eine Modellierung der Zeitreihe erfolgt durch den Aufruf `arima(x, order = c(p, d, q))`, wobei p die Anzahl der Lags für den AR-Prozess ist, d die Ordnung der Differenzbildung und q die Anzahl der Lags im MA-Prozess.

11.4.1 Residuenanalyse

Nach Modellierung muss überprüft werden, ob das Modell die wesentlichen Komponenten der Zeitreihe erfasst. Dazu werden die Residuen des Modells auf Autokorrelation und Normalverteilung überprüft. Ein gängiger Test auf serielle Unabhängigkeit (Abwesenheit von Autokorrelation) ist der Ljung-Box- bzw. der Box-Pierce-Test (Cryer und Chan, 2008, S. 183 f.). Die Normalverteilung kann grafisch mit einem QQ-Plot (siehe Abschnitt 2.7.9 im Kapitel Lineare Regression) oder mittels eines Tests, z. B. des Shapiro-Wilk-Tests überprüft werden.

Box-Pierce-Test

Im Box-Pierce-Test (Box und Cox, 1964) wird überprüft, ob die Summe der bis zum Lag s verzögerten quadrierten Residuen e_i^2 zu groß wird. So kann es sein, dass einzelne Residuen unauffällig wirken und erst in der Summe kritisch sind. Die Teststatistik T berechnet sich wie folgt:

$$T = N \cdot \sum_{i=1}^{s} e_i^2. \quad (11.24)$$

T ist für einen großen Stichprobenumfang N näherungsweise χ^2-verteilt mit $s - p - q$ Freiheitsgraden (p und q sind die Parameter des ARIMA-Modells).

Der Box-Pierce-Test sollte nur bei Stichproben genutzt werden, die mindestens einen Umfang von $N = 100$ haben. Für kleine Stichproben bietet sich die Modifikation nach Ljung-Box (Ljung und Box, 1978) an.

In R wird der Test mit Box.test(resid(model), lag, fitdf, type) durchgeführt. type ist entweder "Box-Pierce" (Standardeinstellung) oder "Ljung-Box". Zusätzlich muss noch der Lag *s* eingegeben werden, bis zu dem überprüft werden soll. Dieser sollte erheblich größer als die Ordnung des ARIMA Prozesses sein. fitdf ist die Summe aus *p* und *q* des ARIMA-Modells und muss nur, so wie hier, bei Anwendung auf Residuen angegeben werden.

Ljung-Box-Test
In diesem Test erfolgt eine Gewichtung der einzelnen verzögerten quadrierten Residuen mit Werten größer 1. Somit wird die Teststatistik *T* größer, was sich insbesondere bei kleinen Stichproben und nur wenigen Lags auswirkt.

$$T = N \cdot (N + 2) \cdot \sum_{i=1}^{s} \frac{e_i^2}{N - i}. \tag{11.25}$$

T folgt ebenfalls einer χ^2-Verteilung mit $s - p - q$ Freiheitsgraden.

Wie oben schon erwähnt, wird der Test in R mit Box.test(resid(model), lag, fitdf, type = "Ljung-Box") durchgeführt.

11.4.2 Beispiel für ein ARIMA-Modell

Als Beispiel werden die Quartalsumsätze in T€ von Adidas im Zeitraum 2006 bis 2018 verwendet. Diese liegen als Excel-Datei vor und werden in R-Code 11.9 mit read_excel() aus dem Paket readxl eingelesen.

R-Code 11.9: Laden des Datensatzes Adidas.xlxs

```
# Laden des Datensatzes
ADI <- read_excel("data/Adidas.xlsx")
# Ausgabe der ersten Werte
head(ADI)

## # A tibble: 6 x 2
##   Datum                Umsatz
##   <dttm>                <dbl>
## 1 2006-03-01 00:00:00 2459000
## 2 2006-06-01 00:00:00 2428000
## 3 2006-09-01 00:00:00 2949000
## 4 2006-12-01 00:00:00 2248000
## 5 2007-03-01 00:00:00 2538000
## 6 2007-06-01 00:00:00 2400000
```

Die Variable Umsatz wird zur weiteren Bearbeitung in ein *timeseries*-(ts-)Objekt umgewandelt (R-Code 11.10). In der Funktion ts() aus dem timeseries-Paket müssen die Start- und Endperiode mit `start = c(2006, 1)` und `end = c(2018, 4)` angegeben werden (hier im Beispiel vom ersten Quartal 2006 bis zum vierten Quartal 2018). Weiterhin muss festgelegt werden, in welcher Frequenz die Daten vorliegen (hier `frequency = 4`, da quartalsweise Daten vorliegen). Die resultierende Zeitreihe wird mit `autoplot()` als Liniendiagramm (R-Grafik 11.3).

R-Code 11.10: Umwandlung in ein `ts`-Objekt

```
# In ts-Objekt umwandeln
ADI <- ts(ADI$Umsatz, start = c(2006, 1), end = c(2018, 4), frequency = 4)
# Zeitreihe plotten
autoplot(ADI)
```

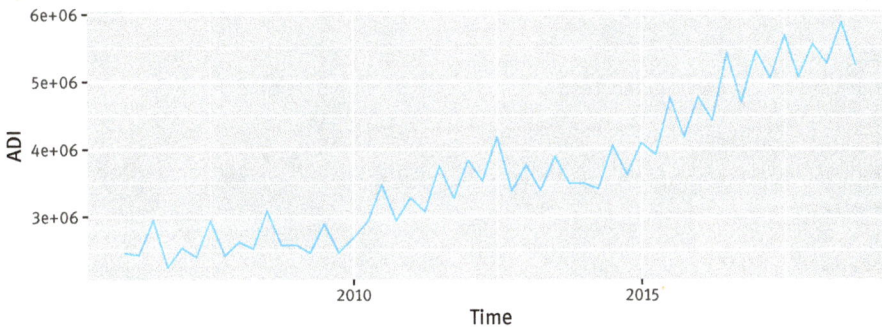

R-Grafik 11.3: Liniendiagramm der Zeitreihe `ADI` (Quartalsumsätze)

Zunächst erfolgt in R-Code 11.11 eine Überprüfung auf Stationarität mit dem ADF- und dem KPSS-Test.

R-Code 11.11: Stationaritätstests für die Zeitreihe `ADI`

```
# Augmented-Dickey-Fuller-Test
adf.test(ADI)  # H0: Keine Stationarität

##
##  Augmented Dickey-Fuller Test
##
## data:  ADI
## Dickey-Fuller = -1.3628, Lag order = 3, p-value = 0.8307
## alternative hypothesis: stationary

# Kwiatkowski-Phillips-Schmidt-Shin-Test
kpss.test(ADI)  # H0: Stationarität
```

```
##
##  KPSS Test for Level Stationarity
##
## data:  ADI
## KPSS Level = 1.2969, Truncation lag parameter = 3, p-value = 0.01
```

Beide Tests deuten an, dass die Zeitreihe nicht stationär ist. Daher kann versucht werden, über die Bildung der ersten Differenz Stationarität herbeizuführen (R-Code 11.12).

R-Code 11.12: Differenzbildung und Stationaritätstests

```
# Bildung der ersten Differenz
ADIdiff <- diff(ADI)
# Überprüfung auf Stationarität
adf.test(ADIdiff)

##
##  Augmented Dickey-Fuller Test
##
## data:  ADIdiff
## Dickey-Fuller = -2.6384, Lag order = 3, p-value = 0.3177
## alternative hypothesis: stationary

kpss.test(ADIdiff)

##
##  KPSS Test for Level Stationarity
##
## data:  ADIdiff
## KPSS Level = 0.17551, Truncation lag parameter = 3, p-value = 0.1
```

Beide Tests deuten auf Stationarität der ersten Differenz hin. Auch zeigt Plot (R-Code 11.13, Grafik 11.4) keinen ausgeprägten Trend mehr.

R-Code 11.13: Plot der ersten Differenz der Zeitreihe ADI

```
autoplot(ADIdiff)
```

Um die Parameter des ARIMA-Modells zu bestimmen, werden ACF und PACF der differenzierten Zeitreihe dargestellt (R-Code 11.14).

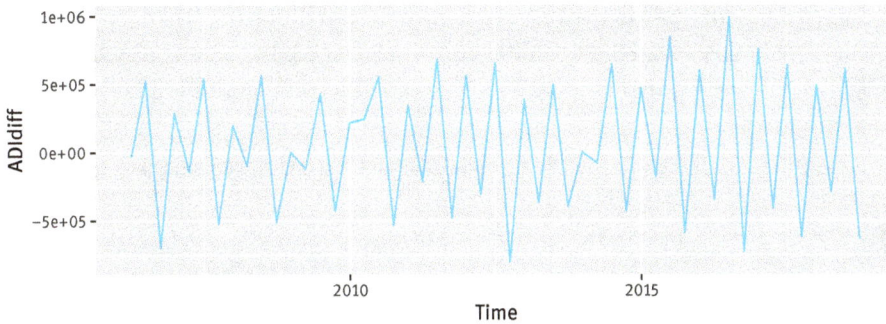

R-Grafik 11.4: Plot der ersten Differenz der Zeitreihe ADI

R-Code 11.14: ACF und PACF der ersten Differenz

```
g1 <- ggAcf(ADIdiff)
g2 <- ggPacf(ADIdiff)
# Beide Plots nebeneinander
grid.arrange(g1, g2, nrow = 1)
```

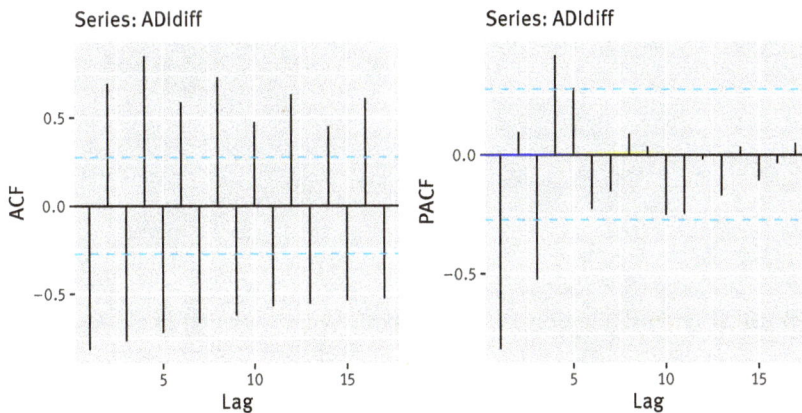

R-Grafik 11.5: ACF und PACF der ersten Differenz der Zeitreihe ADI

Die Autokorrelationsfunktion in R-Grafik 11.5 zeigt eine Abnahme der Autokorrelation, was möglicherweise auf MA(0) hindeutet. Allerdings zeigen sich auch periodische Schwankungen. Die partielle Autokorrelation liegt für die Lags 3 und 4 außerhalb des Intervalls der kritischen Werte um null, ist also unter der Annahme der Nullhypothese, keine Autokorrelation, unplausibel. Daher könnte ein AR(4)-Prozess vorliegen. Da Differenzbildung für die Stationarität notwendig war, modellieren wir in R-Code 11.15 ein ARIMA(4,1,0)-Modell. Die Diagnose sollte mit dem Ljung-Box-Test erfolgen, da die Länge der Zeitreihe kleiner 100 ist. Die Normalverteilung der Residuen wird mit einem QQ-Plot (ggplot2-Funktionalität aus dem Paket qqplotr, siehe Abschnitt 2.7.9 im Kapitel Lineare Regression) und dem Shapiro-Wilk-Test überprüft (R-Code 11.16).

R-Code 11.15: Modellierung eines ARIMA(4,1,0)-Modells und Test auf serielle Unabhängigkeit der Residuen

```
# Modellierung
ADI.arm1 <- arima(ADI, order = c(4, 1, 0))
# Ausgabe des Modell, alternativ mit summary(model)
ADI.arm1

##
## Call:
## arima(x = ADI, order = c(4, 1, 0))
##
## Coefficients:
##           ar1      ar2      ar3     ar4
##       -0.1835  -0.0238  -0.1055  0.7105
## s.e.   0.0981   0.0942   0.1013  0.0943
##
## sigma^2 estimated as 3.288e+10:  log likelihood = -692.22,  aic = 1392.44

# Test auf serielle Unabhängigkeit
Box.test(resid(ADI.arm1), lag = 14, fitdf = 4, type = "Ljung-Box")

##
##   Box-Ljung test
##
## data:  resid(ADI.arm1)
## X-squared = 32.031, df = 10, p-value = 0.0003958
```

Der Ljung-Box-Test verwirft allerdings die Nullhypothese der seriellen Unabhängigkeit.

R-Code 11.16: QQ-Plot der Residuen des ARIMA(4,1,0)-Modells und Test auf Normalverteilung der Residuen

```
# Residuen zwischenspeichern
resid <- resid(ADI.arm1)
# QQ-Plot (mit ggplot2 Syntax)
ggplot(data = resid, aes(sample = resid)) +
  stat_qq_band() + stat_qq_line() + stat_qq_point() +
  labs(x = "Theoretische Quantile", y = "Quantile der Residuen")
# Test auf Normalverteilung
shapiro.test(resid(ADI.arm1))

##
##   Shapiro-Wilk normality test
```

```
##
## data:  resid(ADI.arm1)
## W = 0.98823, p-value = 0.8844
```

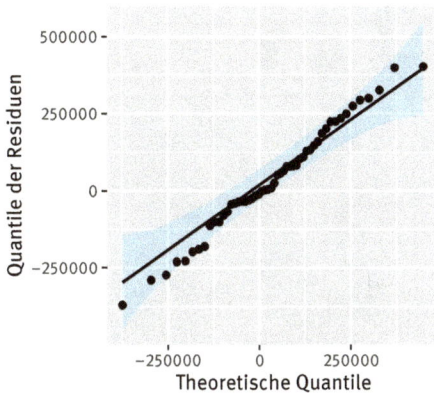

R-Grafik 11.6: QQ-Plot der Residuen des ARIMA(4,1,0)-Modells

Im QQ-Plot (R-Grafik 11.6) liegen die Residuen innerhalb des Konfidenzintervalls. Auch der Shapiro-Wilk-Test verwirft die Nullhypothese der Normalverteilung nicht. Insgesamt lässt sich aus den Ergebnissen der Residuentests schließen, dass das Modell noch nicht alle wesentlichen Aspekte der Zeitreihe erfasst hat.

11.4.3 Verschiedene diagnostische Plots

Verschiedene diagnostische Plots auf einmal können mit ggtsdiag(model) ausgegeben werden (R-Code 11.17, Grafik 11.7). Es werden drei Plots dargestellt:
1. Die standardisierten Residuen, die kein Muster erkennen lassen sollten,
2. die Autokorrelationsfunktion der Residuen, die für keinen Lag ein Ergebnis außerhalb des Intervalls zeigen sollte, sowie
3. die p-Werte des Ljung-Box-Tests auf Autokorrelation über verschiedene Lags, der für keinen Lag die H_0, keine Autokorrelation, verwerfen sollte.

R-Code 11.17: Verschiedene diagnostische Plots

```
ggtsdiag(ADI.arm1)
```

In den Residuen (oberer Plot der R-Grafik 11.7) lässt sich kein besonderes Muster erkennen. Dies deutet darauf hin, dass die Modellierung die wesentlichen Komponenten der Zeitreihe erfasst hat. Die Autokorrelation der Residuen (mittlerer Plot) liegt für alle

Standardized Residuals

ACF of Residuals

p values for Ljung–Box statistic

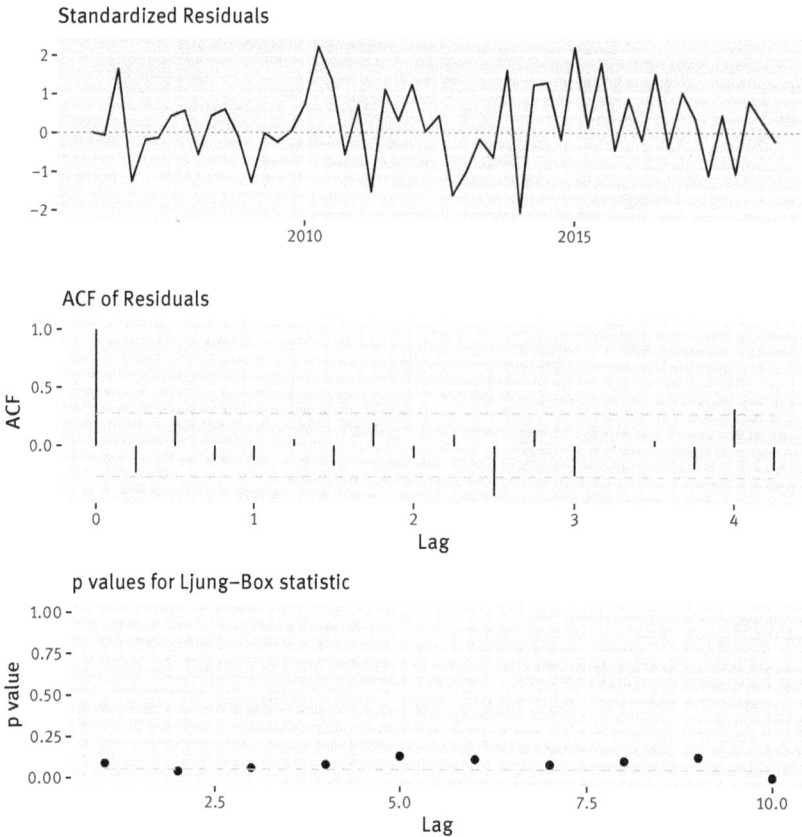

R-Grafik 11.7: Verschiedene diagnostische Plots. Oben: Plot der Residuen, Mitte: ACF der Residuen, unten: p-Werte des Ljung-Box-Tests über verschiedene Lags.

Lags (bis auf das nach vier Jahren, also 16 Perioden) im Intervall um null. Das Intervall stellt die kritischen Werte dar, ab dem das Auftreten unter einer Nullhypothese, es liegt keine Autokorrelation vor, unwahrscheinlich ist. Dies lassen auch die p-Werte des Ljung-Box-Tests vermuten, die alle bis auf die Lags zwei und zehn oberhalb der blauen Linie, also oberhalb eines Signifikanzniveaus von $\alpha = 5\,\%$, liegen (unterer Plot).

11.4.4 Automatische Schätzung der Modellparameter

Alternativ können Sie die Modellparameter auch mit Hilfe von `auto.arima(y, max.p, max.q, max.d)` ebenfalls aus dem Paket `forecast` schätzen (R-Code 11.18). Mit `max.x` werden jeweils das Maximum der Parameter p, d und q angegeben. Die optimale Ordnung der Differenzbildung wird über einen KPSS-Test ermittelt, das beste ARIMA-Modell wird dann über das korrigierte Akaike Information Criterion (AIC_c) bestimmt.

Andere Gütemaße können ebenfalls ausgewählt werden. Für weitere Details sei auf die Hilfe zu dieser Funktion verwiesen (?auto.arima).

R-Code 11.18: Automatische Schätzung der Modellparameter eines ARIMA-Modells

```
ADI.armauto <- auto.arima(ADI, max.d = 3, max.p = 5, max.q = 5)
ADI.armauto

## Series: ADI
## ARIMA(0,1,2)(0,1,1)[4]
##
## Coefficients:
##          ma1     ma2     sma1
##       -0.2341  0.4755  -0.6384
## s.e.   0.1312  0.1551   0.1440
##
## sigma^2 = 2.438e+10:  log likelihood = -628.73
## AIC=1265.46   AICc=1266.41   BIC=1272.86
```

Wie Sie sehen, wählt auto.arima() ein ARIMA(0,1,2)(0,1,1)[4]-Modell. Statt eines AR(4)- wird ein MA(2)-Prozess modelliert, und zusätzlich kommen saisonale Komponenten hinzu: (0,1,1)[4], die multiplikativ mit den Jahreskomponenten verknüpft werden. Hier werden vier unterjährige MA(1)-Prozesse eingefügt ([4]). Details zu solchen kombinierten Modellen finden Sie in Hyndman und Athanasopoulos (2018, S. 254 ff.). AIC ist mit 1265.46 merklich niedriger als im ARIMA(4,1,0)-Modell (1394.44). Dies spricht dafür, dass die Modellierung mit den saisonalen Komponenten eine wichtige Ergänzung für die Modellierung der Adidas-Zeitreihe darstellt.

11.4.5 Vorhersage

Eine mögliche Anwendung von Zeitreihenmodellen ist die Prognose. Um einen Forecast zu erhalten, können Sie die Funktion forecast(model, h) aus dem gleichnamigen Paket verwenden (R-Code 11.19). Der Parameter h gibt an, wie viele Werte Sie prognostizieren wollen. Die Zeitreihe einschließlich der Prognosewerte können Sie auch plotten (R-Grafik 11.8). Dabei werden Prognoseintervalle (80 % und 95 %) für die prognostizierten Werte ausgegeben. Mit der Option level = ... können Sie im Aufruf von forecast() auch andere Intervallgrenzen ausgeben lassen.

R-Code 11.19: Forecast aus einem ARIMA-Modell

```
ADI.fc <- forecast(ADI.armauto, h = 12)
ADI.fc

##           Point Forecast   Lo 80    Hi 80    Lo 95    Hi 95
## 2019 Q1        5709225   5509138 5909312 5403219 6015231
## 2019 Q2        5371314   5119289 5623340 4985875 5756754
## 2019 Q3        6064991   5711140 6418842 5523823 6606159
## 2019 Q4        5445102   5012778 5877425 4783920 6106283
## 2020 Q1        5952090   5413783 6490397 5128821 6775360
## 2020 Q2        5641585   5023471 6259699 4696261 6586908
## 2020 Q3        6335261   5630675 7039847 5257690 7412833
## 2020 Q4        5715372   4933823 6496921 4520096 6910648
## 2021 Q1        6222360   5339541 7105180 4872205 7572516
## 2021 Q2        5911855   4945265 6878446 4433582 7390128
## 2021 Q3        6605532   5548417 7662646 4988814 8222249
## 2021 Q4        5985642   4845166 7126118 4241435 7729850
autoplot(ADI.fc) |> gf_labs(x = "Zeit", y = "Umsatz Adidas")
```

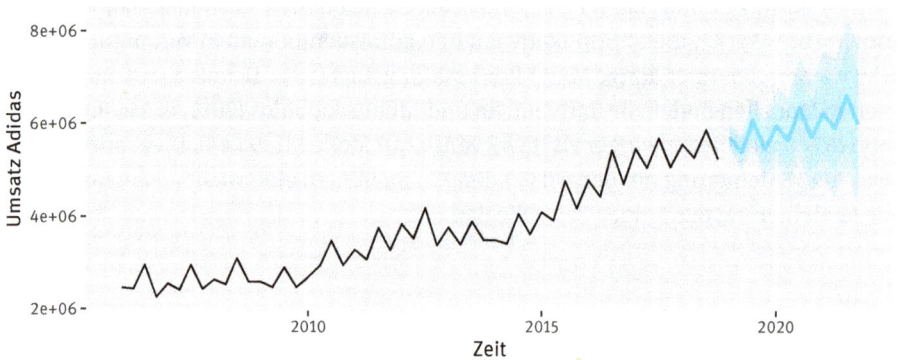

R-Grafik 11.8: Liniendiagramm der Zeitreihe mit Forecast aus einem ARIMA-Modell. In hellblau werden das 80%- und in blau das 95%-Prognoseintervall gezeigt.

AR(I)MA-Modelle

Komponenten	autoregressiver Prozess, Moving-Average-Prozess
	ggf. Differenzbildung (Stationarität)
ACF, PACF	geben Hinweise auf die Ordnung der AR- und MA-Anteile
`arima(p, d, q))`	p: Ordnung AR, d: Differenz, q: Ordnung MA
	ggf. `auto.arima()`
Residuenanalyse	keine Autokorrelation, normalverteilt
Tests	Box-Pierce- bzw. Ljung-Box-Test (Autokorrelation)
	Shapiro-Wilk-, Jarque-Bera- oder andere Normalverteilungstests
	grafisch: `gtsdiag()`, QQ-Plot
Prognose	`forecast()`, grafische Ausgabe mit `autoplot()`

11.5 Rendite und Volatilität

11.5.1 Rendite

Die Tagesrendite von z. B. Wertpapieren ist definiert als Gewinn oder Verlust $S_t - S_{t-1}$ des Tages t im Vergleich zum Schlusskurs des Vortags S_{t-1} (diskrete Rendite):

$$r_{\text{diskret},t} = \frac{S_t - S_{t-1}}{S_{t-1}}. \tag{11.26}$$

Insbesondere im Risikomanagement bei der Berechnung von Volatilitäten wird das logarithmierte Verhältnis der Schlusskurse genutzt (stetige Rendite):

$$r_{\text{stetig},t} = \ln\left(\frac{S_t}{S_{t-1}}\right). \tag{11.27}$$

Diese ist im Bereich von $-\infty$ bis $+\infty$ definiert, die diskrete Rendite hingegen ist nach unten beschränkt (weniger als -1 bzw. $-100\,\%$ Rendite ist nicht möglich). Insbesondere bei kleinen Werten sind stetige und diskrete Rendite ungefähr gleich.

11.5.2 Volatilität

Die Schwankung der Kurse wird ausgedrückt als Volatilität (hier und im Folgenden siehe z. B. Hull, 2019, S. 644 ff.). Diese ist definiert als Standardabweichung σ (Wurzel der Varianz) der (stetig verzinsten) Rendite über ein Jahr. Die Volatilität kann auf einen beliebigen Zeitpunkt skaliert werden:

$$\sigma_{\text{Jahr}} = \sqrt{250} \cdot \sigma_{\text{Tag}} = \sqrt{12} \cdot \sigma_{\text{Monat}}. \tag{11.28}$$

Während der Handelszeiten ist die Volatilität typischerweise viel größer als über Nacht oder an Wochenenden. Daraus lässt sich folgern, dass die Volatilität zum großen Teil durch den Handel selbst hervorgerufen wird. Deshalb werden als Zeiteinheit für

Jahreswerte Handelstage und nicht Kalendertage benutzt. Wir rechnen hier mit 250 Tagen (Hull gibt 252 Tage an).

Die Volatilität selbst wird nie genau gemessen, sondern lediglich die Auswirkungen der Volatilität (als Schwankungen in den Daten). Geschätzt werden kann sie auch über die implizite Volatilität in den Märkten. Die implizite Volatilität kann aus Optionspreisen hergeleitet werden, sofern Laufzeit, Zinssatz, Ausübungspreis und Kurs des zugrunde liegenden Basiswerts bekannt sind. Mit diesen Daten kann die implizite Volatilität über ein Optionspreismodell (z. B. Black-Scholes-Merton-Modell, siehe z. B. Hull, 2019 S. 403 ff. und für implizite Volatilitäten S. 427 ff.) bestimmt werden.

Es sei σ_t die tägliche Volatilität zwischen Tag $t - 1$ und Tag t, geschätzt am Ende des Tages $t - 1$. Dann lautet der klassische Ansatz:

$$\sigma_t^2 = \frac{1}{m-1} \sum_{i=1}^{m} (r_{t-i} - \bar{r})^2 \quad \text{mit} \tag{11.29a}$$

$$\bar{r} = \frac{1}{m} \sum_{i=1}^{m} r_i. \tag{11.29b}$$

Darin ist r_i die stetige Rendite am Tag i und m die Anzahl der Tage, über die die Varianz geschätzt werden soll. Für sehr kurze Zeiträume (z. B. Tage) gilt $E(r) \approx 0$ (Hull, 2019, S. 615).

Folgende Änderungen werden vorgenommen:

- r_t wird durch die diskrete Rendite ersetzt,
- der Mittelwert wird gleich dem Erwartungswert 0 gesetzt,
- $m - 1$ wird durch m ersetzt (statt erwartungstreuem Schätzer ML-Schätzer).

Dies führt zu folgender vereinfachter Formel für die Varianz:

$$\sigma_t^2 = \frac{1}{m} \sum_{i=1}^{m} r_{t-i}^2. \tag{11.30}$$

11.5.3 Gewichtung der früheren Varianzen

Es erscheint logisch, dass die Varianzen jüngeren Datums ein höheres Gewicht beigemessen bekommen. Dies führt zu folgendem Modell mit abnehmenden Gewichtungsfaktoren α_i, wobei i der Lag zur aktuellen Periode ist:

$$\sigma_t^2 = \sum_{i=1}^{m} \alpha_i r_{t-i}^2, \quad \text{wobei gilt } \sum_{i=1}^{m} \alpha_i = 1. \tag{11.31}$$

Das Modell kann um die langfristige Varianz σ_L^2 erweitert werden, um die die Werte schwanken:

$$\sigma_t^2 = \gamma \sigma_L^2 + \sum_{i=1}^{m} \alpha_i r_{t-i}^2, \quad \text{wobei gilt } \gamma + \sum_{i=1}^{m} \alpha_i = 1. \tag{11.32}$$

Dies entspricht einem ARCH(p)-Modell (siehe Abschnitt 11.6.1).

11.5.4 EWMA-Modelle

In einem *EWMA*-Modell (*Exponentially-Weighted-Moving-Average*-Modell) nehmen die Gewichte α_i exponentiell mit dem Faktor λ ab (siehe z. B. Hull, 2019, S. 646 ff.):

$$\alpha_i = \lambda \alpha_{i-1} \qquad \text{mit } 0 < \lambda < 1. \tag{11.33}$$

Die aktuelle Varianz wird bestimmt aus der mit λ gewichteten Varianz der Vorperiode und der mit dem Faktor $1 - \lambda$ gewichteten quadrierten Rendite der Vorperiode.

$$\sigma_t^2 = \lambda \sigma_{t-1}^2 + (1 - \lambda) r_{t-1}^2. \tag{11.34}$$

Ersetzen von σ_{t-1}^2 durch $\lambda \sigma_{t-2}^2 + (1 - \lambda) r_{t-2}^2$ ergibt:

$$\sigma_t^2 = \lambda \left(\lambda \sigma_{t-2}^2 + (1 - \lambda) r_{t-2}^2 \right) + (1 - \lambda) r_{t-1}^2 = (1 - \lambda) \left(r_{t-1}^2 + \lambda r_{t-2}^2 \right) + \lambda^2 \sigma_{t-2}^2. \tag{11.35}$$

Das kann fortgeführt und zusammengefasst werden:

$$\sigma_t^2 = (1 - \lambda) \sum_{i=1}^{m} \lambda^{i-1} r_{t-1}^2 + \lambda^m \sigma_{t-m}^2. \tag{11.36}$$

Für ein großes m kann der letzte Term ignoriert werden: Dann entspricht dies dem Modell mit abnehmenden Gewichtungsfaktoren α_i mit $\alpha_i = (1 - \lambda)^{i-1}$. Das Gewicht beträgt immer das λ-fache des vorherigen Gewichts (exponentielle Abnahme).

Auch dieses Modell kann um die langfristige Varianz σ_L^2 erweitert werden:

$$\sigma_t^2 = \gamma \sigma_L^2 + \alpha r_{t-1}^2 + \beta \sigma_{t-1}^2, \qquad \text{wobei gilt } \gamma + \alpha + \beta = 1. \tag{11.37}$$

Dies entspricht einem GARCH(1,1)-Modell (siehe Abschnitt 11.6).

Es gibt eine Reihe von Vorteilen des EWMA-Modells:

- Es müssen viel weniger Daten gespeichert werden,
- nur der aktuelle Varianz-Schätzer und der neueste Wert der Marktvariablen werden zur Berechnung benötigt und
- Volatilitätsänderungen werden sichtbar.

RiskMetrics[6] verwendet im Standard-Marktrisiko-Ansatz ein EWMA-Modell mit $\lambda = 0.94$ im täglichen Bereich.

11.6 (G)ARCH-Modelle

In ruhigen Marktphasen können Aktienrenditen über Moving Average Prozesse modelliert werden. Für Krisenzeiten ist dieses Vorgehen nicht geeignet, da es sich hier um

---

6 RiskMetrics, eine Tochterfirma von MSCI, ist ein Anbieter von Risikomodellen, die insbesondere bei institutionellen Investoren vielfach zum Einsatz kommen.

Phasen mit im Vergleich zur sonstigen Entwicklung äußerst starken Schwankungen in den Renditen handelt. Auf einen großen Kursanstieg bzw. Kursverlust folgt tendenziell wieder eine große Kursveränderung mit nicht prognostizierbarem Vorzeichen. Es bilden sich sogenannte Volatilitätscluster (siehe Abbildung 11.9). Die so auftretende zeitvariable Varianz kann nicht über einen stationären Prozess mit zeitkonstanter Varianz wie dem MA-Prozess abgebildet werden. Ein weiteres Beispiel für Zeitreihen, die Volatilitätscluster bilden, sind Inflationsraten und Wechselkurse.

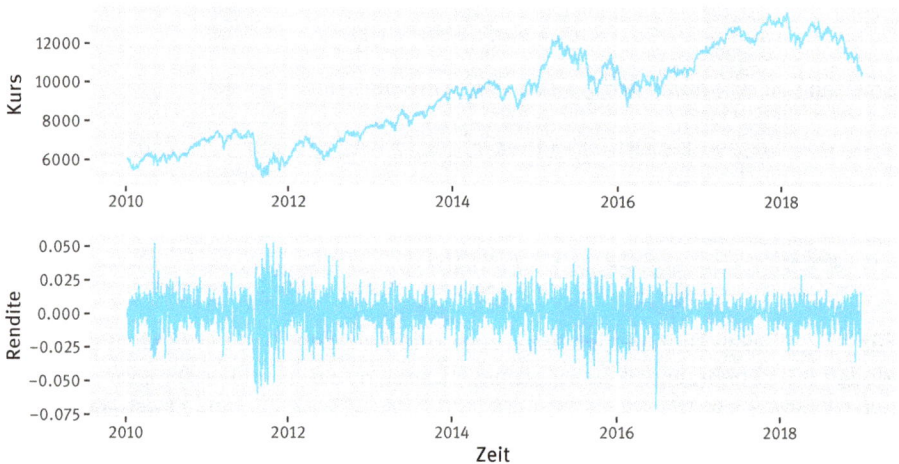

Abb. 11.9: Volatilitätscluster am Beispiel des DAX (z. B. zweite Jahreshälfte 2011 oder 2015). Oben: Kurs, unten: stetige Rendite.

Volatilitätsschwankungen können mit sogenannten *(Generalized)-Autoregressive-Conditional-Heteroskedasticity-*, kurz (G)ARCH-Modellen modelliert werden (siehe z. B. Cryer und Chan, 2008, S. 285 ff., S. 289 ff.; Gujarati und Porter, 2009, S. 449 f., S. 791 ff.; Tsay, 2010, S. 115 ff., S. 131 ff.).

11.6.1 ARCH-Modelle

Der Ansatz der ARCH-Modelle (*Autoregressive-Conditional-Heteroskedasticity*-Modelle) ist, einen autoregressiven Prozess für die Streuung zu modellieren. $Y_t = \sigma_t v_t$ sei eine Zeitreihe, die durch $\sigma_t^2 = var(Y_t)$ und einen Zufallsprozess (weißes Rauschen) $v_t \sim$ u. i. v. $N(0, 1)$ gegeben ist. In einem ARCH(1)-Modell wird die Varianz von Y_t durch einen AR(1)-Prozess mit der quadrierten Rendite der Vorperiode bestimmt:

$$var(Y_t) = \alpha_0 + \alpha_1 Y_{t-1}^2. \tag{11.38}$$

Hängt die Varianz in der aktuellen Periode nicht nur von den quadrierten Renditen einer Vorperiode, sondern von p Vorperioden ab, so ist das zugehörige ARCH(p)-Modell durch einen AR(p)-Prozess für die quadrierten Renditen der p Vorperioden definiert:

$$var(Y_t) = \alpha_0 + \alpha_1 Y_{t-1}^2 + \alpha_2 Y_{t-2}^2 + \cdots + \alpha_p Y_{t-p}^2. \tag{11.39}$$

Wie Sie sehen, entspricht dies dem zuvor gezeigten Ansatz zur Schätzung der Volatilität mit gewichteten früheren Varianzen und langfristiger Varianz.

Abbildung 11.10 zeigt simulierte ARCH(1)- und ARCH(4)-Prozesse im Vergleich zu weißem Rauschen. Bei ARCH(4) dauern die Phasen mit hohen Schwankungen der Volatilität länger an als bei ARCH(1).

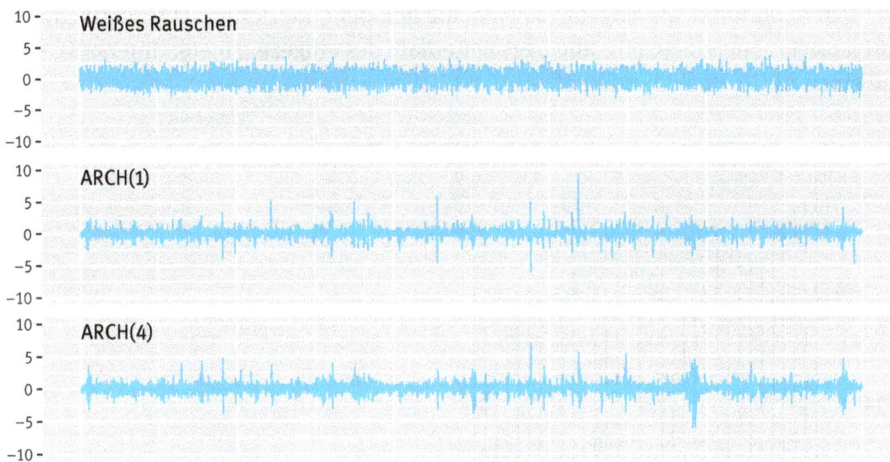

Abb. 11.10: Beispiele für ARCH-Prozesse. Oben: weißes Rauschen, Mitte: ARCH(1)-Prozess mit $\alpha_1 = 0.9$, unten: ARCH(4)-Prozess mit $\alpha_{1...4} = 0.36, 0.27, 0.18, 0.09$. In der Summe ergibt sich 0.9.

ARCH-Modelle sind an bestimmte Bedingungen geknüpft (siehe z. B. Pfaff, 2016, S. 116 ff.). Stationarität ist gegeben, wenn gilt:

$$\sum_{i=1}^{p} \alpha_i < 1. \tag{11.40}$$

Die bedingte Varianz ist positiv, wenn gilt: $\alpha_0 > 0$, $\alpha_i \geq 0$ für $i = 1, \ldots, p$. Die langfristige (oder unbedingte) Varianz σ_L^2 ergibt sich aus:

$$\sigma_L^2 = \frac{\alpha_0}{1 - \sum_{i=1}^{p} \alpha_i}. \tag{11.41}$$

Der Koeffizient α_0 wird auch ω genannt mit $\omega = \gamma \cdot \sigma_L^2$. Es gilt:

$$\sum_{i=1}^{p} \alpha_i + \gamma = 1. \tag{11.42}$$

In den Beispielen in Abbildung 11.10 ist $\omega = 0.1$, was einer langfristigen Varianz σ_L^2 von 1 entspricht.

Ein erster Hinweis auf das Vorhandensein eines ARCH-Effekts liefert der Durbin-Watson-Test auf Autokorrelation. Eine DW-Teststatistik, die so stark von 2 abweicht, dass die H_0 auf keine Autokorrelation verworfen werden kann, kann ihre Ursache auch in einem ARCH-Effekt haben, der Rückschluss auf Autokorrelation wäre dann falsch. Weiter kann ein ARCH-Effekt an der Autokorrelation der quadrierten Renditen erkannt werden. Abbildung 11.11 zeigt als Beispiel die ACF der quadrierten DAX-Renditen. Die Autokorrelationen liegen für alle Lags außerhalb des eingezeichneten Intervalls, was auf einen ARCH-Effekt hindeutet.

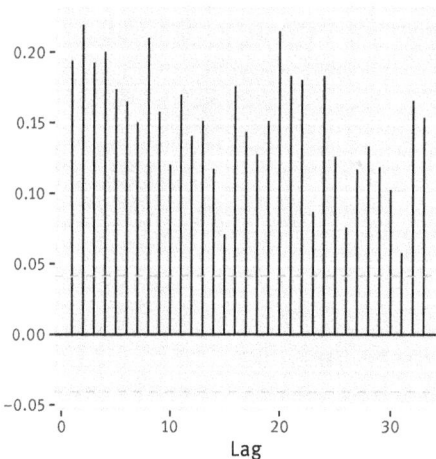

Abb. 11.11: ARCH-Effekt am Beispiel der quadrierten DAX-Renditen. Die Autokorrelation ist für alle Lags größer null.

Über den Ljung-Box-Test(Ljung und Box, 1978) bzw. Box-Pierce-Test (bei N größer 100, Box und Cox, 1964) lässt sich ebenfalls ermitteln, ob ein ARCH-Effekt vorliegt (weitere Details zu den Tests siehe Abschnitt 11.4.1). Wie in R-Code 11.20 gezeigt, wird der Test zunächst mit den (stetigen) Renditen durchgeführt. Falls dieser die H_0, keine Autokorrelation, nicht verwerfen sollte (d. h., es gibt keinen Hinweis auf serielle Korrelation), wird der Test mit den quadrierten Abweichungen vom Mittelwert wiederholt.

Die Standardeinstellung ist `type = "Box-Pierce"`, so dass bei dem gegebenen Stichprobenumfang des verwendeten Datensatzes keine Änderung vorzunehmen ist. Bei kleinen Stichproben muss stattdessen `type = "Ljung-Box"` gewählt werden.

Für die Wahl der Anzahl der Lags gibt es keine festen Vorgaben. Problematisch dabei ist, dass eine zu niedrige Anzahl der Lags möglicherweise zur Folge hat, dass ein Effekt höherer Ordnung übersehen wird. Bei einer zu hohen Anzahl hingegen verliert der Test an Trennschärfe. Daher wird in Abschnitt B.8 im Anhang eine Funktion optBT() vorgestellt, um den Test mit verschiedenen Lags bis zu einem Maximalwert durchlaufen zu lassen und so den Lag zu ermitteln, der den kleinsten p-Wert liefert. Der dort aufgeführt R-Code muss einmalig durchgeführt werden, um die Funktion nutzen zu können.

R-Code 11.20: Test auf einen ARCH-Effekt

```
# Box-Pierce-Test der Renditen
optBT(DAX$Rendite, maxLags = 30)

##
##   Box-Pierce test
##
## data:  x
## X-squared = 20.332, df = 5, p-value = 0.001083

# Box-Pierce-Test der quadrierten Abweichungen vom Mittelwert
optBT((DAX$Rendite - mean(DAX$Rendite))^2, maxLags = 30)

##
##   Box-Pierce test
##
## data:  x
## X-squared = 439.21, df = 5, p-value < 2.2e-16
```

Die Anzahl der Freiheitsgrade (df) entspricht der Anzahl der Lags für den Box-Pierce-Test. Hier deuten beide Tests, die am Beispiel der DAX-Renditen durchgeführt wurden, mit ihrer Ablehnung der Nullhypothese bei einem Lag von 5 auf einen ARCH-Effekt hin. Falls die Ergebnisse der einzelnen Schritte von optBT() ausgegeben werden sollen, muss die Option flPrint = TRUE gesetzt werden.

Eine weitere Möglichkeit, auf einen ARCH-Effekt zu testen, bietet der McLeod-Li-Test aus dem Paket TSA. Diesem wird mit der Option y = eine Zeitreihe übergeben. Der Test überprüft die quadrierten Werte der Zeitreihe mit einen Ljung-Box-Test auf Heteroskedastizität. Das Ergebnis wird grafisch ausgegeben. Ein Beispiel sehen Sie weiter unten in R-Code 11.24.

11.6.2 GARCH-Modelle

In einem GARCH-Modell (*Generalized-Autoregressive-Conditional-Heteroskedasticity-Modell*) hängt die Varianz eines Prozesses Y_t nicht nur von den quadrierten Renditen der Vorperioden ab, sondern auch von den Varianzen des Prozesses in den Vorperioden.

$Y_t = \sigma_t v_t$ sei eine Zeitreihe, die durch $\sigma_t^2 = var(Y_t)$ und einen Zufallsprozess (weißes Rauschen) $v_t \sim$ u. i. v. $N(0, 1)$ gegeben ist. In einem GARCH(1,1) Modell wird die Varianz von Y_t wie folgt bestimmt:

$$var(Y_t) = \alpha_0 + \alpha_1 Y_{t-1}^2 + \beta_1 \sigma_{t-1}^2. \tag{11.43}$$

Hängt die Varianz in der aktuellen Periode nicht nur von einer Vorperiode, sondern von weiteren Vorperioden ab, so ist das zugehörige GARCH(p,q)-Modell für die Varianz von Y_t definiert durch:

$$var(Y_t) = \alpha_0 + \alpha_1 Y_{t-1}^2 + \alpha_2 Y_{t-2}^2 + \cdots + \alpha_p Y_{t-p}^2 + \beta_1 \sigma_{t-1}^2 + \beta_2 \sigma_{t-2}^2 + \cdots + \beta_q \sigma_{t-q}^2. \tag{11.44}$$

Darin sind $\alpha_1, \ldots, \alpha_p$ die Koeffizienten für die quadrierten Renditen Y der p Vorperioden und $\beta_1, \ldots, \beta_p$ die für die Varianzen σ^2 der q Vorperioden. Die Modellierung entspricht der Schätzung der Volatilität mittels eines EWMA-Modells unter Einbeziehung der langfristigen Varianz.

Abbildung 11.12 zeigt simulierte GARCH(1,1)- und GARCH(1,3)-Prozesse im Vergleich zu weißem Rauschen. Bei GARCH(1,3) sind die Schwankungen ausgeprägter als bei GARCH(1,1).

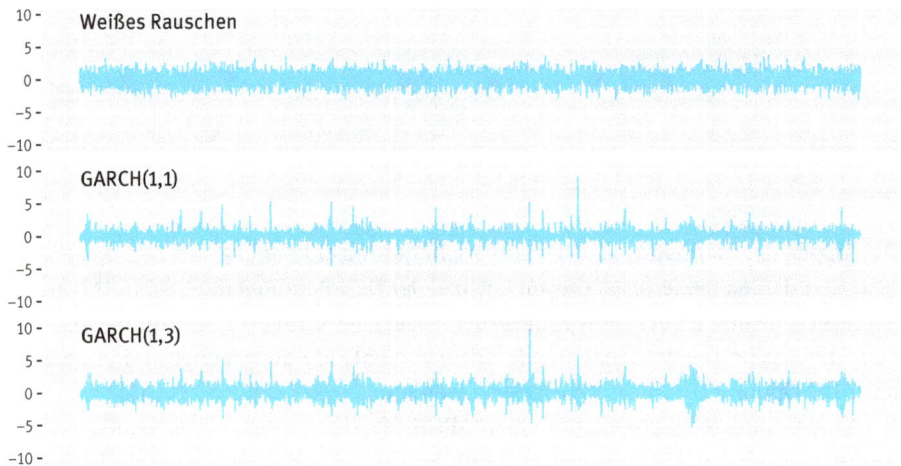

Abb. 11.12: Beispiele für GARCH-Prozesse. Oben: weißes Rauschen, Mitte: GARCH(1,1)-Prozess mit $\alpha_1 = 0.6$ und $\beta_1 = 0.3$ (Summe = 0.9), unten: GARCH(1,3)-Prozess mit $\alpha_1 = 0.36$ und $\beta_{1\ldots3} = 0.27, 0.18, 0.09$ (Summe = 0.9).

In R erfolgt die Simulation eines (G)ARCH-Prozesses z. B. mit `garchsim()` aus dem Paket `fGarch`. Die Modellspezifikationen werden mit `garchSpec(model = list(alpha = c(...), beta = c(...), omega = ))` bestimmt. Beispiele in R-Code 11.21 seien der in Abbildung 11.10 dargestellte ARCH(4)- und der in Abbildung 11.12 dargestellte GARCH(1,3)-Prozess. *Hinweis:* Nutzen Sie für die Reproduzierbarkeit `set.seed()`.

R-Code 11.21: Simulation eines ARCH(4)- und eines GARCH(1,3)-Prozesses

```
# ARCH(4)-Prozess
spec = garchSpec(model = list(alpha = c(0.36,0.27,0.18,0.09), beta = 0, omega = 0.1))
set.seed(123)
y <- garchSim(spec, n = 5000)

# GARCH(1,3)-Prozess
spec = garchSpec(model = list(alpha = 0.36, beta = c(0.27,0.18,0.09), omega = 0.1))
set.seed(123)
y <- garchSim(spec, n = 5000)
```

Wie schon die ARCH-Modelle unterliegen die GARCH-Modelle ebenfalls verschiedenen Bedingungen. Stationarität ist gegeben, wenn gilt:

$$\sum_{i=1}^{p} \alpha_i + \sum_{j=1}^{q} \beta_j < 1. \tag{11.45}$$

Die bedingte Varianz ist positiv, wenn gilt: $\alpha_0 > 0$, $\alpha_i \geq 0$ für $i = 1, \ldots, p$, $\beta_j \geq 0$ für $j = 1, \ldots, q$. *Hinweis:* Ab Lags > 2 müssen die Koeffizienten u. U. nicht mehr positiv sein, um eine positive bedingte Varianz zu erhalten. Die langfristige (unbedingte) Varianz σ_L^2 ergibt sich aus:

$$\sigma_L^2 = \frac{\alpha_0}{1 - \sum\limits_{i=1}^{p} \alpha_i - \sum\limits_{j=1}^{q} \beta_j}. \tag{11.46}$$

Hier wird der Koeffizient α_0 ebenfalls ω genannt mit $\omega = \gamma \cdot \sigma_L^2$. Es gilt:

$$\sum_{i=1}^{p} \alpha_i + \sum_{j=1}^{q} \beta_j + \gamma = 1. \tag{11.47}$$

GARCH-Modelle haben gegenüber ARCH-Modellen einen entscheidenden Vorteil: Insbesondere in Bezug auf Finanzmarktdaten kommen GARCH-Modelle mit weniger Koeffizienten aus und liefern daher meist bessere Schätzergebnisse. Häufig reicht schon ein GARCH(1,1)-Modell aus.

11.6.3 Beispiel eines GARCH-Modells

Als Beispiel nutzen wir die stetigen SAP-Renditen von 2010-01-01 bis 2018-12-31. Die Kurse können mit getSymbols() aus dem Paket quantmod z. B. von Yahoo Finance abgerufen werden (R-Code 11.22).

R-Code 11.22: SAP-Renditen abrufen und stetige Renditen berechnen

```
# Daten abrufen
getSymbols("SAP.DE", from = "2010-01-01", to = "2018-12-31")
# Einschränkung auf die berichtigten Schlusskurse
SAP <- SAP.DE$SAP.DE.Adjusted
# Namen ändern
names(SAP)[1] <- "Kurs"
# stetige Rendite ergänzen
SAP$Rendite <- log(SAP$Kurs) |> diff()
# fehlende Werte entfernen
SAP <- na.omit(SAP)
# Ausgabe der Daten
autoplot(SAP)
```

Von den abgerufenen Yahoo-Finance-Daten wird der berichtigte[7] Schlusskurs im Datensatz SAP abgespeichert und um die stetige Rendite ergänzt, die als Differenz des natürlichen Logarithmus der Kurse berechnet wird ((log(...) |> diff())). Fehlende Werte (hier der erste Wert der Renditen) werden entfernt.[8] Anschließend werden die Daten als Liniendiagramme ausgegeben (R-Grafik 11.9)

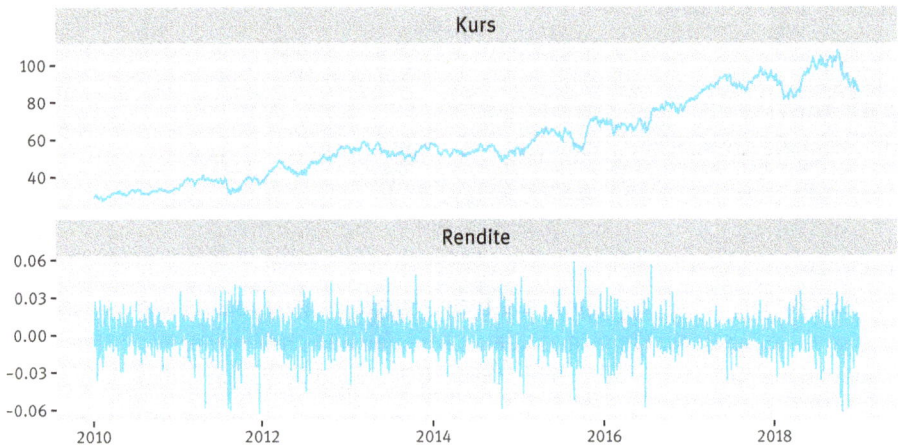

R-Grafik 11.9: Liniendiagramme der SAP-Kurse und der stetigen Renditen

---

7 Tagesschlusskurs, bereinigt um Dividenden und Aktiensplits.

8 *Hinweis:* getSymbols() gibt ein erweitertes Zeitreihenobjekt zurück (xts, *extended time series*). Dieses kann nicht mit den Befehlen aus der dplyr-Umgebung ausgewählt (select()), modifiziert (mutate()) oder umbenannt (transmutate()) werden. Daher wird hier mit der $-Operator genutzt, der mit Daten$Variable auf einzelnen Variablen zurückgreift oder neue erzeugt.

Das Liniendiagramm der Rendite (R-Grafik 11.9 unten) deutet auf Volatilitätscluster hin, dennoch sollte überprüft werden, ob ein ARCH-Effekt vorliegt. Dazu werden ACF und PACF der Renditen und der quadrierten Renditen ausgegeben (R-Code 11.23[9]) sowie ein McLeod-Li-Test auf Heteroskedastizität (R-Code 11.24) durchgeführt (Paket TSA), der die Nullhypothese konstanter Varianz überprüft.

R-Code 11.23: ACF und PACF der Renditen und quadrierten Renditen von SAP

```
g1 <- ggAcf(SAP$Rendite)
g2 <- ggPacf(SAP$Rendite)
g3 <- ggAcf(SAP$Rendite^2)
g4 <- ggPacf(SAP$Rendite^2)
grid.arrange(g1, g2, g3, g4, nrow = 2)
```

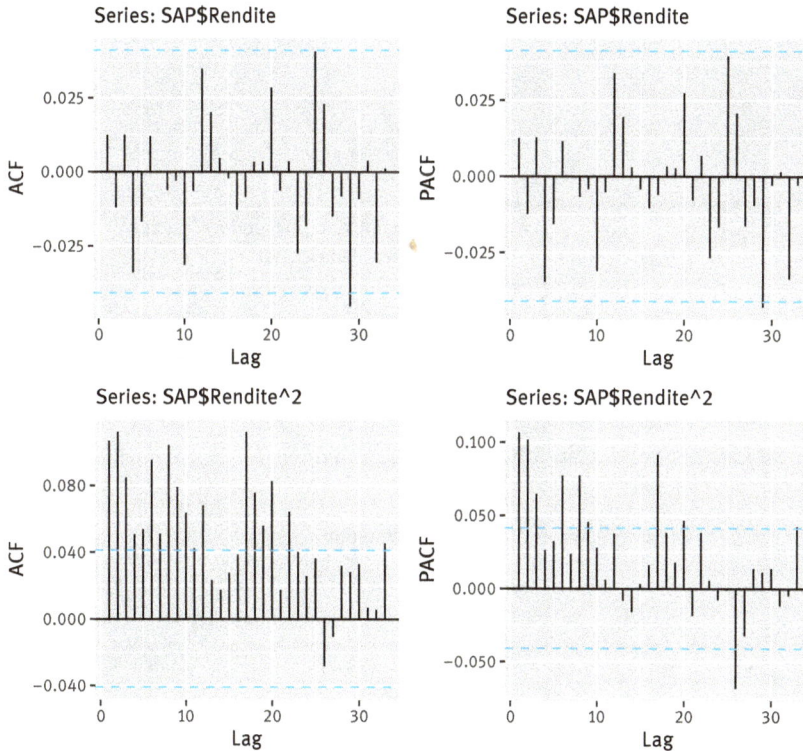

R-Grafik 11.10: ACF und PACF der Renditen (oben) und der quadrierten Renditen (unten) von SAP

---

9 grid.arrange(g1, g2, g3, g4, nrow = 2) gibt die Grafiken in zwei Zeilen und zwei Spalten aus. Hier im Buch wurden diese auf zwei einzeilige Abbildungen aufgeteilt.

In den Renditen (R-Grafik 11.10 oben) zeigen sich keine Abhängigkeiten, allerdings in den quadrierten Renditen (R-Grafik 11.10 unten), was auf einen ARCH-Effekt hindeutet. Dies wird durch den McLeod-Li-Test in R-Grafik 11.11 bestätigt, der über alle Lags eine konditionelle Heteroskedastizität in den quadrierten Renditen zeigt.[10]

R-Code 11.24: McLeod-Li-Test auf Heteroskedastizität

```
McLeod.Li.test(y = SAP$Rendite)
```

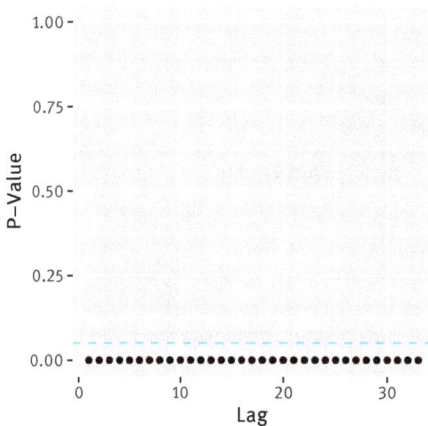

R-Grafik 11.11: McLeod-Li-Test auf Heteroskedastizität

Welche Parameter sollen für das GARCH-Modell gewählt werden? Dazu kann ein sogenanntes Extended-ACF-Diagramm (eacf() aus dem Paket TSA) genutzt werden, das auf der einen Achse die AR-Prozesse zeigt, auf der anderen die MA-Prozesse (R-Code 11.25). Notwendig ist gegebenenfalls ein Ausschluss der fehlenden Werte mit na.omit().

R-Code 11.25: Extended-ACF-Diagramm der quadrierten Renditen

```
eacf(SAP$Rendite^2)

## AR/MA
##   0 1 2 3 4 5 6 7 8 9 10 11 12 13
## 0 x x x x x x x x x x x  x  o  o
## 1 x o o o o x o x o o o  x  o  o
## 2 x x o o o o o x o o o  x  o  o
## 3 x x x o o o o o o o o  o  o  o
```

---

10 *Hinweis:* Die Ausgabe erfolgt normalerweise als klassische R-Grafik (nicht ggplot2) und ist nur für die Wiedergabe in diesem Buch an die anderen Grafiken angepasst worden.

```
## 4 x x x x o o o x o o o   o   o   o
## 5 x x x x x o o x o o o   o   o   o
## 6 x x x x o x o x o o o   o   o   o
## 7 x x x x o x x x o o o   o   o   o
```

Es zeigt sich, dass oben links (Position 1, 1) die Spitze eines Dreiecks von ‚o‘s liegt, das nach oben und links von ‚x‘en eingeschlossen wird. Die Position des Scheitelpunkts indiziert ein GARCH(1,1) Modell (links wird der Parameter p, oben der Parameter q des GARCH-Modells abgelesen).

Die Modellierung erfolgt in R-Code 11.26 mit garchFit() aus dem Paket fGarch. Der Parameter ~ garch(...) gibt an der ersten Stelle die Lags für den ARCH-Teil der Gleichung an (also die α), während der zweite Wert den GARCH-Teil (die β) beschreibt. *Hinweis:* Es gibt in **R** verschiedene Pakete, die ein GARCH-Modell modellieren mit unterschiedlicher Notation. Für die Details schauen Sie sich bitte die jeweilige Hilfeseite oder die Vignette an.

R-Code 11.26: Modellierung eines GARCH(1,1)-Modells am Beispiel SAP

```
SAP.garchm1 <- garchFit(~ garch(1, 1), data = SAP$Rendite, trace = FALSE)
summary(SAP.garchm1)

##
## Title:
##   GARCH Modelling
##
## Call:
##   garchFit(formula = ~garch(1, 1), data = SAP$Rendite, trace = FALSE)
##
## Mean and Variance Equation:
##   data ~ garch(1, 1)
##   <environment: 0x0000019c3840b328>
##   [data = SAP$Rendite]
##
## Conditional Distribution:
##   norm
##
## Coefficient(s):
##           mu       omega      alpha1       beta1
## 6.8710e-04  5.1117e-06  6.1931e-02  9.0777e-01
##
## Std. Errors:
##   based on Hessian
##
## Error Analysis:
##           Estimate  Std. Error  t value Pr(>|t|)
## mu       6.871e-04   2.464e-04    2.788 0.005299 **
```

```
## omega   5.112e-06   1.553e-06    3.291 0.000998 ***
## alpha1 6.193e-02   1.095e-02    5.657 1.54e-08 ***
## beta1   9.078e-01   1.746e-02   51.991 < 2e-16 ***
## ---
## Signif. codes:  0 '***' 0.001 '**' 0.01 '*' 0.05 '.' 0.1 ' ' 1
##
## Log Likelihood:
##  6790.772    normalized:  2.973193
##
## Description:
##  Wed Jun  8 09:40:47 2022 by user: mail
##
##
## Standardised Residuals Tests:
##                               Statistic p-Value
## Jarque-Bera Test   R    Chi^2 371.9756  0
## Shapiro-Wilk Test  R    W     0.9804655 0
## Ljung-Box Test     R    Q(10) 10.05286  0.435868
## Ljung-Box Test     R    Q(15) 13.12773  0.5924329
## Ljung-Box Test     R    Q(20) 16.72635  0.6706647
## Ljung-Box Test     R^2  Q(10) 5.50382   0.8550874
## Ljung-Box Test     R^2  Q(15) 8.763858  0.8895373
## Ljung-Box Test     R^2  Q(20) 18.23787  0.5717419
## LM Arch Test       R    TR^2  7.374298  0.8319202
##
## Information Criterion Statistics:
##       AIC        BIC        SIC       HQIC
## -5.942882 -5.932841 -5.942889 -5.939220
```

Ein Mittelwert, der ungleich 0 ist, muss bei der Modellierung abgezogen werden. Dies erfolgt hier automatisch (in der Ausgabe der Parameter mu). Für alle Parameter des GARCH(1,1)-Modells, ω oder α_0, α_1 sowie β_1 kann die Nullhypothese, die Parameter seien 0, verworfen werden. Der Ljung-Box-Test deutet nicht auf Autokorrelation hin und lässt vermuten, dass die Residuen unabhängig sind. Die Nullhypothesen im Jarque-Bera- und Shapiro-Wilk-Test, die Residuen seien normalverteilt, werden allerdings verworfen (was aber aufgrund des Stichprobenumfangs unproblematisch ist). R-Grafik 11.12 zeigt das Liniendiagramm der Residuen, der kein besonderes Muster aufweist und somit ebenfalls auf Unabhängigkeit der Residuen hindeutet (R-Code 11.27).

R-Code 11.27: Liniendiagramm der Residuen des GARCH(1,1)-Modells

```
# Auslesen der Residuen - Hinweis: Funktion residuals() notwendig
resid <- residuals(SAP.garchm1)
index <- 1:nrow(SAP)
gf_line(resid ~ index)
```

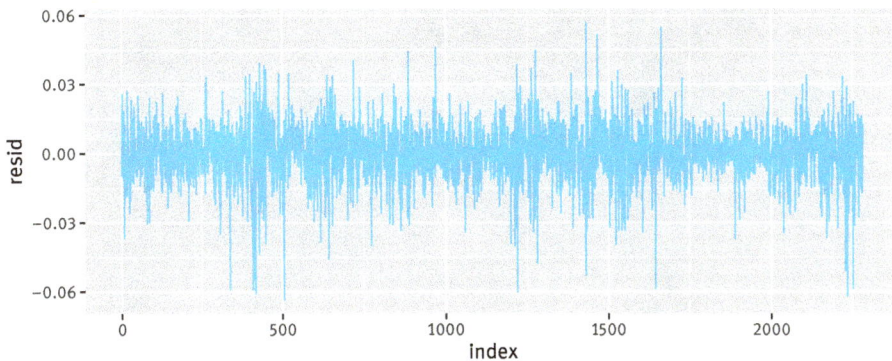

R-Grafik 11.12: Liniendiagramm der Residuen des GARCH(1,1)-Modells. Es ist kein besonderes Muster zu erkennen.

Die Liniendiagramme der Renditen und der modellierten Varianzen zeigen eine gute Übereinstimmung in Bezug auf die Volatilitätscluster (R-Code 11.28, Grafik 11.13). `fitted(model)` gibt die modellierten Standardabweichungen zurück, diese müssen noch quadriert werden. Zum Vergleich werden die quadrierten Renditen als Proxy für die Varianz gezeigt.

R-Code 11.28: Plot der Renditen und der modellierten Varianz

```
# Auslesen der modellierten Standardabweichungen
fitted <- fitted(SAP.garchm1)
# Anlegen der Plots
g1 <- autoplot(SAP$Rendite, ylab = "Renditen")
g2 <- autoplot(SAP$Rendite^2, ylab = "Renditen^2")
g3 <- gf_line(fitted^2 ~ index, ylab = "GARCH(1,1)")
grid.arrange(g1, g2, g3, nrow = 3)
```

Eine Vorhersage kann mit `predict()` erfolgen, der Parameter `n.ahead = ...` gibt an, wie viele Werte prognostiziert werden sollen (R-Code 11.29).

R-Code 11.29: Prognose der Volatilitäten aus einem GARCH(1,1)-Modell

```
predict(SAP.garchm1, n.ahead = 3)

##   meanForecast  meanError standardDeviation
## 1 0.0006870984 0.01366175        0.01366175
## 2 0.0006870984 0.01364185        0.01364185
## 3 0.0006870984 0.01362252        0.01362252
```

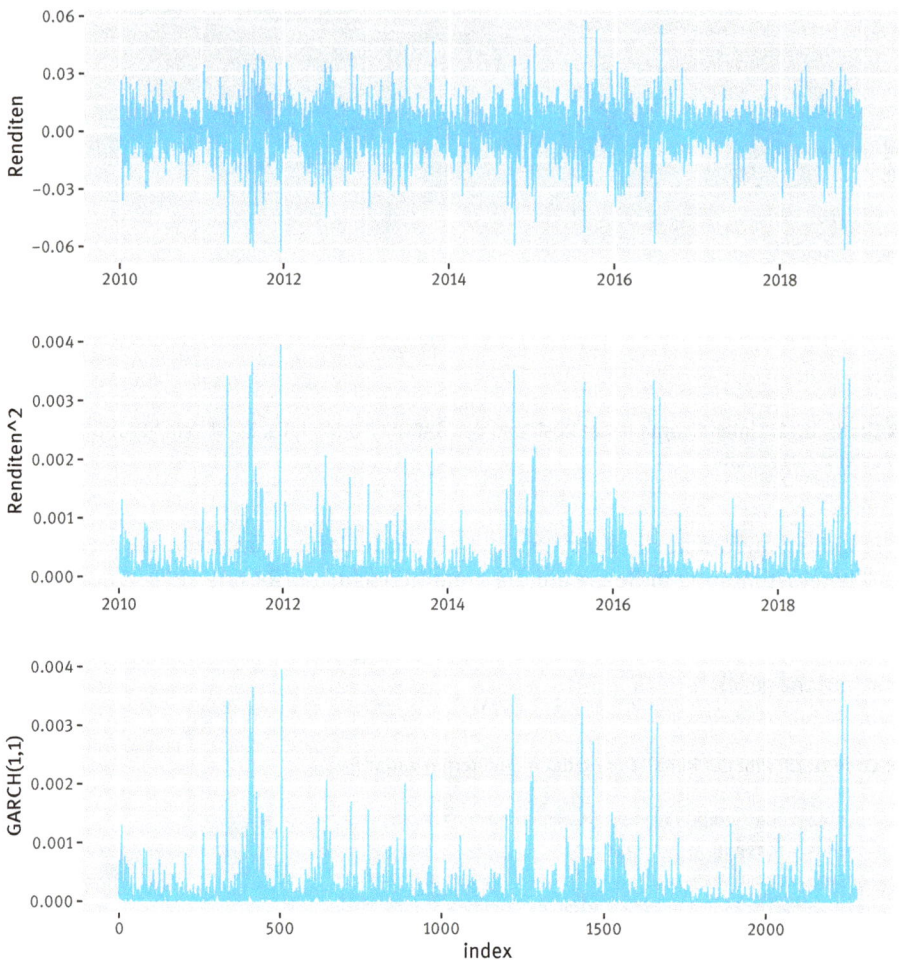

R-Grafik 11.13: Liniendiagramme der Renditen und der modellierten Varianz. Oben: Renditen, Mitte: quadrierte Renditen als Proxy für die Varianz, unten: modellierte Varianz. Quadrierte Renditen und modellierte Varianz stimmen gut überein.

Zusätzlich kann die Ausgabe eines Prognoseintervalls ergänzt werden. Dazu muss allerdings die Option `plot = TRUE` gesetzt werden, womit zusätzlich eine Grafik ausgegeben wird.

Für GARCH-Modelle gibt es aktuell keine in ein R-Paket integrierte Funktion wie `auto.arima()` für AR(I)MA-Modelle, um die Parameter eines GARCH-Modell automatisch zu bestimmen. Es zeigt sich aber, dass häufig ein GARCH(1,1)-Modell ausreichend ist. Zum Test werden in R-Code 11.30 ergänzend noch die GARCH(1,2)-, GARCH(2,1)- und GARCH(2,2)-Modelle berechnet und mit dem GARCH(1,1)-Modell verglichen. Zur besseren Vergleichbarkeit werden nur die letzten Zeilen der summary angezeigt, die u. a. das AIC und BIC beinhalten.

R-Code 11.30: Vergleich verschiedener GARCH-Modelle

```
# GARCH(1,1)-Modell
garchFit(~ garch(1, 1), data = SAP$Rendite, trace = FALSE) |> summary()
## ...
## Information Criterion Statistics:
##       AIC       BIC       SIC      HQIC
## -5.942882 -5.932841 -5.942889 -5.939220

# GARCH(1,2)-Modell
garchFit(~ garch(1, 2), data = SAP$Rendite, trace = FALSE) |> summary()
## ...
## Information Criterion Statistics:
##       AIC       BIC       SIC      HQIC
## -5.942062 -5.929511 -5.942072 -5.937485

# GARCH(2,1)-Modell
garchFit(~ garch(2, 1), data = SAP$Rendite, trace = FALSE) |> summary()
## ...
## Information Criterion Statistics:
##       AIC       BIC       SIC      HQIC
## -5.942063 -5.929511 -5.942072 -5.937485

# GARCH(2,2)-Modell
garchFit(~ garch(2, 2), data = SAP$Rendite, trace = FALSE) |> summary()
## ...
## Information Criterion Statistics:
##       AIC       BIC       SIC      HQIC
## -5.941200 -5.926138 -5.941214 -5.935706
```

Es zeigt sich, dass das GARCH(1,1)-Modell das niedrigste AIC und BIC aufweist und dabei noch das sparsamste Modell im Sinne der Anzahl der Prädiktoren ist. Somit ist es als Modell zu bevorzugen.

> **ℹ** **(G)ARCH-Modelle zur Modellierung der Varianz**
>
> | | |
> |---|---|
> | *ARCH-Modell* | autoregressiver Prozess mit den quadrierten Renditen der p Vorperioden |
> | *GARCH-Modell* | autoregressiver Prozess mit quadrierten Renditen und Varianzen |
> | | der p und q Vorperioden |
> | *Tests auf* | McLeod-Li-Test auf Heteroskedastizität |
> | *ARCH-Effekt* | ACF, PACF der quadrierten Renditen (Hinweis auf Autokorrelation) |
> | | Box-Pierce- bzw. Ljung-Box-Test mit quadrierten Abweichungen der Renditen |
> | | vom Mittelwert (Hinweis auf Autokorrelation) |
> | *Parameter p, q* | Extended-ACF-Diagramm oder automatische Bestimmung |
> | | Vorteil GARCH gegenüber ARCH: weniger Koeffizienten notwendig |
> | *Residuenanalyse* | keine Autokorrelation, normalverteilt |
> | *Tests* | Box-Pierce- bzw. Ljung-Box-Test (Autokorrelation) |
> | | Shapiro-Wilk-, Jarque-Bera- oder andere Normalverteilungstests (werden bei der |
> | | summary eines mit garchFit() erzeugten Modells automatisch mit ausgegeben) |
> | *Prognose* | predict() |

11.6.4 Ausblick

Das Prinzip der Generalized-Autoregressive-Conditional-Heteroskedasticity-Modelle eröffnet eine Reihe von weiteren Anwendungsmöglichkeiten. Die hier verwendete Funktion garchFit() aus dem Paket fGarch erlaubt z. B. auch die Kombination von ARMA- und GARCH-Modellen. Dies ist dann sinnvoll, wenn der in der GARCH-Modellierung zugrunde liegende Mittelwert nicht stationär ist, sondern einem Drift, einer Autokorrelation o. ä. unterliegt. Mit dem ARMA-Teil wird dann beispielsweise die Zeitreihe der Renditen modelliert, mit GARCH entsprechend die Volatilität. Statt GARCH kann in garchFit() auch der APARCH-(Asymmetric-Power-ARCH-)Ansatz gewählt werden. Dieser erfasst den asymmetrischen Einfluss von Schocks besser. Negative Schocks haben eine stärkere Auswirkung auf die Volatilität als positive.

Auch das rugarch-Paket stellt neben dem klassischen GARCH-Modell viele Erweiterungen zur Verfügung. Als Beispiel seien hier EGARCH-Modelle oder die Verwendung von zusätzlichen externen Regressoren genannt. Die exponentiellen GARCH-Modelle (EGARCH) sind eine Weiterentwicklung, die über eine Modellierung des natürlichen Logarithmus der Varianz ebenfalls die Asymmetrie der Volatilitäten besser erfasst. GARCH-Modelle mit zusätzlichen externen Regressoren können sowohl für den bedingten Erwartungswert als auch für die bedingte Volatilität berücksichtigt werden. Dies kann in den Fällen die Modellierung verbessern, in denen erwartet werden kann, dass die externen Regressoren den Erwartungswert und/oder die Volatilität beeinflussen. Weitere Details zu dem rugarch-Paket finden Sie unter Ghalanos (2017).

11.7 Literatur

11.7.1 Weiterführende Literatur

Exemplarisch sei auf folgende weiterführende Literatur verwiesen:
- Brooks (2019), *Introductory econometrics for finance*, insbesondere Kapitel 6;
- Cryer und Chan (2008), *Time series analysis – with applications in R*, insbesondere Kapitel 1 bis 9, 11 und 12;
- Enders (2014), *Applied econometric time series*, insbesondere Kapitel 2 bis 4 und 6;
- Hyndman und Athanasopoulos (2018), *Forecasting: principles and practice*, insbesondere Kapitel 8;
- Pfaff (2008), *Analysis of integrated and cointegrated time series with R*, insbesondere Kapitel 1, 3 bis 5;
- Ruppert (2011), *Statistics and data analysis for financial engineering*, insbesondere Kapitel 1, 2, 12 bis 14;
- Schlittgen und Sattarhoff (2020), *Angewandte Zeitreihenanalyse mit R*, insbesondere Kapitel 1 bis 4;
- Tsay (2010), *Analysis of financial time series*, insbesondere Kapitel 1 bis 3;
- Tsay (2013), *An introduction to analysis of financial data with R*, insbesondere Kapitel 1 bis 3.

11.7.2 Anwendungsbeispiele

- Alkhazaleh (2018), *Forecasting banking volatility in Amman stock exchange by using ARIMA model* – Anwendung von Stationaritätstests, ARIMA-Modelle;
- Bohl und Stephan (2013), *Does futures speculation destabilize spot prices? New evidence for commodity markets* – Anwendung von Stationaritätstests, GARCH-Modelle;
- Bormann, Gehrke und Luebke (2018), *Evaluation of selected models for value at risk calculation* – GARCH-Modelle;
- Li, Zhong und Huang (2020), *Potential dependence of financial cycles between emerging and developed countries: Based on ARIMA-GARCH copula model* – ARIMA-GARCH-Copula-Modell

Anhang

A Verwendete Pakete und Datensätze

A.1 Verwendete R-Pakete

R

In diesem Buch wird die Version 4.2.0 verwendet (R Core Team, 2022).

AER

Viele Funktionen zur angewandten Ökonometrie, u. a. Instrumentvariablenregression (Kleiber und Zeileis, 2008), Version: 1.2.9. Verwendete Funktion: `ivreg`.

bife

Logistische Panelregression mit fixen Effekten (Fernández-Val, 2009), Version: 0.7.1. Verwendete Funktionen: `bife`, `bias_corr`.

blorr

Unterstützende Funktionen für die logistische Regression (?), Version: 0.3.0. Verwendete Funktion: `blr_rsq_mcfadden`.

broom

Umwandlung von verschiedenen R-Objekten in `tidy`-Objekte, so dass Ausgabe und Formatierung der Ausgabe unterstützt wird (Robinson *et al.*, 2021), Version: 0.8.0. Verwendete Funktion: `augment`.

car

Unterstützende Funktionen für die angewandte Regression (Fox und Weisberg, 2019), Version: 3.0.13. Verwendete Funktionen: `bcnPower`, `linearHypothesis`, `power-Transform`, `vif`.

caret

Auswertung und Training von verschiedenen Modellklassen (Kuhn, 2022), Version: 6.0.92. Verwendete Funktion: `confusionMatrix`.

corrplot

Visualisierung der Stärke und Richtung der Korrelation (Wei und Simko, 2021), Version: 0.92. Verwendete Funktion: `corrplot`.

cragg

Berechnung der Cragg-Donald-Statistik und der kritischen Werte (Green, 2022), Version: 0.0.1. Verwendete Funktion: `stock_yogo_test`.

DataCombine

Verschiedene Funktionen zum Datenhandling, Erzeugen von Lag- und Lead-Variablen (Gandrud, 2016), Version: 0.2.21. Verwendete Funktion: `slide`.

https://doi.org/10.1515/9783110767261-012

dplyr
Unterstützung bei der Datenmanipulation (Wickham *et al.*, 2022a), Version: 1.0.9. Verwendete Funktionen: `as_tibble`, `filter`, `if_else`, `mutate`, `select`, `tibble`.

estimatr
Robuste Instrumentvariablenregression, auch als Panelregression (Blair *et al.*, 2022), Version: 0.30.6. Verwendete Funktion: `iv_robust`.

estudy2
Durchführung von Ereignisstudien (Rudnytskyi, 2021), Version: 0.10.0. Verwendete Funktionen: `apply_market_model`, `brown_warner_1985`, `car_brown_warner_1985`, `car_rank_test`, `corrado_sign_test`, `get_rates_from_prices`, `nonparametric_tests`, `parametric _tests`, `patell`.

fGarch
Modellierung von (G)ARCH-Modellen (Wuertz *et al.*, 2020), Version: 3042.83.2. Verwendete Funktionen: `garchFit`, `garchSim`, `garchSpec`.

forcats
Funktionen, um mit kategorialen Variablen zu arbeiten (Wickham, 2021), Version: 0.5.1. Verwendete Funktion: `fct_relevel`.

forecast
Modellierung von Zeitreihen-Modellen, Vorhersage (Hyndman und Khandakar, 2008; Hyndman *et al.*, 2022), Version: 8.16. Verwendete Funktionen: `auto.arima`, `CV`, `forecast`, `ggAcf`, `ggPacf`.

ggdag
Darstellung von DAGs im ggplot2-Format (), Version: 0.2.4. Verwendete Funktionen: `dagify`, `ggdag`, `theme_dag_blank`.

ggformula
Formel-Interface zu ggplot2 (Kaplan und Pruim, 2021), Version: 0.10.1. Verwendete Funktionen: `gf_dist`, `gf_histogram`, `gf_hline`, `gf_labs`, `gf_lims`, `gf_line`, `gf_point`, `gf_qq`, `gf_qqline`, `gf_ribbon`, `gf_smooth`, `gf_text`.

ggfortify
Übertragung verschiedener `plot(model)`-Funktionen auf ggplot2 (Tang *et al.*, 2016; Horikoshi und Tang, 2018), Version: 0.4.14. Verwendete Funktionen: `autoplot`, `ggtsdiag`.

ggplot2
Grammar of Graphics (Wickham, 2016), Version: 3.3.6. Verwendete Funktionen: `aes`, `autoplot`, `ggplot`, `labs`.

gridExtra
Anordnung mehrerer ggplot2-Objekte (Auguie, 2017), Version: 2.3. Verwendete Funktion: `grid.arrange`.

Hmisc
Verschiedene Funktionen für die Klassifikation (Harrell Jr, 2021b), Version: 4.7.0. Verwendete Funktion: `somers2`.

interplot
Grafische Ausgabe von Interaktionseffekten und marginalen Effekten (Solt und Hu, 2021), Version: 0.2.3. Verwendete Funktion: `interplot`.

lme4
Gemischte lineare Modelle (Bates *et al.*, 2015), Version: 1.1.29. Verwendete Funktionen: `get_APEs`, `glmer`, `VarCorr`.

lmtest
Diagnose in linearen Modellen (Zeileis und Hothorn, 2002), Version: 0.9.40. Verwendete Funktionen: `bgtest`, `bptest`, `coeftest`, `dwtest`, `gqtest`, `lrtest`, `raintest`, `resettest`, `waldtest`.

margins
Berechnung und Inferenz von marginalen Effekten, Visualisierung (Leeper, 2021), Version: 0.3.26. Verwendete Funktionen: `cplot`, `margins`.

MASS
Verschiedene Funktionen zur angewandten Statistik (Venables und Ripley, 2002), Version: 7.3.57. Verwendete Funktion: `lda`.

merDeriv
Ergänzende Funktionen für gemischte lineare Modelle (Wang und Merkle, 2018), Version: 0.2.4. Verwendete Funktion: `vcov`.

mgcv
Generalisierte additive Modellierung, Glättungsfunktionen (Wood, 2017), Version: 1.8.40. Verwendete Funktion: `gam`.

ModelMetrics
Berechnung verschiedener Metriken für Modelle (Hunt, 2020), Version: 1.2.2.2. Verwendete Funktion: `auc`.

moments
Ausgabe der höheren Momente von Verteilungen (Komsta und Novomestky, 2015), Version: 0.14.1. Verwendete Funktion: `jarque.test`.

mosaic
Formelinterface für die Datenanalyse (Pruim *et al.*, 2017), Version: 1.8.3. Verwendete Funktionen: `inspect`, `mean`, `plotModel`, `tally`.

olsrr
Modelldiagnostiken (Hebbali, 2020b), Version: 0.5.3. Verwendete Funktion: `ols_plot_diagnostics`.

OptimalCutpoints
Bestimmung optimaler Cutpoints (López-Ratón *et al.*, 2014), Version: 1.1.5.

party
Rekursive Partitionierung für Bäume und Randomforest (Hothorn *et al.*, 2006a,b; Strobl *et al.*, 2007, 2008; Zeileis *et al.*, 2008), Version: 1.3.10. Verwendete Funktionen: `cforest`, `varimp`.

pglm
Logistische Panelregression (Croissant, 2021), Version: 0.2.3. Verwendete Funktionen: `pglm`.

plm
Panelregression und Regressionsdiagnostik (Croissant und Millo, 2008, 2018; Millo, 2017), Version: 2.6.1. Verwendete Funktionen: `fixef`, `make.pbalanced`, `pbgtest`, `pcdtest`, `pdata.frame`, `pdim`, `pFtest`, `phtest`, `plm`, `plmtest`, `pmodel.response`, `pvar`, `pwartest`, `vcovSCC`.

psych
Hauptkomponentenanalyse und verwandte Methoden (Revelle, 2022), Version: 2.2.5. Verwendete Funktionen: `biplot`, `principal`.

qqplotr
QQ-Plot mit ggplot2 (Almeida *et al.*, 2018), Version: 0.0.5. Verwendete Funktionen: `stat_qq_band`, `stat_qq_line`, `stat_qq_point`.

quantmod
Verschiedene Funktionen, um die quantitative Modellierung im Bereich Finance zu unterstützen (Ryan und Ulrich, 2020), Version: 0.4.20. Verwendete Funktionen: `getSymbols`, `weeklyReturn`.

randomForest
Klassischer Random Forest (Liaw und Wiener, 2002), Version: 4.7.1.1. Verwendete Funktionen: `importance`, `randomForest`, `varImpPlot`.

readr
Einlesen von `csv`-Datendateien und anderen Textformaten (Wickham *et al.*, 2022b), Version: 2.1.2. Verwendete Funktion: `read_csv`.

readxl
Einlesen von Excel-Datendateien (Wickham und Bryan, 2022), Version: 1.4.0. Verwendete Funktion: `read_excel`.

REdaS
Verschiedene unterstützende Funktionen für R (Hatzinger *et al.*, 2014; Maier, 2015), Version: 0.9.3. Verwendete Funktionen: `bart_spher`, `KMOS`.

REndo
Latente Instrumentvariablen (Gui *et al.*, 2021), Version: 2.4.5.

rms
Modellierung und Diagnose von Regressionsmodellen (Harrell Jr, 2021a), Version: 6.3.0. Verwendete Funktion: `vif`.

ROCR
Visualisierung von Klassifikationseigenschaften (Sing *et al.*, 2005), Version: 1.0.11. Verwendete Funktionen: `performance`, `prediction`.

rpart
Klassifikations- und Regressionsbäume (Therneau und Atkinson, 2022), Version: NULL. Verwendete Funktionen: `plotcp`, `printcp`, `prune`, `rpart`, `rpart.control`.

rpart.plot
Grafische Ausgabe von Klassifikations- und Regressionsbäumen (Milborrow, 2021), Version: 3.1.1. Verwendete Funktion: `rpart.plot`.

sandwich
Berechnung robuster Standardfehler (Berger *et al.*, 2017; Zeileis, 2004, 2006), Version: 3.0.1. Verwendete Funktionen: `vcovHAC`, `vcovHC`.

splines
Berechnung polynomialer Regressionsmodelle (R Core Team, 2022), Version: 4.2.0. Verwendete Funktion: `bs`.

survival
Fixed-Effects-Modellierung in generalisierten linearen Panelmodellen mit der Conditional-Maximum-Likelihood-Methode (Therneau und Grambsch, 2000), Version: 3.3.1. Verwendete Funktion: `clogit`.

texreg
Tabellarische Ausgabe verschiedener Modelle (Leifeld, 2013), Version: 1.38.6. Verwendete Funktion: `screenreg`.

tidyr
Ordentliches Datenhandling (Wickham und Girlich, 2022), Version: 1.2.0. Verwendete Funktion: `gather`.

TSA
Analyse von Zeitreihen (Chan und Ripley, 2020), Version: 1.3. Verwendete Funktionen: `eacf`, `McLeod.Li.test`.

`tseries`
Analyse von und Umgang mit Zeitreihen (Trapletti und Hornik, 2022), Version: 0.10.51.
Verwendete Funktionen: `adf.test`, `kpss.test`, `po.test`, `pp.test`, `ts`.

Weitere intern verwendete Pakete
`extrafont`: Verwendung von zusätzlichen Schriftarten in R (Chang, 2014), Version: 0.18.
`klaR`: Verschiedene Funktionen für Klassifikation und Visualisierung (Weihs *et al.*, 2005), Version: 1.7.0.
`mvtnorm`: multivariate Verteilungen (Genz und Bretz, 2009), Version: 1.1.3.
`plot3D`: 3D-Grafiken (Soetaert, 2021), Version: 1.4.

A.2 Verwendete Datensätze

Adidas.xlxs
Quartalsumsätze in T€ von Adidas im Zeitraum 2006 bis 2018. Die Daten wurden der Investor-Relations-Webseite von Adidas entnommen.

CreditSpreads.csv
Länderspezifische Credit-Spreads von Covered Bonds und verschiedene Determinanten als quartalsweise Daten vom 30.03.2012 bis 31.12.2015 (Hegel, 2016), Details zu den Variablen siehe Tabelle 3.1. Eine Mittelung erfolgte länderweise über die Mitglieder des Bloomberg-Covered-Bond-Index. Die Daten wurden der Bloomberg-Datenbank entnommen.

Dividenden.csv
Determinanten der Dividendenausschüttung als Jahresdaten von 2006 bis 2010 (Rojahn und Lübke, 2014), Details zu den Variablen siehe Tabelle 5.1. Die Daten wurden der Bloomberg-Datenbank entnommen.

Governance.csv
Firmenwert, externe und interne Corporate-Governance-Qualität sowie weitere Kontrollvariablen von 427 Unternehmen des STOXX Europe 600 als Jahreswerte von 2012 bis 2017 (Stender und Rojahn, 2020), Details zu den Variablen siehe Tabelle 7.1. Die Daten wurden über Refinitiv (ehemals Thomson Reuters) Eikon aus der ESG- und Datastream-Datenbank abgerufen.

Kapitalstruktur.xlxs

Daten zur Kapitalstruktur und Determinanten dazu von 125 deutschen Unternehmen aus dem HDAX (DAX, MDAX und TecDAX) sowie dem SDAX für die Jahre 2005 bis 2015 (Ochs, 2017), Details zu den Variablen siehe Tabelle 2.2. Von den ursprünglich 160 Unternehmen, die in den genannten Indices gelistet sind, wurden die Unternehmen aus den Bereichen Banken und Versicherungen ausgeschlossen. Diese unterliegen bezüglich der Kapitalstruktur gesetzlichen Regelungen. Weitere Unternehmen wurden aufgrund lückenhafter Daten über einen Zeitraum von mehr als 5 Jahren ausgeschlossen, so dass insgesamt 125 Unternehmen in dem Datensatz verblieben. Die Daten wurden über Refinitiv (ehemals Thomson Reuters) Eikon aus der Worldscope- und Datastream-Datenbank abgerufen. Ergänzt wurden verschiedene makroökonomische Daten, die den Internetseiten des OECD und des statistischen Bundesamts entnommen wurden oder über Refinitiv Eikon abgerufen wurden.

Kreditstatus.csv

Datensatz mit verschiedenen Determinanten, die im Zusammenhang mit Ausfall oder Zahlungsverzögerungen von Privatkundenkrediten stehen, Details zu den Variablen siehe Tabelle 4.3. Die Daten stammen ursprünglich von Lending Club[1] und wurden durch DataCamp[2] bearbeitet. Darüber hinaus wurden die Bezeichnungen der Variablen angepasst, sowie eine binäre Variable Kreditausfall erzeugt.

Sparplan.rds

Ein simulierter Datensatz.

Umlaufrenditen.csv

Monatliche Umlaufrenditen und Inflationsraten der Jahre 1970 bis 2018. Die Daten wurden der Internetseite der Bundesbank entnommen, Details zu den Variablen siehe Tabelle 2.1.

Weitere Datensätze

Des Weiteren stehen auch die Daten, die mit `getSymbols()` abgerufen wurden, als RDS-Dateien zur Verfügung. Diese können mit `data <- readRDS()` eingelesen werden.

---

[1] Lending Club ist eine Vermittlungsplattform von Kreditnehmern und -gebern. Die Daten von abgeschlossenen und abgelehnten Krediten werden in anonymisierter Form frei zur Verfügung gestellt.
[2] DataCamp ist ein Online-Anbieter von Schulungen zu zahlreichen Themen im Bereich von Data Science.

B Funktionen in R

Funktionen in R sind immer dann hilfreich, wenn Sie bestimmte Abfolgen mehrmals durchführen müssen. Eingeleitet wird eine Funktion mit Funktionsname <- function(param1, param2, ...){...}. param1, param2, ... sind die optionalen Funktionsparameter und werden hinter function in Klammern aufgeführt. Funktionsparameter können eine Vorbelegegung mit param = ... erhalten (wie z. B. in der Funktion optBT() weiter unten).

B.1 AIC und BIC in der Panelregression

Zunächst wird die Implementierung einer Funktion in R für die Berechnung von AIC, AIC_c und BIC vorgestellt, da diese Informationskriterien in plm nicht verfügbar sind. Die Gütemaße lassen sich aus der geschätzten Residuenvarianz $\hat{\sigma}_\epsilon^2$ ableiten und ergeben sich wie in Abschnitt 3.10 des Kapitels Panelregression beschrieben zu:

$$\text{AIC} = NT \ln\left(\hat{\sigma}_\epsilon^2\right) + 2K, \tag{B.1}$$

$$\text{AIC}_c = \text{AIC} + \frac{2K(K+1)}{NT - K - 1}, \tag{B.2}$$

$$\text{BIC} = NT \ln\left(\hat{\sigma}_\epsilon^2\right) + K \log(NT). \tag{B.3}$$

Die Anzahl der Modellparameter K variiert in Abhängigkeit von der Richtung der fixen Effekte: "individual", "time" oder "twoways". Bei zufälligen Effekten hingegen entspricht dies den Koeffizienten im Modell (einschließlich Intercept) plus je eins für die geschätzte Varianz der zufälligen Effekte und für die Residuenvarianz. Diese Unterscheidung wird in der Funktion über eine if(), else if(), else-Struktur berücksichtigt.[1]

R-Code B.1: AIC, AIC_c und BIC in der Panelregression

```
# AIC, AIC_c und BIC berechnen
pAICBIC <- function(mod){
  # Residuen
  res <- residuals(mod)
  # Anzahl der Subjekte
  N <- attr(res, "index")[, 1] |> levels() |> length()
  # Anzahl der Zeitpunkte
  T <- attr(res, "index")[, 2] |> levels() |> length()
  # logarithmierter Standardfehler der Residuen
```

---

[1] Eine Alternative dazu wäre die Funktion case_when() aus dem dplyr-Paket.

https://doi.org/10.1515/9783110767261-013

```
logSE <- log(sum(res^2)/(N*T))
# Anzahl der Parameter
# enthält im Random-Effects-Modell den Intercept
K <- coef(mod) |> length()
# plus 1 für sigma
K <- K + 1
if(mod$args$model == "within" && mod$args$effect == "individual"){
  # plus Anzahl Subjekte
  K <- K + N
} else if(mod$args$model == "within" && mod$args$effect == "time"){
  # plus Anzahl Zeitpunkte
  K <- K + T
} else if(mod$args$model == "within" && mod$args$effect == "twoways"){
  # plus Anzahl Subjekte x Zeitpunkte
  K <- K + N*T
} else if(mod$args$model == "random" && mod$args$effect == "individual"){
  # plus Varianz der zufälligen Effekte
  K <- K + 1
} else if(mod$args$model == "random" && mod$args$effect == "time"){
  # plus Varianz der zufälligen Effekte
  K <- K + 1
} else if(mod$args$model == "random" && mod$args$effect == "twoways"){
  # plus Varianz der zufälligen Effekte für Subjekt und Zeit
  K <- K + 2
} else{
  cat("Modelltyp nicht implementiert!\n")
  return()
}
# AIC, AICc und BIC berechnen
AIC <- N*T*logSE + 2*K
AICc <- AIC + (2*K*(K+1))/(N*T-K-1)
BIC <- N*T*logSE + K*log(N*T)

retval <- c(AIC, AICc, BIC)
names(retval) <- c("AIC", "AICc", "BIC")
return(retval)
}
```

Zunächst werden die Residuen aus dem Modell abgespeichert. Die Subjekt- und Zeit-punktvariablen ergeben sich aus dem index des Modells, der mit attr() abgerufen werden kann. Die Anzahl der Level dieser Variablen entspricht dann N (für die Subjekte, erste Variable im Index) und T (für die Zeitpunkte, zweite Variable im Index). K hängt von der Anzahl der Koeffizienten im Modell ab, die sich wiederum nach Richtung der Modellierung "individual", "time" oder "twoways" unterscheiden.

In dieser Funktion wurde nahezu keine Fehlerbehandlung integriert. Daher kann die Funktion nur für geeignete Modelle verwendet werden, was aber über den Vergleich von model und effect sichergestellt sein sollte.

B.2 Optimaler Cutpoint

Um den optimalen Cutpoint, d. h., die Wahrscheinlichkeit, ab der $\hat{y}$ gleich eins sein soll, in der logistischen Regression zu bestimmen, ist ein Ansatz, ihn so zu wählen, dass die Summe der beobachteten Einsen gleich der Summe der modellierten Einsen ist (Wooldridge, 2010, S. 574). Dieser Ansatz wird in der vorgestellten Funktion umgesetzt. Dazu werden ein logistisches Regressionsmodell, der Name der y-Variable und der Wert (oder die Zeichenkette) für $y = 1$ übergeben.

R-Code B.2: Ermittlung des optimalen Cutpoints mit $\sum y_i = \sum \hat{y}_i$

```
optCP <- function(mod, yvar, success){
  # Variable mit 0 und 1 erzeugen
  y <- ifelse(mod$model[yvar] == success, 1, 0)
  sumy <- sum(y)
  # cutpoint durchlaufen lassen
  for(i in 0:10000){
    cutpoint <- 0.0001 * i
    ypred <- ifelse(fitted(KRED.glm6) >= cutpoint, 1, 0)
    sumypred <- sum(ypred)
    if(sumy >= sumypred) break
  }
  sprintf("Summe y: %d, Summe yhat: %d\n", sumy, sumypred) |> cat()
  names(cutpoint) <- "Cutpoint"
  return(cutpoint)
}
```

Zunächst wird die zu modellierende Variable in eine Variable mit null und eins umgewandelt und die Summe der Einsen ermittelt. In einer `for`-Schleife, die von 0 bis 10000 läuft, wird der Cutpoint in 1/10000-Schritten erhöht und die modellierten Einsen berechnet sowie die Summe daraus ermittelt. Da bei einem Cutpoint von null alle modellierten Werte eins ergeben, muss die Schleife so lange laufen, bis die Summe der modellierten Einsen gleich oder kleiner als die Summe der beobachteten Einsen ist. Dies wird über `if()` überprüft und im Falle, dass das Kriterium erfüllt ist, wird die Schleife mittels `break` beendet.

B.3 Wu-Hausman-Test

Als weitere Funktion wird der Wu-Hausman-Test (Wu, 1973; Hausman, 1978) vorgestellt, der als `phtest()` im Paket `plm` vorliegt, aber grundsätzlich auch für andere Modelle genutzt werden kann (z. B. bei Instrumentvariablen oder in der logistischen Panelregression).

Es wird folgende Teststatistik berechnet:

$$\left(\hat{\boldsymbol{\beta}}_{M_2} - \hat{\boldsymbol{\beta}}_{M_1}\right)' \cdot \left(V\left(\hat{\boldsymbol{\beta}}_{M_1}\right) - V\left(\hat{\boldsymbol{\beta}}_{M_2}\right)\right)^{-1} \cdot \left(\hat{\boldsymbol{\beta}}_{M_2} - \hat{\boldsymbol{\beta}}_{M_1}\right) \sim \chi^2_{(K)}. \tag{B.4}$$

Der Anzahl der Freiheitsgrade K entspricht der Anzahl der gemeinsamen Koeffizienten in beiden Modellen M_1 und M_2, also dem Rang der Matrix aus den Differenzen der beiden Varianz-Kovarianz-Matrizen V. Der Intercept und mögliche zeitinvariante Terme aus dem Random-Effects-Modell müssen entfernt werden (siehe z. B. Greene, 2020, S. 466). Die Varianz-Kovarianz-Matrix der Koeffizienten kann mit der Funktion vcov(model) berechnet werden. Sie ergibt sich in linearen Regressionsmodellen allgemein zu (Herleitung siehe z. B. Verbeek, 2014, S. 30):

$$V\left(\hat{\boldsymbol{\beta}}\right) = \hat{\sigma}^2_{\epsilon}\left(\mathbf{X}'\mathbf{X}\right)^{-1}. \tag{B.5}$$

R-Code B.3: Wu-Hausman-Test zur Überprüfung der Inkonsistenz eines Modells

```
# Wu-Hausmann-Test
# H0: beide Modelle konsistent
# Hinweis: funktioniert nicht bei bife- und glmer-Modellen
whtest <- function(mod1, mod2){
  # Koeffizienten
  coef1 <- coef(mod1)
  coef2 <- coef(mod2)
  vcov1 <- vcov(mod1)
  vcov2 <- vcov(mod2)
  names1 <- names(coef1)
  names2 <- names(coef2)
  # nur gemeinsame Koeffizienten auswählen
  # damit wird (Intercept) in REM sowie
  # (Intercept) und sigma in logistischem REM gelöscht
  if(length(names1) <= length(names2)){
    # weniger oder gleich viele Koeffizienten in Modell 1
    # Standard gemäß Formel
    idx <- names2[names2 %in% names1]
    # Differenz der Koeffizienten und der VCOV-Matrix bilden
    dcoef <- coef2[idx] - coef1[idx]
    dvcov <- vcov1[idx, idx] - vcov2[idx, idx]
    # Hinweis zu HA ausgeben
    cat("HA: Model 2 ist inkonsistent\n")
  } else {
    # weniger Koeffizienten in Modell 2
    idx <- names1[names1 %in% names2]
    # Differenz der Koeffizienten und der VCOV-Matrix bilden
    dcoef <- coef1[idx] - coef2[idx]
    dvcov <- vcov2[idx, idx] - vcov1[idx, idx]
    # Hinweis zu HA ausgeben
```

```
    cat("HA: Model 1 ist inkonsistent\n")
  }
  # Anzahl Freiheitsgrade
  df <- length(dcoef)
  # Teststatistik berechnen
  chi2 <- t(dcoef) %*% solve(dvcov) %*% dcoef |> as.numeric()
  # Überschreitungswahrscheinlichkeit Chi2-Verteilung
  pval <- pchisq(chi2, df = df, lower.tail = FALSE)
  # Ausgabe
  sprintf("Chi2 = %.4f, df = %d, p-Wert = %.4g\n", chi2, df, pval) |> cat()
}
```

Zunächst werden die Koeffizienten und die Varianz-Kovarianz-Matrizen abgespeichert. Im Anschluss werden die gemeinsamen Koeffizienten bestimmt, %in% wählt die Elemente der ersten Liste aus der zweiten aus. Hier gibt es eine Verzweigung, so dass die Reihenfolge der Modelle im Funktionsaufruf frei gewählt werden kann. Gemäß Formel B.4 und der festgestellten Reihenfolge werden die Differenzen der Koeffizienten und Matrizen bestimmt und ein Hinweistext zur Alternativhypothese mit cat() ausgegeben. \n fügt einen Zeilenumbruch am Ende der Ausgabe ein.

Die Anzahl der Freiheitsgrade entspricht der Anzahl der gemeinsamen Koeffizienten und kann daher mit length() abgerufen werden. Für die Berechnung der χ^2-Teststatistik werden einige Funktionen der Matrizenrechnung benutzt: t() führt eine Transponierung der Matrix durch, %*% eine Matrizenmultiplikation und solve() eine Invertierung. Abschließend wird die Überschreitungswahrscheinlichkeit für die errechnete Teststatistik in einer χ^2-Verteilung überprüft und das Ergebnis ausgegeben. Um die Überschreitungswahrscheinlichkeit zu bestimmen, muss im Aufruf von pchisq() lower.tail = FALSE ergänzt werden.

Wie in den anderen Funktionen wurde auch hier keine Fehlerbehandlung integriert. Daher müssen Sie bei Benutzung darauf achten, den Test nur für geeignete Modelle zu verwenden.

B.4 AIC und BIC in der logistischen Panelregression

Auch für einige der im Kapitel Logistische Panelregression verwendeten Modellklassen sind AIC und BIC nicht implementiert. Wie in Abschnitt 4.8.1 im Kapitel Logistische Regression beschrieben, ergeben sich AIC und BIC abgeleitet aus der Modelldevianz wie folgt:

$$\text{AIC} = -2 \cdot \ln L(\beta_0, \beta_1, \ldots, \beta_K) + 2 \cdot (K+1) = -2LL + 2 \cdot (K+1), \tag{B.6}$$

$$\text{BIC} = -2 \cdot \ln L(\beta_0, \beta_1, \ldots, \beta_K) + \ln(N) \cdot (K+1) = -2LL + \ln(N) \cdot (K+1). \tag{B.7}$$

R-Code B.4: AIC und BIC in der logistischen Panelregression

```
# AIC und ggf. BIC berechnen
lpAICBIC <- function(mod){
  # Devianz berechnen
  deviance <- -2 * logLik(mod)
  # Anzahl der Koeffizienten
  ncoef <- coef(mod) |> length()
  if(ncoef <= 1)
    # Anderer Weg für glmer, da coef sowohl fixe als auch zufällige Effekte ausgibt
    ncoef <- fixef(mod) |> length() + 1
  # Stichprobenumfang
  # funktioniert bei den meisten Modellklassen
  nobs <- fitted(mod) |> length()
  # AIC berechnen
  AIC <- deviance + 2 * ncoef
  if(nobs){
    BIC <- deviance + log(nobs) * ncoef
  } else {
    BIC <- NA
    cat("Anzahl der Beobachtungen konnte nicht bestimmt werden!\n")
  }
  retval <- c(AIC, BIC)
  names(retval) <- c("AIC", "BIC")
  return(retval)
}
```

Die Devianz wird aus der logarithmierten Likelihood (logLik()) abgeleitet. Die Anzahl der Koeffizienten ergibt $K + 1$, die Anzahl der Beobachtungen ergibt sich aus den modellierten Werten (fitted()). log() berechnet den natürlichen Logarithmus, der für das BIC benötigt wird.

Auch in dieser Funktion wurde (nahezu) keine Fehlerbehandlung integriert.

B.5 Ereignisstudie für ein Unternehmen

Das im Kapitel 8 Ereignisstudie verwendete Paket erlaubt keine Ereignisstudien für ein Unternehmen. Daher werden in diesem Abschnitt verschiedene Funktionen dafür ergänzt.

B.5.1 Berechnung der abnormalen Rendite

Zur Berechnung der abnormalen Rendite wird eine Referenzrendite benötigt. Eine häufig verwendete Berechnungsmöglichkeit dazu ist das Marktmodell:

$$r_{i,t} = \hat{\alpha}_i + \hat{\beta}_i \cdot r_{m,t} \tag{B.8}$$

mit $r_{i,t}$ der Unternehmensrendite und $r_{m,t}$ der Marktrendite. Die Marktrendite ist i. d. R. die Rendite eines gängigen Index, der den Markt für das betreffende Unternehmen repräsentiert. Die beiden Renditen müssen als erweiterte Zeitreihen-, sogenannte xts-Objekte, übergeben werden. Start- und Enddatum des Schätzfensters werden in der genormten Schreibweise als Zeichenkette "JJJJ-MM-TT" angegeben. Falls das Startdatum vor dem Beginn der Zeitreihen liegt, beginnt das Schätzfenster mit dem Anfangsdatum der Zeitreihen. Die abnormale Rendite wird für den gesamten Zeitraum der übergebenen Zeitreihen berechnet.

R-Code B.5: Berechnung der abnormalen Rendite mittels Marktmodell

```r
getAR <- function(company, index, start, end){
  # Überprüfung, ob company und index xts-Objekte sind
  if(!is.xts(company) || !is.xts(index)){
    cat("Die übergebenen Zeitreihen sind keine xts-Objekte!\n")
    return(NULL)
  }
  wstext <- paste0(start, "/", end)
  data <- merge(company[wstext], index[wstext], join = "inner")
  names(data) <- c("y", "x")
  lm(y ~ x, data = data) |> coef() -> coefs
  ar <- company - (coefs[1] + coefs[2] * index)
  names(ar) <- "AR"
  return(ar)
}
```

Zunächst erfolgt eine Überprüfung, ob beide Zeitreihen xts-Objekte sind. Falls nicht, wird die Funktion mit einer Fehlermeldung beendet. Mit paste0() werden Start- und Endzeitpunkt zu einer mit einem Schrägstrich getrennten Zeichenkette zusammengefügt. Für dieses Fenster werden die beiden Zeitreihen in ein Objekt mittels merge() und der Option join = "inner" zusammengefügt und damit die lineare Regression berechnet. Die abnormale Rendite wird dann für die gesamte Länge der übergebenen Zeitreihen berechnet.

Bis auf die Überprüfung, ob die übergebenen Zeitreihen xts-Objekte sind, erfolgt keine Fehlerbehandlung.

B.5.2 t-Test für abnormale Renditen

Basierend auf folgenden Teststatistiken für die abnormale Rendite AR (T_{AR}) und die kumulierte abnormale Rendite CAR (T_{CAR}) werden die Überschreitungswahrscheinlichkeiten in einem zweiseitigen Test ermittelt (siehe auch Abschnitt 8.3.1 im Kapitel Ereignisstudie).

$$T_{AR} = \frac{AR_t}{se} \quad \text{mit} \quad se = \sqrt{\frac{1}{w_s - d} \cdot \sum_{l=t_{s_0}}^{t_{s_1}} AR_l^2}, \tag{B.9}$$

$$T_{CAR} = \frac{CAR}{\sqrt{w_e} \cdot se}. \tag{B.10}$$

Die Statistiken sind t-verteilt mit $w_s - d$ Freiheitsgraden. w_e ist die Länge des Ereignisfensters, w_s ist die Länge des Schätzfensters und d ist die Anzahl der Parameter im genutzten Renditemodell, also beispielsweise für das Marktmodell zwei. Da die Anzahl der Parameter je nach verwendeter Schätzmethode variiert, kann sie als Option nParam = ... im Funktionsaufruf festgelegt werden. Standardmäßig wird der Wert zwei verwendet.

Grundsätzlich müssen die abnormale Rendite für das betrachtete Unternehmen als xts-Objekt, Start- und Endzeitpunkte des Schätzfensters sowie Start- und Endzeitpunkt des Ereignisfensters übergeben werden. Die Datumsangaben werden im Format "JJJJ-MM-TT" gemacht.

Zusätzlich kann die abnormale Rendite für das Ereignisfenster grafisch ausgegeben werden. Dazu muss die Option flPlot = TRUE gesetzt werden.

R-Code B.6: t-Test für abnormale Renditen

```
# t-Test für abnormale Renditen
tTestAR <- function(ar, wsstart, wsend, westart, weend, nParam = 2, flPlot = FALSE){
  # Schätzfenster
  wstext <- paste0(wsstart, "/", wsend)
  ws <- ar[wstext] |> na.omit()
  # Ereignisfenster
  wetext <- paste0(westart, "/", weend)
  we <- ar[wetext] |> na.omit()

  # Freiheitsgrade für t-Test: Länge Schätzfenster - nParam
  # nParam = 2 bei Einfaktormodell, wie z. B. Marktmodell
  df <- nrow(ws) - nParam
  # Standardfehler
  se <- sqrt(sum(ws^2)/df)

  # t-Werte
  t <- we/se
```

```r
# p-Werte für zweiseitigen Test
p <- pt(abs(t), df, lower.tail = FALSE) * 2
# Ergebnisse in xts-Objekt t.test abspeichern
t.test <- cbind(we, se, t, p)
names(t.test) <- c("AR", "se", "t-Wert", "p-Wert")

# CAR berechnen und t-Test durchführen
CAR <- sum(we)
SE <- sqrt(nrow(we)) * se
T <- CAR/SE
pCAR <- pt(abs(T), df, lower.tail = FALSE) * 2

# Ergebnisse in xts-Objekt CAR.t.test abspeichern
CAR.t.test <- c(CAR, SE, T, pCAR)
names(CAR.t.test) <- c("CAR", "se", "t-Wert", "p-Wert")

  # Grafik ausgeben
if(flPlot){
  # Plot mit +/- 2 se
  autoplot(we) |>
    gf_hline(yintercept = 0, color = "blue") |>
    gf_hline(yintercept = c(-2 * se, 2 * se), color = "blue", linetype = 2)
}

retval <- list(t.test, CAR.t.test)
names(retval) <- c("AR", "CAR")

return(retval)
}
```

Die abnormalen Renditen im Schätz- und im Ereignisfenster werden gespeichert sowie die Anzahl der Freiheitsgrade und der Standardfehler berechnet. Daraus können dann die t- und p-Werte berechnet werden. Die Ergebnisse werden in einem xts-Objekt gespeichert.

Für die kumulierte abnormale Rendite werden die entsprechenden Werte ebenfalls ermittelt und in einem weiteren xts-Objekt abgelegt. Beide zusammen werden über die list-Funktion miteinander verknüpft und jeweils mit Namen versehen (names()). Das Listenobjekt wird als Funktionswert zurückgegeben. list() erlaubt das Verknüpfen unterschiedlicher Elemente, egal welchen Typs oder Länge.

Hier wird keine Fehlerbehandlung durchgeführt, die Zusammenstellung der korrekten Funktionsparameter obliegt dem Anwender.

B.5.3 Corrado-Rang-Test für abnormale Renditen

Analog zum t-Test wird auch der nicht-parametrische Corrado-Rang-Test (Corrado, 1989) umgesetzt. Die notwendigen Funktionsparameter und die Option nParam = ... entsprechen denen im t-Test.

Die Teststatistik T_{AK} für die tägliche abnormale Rendite basierend auf den Abweichungen AK_t der Rangplätze K_t der Renditen vom durchschnittlichen Rang $\overline{K}$ ergibt sich nach folgenden Formeln:

$$AK_t = K_t - \overline{K} \quad \text{mit} \quad \overline{K} = \frac{w_s + w_e}{2} + 0.5, \tag{B.11}$$

$$T_{AK} = \frac{AK_t}{se_{rang}} \quad \text{mit} \quad se_{rang} = \sqrt{\frac{1}{w_s + w_e} \sum_{l=1}^{w_s + w_e} \left(K_l - \overline{K}\right)^2}. \tag{B.12}$$

w_s und w_e sind darin die Längen des Schätz- und des Ereignisfensters.

In Analogie zu der Erweiterung von Cowan (1992) sowie Campbell und Wesley (1993) (siehe Formeln 8.25 und 8.27 im Abschnitt 8.3.4 des Kapitels Ereignisstudie) wird der Corrado-Rang-Test auch für die kumulierte abnormale Rendite umgesetzt:

$$CAK = \frac{1}{w_e} \sum_{l=t_{e_o}}^{t_{e_1}} AK_l, \tag{B.13}$$

$$T_{CAK} = \frac{CAK}{se_{rang}}. \tag{B.14}$$

CAK ist darin der durchschnittliche Rangplatz. Auch die Teststatistiken des Corrado-Rang-Tests sind t-verteilt mit $w_s - d$ Freiheitsgraden.

R-Code B.7: Corrado-Rang für abnormale Renditen

```
# Corrado-Rang-Test für abnormale Renditen
CRTestAR <- function(ar, wsstart, wsend, westart, weend, nParam = 2){
  # Schätzfenster
  wstext <- paste0(wsstart, "/", wsend)
  ws <- ar[wstext] |> na.omit()
  # Ereignisfenster
  wetext <- paste0(westart, "/", weend)
  we <- ar[wetext] |> na.omit()

  # Schätz- und Ereignisfenster kopieren
  wk <- c(ws, we)
  # Rangplätze in xts ablegen
  coredata(wk) <- rank(as.vector(wk))
  # mittlerer Rang
  kq <- nrow(wk)/2 + 0.5
  # Abweichungen vom mittleren Rang
```

```
ak <- wk - kq

# Standardfehler
sek <- sqrt(sum(ak^2)/nrow(ak))

# Ereignisfenster mit Abweichungen vom mittleren Rang
wek <- ak[wetext]

# t-Werte
t <- wek/sek

# Freiheitsgrade für t-Test: Länge Schätzfenster - nParam
# nParam = 2 bei Einfaktormodell, wie z. B. Marktmodell
df <- nrow(ws) - nParam

# p-Werte für zweiseitigen Test
p <- pt(abs(t), df, lower.tail = FALSE) * 2

# Ergebnisse in xts-Objekt CR.test abspeichern
CR.test <- cbind(we, wek, sek, t, p)
names(CR.test) <- c("AR", "AK", "se", "t-Wert", "p-Wert")

# CAK berechnen und t-Test durchführen
CAK <- sum(wek)/nrow(wek)
T <- CAK/sek
pCAK <- pt(abs(T), df, lower.tail = FALSE) * 2

# CAR
CAR <- sum(we)
# Ergebnisse in xts-Objekt CAR.CR.test abspeichern
CAR.CR.test <- c(CAR, CAK, sek, T, pCAK)
names(CAR.CR.test) <- c("CAR", "CAK", "se", "t-Wert", "p-Wert")
retval <- list(CR.test, CAR.CR.test)
names(retval) <- c("AR", "CAR")

  return(retval)
}
```

Die Umsetzung im Corrado-Rang-Test erfolgt vergleichbar zum t-Test. Die Ränge können mit rank() ermittelt werden. Ergänzend werden in den beiden Ergebnisobjekten die Abweichungen vom mittleren Rang AK_t und der durchschnittliche Rangplatz CAK abgelegt, da sich die jeweiligen Standardfehler se_{rang} darauf beziehen. Wie auch in der Funktion zum t-Test wird keine Fehlerbehandlung durchgeführt.

B.6 Optimale Anzahl der Lags im Box-Pierce bzw. Ljung-Box-Test

Im Box-Pierce-Test (für Stichproben mit $N > 100$, Box und Cox, 1964) bzw. im Ljung-Box-Test (Ljung und Box, 1978) muss die Anzahl der Lags vorgeben werden, bis zur denen auf Autokorrelation geprüft wird. Hierfür gibt es nicht in allen Fällen allgemeingültige Regeln. Ein möglicher Ansatz, der hier umgesetzt wird, ist, den Test für verschiedene Lags bis zu einem Maximalwert zu berechnen und das Ergebnis mit dem kleinsten p-Wert zugrunde zu legen.

R-Code B.8: Optimale Anzahl von Lags im Box-Pierce- bzw. Ljung-Box-Test

```r
# Optimale Anzahl von Lags für die Funktion Box.test
optBT <- function(x, maxLags = 20, type = "Box-Pierce", fitdf = 0, flPrint = FALSE){
  vals <- data.frame(lags = 0, pval = 1)
  # Schleife von 1 bis maxLags
  for(i in 1:maxLags){
    # Box-Pierce- bzw. Ljung-Box-Test durchführen
    out <- Box.test(DAX$Rendite, lag = i, type, fitdf)
    # Ergebnis abspeichern
    vals <- rbind(vals, data.frame(lags = out$parameter, pval = out$p.value))
    # ggf. Ergebnis ausgeben
    if(flPrint == TRUE){
      sprintf("Lags: %d, p-Value: %.4f\n", out$parameter, out$p.value) |> cat()
    }
  }
  # Lag für den kleinsten p-Wert ermitteln
  minLags <- vals[which.min(vals$pval), "lags"]
  # Box-Pierce- bzw. Ljung-Box-Test mit diesem Wert zurückgeben
  return(Box.test(x, lag = minLags, type, fitdf))
}
```

In einer `for`-Schleife, die von eins bis zur maximalen Anzahl Lags läuft, wird die Funktion `Box.test()` ausgeführt und das Ergebnis jeweils zwischengespeichert. Dazu wird die Funktion `rbind()` verwendet, die eine zusätzliche Zeile (*row*) an den vorbereiteten `data.frame` anfügt. Aus den gesammelten Ergebnissen wird dann der Lag ermittelt, der zu dem kleinsten p-Wert führt. Optional können die einzelnen Schritte ausgegeben werden, dazu muss die Option `flPrint = TRUE` gesetzt werden.

Als Rückgabewert dieser Funktion wird das Ergebnis der Funktion `Box.test()` mit der optimalen Anzahl Lags verwendet, so dass mit dieser Funktion genauso wie mit der ursprünglichen Funktion gearbeitet werden kann. Um diese Funktion möglichst universell einsetzen zu können, können auch die weiteren Parameter der Funktion `Box.test()`, `type` und `fitdf`, angegeben werden.

C Auffrischung Wahrscheinlichkeitsrechnung

Grundbegriffe

Die Wahrscheinlichkeit P eines Ereignisses A ist ein Maß für die Unsicherheit: $P(A \mid W)$. W ist darin der Wissenshintergrund – wenn dieser bekannt ist, kann W auch weggelassen werden.

Beispiel: Augenzahl beim Würfeln mit einem fairen sechsseitigen Würfel. Die Menge aller Ereignisse ist die Ergebnismenge $\Omega = \{1, 2, 3, 4, 5, 6\}$. Der Wissenshintergrund W ist z. B., dass es Schwerkraft gibt und der Würfel nicht auf der Kante stehen bleiben wird. Folgende Ereignisse werden definiert: $A_1 = \{1\}$ (Augenzahl 1), $A_6 = \{6\}$ (Augenzahl 6), $A_G = \{2, 4, 6\}$ (gerade Zahl) und $A_U = \{1, 3, 5\}$ (ungerade Zahl).

Ein Zufallsexperiment ist ein Vorgang, bei dem unter (scheinbar) gleichen Voraussetzungen unterschiedliche Ereignisse eintreten können, z. B. Würfeln. Eine Zufallsvariable X ist eine Variable, deren Wert x vom Zufall abhängt, z. B. die Augenzahl bei einem Wurf. Beim Würfeln kann die Wahrscheinlichkeit definiert werden als Quotient aus Anzahl günstiger Ereignisse und Anzahl möglicher Ereignisse[1] , also $P(A_1) = P(A_6) = 1/6$ und $P(A_G) = P(A_U) = 3/6$.

Folgende Kolmogorov-Axiome C.1, C.2 und C.3 gelten:

$$0 \leq P(A) \leq 1. \tag{C.1}$$

Die Wahrscheinlichkeit liegt im Bereich von 0 bis 1: $(A) \in [0, 1]$.

$$P(\Omega) = 1. \tag{C.2}$$

Irgendein Ereignis wird eintreten.

$$P(A \cup B) = P(A) + P(B). \tag{C.3}$$

Die Wahrscheinlichkeit für die Ereignisse A oder B oder beide (Vereinigungsmenge $\cup$) ist die Summe der Einzelwahrscheinlichkeiten (bei paarweise disjunkten[2] Ereignissen). Verallgemeinert ergibt sich daraus:

$$P(A \cup B) = P(A) + P(B) - P(A \cap B). \tag{C.4}$$

Die Wahrscheinlichkeit der Vereinigungsmenge ist die Summe der Einzelwahrscheinlichkeiten abzüglich der Wahrscheinlichkeit für die Schnittmenge $\cap$ aus A und B. Z. B. ist die Schnittmenge zwischen A_1 und A_G leer ($\emptyset$, die Ereignisse sind disjunkt) und es

---

1 Vereinfacht wird hier nur mit der Laplace-Wahrscheinlichkeit gearbeitet, die von endlich vielen möglichen Ergebnissen (Elementarereignissen) ausgeht, die alle die gleiche Wahrscheinlichkeit haben.
2 Disjunkt bedeutet, dass sich die Ereignismengen nicht überschneiden, es also keine gemeinsamen Elementarereignisse gibt.

https://doi.org/10.1515/9783110767261-014

ergibt sich:

$$P(A_1 \cup A_G) = \frac{1}{6} + \frac{3}{6} = \frac{4}{6}. \tag{C.5}$$

In Verbindung mit A_U ergibt sich:

$$P(A_1 \cup A_U) = \frac{1}{6} + \frac{3}{6} - \frac{1}{6} = \frac{3}{6}, \tag{C.6}$$

da $P(A_1 \cap A_U) = 1/6$.

Bedingte Wahrscheinlichkeit

Die bedingte Wahrscheinlichkeit von A gegeben B ist die Wahrscheinlichkeit von A, wenn bekannt ist, dass B bereits eingetreten ist:

$$P(A \mid B) = \frac{P(A \cap B)}{P(B)} \qquad \text{für } P(B) > 0. \tag{C.7}$$

Wenn B bereits eingetreten ist, können nur Ereignisse aus der Schnittmenge von A und B eintreten, das ändert die Anzahl günstiger Ereignisse. Die Anzahl möglicher Ereignisse wird jetzt durch B bestimmt.

Beispiel: Die Wahrscheinlichkeit, eine Sechs zu würfeln, wenn bekannt ist, dass eine gerade (Gleichung C.8) bzw. eine ungerade Zahl (Gleichung C.9) gefallen ist:

$$P(A_6 \mid A_G) = \frac{1/6}{3/6} = \frac{1}{3}, \tag{C.8}$$

$$P(A_6 \mid A_U) = \frac{0/6}{3/6} = 0. \tag{C.9}$$

Satz von Bayes

Mit Hilfe des Satzes von Bayes können bedingte Wahrscheinlichkeiten umgerechnet werden:

$$P(A \mid B) = \frac{P(B \mid A) \cdot P(A)}{P(B)}. \tag{C.10}$$

So kann die Unsicherheit über $P(A)$ auf Basis von Informationen über B aktualisiert werden: $P(A \mid B)$. $P(A)$ ist die *a priori* Wahrscheinlichkeit von A (*vorher* bei unbekanntem B) und $P(A \mid B)$ die *a posteriori* Wahrscheinlichkeit von A (*nachher* bei bekanntem B).

Unabhängigkeit

Zwei Ereignisse sind unabhängig, wenn gilt:

$$P(A \cap B) = P(A) \cdot P(B). \tag{C.11}$$

Im Falle unabhängiger Ereignisse gilt auch, dass die bedingte und die unbedingte Wahrscheinlichkeit identisch sind:

$$P(A \mid B) = P(A). \tag{C.12}$$

Daher ändert sich die Wahrscheinlichkeit eines Ereignisses nicht dadurch, dass das andere Ereignis eingetreten ist. Falls dies nicht zutrifft, sind die beiden Ereignisse abhängig voneinander.

Beispiel: Wie hoch ist die Wahrscheinlichkeit, im ersten Wurf eine Sechs zu werfen, Ereignis $A_{6(1)}$, und im zweiten Wurf ebenfalls eine Sechs, Ereignis $A_{6(2)}$, also $P(A_{6(1)} \cap A_{6(2)})$? Die Wahrscheinlichkeit ist $1/6 \cdot 1/6 = 1/36$. Dies ist eine der insgesamt 36 Möglichkeiten bei zwei Würfen, $\Omega = \{1\text{-}1, 1\text{-}2, \ldots, 6\text{-}6\}$.

Die Wahrscheinlichkeit für eine Sechs im zweiten Wurf ist unabhängig von dem Ereignis im ersten Wurf: $P(A_{6(2)} \mid A_{6(1)}) = P(A_{6(2)})$.

Es gibt auch eine *bedingte Unabhängigkeit*, wenn gilt:

$$P(A \mid B, C) = P(A \mid C). \tag{C.13}$$

Die Wahrscheinlichkeit, eine Sechs zu würfeln, ist bedingt, dass eine gerade Zahl gefallen ist, gemäß C.8 höher als die unbedingte Wahrscheinlichkeit. Wenn aber mit einem gezinkten Würfel gespielt wurde, der nur gerade Zahlen zeigt (Ereignis A_{gezinkt}), ändert sich die Wahrscheinlichkeit für eine Sechs nicht. Die Information, dass eine gerade Zahl gefallen ist, bringt keine neuen Erkenntnisse mehr.

$$P(A_6 \mid A_G, A_{\text{gezinkt}}) = \frac{1}{3} \;=\; P(A_6 \mid A_{\text{gezinkt}}) = \frac{1}{3}. \tag{C.14}$$

Somit sind die ursprünglich voneinander abhängigen Ereignisse A_6 und A_G bedingt A_{gezinkt} unabhängig.

Umgekehrt gilt für die *bedingte Abhängigkeit:*

$$P(A \mid B) = P(A), \tag{C.15}$$

$$P(A \mid B, C) \neq P(A \mid C). \tag{C.16}$$

Wie oben gezeigt, ist die Wahrscheinlichkeit $P(A_{6(2)})$, im zweiten Wurf eine Sechs zu würfeln, unabhängig davon, ob im ersten Wurf eine Sechs gewürfelt wurde, Ereignis $A_{6(1)}$. Es gilt also:

$$P(A_{6(2)} \mid A_{6(1)}) = P(A_{6(2)}) = \frac{1}{6}. \tag{C.17}$$

Was ändert sich, wenn Sie über die zusätzliche Information verfügen, dass die Summe der Augenzahlen zehn oder mehr beträgt? Eine Augenzahlsumme von zehn oder mehr ergeben die folgenden Kombinationen: $A_{\sum \geq 10} = \{4\text{-}6, 5\text{-}5, 5\text{-}6, 6\text{-}4, 6\text{-}5, 6\text{-}6\}$, d. h., sechs von 36 Möglichkeiten und damit ist $P(A_{\sum \geq 10}) = 6/36$. Es bleiben, wenn bereits im ersten Wurf eine Sechs gewürfelt wurde, im zweiten Wurf nur drei Möglichkeiten für die Augenzahlsumme zehn oder mehr übrig: Vier, Fünf oder Sechs (linke Seite der Ungleichung C.18).

Die rechte Seite der Ungleichung C.18 ergibt sich wie folgt: Eine Sechs im zweiten Wurf zu würfeln unabhängig davon, was im ersten Wurf gewürfelt wurde, sind die Kombinationen: $A_{6(2)} = \{1\text{-}6, 2\text{-}6, \ldots, 6\text{-}6\}$. In der Schnittmenge mit $A_{\sum \geq 10}$ befinden sich drei von 36 möglichen Ereignissen. Insgesamt ergibt sich so:

$$P(A_{6(2)} \mid A_{6(1)}, A_{\sum \geq 10}) = \frac{1}{3} \quad \neq \quad P(A_{6(2)} \mid A_{\sum \geq 10}) = \frac{3/36}{6/36} = \frac{1}{2}. \tag{C.18}$$

Die ursprünglich unabhängigen Ereignisse $A_{6(1)}$ und $A_{6(2)}$ sind bedingt $A_{\sum \geq 10}$ abhängig voneinander.

Quellennachweise

Alle Abbildungen, Tabellen und Grafiken wurden selbst erstellt, Abbildung 1.1 in Anlehnung an Hastie *et al.* (2009, S. 38), Abbildungen 6.1 und 6.2 in Anlehnung an Dablander
(2020, S. 3), Abbildung 6.6 in Anlehnung an Cunningham (2021, S. 105), Abbildung 5.1
in Anlehnung an Agresti (2013, S. 496), Tabelle 2.7 in Anlehnung an Sharpe *et al.* (2020,
S. 615), Tabelle 4.4 in Anlehnung an Hosmer *et al.* (2013, S. 192) und Tabelle 4.7 in
Anlehnung an Hosmer *et al.* (2013, S. 177).

Das Manuskript wurde mit RStudio unter Verwendung des R-Pakets knitr (Version:
1.39 Xie, 2014) in LaTeX (TeX Live 2021) erstellt.

https://doi.org/10.1515/9783110767261-015

Literatur

Agresti, A. (2013) *Categorical data analysis*, John Wiley & Sons, Hoboken, NJ, 3. Aufl.

Agresti, A. (2018) *An introduction to categorical data analysis*, John Wiley & Sons, Hoboken, NJ, 3. Aufl.

Alessi, L. und Detken, C. (2018) Identifying excessive credit growth and leverage, *Journal of Financial Stability*, **35**, 215–225, DOI 10.1016/j.jfs.2017.06.005.

Alkhazaleh, M. M. (2018) Forecasting banking volatility in Amman stock exchange by using ARIMA model, *British Journal of Management*, **29**, 1–9.

Almeida, A., Loy, A. und Hofmann, H. (2018) *qqplotr: Quantile-quantile plot extensions for ,ggplot2'*.

Amrhein, V., Greenland, S. und McShane, B. (2019) Retire statistcal significance, *Nature*, **567**, 305–307, DOI 10.1080/00031305.20.

Amstat (2019) Statistical inference in the 21st century: a world beyond p < 0.05, *The American Statistician*, **73**.

Andrews, D. (1991) Heteroskedasticity and autocorrelation consistent covariant matrix estimation, *Econometrica*, **59**, 817–858.

Andrews, I., Stock, J. H. und Sun, L. (2019) Weak instruments in IV regression: theory and practice, *Annual Review of Economics*, **11**, 727–7583, DOI 10.1146/annurev-economics-080218-025643.

Ang, C. S. (2021) *Analyzing financial data and implementing financial models using R*, Springer, Berlin, Heidelberg, 2. Aufl.

Angrist, J. D. und Pischke, J.-S. (2014) *Mastering 'metrics – The path from cause to effect*, Princeton University Press, Princeton and Oxford.

Anscombe, F. (1973) Graphs in statistical analysis, *American Statistician*, **27**, 17–21.

Arellano, M. (1987) Practitioners' corner – Computing robust standard errors for within-groups estimators, *Oxford Bulletin of Economics and Statistics*, **49**, DOI 0.1111/j.1468-0084.1987.mp49004006.x.

Auer, B. R. (2021) Effektives Assetmanagement mit einfachen Regressionstechniken, *Wirtschaftswissenschaftliches Studium*, **50**, 30–37.

Auer, L. v. (2016) *Ökonometrie – Eine Einführung*, Springer Gabler, 7. Aufl.

Auer, L. v. und Hoffmann, S. (2017) *Ökonometrie – Das R-Arbeitsbuch*, Springer Gabler.

Auguie, B. (2017) *gridExtra: Miscellaneous functions for „grid" graphics*.

Backhaus, K., Erichson, B., Gensler, S., Weiber, R. und Weiber, T. (2021) *Multivariate Analysemethoden – Eine anwendungsorientierte Einführung*, Springer Gabler, Wiesbaden, 16. Aufl.

Baek, C. und Elbeck, M. (2015) Bitcoins as an investment or speculative vehicle? A first look, *Applied Economics Letters*, **22**, 30–34, DOI 10.1080/13504851.2014.916379.

Baltagi, B. H. (2021) *Econometric analysis of panel data*, Springer Nature, 6. Aufl.

Baltagi, B. H. und Li, Q. (1990) A Lagrange multiplier test for the error components model with incomplete panels, *Econometric Reviews*, **9**, 103–107.

Bareinboim, E. und Pearl, J. (2012) Controlling selection bias in causal inference, *Journal of Machine Learning Research*, **22**, 100–108.

Bartlett, M. S. (1951) The effect of standardization on a χ^2 approximation in factor analysis, *Biometrika*, **38**, 337–344.

Bates, D., Mächler, M., Bolker, B. und Walker, S. (2015) Fitting linear mixed-effects models using lme4, *Journal of Statistical Software*, **67**, 1–48, DOI 10.18637/jss.v067.i01.

Belsley, D. A., Kuh, E. und Welsch, R. E. (1980) *Regression diagnostics – Identifying influential data and sources of collinearity*, Wiley, New York.

Bennedsen, M., Nielsen, K. M., Pérez-González, F. und Wolfenzon, D. (2007) Inside the family firm: the role of families, *The Quarterly Journal of Economics*, **122**, 647–691.

https://doi.org/10.1515/9783110767261-016

Berger, S., Graham, N. und Zeileis, A. (2017) Various versatile variances: an object-oriented implementation of clustered covariances in R, Working Paper 2017-12, Working Papers in Economics and Statistics, Research Platform Empirical and Experimental Economics, Universität Innsbruck.

Berkson, J. (1946) Limitations of the application of fourfold table analysis to hospital data, *Biometrics Bulletin*, **2**, 47, DOI 10.2307/3002000.

Bessler, W., Drobetz, W., Seim, M. und Zimmermann, J. (2016) Equity issues and stock repurchases of initial public offerings, *European Financial Management*, **22**, 31–62, DOI 10.1111/eufm.12053.

Best, H. und Wolf, C. (2010) *Logistische Regression*, VS Verlag für Sozialwissenschaften, Wiesbaden, S. 827–854, DOI 10.1007/978-3-531-92038-2_31.

Best, H. und Wolf, C. (2012) Modellvergleich und Ergebnisinterpretation in Logit- und Probit-Regressionen, *Kölner Zeitschrift fur Soziologie und Sozialpsychologie*, **64**, 377–395, DOI 10.1007/s11577-012-0167-4.

Blair, G., Cooper, J., Coppock, A., Humphreys, M. und Sonnet, L. (2022) *estimatr: Fast estimators for design-based inference*.

Bleymüller, J., Weißbach, R. und Dörre, A. (2020) *Statistik für Wirtschaftswissenschaftler*, Vahlen, 18. Aufl.

Bohl, M. T. und Stephan, P. M. (2013) Does futures speculation destabilize spot prices? New evidence for commodity markets, *Journal of Agricultural and Applied Economics*, **45**, 595–616.

Bonchev, L. und Pencheva, M. (2017) *The impact of BREXIT vote on stock returns – An event study on European bank industry*, Masterthesis, Lund University – School of Economics and Management.

Borghesi, R., Houston, J. F. und Naranjo, A. (2014) Corporate socially responsible investments: CEO altruism, reputation, and shareholder interests, *Journal of Corporate Finance*, **26**, 164–181, DOI 10.1016/j.jcorpfin.2014.03.008.

Bormann, V., Gehrke, M. und Luebke, K. (2018) Evaluation of selected models for value at risk calculation, *Archives of Data Science, Series A (Online First)*, **4**, 1–18, DOI 10.5445/KSP/1000085951/08.

Boscaljon, B. und Clark, J. (2013) Do large shocks in VIX signal a flight-to-safety in the gold market?, *Journal of Applied Finance*, **23**, 120–131.

Bouoiyour, J. und Selmi, R. (2018) Are BRICS markets equally exposed to Trump's agenda?, *Journal of Economic Integration*, **33**, 1203–1233, DOI 10.11130/jei.2018.33.2.1203.

Box, G. E. und Tidwell, P. W. (1962) Transformation of the independent variables, *Technometrics*, **4**, 531–550.

Box, G. E. P. und Cox, D. R. (1964) An analysis of transformations, *Journal of the Royal Statistical Society Series B*, **26**, 211–252.

Brambor, T., Clark, W. R. und Golder, M. (2006) Understanding interaction models: Improving empirical analyses, *Political Analysis*, **14**, 63–82.

Breiman, L. (2001) Statistical modeling: the two cultures, *Statistical Science*, **16**, 199–231, DOI 10.2307/2676681.

Breiman, L. und Cutler, A. (2003) Manual for setting up, using, and understanding random forest.

Breiman, L., Friedman, J. H., Olshen, R. A. und Stone, C. J. (1984) *Classification and regression trees*, Chapman & Hall, Taylor & Francis Group, Boca Raton, FL.

Breusch, T. S. und Pagan, A. R. (1980) The Lagrange multiplier test and its applications to model specification in econometrics, *The Review of Economic Studies*, **47**, 239–253.

Brooks, C. (2019) *Introductory econometrics for finance*, Cambridge University Press, Cambridge, 4. Aufl.

Brown, S. J. und Warner, J. B. (1985) Using daily stock returns. The case of event studies, *Journal of Financial Economics*, **14**, 3–31, DOI 10.1016/0304-405X(85)90042-X.

Bruce, P., Bruce, A. und Gedeck, P. (2020) *Practical statistics for data scientists – 50 essential concepts*, O'Reilly Media, Inc., Sebastopol, CA, 2. Aufl.

Burnham, K. P. und Anderson, D. R. (2004) Multimodel inference – understanding AIC and BIC in model selection, *Sociological Methods & Research*, **33**, 261–304.

Békés, G. und Kézdi, G. (2021) *Data analysis for business, economics, and policy*, Cambridge University Press, Cambridge.

Campbell, C. J. und Wesley, C. E. (1993) Measuring security price performance using daily NASDAQ returns, *Journal of Financial Economics*, **33**, 73–92.

Carhart, M. M. (1997) On persistence in mutual fund performance, *The Journal of Finance*, **52**, DOI 10.2307/2329556.

Chamberlain, G. (1980) Analysis of covariance with qualitative data, *Review of Economic Studies*, **47**, 225–238.

Chan, K.-S. und Ripley, B. (2020) *TSA: Time series analysis*.

Chang, W. (2014) *extrafont: Tools for using fonts*.

Chordia, T., Roll, R. und Subrahmanyam, A. (2008) Liquidity and market efficiency, *Journal of Financial Economics*, **87**, 249–268, DOI 10.1016/j.jfineco.2007.03.005.

Cinelli, C., Forney, A. und Pearl, J. (2021) A crash course in good and bad controls, *SSRN Electronic Journal*, S. 1–19, DOI 10.2139/ssrn.3689437.

Cleveland, W. S. (1979) Robust locally weighted regression and smoothing scatterplots, *Journal of the American Statistical Association*, **74**, 829–836.

Corrado, C. J. (1989) A nonparametric test for abnormal security-price performance in event studies, *Journal of Financial Economics*, **23**, 385–395.

Corrado, C. J. (2011) Event studies: A methodology review, *Accounting & Finance*, **51**, 207–234.

Cowan, A. R. (1992) Nonparametric event study tests, *Review of Quantitative Finance and Accounting*, **2**, 343–358.

Cragg, J. G. und Donald, S. G. (1993) Testing identifiability and specification in instrumental variable models, *Econometric Theory*, **9**, 222–240, DOI 10.1017/S0266466600007519.

Cribari-Neto, F. (2004) Asymptotic inference under heteroskedasticity of unknown form, *Computational Statistics & Data Analysis*, **45**, 215–233.

Croissant, Y. (2021) *pglm: Panel generalized linear models*.

Croissant, Y. und Millo, G. (2008) Panel data econometrics in R: the plm package, *Journal of Statistical Software*, **27**, 1–43, DOI 10.18637/jss.v027.i02.

Croissant, Y. und Millo, G. (2018) *Panel data econometrics with R*, John Wiley & Sons, Hoboken, NJ.

Cryer, J. D. und Chan, K.-S. (2008) *Time series analysis – with applications in R*, Springer, 2. Aufl.

Cunningham, S. (2021) *Causal inference – The mixtape*, Yale University Press, New Haven, London.

Dablander, F. (2020) An introduction to causal inference, DOI 10.31234/OSF.IO/B3FKW.

Davidson, R. und MacKinnon, J. G. (2000) Bootstrap tests: How many bootstraps?, *Econometric Reviews*, **19**, 55–68.

de Jong, A. und Naumovska, I. (2015) A note on event studies in finance and management research, *Review of Finance*, S. 1–14, DOI 10.1093/rof/rfv037.

DeAngelo, H. und Roll, R. (2015) How stable are corporate capital structures?, *The Journal of Finance*, **70**, 373–418, DOI 10.1111/jofi.12163.

Donaldson, G. (1961) *Corporate debt capacity – A study of corporate debt policy and the determination of corporate debt capacity*, Division of Research, Graduate School of Business Administration, Harvard Univ.

Dong, M., Hirshleifer, D. und Richardson, S. (2006) Does investor misvaluation drive the takeover market?, *The Journal of Finance*, **61**, 725–762.

Dong, M., Loncarski, I., Horst, J. und Veld, C. (2012) What drives security issuance decisions: market timing, pecking order, or both?, *Financial Management*, **41**, 637–663, DOI 10.1111/j.1755-053X.2012.01213.x.

Driscoll, J. C. und Kraay, A. C. (1998) Consistent covariance matrix estimation with spatially dependent panel data, *Review of Economics and Statistics*, **80**, 549–560.

Durnev, A. und Kim, E. H. (2005) To steal or not to steal: Firm attributes, legal environment, and valuation, *The Journal of Finance*, **60**, 1461–1493, DOI 10.1111/j.1540-6261.2005.00767.x.

Ebbes, P., Papies, D. und van Heerde, H. J. (2016) Dealing with endogeneity: A nontechnical guide for marketing researchers, in *Handbook of market research* (Hrgr.) C. Homburg, M. Klarmann und A. Vomberg, Springer, Cham, S. 1–37, DOI 10.1007/978-3-319-05542-8_8-1.

Eid, M., Gollwitzer, M. und Schmitt, M. (2017) *Statistik und Forschungsmethoden*, Weinheim, 5. korrigierte. Aufl.

Enders, W. (2014) *Applied econometric time series*, John Wiley & Sons, Hoboken, NJ, 4. Aufl.

Erdem, D. und Rojahn, J. (2022) The influence of financial literacy on financial resilience – New evidence from Europe during the COVID-19 crisis resilience, *Managerial Finance*, DOI 10.1108/MF-09-2021-0442.

Fama, E. F. (1970) Efficient capital markets – A review of theory and empirical work, *The Journal of Finance*, **25**.

Fama, E. F. (1991) Efficient capital markets: II, *The Journal of Finance*, **30**, DOI 10.2307/2328565.

Fama, E. F. und French, K. R. (1993) Common risk factors in the returns on stocks and bonds, *Journal of Financial Economics*, **33**, DOI 10.1016/0304-405X(93)90023-5.

Fama, E. F. und French, K. R. (2016) Dissecting anomalies with a five-factor model, *Review of Financial Studies*, **29**, 69–103, DOI 10.1093/rfs/hhv043.

Fan, Q. und Zhong, W. (2018) Nonparametric additive instrumental variable estimator: A group shrinkage estimation Perspective, *Journal of Business & Economic Statistics*, **36**, 388–399, DOI 10.1080/07350015.2016.1180991.

Faraway, J. J. (2014) *Linear models with R*, CRC Press, Boca Raton, FL, 2. Aufl.

Fernández-Val, I. (2009) Fixed effects estimation of structural parameters and marginal effects in panel probit models, *Journal of Econometrics*, **150**, 71–85, DOI 10.1016/j.jeconom.2009.02.007.

Field, A., Miles, J. und Field, Z. (2012) *Discovering statistics using R*, SAGE Publishing Ltd.

Fingerlos, U. R. und Pastwa, A. (2021) Einsatz von Logit- und Probit-Modellen in der Finanzindustrie, in *Data Science*, Springer Fachmedien, Wiesbaden, Kap. 21, S. 337–356, DOI 10.1007/978-3-658-33403-1.

Fisher, I. (1930) *The theory of interest, as determined by impatience to spend income and opportunity to invest it*, The McMillian Company, New York.

Fox, J. (2016) *Applied regression analysis and generalized linear models*, Sage Publications, London, 3. Aufl.

Fox, J. und Weisberg, S. (2019) *An R companion to applied regression*, Sage Publications, London, 3. Aufl.

Frees, E. W. (2004) *Longitudinal and panel data – Analysis and applications in the social sciences*, Cambridge University Press, Cambridge.

Gandrud, C. (2016) *DataCombine: Tools for easily combining and cleaning data sets*.

Gelman, A. und Hill, J. (2007) *Data analysis using regression and multilevel/hierarchical models*, Cambridge University Press, Cambridge.

Gelman, A., Hill, J. und Vehtari, A. (2020) *Regression and other stories*, Cambridge University Press, Cambridge.

Genz, A. und Bretz, F. (2009) *Computation of multivariate normal and t probabilities*, Lecture Notes in Statistics, Springer-Verlag, Heidelberg.

Ghalanos, A. (2017) Introduction to the rugarch package.

Giesselmann, M. und Windzio, M. (2012) *Regressionsmodelle zur Analyse von Paneldaten*, Springer VS, Berlin Heidelberg New York.

Granger, C. W. J. (1969) Investigating causal relations by econometric models and cross-spectral methods, *Econometrica*, **37**, 424–438.

Green, B. (2022) *cragg: Tests for weak instruments in R.*

Greene, W. H. (2020) *Econometric analysis – international edition*, Pearson Education Ltd, 8. Aufl.

Gui, R., Meierer, M., Algesheimer, R. und Schilter, P. (2021) *REndo: Fitting linear models with endogenous regressors using latent instrumental Variables.*

Gujarati, D. N. und Porter, D. C. (2009) *Basic Econometrics*, McGraw-Hill, 5. Aufl.

Gurun, U. G., Stoffman, N. und Yonker, S. E. (2021) Unlocking clients: The importance of relationships in the financial advisory industry, *Journal of Financial Economics*, **141**, 1218–1243, DOI 10.1016/j.jfineco.2021.04.026.

Hackl, P. (2013) *Einführung in die Ökonometrie*, Pearson Studium, 2. Aufl.

Hahn, J. und Newey, W. (2004) Jackknife and analytical bias reduction for nonlinear panel models, *Econometrica*, **72**, 1295–1319, DOI 10.1111/j.1468-0262.2004.00533.x.

Hanck, C., Arnold, M., Gerber, A. und Schmelzer, M. (2020) *Introduction to econometrics with R*, University of Duisburg-Essen, Essen, https://www.econometrics-with-r.org/ITER.pdf.

Hand, D. J. (2014) Wonderful examples, but let's not close our eyes, *Statistical Science*, **29**, 98–100, DOI 10.1214/13-STS446.

Hao, G. Q. (2014) Institutional shareholder investment: horizons and seasoned equity offerings, *Journal of Financial Management*, **43**, 87–111.

Harrell Jr, F. E. (2021a) *rms: Regression modeling strategies.*

Harrell Jr, F. E. (2021b) *Hmisc: Harrell miscellaneous.*

Hastie, T., Tibshirani, R. und Friedmann, J. (2009) *The elements of statistical learning – Data mining, inference, and prediction*, Springer, New York, 2. Aufl.

Hatzinger, R., Hornik, K., Nagel, H. und Maier, M. J. (2014) *R – Einführung durch angewandte Statistik*, Pearson Studium, 2. Aufl.

Hausman, J. A. (1978) Specification tests in econometrics, *Econometrica*, **46**, 1251–1271.

He, P., Sun, Y., Zhang, Y. und Li, T. (2020) COVID–19's impact on stock prices across different sectors – an event study based on the Chinese stock market, *Emerging Markets Finance and Trade*, **56**, 2198–2212, DOI 10.1080/1540496X.2020.1785865.

Hebbali, A. (2020a) *blorr: Tools for developing binary logistic regression models.*

Hebbali, A. (2020b) *olsrr: Tools for building OLS regression models.*

Hedderich, J. und Sachs, L. (2018) *Angewandte Statistik – Methodensammlung mit R*, Springer Spektrum, Berlin Heidelberg New York, 16. Aufl.

Hegel, J. (2016) *Credit Spreads auf dem europäischen Covered Bond Markt – Eine empirische Untersuchung der Determinanten*, Masterthesis, FOM Hochschule, Studienzentrum Frankfurt.

Hernán, M. A., Hsu, J. und Healy, B. (2019) A second chance to get causal inference right: A classification of data science tasks, *CHANCE*, **32**, 42–49, DOI 10.1080/09332480.2019.1579578.

Hill, R. C., Griffiths, W. E. und Lim, G. C. (2018) *Principles of Econometrics*, John Wiley & Sons, New York, 5. Aufl.

Hillmert, S. (2019) Auswahl und Kontrolle von Drittvariablen bei der Bestimmung kausaler Zusammenhänge – illustriert mit Directed Acyclic Graphs (DAGs), S. 0–20, DOI 10.13140/RG.2.2.17802.82882/3.

Hirschauer, N., Grüner, S., Mußhoff, O. und Becker, C. (2019) Twenty steps towards an adequate inferential interpretation of p-values in econometrics, *Jahrbücher für Nationalökonomie und Statistik*.

Hirschauer, N., Mußhoff, O., Grüner, S., Frey, U., Theesfeld, I. und Wagner, P. (2016) Die Interpretation des p-Wertes – Grundsätzliche Missverständnisse, *Jahrbücher für Nationalökonomie und Statistik*, **236**, 557–575.

Hjort, N. L. und Claeskens, G. (2003) Frequentist model average estimators, *Journal of the American Statistical Association*, **98**, 879–899.

Hofmann, R. J. (1978) Complexity and simplicity as objective indices descriptive of factor solutions, *Multivariate Behavioral Research*, **13**, 247–250.

Holderness, C. G. (2009) The myth of diffuse ownership in the United States, *The Review of Financial Studies*, **22**, 1377–1408, DOI 10.1093/rfs/hhm069.

Holler, J. (2016) *Einführung in die Event Study Methodik*, Shaker Verlag, Freiburg i.B.

Honda, Y. (1985) Testing the error components model with non-normal disturbances, *The Review of Economic Studies*, **52**, 681–690.

Horikoshi, M. und Tang, Y. (2018) *ggfortify: Data visualization tools for statistical analysis results.*

Hosmer, D. W., Lemeshow, S. und Sturdivant, R. X. (2013) *Applied logistic regression*, Wiley, 3. Aufl.

Hothorn, T., Buehlmann, P., Dudoit, S., Molinaro, A. und Van Der Laan, M. (2006a) Survival Ensembles, *Biostatistics*, **7**, 355–373.

Hothorn, T., Hornik, K. und Zeileis, A. (2006b) Unbiased recursive partitioning: a conditional inference framework, *Journal of Computational and Graphical Statistics*, **15**, 651–674.

Hsiao, C. (2014) *Analysis of panel data*, Cambridge University Press, Cambridge, 3. Aufl.

Hsu, D. H. (2004) What do entrepreneurs pay for venture capital affiliation?, *The Journal of Finance*, **59**, 1805–1844, DOI 10.1111/j.1540-6261.2004.00680.x.

Hull, J. C. (2019) *Optionen, Futures und andere Derivate*, Pearson Studium, 10. Aufl.

Hunt, T. (2020) *ModelMetrics: Rapid calculation of model metrics.*

Huntington-Klein, N. (2021) *The effect – An introduction to research design and causality*, Taylor & Francis, Burlington.

Hyndman, R., Athanasopoulos, G., Bergmeir, C., Caceres, G., Chhay, L., O'Hara-Wild, M., Petropoulos, F., Razbash, S., Wang, E. und Yasmeen, F. (2022) *forecast: Forecasting functions for time series and linear models.*

Hyndman, R. J. und Athanasopoulos, G. (2018) *Forecasting: principles and practice*, OTEXTS, 2. Aufl.

Hyndman, R. J. und Khandakar, Y. (2008) Automatic time series forecasting: the forecast package for R, *Journal of Statistical Software*, **26**, 1–22.

Ioannidis, J. P. A. (2019) What have we (not) learnt from millions of scientific papers with p-values?, *The American Statistician*, **73**, 20–25, DOI 10.1080/00031305.2018.1447512.

Jaara, B., Alashhab, H. und Jaara, O. (2018) The determinants of dividend policy for non-financial companies in Jordan, *International Journal of Economics and Financial Issues*, **8**, 198–209.

James, G., Witten, D., Hastie, T. und Tibshirani, R. (2021) *An introduction to statistical learning – with applications in R*, Springer Nature, New York, 2. Aufl.

Jemović, M. und Marinković, S. (2021) Determinants of financial crises – An early warning system based on panel logit regression, *International Journal of Finance and Economics*, **26**, 103–117, DOI 10.1002/ijfe.1779.

Ji, Q., Zhang, H.-Y. und Geng, J.-B. (2018) What drives natural gas prices in the United States? – A directed acyclic graph approach, *Energy Economics*, **69**, 79–88, DOI https://doi.org/10.1016/j.eneco.2017.11.002.

Jiang, Y. und Peng, M. W. (2011) Principal-principal conflicts during crisis, *Asia Pacific Journal of Management*, **28**, 683–695, DOI 10.1007/s10490-009-9186-8.

Kaiser, H. F. (1974) An index of factorial simplicity, *Psychometrika*, **39**, 31–36.

Kaiser, H. F. und Rice, J. (1974) Little jiffy, mark IV, *Educational and Psychological Measurement*, **34**, 111–117.

Kaplan, D. und Pruim, R. (2021) *ggformula: Formula interface to the grammar of graphics.*

Kepper, J. und Gehrke, M. (2022) *Ereignisstudie und lineare Regression: Short Selling am deutschen Aktienmarkt – Eine empirische Analyse über den Zusammenhang der Veröffentlichung von Leerverkaufspositionen und Aktienrenditen*, Springer Fachmedien, Wiesbaden, S. 273–312, DOI 10.1007/978-3-658-35831-0_10.

Kholodilin, K. A. und Michelsen, C. (2019) Zehn Jahre nach dem großen Knall: wie ist es um die Stabilität der internationalen Immobilienmärkte bestellt?, *Zeitschrift für Immobilienökonomie*, **5**, 67–87, DOI 10.1365/s41056-019-00034-z.

Kierkegaard, S. (1923) *Tagebücher*, Brenner Verlag.

Kleiber, C. und Zeileis, A. (2008) *Applied econometrics with R*, Springer.

Kliger, D. und Gurevich, G. (2014) *Event studies for financial research – a comprehensive guide*, Springer, Berlin, Heidelberg.

Knauer, T., Ledwig, C. und Wömpener, A. (2012) Zur Wertrelevanz freiwilliger Managementprognosen in Deutschland, *Schmalenbachs Zeitschrift für betriebswirtschaftliche Forschung*, **64**, 166–204.

Komsta, L. und Novomestky, F. (2015) *moments: Moments, cumulants, skewness, kurtosis and related tests*.

Krafft, M. (1997) Der Ansatz der Logistischen Regression und seine Interpretation, *Zeitschrift für Betriebswirtschaft*, **67. Jg.**, 625–642.

Kritzman, M., Li, Y., Page, S. und Rigobon, R. (2011) Principal components as a measure of systemic risk, *The Journal of Portfolio Management*, **37**, 112–126.

Kuha, J. (2004) AIC and BIC – Comparisons of assumptions and performance, *Sociological Methods & Research*, S. 188–229.

Kuhlmann, S. und Rojahn, J. (2017) The impact of ownership concentration and shareholder identity on dividend payout probabilities: new evidence from the German stock market, *Corporate Ownership & Control*, **15**.

Kuhn, M. (2008) Building predictive models in R using the caret package, *Journal of Statistical Software*, **28**, 1–26.

Kuhn, M. (2022) *caret: Classification and regression training*.

Kuhn, M. und Johnson, K. (2013) *Applied predictive modeling*, Springer Science & Business Media, Berlin Heidelberg.

Kutner, M. H., Nachtsheim, C., Neter, J. und Li, W. (2005) *Applied linear statistical models*, McGraw-Hill, 5. Aufl.

Kwiatkowski, D., Phillips, P. C., Schmidt, P. und Shin, Y. (1992) Testing the null hypothesis of stationarity against the alternative of a unit root – How sure are we that economic time series have a unit root?, *Journal of Econometrics*, **54**, 159–178.

Lancaster, T. (2000) The incidental parameter problem since 1948, *Journal of Econometrics*, **95**, 391–413, DOI 10.1016/S0304-4076(99)00044-5.

Lattin, J. M., Carroll, J. D. und Green, P. E. (2003) *Analyzing multivariate data*, Thomson Brooks/Cole, Belmont.

Leeper, T. J. (2018) Interpreting regression results using average marginal effects with R's margins.

Leeper, T. J. (2021) *margins: Marginal effects for model objects*.

Leifeld, P. (2013) Texreg: Conversion of statistical model output in R to LaTeX and HTML tables, *Journal of Statistical Software*, **55**, DOI 10.18637/jss.v055.i08.

Li, T., Zhong, J. und Huang, Z. (2020) Potential dependence of financial cycles between emerging and developed countries: Based on ARIMA-GARCH copula model, *Emerging Markets Finance and Trade*, **56**, 1237–1250, DOI 10.1080/1540496X.2019.1611559.

Liaw, A. und Wiener, M. (2002) Classification and regression by randomForest, *R News*, **2**, 18–22.

Lintner, J. (1965) Security prices, risk, and maximal gains from diversification, *The Journal of Finance*, **20**, 587–615.

Ljung, G. M. und Box, G. E. P. (1978) On a measure of lack of fit in time series models, *Biometrika*, **65**, 297–303, DOI 10.1093/biomet/65.2.297.

Long, J. S. und Ervin, L. H. (2000) Using heteroscedasticity consistent standard errors in the linear regression model, *The American Statistician*, **54**, 217–224.

López-Ratón, M., Rodríguez-Álvarez, M. X., Suárez, C. C. und Sampedro, F. G. (2014) R package „OptimalCutpoints", *Journal of Statistical Software*, **61**, 1–36, DOI 10.18637/jss.v061.i08.

Louizi, A. und Kammoun, R. (2016) Evaluation of corporate governance systems by credit rating agencies, *Journal of Management and Governance*, **20**, 363–385, DOI 10.1007/s10997-015-9331-3.

Lübke, K., Gehrke, M., Horst, J. und Szepannek, G. (2020) Why we should teach causal inference: Examples in linear regression with simulated data, *Journal of Statistics Education*, **28**, 133–139, DOI 10.1080/10691898.2020.1752859.

Lumley, T. und Heagerty, P. (1999) Weighted empirical adaptive variance estimators for correlated data regression, *Journal of the Royal Statistical Society. Series B: Statistical Methodology*, **61**, 459–477.

Lyon, J. D., Barber, B. M. und Tsai, C.-L. (1999) Improved methods for tests of long-run abnormal stock returns, *The Journal of Finance*, **54**, 165–201.

Ma, Y. (2019) Nonfinancial firms as cross-market arbitrageurs, *The Journal of Finance*, **74**, 3041–3087, DOI 10.1111/jofi.12837.

MacKinnon, J. G. und White, H. (1985) Some heteroskedasticity-consistent covariance matrix estimators with improved finite sample properties, *Journal of Econometrics*, **29**, 305–325.

Maddala, G. S. (1987) Limited dependend variables using panel data, *The Journal of Human Resources*, **22**, 307–338.

Maier, M. J. (2015) *Companion package to the book „R: Einführung durch angewandte Statistik".*

Manogna, R. L. und Mishra, A. K. (2021) Measuring financial performance of Indian manufacturing firms: application of decision tree algorithms, *Measuring Business Excellence*, DOI 10.1108/MBE-05-2020-0073.

Mayo, D. G. (2018) *Statistical inference as severe testing – How to get beyond the statistics wars*, Cambridge University Press, Cambridge.

McCarthy, S., Oliver, B. und Song, S. (2017) Corporate social responsibility and CEO confidence, *Journal of Banking and Finance*, **75**, 280–291, DOI 10.1016/j.jbankfin.2016.11.024.

Menard, S. (2010) *Logistic regression – from introductory to advanced concepts and applications*, SAGE Publications.

Mesquita, E. B. d. und Fowler, A. (2021) *Thinking clearly with data – A guide to quantitative reasoning and analysis*, Princeton University Press, Princeton.

Milborrow, S. (2021) *rpart.plot: Plot ‚rpart' models: an enhanced version of ‚plot.rpart'.*

Millo, G. (2017) Robust standard error estimators for panel models: a unifying approach, *Journal of Statistical Software*, **82**, 1–27, DOI 10.18637/jss.v082.i03.

Mood, C. (2010) Logistic regression: Why we cannot do what we think we can do, and what we can do about it, *European Sociological Review*, **26**, 67–82.

Morgan, S. L. und Winship, C. (2014) *Counterfactuals and causal inference – Methods and principles for social research*, Cambridge University Press, Cambridge, 2. Aufl.

Mossin, J. (1966) Equilibrium in a capital asset market, *Econometrica: Journal of the Econometric Society*, S. 768–783.

Myers, S. C. und Majluf, N. S. (1984) Corporate financing and investment decisions when firms have information that investors do not have, *Journal of Financial Economics*, **13**, 187–221.

Nash, R. und Patel, A. (2019) Instrumental variables analysis and the role of national culture in corporate finance, *Financial Management*, **48**, 385–416, DOI 10.1111/fima.12248.

Neuhierl, A., Scherbina, A. und Schlusche, B. (2013) Market reaction to corporate press releases, *Journal of Financial and Quantitative Analysis*, **48**, 1207–1240.

Newey, W. K. und West, K. D. (1987) A simple, positive semi-definite, heteroskedasticity and autocorrelation consistent covariance matrix, *Econometrica*, **55**, 703–708.

Newey, W. K. und West, K. D. (1994) Automatic lag selection in covariance matrix estimation, *The Review of Economic Studies*, **61**, 631–653.

Neyman, J. und Scott, E. L. (1948) Consistent estimates based on partially consistent observations, *Econometrica*, **16**, 1–32, DOI 10.2307/1914288.

Nguefack-Tsague, G. und Zucchini, W. (2011) Post-model selection inference and model averaging, *Pakistan Journal of Statistics and Operation Research*, **7**.

Norton, E. C., Wang, H. und Ai, C. (2004) Computing interaction effects and standard errors in logit and probit models, *The Stata Journal*, **4**, 154–167, DOI 10.1177/1536867x0400400206.

Ochs, T. (2017) *Makroökonomische und unternehmensspezifische Determinanten der Kapitalstruktur – Eine empirische Untersuchung deutscher börsennotierter Unternehmen in der Niedrigzinsphase*, Masterthesis, FOM Hochschule, Studienzentrum Frankfurt.

Osborne, J. W. (2015) *Best practices in logistic regression*, SAGE Publications.

Patell, J. M. (1976) Corporate forecasts of earnings per share and stock price behavior: empirical test, *Journal of Accounting Research*, **14**, DOI 10.2307/2490543.

Pearl, J. (2009) *Causality – Models, reasoning and inference*, Cambridge University Press, Cambridge, 2. Aufl.

Pearl, J., Glymour, M. und Jewell, N. P. (2016) *Causal inference in statistics – A primer*, John Wiley & Sons, New York.

Pearson, K. (1905) The problem of the random walk, *Nature*, **Vol. 72**, 294.

Peters, J., Janzing, D. und Scholkopf, B. (2017) *Elements of causal inference – Foundations and learning algorithms*, MIT Press, Cambridge.

Peterson, P. P. (1989) Event studies: A review of issues and methodology, *Quarterly Journal of Business and Economics*, **28**, DOI 10.2307/40472954.

Pfaff, B. (2008) *Analysis of integrated and cointegrated time series with R*, Springer, 2. Aufl.

Pfaff, B. (2016) *Financial risk modelling and portfolio optimization with R*, John Wiley and Sons Ltd, 2. Aufl.

Phillips, P. C. und Ouliaris, S. (1990) Asymptotic properties of residual based tests for cointegration, *Econometrica*, **58**, 165–193.

Phillips, P. C. und Perron, P. (1988) Testing for a unit root in time series regression, *Biometrika*, **75**, 335–346.

Poddig, T., Dichtl, H. und Petersmeier, K. (2008) *Statistik, Ökonometrie, Optimierung: Methoden und ihre praktischen Anwendungen in Finanzanalyse und Portfoliomanagement*, Uhlenbruch, 4. Aufl.

Powers, E. A. (2005) Interpreting logit regressions with interaction terms: An application to the management turnover literature, *Journal of Corporate Finance*, **11**, 504–522, DOI 10.1016/j.jcorpfin.2004.08.003.

Pruim, R., Kaplan, D. T. und Horton, N. J. (2017) The mosaic package: helping students to ‚think with data‘ using R, *The R Journal*, **9**, 77–102.

R Core Team (2022) *R: A language and environment for statistical computing*, R Foundation for Statistical Computing, Vienna, Austria.

Ramsey, J. B. (1969) Tests for specification errors in classical linear least-squares regression analysis, *Journal of the Royal Statistical Society. Series B: Statistical Methodologicy*, **31**, 350–371.

Revelle, W. (2022) *psych: Procedures for psychological, psychometric, and personality research*, Northwestern University, Evanston, Illinois.

Roberts, M. R. und Whited, T. M. (2013) Endogeneity in empirical corporate finance, in *Handbook of the economics of finance* (Hrgr.) G. M. Constantinides, M. Harris und R. M. Stulz, Elsevier, Bd. 2, Kap. 7, S. 493–572, DOI 10.1016/B978-0-44-453594-8.00007-0.

Robinson, D., Hayes, A. und Couch, S. (2021) *broom: Convert statistical analysis objects into tidy tibbles*.

Rojahn, J. und Lübke, K. (2014) Firmenspezifische Determinanten der Dividendenpolitik deutscher Prime-Standard-Emittenten, *Betriebswirtschaftliche Forschung und Praxis*, S. 636–652.

Rojahn, J. und Schyra, A. (2010) Underpricing deutscher Corporate Bond Emissionen, *Corporate Finance*, **1. Jg**, 123–128.

Rojahn, J. und Stoll, R. (2021) Einfluss der ESG-Berichterstattungstransparenz auf den relativen Bid-Ask-Spread am deutschen Aktienmarkt, *Corporate Finance*, **03-04**, 65–70.

Rojahn, J. und Zechser, F. (2017) The effect of corporate diversification on credit risk: new evidence from European credit default swap spreads, *Accounting & Finance*, DOI 10.1111/acfi.12306.

Rojahn, J. und Zechser, F. (2022) Ownership concentration, ownership identity and seasoned equity offerings probabilities: Evidence from Germany, *Journal of Business Finance and Accounting*, **49**, 274–296, DOI 10.1111/jbfa.12552.

Rudnytskyi, I. (2021) *estudy2: An implementation of parametric and nonparametric event study*.

Ruppert, D. (2011) *Statistics and data analysis for financial engineering*, Springer, 2. Aufl.

Rutz, O. J. und Watson, G. F. (2019) Endogeneity and marketing strategy research: an overview, *Journal of the Academy of Marketing Science*, **47**, 479–498, DOI 10.1007/s11747-019-00630-4.

Ryan, J. A. und Ulrich, J. M. (2020) *quantmod: Quantitative financial modelling framework*.

Said, S. E. und Dickey, D. A. (1984) Testing for unit roots in autoregressive-moving average models of unknown order, *Biometrika*, **71**, 599–607.

Sargan, J. D. (1958) The estimation of economic relationships using instrumental variables, *Econometrica*, **26**, 393, DOI 10.2307/1907619.

Sauer, S. (2018) *Moderne Datenanalyse mit R – Daten einlesen, aufbereiten, visualisieren, modellieren und kommunizieren*, Springer Gabler, Berlin Heidelberg New York.

Schimmer, M., Levchenko, A. und Müller, S. (2014) EventStudyTools (Research Apps), St. Gallen.

Schlittgen, R. und Sattarhoff, C. (2020) *Angewandte Zeitreihenanalyse mit R*, Walter de Gruyter GmbH & Co KG, Berlin, 4. Aufl.

Seitz, F. und Auer, B. R. (2012) ARMA-Prozesse, *WISU*, **47**, 377–385.

Shabbir, M. S. und Wisdom, O. (2020) The relationship between corporate social responsibility, environmental investments and financial performance: evidence from manufacturing companies, *Environmental Science and Pollution Research*, **27**, 39946–39957, DOI 10.1007/s11356-020-10217-0.

Sharpe, N. R., Veaux, R. D. D. und Velleman, P. F. (2020) *Business statistics*, Pearson Higher Education & Professional Group, Edinburgh Gate Harlow, 4. Aufl.

Sharpe, W. F. (1964) Capital asset prices: a theory of market equilibrium under conditions of risk, *The Journal of Finance*, **19**, 425–442, DOI 10.1111/j.1540-6261.1964.tb02865.x.

Shmueli, G. (2010) To explain or to predict?, *Statistical Science*, **25**, 289–310, DOI 10.1214/10-STS330.

Simpson, E. H. (1951) The interpretation of interaction in contingency tables, *Journal of the Royal Statistical Society. Series B: Statistical Methodology*, **13**, 238–241, DOI 10.1111/j.2517-6161.1951.tb00088.x.

Sing, T., Sander, O., Beerenwinkel, N. und Lengauer, T. (2005) ROCR: Visualizing classifier performance in R, *Bioinformatics*, **21**, 7881.

Soetaert, K. (2021) *plot3D: Plotting multi-dimensional data*.

Solt, F. und Hu, Y. (2021) *interplot: Plot the effects of variables in interaction terms*.

Souche, S., Raux, C. und Croissant, Y. (2012) On the perceived justice of urban road pricing: An empirical study in Lyon, *Transportation Research Part A: Policy and Practice*, **46**, 1124–1136, DOI 10.1016/j.tra.2012.01.009.

Spence, M. (1973) Job market signaling, *The Quaterly Journal of Economics*, **78**, 355–374.

Stadler, C., Mayer, M. C., Hautz, J. und Matzler, K. (2018) International and product diversification: Which strategy suits family managers?, *Global Strategy Journal*, **8**, 184–207, DOI 10.1002/gsj.1190.

Stammann, A., Heiß, F. und McFadden, D. (2016) Estimating fixed effects logit models with large panel data, *Beiträge zur Jahrestagung des Vereins für Socialpolitik 2016: Demographischer Wandel – Session: Microeconometrics*, **G01-V3**.

Stellbrink, J. und Brückner, C. (2011) Beta-Schätzung: Schätzzeitraum und Renditeintervall unter statistischen Gesichtspunkten, *Bewertungspraktiker*, **3**, 1–9.

Stender, P. und Rojahn, J. (2020) The influence of internal and external corporate governance on firm value: Evidence from STOXX® Europe 600 index members, *Corporate Ownership and Control*, **18**, 152–162, DOI 10.22495/cocv18i1art12.

Stock, J. H. und Watson, M. W. (2019) *Introduction to econometrics*, Pearson, Harlow, 4. Aufl.

Stock, J. H. und Yogo, M. (2005) Testing for weak instruments in linear IV regression, in *Identification and inference for econometric models: Essays in honor of Thomas Rothenberg* (Hrgr.) D. W. K. Andrews und J. H. Stock, Cambridge University Press, Cambridge, MA, Kap. 5, S. 80–108, DOI 10.1017/CBO9780511614491.006.

Stolper, O. A. und Walter, A. (2017) Financial literacy, financial advice, and financial behavior, *Journal of Business Economics*, **87**, 581–643, DOI 10.1007/s11573-017-0853-9.

Strobl, C., Boulesteix, A.-L., Kneib, T., Augustin, T. und Zeileis, A. (2008) Conditional variable importance for random forests, *BMC Bioinformatics*, **9**.

Strobl, C., Boulesteix, A.-L., Zeileis, A. und Hothorn, T. (2007) Bias in random forest variable importance measures: illustrations, sources and a solution, *BMC Bioinformatics*, **8**, 25.

Strobl, C., Hothorn, T. und Zeileis, A. (2009a) Party on! A new, conditional variable importance measure for random forests available in the party package, *Technical Report, Department of Statistics*.

Strobl, C., Malley, J. und Tutz, G. (2009b) An introduction to recursive partitioning: rationale, application, and characteristics of classification and regression trees, bagging, and random forests, *Psychological Methods*, **14**, 323.

Su, L. D. (2010) Ownership structure, corporate diversification and capital structure: evidence from China's publicly listed firms, *Management Decision*, **48**, 314–339, DOI 10.1108/00251741011022644.

Szepannek, G. (2017) On the practical relevance of modern machine learning algorithms for credit scoring applications.

Tang, Y., Horikoshi, M. und Li, W. (2016) ggfortify: Unified interface to visualize statistical result of popular R packages, *The R Journal*, **8**.

Therneau, T. und Atkinson, B. (2022) *rpart: Recursive partitioning and regression trees*.

Therneau, T. M. und Atkinson, E. J. (2018) An introduction to recursive partitioning using the rpart routines.

Therneau, T. M. und Grambsch, P. M. (2000) *Modeling survival data: Extending the Cox model*, Springer, New York.

Trapletti, A. und Hornik, K. (2022) *tseries: Time series analysis and computational finance*.

Tsay, R. S. (2010) *Analysis of financial time series*, John Wiley & Sons, Hoboken, NJ, 3. Aufl.

Tsay, R. S. (2013) *An introduction to analysis of financial data with R*, John Wiley & Sons.

Tweneboah-Kodua, S., Atsu, F. und Buchanan, W. (2018) Impact of cyberattacks on stock performance: a comparative study, *Information and Computer Security*, **26**, 637–652, DOI 10.1108/ICS-05-2018-0060.

Uddin, M. S., Chi, G., Al Janabi, M. A. und Habib, T. (2020) Leveraging random forest in micro-enterprises credit risk modelling for accuracy and interpretability, *International Journal of Finance and Economics*, S. 1–17, DOI 10.1002/ijfe.2346.

Urban, D. und Mayerl, J. (2018) *Angewandte Regressionsanalyse: Theorie, Technik und Praxis*, Springer-Verlag, Berlin Heidelberg New York.

Utes, J. M. (1982) The rainbow test for lack of fit in regression, *Communications in Statistics - Theory and Methods*, **11**, 2801–2815, DOI 10.1080/03610928208828423.

Venables, W. N. und Ripley, B. D. (2002) *Modern applied statistics with S*, Springer, New York, 4. Aufl.

Verbeek, M. (2014) *Moderne Ökonometrie*, Wiley-VCH, Weinheim.

Verbeek, M. (2021) *Panel methods for finance – A guide to panel data econometrics for financial applications*, Walter de Gruyter GmbH & Co KG, Berlin.

Wang, C.-J. (2015) Instrumental variables approach to correct for endogeneity in finance, in *Handbook of financial econometrics and statistics* (Hrgr.) C.-F. Lee und J. C. Lee, Springer, New York, NY, Kap. 95, S. 2577–2600, DOI 10.1007/978-1-4614-7750-1_95.

Wang, T. und Merkle, E. C. (2018) merDeriv: Derivative computations for linear mixed effects models with application to robust standard errors, *Journal of Statistical Software, Code Snippets*, **87**, 1–16, DOI 10.18637/jss.v087.c01.

Wasserstein, R. L., Schirm, A. L. und Lazar, N. A. (2019) Moving to a world beyond „p < 0.05", *The American Statistician*, **73**, 1–19, DOI 10.1080/00031305.2019.1583913.

Wei, T. und Simko, V. (2021) *R package „corrplot": visualization of a correlation matrix*.

Weihs, C., Ligges, U., Luebke, K. und Raabe, N. (2005) klaR: Analyzing German business cycles, in *Data analysis and decision support* (Hrgr.) D. Baier, R. Decker und L. Schmidt-Thieme, Springer-Verlag, Berlin, S. 335–343.

Weisberg, S. (2014) *Applied linear regression*, Wiley, 4. Aufl.

West, B. T., Welch, K. B. und Galecki, A. T. (2014) *Linear mixed models – A practical guide using statistical software*, CRC Press, Boca Raton, Florida, 2. Aufl.

White, H. (1980) A heteroskedasticity-consistent covariance matrix estimator and a direct test for heteroskedasticity, *Econometrica*, **48**, 817–838.

Wickham, H. (2016) *ggplot2 – Elegant graphics for data analysis*, Springer, Berlin, Heidelberg, 2. Aufl.

Wickham, H. (2021) *forcats: Tools for working with categorical variables (factors)*.

Wickham, H. und Bryan, J. (2022) *readxl: Read Excel files*.

Wickham, H., François, R., Henry, L. und Müller, K. (2022a) *dplyr: A grammar of data manipulation*.

Wickham, H. und Girlich, M. (2022) *tidyr: Easily tidy data with ‚spread()' and ‚gather()' functions*.

Wickham, H., Hester, J. und Francois, R. (2022b) *readr: Read rectangular text data*.

Wood, S. (2017) *Generalized additive models: An introduction with R*, Chapman and Hall/CRC, 2. Aufl.

Wooldridge, J. M. (2010) *Econometric analysis of cross section and panel data*, MIT Press, Cambridge, 2. Aufl.

Wooldridge, J. M. (2015) Control function methods in applied econometrics, *Journal of Human Resources*, **50**, 420–445, DOI 10.3368/jhr.50.2.420.

Wooldridge, J. M. (2019) *Introductory econometrics – A modern approach*, Cengage, Boston, MA, 7. Aufl.

Wu, D.-M. (1973) Alternative tests of independence between stochastic regressors and disturbances, *Econometrica*, **41**, 733–750, DOI 10.2307/1914093.

Wuertz, D., Setz, T., Chalabi, Y., Boudt, C., Chausse, P. und Miklovac, M. (2020) *fGarch: Rmetrics – Autoregressive conditional heteroskedastic modelling*.

Xie, Y. (2014) knitr: A comprehensive tool for reproducible research in R, in *Implementing reproducible computational research* (Hrgr.) V. Stodden, F. Leisch und R. D. Peng, Chapman and Hall/CRC.

Yang, L., Rea, W. und Rea, A. (2017) Financial insights from the last few components of a stock market PCA, *International Journal of Financial Studies*, **5**, 15.

Yeo, I. und Johnson, R. A. (2000) A new family of power transformations to improve normality or symmetry, *Biometrika*, **87**, 954–959, DOI 10.1093/biomet/87.4.954.

Yum, M. (2021) Model selection for panel data models with fixed effects: a simulation study, *Applied Economics Letters*, **00**, 1–8, DOI 10.1080/13504851.2021.1962505.

Zeileis, A. (2004) Econometric computing with HC and HAC covariance matrix estimators, *Journal of Statistical Software*, **11**, DOI 10.18637/jss.v011.i10.

Zeileis, A. (2006) Object-oriented computation of sandwich estimators, *Research Report Series*.

Zeileis, A. und Hothorn, T. (2002) Diagnostic checking in regression relationships, *R News*, **2**, 7–10.

Zeileis, A., Hothorn, T. und Hornik, K. (2008) Model-based recursive partitioning, *Journal of Computational and Graphical Statistics*, **17**, 492–514.

Stichwortverzeichnis

https://doi.org/10.1515/9783110767261-017

Verzeichnis der verwendeten R-Funktionen

https://doi.org/10.1515/9783110767261-018